Kurzbefehle

Tastenkürzel für Windows

`F1`	Öffnet das Fenster mit der Windows- oder Programm-Hilfe.
`F2`	Eine Datei im Ordner- oder Explorer-Fenster umbenennen.
`F3`	Öffnet das Fenster zum Suchen nach Ordnern und Dateien.
`F5`	Aktualisiert den Inhalt eines Fensters.
`F10`	Abkürzungstasten im Menüband einblenden/erstes Menü wählen.
`F11`	Schaltet Ordner- und das Internet Explorer-Fenster in den sogenannten Kioskmodus und wieder zurück.
`Strg`+`Esc`	Öffnet das Startmenü.
`Alt`+`Esc`	Zum nächsten geöffneten Fenster schalten.
`Alt`+`⇆`	Zum nächsten Programm umschalten.
`Alt`+`F4`	Schließt das Fenster des aktuellen Programms.
`Esc`	Abbrechen, schließt z. B. ein Menü oder ein Dialogfeld.
`Strg`+`A`	Den gesamten Inhalt des Fensters markieren.
`Strg`+`Z`	Den letzten Befehl rückgängig machen.

Tastenkürzel für die Windows-Zwischenablage

`Strg`+`X`	Den markierten Bereich in die Zwischenablage ausschneiden.
`Strg`+`C`	Den markierten Bereich in die Zwischenablage kopieren.
`Strg`+`V`	Den Inhalt der Zwischenablage einfügen.
`Druck`	Erzeugt Screenshot des kompletten Bildschirms in Zwischenablage.
`Alt`+`Druck`	Erzeugt Screenshot des aktuellen Fensters in die Zwischenablage.

Tastenkürzel zur allgemeinen Dokumentbearbeitung

`Strg`+`N`	Neues Dokument anlegen
`Strg`+`O`	Dokument öffnen
`Strg`+`S`	Dokument speichern
`Strg`+`P`	Dokument drucken
`Entf`	Entfernt Zeichen rechts von der Einfügemarke
`←`	Entfernt Zeichen links von der Einfügemarke

Computer

Unser Online-Tipp
für noch mehr Wissen …

Aktuelles Fachwissen rund um die Uhr
– zum Probelesen, Downloaden oder
auch auf Papier.

www.informit.de

Computer

Alles rund um den PC

GÜNTER BORN

Markt+Technik

Bibliografische Information der Deutschen Nationalbibliothek
Die Deutsche Nationalbibliothek verzeichnet diese Publikation in der
Deutschen Nationalbibliografie; detaillierte bibliografische Daten
sind im Internet über http://dnb.d-nb.de abrufbar.

Die Informationen in diesem Produkt werden ohne Rücksicht auf einen
eventuellen Patentschutz veröffentlicht.
Warennamen werden ohne Gewährleistung der freien Verwendbarkeit benutzt.
Bei der Zusammenstellung von Texten und Abbildungen wurde mit größter
Sorgfalt vorgegangen.
Trotzdem können Fehler nicht vollständig ausgeschlossen werden.
Verlag, Herausgeber und Autoren können für fehlerhafte Angaben
und deren Folgen weder eine juristische Verantwortung noch
irgendeine Haftung übernehmen.
Für Verbesserungsvorschläge und Hinweise auf Fehler sind Verlag und
Herausgeber dankbar.

Alle Rechte vorbehalten, auch die der fotomechanischen Wiedergabe und der
Speicherung in elektronischen Medien.
Die gewerbliche Nutzung der in diesem Produkt gezeigten Modelle und Arbeiten
ist nicht zulässig.

Fast alle Hardware- und Softwarebezeichnungen und weitere Stichworte und sonstige
Angaben, die in diesem Buch verwendet werden, sind als eingetragene Marken geschützt.
Da es nicht möglich ist, in allen Fällen zeitnah zu ermitteln, ob ein Markenschutz besteht,
wird das ® Symbol in diesem Buch nicht verwendet.

10 9 8 7 6 5 4 3 2 1

11 10

ISBN 978-3-8272-4661-5

© 2010 by Markt+Technik Verlag,
ein Imprint der Pearson Education Deutschland GmbH,
Martin-Kollar-Straße 10–12, D-81829 München/Germany
Alle Rechte vorbehalten
Covergestaltung: Thomas Arlt, tarlt@adesso21.net
Titelfoto: Robert Daly/plainpicture/OJO Images
Lektorat: Birgit Ellissen, bellissen@pearson.de
Korrektorat: Marita Böhm
Herstellung: Monika Weiher, mweiher@pearson.de
Satz: Reemers Publishing Services GmbH, Krefeld
Druck und Verarbeitung: Neografia, Martin
Printed in Slovakia

Inhaltsverzeichnis

Die Tastatur — 10
Schreibmaschinen-Tastenblock 11
Sondertasten, Funktionstasten, Kontrollleuchten, Zahlenblock 12
Navigationstasten 13

Die Maus — 14
»Klicken Sie ...« 14
»Doppelklicken Sie ...« 15
»Ziehen Sie ...« 15

1 Computer im Überblick — 17
Kleine Gerätekunde 18
Welche Software brauche ich? 30
Ratgeber Computerkauf 33
Inbetriebnahme – ganz einfach 36

2 Windows – der Einstieg — 47
Jetzt geht's los 48
Arbeiten mit Fenstern 55
Der Umgang mit Programmen 66
Hilfe und Support 76
Abmelden und Beenden 80

3 Ordner und Dateien — 85
Grundwissen über Laufwerke 86
Was sind Ordner und Dateien? 92
Arbeiten im Ordnerfenster 95
Umgang mit Ordnern und Dateien 102
Wissen für Fortgeschrittene 110
Netzwerke 118

Inhaltsverzeichnis

4 Internet – Der Einstieg 131
Das brauchen Sie fürs Internet 132
So surfen Sie im WWW 141
Browseroptionen einstellen 155

5 Internet für Fortgeschrittene 161
Gesucht und gefunden! 162
Geschäfte im Internet 172
Onlinebanking 178
Chat, Foren und mehr 183
Aktiv im Internet 194
Computersicherheit und Internet 204

6 E-Mail und mehr 219
Kurzübersicht 220
Start mit Windows Live Mail 225
Nachrichten bearbeiten 235
Kontakte verwalten 255

7 Texte am Computer erstellen 265
Textverarbeitung – der Einstieg 266
Speichern, Laden und Drucken 281
Texte formatieren 288
Funktionen für Könner 303
Tolle Sachen zum Selbermachen 312

8 Tabellenkalkulation und Präsentation 321
Grundlagen zur Tabellenkalkulation 322
Tabellenkalkulation, der Einstieg 326
Präsentieren am Computer 339

9 Alles rund ums Bild 351
Bildverwaltung 352
Fotokorrektur per Fotogalerie 367
Fotobearbeitung mit Photoshop Elements 374

10 Spiele, Bildung, Musik und Video 397

Spielen, bis der Arzt kommt 398
Bildung und Hobby 404
Windows als Musikmaschine 405
Computer als Kino 427
Computer als Videostudio 432

11 CD/DVD brennen 451

Grundwissen zum Brennen 452
CDs/DVDs/BDs brennen 454
Video-DVDs 470

12 Systempflege 477

Drucker und Geräte 478
Anzeigeoptionen anpassen 485
Die Systemsteuerung 488
Softwarepflege 497
Windows-Sicherheit 501
Startmenü, Taskleiste, Verknüpfungen 508
PDA, Handy & PC 511

Kleine Hilfen bei Problemen 513

Lexikon 520

Stichwortverzeichnis 531

Liebe Leserin, lieber Leser,

dieses Buch hilft Ihnen beim Einstieg in den Umgang mit dem Computer, egal, ob Sie diesen in Beruf, Hobby, Bildung etc. verwenden. Absolute Einsteiger, die sich einen Überblick über die Technik verschaffen oder mit dem Computer starten möchten, werden ebenso fündig wie Fortgeschrittene, die ihre Kenntnisse auf speziellen Gebieten auffrischen oder erweitern möchten.

Dieses Buch ist Trainer, Ratgeber und Nachschlagewerk für die ganze Familie. Machen Sie die ersten Schritte mit Windows, lernen Sie Büroprogramme kennen, gehen Sie ins Internet, bearbeiten Sie Fotos, Musik und Videos am Computer, brennen Sie CDs/DVDs und vieles mehr. Profitieren Sie von meinen Erfahrungen im Bereich der Jugend- und Erwachsenenbildung. Also, nur Mut! Mit den Schritt-für-Schritt-Anleitungen und Hintergrundinformationen in diesem Buch ist alles gar nicht so schwer. Erwerben Sie neues Wissen, um im Alltag mitreden und mithalten zu können, steigen Sie mit Spaß in eine neue Welt ein oder setzen Sie den Computer für Hobby oder Unterhaltung ein. Es lohnt sich!

G. Born

Die Tastatur

Auf den folgenden drei Seiten sehen Sie, wie Ihre Computertastatur aufgebaut ist. Damit es für Sie übersichtlich ist, werden Ihnen immer nur bestimmte Tastenblöcke auf einmal vorgestellt. Ein großer Teil der Computertasten funktioniert wie bei der Schreibmaschine. Es gibt aber noch einige zusätzliche Tasten, die auf Besonderheiten der Computerarbeit zugeschnitten sind. Sehen Sie selbst ...

Die Tastatur

Schreibmaschinen-Tastenblock

Diese Tasten bedienen Sie genauso wie bei der Schreibmaschine. Mit der Eingabetaste schicken Sie außerdem Befehle an den Computer ab.

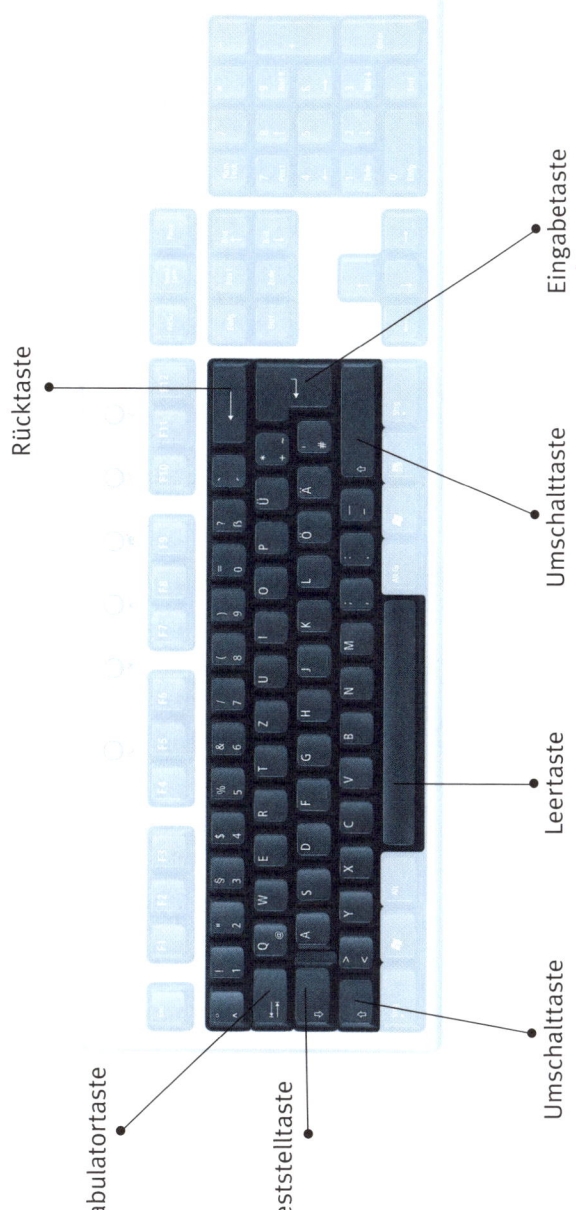

Rücktaste
Eingabetaste
Umschalttaste
Leertaste
Umschalttaste
Feststelltaste
Tabulatortaste

Die Tastatur

Sondertasten, Funktionstasten, Kontrollleuchten, Zahlenblock

Sondertasten und Funktionstasten werden für besondere Aufgaben bei der Computerbedienung eingesetzt. [Strg]-, [Alt]- und [AltGr]-Taste meist in Kombination mit anderen Tasten. Mit der [Esc]-Taste können Sie Befehle abbrechen, mit Einfügen und Entfernen u.a. Text einfügen oder löschen.

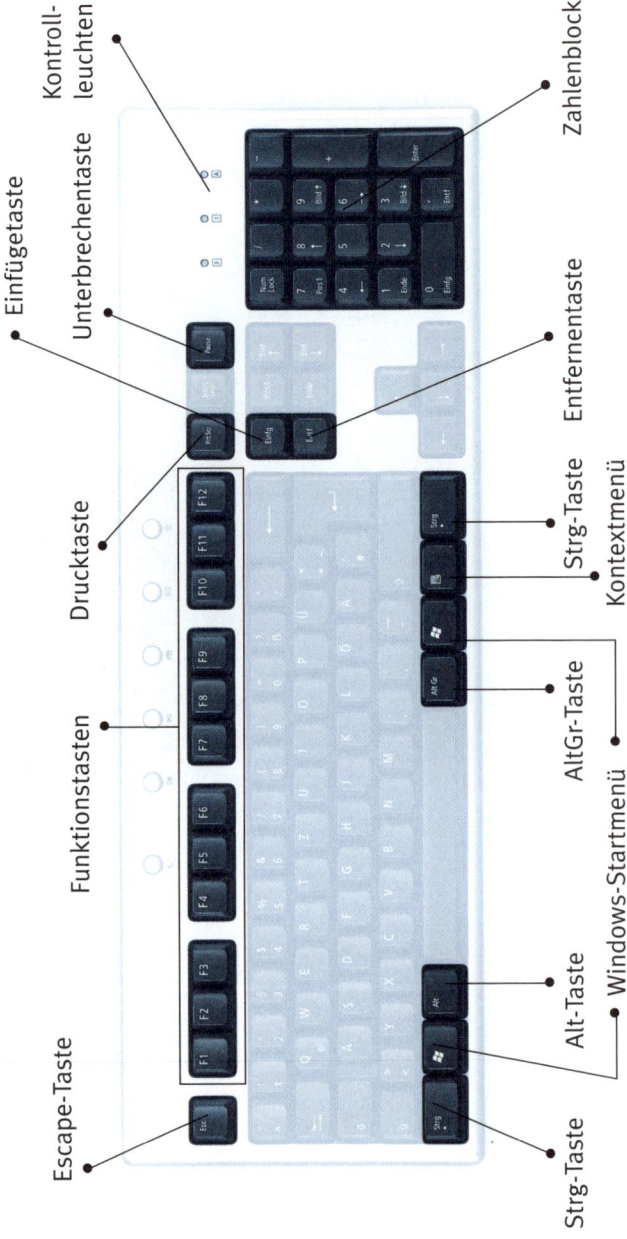

Die Tastatur

Navigationstasten

Mit diesen Tasten bewegen Sie sich auf dem Bildschirm.

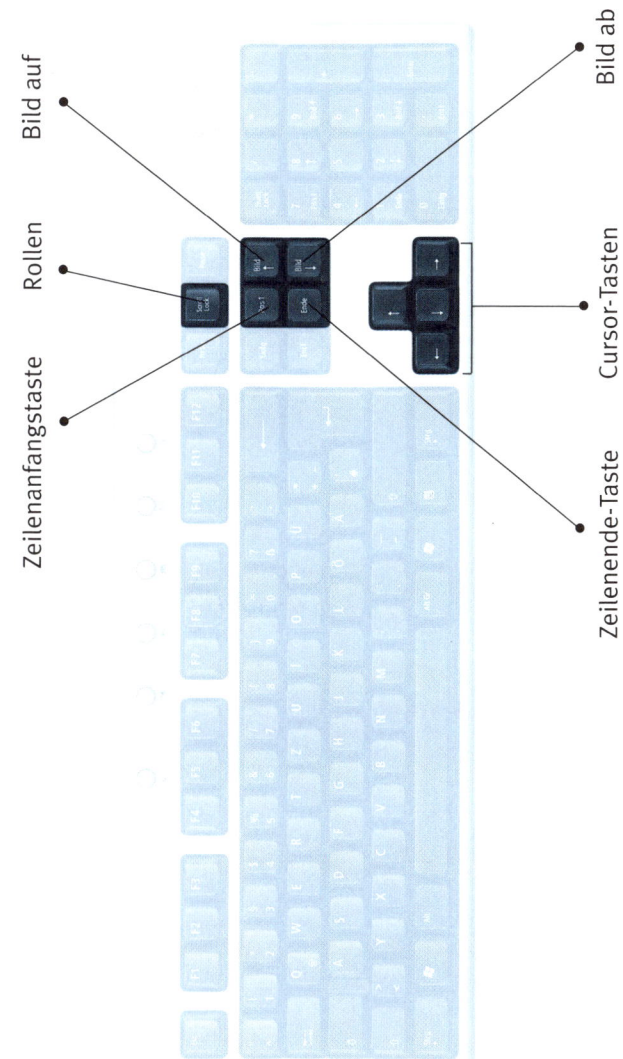

Die Maus

»Klicken Sie ...«

heißt: einmal kurz
auf eine Taste drücken.

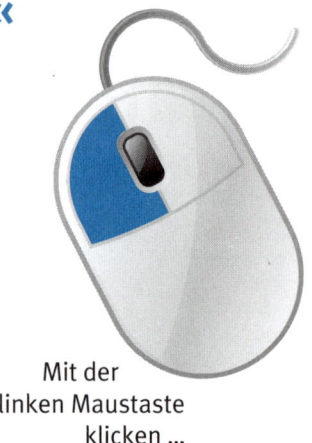

Mit der
linken Maustaste
klicken ...

Mit der
rechten Maustaste
klicken ...

»Doppelklicken Sie …«

heißt: die linke Taste zweimal schnell hintereinander ganz kurz drücken.

Doppelklicken

»Ziehen Sie …«

heißt: auf bestimmte Bildschirmelemente mit der linken Maustaste klicken, die Taste gedrückt halten, die Maus bewegen und dabei das Element auf eine andere Position ziehen.

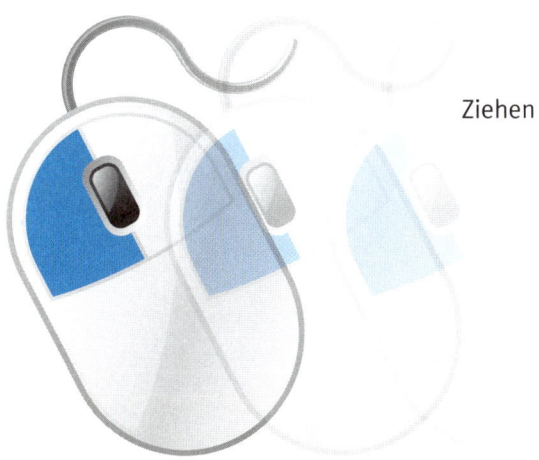

Ziehen

Das lernen Sie neu

Kleine Gerätekunde	18
Welche Software brauche ich?	30
Ratgeber Computerkauf	33
Inbetriebnahme – ganz einfach	36

Kapitel 1
Computer im Überblick

Sie besitzen einen (neuen) Computer bzw. ein Notebook oder möchten sich ein solches Gerät zulegen? Wollen Sie sich einen Überblick über Computer verschaffen? Dieses Kapitel führt Sie in die wichtigsten Begriffe der Computertechnik ein und zeigt Ihnen, wie Sie ggf. einen neuen Computer bzw. ein Notebook mit Windows in Betrieb nehmen. Außerdem erhalten Sie einiges an Hintergrundwissen über die Technik, die dabei eingesetzt wird.

Kleine Gerätekunde

Computer, auch als **Personal Computer** oder abgekürzt als **PC** bezeichnet, sind heutzutage eigentlich überall anzutreffen. Ohne Grundwissen im Umgang mit dem Computer kommt man also nicht mehr sonderlich weit. Nachfolgend finden Sie eine kleine Übersicht über die Bestandteile (**Hardware**) und Varianten heutiger Computer.

> **Was ist das?**
>
> Als **Hardware** bezeichnet man die **sichtbaren** und **anfassbaren Teile** des Computers (Computergehäuse, Tastatur, Bildschirm, Maus, Drucker usw.). **Software** ist dagegen der Sammelbegriff für Programme (siehe unten).

Computervarianten

Computer werden in verschiedenen Varianten, die sich in der Gehäuseform und in der Ausstattung unterscheiden, angeboten.

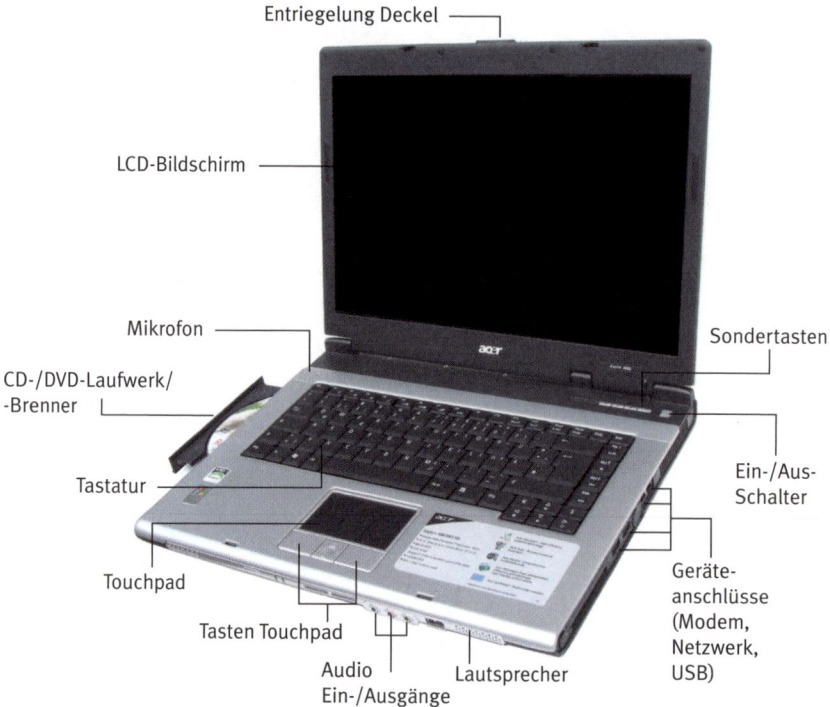

Als **Notebooks** (englisch für Notizbuch) bezeichnete Kompaktgeräte erfreuen sich sowohl im geschäftlichen als auch im privaten Bereich einer steigenden Beliebtheit.

Kleine Gerätekunde

Bei Notebooks sind die Tastatur im Gehäuse und ein Flachbildschirm im einklappbaren Deckel enthalten. Da Notebooks (auch als **Laptops** bezeichnet) mit Akkus ausgestattet sind, können Sie diese überallhin mitnehmen und nutzen. Im Privatbereich lässt sich so ein Gerät schnell an einem beliebigen Platz aufstellen und zusammengeklappt in einem Schrank oder in einer Ecke verstauen.

> **Was ist das?**
>
> **Netbooks** sind nichts anderes als Mini-Notebooks, die ein noch kleineres Gehäuse aufweisen und kein optisches DVD-Laufwerk besitzen. Nachteile bei Note- und Netbooks sind die begrenzte Akku-Lebensdauer, die schlechte Erweiterbarkeit, eine oft unhandliche Tastatur, der kleine Bildschirm, eine geringere Speicherkapazität und Rechenleistung sowie der höhere Preis.

Die Alternative zu Notebooks sind als stationäre Geräte ausgeführte Personal Computer, die aus einer Zentraleinheit und getrennter **Peripherie** wie Bildschirm, Tastatur etc. bestehen. Der eigentliche Rechner, bestehend aus Prozessor, Hauptplatine, Speicher, Laufwerken etc., befindet sich in einem Gehäuse (auch als **Zentraleinheit** bezeichnet). An diesen Rechner werden Tastatur, Bildschirm, Maus und weitere Geräte wie Drucker angeschlossen.

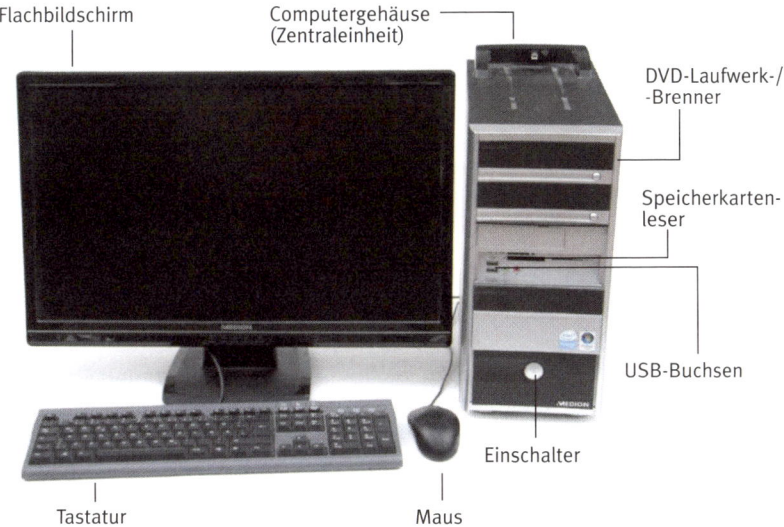

Hier sehen Sie eine typische Zusammenstellung eines solchen Computers mit den wichtigsten Elementen (Zentraleinheit, Bildschirm, Tastatur und Maus). Je nach Hersteller kann die Frontseite des Computers unterschiedlich aussehen. Trotzdem sollten Sie Teile wie Laufwerke oder die Einschalttaste leicht finden können. Eine Reihe von Leuchtanzeigen signalisiert, ob das Gerät eingeschaltet ist. Detailinformationen zu den einzelnen Komponenten wie Laufwerken, USB-Buchsen, Einschalttaste etc. erhalten Sie auf den folgenden Seiten.

Je nach Ausführung der Zentralstation spricht man auch von **Desktop-Computern** (das Gerät steht auf dem Tisch) oder von **Big-**, **Midi-** und **Mini-Towern** (die Zentraleinheit steht hochkant als Turm neben dem Schreibtisch). Welche Ausführung Sie verwenden, ist eher zweitrangig und hängt vom persönlichen Geschmack, vom vorgesehenen Einsatzzweck, von den geforderten Einsatzmöglichkeiten, den räumlichen Verhältnissen und dem Gerätepreis ab.

Bei **All-In-One-PCs** handelt es sich um Geräte, bei denen alle Teile im Gehäuse des Bildschirms mit eingebaut sind. Es brauchen also nur noch Tastatur und Maus angeschlossen zu werden.

> **Hinweis**
>
> Neben den mit **Microsoft Windows** ausgestatteten Geräten gibt es noch Alternativen. Auf Personal Computern lässt sich zum Beispiel statt Windows das freie Betriebsprogramm **Linux** installieren. Linux kann kostenlos auf dem Computer installiert werden und ist gleich mit einer ganzen Sammlung von freien Programmen ausgestattet. Von der Firma **Apple** werden Notebooks und auch Computer (wie der **iMac**) angeboten. Neben einem oft pfiffigen Gehäusedesign zur Aufnahme der Komponenten wie Laufwerken und Bildschirm bestechen diese Rechner durch eine einfache Bedienbarkeit. Die Apple-Computer besitzen ein eigenes, **Mac OS X** genanntes, Betriebsprogramm. Da aber der Großteil der Computer mit Microsoft Windows arbeitet und sich von Linux- oder Apple-Systemen unterscheidet, beschränke ich mich in diesem Buch (auch aus Platzgründen) auf den Umgang mit Windows 7-Systemen. Falls Sie noch mit Windows XP oder Windows Vista arbeiten, erfolgt die Bedienung weitgehend auf die gleiche Weise. Details zu diesen Windows-Varianten finden Sie zudem in den von mir bei Markt+Technik veröffentlichten Easy-Titeln zu Windows XP und Windows Vista sowie in älteren Versionen dieses Buches.

Alles rund um Tastatur und Maus

Die meisten Computer sind beim Kauf bereits komplett mit Tastatur und Maus ausgestattet. Die Tastatur dient zur Eingabe von Texten oder Befehlen an den Rechner.

Es gibt verschiedene Varianten von **Tastaturen** (z. B. ergonomische Tastaturen mit geteilten Tastenblöcken, mit Kabel oder mit Funk). Falls Sie viel schreiben, sollten Sie vor dem Kauf prüfen, ob sich die Tastatur gut bedienen lässt. Bei mancher Billigtastatur bekommt man niemals ein angenehmes Tastengefühl. Ich persönlich gebe lieber 20 Euro mehr für eine gut handhabbare Tastatur mit leichtem Anschlag aus und verzichte auf modischen Schnickschnack wie spezielle Tasten zur Bedienung des Computers oder zum Abrufen von Internetseiten.

> **Tipp**
> Klappen Sie beim Aufstellen der Tastatur die an der Unterseite befindlichen Stützen aus, damit die Tastatur leicht nach vorne geneigt wird. Sinnvoll kann auch eine Handballenauflage an der Tastatur sein, um die Handgelenke zu entlasten. Eine Tastaturübersicht mit Hinweisen zur Funktion der einzelnen Tasten finden Sie am Buchanfang. Auf Funktastaturen oder -mäuse verzichte ich persönlich, denn diese sind sehr störanfällig und ständig sind die Batterien leer.

Neben der Tastatur stellt die Maus das wohl wichtigste Element zur Bedienung des Computers dar. Bei Betriebsprogrammen wie Windows wird vieles mit der Maus gesteuert (wie Sie später noch lernen).

> **Techtalk**
> Bei einer mechanischen Maus rollt eine kleine Kugel in einem Kunststoffgehäuse, wenn man dieses bewegt. Diese Bewegungen werden bei mechanischen Mäusen auf Rädchen, die an ihren Enden geschlitzte Scheiben besitzen, übertragen.
>
> Über eine Lichtschranke wird die Bewegung der geschlitzten Scheiben abgegriffen und in ein Signal umgesetzt. Dieses wird dann (über ein Kabel, über Infrarot oder über Funk) an den Computer übertragen.
>
>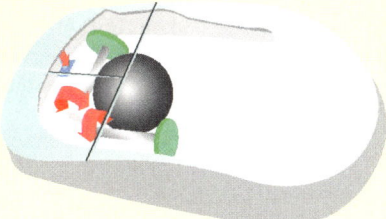
>
> Es gibt aber auch moderne Mäuse, die mithilfe eines optischen Verfahrens die Oberfläche der Tischplatte abtasten und so die Mausbewegungen erkennen. Solche Mäuse können aber nicht auf durchsichtigen oder spiegelnden Oberflächen (z. B. Glasplatte) eingesetzt werden.

Computermäuse gibt es mit zwei oder mit drei Tasten, mit oder ohne Rädchen (zum Blättern in Fenstern) etc. Mäuse mit Rollkugel sollten auf einer Unterlage aus Schaumstoff liegen. Diese als **Mauspad** (sprich »Mauspäd«) bezeichnete Gummi- oder Schaumstoffunterlage ist erforderlich, damit die Kugel die Mausbewegungen auf dem Schreibtisch mitmacht.

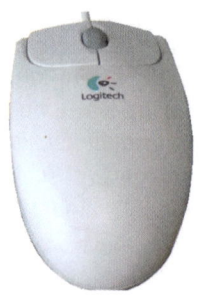

Eine Alternative zur Maus stellt der nebenstehend abgebildete sogenannte **Trackball** dar. Eine Kugel an der Oberseite des Trackballs lässt sich per Daumen drehen, um die Bewegungen der Maus zu simulieren. Ein Trackball ist von Vorteil, falls kein Platz für die Bewegungen der Maus vorhanden ist oder die Handhabung der Maus Probleme bereitet.

Bei Notebooks ist häufig eine auf Berührung reagierende Fläche (als **Touchpad** bezeichnet) in Tastaturnähe integriert. Bei diesem Mausersatz bewegen Sie den Zeigefinger über die Sensorfläche, um die Mausbewegungen nachzumachen. Die Tasten des Touchpads werden wie bei einer Maus benutzt.

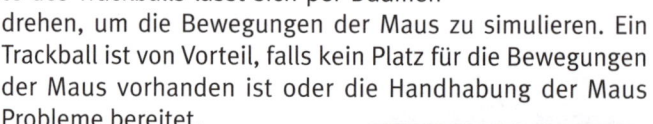

Hinweis

Es gibt auch Tastaturen mit eingebautem Touchpad oder Trackballs und es sind auch separate Touchpads mit USB-Anschluss für Desktop-Computer erhältlich. Diese Speziallösungen sind vorteilhaft, wenn der Platz sehr beengt ist oder falls motorische Beeinträchtigungen keine Verwendung von Maus und Trackball zulassen.

Tablet-PCs und All-In-One-Computer sind mit berührungsempfindlichen Bildschirmen (Touchscreens) ausgestattet. Dann erfolgt die Bedienung durch Berühren des Bildschirms.

Hinweise zu Druckern

Briefe oder andere Dokumente sowie Grafiken und Fotos lassen sich mit Druckern zu Papier bringen. Der Markt bietet eine Unmenge von Druckermodellen verschiedener Hersteller.

Kleine Gerätekunde

Im Privatbereich kommen vor allem **Tintenstrahldrucker** zum Einsatz. Ein Druckkopf spritzt dünne Tintentröpfchen auf das Papier. Diese Geräte sind recht preiswert und ermöglichen auch Farbdruck.

Hier sehen Sie einen Multifunktionsdrucker, der gleichzeitig auch scannen kann. Möchten Sie Papierabzüge von Fotos erstellen, greifen Sie zu sogenannten Fotodruckern, die spezielles Fotopapier mit farbiger Tinte bedrucken.

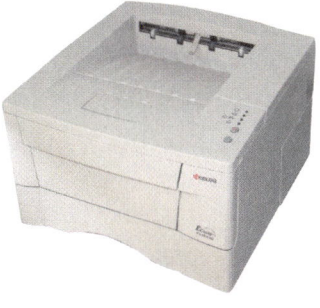

Im Büro bzw. im professionelleren Umfeld finden sich dagegen **Laserdrucker**. Ähnlich wie bei einem Kopierer werden Texte und Bilder mit Toner in Schwarz-Weiß oder in Farbe auf Papier fixiert. Farblaserdrucker sind aber in Bezug auf Anschaffung und Verbrauch (noch) teuer und ungeeignet für den Fotodruck.

Drucker unterscheiden sich hinsichtlich Leistungsfähigkeit und Preis. Die Tintenstrahldrucker sind in der Anschaffung recht preiswert. Was ins Geld geht, sind die Tintenpatronen mit integriertem Druckkopf. Gerade bei Farbdruckern müssen häufig zwei Farbpatronen (eine Patrone mit den drei Farben und eine Patrone mit der Farbe Schwarz) gewechselt werden. Bei speziellen Fotodruckern, die Fotopapier benutzen, können die Druckkosten pro Seite bereits einige Euro betragen. Günstiger wird es, wenn das Modell den Austausch einzelner leerer Farbpatronen erlaubt.

Wer auf geringe Druckkosten achtet und einen wischfesten Ausdruck wünscht, ist mit einem Laserdrucker in der Regel besser bedient. Solche Geräte werden bereits für unter 300 Euro angeboten, wobei nach oben preislich aber so gut wie keine Grenzen gesetzt sind. Hier ist darauf zu achten, was die Tonerkartuschen kosten und wie lange die sogenannte Belichtertrommel hält. So mancher »Billigdrucker« schlägt dann bei den Kosten für das Verbrauchsmaterial zu.

Tipp

Beim Kauf eines neuen Druckers muss man darauf achten, dass dieser auf den vorhandenen Computer abgestimmt ist. Es ist beispielsweise wichtig, dass dem Gerät ein Steuerprogramm (Treiber) für die auf Ihrem Computer vorhandene Windows-Version beiliegt. Zudem muss der Drucker auf die Anschlusstechnik (heute meist USB-Anschluss) Ihres Computers abgestimmt sein.

Weitere Peripheriegeräte

Neben Tastatur, Maus und Drucker können Sie weitere als **Peripherie** bezeichnete Geräte an den Computer anschließen. Ein Scanner ermöglicht es, Dokumente einzulesen, oder Fotos einer Digitalkamera können auf dem Computer weiterverarbeitet werden. Mit einer sogenannten Webcam (Webkamera) oder einer digitalen Videokamera (Camcorder) lassen sich sogar Videos aufzeichnen und am Computer bearbeiten. Der Zugang zum Internet ist per Modem, ISDN-Karte, UMTS-Stick oder DSL-Anschluss möglich. Auf diese Zusatzgeräte komme ich in den folgenden Kapiteln noch zu sprechen.

So sieht's innen im Computer aus

Vielleicht interessiert Sie das Innenleben eines Computers? Hier ganz kurz ein Überblick, den Einsteiger ja überblättern und bei Interesse oder Bedarf später nachlesen können.

Hier sehen Sie das geöffnete Gehäuse meines Computers. Neben einigen Kabeln sind **Steckkarten** und im Hintergrund die **Hauptplatine** (auch **Motherboard** genannt) mit dem Prozessor und weiteren Komponenten zu erkennen.

Die **Hauptplatine** weist die Kernkomponenten des Computers auf. Hier sehen Sie eine Abbildung einer solchen Hauptplatine (im ausgebauten Zustand).

Diese Platine enthält die zum Betrieb des Computers notwendigen Bausteine (auch **Chips** genannt). Rechts sehen Sie einen Sockel, in den der auch als **CPU** (steht für Central Processing Unit) bezeichnete Prozessor eingesetzt wird. Dieser **Prozessor führt** die **Rechenoperationen** bzw. Anweisungen im Computer **aus**. Unterhalb des CPU-Sockels finden sich die Module des **Arbeitsspeichers** (RAM, steht für Random Access Memory), in dem der Prozessor seine Daten ablegt. Der Inhalt des Arbeitsspeichers geht beim Ausschalten des Computers verloren. Der genaue Aufbau der Hauptplatine sowie die vorhandenen Komponenten unterscheiden sich von Hersteller zu Hersteller.

Kleine Gerätekunde

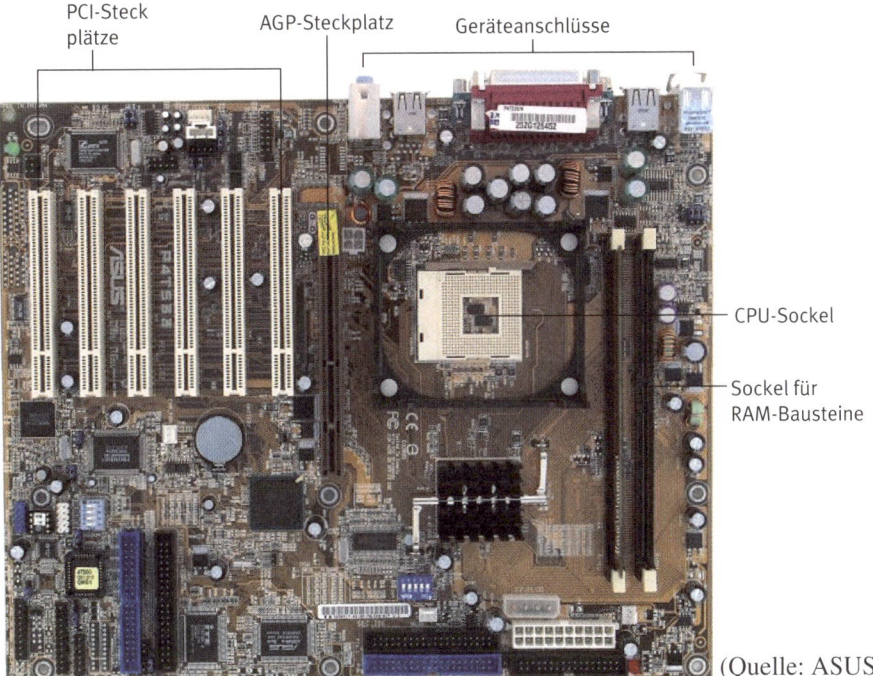

(Quelle: ASUS)

Techtalk

Computer lassen sich meist auch nachträglich **mit** zusätzlichem **Arbeitsspeicher aufrüsten**.

Sie müssen nur wissen, ob noch freie Sockel für die RAM-Module vorhanden sind und welchen Typ von Arbeitsspeicher der Computer benötigt (Hinweise dazu finden Sie im Handbuch der Hauptplatine).

Bei neueren Computern kommen DDR-RAMs (DDR steht für Double Data Rate) zum Einsatz. Sie können die Geräte im Fachhandel aufrüsten lassen oder die Speichermodule kaufen und ggf. selbst einbauen. Ziehen Sie vor jedem Öffnen des Gehäuses das Stromkabel vom Computer ab.

25

Kapitel 1

> Die Speichermodule lassen sich, wie hier gezeigt, in den Steckplatz auf dem Motherboard einsetzen. Das Modul ist in der vorgeschriebenen Richtung einzubauen und muss dabei in die Halterungen einrasten.
>
> Manche Hauptplatinen erfordern zwei Speichermodule pro Speicherbank (siehe Motherboard-Unterlagen). Vermeiden Sie beim Einbau statische Aufladungen, da diese die Bauteile zerstören können. Daher werden die Speichermodule in speziellen (antistatischen) Verpackungen verschickt. Fassen Sie mit einer Hand an das Metallgehäuse, um eine statische Aufladung abzuleiten. Hat der Einbau geklappt, erkennt der Computer beim nächsten Einschalten automatisch den neu eingebauten Speicher. Piept der Rechner beim Einschalten, wurde ein Fehler im Arbeitsspeicher oder in einem anderen Teil erkannt.

Die üblichen Hauptplatinen enthalten nicht alle im Computer benötigten Bauteile. Um beispielsweise Grafiken auf dem Bildschirm anzuzeigen, werden häufig Zusatzkarten (Steckkarten) in den Computer eingebaut.

Hier sehen Sie eine **Grafikkarte**, an die der Bildschirm angeschlossen werden kann. Im Vordergrund ist das Blech mit der Anschlussbuchse für den Monitor zu erkennen. Solche **Steckkarten** sind auf die passenden Stecker der auf der Hauptplatine vorhandenen **Steckplätze** aufzustecken.

Die Zahl der Steckplätze und deren Art hängen von der verwendeten Hauptplatine ab. Moderne Grafikkarten erfordern z. B. einen speziellen AGP- oder PCI-Express-Steckplatz, während andere Steckkarten für PCI-Steckplätze ausgelegt sind. Je mehr Steckplätze vorhanden sind, umso besser lässt sich der Computer später erweitern. Außerdem haben solche Adapterkarten den Vorteil, dass sich ggf. Komponenten austauschen lassen (z. B. wenn Sie eine bessere Grafikkarte für neue Spiele benötigen).

> **Techtalk**
>
> Zum Einbauen einer solchen Karte trennen Sie den Computer vom Stromnetz und öffnen dann das Gehäuse. Suchen Sie einen freien Steckplatz und entfernen Sie das Blindblech, mit dem die Gehäuseaussparung der Karte verdeckt ist. Drücken Sie die Steckkarte in den freien Steckplatz und fixieren Sie diese (entweder mit einer Schraube oder einem Bügel) am Anschlussblech.

Kleine Gerätekunde

Hier sehen Sie, wie eine Steckkarte in einen PCI-Steckplatz eingebaut ist. Die Kontakte der Steckkarte passen genau in die Buchse auf der Hauptplatine. Das Blech mit den Geräteanschlussbuchsen sitzt in einer Aussparung der Gehäuserückseite.

Nach dem Einbau der Steckkarte oder dem Anschließen eines Geräts müssen Sie noch einen Treiber (Steuerprogramm) installieren (Hinweise hierzu finden Sie in den Unterlagen zur Karte und in *Kapitel 12*).

Was sind Festplatten?

Zur Speicherung von Daten verwendet der Computer **Festplatten** (manchmal auch als **Harddisk-Drive** oder abgekürzt **HDD** bezeichnet). Das sind fest im Computer eingebaute Teile, auf denen die zum Betrieb des Computers notwendigen Programme sowie Dokumente (Briefe, Bilder etc.) hinterlegt sind. Die **Kapazität der Festplatte** (also wie viel darauf passt) **wird** mittlerweile in **Gigabyte gemessen**. Heutige Computer sind mit Festplattengrößen von 360 bis 1000 Gigabyte und mehr erhältlich. Ältere Systeme mit weniger als 40 Gigabyte Festplattenkapazität sind selbst im privaten Bereich kaum noch brauchbar (da aktuelle Windows-Versionen selbst bereits um die 10 Gigabyte Speicherplatz benötigen).

Techtalk

So funktioniert eine Festplatte

Hier sehen Sie eine Festplatteneinheit mit geöffnetem Gehäuse. Die Daten werden auf mehreren übereinander angeordneten und mit einem magnetischen Material beschichteten Aluminiumscheiben gespeichert. Die magnetisch beschichteten Oberflächen der Metallscheiben rotieren an einem Schreib-Lese-Kopf vorbei.

(Quelle: Western Digital Corporation)

Dieser Schreib-Lese-Kopf magnetisiert (ähnlich wie bei Musikkassetten) die Magnetschicht und schreibt dadurch Daten auf die Festplatte. Beim Lesen werden die magnetisierten Bereiche der Oberfläche durch den Lesekopf abgetastet. Um die Daten gezielt speichern und lesen zu können, wird das Speichermedium in bestimmte Bereiche organisiert, die mit besonderen Begriffen belegt sind.

Durch die radiale Führung der Schreib-Lese-Köpfe und die rotierenden Aluscheiben bewegen sich die Köpfe in konzentrischen Kreisen über der magnetischen Oberfläche.

Die konzentrisch auf der Oberfläche des Mediums verlaufenden Kreise mit den Daten werden auch als **Spuren** bezeichnet. Eine **Spur** wird zusätzlich (wie bei einer geschnittenen Torte) in **Sektoren** unterteilt. Diese Sektoren enthalten die eigentlichen Daten. Die innen liegenden Sektoren sind dabei etwas kürzer als die Sektoren der äußeren Spuren. Eine auf mehrere übereinanderliegende Oberflächen projizierte Spur lässt sich als eine Art **Zylinder** sehen.

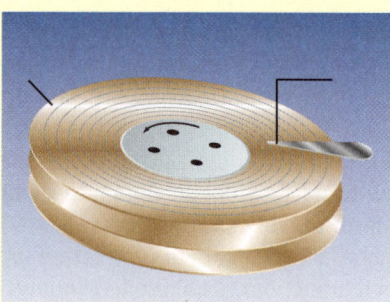

Zur Kapazitätssteigerung werden drei, vier oder mehr beidseitig beschichtete Aluminiumscheiben übereinandermontiert. Ein beweglicher Arm nimmt entsprechend sechs, acht und mehr Schreib-Lese-Köpfe auf, d. h., mit einer Bewegung können gleichzeitig alle Oberflächen abgetastet werden.

Die Speicherkapazität einer Festplatte wird dann durch die Zahl der Zylinder, durch die Zahl der Spuren pro Oberfläche, durch die Zahl der Sektoren pro Spur und durch die Datendichte eines Sektors bestimmt.

Zur besseren Verwaltung werden häufig mehrere benachbarte Sektoren zu sogenannten **Clustern** zusammengefasst. Wenn Ihnen diese Begriffe zukünftig einmal begegnen, wissen Sie, was sich dahinter verbirgt.

Üblicherweise besitzen Computer nur eine Festplatte. Bei Bedarf lassen sich aber weitere Festplatten einbauen oder über USB-Kabel anschließen. Diese Festplatten werden dann im Computer als zusätzliche **Laufwerke** angezeigt (siehe auch *Kapitel 3*). Gelegentlich unterteilt man aber eine Festplatte mit sehr großer Kapazität zur besseren Organisation auch schon mal in mehrere Bereiche. Dies wird von den Experten als **Partitionieren** bezeichnet. Der Computer zeigt Ihnen auch in diesem Fall mehrere Laufwerke an, obwohl nur eine Festplatte eingebaut ist.

Was ist das?

Bei Netbooks kommen mitunter auch sogenannte **Solid State Disks** (SSDs) zum Einsatz. Das sind elektronische Bauteile, die Daten ähnlich wie Festplatten speichern, aber keine mechanischen Teile aufweisen. Dadurch werden die Geräte sehr unempfindlich gegen Stöße. Nachteil der SSDs ist aber der hohe Preis und die beschränkte Lebensdauer von ca. 100.000 Schreibvorgängen auf die Speicherzellen.

Laufwerke für Wechseldatenträger

Neben den direkt im Computer eingebauten Festplatten verfügen die Geräte über weitere **Laufwerke**, die **auswechselbare Speichermedien** aufnehmen können. Musik, Fotos, Videos oder Programme können auf CDs, DVDs oder BDs (Blu-ray Discs) gespeichert sein. Um diese Medien zu lesen, muss ein optisches Laufwerk (DVD- oder BD-Laufwerk) im Computer eingebaut sein.

Techtalk
Wie funktionieren optische Laufwerke?

Wenn Sie eine CD, DVD oder BD in ein Laufwerk einlegen, kann dieses die darauf gespeicherten Daten lesen. Die Daten werden bei der Herstellung des optischen Speichermediums spurweise als Muster in Form kleiner Vertiefungen in der verspiegelten Datenträgerschicht aufgebracht.

Die im Laufwerk eingelegte CD/DVD/BD wird durch einen Motor in Rotation versetzt. Zum Lesen des Mediums tastet ein Laserstrahl die Datenträgerschicht durch die transparente Kunststoffbeschichtung ab. Der zurückgeworfene Laserstrahl wird durch eine Fotodiode ausgewertet. Die Muster der Datenspur bewirken unterschiedliche Intensitäten des empfangenen Signals.

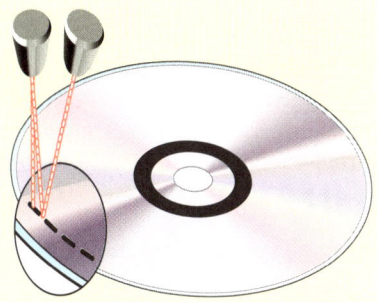

Aus diesen Intensitätsschwankungen kann die Elektronik des Laufwerks die ursprünglichen Daten berechnen. Je schneller das Medium im Laufwerk rotiert, umso schneller kann der Computer auch die Daten lesen. Daher werden DVD-Laufwerke und -Brenner in Geschwindigkeitsklassen (8-fach, 16-fach etc.) unterteilt.

Moderne Computer sind häufig mit Laufwerken ausgestattet, mit denen sich die in Digitalkameras benutzten Speicherkarten auslesen lassen.

Es sind aber auch, wie hier gezeigt, externe Laufwerke verwendbar. Hier wird eine CompactFlash-Speicherkarte (mit dem Label nach oben, Kontaktleiste voran) in den Schlitz des betreffenden Laufwerks bis zum Einrasten eingeschoben. In weiteren Schlitzen können andere Medien wie SD-Speicherkarten gelesen werden.

> **Hinweis**
>
> Zum Sichern und zum Transport von Daten zwischen Computern kommen auch sogenannte USB-Memory-Sticks mit 1 GByte oder mehr Speicherkapazität zum Einsatz.
>
>
>
> Es handelt sich dabei um spezielle Speicher, die in eine USB-Anschlussbuchse des Computers eingesteckt und in Windows als externes Wechseldatenträgerlaufwerk angezeigt werden.

Auf Wechseldatenträgern wie Speicherkarten oder USB-Sticks können Sie beispielsweise Programme, einen Brief, Fotos, Musik, Videos oder andere Dokumente speichern. Die Medien lassen sich aus dem Laufwerk entnehmen, in einem Archiv aufbewahren, an Dritte weitergeben oder in einem anderen Computer einlesen.

Welche Software brauche ich?

Auf den vorhergehenden Seiten wurde nur **Hardware**, also die **sichtbaren** und **anfassbaren Teile** des Computers wie Zentraleinheit, Tastatur, Monitor, Maus, Drucker etc., vorgestellt. Damit sich etwas Sinnvolles mit dem Computer anfangen lässt, benötigen Sie noch **Programme**, die auch mit dem **Sammelbegriff Software** bezeichnet werden.

Was ist das?

Programme enthalten Anweisungen, die dem Computer mitteilen, was er tun soll. Diese Programme werden meist auf der Festplatte des Computers gespeichert. Medien wie CDs oder DVDs können ebenfalls Software enthalten.

Bei Software unterscheidet man zwei Kategorien:

- Der Rechner selbst muss mit einem **Betriebsprogramm**, allgemein als **Betriebssystem** bezeichnet, ausgestattet sein. In der Regel werden neue Computer vom Hersteller mit **Microsoft Windows** ausgeliefert. Alternativ kann Linux als Betriebsprogramm verwendet werden.
- Zusätzlich brauchen Sie noch einige **Anwendungsprogramme**, die Ihnen Funktionen zum Schreiben von Texten, zum Surfen im Internet, zum Ansehen oder Bearbeiten von Fotos und Bildern, zum Abspielen von Musik, zum Ansehen von Videos etc. bieten.

Nun stellt sich die Frage, welche Software Sie wirklich benötigen und welche Programme vielleicht nur teure Spielereien sind.

Windows als Betriebssystem

Das Betriebssystem Microsoft Windows gibt es in verschiedenen Versionen, die durch eine Kennung (z. B. Windows XP, Windows Vista, Windows 7) unterschieden werden. Weiterhin stehen die einzelnen Windows-Versionen noch in unterschiedlichen Varianten für den privaten (z. B. Home Premium) oder den geschäftlichen (z. B. Professional) zur Verfügung. In diesem Buch wird ausschließlich das beim Schreiben aktuelle **Windows 7 Home Premium** als Basis benutzt.

Windows bietet eine Reihe von Funktionen, um den Inhalt von Festplatten oder Wechseldatenträgern (z. B. CDs/DVDs) anzusehen oder zu bearbeiten. Selbst einfache Programme zum Schreiben von Texten oder zum Bearbeiten von Grafiken gibt es. Auch Programme zum Hören von Musik, zum Ansehen von Videos oder zum Surfen im Internet sind in Windows 7 enthalten.

Anwendungsprogramme – ein Überblick

Falls Sie spezielle Anforderungen an den Computer haben, benötigen Sie auf diese Aufgaben zugeschnittene Programme, die Sie in der Regel zusätzlich kaufen müssen. Geräten wie Druckern, Scannern oder Digitalkameras ist häufig eine CD/DVD mit kostenlosen Zusatzprogrammen zur Grafikbearbeitung, zum Faxen, zum Kopieren etc. beigelegt. Auch auf den in vielen Computerzeitschriften enthaltenen CDs oder DVDs finden sich meist kostenlose Software oder Demoprogramme. Diese Programme verwandeln den Computer in ein universelles Arbeitsgerät.

Kapitel 1

Im Bürobereich hat die alte Schreibmaschine mittlerweile ausgedient. Der Computer ist als Helfer in die Büros eingezogen und die Geräte lassen sich auch im Privatumfeld für ähnliche Aufgaben einsetzen. Mit den richtigen Programmen lässt sich das Schreiben von Briefen, das Erstellen von Rechnungen, das Verwalten von Terminen, das Vorbereiten von Präsentationen usw. schnell erledigen.

Für die Aufgaben im Bürobereich kommen meist sogenannte **Office-Programme** zum Einsatz. Mit dem Produkt **Microsoft Office** erhalten Sie vom gleichen Hersteller, der auch Windows vertreibt, eine Sammlung von Programmen, die fast alles bieten, was das Herz begehrt:

- **Microsoft Word** ist ein **Textverarbeitungsprogramm**, das vom Schreiben eines Briefs über die Gestaltung von Einladungen bis hin zum Verfassen ganzer Broschüren, Bücher oder wissenschaftlicher Arbeiten (fast) alles ermöglicht. Das Ihnen vorliegende Buch wurde beispielsweise mit diesem Programm geschrieben.

- Um Berechnungen wie Kassenbuch, Abrechnungen, Umsatzstatistik, Reisekosten, PKW-Kosten und Ähnliches zu automatisieren, kommen **Tabellenkalkulationsprogramme** zum Einsatz. In diesen Programmen werden alle Zahlen und Berechnungsformeln in ein Tabellenblatt eingetragen. Das Programm kann dann automatisch wiederkehrende Berechnungen ausführen. **Microsoft Excel** ist ein solches in Microsoft Office enthaltenes und recht verbreitetes Programm.

- Weiter enthält Microsoft Office in einigen Paket-Versionen noch das Datenbankprogramm **Access** (zur Verwaltung großer Datenbestände wie Warenmengen, Adressen etc.). Das Office-Programm **Outlook** dient zur Verwaltung von Terminen, Notizen, Kontakten und E-Mails. Zudem sind in Office Grafikprogramme bzw. Präsentationsprogramme wie **PowerPoint** dabei.

Auf einige der Funktionen gehe ich in *Kapitel 7 und 8* ein. Microsoft Office existiert in verschiedenen Versionen, wobei ich in diesem Buch auf die aktuelle Version **Microsoft Office 2010** eingehe.

> **Hinweis**
>
> Als Alternative zu Microsoft Office gibt es auch das kostenlose Büropaket OpenOffice.org, welches von der Internetseite *http://de.openoffice.org* heruntergeladen werden kann. Neben den im Handel angebotenen Programmen lässt sich Software häufig auch direkt aus dem Internet herunterladen und installieren. Die Angebote werden dabei oft in die beiden Kategorien **Shareware** und **Freeware** unterteilt. Bei Shareware erteilt Ihnen der Programmentwickler die Erlaubnis, das Produkt für eine gewisse Zeit zu testen. Nutzen Sie das Programm weiter, müssen Sie sich für einen meist geringen Betrag registrieren lassen. Freeware ist dagegen kostenlos nutzbar. **OpenSource** ist dabei eine spezielle Variante kostenloser Software, die durch Entwicklergemeinschaften erstellt und angeboten wird. Gelegentlich hört man auch noch den Begriff **Adware**. Dabei handelt es sich um werbefinanzierte Software, die entweder Werbung einblendet oder Ihre E-Mail-Adresse an Internetanbieter weitergibt.

Ratgeber Computerkauf

Falls Sie sich einen neuen Computer zulegen möchten, gilt es zwischen den verschiedenen Angeboten auszuwählen. Vom Fachhandel über Elektronikketten bis hin zu (Lebensmittel-)Discountern werden solche Geräte angeboten. In seinen Anzeigen wirbt der Handel mit allerlei Fachbegriffen und Ausstattungsdetails. Für den Verbraucher gilt es, den Überblick zu behalten und die Angebote zu vergleichen.

Das ist trotz des gelegentlich benutzten »Computer-Chinesisch« eigentlich nicht so schwer. Schauen Sie sich einmal den Ausriss dieser Anzeige an.

Auch wenn die Anzeige auf den ersten Blick stellenweise etwas kryptisch erscheint, sollten Sie gelassen bleiben. Ziehen Sie einfach jene Angaben heraus, die Ihnen etwas bringen oder wichtig sind. Ich habe nachfolgend einmal die betreffenden Angaben aus dem Anzeigentext fett hervorgehoben:

- **Microsoft-Betriebssystem Windows 7:** Der Computer ist also mit dem aktuellen Windows 7 ausgestattet, wobei statt der 32-Bit- die 64-Bit-Version des für Privatanwender gedachten **Home Premium** verwendet wird. Für Geschäftsanwender sollte dagegen eher die **Professional**- oder **Ultimate**-Variante eingesetzt werden.

- **Intel® Pentium® Dual-Core-E5400-Prozessor (2,70 GHz):** In jedem Computer muss ein **Prozessor** (der eigentliche Rechenchip, auch als CPU bezeichnet) eingebaut sein. Bei Windows-Computern kommen im Wesentlichen CPUs des Herstellers Intel oder der Firma AMD zum Einsatz. Manche Prozessorchips besitzen auch zwei oder vier Rechenkerne und tragen dann den Zusatz »Dual Core« oder »Quad-Core« im Namen. Die Angabe **2,70 GHz** spezifiziert die **Taktrate des Prozessors**, also seine Geschwindigkeit. Der in der Anzeige angegebene Wert ist für heutige Rechner eigentlich nichts Besonderes mehr. Je höher die Taktrate ist und umso mehr Prozessorkerne vorhanden sind, umso schneller kann der Computer arbeiten.

- **4 GByte DDR3 RAM:** Das System ist mit dieser **Arbeitsspeichergröße** ausgestattet. Bei einem 32-Bit-Windows wäre dies der größtmögliche Arbeitsspeicherausbau. Bei 64 Bit sind 4 Gbyte Arbeitsspeicher Anfang 2010 der Standard. Das Kürzel **DDR3-RAM** steht für **D**ouble **D**ata **R**ate **RAM**, was Sie aber an dieser Stelle nicht wirklich interessieren muss (diese Information benötigen Sie lediglich, wenn Sie zusätzlichen Speicher selbst nachrüsten möchten).
- **1-TB-SATA-Festplatte:** Der Rechner enthält eine Festplatte mit einer Kapazität von 1000 Gigabyte (selbst zur Speicherung von Videos ausreichend). Das Kürzel SATA sagt dem Insider, wie die Festplatte im Computer angeschlossen wird, was Sie aber nicht zu interessieren braucht.
- **DVD+/-RW Drive:** Im Computer ist ein DVD-Laufwerk eingebaut, welches sich zum Lesen und Beschreiben von CDs bzw. DVDs einsetzen lässt. Aktuell legt der Händler hier noch eine Brennsoftware zum Erstellen eigener CDs bzw. DVDs bei. Dies ist aber nicht wirklich von Vorteil, da Windows 7 diese Funktionen beherrscht und ggf. kostenlose Brennprogramme erhältlich sind.
- **Nvidia® GeForce G310-Grafikkarte mit 512 MB:** Der Rechner enthält eine **Grafikkarte** des Herstellers Nvidia. Alternativ werden in manchen Computern Grafikkarten des Herstellers ATI eingebaut. Die Grafikkarte besitzt selbst nochmals 512 MB Arbeitsspeicher, was ausreichend, aber nichts wirklich Besonderes ist.

Oft ist in der Anzeige noch angegeben, welche Tastatur der Rechner besitzt und ob er mit einer Maus, einem Bildschirm oder Zusatzsoftware ausgeliefert wird. Bei Desktop-Computern kommen zwischenzeitlich fast ausschließlich Flachbildschirme (TFT-Monitore) zum Einsatz. Eine Angabe der Art **100 Mbit Netzwerkanschluss, DSL ready**, in einem Prospekt besagt, dass der Computer mit einer Netzwerkanschlussbuchse vorgerüstet ist. Er lässt sich per Kabel mit einem anderen Computer zu einem Netzwerk verbinden. Alternativ kann ein schneller DSL-Internetzugang angeschlossen werden. Mit der Angabe **7.1 HD Audio-Chip** ist die **Soundausgabe** mit Dolby Digital 7.1-Unterstützung (8-Kanal-Ton) gemeint, die bereits **auf** der **Hauptplatine** vieler Computer vorhanden ist.

> **Hinweis**
> Wird bei Windows oder der Software das Kürzel **OEM** angegeben? Dieses steht für **O**riginal **E**quipment **M**anufacturer und besagt, dass die Programmpakete nur in Verbindung mit einem Rechner für diesen Preis ausgeliefert werden dürfen (regulär sind die Programme wesentlich teurer). Eine Recovery DVD bei Windows 7 weist darauf hin, dass sich das System mithilfe dieser CD/DVD in den Auslieferungszustand zurücksetzen lässt. Das ist hilfreich, falls der Computer wegen defekter Software einmal streikt. Manche Hersteller liefern auch die Installations-DVD für Windows 7 mit. Andere Hersteller installieren dagegen ein Sicherungsprogramm, mit dem sich der Anwender diese Installations-DVD bei der ersten Inbetriebnahme selbst brennen kann. Nähere Angaben finden Sie in den Geräteunterlagen.

Sie sehen, es ist alles gar nicht so schwierig, oder? Wenn Sie zukünftig PC-Anzeigen studieren, ziehen Sie die Ihnen verständlichen Angaben heraus und vergleichen dann die Geräte und Preise. Sie bekommen schnell eine grobe Vorstellung, welche Ausstattung Ihr Computer haben soll. Dann können Sie Geräte, die die Anforderungen erfüllen, preislich vergleichen.

Viele Computerzeitschriften testen regelmäßig aktuell angebotene Systeme und bewerten diese. Kaufen Sie ggf. ein solches Heft (z. B. *Computer Bild* oder *Stiftung Warentest*) und lesen Sie die Bewertungen nach.

Das sollte ein neuer Computer können

Möchten Sie sich einen Computer zulegen? Der Handel bietet Komplettangebote, wobei es durchaus ordentlich ausgestattete Computer im Preisbereich um die 400 Euro gibt. Notebooks kosten bei vergleichbarer Leistung meist 100 bis 200 Euro mehr. Nach oben sind Ihnen natürlich keine Grenzen gesetzt. Zu dem oben genannten Preis kommen dann noch die Kosten für Drucker, Bildschirm etc. hinzu. Zur groben Orientierung finden Sie in der folgenden kleinen Tabelle einige Anhaltspunkte für die Ausstattung eines neuen Computers.

Komponente	Desktop-System	Notebook
Prozessor	2,5 GHz Dual-Core oder besser	2,0 GHz Single-Core oder besser
Arbeitsspeicher	4 GByte RAM oder mehr	3–4 Gbyte RAM
Festplatte	1000 Gigabyte	360 Gigabyte oder mehr
Optisches Laufwerk	DVD+/–RW- oder BD-Brenner	DVD+/–RW-Brenner
Betriebssystem	Windows 7 Home Premium (32 oder 64 Bit)	Windows 7 Home Premium (32 oder 64 Bit)
Bildschirmgröße	Flachbildschirm mit einer Bildschirmdiagonale ab 50,8 cm (20 Zoll)	Bildschirmdiagonale mindestens 39,6 cm (15,6 Zoll), Display unverspiegelt

Bedenken Sie aber, dass sich die Gerätetechnik weiterentwickelt und die obigen Angaben mit der Zeit überholt sein können. Achten Sie beim Gerätekauf darauf, dass der Computer mindestens vier **USB-Anschlüsse** aufweist (siehe unten und *Kapitel 10*). Wer Digitalkameras oder digitale Camcorder für Videoaufnahmen benutzt, sollte darauf achten, dass der Rechner Leseeinheiten für Speicherkarten sowie Ein- und Ausgänge für Videosignale (z. B. FireWire-Anschluss) aufweist.

> **Hinweis**
>
> Noch ein paar Bemerkungen zur Verwendung eines 32- oder 64-Bit-Windows 7. Die 32-Bit-Variante besitzt gewisse Vorteile, wenn ältere 32-Bit-Programme und -Gerätetreiber eingesetzt werden müssen. Nachteilig ist die Begrenzung des nutzbaren Arbeitsspeichers auf maximal 4 GByte. Eine 64-Bit-Version von Windows 7 hat diese Arbeitsspeicherbegrenzung nicht und Sie können auch weiterhin 32-Bit-Windows-Programme betreiben. Allerdings laufen ältere 16-Bit-Programme (z. B. Word 97, Ami Pro etc.) sowie 32-Bit-Gerätetreiber nicht unter einem 64-Bit-Windows. Anfang 2010 wurden aber bereits die meisten Computersysteme mit einer 64-Bit-Version von Windows 7 ausgeliefert. Achten Sie dann lediglich darauf, dass der Händler für alle Komponenten des Computers 64-Bit-Treiber beilegt, und recherchieren Sie, ob die Hersteller ggf. vorhandener älterer Peripheriegeräte wie Drucker, Scanner etc. diese mit 64-Bit-Treibern für Windows 7 unterstützen. Andernfalls lassen sich diese Geräte nicht weiter verwenden.

Inbetriebnahme – ganz einfach

Wenn Sie einen neuen Computer gekauft haben, müssen Sie diesen auspacken und in Betrieb nehmen. Sofern es sich um ein Desktop-System handelt, kommt noch das Anschließen der Einzelgeräte am Rechner hinzu.

Nach dem Auspacken sollten Sie vor dem Installieren alle Teile auf Vollständigkeit kontrollieren. In der Regel liegt den Geräten eine Packliste bei, auf der die Komponenten wie Tastatur, Kabel etc. abgehakt werden können.

> **Tipp**
>
> Falls Sie den Computer einmal an einem anderen Standort aufstellen müssen, merken oder **notieren** Sie sich die **Zuordnung der Kabel zu** den **Steckbuchsen** am Computer. Ganz wichtig: Verschieben Sie niemals einen eingeschalteten und in Betrieb befindlichen Computer an eine andere Stelle. Die dabei auftretenden Erschütterungen und Stöße können die Festplatte schädigen.

Verkabelung – (k)ein Buch mit sieben Siegeln

Nach dem Auspacken stellen Sie die Hauptkomponenten (Bildschirm, Zentraleinheit, Drucker etc.) des Systems an der gewünschten Stelle auf. Achten Sie aber darauf, dass die Rückseite des Computers mit den Anschlussbuchsen noch zugänglich bleibt. Anschließend heißt es, den »Kabelsalat« zu entwirren und die richtigen Stecker der Zusatzgeräte mit den zugehörigen Anschlussbuchsen zu verbinden. Aber das Ganze ist eigentlich nicht sonderlich schwer und ziemlich narrensicher.

Inbetriebnahme – ganz einfach

Die einzelnen Geräte wie Tastatur, Maus, Bildschirm etc. sind mit Datenkabeln und Steckern versehen, die in die entsprechenden Anschlussbuchsen des Computers einzustöpseln sind. Welche Steckbuchsen genau am PC vorhanden sind, hängt vom Modell ab. Hier sehen Sie die Gehäuserückseite eines neueren PC mit verschiedenen Anschlussbuchsen.

Die Gehäuserückseite enthält eine Platte mit den Buchsen zum Anschluss der wichtigsten Peripheriegeräte wie Maus, Tastatur oder Drucker. Die einzelnen Buchsen sind meist durch Symbole gekennzeichnet.

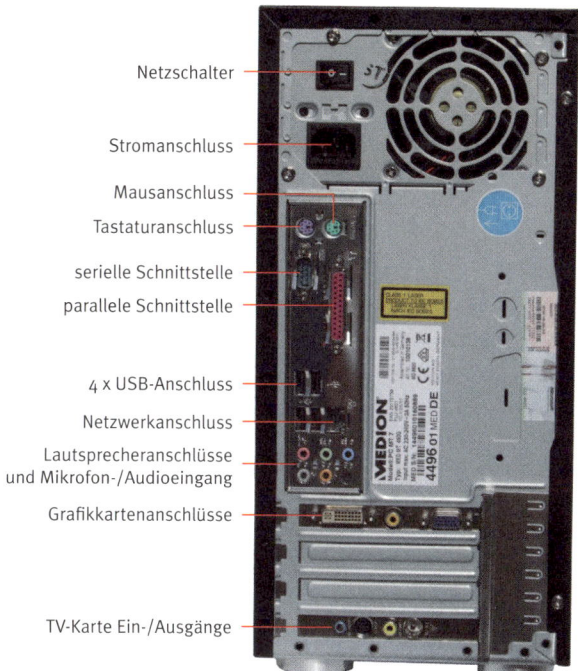

Netzschalter
Stromanschluss
Mausanschluss
Tastaturanschluss
serielle Schnittstelle
parallele Schnittstelle
4 x USB-Anschluss
Netzwerkanschluss
Lautsprecheranschlüsse und Mikrofon-/Audioeingang
Grafikkartenanschlüsse
TV-Karte Ein-/Ausgänge

- Die zwei runden **PS/2-Buchsen** älterer Computer am linken Rand dienen zum **Anschluss von Tastatur** und **Maus**. Oft sind die Buchsen und Stecker farbig markiert (Maus grün, Tastatur violett).

- Über die **USB-Anschlussbuchsen** des Rechners können Geräte (Scanner, Kameras, Drucker, moderne Mäuse bzw. Tastaturen etc.) angeschlossen werden.

- Die längliche 25-polige Subminiaturbuchse ist für die **Parallelschnittstelle des Druckers** vorgesehen. Eine 9-polige Subminiaturbuchse mit Stiften stellt eine **serielle Schnittstelle** bereit. Beide Schnittstellen werden mittlerweile kaum noch verwendet, da die meisten Geräte einen USB-Anschluss aufweisen.

- Die **runden Buchsen** am unteren Ende des Anschlussfelds **gehören zur Soundkarte** und ermöglichen den **Anschluss** von **Lautsprechern** und **Mikrofon** bzw. Audioeingangssignalen. Achten Sie darauf, dass Sie nicht irrtümlich den Lautsprecher an der Mikrofonbuchse anschließen (die Mikrofonbuchse ist meist rot gefärbt). Je nach verwendeter Technik sind zwei Stereo- oder sechs Lautsprecher (5.1-Surround-System) und mehr anschließbar (siehe *Kapitel 10*).

Kapitel 1

> **Hinweis**
>
> Sieht die Geräterückseite bei Ihrem neu erworbenen Computer ganz anders aus? Besitzt Ihre Tastatur oder Maus einen anderen Stecker? Moderne Rechner weisen oft nur 6 oder mehr USB-Buchsen zum Anschluss von Tastatur, Maus oder anderen Geräten auf. Zum Anschluss älterer Mäuse oder Tastaturen an USB- oder PS/2-Buchsen gibt es im Fachhandel Adapterstecker. Auch bei Notebooks kommen meist nur noch USB-Buchsen zum Geräteanschluss zum Einsatz.

Neben diesem »Anschlussfeld« besitzen die meisten Desktop-Computer an der Gehäuserückseite noch einen Bereich mit den Anschlussbuchsen der Erweiterungskarten. Ist eine Grafikkarte eingebaut, kann diese die hier rechts gezeigte VGA-Buchse zum Anschluss des Monitors aufweisen. Auf diese Buchse passt daher nur der sogenannte **VGA-Stecker** des Bildschirmkabels.

Je nach Grafikkarte kann das Anschlussblech auch noch eine DVI-Buchse (hier links im Bild) zum Anschluss digitaler Anzeigegeräte (Beamer, LCD-Bildschirm etc.) und/oder die hier gezeigte, mittlere, HDMI-Buchse zum Anschluss eines Fernsehgeräts aufweisen. Ältere Grafikkarten weisen u. U. statt der HDMI-Buchse die (hier unten in der Mitte sichtbare) runde S-Video-Buchse auf.

Über ein spezielles S-Video-zu-SCART-Adapterkabel kann der Computer dann ebenfalls mit dem Fernsehgerät verbunden werden. Sie können anschließend das DVD-Laufwerk des Computers zum Abspielen von DVDs verwenden und den über HDMI- und S-Video-Kabel angeschlossenen Fernseher zur Anzeige verwenden.

> **Tipp**
>
> Verwenden Sie wegen der besseren Bildqualität die DVI-Buchse, sofern vorhanden, zum Anschluss eines Flachbildschirms. Moderne Flachbildschirme können auch per HDMI mit dem Computer verbunden werden. Bei Flachbildschirmen mit eingebauten Lautsprechern finden Sie zudem noch eine grüne Buchse zum Anschluss eines Audiokabels an die Soundausgänge des Computers. Besitzen Sie nur einen älteren Röhrenmonitor mit VGA-Kabel, der Rechner enthält aber nur eine DVI-Buchse? Für DVI-Buchsen gibt es auch Adapter, um die VGA-Stecker eines Bildschirmkabels anzuschließen.

Inbetriebnahme – ganz einfach

> Wenden Sie auf keinen Fall Gewalt an, wenn ein Stecker nicht leicht in eine Buchse passt. Bei den runden PS/2-Steckern muss eine ganz bestimmte Lage eingehalten werden, damit die im Stecker befindliche Kodierung auf die Buchse passt (notfalls den Stecker vorsichtig im bzw. entgegen dem Uhrzeigersinn drehen, bis die Kodierung zur Buchse passt). Sie sollten alle Stecker, die Schrauben aufweisen, am Gehäuse fixieren. Das verhindert, dass sich die Stecker beim Bewegen des PC versehentlich lösen und zu Fehlern führen. Gerade die Stifte des Monitorsteckers sind so dünn, dass sie leicht verbiegen oder abbrechen.

Ist eine TV-Empfangskarte im Computer eingebaut, findet sich mindestens eine Buchse für den Antenneneingang.

Der Anschluss von USB-Geräten

Um die Zahl verschiedener Buchsen und Stecker zum Geräteanschluss zu reduzieren, sind moderne Computer und Notebooks mit mehreren **USB-Anschlussbuchsen** ausgestattet. **USB steht für Universal Serial Bus**, also eine universelle Leitung (Bus), an die sich mehrere Geräte seriell anschließen lassen. USB-Schnittstellen bieten den angeschlossenen Geräten in begrenztem Umfang zusätzlich eine Stromversorgung und erlauben eine schnellere Datenübertragung als serielle Schnittstellen.

Die Kabel dieser Geräte sind bereits mit **USB-Steckern** versehen, die nur noch in die **USB-Buchsen** einzustöpseln sind. Es kann eigentlich nicht viel schiefgehen, da nur ein Typ für die USB-Buchsen des Computers existiert.

Beim Kauf von USB-Kabeln sollten Sie aber darauf achten, ob das zweite Ende einen USB-Stecker vom Typ A oder einen Mini-USB-Stecker vom Typ B (Letzterer wird häufig bei Digitalkameras und Lesegeräten benutzt) aufweist.

Ein großes Plus der **USB-Technik** gegenüber den anderen Anschlusstechniken: Sie **ermöglicht es, Geräte während des laufenden Rechnerbetriebs anzuschließen oder zu entfernen**. Der Computer erkennt das und bindet das Gerät automatisch ein bzw. meldet es wieder ab – nur beim ersten Anschließen eines Geräts fordert Windows zur Installation eines **Gerätetreibers** (des Steuerprogramms für das Gerät) auf. Bei zu kurzen USB-Kabeln können Sie im Handel Verlängerungen bekommen. Sind keine USB-Buchsen mehr frei, können Sie Verteilerstationen (**USB-Hubs**) verwenden. Dabei führt ein Kabel vom USB-Anschluss des PC zur Verteilerstation (**USB-Hub**). Die Verteilerstation bietet dann vier neue USB-Buchsen für weitere Geräte.

Kapitel 1

> **Achtung**
>
> Manche Peripheriegeräte wie z. B. Festplatten benötigen ziemlich viel Strom. Funktioniert ein solches Gerät beim Anschluss an einen USB-Hub nicht, probieren Sie den direkten Anschluss an eine USB-Buchse des Computers. Klappt das auch nicht, benötigt das Gerät entweder eine eigene Stromversorgung oder es ist an einen aktiven USB-Hub mit eigener Stromversorgung anzuschließen.

Moderne PCs bieten meist USB-Anschlüsse auf der Vorder- und Rückseite. Sie können also tragbare Geräte wie eine Digitalkamera im laufenden Betrieb sehr leicht anstöpseln, ohne umständlich an der PC-Rückseite herumfummeln zu müssen. Eine USB-Maus, ein USB-Drucker oder ein USB-Modem etc. bleibt dagegen dauerhaft mit dem PC verbunden, wird also an der Geräterückseite in eine freie USB-Buchse eingestöpselt.

> **Hinweis**
>
> Hier sehen Sie ein Anschlussfeld an der Vorderseite, welches zwei USB-Buchsen (rechts) aufweist.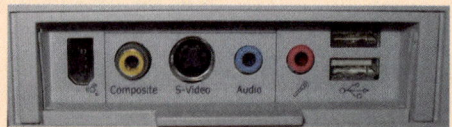
>
> Neben den beiden USB-Anschlüssen ist ganz links noch die Buchse einer sogenannten **FireWire-Schnittstelle** (auch als IEEE 1394 bzw. bei Apple als **iLink** bezeichnet) zum Anschluss von digitalen Videokameras (Camcorder) oder externen Laufwerken vorhanden. Die FireWire-Schnittstelle benutzt einen leicht modifizierten Stecker und ermöglicht noch höhere Übertragungsraten als USB 2.0. Allerdings verliert die IEEE 1394-Schnittstelle mit Einführung von USB 3.0 im Windows-Bereich an Bedeutung.
>
> Die in der obigen Abbildung gezeigten runden Buchsen dienen zum Anschluss von Stereo- und TV-Geräten zur Musik- und Bildaufzeichnung (siehe *Kapitel 10*). Bei der USB-Schnittstelle gibt es die ältere Version 1.1 und die schnellere 2.0-Variante und die neueste Version 3.0. Achten Sie darauf, dass neuere Geräte die USB 2.0-Anschlusstechnik unterstützen. Betreiben Sie niemals USB 1.1- und USB 2.0-Geräte gemeinsam an einem USB-Hub, da dies die Übertragungsgeschwindigkeit auf den langsamen USB 1.1-Standard reduziert. Für USB 3.0 gilt sinngemäß das Gleiche, wobei Geräte mit USB 3.0-Unterstützung Anfang 2010 noch kaum zur Verfügung standen.
>
> Manche Computer weisen an der Gehäuserückseite auch noch eine eSATA-Buchse auf. SATA ist die schnelle Datenverbindung für Festplatten, eine eSATA-Buchse ermöglicht also den Anschluss externer SATA-Festplatten.

> Ältere **Drucker** werden teilweise über eine sogenannte **Parallelschnittstelle** (auch schon mal als Centronics-Schnittstelle bezeichnet), seltener über eine **serielle Schnittstelle** mit dem Computer verbunden. Sie benötigen dann ein sogenanntes paralleles Druckerkabel, welches an einem Ende einen (Centronics-)Stecker aufweist, der nur an den Drucker passt. Der Rechner muss dann einen parallelen Druckerausgang aufweisen, um den zweiten Stecker des Kabels anschließen zu können. Ältere Geräte mit serieller Schnittstelle müssen über ein serielles Datenkabel mit der seriellen Anschlussbuchse des Rechners verbunden werden. Die Stecker und Buchsen sind genormt, sodass eigentlich nichts vertauscht werden kann.

Das erste Einschalten

Sobald der Computer aufgestellt ist sowie Tastatur, Maus etc. richtig verkabelt sind und alles geprüft ist, kann das System zum ersten Mal eingeschaltet werden. Die weiteren Schritte hängen dann davon ab, ob der Computer bereits einmal in Betrieb genommen wurde oder ob es sich um ein Neugerät handelt. War er bereits zum Arbeiten eingerichtet, erscheint nach kurzer Zeit der Windows-Desktop (siehe *Kapitel 2*). Sie können dann mit dem Computer arbeiten. Bei einem Neugerät ist Folgendes zu beachten:

- Schauen Sie im Handbuch des Computers nach, ob dort Hinweise zur erstmaligen Inbetriebnahme zu finden sind, und lesen Sie sich diese Hinweise durch.
- Nehmen Sie die mitgelieferten CDs und DVDs sowie das Gerätehandbuch zur Hand. Legen Sie auch einen Stift und Papier bereit, um eventuell einzelne Schritte oder Fehlermeldungen zu notieren.
- Dann schalten Sie den Bildschirm und den Computer ein. Die anderen Geräte wie Drucker oder Scanner benötigen Sie noch nicht, lassen Sie diese ausgeschaltet.

Meist wird dann ein Vorgang gestartet, bei dem der Computer bzw. Windows für den ersten Betrieb eingerichtet wird. Dabei fragt der Rechner ggf. einige Einstellungen ab, die Sie per Tastatur eingeben müssen. Leider kann ich an dieser Stelle den genauen Ablauf der Installation nicht beschreiben, da dieser von Hersteller zu Hersteller unterschiedlich ist und mit der Geräteausstattung variiert. Meist steckt aber nicht allzu viel hinter diesem Vorgang. Lesen Sie sich die Fragen des Installationsprogramms durch und wählen Sie die betreffenden Optionen. Wenn Sie unsicher sind, ob eine Funktion benötigt wird, wählen Sie eher die Option »Nein« – solche Funktionen lassen sich notfalls auch nachträglich einrichten. Treten Fehler bei der Installation auf, notieren Sie auf einem Blatt Papier, was Sie getan haben und welche Fehlermeldungen aufgetreten sind. Dann kann der Händler, eventuell die als **Hotline** bezeichnete Beratungsstelle des Herstellers oder ein Experte aus Ihrem Bekanntenkreis das Problem beheben. Weitere Details zur ersten Inbetriebnahme finden Sie in den Unterlagen des jeweiligen Herstellers.

> **Hinweis**
> Windows benötigt für den Drucker, das Modem, die Maus, die Grafikkarte und für viele andere Geräte als **Treiber** bezeichnete Steuerprogramme, die zu installieren sind (siehe *Kapitel 12*). Einige Treiber stellt Windows automatisch bereit, andere sind dem Gerät auf CD oder DVD beigelegt. Wenn Sie externe Geräte wie Scanner, Drucker etc. bei der ersten Inbetriebnahme nicht anschließen, wird Windows auch nicht nach den Treibern fragen. Diese Geräte lassen sich auch später noch in Betrieb nehmen.

> **Tipp**
> Bitte schalten Sie niemals den Computer während der Installation einfach aus – das kann unvorhersehbare Folgen haben. Manche Hersteller legen ihren Systemen auch Anmeldeprogramme für das Internet oder kostenlose Virenscanner bei. Seien Sie vorsichtig damit, eine solche Anmeldung zu akzeptieren. Schnell ist ein Vertrag geschlossen, den Sie eigentlich so nicht eingehen möchten. Sie können sich davor schützen, indem Sie den Computer nicht mit dem Internet verbinden. Eventuell bitten Sie auch einen Bekannten, der über mehr Erfahrung verfügt, Ihnen bei der Installation zu helfen.

Ergonomie und Pflegetipps

Stellen Sie den Computer an einem trockenen, sauberen und nicht zu warmen Ort auf. Hitze, Sonneneinstrahlung, Feuchtigkeit und Staub sind den Geräten nicht besonders zuträglich. Insbesondere das Druckerpapier wellt sich bei feuchtem Raumklima, Störungen durch Papierstaus sind dann beim Ausdrucken vorprogrammiert. Starke Sonneneinstrahlung kann zum Hitzekollaps des Geräts führen. Auch die Lüftungsschlitze des Bildschirms oder des Gehäuses dürfen nicht durch Papier oder andere Gegenstände verdeckt werden, um eine Überhitzung des Geräts zu verhindern.

Der **Bildschirm** sollte so aufgestellt sein, dass Sie ihn gut einsehen können – ideal ist es, wenn der Bildschirm sich etwa 15 Grad unterhalb der Augenhöhe in 45 bis 70 cm Abstand befindet. Dabei ist sicherzustellen, dass Sie **nicht** mit dem Rücken **zum Fenster oder zu Lampen** sitzen, da dies zu Reflexionen auf dem Glas des Bildschirms führt. Regeln Sie Helligkeit und Kontrast so, dass sich die Anzeige gut und ohne Anstrengung lesen lässt.

Verwenden Sie einen in der **Sitzhöhe** verstellbaren Stuhl, den Sie so **einstellen**, dass die Knie bei gerade auf dem Boden stehenden Füßen geringfügig tiefer als die Hüfte sind. Ändern Sie regelmäßig Ihre Haltung, um Muskelverspannungen vorzubeugen. Stellen Sie die **Tastatur** in der Höhe so ein, dass die Unterarme

Inbetriebnahme – ganz einfach

rechtwinklig gehalten werden und **auf** der **Tischplatte** aufliegen. Mit einer Handballenauflage können Sie ein Abknicken der Handgelenke verhindern.

Bezüglich der Pflege ist nicht allzu viel zu sagen. Eigentlich sind die Geräte wartungsfrei. Mechanische Teile in Laufwerken halten ein »Computerleben«, ist etwas defekt, muss das gesamte Laufwerk ausgetauscht werden. Sicherlich achten Sie darauf, die einzelnen Geräte pfleglich zu behandeln und keine Flüssigkeiten darüber zu verschütten. Sind sie verschmutzt, schalten Sie den Computer ab und ziehen die Netzstecker. Dann können Sie Tastatur oder Gehäuse mit einem feuchten (fusselfreien) Lappen (z. B. einem Fenstertuch) abwischen und Schmutz und Staub entfernen. Schalten Sie die feucht abgewischten Geräte erst nach einigen Minuten wieder ein, damit die Restfeuchtigkeit noch abtrocknen kann.

Falls die Maus nicht mehr richtig funktioniert, kann Schmutz im Inneren die Ursache sein. An der Unterseite der Computermaus, dort, wo die Rollkugel bewegt wird, lässt sich in der Regel eine kleine Platte abnehmen (Platte um 90 Grad entgegen dem Uhrzeigersinn drehen, bis sie sich löst). Entfernen Sie die Kugel und kontrollieren Sie, ob die Rädchen zur Aufnahme der Mausbewegungen verschmutzt sind. Diesen Schmutz entfernen Sie mit einem Wattestäbchen und setzen dann die Rollkugel und die Halteplatte wieder ein. Bei Funkmäusen und -tastaturen müssen häufiger die Batterien gewechselt werden. Nach dem Batteriewechsel ist das Gerät an der Empfängerstation neu anzumelden. Hierzu müssen Sie die Connect-Tasten an der Empfängerstation und an der Gehäuseunterseite des Geräts gleichzeitig kurz drücken.

Bei Notebooks sollten Sie das TFT-Display im Gehäusedeckel nicht mit den Fingern berühren, da dies störende Fettflecke hinterlässt. Achten Sie auch darauf, dass das Akku nicht ständig nachgeladen wird, da dies dessen Lebensdauer stark reduziert. Betreiben Sie das Notebook so lange am Akku, bis dieses leer ist. Erst dann sollten Sie das Gerät ans Stromnetz hängen und das Akku vollständig nachladen lassen. Falls Sie ein Notebook längere Zeit nicht im mobilen Betrieb einsetzen, empfiehlt es sich, das voll aufgeladene Akku zu entfernen und an einem kühlen/trockenen Ort zu lagern. Kontrollieren Sie bei einem ausgebauten Akku alle 4 Wochen den Ladezustand, um eine Tiefstentladung (die das Akku irreparabel schädigt) zu verhindern.

Zu Ihrem Drucker finden Sie im Handbuch meist Pflegetipps. Bei Tintenstrahldruckern neigen die Druckköpfe zum Eintrocknen. Wickeln Sie den Druckkopf dann eine Zeit lang in ein feuchtes Papiertuch und warten Sie, bis die Tinte flüssig wird. Bei einigen Druckermodellen lässt sich dieser Druckkopf herausnehmen und in einem besonderen Behälter aufbewahren. Vor dem nächsten Drucken ist der Druckkopf dann wieder einzusetzen. Das Handbuch erläutert die entsprechenden Schritte.

> **Tipp**
>
> Ein Tipp zur Energieeinsparung: Besorgen Sie sich im Baumarkt eine abschaltbare Steckdosenleiste (möglichst mit Überlastschutz), an die alle Geräte angeschlossen werden. Achten Sie aus Brandschutzgründen darauf, dass die angeschlossenen Geräte die zulässige Leistung der Steckdosenleiste nicht überschreiten. Nach dem Herunterfahren des Computers wird die Steckdosenleiste ausgeschaltet. Dann sind alle Geräte spannungsfrei und verbrauchen keinen Strom im Standby-Betrieb.

Zusammenfassung

Sie verfügen nun bereits über eine ganze Menge allgemeiner Informationen rund um den Computer und können ein neu gekauftes Gerät aufstellen und in Betrieb nehmen. Im nächsten Kapitel zeige ich Ihnen, wie Sie mit Tastatur und Maus umgehen und den Computer bedienen.

Testen Sie Ihr Wissen

Zur Überprüfung Ihrer Kenntnisse können Sie die folgenden Fragen beantworten (die Lösungen finden Sie in Klammern).

- **Nennen Sie Vor- und Nachteile eines Notebooks.**

  (Vorteile: kompakte Größe, tragbar, Nachteile: höherer Preis, geringere Leistungsfähigkeit als normale Computer.)

- **Welche Anschlussmöglichkeiten für Bildschirme gibt es?**

  (VGA-, DVI- und HDMI-Schnittstelle.)

- **Welche Software benötigt der Computer?**

  (Es muss mindestens ein Betriebssystem wie Microsoft Windows vorhanden sein. Zusätzlich werden Anwendungsprogramme für die mit dem Computer zu bewältigenden Aufgaben benötigt.)

- **Was versteht man unter dem Begriff USB?**

  (Das ist die Abkürzung für Universal Serial Bus, eine Technik zum Anschluss von Geräten an den Computer.)

Das können Sie schon

Die Teile des Computers unterscheiden	18
Den Computer in Betrieb nehmen	36

Das lernen Sie neu

Jetzt geht's los	48
Arbeiten mit Fenstern	55
Der Umgang mit Programmen	66
Wo gibt's denn Hilfe?	76
Abmelden und beenden	80

Kapitel 2
Windows – der Einstieg

Dieses Kapitel begleitet Sie beim Einstieg in Windows 7. Sie erfahren, wie man sich unter Windows anmeldet und das System später korrekt beendet. Außerdem unternehmen Sie erste Schritte, um Programme zu starten und mit Fenstern zu arbeiten. Zusätzlich beherrschen Sie nach der Lektüre des Kapitels die Techniken, um über die Windows-Hilfe weitere Informationen abzurufen. Mit diesem Wissen ist der Umgang mit dem Computer kein Problem mehr.

Kapitel 2

Jetzt geht's los

Ist alles bereit? Dann kann es mit den ersten Schritten losgehen. Sie müssen den Rechner einschalten und darauf warten, dass dieser das Betriebssystem lädt. Das sogenannte »Hochfahren« des Rechners, bei dem auch Windows 7 geladen wird, dauert einige Zeit. Während des Rechnerstarts können einige Meldungen auf dem Bildschirm erscheinen. Wenn alles geklappt hat, sollte die Anmeldeseite von Windows zu sehen sein. Schauen wir uns die Sache Schritt für Schritt an.

Windows möchte eine Anmeldung!

Windows stellt für jeden Benutzer ein sogenanntes **Benutzerkonto** bereit. Über dieses Konto **verwaltet** Windows 7 die **Arbeitsumgebung** und die Dokumente des betreffenden Benutzers. Aus Sicherheitsgründen lässt sich das Betriebssystem zudem so einrichten, dass sich ein Benutzer mit einem Kennwort unter seinem Benutzerkonto anmelden muss.

Zur Identifizierung des Benutzers zeigt Windows eine Anmeldeseite mit den Symbolen der eingerichteten Benutzer samt deren Benutzernamen (hier zum Beispiel »Born« und »BornAdmin«).

Hinweis

Die Darstellung und das Verhalten der Anmeldeseite hängen aber davon ab, wie Windows 7 eingerichtet wurde. Standardmäßig wird nur das Symbol des bei der Windows 7-Installation eingerichteten Benutzers zu sehen sein. Ist Windows 7 mit einem Benutzerkonto ohne Kennwort eingerichtet (was ich nicht empfehle), gelangt der Benutzer nach dem Windows-Start sogar direkt zum Desktop. Nachfolgend wird davon ausgegangen, dass mehrere Benutzerkonten mit Kennwörtern eingerichtet sind (was ich empfehle).

Windows möchte nun, dass Sie sich **anmelden**, d. h., **Sie teilen** Windows mit, welches Benutzerkonto Sie verwenden möchten. Für diese Anmeldung brauchen Sie die Maus.

1 Nehmen Sie jetzt die Computermaus so in die (rechte) Hand, dass der Zeigefinger auf der linken Taste und der Mittelfinger auf der rechten Taste liegt. Daumen und Ringfinger halten dabei die Maus, der Handballen liegt auf der Mausoberseite.

Tipp

Für Linkshänder gibt es spezielle Mäuse, und die Maus lässt sich unter Windows wahlweise für Links- oder Rechtshänder einstellen (siehe *Kapitel 12*). Falls Sie Linkshänder sind, müssen Sie natürlich die in diesem Buch gegebenen Anweisungen (z. B. »Klicken Sie mit der linken Maustaste«) entsprechend umsetzen (z. B. mit der rechten Maustaste klicken). Bei Notebooks können Sie auch das **Touchpad** verwenden. Streichen Sie mit dem Finger über die berührungssensitive Fläche, um die Mausbewegungen nachzumachen. Die Touchpad-Tasten funktionieren wie Maustasten. Bei einem **Trackball** bewegen Sie die Rollkugel mit einem Finger. Falls Sie einen All-In-One-PC oder einen Tablet-PC mit berührungsempfindlichem Bildschirm (**Touchscreen**) besitzen, streichen Sie mit dem Finger über die Oberfläche, um Mausbewegungen auszuführen. Ein Tippen mit dem betreffenden Finger entspricht dem Drücken der linken Maustaste – und tippen Sie mit einem zweiten Finger auf den Bildschirm, entspricht dies dem Drücken der rechten Maustaste. Zur Vereinfachung verwende ich in den nachfolgenden Anweisungen dieses Buches nur die Mausbefehle. Beim Arbeiten mit Trackball, Touchpad oder Touchscreen müssen Sie die Anweisungen gemäß meinen obigen Hinweisen entsprechend umsetzen.

2 Bewegen Sie die Maus auf der Unterlage.

Auf dem Bildschirm ist ein kleiner, auch als **Mauszeiger** bezeichneter Pfeil zu sehen, der sich beim Verschieben der Maus auf dem Bildschirm mitbewegt.

3 Verschieben Sie die Maus so lange, bis der Mauszeiger auf ein Symbol zeigt.

Man sagt dazu auch »**Zeigen** Sie **mit der Maus** auf ein Symbol«. Das ist sprachlich zwar etwas ungenau, Sie verwenden ja den Mauszeiger – der Ausdruck ist aber allgemein üblich. Sie können mit der Maus in Windows auf verschiedene Elemente zeigen. Windows hebt das Symbol, auf das Sie gerade zeigen, optisch meist etwas hervor. Sie erkennen also besser, welches Element sich unter dem Mauszeiger befindet.

4 Drücken Sie jetzt einmal kurz die linke Maustaste (oder die linke Taste auf dem Touchpad eines Notebooks) und lassen Sie sie wieder los.

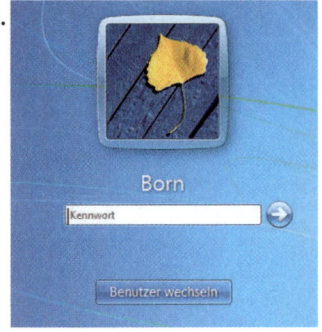

Das wird auch als **Klicken mit der Maus** bezeichnet. ßenden Anmeldung passiert, hängt von den jeweiligen Windows-Einstellungen ab. Aus Sicherheitsgründen sollte das Betriebssystem so eingerichtet sein, dass von Ihnen die Eingabe eines Kennworts gefordert wird – dadurch lässt sich der Computer vor unbefugter Benutzung schützen.

In diesem Fall erscheint ein Textfeld zur Kennwortabfrage. In dem weißen **Textfeld** bleibt jetzt ein blinkender senkrechter Strich (die **Textmarke**) stehen, egal, ob Sie die Maus bewegen oder nicht.

5 Geben Sie per Tastatur das zu Ihrem Namen gehörende Kennwort (mit korrekter Groß-/Kleinschreibung) ein und drücken Sie die ⏎ -Taste.

Für jedes eingetippte Zeichen erscheint im Kennwortfeld ein Punkt. So wird verhindert, dass Dritte das Kennwort mitlesen. Das Kennwort sollte Ihnen vom Betreuer des Systems mitgeteilt worden sein oder Sie haben es selbst festgelegt. Nach dem Drücken der ⏎ -Taste gibt Windows das System bei korrektem Kennwort zum Arbeiten frei.

Hinweis

Falls Sie sich bei der Kennwortanmeldung vertippen, weist Windows die Anmeldung ab. Sie müssen dann die *OK*-Schaltfläche anklicken.

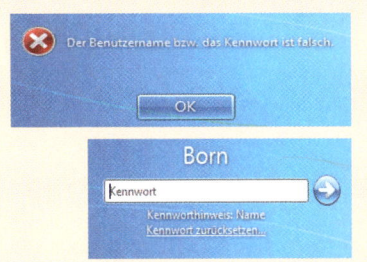

Windows zeigt unter dem Kennwortfeld den beim Einrichten des Benutzerkontos eingetragenen Kennworthinweis an. Wiederholen Sie nun die Anmeldung.

Der Kennworthinweis (z. B. Name eines Haustiers etc.) lässt sich beim Einrichten eines Benutzerkontos oder auch nachträglich festlegen (siehe *Kapitel 12*).

Was ist das?

Die kleinen Vierecke (z. B. mit Symbolen wie Fragezeichen, Pfeil oder mit Texten wie *OK*, *Abbrechen* etc.) nennt man **Schaltflächen**. Durch Klicken mit der Maus auf eine Schaltfläche lässt sich eine Funktion einschalten. Schaltflächen begegnen Ihnen unter Windows an vielen Stellen. Die weißen Rechtecke (z. B. zur Kennworteingabe) werden als **Eingabefelder** oder **Textfelder** bezeichnet. Die als senkrecht blinkender Strich ausgeführte **Textmarke** erscheint überall dort, wo Sie einen Text eingeben können. Die Marke zeigt an, wo das nächste eingetippte Zeichen auf dem Bildschirm erscheint.

Der Windows-Desktop

Nach einer erfolgreichen Anmeldung präsentiert Windows Ihnen den Arbeitsbereich, auch als **Benutzeroberfläche** oder als **Desktop** bezeichnet. Desktop ist der englische Name für Schreibtisch. Standardmäßig erhält der Windows-Desktop mindestens das Symbol eines Papierkorbs und eine Art »Balken« am unteren Bildrand. Der »Balken« am unteren Rand des Bildschirms wird als **Taskleiste** bezeichnet.

- Ganz links in der Taskleiste befindet sich die *Start*-Schaltfläche. Diese wird benutzt, um über das sogenannte Startmenü Programme aufzurufen.

- Neben der *Start*-Schaltfläche werden bei Windows 7 noch einige Programmsymbole in der Taskleiste angezeigt. Durch Anklicken lassen sich die zugehörigen Programme zum Zugriff auf das Internet, auf Dokumente oder Musik- und Videodateien aufrufen.

- Rechts in der Taskleiste befindet sich der sogenannte **Infobereich**. Dort werden die **Uhrzeit**, das **Datum** und der **Zustand** verschiedener **Geräte** über Symbole angezeigt.

Kapitel 2

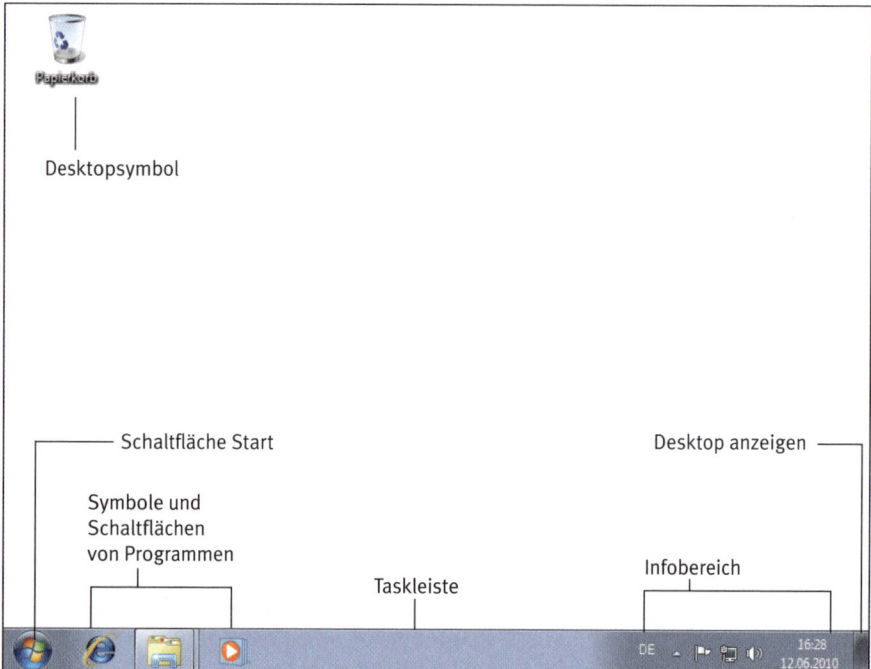

- Am äußersten rechten Rand der Taskleiste ist in Windows 7 noch die Schaltfläche *Desktop anzeigen* untergebracht. Über die können Sie mit einem Mausklick zur Desktopansicht und mit einem zweiten Klick zur vorherigen Darstellung (mit Programmfenstern) umschalten.

Die Funktionen der Taskleiste und des Desktops lernen Sie auf den folgenden Seiten kennen.

Dies ist das Symbol des Papierkorbs. Brauchen Sie etwas (z. B. einen Brief) nicht mehr, »verschieben« Sie dieses Dokument einfach in den Papierkorb.

Am Symbol des Papierkorbs lässt sich übrigens erkennen, ob dieser leer ist oder ob Sie bereits etwas »gelöscht« haben. Wie Sie mit dem Papierkorb arbeiten, erfahren Sie in *Kapitel 3*.

Ein paar Mausübungen gefällig?

Wenn Sie neu in die Thematik einsteigen, ist der Umgang mit der Maus (dem Trackball, einem Touchpad oder einem Touchscreen) zunächst etwas ungewohnt. Für alle Einsteiger kommen daher jetzt ein paar Übungen mit der Maus. Los geht's! Haben Sie vielleicht vergessen, wozu ein bestimmtes Element benutzt wird? Dann können Sie sich von Windows mittels **QuickInfos** unter die Arme greifen lassen. Führen Sie folgende Schritte aus.

1 **Zeigen** Sie mit der **Maus** in der **Taskleiste** auf die Schaltfläche *Start*.

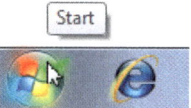

Windows 7 blendet beim Zeigen auf das Element eine **QuickInfo** mit Hinweisen zur Funktion dieser Schaltfläche (hier den Text »Start«) ein.

2 **Zeigen** Sie jetzt mit der **Maus** im **Infobereich** der **Taskleiste** auf die **Uhrzeit**.

Windows blendet den **Wochentag** und das **Datum** als QuickInfo ein. Sobald die Maus nicht mehr auf das Element zeigt, schließt Windows automatisch das QuickInfo-Fenster. Sie müssen nur lange genug mit der Maus auf das betreffende Element zeigen. Auf die gleiche Weise können Sie auch einmal versuchsweise auf ein Desktopsymbol wie den Papierkorb zeigen.

> **Was ist das?**
> Eine **QuickInfo** ist ein Fenster mit Hinweisen, das beim Zeigen auf ein Element eingeblendet wird.

Aber mit der Maus lässt sich noch mehr unternehmen. Viele Programme legen z. B. bei der Installation auf dem Desktop Symbole an. Über diese Symbole lassen sich Fenster öffnen oder Programme starten. Manchmal ist es hilfreich, diese Symbole auf dem Desktop zu ordnen, um besser arbeiten zu können. Jetzt lernen Sie, wie sich Elemente (wie z. B. Desktopsymbole) mit der Maus verschieben lassen. Persönlich bevorzuge ich es zum Beispiel, wenn sich der Papierkorb in der rechten unteren Ecke des Desktops befindet.

Das Symbol, das Sie gerade angeklickt haben, wird farbig hervorgehoben. Wenn Windows ein Element farbig hervorhebt, nennt man das auch **Markieren**.

1 Klicken Sie mit der linken Maustaste auf das Symbol *Papierkorb*.

2 Klicken Sie mit der Maus auf eine freie Stelle des Desktops.

Windows hebt jetzt die farbige Markierung des Symbols auf, das Symbol sieht dann wie vorher aus.

Kapitel 2

3 Zeigen Sie mit dem Mauszeiger auf das Symbol des Papierkorbs.

4 Drücken Sie die linke Maustaste, halten diese aber weiterhin gedrückt, und **ziehen** Sie jetzt das Symbol des Papierkorbs **mit der Maus** über den Bildschirm.

Unter dem Mauszeiger wird ein zweites Symbol des Papierkorbs angezeigt, welches mit dem Mauszeiger mitwandert.

5 Sobald Sie das Symbol des Papierkorbs auf dem Desktop ein Stück verschoben haben, lassen Sie die linke Maustaste wieder los.

Windows setzt jetzt das Symbol des Papierkorbs an jene Stelle, an der Sie die linke Maustaste losgelassen haben. Das **Verschieben** mit der Maus **bei gedrückter linker** (oder manchmal auch rechter) **Maustaste** nennt man **Ziehen**. Nach dem Ziehen eines Symbols oder Fensters ist dieses noch markiert. Um die Markierung des Symbols nach dem Ziehen aufzuheben, klicken Sie mit der Maus auf eine freie Stelle des Desktops.

> **Tipp**
>
> Springt das gezogene Element nach dem Loslassen der linken Maustaste wieder in die alte Position zurück? Dann sollten Sie die Desktopeinstellungen anpassen, indem Sie eine freie Stelle des Desktops mit der rechten Maustaste anwählen. In dem sich öffnenden Kontextmenü wählen Sie den Befehl *Ansicht* mit der linken Maustaste an.

Windows öffnet ein weiteres Untermenü mit dem Befehl *Symbole automatisch anordnen*. Ein Häkchen vor einem Befehl signalisiert in Menüs, dass die Option eingeschaltet ist. Durch Anklicken des Befehls lässt sich die betreffende Option ein- oder ausschalten. Klicken Sie daher mit der linken Maustaste auf den Befehl *Automatisch anordnen*, um das Häkchen zu entfernen und die Option auszuschalten. Danach sollte das Verschieben klappen.

Was ist das?

Der Begriff **Menü** wird Ihnen in Windows häufig begegnen. Es handelt sich dabei um kleine Fenster, in denen verschiedene Begriffe aufgelistet sind. Ähnlich wie bei einer Speisekarte können Sie dann einen der Begriffe per Mausklick auswählen und damit den zugehörigen Befehl ausführen. Klicken Sie ein Element mit der rechten Maustaste an, erscheint auch ein Menü. In diesem Menü stellt Windows die gerade im Kontext (Zusammenhang) verfügbaren Befehle zusammen. Daher wird das mit der rechten Maustaste eingeblendete Menü auch als **Kontextmenü** bezeichnet.

Bei diesen Übungen möchte ich es bewenden lassen. Sie haben nun bereits die meisten Arbeitstechniken mit der Maus genutzt. Sie können **zeigen**, (mit der rechten und klinken Maustaste) **klicken** und sogar **ziehen**. Durch Ziehen mit der linken Maustaste können Sie die Desktopsymbole (und auch Fenster, siehe unten) verschieben und das Ganze nach Ihren Vorstellungen »aufräumen«. Das Klicken mit der Maus kann durchaus unterschiedliche Reaktionen auslösen. Beim Klicken auf eine Schaltfläche (z. B. *Start*, *OK*) oder einen Menübefehl wird eine Funktion ausgeführt. Klicken Sie dagegen auf ein Desktopsymbol, markiert Windows dieses. Benutzen Sie die **rechte Maustaste** zum Klicken, **öffnet** sich dagegen **ein Kontextmenü** mit den gerade aktuell nutzbaren Befehlen. Im nächsten Abschnitt kommt dann noch der Doppelklick hinzu.

Arbeiten mit Fenstern

In Windows benutzen Programme und Funktionen Fenster (engl.: »windows«), um darin Informationen anzuzeigen. Um sich schnell zurechtzufinden, sollten Sie die wichtigsten Elemente eines Windows-Fensters kennen. Außerdem müssen Sie wissen, wie sich solche Fenster öffnen, in der Größe verändern und auch wieder schließen lassen.

Kapitel 2

Fenster im Überblick

Es gibt verschiedene Möglichkeiten, um unter Windows Fenster zu öffnen. Da der Umgang mit Fenstern aber immer gleich ist, soll für die folgenden Übungen einfach das Fenster des Papierkorbs exemplarisch über das zugehörige Desktopsymbol geöffnet werden. Dieses Symbol finden Sie in allen Windows-Versionen auf dem Desktop.

1 Zeigen Sie auf das Desktopsymbol *Papierkorb*.

2 Drücken Sie **kurz** hintereinander **zweimal** die **linke Maustaste**.

Dieses als **Doppelklicken** bezeichnete zweimalige Drücken der linken Maustaste muss ganz schnell erfolgen.

> **Tipp**
>
> Zu Anfang klappt das Doppelklicken erfahrungsgemäß noch nicht so gut. Entweder dauert es zwischen dem ersten und dem zweiten Tastendruck zu lange. Oder die Maus wird beim Drücken der linken Maustaste bewegt, wodurch Windows den Doppelklick nicht erkennt. Wenn es mit dem Doppelklick überhaupt nicht klappen will, markieren Sie das gewünschte Symbol mit einem Mausklick. Wenn Sie anschließend die ⏎-Taste drücken, wirkt dies wie ein Doppelklick.

Hat der Doppelklick auf das Desktopsymbol *Papierkorb* geklappt? Dann sollte Windows ein gleichnamiges Fenster geöffnet haben.

Da der grundlegende Aufbau der Fenster bei allen Windows-Programmen und -Funktionen ähnlich ist, sollten Sie die wichtigsten Teile eines Fensters kennen. Das Fenster *Papierkorb* ist typisch für viele Windows-Fenster. Sie können es quasi als Stellvertreter für (fast) alle Windows-Fenster betrachten, an dem sich die Grundlagen studieren lassen:

- Am oberen Fensterrand finden Sie die sogenannte **Titelleiste**, in der Windows Ihnen bei manchen Programmen den Namen des Fensters oder eines geladenen Dokuments anzeigt.

- Die Schaltflächen in der rechten Ecke der Titelleiste dienen zum Abrufen bestimmter Fensterfunktionen (z. B. Schließen).

- Unterhalb der Titelleiste haben viele Fenster eine (oder mehrere) **Symbolleiste(n)**. Die angezeigten Symbole gehören zu Schaltflächen. Durch Anklicken dieser Schaltflächen können Sie häufig benutzte Funktionen direkt aufrufen.

Arbeiten mit Fenstern

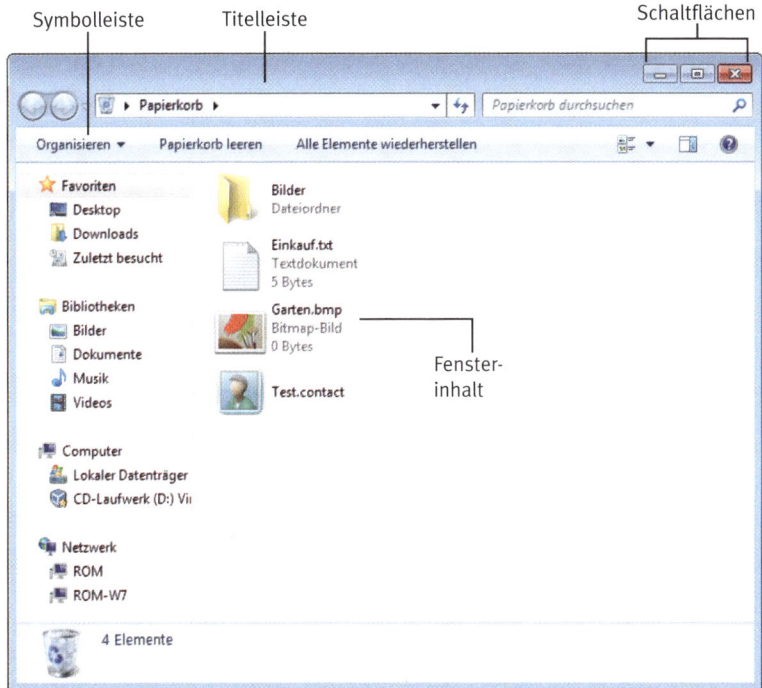

Im Fenster selbst findet sich der Dokumentbereich, der sich von Programm zu Programm unterscheidet. Das Fenster *Papierkorb* wird sicherlich andere Informationen zeigen als ein Programmfenster zur Bearbeitung eines Fotos oder eines Briefs.

> **Hinweis**
>
> Manche Fenster enthalten oberhalb der Symbolleiste noch eine sogenannte **Menüleiste**, über deren Befehle sich die Funktionen abrufen lassen. Fehlt die Menüleiste, lässt sich diese bei manchen Fenstern (z. B. beim *Papierkorb*) durch Drücken der Alt -Taste kurzzeitig einblenden.
>
> Am unteren Rand besitzen einige Fenster zudem eine **Statusleiste** (beim Papierkorb und den Ordnerfensters auch als **Detailbereich** bezeichnet), in der zusätzliche Informationen angezeigt werden. Trotz dieser kleinen Abweichungen sollten Sie mit den Erläuterungen in diesem Buch problemlos mit den verschiedenen Windows-Versionen arbeiten können.

Maximieren und Wiederherstellen

Für manche Aufgaben (z. B. das Schreiben eines Briefs, das Bearbeiten eines Fotos etc.) ist es ganz hilfreich, wenn das Fenster auf die Größe des Bildschirms vergrößert wird. In Windows 7 ist das ein Kinderspiel, wie jetzt am Papierkorb demonstriert werden soll.

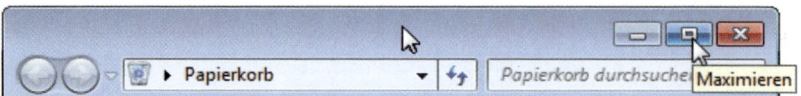

1 Ziehen Sie das geöffnete Fenster *Papierkorb* über dessen Titelleiste einfach zum oberen Bildschirmrand (bis der Mauszeiger den Rand erreicht) und lassen Sie die linke Maustaste los – oder klicken Sie in der rechten oberen Fensterecke auf die mittlere Schaltfläche *Maximieren*.

Windows blendet bei den meisten Versionen bereits beim Zeigen auf die Schaltfläche einen Hinweis auf ihre Funktion in einem QuickInfo-Fenster ein. Sobald die Maximieren-Funktion ausgeführt wird, vergrößert Windows das Fenster so weit, bis es den gesamten Bildschirm einnimmt. Man sagt, das Fenster ist **maximiert**.

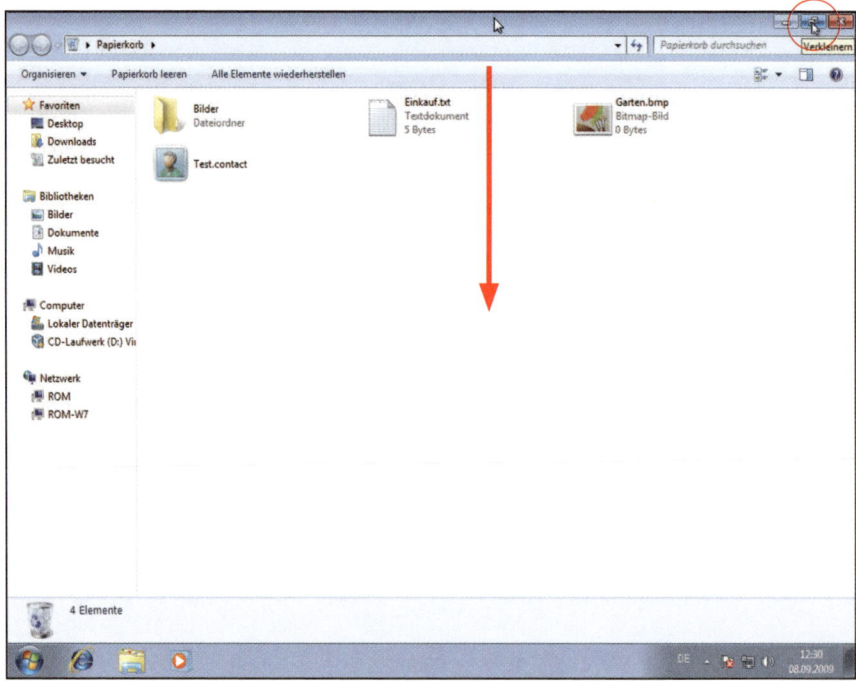

Arbeiten mit Fenstern

2 Um das Fenster auf die vorherige Größe zurückzusetzen, ziehen Sie die Titelleiste einfach per Maus vom oberen Bildrand in Richtung Bildschirmmitte – oder klicken Sie in der rechten oberen Fensterecke auf die jetzt mit **Verkleinern** bezeichnete Schaltfläche.

Fertig! Schon wird das Fenster auf die vorherige Größe reduziert.

> **Tipp**
> Das Vergrößern auf Vollbildmodus und das Reduzieren auf die vorherige Fensterdarstellung ist auch per Doppelklick auf die Titelleiste des Fensters möglich. Oder Sie können die Tastenkombinationen [Win]+[↑] und [Win]+[↓] für diesen Zweck verwenden. Zudem lässt sich ein Fenster durch einen Doppelklick auf dessen Titelleiste maximieren und anschließend wieder verkleinern.

Fenster minimieren

Windows ermöglicht Ihnen zusätzlich, die meisten Fenster zu einem Symbol in der Taskleiste zu verkleinern.

1 Klicken Sie jetzt einmal in der rechten oberen Ecke des Papierkorb-Fensters auf die linke Schaltfläche **Minimieren**.

Das Fenster verschwindet vom Desktop. Benötigen Sie das Programmfenster zu einem späteren Zeitpunkt wieder? Da Windows 7 für jedes geöffnete Fenster ein Symbol in der Taskleiste als Schaltfläche anzeigt, ist der erneute Zugriff auf das minimierte Fenster kein Problem. Sie müssen lediglich wissen, unter welcher Schaltfläche der Taskleiste sich das Fenster verbirgt. Windows 7 sortiert das Fenster des Papierkorbs z. B. automatisch unter dem Symbol eines Ordnerfensters ein. Bei anderen Programmen können weitere Symbole auftauchen.

2 Um das Fenster wieder einzublenden, zeigen Sie in der Taskleiste auf die Schaltfläche des Fensters.

3 Sobald die Miniaturvorschau des gewünschten Fensters erscheint, wählen Sie diese per Mausklick an.

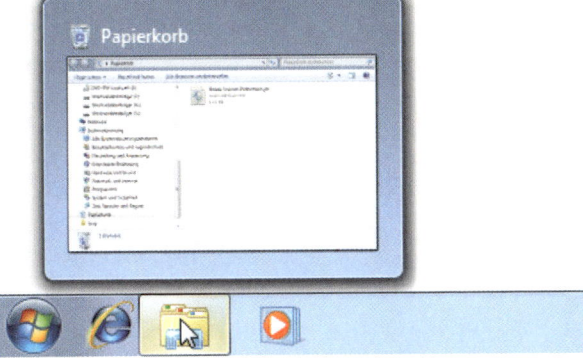

Schon ist das ausgeblendete Fenster wieder auf dem Desktop sichtbar und zum Weiterarbeiten bereit.

Hinweise

Wenn Sie mit der Maus auf die Miniaturvorschau eines Fensters zeigen, wird das Fenster auf dem Desktop eingeblendet. Da die Anzeige aber wieder verschwindet, sobald der Mauszeiger von der Vorschau wegbewegt wird, müssen Sie die Miniaturansicht per Mausklick anwählen, um das Fenster dauerhaft in den Vordergrund zu holen.

Ist der Schaltfläche in der Taskleiste nur ein geöffnetes Fenster zugeordnet, reicht ein Mausklick auf die Schaltfläche, um ein minimiertes Fenster wiederherzustellen. Ein zweiter Mausklick auf diese Schaltfläche bewirkt, dass das im Vordergrund geöffnete Fenster erneut minimiert wird. Dies klappt aber nicht, wenn mehrere geöffnete Fenster des gleichen Programms unter einem Taskleistensymbol gruppiert sind.

Erkennen lässt sich dies an einer leicht überlappenden Darstellung wie hier am Symbol des Ordnerfensters gezeigt.

Dann verwenden Sie die oben skizzierte Vorgehensweise über die eingeblendete Miniaturvorschau zum Zugriff auf das gewünschte Fenster.

Erscheint beim Zeigen auf eine Gruppenschaltfläche der Taskleiste nur ein Menü statt der Miniaturansicht des Fensters? Dann ist das Aero-Anzeigeschema nicht verfügbar, und Sie müssen den Befehl mit dem Namen des Fensters anwählen.

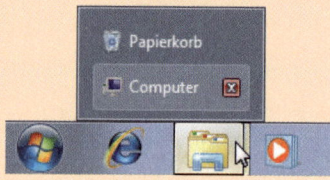

Was ist das?

Aero ist ein besonderer Darstellungsmodus von Windows 7, der z. B. bei Windows 7 Home Basic fehlt und bei Windows 7 Home Premium nur bei genügend Grafikleistung des Rechners zur Verfügung steht. Ist Aero verfügbar, werden Fenster transparent und mit einem Schatten dargestellt sowie die hier erwähnten Miniaturansichten mit dem Fensterinhalt beim Zeigen auf Schaltflächen der Taskleiste eingeblendet.

Tipps

Um schnell etwas auf dem Desktop nachzusehen, brauchen Sie nicht die Fenster einzeln auszublenden und danach wieder zu öffnen.

Klicken Sie einfach auf die am rechten Rand der Taskleiste befindliche Schaltfläche *Desktop anzeigen*. Schon sind alle Fenster verschwunden.

Ein zweiter Mausklick auf die Schaltfläche schaltet zur vorherigen Darstellung mit den geöffneten Fenstern zurück.

Fenster und Programme schließen

Nach den obigen Schritten bleibt nur noch die Aufgabe, ein geöffnetes Fenster endgültig zu schließen.

1 Wählen Sie das gewünschte Fenster (z. B. über dessen Schaltfläche in der Taskleiste) an, um es im Vordergrund anzuzeigen.

2 Klicken Sie in der rechten oberen Ecke des Fensters auf die Schaltfläche **Schließen**.

Über diese Schaltfläche wird das Fenster komplett geschlossen und das zugehörige Programm beendet. Sie erkennen dies daran, dass das Symbol aus der Taskleiste verschwindet.

Hinweis

Hinter einem Fenster steht immer ein Programm. Die meisten Fenster und auch Dialogfelder von Programmen weisen die Schaltfläche *Schließen* in der rechten oberen Ecke auf. Möchten Sie also ein Programm beenden oder ein Fenster schließen, genügt ein Mausklick auf diese Schaltfläche.

Fenster stufenlos in der Größe verändern

Auf den vorhergehenden Seiten haben Sie ein Fenster über die Schaltflächen in der rechten oberen Fensterecke zum Vollbildmodus vergrößert oder zu einer Schaltfläche in der Taskleiste minimiert. Möchten Sie ein Fenster nur etwas vergrößern oder verkleinern? In Windows lassen sich die meisten Fenster stufenlos in der Größe anpassen.

1 Öffnen Sie erneut das Fenster *Papierkorb* durch einen Doppelklick auf das gleichnamige Desktopsymbol.

Kapitel 2

2 Zeigen Sie mit der Maus versuchsweise auf die Fensterränder und in die Fensterecken.

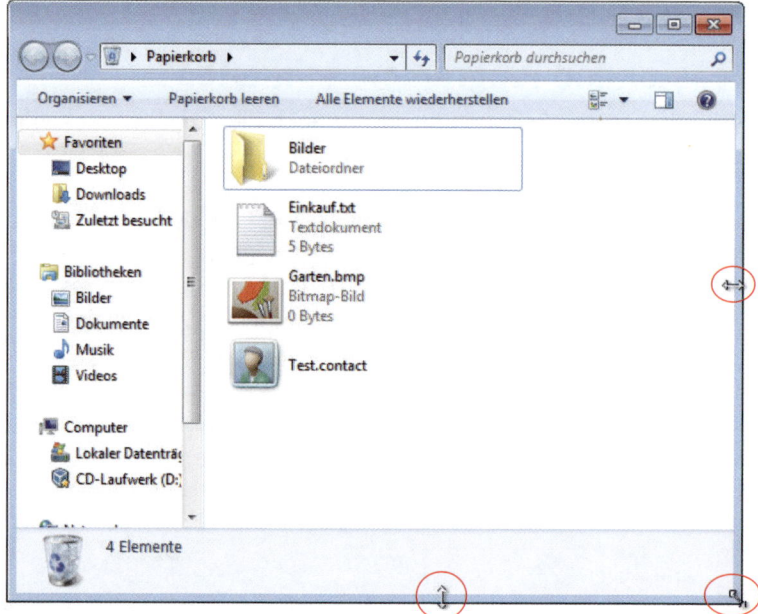

Sobald Sie auf die richtige Stelle am Fensterrand zeigen, nimmt der Mauszeiger die Form eines Doppelpfeils an. Der Doppelpfeil gibt dabei die Richtung an, in der sich das Fenster in der Größe verändern lässt. Notfalls müssen Sie die Maus etwas verschieben, bis dieser Doppelpfeil erscheint. Durch Ziehen des linken/rechten Fensterrands verändern Sie die Fensterbreite, der obere/untere Rand verändert die Höhe und die Ecken verändern Breite und Höhe gleichzeitig.

3 Zeigen Sie erneut auf den Rand des Fensters und ziehen Sie, sobald der Doppelpfeil sichtbar wird, den Fensterrand bei gedrückter linker Maustaste in die gewünschte Richtung.

Je nach Windows-Einstellung wird beim Ziehen die neue Fenstergröße oder nur eine gestrichelte Linie angezeigt.

4 Lassen Sie die linke Maustaste los, sobald das Fenster die gewünschte Größe aufweist.

Windows fixiert dann das Fenster auf die entsprechende Größe. Durch einfaches Ziehen des Fensterrands können Sie also die Größe der Fenster nach Ihren Wünschen anpassen.

Arbeiten mit Fenstern

> **Hinweis**
> Bei einigen Fenstern (z. B. Windows-Rechner oder den sogenannten Dialogfeldern) ist die Größe allerdings fest vorgegeben. Sie erkennen diese Fenster an der fehlenden (oder nicht anwählbaren) Schaltfläche *Maximieren*.

Fenster verschieben

Windows ermöglicht Ihnen, mehrere Programme bzw. deren Fenster gleichzeitig zu nutzen. Sie können beispielsweise in einem Fenster einen Brieftext schreiben und bestimmte hierzu benötigte Informationen aus einem anderen Fenster ablesen (siehe auch die folgenden Seiten). Störend ist es aber, wenn ein Fenster die dahinter liegenden Desktopelemente oder andere Fenster verdeckt. Sie müssen dann die Größe der Fenster etwas reduzieren oder das Fenster verschieben. Das Verschieben soll jetzt mit dem Fenster *Arbeitsplatz* versucht werden.

1 Öffnen Sie, falls erforderlich, das Fenster *Papierkorb* (z. B. durch einen Doppelklick auf das Desktopsymbol).

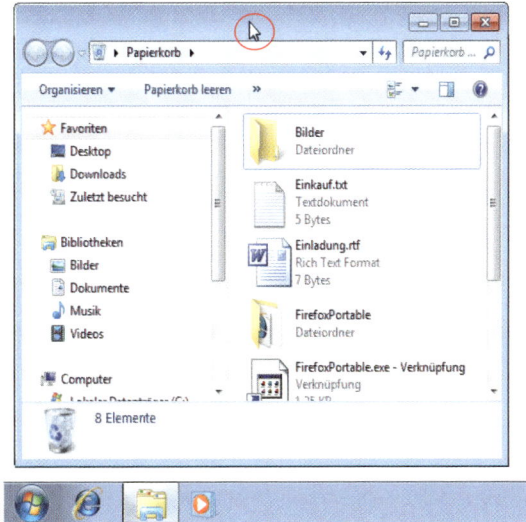

2 Passen Sie notfalls die Größe des Fensters an, sodass dieses nur einen Teil des Desktops einnimmt.

3 **Zeigen** Sie mit der Maus auf die **Titelleiste** des **Fensters**.

4 **Ziehen** Sie anschließend das **Fenster** bei gedrückter linker Maustaste an die gewünschte Stelle.

5 Sobald sich das Fenster an der gewünschten Stelle befindet, lassen Sie die Maustaste wieder los.

Windows verschiebt das Fenster an die neue Stelle. Auf diese Weise können Sie jedes Fenster durch Ziehen der Titelleiste zur gewünschten Position auf dem Desktop schieben.

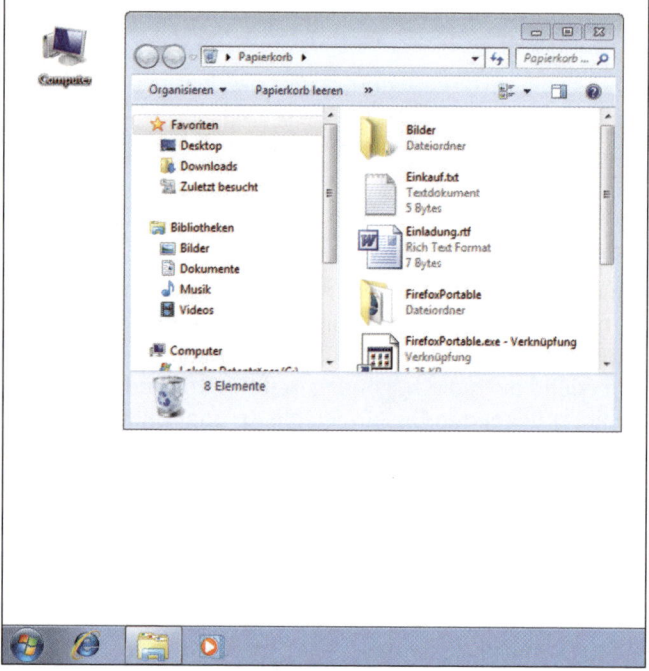

Tipp

»Fassen« Sie zum Ziehen eines Fensters die Titelleiste des Fensters oder Dialogfelds immer in der Mitte an. Wenn Sie zu weit rechts auf die Titelleiste zeigen, besteht die Gefahr, dass Sie die im rechten Bereich befindlichen Schaltflächen zum Minimieren, Maximieren oder Schließen erwischen.

Sind in Windows 7 mehrere Fenster gleichzeitig auf dem Desktop geöffnet, die aber gerade nicht benötigt werden und stören? Wenn Sie in Windows 7 die Titelleiste eines Fensters per Maus anklicken, die linke Maustaste gedrückt halten und dann das Fenster »schütteln«, werden alle im Hintergrund geöffneten Fenster minimiert. Schütteln Sie das Fenster erneut über dessen Titelleiste, stellt Windows die minimierten Fenster wieder her. Diese Funktion wird auch **Aero-Shake** genannt. Den gleichen Effekt erzielen Sie mit den Tastenkombinationen [Win]+[M] und [Win]+[⇧]+[M]. Ziehen Sie das Fenster über dessen Titelleiste zum rechten oder linken Rand des Desktops (bis der Mauszeiger den Rand erreicht) und lassen dann die Maustaste los, passt Windows die Fenstergröße automatisch auf die Hälfte des Desktops an. Diese Funktion heißt **Aero-Dock**. Das Gleiche bewirken die Tastenkombinationen [Win]+[→] und [Win]+[←]. Auf diese Weise können Sie also zwei Fenster nebeneinander auf dem Desktop anordnen. Weiterhin können Sie noch das Kontextmenü der Taskleiste mit einem Klick der rechten Maustaste öffnen. Im Kontextmenü finden Sie ebenfalls Befehle, um geöffnete Fenster zu stapeln, zu minimieren oder nebeneinander anzuordnen.

Arbeiten mit Fenstern

Blättern, wenn nicht alles ins Fenster passt

Manchmal ist der Inhalt eines Fensters zu umfangreich, um angezeigt zu werden (z. B. ein mehrseitiger Brief, ein Papierkorb, der sehr viele Elemente enthält, etc.). Dann enthält das Fenster am rechten oder manchmal auch am unteren Rand eine sogenannte **Bildlaufleiste**. Das ist ein rechteckiger Bereich, auf dem ein als **Bildlauffeld** bezeichnetes Viereck zu sehen ist. Diese Bildlaufleiste ermöglicht es Ihnen, im Fenster zu blättern, um andere Dokumentteile anzuzeigen. Sehen wir uns dieses Verhalten einmal an, indem wir ein anderes Ordnerfenster öffnen.

1 Klicken Sie in der Taskleiste auf die Schaltfläche *Start* und im Startmenü auf das Symbol *Computer*. Oder wählen Sie (sofern eingeblendet) das Desktopsymbol *Computer* per Doppelklick an.

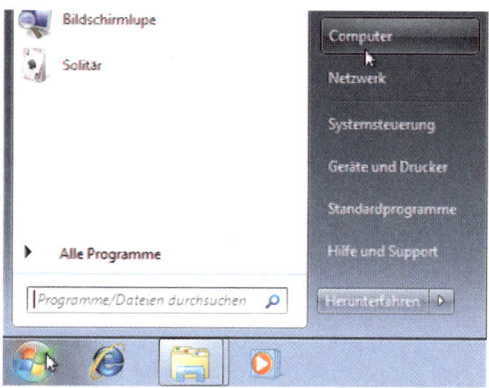

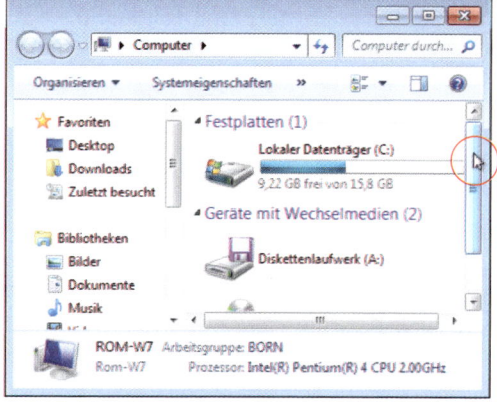

2 Verkleinern Sie das Fenster, bis ein Teil des Inhalts verschwindet.

Hier sehen Sie das entsprechend verkleinerte Fenster. Die Bildlaufleiste findet sich am rechten Fensterrand.

3 Zeigen Sie mit der Maus auf die rechteckige, als **Bildlauffeld** bezeichnete Fläche innerhalb der Bildlaufleiste.

65

Kapitel 2

4 Ziehen Sie jetzt das Bildlauffeld per Maus in die gewünschte Richtung.

Windows zeigt dann andere Ausschnitte des Fensterinhalts an.

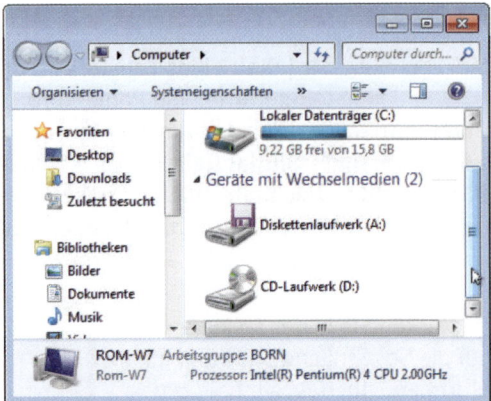

Hinweis

In den beiden obigen Bildern ist nur eine vertikale Bildlaufleiste zu sehen. Fenster können jedoch auch eine horizontale Bildlaufleiste besitzen. Dann lässt sich der Fensterinhalt nach rechts oder links verschieben. Beim Schreiben von Text können Sie beispielsweise über diese Bildlaufleiste im Text blättern.

An den Enden der Bildlaufleiste sehen Sie die zwei Schaltflächen ▲ und ▼. Ist Ihnen das Blättern mit dem Bildlauffeld zu grob, können Sie mit einem Mausklick auf die jeweilige Schaltfläche schrittweise im Dokument blättern. Die Spitze des Pfeils zeigt dann die Richtung an, in die geblättert wird. Außerdem können Sie zum Blättern auf die »Laufflächen« (den Bereich ober- und unterhalb des Bildlauffelds) klicken.

Tipp

Reduzieren Sie die Fensterbreite, wird unter Umständen ein Teil der Symbolleiste abgeschnitten. In den meisten Fenstern erscheint dann am rechten Rand die Schaltfläche mit dem Zeichen ». Klicken Sie auf diese Schaltfläche, wird ein Menü mit den fehlenden Teilen eingeblendet und Sie können die Befehle anwählen.

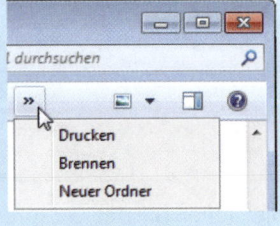

Der Umgang mit Programmen

Im vorhergehenden Abschnitt haben Sie den Umgang mit Fenstern am Beispiel des Papierkorbs kennengelernt. Hinter Fenstern stehen aber Programme. Wenn Sie mit Windows arbeiten, einen Brief schreiben, ein Foto anzeigen etc., werden die betreffenden Funktionen durch Programme bereitgestellt. Diese Programme können im Lieferumfang von Windows enthalten sein oder zusätzlich erworben werden.

Als nächsten Schritt möchte ich Ihnen nun zeigen, wie Sie beliebige Programme aufrufen und wie Sie mit mehreren Programmfenstern gleichzeitig arbeiten. Auch wenn die Programme unterschiedliche Funktionen aufweisen, sind die Techniken zum Aufrufen und Arbeiten mit Programmen weitestgehend identisch. Da sich vieles in der Bedienung von Windows ähnelt, werden Sie bereits Bekanntes wiederfinden.

Das Startmenü im Überblick

Das **Startmenü** haben Sie bereits kennengelernt. Es ist so etwas wie die Programmzentrale von Windows, die Ihnen den Aufruf verschiedener Programme und Funktionen ermöglicht.

1 Zum Öffnen des Startmenüs klicken Sie in der linken Ecke der Taskleiste auf die Schaltfläche *Start*.

Windows öffnet dann das **Startmenü**, und Sie sehen verschiedene Einträge, über die Sie auf Programme und Funktionen zugreifen können.

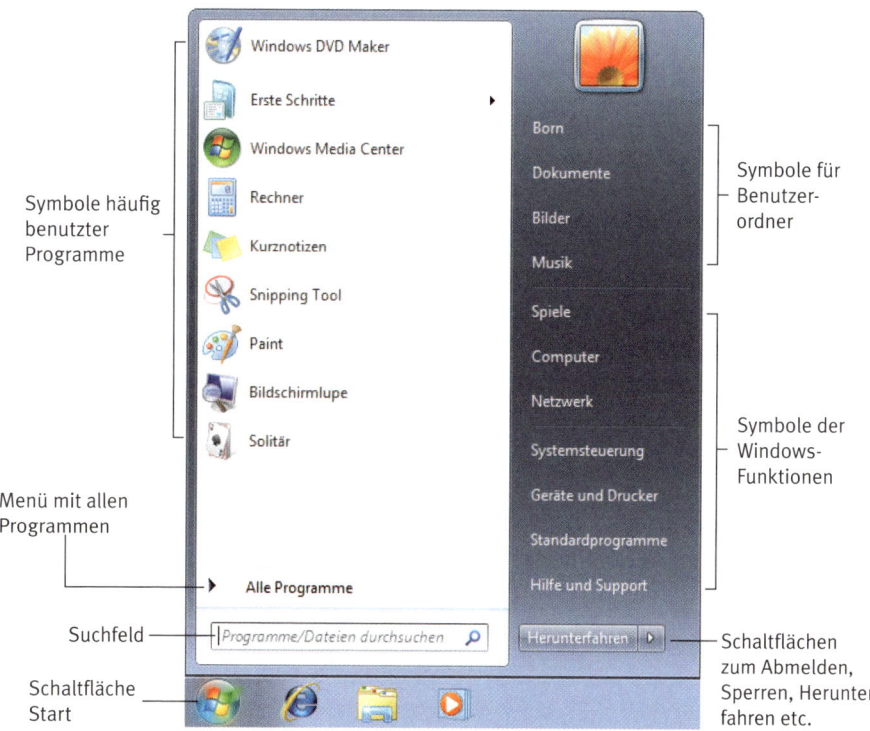

Kapitel 2

- In der linken Spalte finden Sie im oberen Bereich die Symbole häufig benutzter Programme. Diese Symbole werden automatisch durch Windows (z. B. beim Start von Programmen) verwaltet. Sie haben aber die Möglichkeit, Symbole mit der rechten Maustaste anzuklicken und diese über den Kontextmenübefehl *An Startmenü anheften* im oberen Bereich der linken Spalte dauerhaft zu verankern.

- Der Eintrag *Alle Programme* in der linken Spalte des Startmenüs ermöglicht Ihnen, über Untermenüs die meisten der unter Windows installierten Programme aufzurufen. Auf diese Funktion kommen wir gleich zu sprechen.

- Die unterste Zeile der linken Spalte enthält noch ein Textfeld (als **Suchfeld** bezeichnet), in das Sie Suchbegriffe eintippen und so nach Befehlen, Programmen, Dokumenten wie Fotos, Briefen etc. oder anderen Daten suchen können.

- In der rechten Spalte finden Sie eine Gruppe mit Befehlen wie *Dokumente*, *Bilder*, *Musik* und *Spiele*. Diese öffnen Ordner, in denen Dokumente, Fotos, Musikdateien und die Symbole zum Aufrufen von Spielen abgelegt wurden. Das oberste Symbol (hier *Born*) gibt einmal den Namen des Benutzerkontos an. Gleichzeitig öffnet das Symbol aber ein Fenster, über welches sich auf die Dokumente und Einstellungen des Benutzers zugreifen lässt.

- Die rechte Spalte des Startmenüs weist im unteren Teil noch eine Liste mit Befehlen zum Zugriff auf häufig benötigte Windows-Funktionen (*Systemsteuerung* etc.) sowie auf die Fenster *Computer*, *Spiele* etc. auf.

- Die Schaltflächen am unteren rechten Rand des Startmenüs dienen dazu, Windows herunterzufahren, den Computer in den Ruhezustand zu schalten oder einfach den Benutzer abzumelden (siehe die folgenden Seiten).

Klicken Sie auf einen dieser Einträge, wird die zugehörige Funktion aufgerufen oder ein Untermenü geöffnet. Wie Sie mit den einzelnen Einträgen des Startmenüs umgehen, erfahren Sie im Verlauf der folgenden Seiten noch detaillierter. An dieser Stelle reicht es, wenn Sie die grundlegenden Techniken kennen.

> **Tipp**
> Öffnen Sie das Startmenü, können Sie Einträge mit der rechten Maustaste anklicken. Bei den Symbolen *Computer*, *Systemsteuerung* oder dem Befehl mit dem Namen des Benutzerkontos lässt sich im Kontextmenü der Befehl *Auf dem Desktop anzeigen* wählen. Bei Anwahl des Befehls sollten die betreffenden Symbole auf dem Desktop erscheinen.

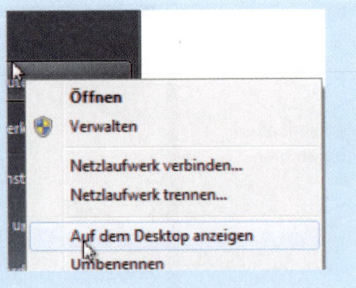

Der Umgang mit Programmen

> Wählen Sie den Kontextmenübefehl *Auf dem Desktop anzeigen* eines Eintrags erneut an, verschwindet das betreffende Symbol wieder vom Desktop. Ein Häkchen vor dem Kontextmenüeintrag signalisiert übrigens, dass das betreffende Symbol auf dem Desktop sichtbar ist.
>
> Zu Beginn passiert es Ihnen vielleicht häufiger, dass Sie Menüs unbeabsichtigt öffnen. Sie können ein Menü ohne Anwahl eines Befehls schließen, indem Sie auf eine Stelle außerhalb des geöffneten Menüs klicken. Erfahrungsgemäß ist es aber einfacher, wenn Sie die [Esc]-Taste in der oberen linken Ecke der Tastatur drücken, um das Menü zu schließen.

Programme starten

Möchten Sie einen Brief schreiben, ein Bild bearbeiten, eine Tabelle berechnen oder etwas anderes tun, was auch immer mit einem Computer möglich ist, benötigen Sie dazu ein Windows-Programm. Die meisten dieser Programme können über ein Symbol im Startmenü aufgerufen werden. Das lässt sich zum Beispiel am Windows-Rechner ausprobieren. Die folgenden Schritte können Sie in allen Windows-Versionen durchführen. Sie müssen lediglich die unterschiedliche Darstellung im Startmenü berücksichtigen.

1 Öffnen Sie das Startmenü, indem Sie in der Taskleiste auf die Schaltfläche *Start* klicken.

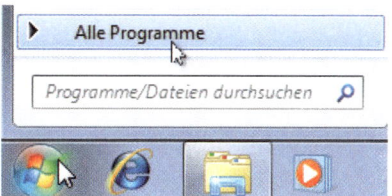

2 Zeigen Sie im aufgeklappten Startmenü auf den gewünschten Eintrag (hier *Alle Programme*).

Windows hebt diesen Eintrag farblich hervor. Nach kurzer Zeit oder sobald Sie auf den Eintrag *Alle Programme* klicken, verschwindet der Befehl *Alle Programme* und wird durch den Text *Zurück* ersetzt. Durch Anklicken dieses Befehls *Zurück* gelangen Sie zur Grunddarstellung des Startmenüs zurück.

Kapitel 2

Ist der Befehl *Zurück* (wie hier gezeigt) sichtbar, blendet Windows gleichzeitig die Elemente des Menüs *Alle Programme* in der linken Spalte des Startmenüs ein. Sie sehen Einträge wie *Windows Media Player*, *Windows Media Center* etc., je nachdem, welche Programme auf Ihrem Computer installiert sind.

Neben den Einträgen für Programme enthält das Startmenü noch (am oberen oder unteren Rand) Einträge, die mit dem Symbol ![] versehen sind.

Dieses Symbol kennzeichnet sogenannte **Programmgruppen** (z. B. *Autostart, Zubehör* etc.). Programmgruppen fassen mehrere Programmsymbole (oder weitere Gruppen) zu einem **Untermenü** zusammen. Klicken Sie auf das Symbol einer Programmgruppe, öffnet sich ein sogenanntes **Untermenü**, welches Symbole für weitere Programmgruppen oder Programme aufweisen kann. Welche Menüs und Untermenüs bei Ihnen im Startmenü zu sehen sind, hängt von den installierten Programmen ab.

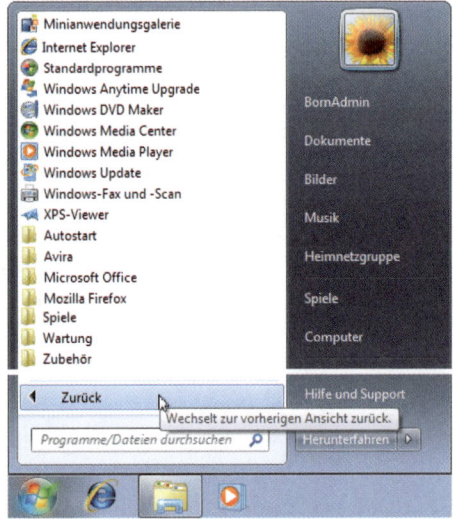

3 Klicken Sie im Untermenü auf den Eintrag *Zubehör*, um das zugehörige Untermenü zu öffnen.

4 Klicken Sie im Untermenü *Zubehör* auf den Eintrag *Rechner*.

Windows schließt beim Anklicken eines Programmeintrags das Startmenü. Gleichzeitig wird das betreffende Anwendungsprogramm gestartet.

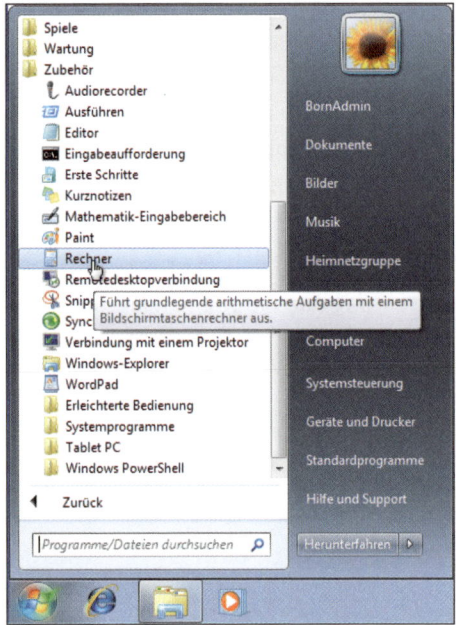

Der Umgang mit Programmen

Hinweis

Beim Zeigen auf einen Programmeintrag des Startmenüs blendet Windows vielfach bereits eine QuickInfo mit Hinweisen zur Programmfunktion ein.

Mit den obigen Schritten des Beispiels erscheint das Fenster des Windows-Rechners auf dem Desktop. Auf diese Weise lassen sich alle als Symbol im Startmenü eingetragenen Programme starten. Entsprechende Beispiele hierzu finden Sie auf den folgenden Seiten dieses Buches. Falls Sie das Programm nicht mehr benötigen, beenden Sie es über die Schaltfläche *Schließen* des Fensters. Das haben Sie bereits auf den vorhergehenden Seiten gelernt – Sie sehen also, vieles ist in Windows gleich und wiederholt sich.

Tipp

Das Arbeiten mit dem Windows-Rechner ist sehr einfach. Berechnungen wie 17 + 14 lassen sich einfach durchführen, indem Sie per Maus auf die betreffenden als Schaltflächen ausgeführten »Tasten« klicken. Alternativ können Sie die Rechenvorschrift auch über die Tastatur eintippen. Das Gleichheitszeichen = führt zur Anzeige des Ergebnisses. Eine Multiplikation wird mit dem Zeichen *, eine Division mit dem Zeichen / eingeleitet.

Hinweis

In den nächsten Kapiteln lernen Sie den Umgang mit Dokumenten (Briefen, Fotos etc.) kennen. Wird das Symbol einer Dokumentdatei auf dem Desktop oder in einem Fenster gezeigt, können Sie dieses per Doppelklick anwählen. Dann startet Windows die zugehörige Anwendung, die das Dokument automatisch lädt. Zudem können Sie einen Befehl in das Suchfeld des Startmenüs eintippen (z. B. *WordPad*) und durch Drücken der ⏎-Taste ausführen. Dies ist aber nur etwas für erfahrene Benutzer.

Minianwendungen

In Windows 7 lassen sich noch spezielle Programme, als **Minianwendungen** bezeichnet, auf dem Desktop einsetzen. Um mit einer Miniaturanwendung zu arbeiten, müssen Sie diese erst auf dem Desktop **einblenden**.

Kapitel 2

1 Klicken Sie mit der rechten Maustaste auf eine freie Stelle des Desktops und wählen Sie den Kontextmenübefehl *Minianwendungen*.

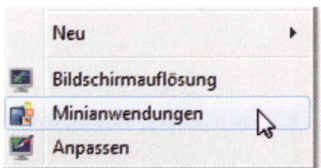

Windows öffnet dann ein Dialogfeld mit einer Sammlung verfügbarer Minianwendungen. Neben der Uhr sehen Sie z. B. einen Kalender, die Wettervorschau etc.

2 Ziehen Sie das Symbol der gewünschten Minianwendung (z. B. *Uhr* oder *Kalender*) einfach per Maus aus dem Dialogfeld zum Desktop.

Sobald Sie die linke Maustaste loslassen, wird die Minianwendung auf dem Desktop verankert. Alternativ können Sie das Symbol einer Minianwendung im Dialogfeld per Doppelklick anwählen, um diese auf dem Desktop einzublenden. Anschließend beenden Sie das Dialogfeld durch Anklicken der *Schließen*-Schaltfläche.

Tipp
Über den am unteren rechten Fensterrand sichtbaren Eintrag *Weitere Minianwendungen online beziehen* können Sie eine Internetseite von Microsoft öffnen. Dort stehen Minianwendungen zum kostenlosen Herunterladen bereit.

Was ist das?
Ein **Dialogfeld** ist ein spezielles Fenster, in dem Windows oder eine Anwendung Ihnen etwas signalisiert oder Eingaben entgegennimmt. Im Gegensatz zu den weiter oben vorgestellten Fenstern besitzen Dialogfelder keine Schaltflächen zum Minimieren oder Maximieren (oder diese funktionieren nicht), und Windows zeigt auch kein Symbol in der Taskleiste. Beenden lässt sich ein Dialogfeld über die Schaltfläche *Schließen* in der rechten oberen Dialogfeldecke.

Der Umgang mit Programmen

Die jeweilige **Minianwendung** lässt sich auf dem Desktop **verschieben**, **vergrößern** und auch wieder **ausblenden**.

1 Zeigen Sie per Maus auf das Minifenster, um die hier gezeigte kleine Leiste am rechten Rand der Minianwendung einzublenden.

Schließen
Größer
Minianwendung ziehen

2 Ziehen Sie die Minianwendung über die »geriffelte Fläche« *Minianwendung ziehen* der Leiste per Maus an die gewünschte Bildschirmposition.

Sobald Sie die linke Maustaste wieder loslassen, wird die Minianwendung an der betreffenden Desktopposition verankert. Über die *Größer*-Schaltfläche der Leiste lässt sich die Anzeigefläche vieler Minianwendungen leicht vergrößern und ggf. in einen besonderen Anzeigemodus (beim Kalender z. B. die Monats- oder Tagesanzeige) schalten. Ein weiterer Mausklick auf die Schaltfläche stellt die vorherige Darstellung wieder her. Die *Schließen*-Schaltfläche beendet die Minianwendung.

Hinweis

Bei Minianwendungen wird übrigens keine Schaltfläche in der Taskleiste angezeigt.

Klicken Sie mit der rechten Maustaste auf den Rand des Fensters einer Minianwendung, öffnet sich ein Kontextmenü. Über dessen Befehl *Undurchsichtigkeit* lässt sich die Transparenz des Fensters einstellen. Über den eventuell angezeigten Kontextmenübefehl *Optionen* wird ein Dialogfeld zum Anpassen der Einstellungen einer Minianwendung geöffnet.

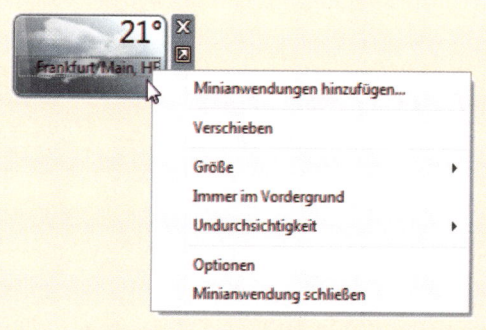

Der Befehl *Minianwendungen hinzufügen* bringt Sie direkt zur Minianwendungsgalerie, und Sie können weitere Anwendungen auf dem Desktop einblenden.

Arbeiten mit mehreren Programmfenstern

Wenn Sie die vorherigen Abschnitte durchgearbeitet haben, verfügen Sie über die zum Arbeiten mit Programmfenstern erforderlichen Kenntnisse. Sie können unter Windows aber gleichzeitig mehrere Programmfenster öffnen. Es lässt sich aber nur mit dem jeweils im Vordergrund geöffneten Programmfenster arbeiten. Um ein anderes Programm zu verwenden, müssen Sie dessen Fenster in den Vordergrund holen.

- Am einfachsten ist es sicherlich, auf einen sichtbaren Teil des Programmfensters (z. B. die Titelleiste) zu klicken, um dieses in den Vordergrund zu holen.

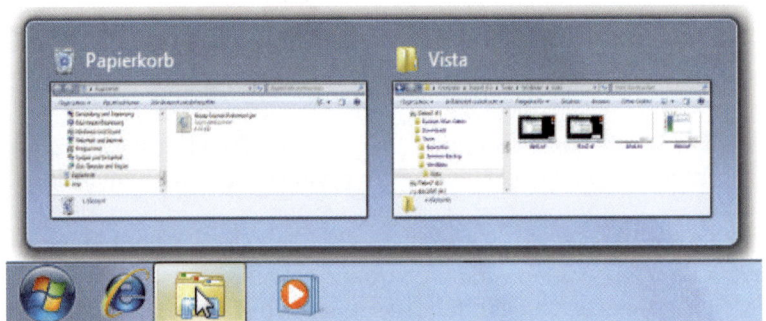

- Sie können auch in der Taskleiste auf die Schaltfläche mit dem Symbol des Programms zeigen und dann die eingeblendete Miniaturvorschau anklicken, um das Fenster in den Vordergrund zu holen – dies kennen Sie schon von den vorherigen Seiten. Dies klappt auch in den Fällen, in denen Windows mehrere Fenster eines Programms zu einer Gruppe zusammenfasst.

Wer sich etwas besser mit Windows auskennt, kann noch die Tastenkombination [Alt]+[⇆] zum Umschalten zwischen Programmen verwenden.

1 Halten Sie die [Alt]-Taste gedrückt und betätigen Sie die [⇆]-Taste.

Windows blendet dann eine Taskliste mit den Symbolen der geöffneten Programmfenster und Dialogfelder ein. In der »Aero«-Darstellung erscheinen die (hier gezeigten) Miniaturansichten der Programmfenster in der Taskliste.

2 Halten Sie die [Alt]-Taste gedrückt und tippen Sie auf die [⇆]-Taste, um schrittweise die Programmeinträge in der Liste zu markieren.

Lassen Sie die [Alt]-Taste los, wird das zuletzt gewählte Programmfenster in den Vordergrund »geholt«.

Der Umgang mit Programmen

> **Hinweis**
>
> Sie können auch direkt schrittweise zwischen den geöffneten Fenstern umschalten, indem Sie die Tastenkombination [Alt]+[Esc] drücken. Jeder Druck der [Esc]-Taste bei gleichzeitig gedrückter [Alt]-Taste holt ein anderes Fenster in den Vordergrund.

Im Darstellungsmodus »Aero« lässt sich auch die als »Flip-3D« bezeichnete Funktion zur Programmumschaltung verwenden.

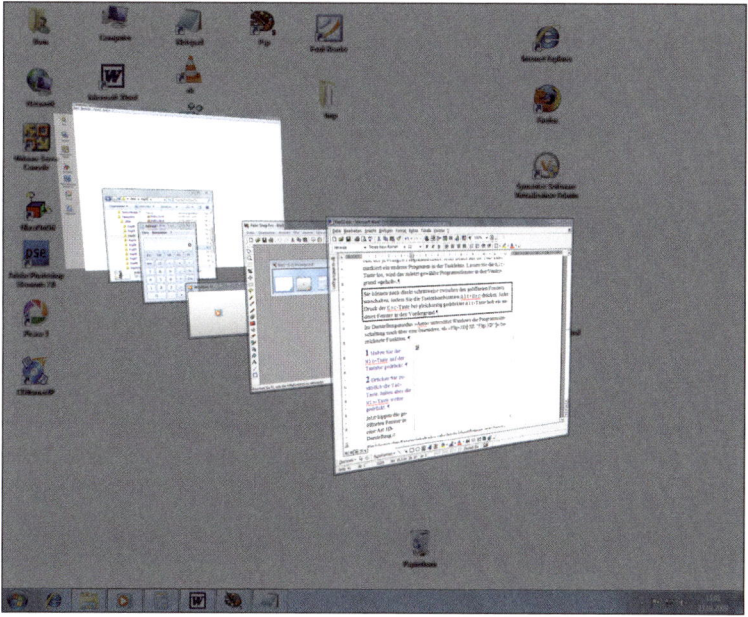

3 Halten Sie die [Win]-Taste auf der Tastatur gedrückt.

4 Wenn Sie dann zusätzlich die [⇆]-Taste drücken, kippen die geöffneten Fenster in eine Art 3D-Darstellung.

Sie können den Fensterinhalt also sehr leicht identifizieren, was besonders bei vielen geöffneten Fenstern ein großer Vorteil ist. Besitzt Ihre Maus ein Rädchen, können Sie dieses drehen (oder die [⇆]-Taste antippen), um die schräg gekippten Fenster schrittweise in den Vordergrund zu holen. Sobald Sie die [Win]-Taste loslassen, verschwindet die 3D-Darstellung wieder und das zuletzt sichtbare Fenster wird auf dem Desktop im Vordergrund angezeigt.

Tipps

Klicken Sie die Schaltfläche eines laufenden Programms in der Taskleiste mit der rechten Maustaste an, öffnet sich ein Kontextmenü. Sofern die Anwendung dies unterstützt, enthält das Kontextmenü auch Einträge, um direkt auf zuletzt geöffnete Dokumente (hier z. B. Webseiten) der Anwendung zuzugreifen.

Der Befehl *Dieses Programm an der Taskleiste anheften* richtet dauerhaft eine Schaltfläche des laufenden Programms in der Taskleiste ein.

Dies ist zum schnellen Aufruf häufig benötigter Anwendungen ganz hilfreich. Der Befehl *Dieses Programm von der Taskleiste lösen* macht die Anheftung rückgängig. Zudem können Sie die Schaltflächen in der Taskleiste per Maus (bei gedrückter linker Maustaste) nach links oder rechts ziehen und die Reihenfolge der Symbole nach Belieben sortieren.

Hilfe und Support

Benötigen Sie bei der Lösung einer Aufgabe weitere Unterstützung oder bleiben nach der Lektüre dieses Buches noch Fragen offen? Dann bringen das Windows-Hilfe- und Supportcenter oder die Programmhilfe Sie vielleicht weiter.

1 Öffnen Sie das Startmenü durch Anklicken der Schaltfläche *Start*.

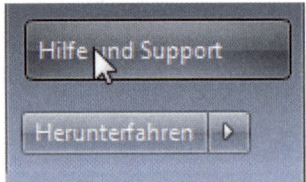

2 Klicken Sie im Startmenü auf den in der rechten Spalte gezeigten Befehl *Hilfe und Support*.

Hinweis

Falls kein Fenster geöffnet ist, können Sie auch die Funktionstaste [F1] in der obersten Tastenreihe der Tastatur drücken, um die Hilfe abzurufen.

Das Fenster **Windows-Hilfe und Support** erscheint auf dem Desktop. Über die Schaltflächen in der Symbolleiste des Fensters oder über die Einträge im Dokumentbereich lassen sich Zusatzinformationen zu Windows oder Unterstützung bei der Lösung bestimmter Probleme abrufen.

Hilfe und Support

1 Klicken Sie in der Symbolleiste des Fensters auf die Schaltfläche *Hilfe durchsuchen*, erscheint das hier gezeigte Inhaltsverzeichnis mit der Themenübersicht der Hilfe.

2 Klicken Sie im Kopfbereich des Fensters auf das Textfeld *Hilfe durchsuchen*, tippen einen Suchbegriff ein und drücken die ⏎-Taste, werden die zugehörigen Hilfethemen aufgelistet.

Im Dokumentbereich des Hilfefensters werden manche Textstellen blau dargestellt. Wenn Sie mit der Maus auf eine solche Textstelle zeigen, nimmt der Mauszeiger die Form einer stilisierten Hand an. Gleichzeitig wird der Text unterstrichen dargestellt.

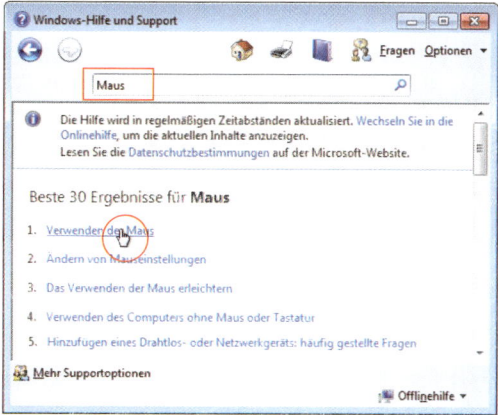

3 Klicken Sie auf eine solche als sogenannter **Hyperlink** ausgeführte Textstelle, um die Folgeseite abzurufen.

Kapitel 2

> **Was ist das?**
> Ein **Hyperlink** definiert einen Verweis auf eine andere Dokumentstelle. Die Technik der Hyperlinks wurde ursprünglich bei Internetseiten verwendet, um über Verweise andere Webseiten abrufen zu können. Daher ähnelt die Bedienung der Hilfeseiten auch der Navigation in Webseiten (siehe auch *Kapitel 4*).

Im Grunde funktioniert die Bedienung der Hilfe wie das Arbeiten mit dem Inhalts- oder Stichwortverzeichnis eines Buches, nur wesentlich komfortabler. Sie brauchen einfach nur die als Hyperlinks ausgeführten »Überschriften« des Inhaltsverzeichnisses oder die Suchergebnisse (entspricht dem Stichwortverzeichnis) anzuklicken, um zur gesuchten Hilfeseite zu gelangen.

Möchten Sie zur Startseite der Hilfe mit dem Inhaltsverzeichnis zurückkehren, reicht ein Mausklick auf dieses Symbol.

Über die beiden Schaltflächen mit dem nach links und rechts zeigenden Pfeil in der oberen linken Ecke des Hilfefensters können Sie zwischen einzelnen bereits aufgerufenen Hilfethemen zurück und vorwärts blättern.

> **Hinweis**
> Wenn Sie den Inhalt der aktuellen Seite ausdrucken möchten, klicken Sie im Hilfefenster auf das *Drucken*-Symbol und im anschließend geöffneten Dialogfeld *Drucken* auf die Schaltfläche *Drucken*. Über eine weitere Schaltfläche *Fragen* rufen Sie eine Hilfeseite auf, über die Sie Unterstützung von Dritten per Internet anfordern können – die Beschreibung dieser Funktion führt aber über den Ansatz dieses Buches hinaus.

Hilfe für Programme gefällig?

Neben Windows bieten auch **Programme** häufig eine eigene Hilfe an. Die Hilfe lässt sich dann bei geöffnetem Programmfenster durch Drücken der Funktionstaste F1 aufrufen.

Auf Windows 7 abgestimmte Programme weisen zudem am rechten Rand der Symbolleiste eine Schaltfläche zum Aufrufen der Hilfe auf.

Hilfe und Support

Bei Programmfenstern, die noch eine Menüleiste aufweisen, öffnen Sie das Hilfemenü (Fragezeichen in der Symbolleiste anklicken). Im Hilfemenü müssen Sie dann einen mit *Hilfe anzeigen*, *Hilfethemen* oder ähnlich bezeichneten Befehl wählen.

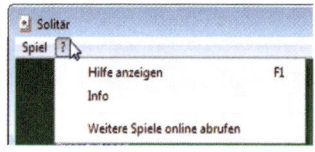

Das Hilfefenster sieht bei auf Windows 7 abgestimmten Programmen wie im vorhergehenden Abschnitt gezeigt aus. Manche Programme besitzen aber ein eigenes, in zwei Spalten geteiltes Hilfefenster.

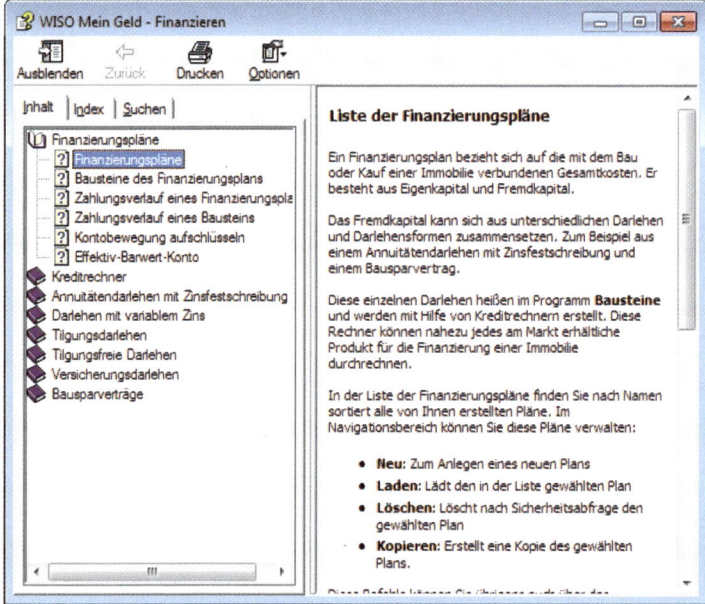

Über die **Registerkarten** *Inhalt, Index, Suchen* und, je nach Programm, *Favoriten* können Sie auf unterschiedliche Weise auf den Inhalt der Hilfe zugreifen.

- Die Registerkarte *Inhalt* ermöglicht den Zugriff auf die Hilfe über eine Art Inhaltsverzeichnis. Klicken Sie auf der Registerkarte *Inhalt* auf das Symbol eines »geschlossenen« Buches, um zu einem Thema untergeordnete Überschriften zu sehen. Ein Mausklick auf das Symbol eines »geöffneten« Buches reduziert die Anzeige auf die Hauptüberschrift. Klicken Sie auf das Symbol einer Buchseite, wird deren Inhalt im rechten Teil des Hilfefensters eingeblendet. Die Navigation in einem solchen Hilfefenster ist ebenfalls über Hyperlinks möglich.

- Die Registerkarte *Index* entspricht dem Stichwortverzeichnis eines Buches. Klicken Sie auf den Registerreiter, können Sie ein Stichwort in das Feld *Zu suchendes Schlüsselwort* eintippen. Gefundene Stichworteinträge lassen sich

Kapitel 2

in der linken Spalte per Mausklick markieren. Die zugehörige Hilfeseite lässt sich per Doppelklick oder über die in der Spalte eingeblendete Schaltfläche *Anzeigen* abrufen.

- Auf der optionalen Registerkarte *Suchen* finden Sie ein Feld zur Eingabe eines Suchbegriffs. Über die Schaltflächen der Registerkarte lässt sich nach dem Begriff suchen. Klicken Sie in der Liste der gefundenen Themen einen Eintrag an und wählen dann die Schaltfläche *Anzeigen,* wird die Hilfeseite im rechten Teil des Fensters dargestellt.

Im Hilfefenster können Sie per Bildlaufleiste blättern und über Hyperlinks Folgedokumente abrufen. Die Schaltflächen *Vorwärts* und *Zurück* der Symbolleiste ermöglichen es, zwischen besuchten Seiten zu wechseln – also alles ähnlich, wie Sie dies von der Windows-Hilfe her kennen.

> **Was ist das?**
> In vielen Fenstern und Dialogfeldern reicht der Platz zur Darstellung aller Informationen nicht aus. Windows benutzt daher sogenannte **Registerkarten** zur Anzeige. Diese Registerkarten werden hintereinander angeordnet und lassen sich jeweils durch Anklicken des zugehörigen Registerreiters in den Vordergrund holen. Sie sehen dann immer nur den Inhalt der obersten Registerkarte.

Abmelden und Beenden

Bevor Sie sich mit den nächsten Schritten befassen, bleibt noch eine Frage: Wie wird Windows eigentlich beendet? Zudem haben Sie die Möglichkeit, sich vorübergehend vom Computer abzumelden, wobei Windows allerdings weiterhin aktiv bleibt. Zudem können Sie den Computer in den Ruhezustand versetzen, in dem nur wenig Energie benötigt wird.

1 Um eine dieser Funktionen anzuwählen, klicken Sie in der Taskleiste auf die Schaltfläche *Start*.

2 Anschließend wählen Sie im Startmenü die Schaltfläche *Herunterfahren*.

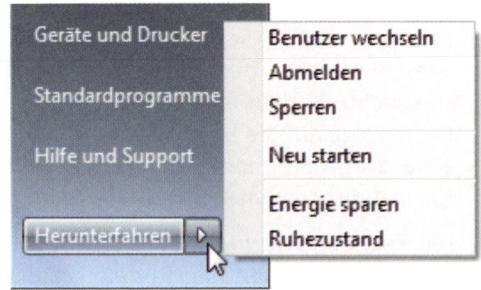

Abmelden und Beenden

Windows wird beendet und der Computer ausgeschaltet.

Sie können aber auch auf das rechts neben *Herunterfahren* befindliche Dreieck klicken. Dann öffnet sich das hier gezeigte Menü mit weiteren Befehlen.

- Wird der Rechner für kurze Zeit nicht benutzt, wählen Sie den Befehl *Sperren*. Dann erscheint sofort die Anmeldeseite, während die zuletzt benutzten Programme weiter geladen bleiben. Zum Weiterarbeiten muss sich der Benutzer erneut bei seinem Konto anmelden.

- Wählen Sie dagegen den Menübefehl *Abmelden*, gelangen Sie ebenfalls sofort zur Anmeldeseite. Im Gegensatz zur Funktion *Sperren* werden aber alle laufenden Programme vor dem Abmelden beendet.

- Der Befehl *Benutzer wechseln* im Menü der rechten Schaltfläche belässt ebenfalls alle laufenden Programme im Speicher und zeigt die Anmeldeseite an. Im Gegensatz zur Funktion *Sperren* werden aber die Symbole aller Benutzerkonten in der Anmeldeseite eingeblendet. Dies ermöglicht Ihnen, die Arbeit kurz am System zu unterbrechen, und ein zweiter Benutzer kann sich während dieser Zeit an seinem eigenen Konto anmelden.

- Um nach längeren Pausen schneller wieder betriebsbereit zu sein, können Sie auf Wunsch die Befehle *Ruhezustand* oder *Energie sparen* im Menü der rechten Schaltfläche wählen. Im Modus *Energie sparen* wird der Windows-Zustand im Arbeitsspeicher gesichert und das System in einen Stromsparmodus versetzt. Dies ist bei Notebooks sinnvoll, wenn diese im Akkubetrieb laufen und für kurze Zeit unbenutzt sind. Der Modus *Ruhezustand* sichert den Windows-Zustand auf der Festplatte und schaltet das Gerät ab. Nach dem erneuten Einschalten wird dieser Zustand geladen und Sie können sofort mit den zuletzt benutzten Programmen weiterarbeiten.

Die Funktionen zum Abmelden und Sperren verhindern die unbefugte Benutzung des Systems während einer kurzen Abwesenheit. Die Schritte zur erneuten Anmeldung an einem Benutzerkonto sind am Kapitelanfang beschrieben.

Der Ruhezustand benötigt etwas länger zum Starten, hat aber bei Notebooks den Vorteil, dass bei nachlassender Akkuladung keine Informationen verloren gehen. Beim Modus *Energie sparen* wechselt das Notebook bei erschöpftem Akku automatisch in den Modus *Ruhezustand*.

Kapitel 2

> **Hinweis**
> Haben Sie sich unter Windows 7 abgemeldet oder wurde die Schaltfläche *Sperren* gewählt? Im Anmeldefenster finden Sie eine Schaltfläche *Benutzer wechseln*, über die Sie zur Anmeldeseite mit allen Benutzerkonten wechseln können. Misslingt die Anmeldung, weil Sie das Kennwort vergessen haben, können Sie Windows über die in der rechten unteren Ecke der Anmeldeseite eingeblendete Schaltfläche (siehe Kapitelanfang) gezielt herunterfahren.

Zusammenfassung

Jetzt beherrschen Sie die wichtigsten Windows-Arbeitstechniken und können mit Fenstern umgehen sowie Programme starten. Im nächsten Kapitel lernen Sie den Umgang mit Laufwerken und Dateien kennen.

Testen Sie Ihr Wissen

Zur Überprüfung Ihrer Kenntnisse können Sie die folgenden Fragen beantworten (die Lösungen finden Sie in Klammern).

- **Wie erreichen Sie, dass ein Fenster den gesamten Bildschirm einnimmt?**

    (In der rechten oberen Ecke auf die Schaltfläche *Maximieren* klicken.)

- **Wie wird ein Fenster geschlossen oder ein Programm beendet?**

    (In der rechten oberen Ecke auf die Schaltfläche *Schließen* klicken.)

- **Wie lassen sich Programme starten?**

    (Zum Beispiel über das Startmenü oder durch Doppelklicken auf die Desktopsymbole.)

- **Wie lässt sich ein Fenster verschieben?**

    (Durch Ziehen der Titelleiste.)

- **Wie wechseln Sie zwischen Fenstern?**

    (Das Fenster oder dessen Schaltfläche in der Taskleiste anklicken.)

Wenn es an einigen Stellen mit der Beantwortung der Fragen noch etwas hapert, ist das nicht sonderlich tragisch. Lesen Sie einfach bei Bedarf die entsprechenden Seiten nochmals. Viele Abläufe sind in Windows ähnlich, d. h., Sie lernen vieles nebenbei, wenn Sie die nächsten Kapitel bearbeiten.

Das können Sie schon

Den Computer in Betrieb nehmen	36
Windows starten und beenden	48, 80
Mit Fenstern arbeiten	55
Programme starten und beenden	66
Die Hilfe abrufen	76

Das lernen Sie neu

Grundwissen über Laufwerke	86
Was sind Ordner und Dateien?	92
Arbeiten mit Ordnerfenstern	95
Ordner und Dateien handhaben	102
Wissen für Fortgeschrittene	110
Netzwerke – gewusst wie	118

Kapitel 3
Ordner und Dateien

In den vorherigen Kapiteln haben Sie die Handhabung von Fenstern und Programmen kennengelernt. Jetzt eignen Sie sich das Wissen zum Umgang mit Laufwerken, Ordnern und Dateien an. Denn Sie wollen sicherlich Ihre am Computer erstellten Briefe, Bilder und so weiter für eine spätere Verwendung speichern. Vielleicht möchten Sie auch den Inhalt einer CD/DVD/BD am Computer ansehen. Oder Sie verwenden den Papierkorb, um nicht mehr benötigte Briefe oder andere Dateien zu löschen. Mit dem Wissen, das Sie in diesem Kapitel erwerben, ist das kein Problem.

Grundwissen über Laufwerke

Zum Speichern von Programmen oder Briefen, Bildern, Fotos, Musik, Videos etc. benötigt der Computer Speichermedien. In *Kapitel 1* haben Sie bereits erfahren, dass im Computer eine Festplatte zur Speicherung »seiner Daten« eingebaut ist und wie diese funktioniert. Auf der im Computer eingebauten Festplatte ist das Betriebssystem Windows gespeichert (sonst könnte der Computer nach dem Einschalten nichts tun). Zusätzlich werden die auf dem Computer vorhandenen Programme sowie weitere Daten (z.B. von Ihnen erstellte Dokumente wie Briefe, Bilder, Fotos etc.) auf der Festplatte gespeichert. In *Kapitel 1* wurde aber auch erwähnt, dass es neben Festplatten weitere Speichermedien wie CDs, DVDs, BDs etc. gibt. Zum Arbeiten mit diesen austauschbaren Medien stellt der Computer sogenannte Laufwerke bereit. Sie können dann einen Datenträger in das Laufwerk einlegen, die Daten lesen und später das Medium wieder entfernen. Nachfolgend wird das Grundwissen zum Umgang mit Laufwerken unter Windows vermittelt.

Welche Laufwerke hat mein Computer?

Briefe, Bilder, Fotos, Programme etc. werden auf Festplatten oder auf Wechseldatenträgern (USB-Sticks, Speicherkarten, CDs, DVDs oder BDs) gespeichert. Um die Zahl der Laufwerke und deren Typ bei einem Computer festzustellen oder um eine Übersicht zu erhalten, benutzen Sie das Fenster *Computer*.

1 Um die verfügbaren Laufwerke anzuzeigen, öffnen Sie das Startmenü (siehe *Kapitel 2*).

2 Anschließend klicken Sie in der rechten Spalte des Startmenüs auf das Symbol *Computer*.

Alternativ können Sie das betreffende Desktopsymbol durch einen Doppelklick anwählen. Windows öffnet ein sogenanntes Ordnerfenster mit dem Inhalt des »Computers«. Dieses Ordnerfenster zeigt alle gefundenen Laufwerke mit ihrem Symbol und dem zugehörigen Namen an. Am jeweiligen Symbol lässt sich der Laufwerkstyp (Festplatte, Diskette, CD/DVD etc.) erkennen. Hier sehen Sie die Symbole für mehrere Festplatten, für ein DVD-RW-Laufwerk und für mehrere Wechseldatenträger/USB-Sticks.

Grundwissen über Laufwerke

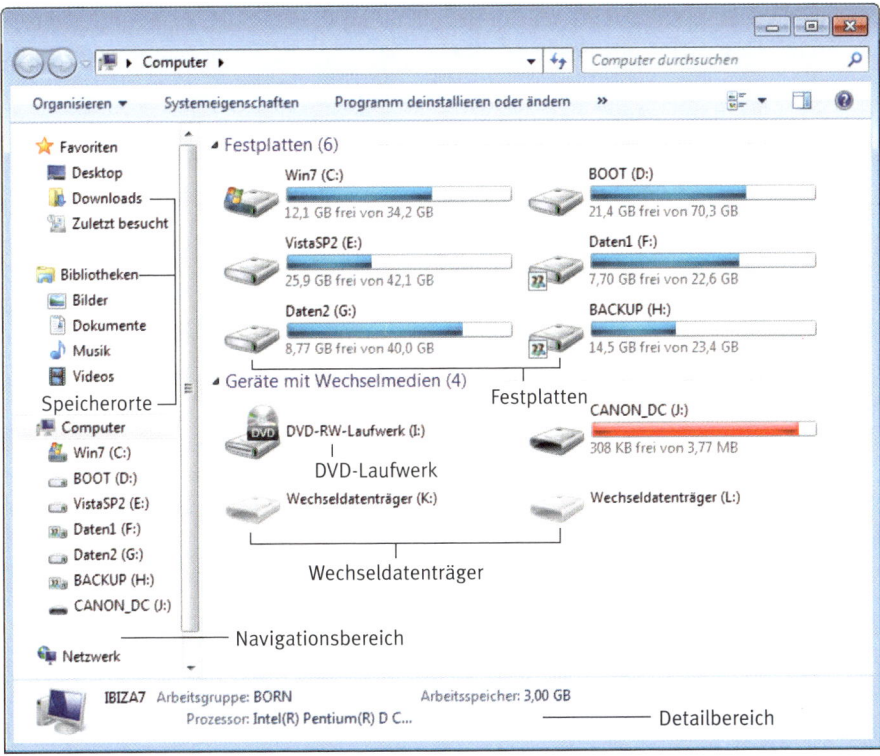

- Das Ordnerfenster enthält in der linken Spalte den **Navigationsbereich**, über dessen Symbole Sie zu verschiedenen Speicherorten gelangen.

- Die auf dem Computer gefundenen **Laufwerke** werden in der rechten Spalte (**Inhaltsbereich**) des Ordnerfensters jeweils mit einem Namen und einem Symbol angezeigt. Wie viele und welche Symbole Sie sehen, hängt von Ihrem System ab. Die im Ordnerfenster angezeigten Symbole liefern Ihnen einen Hinweis auf die Laufwerkstypen, wobei am häufigsten wohl Festplatten und DVD-Laufwerke bzw. -Brenner auftauchen. Besitzt Ihr Rechner noch ein Lesegerät für Speicherkarten von Digitalkameras, werden die Einschübe als Wechseldatenträger im Ordnerfenster aufgelistet. Das Gleiche gilt für USB-Sticks, die Sie in die USB-Buchsen des Computers einstecken können.

- Der am unteren Fensterrand sichtbare **Detailbereich** liefert Ihnen Informationen zum aktuell angewählten Element des Ordnerfensters.

Zum Abschluss bleibt noch die Frage: **Wie werden Laufwerke benannt?** Windows versieht Laufwerke mit den Buchstaben A bis Z, gefolgt von einem Doppelpunkt, wobei A: und B: für (meist nicht mehr vorhandene) Diskettenlaufwerke reserviert sind.

- Die **erste Festplatte** wird mit der Bezeichnung **C:** versehen. Existieren **weitere Festplatten** (oder ist die Festplatte in mehrere, als Partitionen bezeichnete logische Laufwerke unterteilt), erhalten diese fortlaufend die Buchstaben **D:, E:, F:** etc. zugewiesen.

- Danach weist Windows den Wechseldatenträgern wie **CD-/DVD-/BD-**Laufwerken, USB-Sticks und Speicherkartenlesern die nächsten freien Buchstaben (**D:, E:, F:** bis **Z:**) zu.

Dem letzten Laufwerk kann maximal der Buchstabe **Z:** zugewiesen werden, es sind also höchstens 26 Laufwerke möglich. Dabei stellt Windows sicher, dass jedes Laufwerk durch einen eindeutigen Laufwerksbuchstaben gekennzeichnet ist.

Zusätzlich kann jedem Laufwerk noch eine Bezeichnung (Datenträgername bzw. Volumebezeichnung), bestehend aus Buchstaben und Ziffern, zugewiesen werden. Die im Fenster *Computer* angezeigten Bezeichnungen für das Laufwerk können daher computerspezifisch voneinander abweichen (z. B. *Daten1 (K:)*, *System (C:)* etc.). Über den Laufwerksbuchstaben lassen sich die zugehörigen Laufwerke aber immer eindeutig identifizieren.

Was Sie über CDs und DVDs wissen sollten

Festplatten können eine Menge Daten speichern, sind aber fest in den Computer eingebaut. Für Digitalkameras werden spezielle Speicherkarten benutzt, und es gibt noch USB-Sticks, die zum Transport von Daten zwischen Computern verwandt werden. Die gebräuchlichsten Speichermedien zur kostengünstigen Weitergabe großer Datenmengen (Musik, Fotos, Videos, Programme) sind jedoch CD-ROMs (auch kurz **CDs** genannt), **DVDs** und **BDs** (Blu-ray Discs).

- Die Musikindustrie verwendet **Audio-CDs** zur Speicherung von Musikstücken. Diese CDs lassen sich sowohl auf dem CD-Player einer Stereoanlage als auch in DVD-/BD-Laufwerken und -Brennern des Computers abspielen. Allerdings versehen die Hersteller ihre Musik-CDs immer häufiger mit einem Kopierschutz, damit sich die CD nicht mehr auf dem Computer abspielen lässt.

- Beim Entwickeln von Fotos können Fotolabors die Bilder statt als Papierabzüge direkt in digitaler Form auf **Foto-CDs** liefern. Dieser Service ermöglicht Ihnen, die Bilder direkt in den Computer zu übernehmen.

- Es gibt zudem **Video-CDs** zur Speicherung von Videos, die sich dann am Computer und auf **DVD-Playern** wiedergeben lassen. Zur Speicherung mehrstündiger Spielfilme setzt die Filmindustrie aber bereits seit einigen Jahren auf die sogenannten **DVDs** (Digital Versatile Disc). DVDs gleichen in ihren Abmessungen normalen CDs, besitzen jedoch eine höhere Datenkapazität.

- In der Computerindustrie werden **Daten-CDs, -DVDs** und **-BDs** zur Speicherung von Daten sowie zur Weitergabe von Programmen oder Dokumenten genutzt. Sie kennen bestimmt entsprechende Beispiele (Telefonbuch-CD, Reiseplaner auf CD, CDs für den Internetzugang, CDs/DVDs mit Softwareproben in Zeitschriften etc.).

CDs haben eine Speicherkapazität von mindestens 650 MByte, was dem Inhalt von 74 Minuten Musik entspricht. Es gibt inzwischen aber CDs mit 700 oder 800 MByte Kapazität. DVDs können 4,7 Gigabyte und mehr Daten oder bis zu vier Stunden Film aufnehmen. Mittlerweile sind eigentlich alle Computer mit einem **DVD-Laufwerk** oder einem **DVD-Brenner** (manchmal sogar mit BD-Laufwerken) ausgestattet, auf dem sich CDs und DVDs lesen lassen. Details zur Wiedergabe von Musik oder Videos auf CDs oder DVDs finden Sie in *Kapitel 10*. **Eigene CDs** oder **DVDs** lassen sich unter Verwendung spezieller Rohlinge (beschreibbare Medien) mit **CD-** oder **DVD-Brennern** herstellen (siehe *Kapitel 11*).

> **Hinweis**
>
> **Blu-ray Discs (BDs)** besitzen eine Speicherkapazität von 25 GByte und lassen sich zur Speicherung von Videos und Daten einsetzen. Die Laufwerke sind aber noch teurer als DVD-Brenner und daher Anfang 2010 noch nicht weit verbreitet. BD-Laufwerke und -Brenner können auch CDs und DVDs lesen.

Der richtige Umgang mit Wechseldatenträgern

DVD- oder BD-Laufwerke und -Brenner, die Laufwerke zum Einlesen der Speicherkarten von Digitalkameras oder USB-Sticks bezeichnet man als Wechseldatenträgerlaufwerke. In solche Laufwerke lässt sich das Medium einlegen und bei Bedarf wieder entnehmen. Wichtig ist, dass Sie die Handhabung von Wechseldatenträgern unter Windows beherrschen. Verfügt Ihr Computer über ein optisches Laufwerk (z. B. DVD-Brenner) und möchten Sie einen entsprechenden Datenträger mit Musik, Videos oder Daten einlesen?

1 Betätigen Sie die Auswurftaste am Laufwerk.

2 Fassen Sie den Datenträger am Rand an und legen Sie das Medium mit der spiegelnden Seite nach unten in die Schublade ein.

Auswurftaste

Die Schublade weist bei normalen CD-/ DVD-/BD-Laufwerken und -Brennern eine Vertiefung auf, in die das Medium hineinpasst. Bei Notebooks muss die CD, DVD bzw. BD dagegen auf eine Art Fixierungsdorn aufgesteckt werden.

3 Anschließend fahren Sie die Schublade des Laufwerks ein, damit Windows auf das Medium zugreifen kann.

Kapitel 3

Bei normalen Laufwerken drücken Sie die Auswurftaste am Laufwerk erneut, um die Schublade in das Laufwerk einzufahren. An Notebook-Laufwerken müssen Sie die ausgefahrene Schublade dagegen i. d. R. mit der Hand einschieben, bis diese hörbar einrastet.

> **Achtung**
>
> Achten Sie auf jeden Fall darauf, dass das Medium korrekt in das Laufwerk eingelegt wurde und die spiegelnde Unterseite der CD/DVD/BD frei von Staub, Schmutz, Kratzern und Fingerabdrücken bleibt. Andernfalls lässt sich das Medium u. U. nicht mehr lesen. »Rattert« und »klappert« die CD/DVD/BD im Laufwerk, drücken Sie sofort die Auswurftaste und prüfen Sie, ob das Medium korrekt eingelegt wurde. Aufgeklebte Etiketten (Labels) können Unwuchten und so das Rattern des Laufwerks verursachen. Solche Medien sollten Sie nicht mehr im Laufwerk verwenden, da die Gefahr von Beschädigungen besteht.

Besitzt Ihr Computer ein Lesegerät für Speicherkarten, die in Digitalkameras, MP3-Playern etc. benutzt werden?

Je nach Gerät kommen dabei unterschiedliche Speicherkartenformate zum Einsatz. Die meisten Computer besitzen jedoch Multicard-Lesegeräte, die gängige Speicherkartenformate unterstützen.

Die Einschübe der Leseschächte sind dabei so geformt, dass sich die Speicherkarten nur in der richtigen Richtung einschieben lassen.

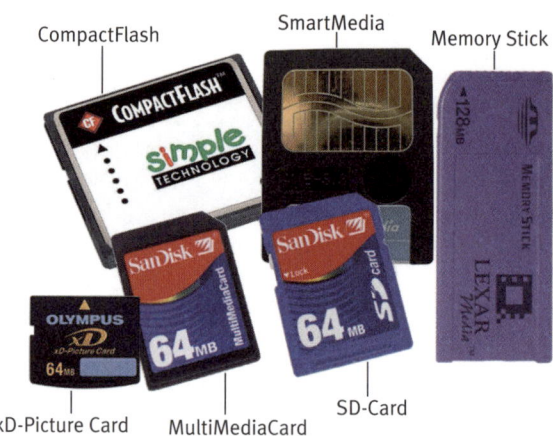

4 Entnehmen Sie die Speicherkarte dem Abspielgerät und schieben Sie diese mit leichtem Druck in den entsprechenden Schlitz des Lesegeräts, bis das Speichermedium Kontakt bekommt.

5 Benutzen Sie USB-Sticks, stecken Sie diese in eine USB-Buchse des Computers ein.

Bei Wechseldatenträgern erkennt Windows das eingelegte Medium und zeigt das Dialogfeld *Automatische Wiedergabe* an.

6 Klicken Sie im Dialogfeld auf den gewünschten Befehl (z. B. *Ordner öffnen, um Dateien anzuzeigen*).

Windows schließt das Dialogfeld und öffnet dann, je nach gewähltem Befehl, ein Ordnerfenster oder startet die Anwendung zur Anzeige von Bildern bzw. zur Wiedergabe von Musik und Videos.

Haben Sie den Befehl zur Anzeige eines Ordnerfensters im Dialogfeld *Automatische Wiedergabe* gewählt, zeigt dieses den Inhalt des Speichermediums (CD/DVD/BD, USB-Stick, Speicherkarte) an. Sie können dann mit dem Speichermedium wie mit einer Festplatte arbeiten und die Inhalte ansehen, verschieben, kopieren oder löschen (siehe die folgenden Abschnitte). Beachten Sie aber, dass sich optische Medien wie CDs, DVDs oder BDs nur lesen lassen. Zum Beschreiben von CDs, DVDs oder BDs benötigen Sie spezielle (wiederbeschreibbare) Medien sowie einen geeigneten Brenner.

Hinweis

Wenn Sie im Dialogfeld *Automatische Wiedergabe* das Kontrollkästchen *Immer für ... durchführen* aktivieren und dann einen Befehl anklicken, merkt sich Windows dies. Beim nächsten Anmelden des Wechselmediums führt Windows den betreffenden Befehl automatisch aus, ohne das Dialogfeld mit der Anfrage zu öffnen.

Achtung

Arbeiten Sie mit USB-Sticks oder Speicherkarten und übertragen Sie Daten zwischen diesen Medien und dem Computer? Dann sollten Sie darauf achten, das **Speichermedium** nach Gebrauch **sicher zu entfernen**, sodass keine Daten verloren gehen. Klicken Sie im Ordnerfenster das Laufwerkssymbol mit der rechten Maustaste an und wählen Sie bei USB-Sticks (oder USB-Festplatten) den Kontextmenübefehl *Sicher entfernen*. Bei Speicherkarten in Wechseldaten-

Kapitel 3

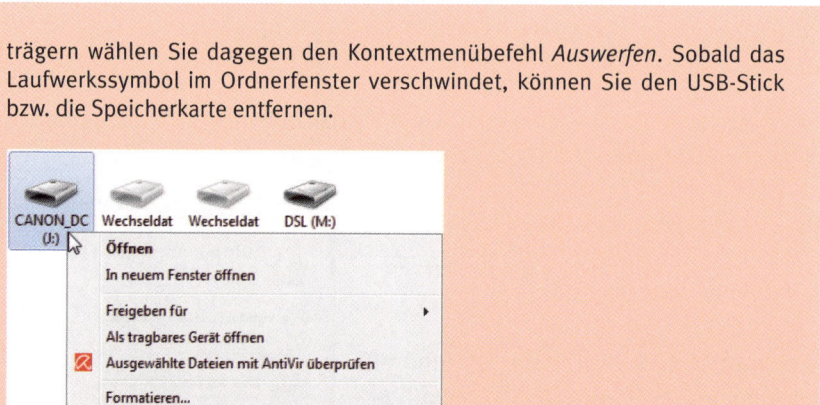

trägern wählen Sie dagegen den Kontextmenübefehl *Auswerfen*. Sobald das Laufwerkssymbol im Ordnerfenster verschwindet, können Sie den USB-Stick bzw. die Speicherkarte entfernen.

Was sind Ordner und Dateien?

Beim Arbeiten mit Windows werden Sie häufig mit den Begriffen Ordner und Dateien konfrontiert. Hier einige Informationen, was Sie zu diesem Thema wissen sollten. Falls Sie sich bereits auskennen, blättern Sie zum nächsten Lernschritt »Arbeiten im Ordnerfenster« weiter.

Dateien

Wenn Sie ein Dokument wie einen Brief, eine Einladung, ein Bild unter Windows erstellen und dann speichern möchten, muss dieses auf dem betreffenden Medium (z. B. der Festplatte) abgelegt werden. Damit Windows die Daten des Dokuments verwalten und später wiederfinden kann, müssen diese quasi wie in einem Container oder in einer Schachtel zusammengehalten werden. Genau hier kommen **Dateien** ins Spiel. Eine Datei besitzt einen Namen und enthält Daten. Bei einem Brief bestehen die Daten beispielsweise aus dem Brieftext. Aber auch die Anweisungen eines Programms werden in Dateien gespeichert. Der Dateiname ermöglicht dem Computer und letztlich auch Ihnen, die betreffende Datei wiederzufinden.

Hinweis

Die **Namen für Dateien müssen** in Windows **bestimmten Regeln entsprechen**. Sie dürfen die Buchstaben A bis Z, a bis z, die Ziffern 0 bis 9, das Leerzeichen und verschiedene andere Zeichen wie einen Punkt . oder runde Klammern ( ) verwenden. Auf keinen Fall zulässig sind die Zeichen „ / \ | <> : ? * im Dateinamen – diese haben für den Computer eine besondere Bedeutung. Zwischen Groß- und Kleinschreibung wird nicht unterschieden.

Was sind Ordner und Dateien?

Ein gültiger Name wäre *Brief an Müller*. Der Name kann zwar (einschließlich der Ordner- und Laufwerksangaben) bis zu 260 Zeichen lang sein. Um sich unnötige Tipparbeit zu ersparen, sollten Sie Dateinamen aber auf ca. 20 Zeichen begrenzen.

Die meisten Dateien besitzen zusätzlich einen **Dateityp**, der beim Erstellen der Datei automatisch festgelegt wird. Der Dateityp signalisiert Windows, mit welchem Programm eine Datei bearbeitet werden kann und welches Symbol die Datei in der Darstellung erhält.

> **Hinweis**
>
> Der **Dateityp** einer Datei wird über die sogenannte **Dateinamenerweiterung** festgelegt. Diese Erweiterung des Dateinamens besteht aus einem Punkt, gefolgt von meist drei oder vier Buchstaben (z. B. *.txt*, *.bmp*, *.exe*, *.bat*, *.doc*, *.docx*, *.xlsx*, *.tiff*). Wenn Sie einen Brief, eine Grafik, eine Webseite oder ein anderes Dokument speichern, sorgt das betreffende Programm in der Regel selbst dafür, dass die korrekte Dateinamenerweiterung an den Namen angehängt wird. Programmdateien besitzen meist die Dateinamenerweiterung *.exe*. Sie dürfen den Dateinamen und die Erweiterung übrigens mit Groß- und Kleinbuchstaben schreiben. Windows macht hier keinen Unterschied, d. h., die Namen »Brief an Müller.doc« und »brief an müller.doc« werden in Windows gleich behandelt.
>
> Standardmäßig stellt Windows die Dateinamenerweiterungen in der Ordneranzeige nicht dar. Weiter unten lernen Sie aber, wie Sie die betreffende Darstellung einrichten können. Dies ist aus Sicherheitsgesichtspunkten zu empfehlen, da dann schädliche E-Mail-Anhänge (z. B. *Rechnung.pdf.exe*) an der Dateinamenerweiterung besser zu erkennen sind

Ordner

Ordner (gelegentlich auch Verzeichnisse genannt) dienen zur Organisation der Dateiablage. Genau wie im Büro, wo man Ordner zum besseren Auffinden von Briefen und Dokumenten verwendet und in einem Aktenschrank aufbewahrt, nutzt der Computer Ordner zur Strukturierung der Dateiablage.

Windows ist dabei sehr flexibel, ein Ordner kann nicht nur Dateien, sondern seinerseits weitere Ordner (sogenannte Unterordner) enthalten. Welche Kriterien Sie zur Aufteilung der Dateien in Ordner anwenden, bleibt Ihnen überlassen.

Sie können die Ablage für Dateien nach bestimmten Gesichtspunkten organisieren (z. B. kommen alle Briefe in einen Ordner *Briefe*, alle Rechnungen in einen zweiten Ordner *Rechnungen* und so weiter).

Ordner werden auf Laufwerken angelegt und besitzen wie Dateien einen Namen sowie ein Symbol.

Sie erkennen Ordner an einem stilisierten Ordnersymbol (Hängeregister). Je nach Inhalt kann Windows aber verschiedene Ordnersymbole verwenden.

> **Hinweis**
>
> **Ordner** werden nach den gleichen Kriterien wie Dateien **benannt**. Allerdings entfällt bei Ordnern in der Regel die bei Dateien benutzte Dateinamenerweiterung. Dateien und Ordner müssen mit einem eindeutigen Namen versehen werden. Sie können in einem Ordner keine zwei Ordner oder Dateien gleichen Namens ablegen. Eine Datei darf jedoch unter ihrem (gleichen) Namen in unterschiedlichen Ordnern gespeichert werden.

Dokumente speichern

Letztendlich können Sie Dateien und Ordner auf jedem Speichermedium (Festplatte, CD, DVD, BD, Speicherkarten etc.) finden.

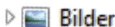

Windows 7 stellt zur Ablage von Dateien aber spezielle Speicherorte für die Dokumentkategorien Bilder, Dokumente, Musik und Videos über den Navigationsbereich des Ordnerfensters bereit.

Beim Speichern von Dokumenten können Sie folgende Kriterien zur Auswahl der Speicherorte verwenden:

- *Dokumente:* An diesem Speicherort können Sie Dokumente wie Briefe, Kalkulationstabellen, Notizen, Präsentationen etc. ablegen.

- *Bilder:* Dieser Ort ist zur Aufnahme von Fotos und Grafiken, die Sie z. B. von Digitalkameras und Scannern übernehmen oder aus dem Internet oder per E-Mail erhalten, vorgesehen.

- *Musik:* Hier können Sie Ihre digitale Musiksammlung anlegen und über spezielle Funktionen abspielen oder verwalten. Musik können Sie als Dateien von Audio-CDs kopieren oder von Musikseiten aus dem Internet herunterladen.

- *Videos:* Besitzen Sie Videos (z. B. von Digital- oder Videokameras bzw. aus dem Internet), sollten Sie die Dateien hier ablegen.

Der Navigationsbereich eines Ordnerfensters enthält zudem noch einen Ordner *Downloads*, der zum Speichern von Dateien, die aus dem Internet heruntergeladen wurden, dient.

> **Hinweis**
>
> Windows 7 ermöglicht beim **Speichern von Dateien** zudem noch die Auswahl, ob diese **öffentlich**, durch alle Benutzer des Computers zugreifbar sein sollen, oder ausschließlich **privat** sind und nur durch den aktuell an einem Benutzerkonto angemeldeten Benutzer bearbeitet werden dürfen. Die Unterscheidung erfolgt dabei über Ordnernamen wie *Eigene Bilder* oder *Öffentliche Bilder*. Der Teilbegriff »Eigene« signalisiert, dass es sich um den (privaten) Ordner des Benutzerkontos handelt, während »Öffentlich« auf den gemeinsamen Speicherort für alle Benutzer des Computers hinweist. Speichern Sie also ein Foto im Ordner *Öffentliche Bilder*, können sich andere Benutzer unter deren Benutzerkonto an Windows anmelden und über den Zweig *Bilder/Öffentliche Bilder* das Foto sehen, löschen oder bearbeiten. Dieser Zugriff auf die öffentlichen Ordner funktioniert bei einer Freigabe auch innerhalb eines (Heim)netzwerks, nicht jedoch über das Internet. Möchten Sie das Foto dagegen vor dem Zugriff durch andere Benutzer schützen, legen Sie es im Zweig *Bilder/Eigene Bilder* ab. Dieser Ansatz gilt auch für die anderen Ordner *Eigene Videos*, *Öffentliche Videos*, *Eigene Musik*, *Öffentliche Musik*, *Eigene Dokumente* und *Öffentliche Dokumente*.

> **Was ist das?**
>
> Wenn Sie mit Ordnern und Unterordnern arbeiten, müssen Sie die genaue Lage eines bestimmten Ordners innerhalb der Hierarchie angeben können. Diese als **Pfad** bezeichnete Angabe beginnt in der Regel mit dem Laufwerksbuchstaben, gefolgt von den einzelnen Ordnernamen. Jeder Ordnername wird dabei durch einen umgekehrten Schrägstrich \ (auch als Backslash bezeichnet – sprich »Bäcksläsch«) getrennt. Die Angabe *D:\Briefe\Privat* bezeichnet also den Unterordner *Privat* im Ordner *Briefe* auf Laufwerk *D:* des Computers.

Arbeiten im Ordnerfenster

Zur Anzeige des Inhalts von Laufwerken und Ordnern werden in Windows die bereits erwähnten **Ordnerfenster** benutzt.

1 Öffnen Sie das Ordnerfenster *Computer* über den betreffenden Befehl des Startmenüs.

2 Zeigen Sie im geöffneten Ordnerfenster auf ein Laufwerkssymbol.

Kapitel 3

Bereits beim Zeigen auf ein Laufwerkssymbol blendet Windows die Laufwerksgröße (oft auch als Kapazität bezeichnet) sowie den noch freien Speicher in einem QuickInfo-Fenster ein. Markieren Sie das Laufwerkssymbol mit einem Mausklick, zeigt Windows 7 die Details (am unteren Rand) im Detailbereich des Ordnerfensters an.

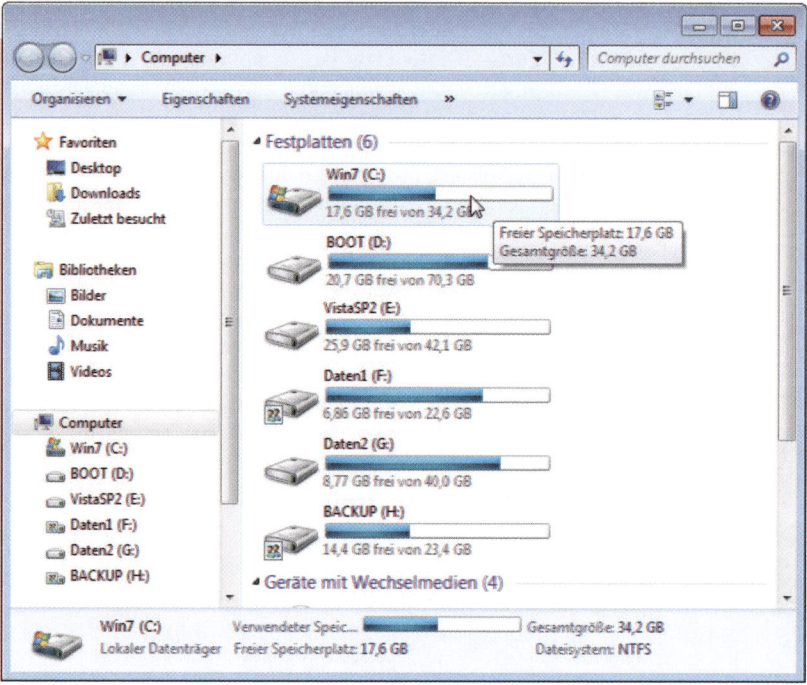

3 Um den Inhalt eines Laufwerks oder eines Ordners anzusehen, wählen Sie in der rechten Spalte des Ordnerfensters das Laufwerks- oder Ordnersymbol per Doppelklick an.

Alternativ können Sie die Laufwerks- und Ordnersymbole im linken Navigationsbereich anklicken, um den betreffenden Inhalt in der rechten Spalte des Ordnerfensters einzublenden.

> **Achtung**
> Wenn Sie den Inhalt eines Wechseldatenträgerlaufwerks abfragen möchten, muss vorher ein Medium eingelegt werden. Andernfalls bekommen Sie eine Fehlermeldung angezeigt, die Sie auf das leere Laufwerk hinweist.

Zu Speicherorten navigieren

Möchten Sie sich ansehen, welche Dokumente an Speicherorten wie *Bilder*, *Dokumente* etc. abgelegt sind? Windows 7 bietet mehrere Möglichkeiten, die gewünschten Ordnerfenster zu öffnen oder zu Speicherorten zu navigieren.

- In der rechten Spalte des Startmenüs ermöglichen Einträge wie *Born*, *Bilder*, *Dokumente* und *Musik* den direkten Zugriff auf das Ordnerfenster der betreffenden Speicherorte. Der oberste Eintrag (hier *Born*) öffnet dabei das Ordnerfenster mit den privaten Ordnern *Eigene Bilder*, *Eigene Dokumente* etc., während die anderen Befehle sich auf Bibliotheken beziehen, die den Inhalt des privaten und öffentlichen Ordners im Ordnerfenster zusammenfassen.

- Weiterhin können Sie im Navigationsbereich eines geöffneten Ordnerfensters gezielt über die einzelnen Symbole auf Laufwerke oder spezielle Speicherorte zugreifen. Der Zweig *Bibliotheken* enthält z. B. Einträge zum Zugriff auf Bilder, Musik, Dokumente oder Videos.

Wird im Navigationsbereich ein kleines Dreieck vor dem Laufwerks- oder Ordnersymbol angezeigt? Klicken Sie auf dieses Dreieck, um den Zweig mit den Unterordnern ein- bzw. auszublenden.

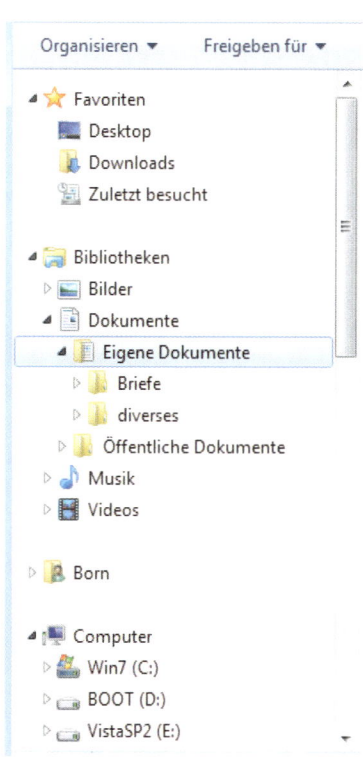

Techtalk

Windows 7 unterscheidet in Ordnerfenstern noch zwischen Ordnern und Bibliotheken. Ordner werden direkt auf einem Speichermedium angelegt und dienen zum Speichern von Unterordnern oder Dateien. **Bibliotheken** sind dagegen Verwaltungsstrukturen, über die sich der Inhalt mehrerer Ordner zusammenhängend im Ordnerfenster darstellen lässt (ohne deren Inhalt zu verändern). Dies erleichtert die Verwaltung mehrerer Speicherorte (wie *Eigene Bilder* und *Öffentliche Bilder*). In Windows 7 sind die Bibliotheken *Bilder*, *Dokumente*, *Musik* und *Videos* eingerichtet. Sie können über Startmenüeinträge wie *Bilder*, *Musik* und *Dokumente* oder den Zweig *Bibliotheken* im Navigationsbereich eines Ordnerfensters darauf zugreifen. Die vier Standardbibliotheken *Bilder*, *Dokumente*, *Musik* und *Videos* zeigen die Inhalte der betreffenden privaten und öffentlichen Ordner an. Sie erhalten dann z. B. über die Bibliothek *Bilder* oder den gleichnamigen Startmenüeintrag Zugriff auf die Inhalte der Ordner *Eigene Bilder* und *Öffentliche Bilder*. Expandieren Sie den Bibliothekszweig (z. B. *Bilder*) im Navigationsbereich, sehen Sie die einbezogenen Ordner. Über den Kontextmenübefehl *Neu/Bibliothek* des Zweigs *Bibliotheken* lassen sich auch eigene Bibliotheken einrichten und mit dem Kontextmenübefehl *Eigenschaften* einer Bibliothek wie *Musik* lassen sich auch weitere Ordner hinzufügen. Die detaillierte Behandlung dieser Funktionen sprengt aber den Umfang dieses Buches. Für die praktische Arbeit brauchen Sie sich lediglich zu merken, dass Sie über Bibliotheken Zugriff auf die Ordner mit den Benutzerdaten erhalten.

Wenn Sie Unterordner durch Doppelklicken auf die Symbole im Inhaltsbereich des Ordnerfensters geöffnet haben, stellt sich vielleicht die Frage, wie Sie zum vorherigen Ordner zurückkommen. Am einfachsten ist es, die Taste ⬅ zu drücken, um in der Ordnerhierarchie eine Ebene nach oben zu gehen. Die Windows-Ordnerfenster bieten aber weitere Möglichkeiten, um Ordner zu öffnen.

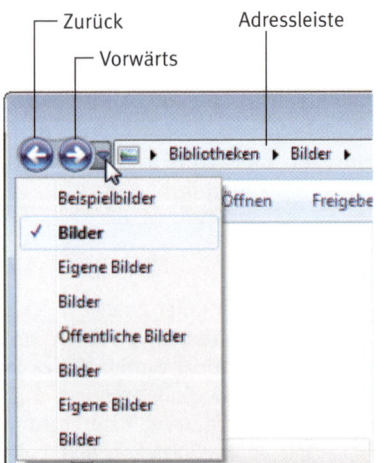

- Windows merkt sich, welche Ordner im Ordnerfenster bereits während der aktuellen Sitzung geöffnet wurden. Klicken Sie in der Symbolleiste des Ordnerfensters auf die Schaltflächen *Vorwärts* und *Zurück*, können Sie schrittweise zwischen besuchten Ordnern blättern. Klicken Sie auf die Schaltfläche rechts neben der Schaltfläche *Vorwärts*, öffnet sich ein Menü mit den Namen der zuletzt besuchten Ordner und Sie können diese durch Anwahl des betreffenden Menüeintrags direkt abrufen.

- In der Adressleiste des Fensters wird der aus den jeweiligen Ordnernamen bestehende Ordnerpfad (hier z. B. *Bibliotheken/Bilder*) eingeblendet. Klicken Sie in der Adressleiste auf einen Ordnernamen (z. B. *Bilder*), wird dessen Inhalt im Ordnerfenster abgerufen.

- Klicken Sie dagegen in der Adressleiste auf das rechts neben einem Ordnernamen eingeblendete kleine Dreieck, öffnet sich ein Menü mit den Namen aller im betreffenden Ordner enthaltenen Unterordner (z. B. *Öffentliche Bilder*). Sie können dann einen Ordnernamen im Menü anwählen, um direkt zum betreffenden Ordner zu wechseln.

Arbeiten im Ordnerfenster

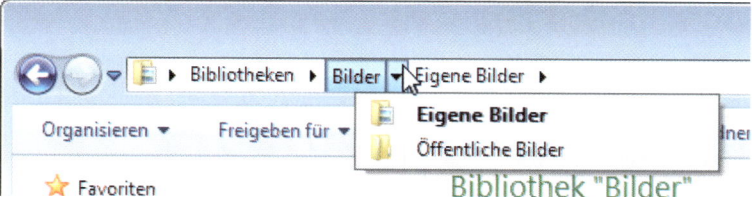

Bibliothek "Bilder"

Mit den hier angesprochenen Techniken können Sie recht komfortabel in Windows 7-Ordnerfenstern navigieren. Wenn Sie etwas häufiger mit Windows arbeiten, gehen diese Navigationstechniken schnell in »Fleisch und Blut« über.

Hinweis

Navigieren Sie über die Laufwerks-, Bibliotheks- und Ordnersymbole des Navigationsbereichs zu Ordnern, erweitert Windows automatisch die Darstellung des betreffenden Zweigs. Öffnen Sie Unterordner im rechten Teil des Ordnerfensters durch Doppelklicken, unterbleibt standardmäßig die automatische Erweiterung der Anzeige im Navigationsbereich.

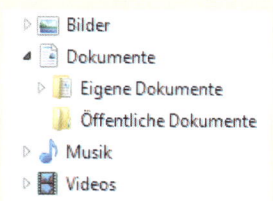

Um dieses Expandieren im Navigationsbereich zu erzwingen, klicken Sie in der Symbolleiste des Ordnerfensters auf die Menüschaltfläche *Organisieren* und wählen den Befehl *Ordner- und Suchoptionen*.

Anschließend müssen Sie auf der Registerkarte *Allgemein* das Kontrollkästchen *Automatisch auf aktuellen Ordner erweitern* in der Gruppe *Navigationsbereich* markieren und über die *OK*-Schaltfläche bestätigen.

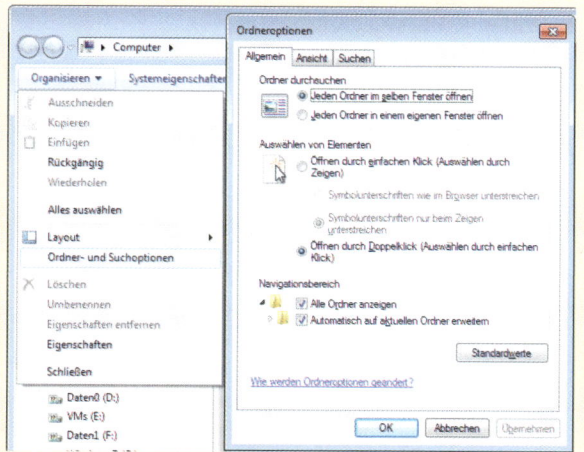

Über den Befehl *Layout* der Menüschaltfläche *Organisieren* lässt sich ein Untermenü öffnen. Über dessen Befehle können Sie verschiedene Bereiche des Ordnerfensters wie Navigationsbereich, Detailbereich, die Menüleiste etc. ein- oder ausblenden.

99

Kapitel 3

Symbolgröße in Ordneranzeige anpassen

Ist Ihnen aufgefallen, dass die Symbolgröße innerhalb der Ordnerfenster variiert? Manchmal werden große Symbole angezeigt, gelegentlich sehen Sie sogar eine Vorschau auf die Dateiinhalte und dann erscheint wiederum eine Darstellung mit kleinen Symbolen in Listenform. Sie können festlegen, wie Windows 7 den Inhalt eines Ordners im Ordnerfenster darstellen soll.

1 Klicken Sie in der Symbolleiste des Ordnerfensters, dessen Symbolgrößen anzupassen sind, auf die Schaltfläche *Ansicht ändern*.

Bei jedem Mausklick schaltet Windows das Ordnerfenster in einen anderen Darstellungsmodus um.

2 Um gezielt einen Darstellungsmodus zu wählen, klicken Sie in der Symbolleiste des Ordnerfensters auf das Dreieck *Weitere Optionen* (neben *Ansicht ändern*).

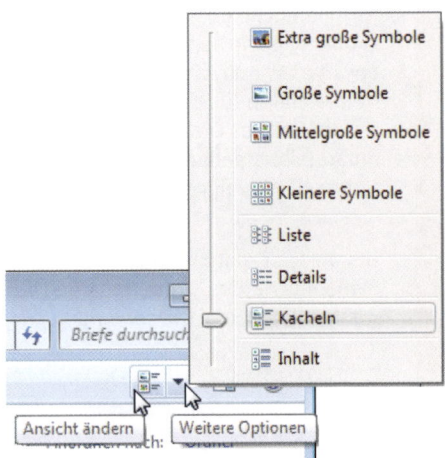

3 Wählen Sie in der angezeigten Palette eine der Darstellungsoptionen, indem Sie auf einen Eintrag klicken oder den Schieberegler zur Option ziehen.

Windows passt dann die Darstellung der Dateianzeige des jeweiligen Ordnerfensters entsprechend an. Die Darstellungsoption *Details* zeigt Ihnen z. B. den Ordnerinhalt als Liste, bestehend aus den Ordner- und Dateinamen, ggf. dem Änderungsdatum, der Größe der jeweiligen Datei und weiteren vom Dateityp abhängigen Informationen, an. In den Modi *(Extra) große Symbole* und *Mittelgroße Symbole* wird bei manchen Dateien (z. B. Fotos) eine Miniaturvorschau des Inhalts eingeblendet.

> **Tipp**
> Verwenden Sie eine Maus mit einem Rädchen? Dann können Sie die angezeigte Symbolgröße ändern, indem Sie bei gedrückter [Strg]-Taste am Rädchen drehen. In der Darstellung *Details* werden zusätzlich noch Spalten mit der Dateigröße, dem Dateityp und weiteren Informationen eingeblendet. Im Anzeigemodus *Details* können Sie die Spaltenköpfe anklicken, um die Dateiliste nach Name, Größe, Typ oder Datum zu sortieren.

Arbeiten im Ordnerfenster

Dateinamenerweiterungen und versteckte Dateien einblenden

Es gibt eine weitere Stelle, an der Sie die Anzeige im Ordnerfenster beeinflussen können. Standardmäßig zeigt Windows keine Dateinamenerweiterungen und auch keine versteckten Dateien und Ordner im Ordnerfenster an. Persönlich bevorzuge ich die Anzeige dieser Informationen (wie hier im Buch gezeigt) und schalte die Darstellung mit folgenden Schritten ein.

1 Klicken Sie in der Symbolleiste des Ordnerfensters auf die Menüschaltfläche *Organisieren* und wählen Sie im Menü den Befehl *Ordner- und Suchoptionen*.

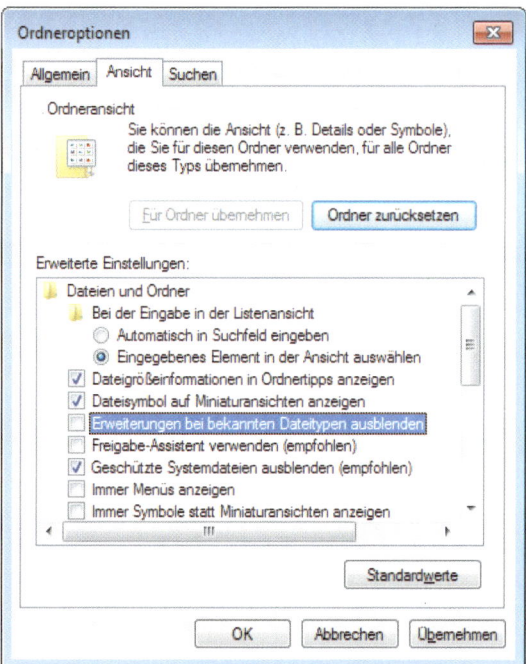

2 Wählen Sie im Eigenschaftenfenster die Registerkarte *Ansicht*, indem Sie auf den betreffenden Registerreiter klicken.

3 Wählen Sie die gewünschten Optionen aus und schließen Sie die Registerkarte über die *OK*-Schaltfläche.

Auf der Registerkarte *Ansicht* finden Sie verschiedene **Kontrollkästchen** und **Optionsfelder**, mit denen Sie die Anzeige beeinflussen können. Verwenden Sie den Bildlaufpfeil am rechten Rand der Liste *Erweiterte Einstellungen*, um in den Optionen zu blättern.

- Sie müssen sicherstellen, dass das Kontrollkästchen *Erweiterungen bei bekannten Dateitypen ausblenden* **nicht markiert** ist (notfalls per Maus anklicken), um die **Dateinamenerweiterungen** immer anzuzeigen.

- Markieren Sie (z. B. per Mausklick) im Zweig »Versteckte Dateien und Ordner« das Optionsfeld *Ausgeblendete Dateien, Ordner und Laufwerke anzeigen*. Dies stellt sicher, dass Windows im Ordnerfenster auch versteckte Dateien darstellt.

Die Markierung des Kontrollkästchens *Geschützte Systemdateien ausblenden* sollten Sie dagegen nur aufheben, wenn Sie wirklich Zugriff auf solche Dateien benöti-

101

gen. Der Grund: Windows blendet bei gelöschter Markierung zwei Dateien *desktop.ini* auf dem Desktop ein, was doch sehr störend ist.

> **Was ist das?**
>
> Windows verwendet **Eigenschaftenfenster**, um Einstellungen über verschiedene Registerkarten anzuzeigen. **Kontrollkästchen** sind kleine viereckige Steuerelemente ☑ Verschlüsselte in Dialogfeldern und Registerkarten, über die sich eine Option ein- oder ausschalten lässt. Ein Häkchen im Kontrollkästchen signalisiert, dass die Option eingeschaltet ist. Löschen lässt sich die Markierung durch erneutes Anklicken des Kontrollkästchens. Das andere Element zur Auswahl von Optionen stellen die runden **Optionsfelder** ⦿ Eingegebenes dar. Durch Anklicken der Optionsfelder lässt sich eine Option aus einer Gruppe von Optionen auswählen. Die betreffende Option wird durch einen Punkt markiert.

Umgang mit Ordnern und Dateien

In diesem Lernabschnitt erwerben Sie die Fertigkeiten zum Umgang mit Ordnern und Dateien. Sie lernen, wie sich Ordner und Dateien anlegen, kopieren, löschen oder umbenennen lassen.

Neue Ordner und Dateien anlegen

Neue Ordner und Dateien können Sie auf der Festplatte oder auf beschreibbaren Wechseldatenträgern (USB-Stick, Speicherkarte), auf dem Desktop oder in einem bestehenden Ordner anlegen.

1 Öffnen Sie das Ordnerfenster mit dem Laufwerk oder dem Ordner, in dem der neue Ordner anzulegen ist (z. B. *Dokumente\Eigene Dokumente*).

2 Klicken Sie mit der **rechten** Maustaste auf eine freie Stelle im Ordnerfenster.

3 Zeigen Sie im **Kontextmenü** auf den Befehl *Neu* und klicken Sie dann im Untermenü auf *Ordner*.

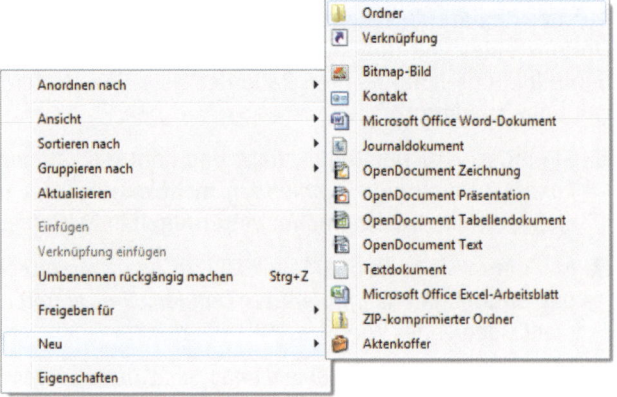

Umgang mit Ordnern und Dateien

 Windows legt im Fenster einen neuen Ordner mit dem Namen *Neuer Ordner* an. Der Name des neuen Ordners ist dabei farbig markiert, d. h., Sie können diesen Namen noch ändern.

4 Geben Sie den neuen Namen für den Ordner per Tastatur ein.

Im nebenstehenden Fenster wurde als Name *Briefe* gewählt. Sie können aber jeden gültigen Ordnernamen verwenden.

5 Klicken Sie anschließend auf eine freie Stelle im Fenster oder drücken Sie die ⏎ -Taste.

Windows hebt die Markierung auf und weist dem neuen Ordner den eingetippten Namen zu.

> **Hinweis**
> Neue Dateien werden Sie in den meisten Fällen mit Textprogrammen, Zeichenprogrammen etc. erzeugen (siehe folgende Kapitel). Alternativ können Sie den obigen Schritten folgen, um leere Dateien bestimmter Dateitypen direkt in Windows anzulegen. Statt des Kontextmenübefehls *Ordner* wählen Sie eine der angezeigten Vorlagen wie *Bitmap-Bild*, *Textdokument*, *Microsoft Word Dokument* etc. Achten Sie lediglich beim Eintippen des gewünschten Dateinamens darauf, dass eine eventuell angezeigte Dateinamenerweiterung (.doc, .bmp, .txt etc.) erhalten bleibt.

Ordner und Dateien umbenennen

Wurde beim Anlegen einer neuen Datei oder eines Ordners unbeabsichtigt neben das Symbol geklickt oder hat sich ein Schreibfehler in den Namen eingeschlichen? Sie können die Namen von Dateien oder Ordnern auch nachträglich mit wenigen Schritten ändern. Der folgende Weg funktioniert in allen Windows-Versionen.

1 Klicken Sie mit der rechten Maustaste auf das Symbol des umzubenennenden Ordners oder der umzubenennenden Datei.

2 Wählen Sie im Kontextmenü den Befehl *Umbenennen*.

> **Tipp**
>
> Drücken Sie bei einer markierten Datei oder bei einem markierten Ordner die Funktionstaste F2, lässt sich der Name ebenfalls ändern.

Windows markiert den Namen des Elements.

3 Tippen Sie den neuen Namen ein und bestätigen Sie diesen durch Drücken der ⏎-Taste (oder indem Sie auf eine freie Stelle im Fenster klicken).

Windows ändert anschließend den Namen des Ordners (bzw. der Datei) und hebt die Markierung auf.

> **Tipp**
>
> Der Befehl *Umbenennen* markiert automatisch den kompletten Namen. Der markierte Text wird durch den ersten eingetippten Buchstaben ersetzt. Durch Anklicken einer Stelle im markierten Bereich heben Sie die Markierung auf und positionieren die Textmarke an der betreffenden Stelle. Alternativ können Sie die Tasten ← und → zum **Positionieren der Einfügemarke** verwenden. **Überflüssige Zeichen**, die rechts von der Einfügemarke stehen, können Sie mit der Entf-Taste löschen. Zeichen links von der Einfügemarke entfernen Sie mit der ←-Taste. **Markieren** lässt sich ein (Teil-)Text, indem Sie auf das erste Zeichen klicken und dann die Maus bei gedrückter linker Maustaste über den Text ziehen. Auf diese Weise können Sie auch Teiltexte korrigieren. Diese Tasten sollten Sie sich merken, da sie bei allen Texteingaben äußerst nützlich sind.

> **Achtung**
>
> Beim Umbenennen von Dateinamen müssen Sie darauf achten, dass eine eventuell eingeblendete Dateinamenerweiterung wie *.bmp*, *.txt* etc. erhalten bleibt. Andernfalls kann Windows den Dateityp nicht mehr erkennen und ruft beim nächsten Öffnen der Datei kein oder das falsche Programm auf.

Kopieren und Verschieben

Unterordner oder Dateien lassen sich zwischen Laufwerken und zwischen Ordnern kopieren bzw. verschieben. Beim Kopieren erzeugen Sie ein genaues Abbild des Originals auf dem Zieldatenträger, beim Verschieben wird die Datei oder der Ordner samt Inhalt an die neue Stelle verschoben und an der bisherigen gelöscht.

Umgang mit Ordnern und Dateien

Windows bietet Ihnen sehr viele Möglichkeiten, um Dateien oder komplette Ordner mitsamt den darin enthaltenen Dateien zu kopieren bzw. zu verschieben. Aber eigentlich müssen Sie nur einen Weg kennen, der möglichst in allen Windows-Versionen funktioniert.

1 Öffnen Sie das Ordnerfenster mit den zu kopierenden Elementen.

2 Öffnen Sie ein zweites Ordnerfenster, das die zu kopierenden/verschiebenden Elemente aufnehmen soll, und positionieren Sie die beiden geöffneten Ordnerfenster nebeneinander.

Um das Vorgehen zu testen, können Sie über das Startmenü die Ordner *Beispielbilder* und *Dokumente* öffnen.

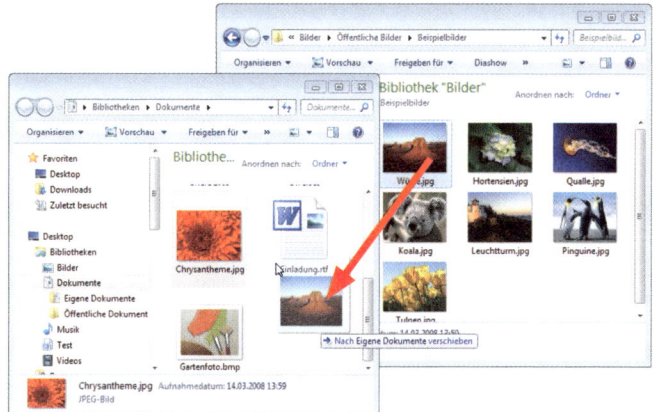

3 Ziehen Sie die Datei oder den Ordner bei gleichzeitig gedrückter rechter Maustaste vom Ursprungsfenster (Quelle) in das zweite Ordnerfenster (Ziel).

4 Lassen Sie die rechte Maustaste los, sobald sich das Symbol über dem Zielfenster befindet.

Windows öffnet ein Kontextmenü mit verschiedenen Befehlen.

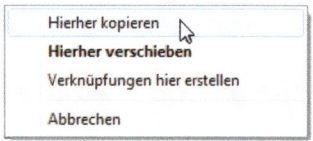

5 Wählen Sie im Kontextmenü den Befehl *Hierher kopieren* bzw. *Hierher verschieben*.

Je nach gewähltem Befehl wird das gewählte Element in das Zielfenster kopiert oder verschoben. Beim Verschieben verschwindet das Element aus dem Quellfenster. Beim Kopieren finden Sie das Element anschließend in beiden Ordnerfenstern vor.

Kapitel 3

Hinweis

Bei sehr großen Dateien oder umfangreichen Ordnern informiert Windows Sie während des Vorgangs durch ein kleines Dialogfeld über den Fortschritt.

Gibt es am Zielort die Datei oder den Ordner bereits unter dem betreffenden Namen, erscheint dieses Dialogfeld. Sie können dann durch Anklicken der Befehle wählen, ob das Zielelement überschrieben bzw. ersetzt werden soll, ob eine Kopie anzufertigen oder der Vorgang abzubrechen ist. Ein Kontrollkästchen im Fußbereich ermöglicht beim Kopieren mehrerer Elemente, festzulegen, ob der Vorgang für alle auftretenden Konfliktfälle durchzuführen oder zu überspringen ist.

Ist auf dem Zieldatenträger kein Speicherplatz mehr vorhanden, erscheint eine Fehlermeldung und der Vorgang wird abgebrochen.

Tipp

Haben Sie eine Datei oder einen Ordner irrtümlich verschoben oder kopiert? Fast alle Dateioperationen lassen sich sofort nach der Ausführung rückgängig machen.

Klicken Sie mit der rechten Maustaste auf eines der Ordnerfenster und wählen Sie im Kontextmenü den Befehl *xxx rückgängig machen*, wobei *xxx* für den Befehl steht (z. B. Kopieren). Es funktioniert auch, wenn Sie die Tastenkombination Strg+Z drücken.

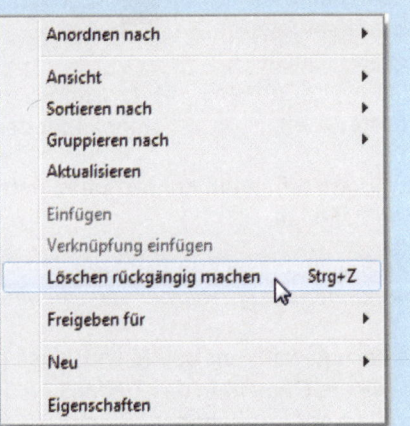

Mehrere Elemente gleichzeitig markieren

Sie können in einem Schritt mehrere Dateien oder Ordner kopieren, verschieben oder löschen. Hierzu müssen Sie die betreffenden Elemente vorher (z. B. durch Ziehen per Maus) markieren. Es gibt zudem folgende Möglichkeiten zum Markieren, wobei der Ansatz am besten in der Detailansicht klappt.

Umgang mit Ordnern und Dateien

- Klicken Sie im geöffneten Ordnerfenster auf das erste zu markierende Objekt. Halten Sie die ⇧-Taste gedrückt und klicken Sie auf das letzte zu kopierende Objekt. Dadurch werden alle dazwischen liegenden Symbole ebenfalls markiert.

- Halten Sie die Strg-Taste gedrückt und klicken Sie auf die zu markierenden Dateien oder Ordner. Dann werden nur die angeklickten Symbole markiert.

Anschließend können Sie die markierten Elemente wie oben gezeigt kopieren oder verschieben (oder wie nachfolgend beschrieben löschen).

Ordner und Dateien löschen

Benötigen Sie einen Ordner oder eine Datei nicht mehr? Dann können Sie diese auf einfache Weise löschen.

1 Öffnen Sie das Fenster des Ordners, das die Datei oder den Ordner enthält.

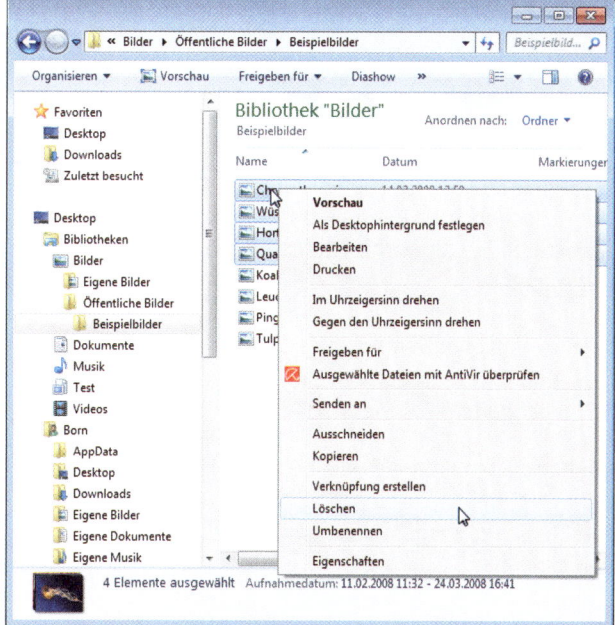

2 Markieren Sie die zu löschende(n) Datei(en) oder den Ordner.

3 Öffnen Sie das Kontextmenü mit der rechten Maustaste und wählen Sie den Befehl *Löschen*. Alternativ können Sie auch die Entf-Taste drücken.

107

4 Wenn Windows sicherheitshalber noch einmal nachfragt, ob die Elemente wirklich gelöscht werden sollen, klicken Sie auf die *Ja*-Schaltfläche.

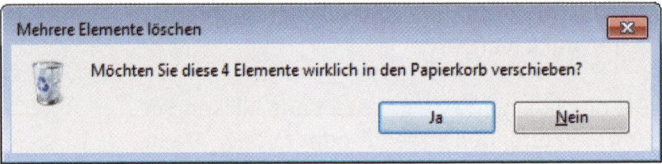

Windows verschiebt jetzt die markierte(n) Datei(en) bzw. den/die markierten Ordner in den Papierkorb.

Achtung
Das Löschen klappt nur auf beschreibbaren Datenträgern. Zudem darf die Datei nicht in Benutzung sein (indem sie z. B. in einem Programm geladen ist).

Gelöschtes zurückholen

Gelegentlich passiert es, dass noch benötigte Dateien oder sogar komplette Ordner irrtümlich gelöscht werden. Solange sich die gelöschten Elemente noch im Papierkorb befinden, lassen sie sich zurückholen.

1 Bemerken Sie den Fehler sofort nach dem Löschen, klicken Sie mit der rechten Maustaste auf eine freie Stelle im Ordnerfenster.

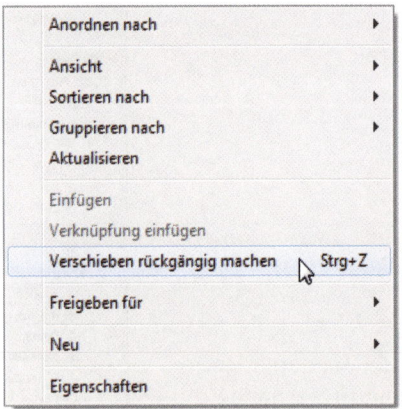

2 Anschließend wählen Sie im Kontextmenü den Befehl *Löschen rückgängig machen*.

Windows nimmt, ähnlich wie beim Kopieren oder Verschieben, den letzten Befehl zurück. Die Elemente werden aus dem Papierkorb zurückgeholt.

Hinweis
Auch beim Zurücknehmen der gelöschten Elemente gilt das weiter oben beim Kopieren Gesagte. Sie können das Löschen auch über die Tastenkombination [Strg]+[Z] zurücknehmen.

Umgang mit Ordnern und Dateien

Haben Sie nach dem Löschen weitergearbeitet und bemerken den Fehler erst später, gehen Sie folgendermaßen vor:

1 Doppelklicken Sie auf das Desktopsymbol des Papierkorbs.

2 Markieren Sie im Fenster des Papierkorbs die gelöschte(n) Datei(en) bzw. Ordner.

3 Klicken Sie mit der rechten Maustaste auf die zu restaurierenden (bzw. markierten) Elemente und wählen Sie im Kontextmenü den Befehl *Wiederherstellen*.

Alternativ können Sie die Schaltfläche *Element wiederherstellen* in der Symbolleiste anklicken. Windows wird das betreffende Element an den Ursprungsort zurückschieben, die Datei oder der Ordner ist wiederhergestellt.

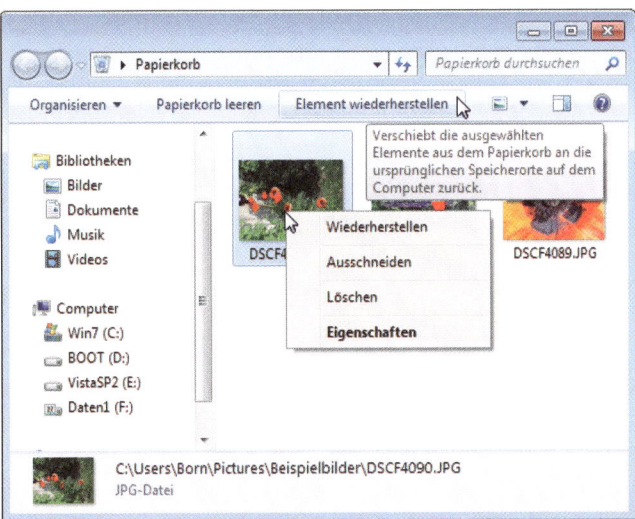

> **Achtung**
> Beim Löschen von einem Wechseldatenträger werden Dateien und Ordner sofort entfernt. Löschen Sie Elemente, die mehr Speicherplatz belegen, als der Papierkorb fasst, zeigt Windows eine Warnung an. Bestätigen Sie den Löschvorgang, werden die Elemente direkt entfernt. Sobald der Papierkorb voll ist, entfernt Windows beim Löschen automatisch die ältesten Inhalte. Aus dem Papierkorb entfernte Elemente lassen sich nicht wiederherstellen. Die Wiederherstellung scheitert auch, wenn der Papierkorb inzwischen geleert wurde.

Den Papierkorb leeren spart Speicherplatz

Alle im Papierkorb abgelegten Dateien beanspruchen weiterhin Speicherplatz auf dem betreffenden Datenträger (maximal bis zur Kapazität des für den Papierkorb reservierten Speicherplatzes). Daher ist es sinnvoll, den Papierkorb von Zeit zu

Zeit manuell zu leeren. Außerdem verhindert dies, dass Dritte auf einfache Weise alte Dokumente restaurieren und darin herumschnüffeln.

1 Den **Papierkorb leeren** Sie, indem Sie dessen Desktopsymbol mit der rechten Maustaste anklicken und anschließend den Kontextmenübefehl *Papierkorb leeren* wählen.

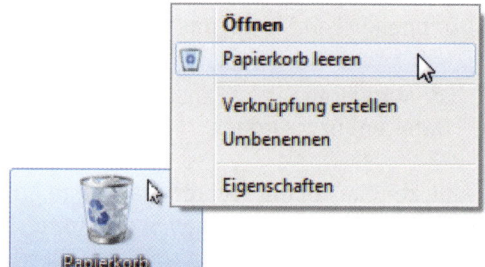

2 Die daraufhin angezeigte Sicherheitsabfrage, ob Sie den Papierkorb wirklich leeren möchten, bestätigen Sie über die *Ja*-Schaltfläche.

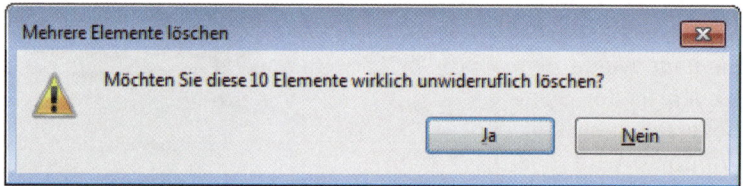

Anschließend wird der durch den Papierkorb belegte Speicherplatz freigegeben, die Dateien sind endgültig weg. Am Symbol des Papierkorbs können Sie übrigens erkennen, ob dieser leer oder gefüllt ist.

> **Hinweis**
>
> Über den Kontextmenübefehl *Eigenschaften* des Papierkorbsymbols lässt sich ein Eigenschaftenfenster öffnen. Dort können Sie die Größe des Papierkorbs einstellen.

Wissen für Fortgeschrittene

Das auf den vorhergehenden Seiten vermittelte Wissen reicht zum täglichen Umgang mit Windows 7 sowie mit Dateien und Ordnern aus. Mehr brauchen Sie zu Beginn eigentlich nicht. Wer Windows bereits etwas besser beherrscht und mehr wissen möchte, kann sich nachfolgend über speziellere Fragestellungen wie das Suchen nach Dateien informieren.

Suchen nach Dateien und Ordnern

Haben Sie vergessen, in welchem Ordner sich eine Datei oder ein Unterordner befindet? Zum Suchen nach bestimmten Dateien, Ordnern und Dokumenten gehen Sie in Windows 7 folgendermaßen vor.

1 Öffnen Sie ein Ordnerfenster und navigieren Sie ggf. zum Laufwerk oder Ordner, auf das bzw. auf den sich die Suche beziehen soll.

2 Klicken Sie im Ordnerfenster auf das Suchfeld und tippen Sie den Suchbegriff ein.

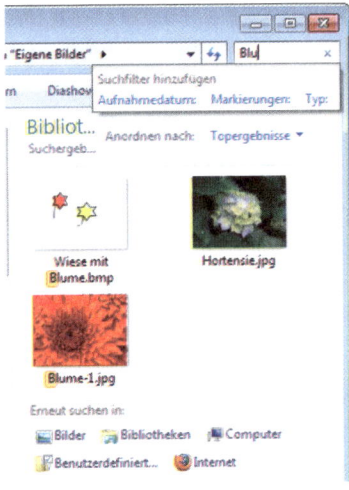

Windows filtert bereits bei der Eingabe der ersten Zeichen des Suchbegriffs die nicht zutreffenden Dateien und Ordner (des aktuellen Speicherorts sowie dessen Unterordner) aus. Hier sind drei Treffer beim Suchbegriff »Blu« übrig geblieben. Die farbig unterlegten Treffer in den Dateien *Wiese mit Blume.bmp* und *Blume-1.jpg* kennzeichnen Buchstaben im Dateinamen, die mit dem Suchbegriff übereinstimmen.

Die Datei *Hortensie.jpg* weist im Dateinamen keine Übereinstimmung auf, taucht aber trotzdem in der Ergebnisliste auf. Die Ursache: Windows 7 benutzt eine intelligente Suche, die neben dem Datei- und Ordnernamen auch Dateinamenerweiterungen, Dateiinhalte und Zusatzinformationen in die Suche einbezieht. Ein Suchbegriff »bmp« würde also alle Grafikdateien mit der Dateinamenerweiterung *.bmp* in die Trefferliste einbeziehen (auch wenn Dateinamenerweiterungen vielleicht ausgeblendet sind). Textdokumente tauchen auf, sobald diese das gesuchte Stichwort im Text enthalten. Bei manchen Dateien (Fotos, Musik etc.) lassen sich zusätzliche Informationen (als Markierungen bezeichnet) über Eigenschaften zuordnen. Der im Beispiel benutzten Fotodatei »Hortensie« wurde eine Markierung mit dem Text »Blume« zugewiesen, die Datei wird also anhand dieser Markierung ausgefiltert und in der Ergebnisliste angezeigt.

> **Hinweis**
> Windows unterstützt neben der Suche nach Dateien und Ordnern über das Suchfeld in den Ordnerfenstern auch die Suche nach Startmenüeinträgen, nach Webseiten sowie nach E-Mails.

Sie finden das Suchfeld daher auch im Startmenü sowie im Internet Explorer (sofern installiert, siehe auch die folgenden Kapitel). Öffnen Sie z. B. das Startmenü und tippen einen Suchbegriff in das Suchfeld ein, werden die Treffer in der linken Spalte eingeblendet. Da Windows eine Liste der zuletzt geöffneten Dokumente führt, kann es auch vorkommen, dass die Ergebnisliste im Startmenü entsprechende Dokumenteinträge anzeigt. Hier sehen Sie z. B., dass auch Musikdateien über die (eingeblendete) Dateinamenerweiterung als Treffer gefunden werden.

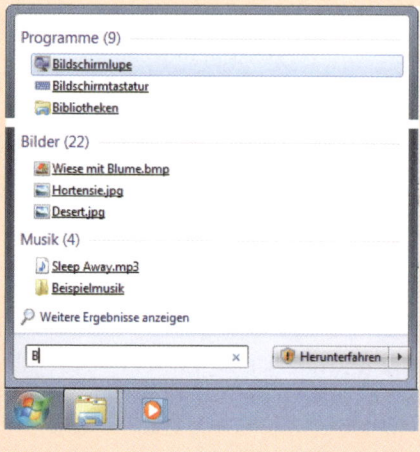

Tipp

Wenn Sie den Namen des zu suchenden Elements genau kennen, tragen Sie diesen vollständig in das Eingabefeld ein. Sie können aber auch nur einen Teilausdruck wie »*Brief*« angeben, um nach Namen zu suchen, in denen der Ausdruck vorkommt. Möchten Sie die Suche auf einen bestimmten Dateityp begrenzen, können Sie einen Suchbegriff in der Form *Brief*.txt* verwenden. Bei dem Sternchen handelt es sich um ein sogenanntes **Wildcard**-Zeichen, d. h., das Zeichen * ist ein Stellvertreter für beliebige und beliebig viele Buchstaben im Namen. Ein Fragezeichen ? steht dagegen für ein beliebiges Zeichen im Suchmuster. Mit *Brief*.txt* würden Dateien mit Namen wie *Brief.txt*, *Brief3.txt*, *Brief an Müller.txt*, *Briefe.txt* etc. gefunden, während *Brief?.txt* Dateien der Art *Brief1.txt*, *Briefe.txt* etc. findet. Die **Suche** lässt **sich** über weitere **Optionen steuern**. So blendet Windows bereits bei der Eingabe des Suchbegriffs eine Palette mit Filterkriterien ein (siehe vorhergehende Seiten). Sie können die Filterkriterien (z. B. »Autor:«, »Typ:« etc.) per Mausklick mit zur Suche hinzufügen und dann die Suchparameter ergänzen. Die detaillierte Beschreibung dieser Funktionen führt aber über den Ansatz dieses Buches hinaus.

Komprimierte Ordner/ZIP-Archive nutzen

Dateien können ziemlich groß werden. Dies gilt insbesondere für Bilder und Grafiken. Häufig wird dadurch der Platz auf dem Speichermedium knapp. Auch beim Versenden von elektronischen Nachrichten (E-Mail) mit angehängten Dateien ist es sinnvoll, wenn diese Dateien möglichst kompakt und quasi in einem Container verpackt sind. Zur Reduzierung der Dateigröße lassen sich die Daten komprimiert speichern und in sogenannten ZIP-Archivdateien ablegen. Windows 7 stellt mit der

Wissen für Fortgeschrittene

Funktion »ZIP-komprimierter Ordner« die Möglichkeit zum komprimierten Speichern von Dateien in solchen Archiven bereit. Zum Anlegen eines solchen Ordners gehen Sie folgendermaßen vor.

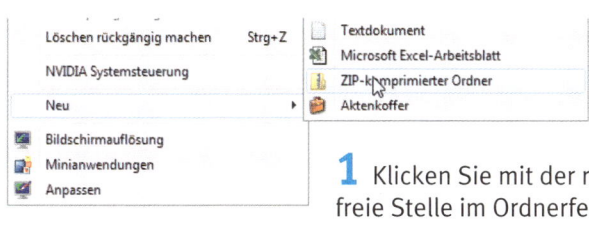

1 Klicken Sie mit der rechten Maustaste auf eine freie Stelle im Ordnerfenster und wählen Sie im Kontextmenü den Befehl *Neu* und im Untermenü den Eintrag *ZIP-komprimierter Ordner*.

2 Anschließend legen Sie den Dateinamen für den komprimierten Ordner fest.

Der Ordner wird mit dem nebenstehenden Symbol dargestellt. Ist die Anzeige der Dateinamenerweiterungen eingeschaltet, erkennen Sie aber, dass es sich letztendlich um eine ZIP-Archivdatei handelt.

Neuer ZIP-komprimierter Ordner

Windows »verpackt« das Ganze lediglich als Ordner, um die Handhabung zu erleichtern. Sie können das Ordnersymbol z. B. per Doppelklick anwählen, um das Ordnerfenster zu öffnen.

Anschließend lassen sich **Dateien** in das Ordnerfenster ziehen und damit **komprimiert ablegen**. Oder Sie ziehen Dateien aus dem ZIP-Archiv zu anderen Ordnern, um die **Dateien** zu **entpacken**.

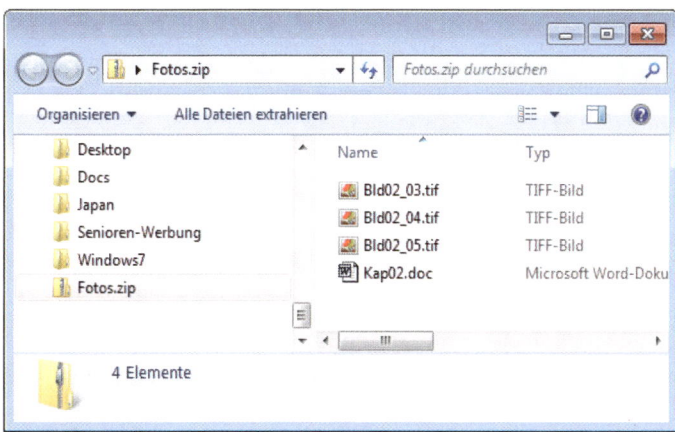

Die betreffenden Vorgänge unterscheiden sich nicht vom Arbeiten mit anderen Ordnern.

Kapitel 3

> **Techtalk**
>
> Zum Komprimieren sind vor allem unkomprimierte Grafikdateien (.*bmp*, .*tif*) sowie Textdateien (.*txt*, .*doc*) geeignet. Bei Fotos von Digitalkameras oder Scans, die im JPEG-Format vorliegen, wird intern bereits eine Komprimierung benutzt. Ähnliches gilt für weitere Dokumentdateien (z. B. von OpenOffice.org oder Microsoft Office 2007/2010). Dann spart die Aufnahme solcher Dateien in ZIP-Archive keinen Speicherplatz mehr. Das ZIP-Archiv hat dort aber den Vorteil, dass es sich als Container für mehrere Dateien verwenden lässt. Anschließend brauchen Sie nur das ZIP-Archiv (z. B. über das Symbol des ZIP-komprimierten Ordners) auf CD/DVD zu brennen oder per E-Mail zu verschicken. Der Empfänger der E-Mail benötigt dann ebenfalls eine Funktion »ZIP-komprimierter Ordner« oder ein sogenanntes ZIP-Programm (z. B. das Programm **7-Zip**, *www.7-zip.de*), um die Dateien zu entpacken.

Details zu Ordnerelementen abfragen

Benötigen Sie detaillierte Informationen zu einem Laufwerk, zu einem Ordner oder zu einer Datei? Diese Informationen sind in den **Eigenschaften des** jeweiligen **Elements** zu finden. Bei Laufwerken lässt sich die Speicherkapazität, die freie Kapazität oder der Laufwerksname abrufen. Bei Dateien oder Ordnern können Sie deren Speicherplatzbedarf auf dem Medium oder deren Attribute anfordern.

1 Um die Eigenschaften eines Laufwerks, Ordners oder einer Datei anzusehen, klicken Sie das betreffende Symbol mit der rechten Maustaste an.

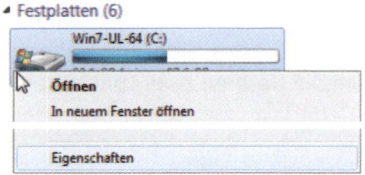

2 Anschließend wählen Sie im Kontextmenü den Befehl *Eigenschaften* mit der linken Maustaste an.

Windows öffnet daraufhin das Eigenschaftenfenster des betreffenden Elements. Je nach gewähltem Element enthält das Eigenschaftenfenster verschiedene Registerkarten. Hier sehen Sie jeweils die Eigenschaftenfenster eines Laufwerks (Datenträger) und eines Ordners.

Auf der Registerkarte *Allgemein* des Ordners finden Sie die Eigenschaften zur **Speichergröße** sowie die **Attribute**. Im Eigenschaftenfenster eines Laufwerks erscheint auch die Laufwerksbezeichnung (Volume). Klicken Sie auf das Textfeld, können Sie beim Arbeiten mit Administratorberechtigungen diese Bezeichnung (z. B. »Dateno«) ändern und dann über die Schaltfläche *OK* übernehmen.

Wissen für Fortgeschrittene

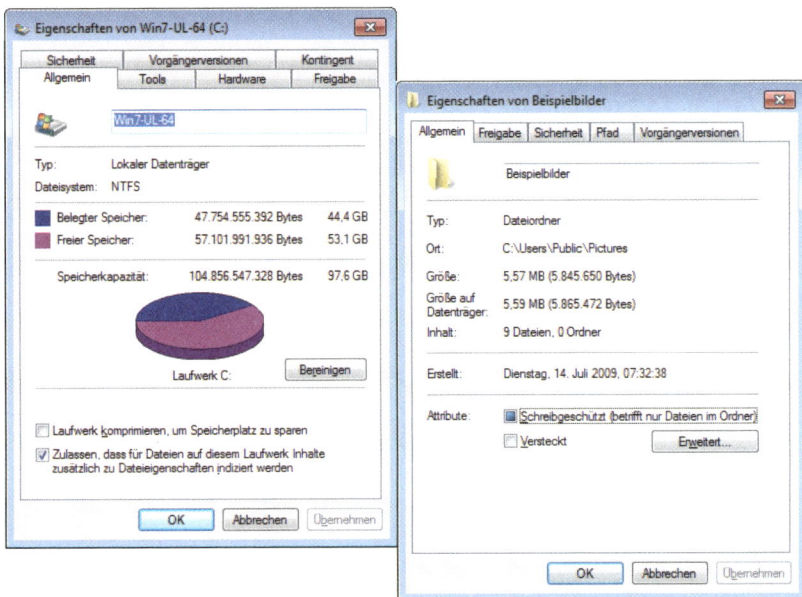

Techtalk

Laufwerke, Dateien und Ordner besitzen verschiedene **Attribute**. Über diese Attribute können Sie Dateien bzw. Ordner mit einem Schreibschutz versehen, als versteckt markieren oder komprimieren. Hierzu müssen Sie lediglich die betreffenden Kontrollkästchen der Attribute auf der Registerkarte *Allgemein* markieren. Durch Löschen der Markierung wird das Attribut zurückgesetzt. Mit dem Attribut ... *komprimieren, um Speicherplatz zu sparen* lassen sich komplette NTFS-Datenträger (z. B. Festplatten) oder darauf gespeicherte Ordner und Dateien automatisch durch Windows komprimieren. Bei Ordnern und Dateien findet sich das Attribut in einem Zusatzdialogfeld, welches Sie über die Schaltfläche *Erweitert* auf der Registerkarte *Allgemein* öffnen müssen. Beachten Sie aber, dass die Komprimierung in der Regel verloren geht, wenn Inhalte eines NTFS-Datenträgers auf anderen Nicht-NTFS-Datenträgern wie CDs, DVDs, BDs, Speicherkarten oder USB-Sticks kopiert werden. Sie können aber die oben beschriebenen ZIP-Archive zur Weitergabe von Dateien in komprimierter Fassung verwenden.

Tipp

Bei Dateien enthält das Eigenschaftenfenster die Registerkarte *Details*. Bei vielen Dokumentdateien werden auf dieser Registerkarte zusätzliche Eigenschaften angezeigt bzw. festgelegt. Die Registerkarte enthält bei Fotodateien von Digitalkameras z. B. die sogenannten EXIF-Daten (Belichtung, Entfernung, Blende etc.). In Windows 7 können Sie sogar verschiedene Eigenschaften (z. B. Autor und Titel) ändern. Diese als Markierungen bezeichneten Eigenschaften lassen sich bei der Suche einbeziehen.

Funktionen zur Laufwerkspflege

Windows bietet einige Pflegefunktionen, die Sie auf den Inhalt von Laufwerken anwenden können. So sammelt sich beim Arbeiten mit Windows eine ganze Menge Datenmüll im Papierkorb und in sogenannten temporären Ordnern an. Dieser **Datenmüll** lässt sich **durch** die Funktion zur **Datenträgerbereinigung entfernen**.

1 Öffnen Sie das Eigenschaftenfenster des betreffenden Laufwerks, indem Sie im Ordnerfenster *Computer* den Kontextmenübefehl *Eigenschaften* wählen.

2 Zur Laufwerksbereinigung klicken Sie auf der Registerkarte *Allgemein* des Laufwerks auf die mit *Bereinigen* bezeichnete Schaltfläche (siehe vorherige Seite).

3 Sobald das Dialogfeld mit der Registerkarte *Datenträgerbereinigung* erscheint, markieren Sie die Kontrollkästchen der Gruppen, in denen Dateien gelöscht werden sollen.

4 Schließen Sie die Registerkarte über die *OK*-Schaltfläche.

Die Laufwerksbereinigung entfernt alle Dateien der markierten Kategorien.

Während des laufenden Betriebs können sich **Fehler auf Festplatten** einschleichen. Stellt das Betriebssystem beim Start fest, dass die vorherige Windows-Sitzung nicht korrekt beendet wurde, führt es automatisch eine **Datenträgerprüfung** durch. Haben Sie den Verdacht, dass das Speichermedium eventuell beschädigt ist, können Sie diese Prüfung auch **manuell durchführen**. Ein anderes Problem ist die Fragmentierung von Datenträgern. Der Inhalt von Dateien wird in als Cluster bezeichneten Speichereinheiten auf dem Medium hinterlegt. Im laufenden Betrieb kommt es beim Lesen und Schreiben von Dateien dazu, dass diese Cluster einer Datei über das gesamte Medium verstreut abgelegt werden, was den Dateizugriff verlangsamt. Windows bietet eine Funktion zur **Defragmentierung** von Laufwerken an.

1 Rufen Sie das Eigenschaftenfenster des Laufwerks auf (siehe oben) und wechseln Sie dann zur Registerkarte *Tools*.

Wissen für Fortgeschrittene

2 Anschließend klicken Sie auf die Schaltfläche *Jetzt prüfen* bzw. *Jetzt defragmentieren*.

Bei der Fehlerüberprüfung erscheint eine Sicherheitsabfrage des Betriebssystems. Sie müssen im angezeigten Dialogfeld das zum Administratorkonto gehörende Kennwort eintippen, um den Vorgang fortsetzen zu können.

Je nach gewählter Funktion erscheint dann das betreffende Programmfenster, in dem Sie die Schaltfläche zur Ausführung der Prüfung bzw. Defragmentierung anklicken müssen.

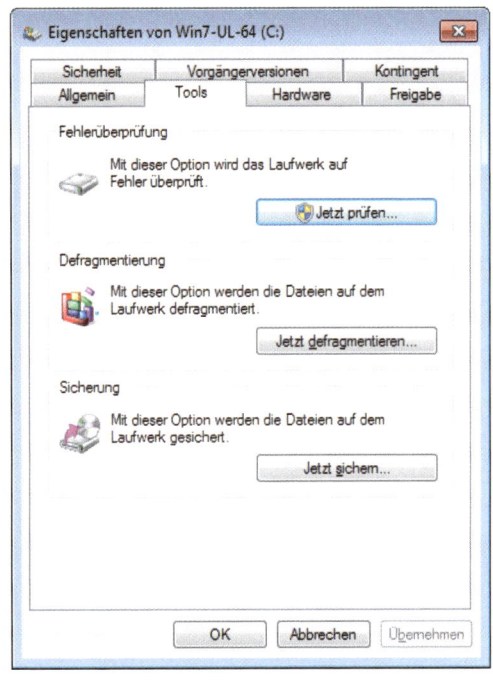

Hier sehen Sie die Dialogfelder der Datenträgerprüfung (Vordergrund) und der Defragmentierung (Hintergrund) aus Windows 7, bei denen die Schaltflächen *Starten* bzw. *Datenträger defragmentieren* zu wählen sind.

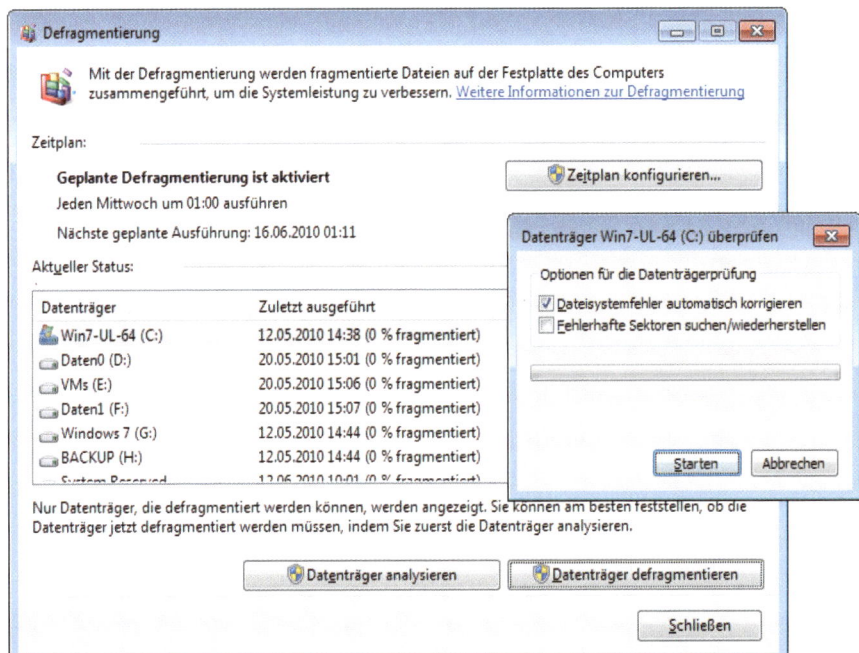

117

Die Dialogfelder und Eigenschaftenfenster sind nach Abschluss der Funktion über die entsprechenden Schaltflächen zu schließen.

Netzwerke

Vielleicht ist Ihnen der Begriff (Heim-)**Netzwerk** schon mal untergekommen. Diese ermöglichen Ihnen letztendlich den Zugriff auf Laufwerke, Dateien und Ordner anderer Computer. In diesem Abschnitt erhalten Sie einen kurzen Überblick über das Thema Netzwerke.

Was ist ein Netzwerk eigentlich?

In Firmen sind Computer meist untereinander vernetzt. Aber auch im Privatbereich ist es unter Umständen sinnvoll, zwei oder mehr Rechner zu einem sogenannten **Workgroup**-Netzwerk (auch als Arbeitsgruppennetzwerk bezeichnet) oder zu einer **Heimnetzgruppe** zusammenzuschalten. Moderne Computer sind dazu mit sogenannten Netzwerkadaptern ausgerüstet und werden durch Netzwerkkabel oder Funkstrecken (WLAN) miteinander verbunden.

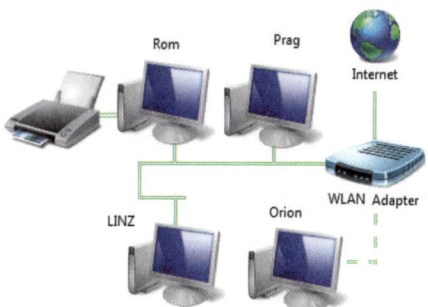

Geräte der einzelnen Computer wie Drucker und Festplatten oder die Internetverbindung können vom jeweiligen Administrator der Rechner anderen Netzteilnehmern als **Ressourcen** zur gemeinsamen Verwendung freigegeben werden.

Was ist das?

Ressource ist in diesem Zusammenhang ein Sammelbegriff für Geräte (z. B. Drucker, Laufwerke) oder Einheiten (z. B. Ordner), die auf einem Rechner vorhanden sind. Windows 7 unterscheidet dabei zwischen **Heimnetzgruppen** und **Arbeitsgruppennetzwerken**. Während bei Heimnetzgruppen nur Windows 7-Rechner zulässig sind, darf ein Arbeitsgruppennetzwerk Rechner mit Linux, Mac OS X, Windows XP/Windows Vista enthalten.

Netzwerke

Techtalk

Neben **Workgroup**-Netzwerken gibt es noch die Technik der serverorientierten Netzwerke. Hier wird ein eigener Rechner, der **Server**, als Zentralstation zur Bereitstellung der gemeinsam benutzten Komponenten wie Laufwerke und Drucker im Netzwerk eingesetzt. Die anderen Netzwerkstationen werden als **Clients (Kunden)** bezeichnet, da sie die Dienste des Servers nutzen. Details zum Einrichten und Nutzen serverorientierter Netzwerke bleiben in diesem Buch ausgespart.

Was wird für ein (Heim-)Netzwerk gebraucht?

Um zwei oder mehr Computer zu Hause oder in einer kleinen Firma zu vernetzen, ist kein großer Aufwand erforderlich. Jeder mit dem Netzwerk verbundene Computer benötigt einen Netzwerkadapter. Moderne Computer sind meist bereits mit einer RJ-45-Buchse für den DSL-/Netzwerkanschluss ausgerüstet (siehe *Kapitel 1*). Alternativ können Sie auch eine Netzwerkkarte einbauen.

Moderne Netzwerke benutzen die sogenannte **Twisted-pair-Technik** mit RJ-45-Kabeln (CAT.5), die zu der hier rechts auf der Karte befindlichen RJ-45-Buchse passen. Falls die Rechner in verschiedenen Räumen stehen und Sie keine Netzwerkverkabelung installieren möchten, können Sie auf Funknetze (WLAN) ausweichen. In jeden Netzwerkrechner wird ein WLAN-Netzwerkadapter benötigt. Bei Notebooks sind WLAN-Adapter teilweise eingebaut.

Tipp

Klappt ein Funknetzwerk (WLAN), z. B. wegen abschirmender Stahlbetondecken, nicht und möchten Sie keine Netzwerkkabel verlegen? Im Handel gibt es sogenannte **PowerLine-Netzwerkadapter** der Firma Devolo. Diese werden einfach in eine Steckdose gesteckt und mittels eines CAT.5-Netzwerkkabels mit der Netzwerkbuchse des Computers verbunden. Dann wird die Stromleitung als Netzwerkverkabelung verwendet.

Kapitel 3

Um die Rechner zu einem Netzwerk zusammenzuschalten und mit einem gemeinsamen DSL-Internetzugang zu versehen, benötigen Sie einen DSL-**Router**. Dieser ermöglicht die sternförmige Verkabelung der lokalen Rechner und bietet eine Buchse für den DSL-Anschluss.

Verwenden Sie einen **WLAN-Router** (wie die hier gezeigte FRITZ!Box der Firma AVM), ist zusätzlich die Vernetzung über Funkverbindungen möglich.

(Quelle: AVM)

Was ist das?

Ethernet ist der Name einer Netzwerktechnologie. **Twistet-pair** ist eine Verkabelungstechnik mit zwei verdrillten Leitungen, die mit geschirmten oder ungeschirmten Kabeln arbeitet und RJ-45-Stecker/-Buchsen als Verbindungselemente nutzt. **CAT.5** ist eine spezielle Kabelvariante für Netzwerke. Ein **Router** ist eine Koppelkomponente, mit der sich mehrere Netzwerksegmente verbinden lassen. Router werden häufig eingesetzt, um mehrere lokale Rechner sternförmig

zu vernetzen und gleichzeitig im Netzwerk eine DSL-Verbindung zum Internet (ein weiteres Segment) bereitzustellen. Dann können die Rechner lokal Daten untereinander austauschen oder bei Bedarf über den Router per DSL auf das Internet zugreifen. Das Kürzel **WLAN** steht für Wireless Local Area Network, also ein lokales kabelloses (Funk-)Netzwerk. **WiFi** ist die Abkürzung für Wireless Fidelity, ein Synonym für WLANs.

Die Heimnetzgruppe

Sind die Rechner verkabelt bzw. ist die WLAN-Verbindung zum WLAN-Router eingerichtet, lässt sich eine Heimnetzgruppe unter Windows 7 recht einfach in Betrieb nehmen.

1 Öffnen Sie das Startmenü, geben Sie in das Suchfeld den Begriff »Netz« ein und klicken Sie dann im Startmenü auf den angezeigten Befehl *Netzwerk- und Freigabecenter*.

2 Klicken Sie im Fenster *Netzwerk- und Freigabecenter* auf den Hyperlink der Gruppe *Netzwerk* und wählen Sie im Dialogfeld *Netzwerkstandort festlegen* den Eintrag *Heimnetzwerk*.

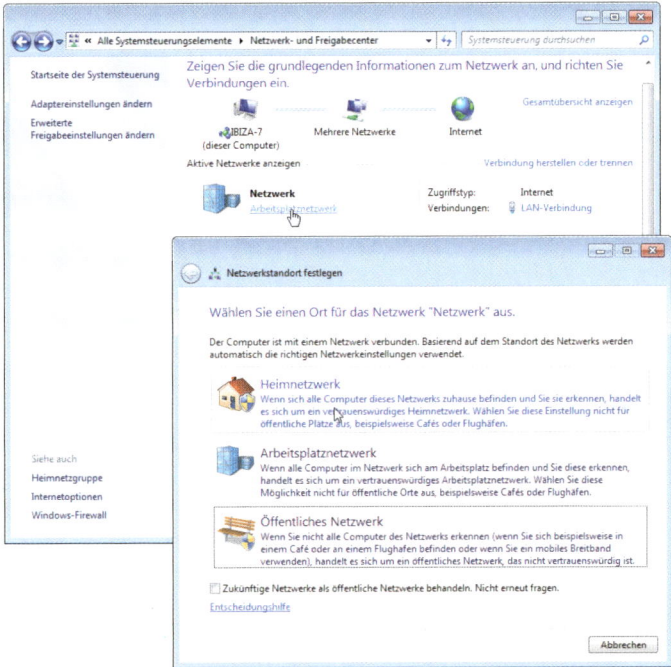

> **Hinweis**
>
> Falls Sie lieber ein Arbeitsgruppennetzwerk einsetzen möchten, führen Sie Schritte 1 und 2 aus, klicken aber im Dialogfeld *Netzwerkstandort festlegen* auf den Eintrag *Arbeitsplatznetzwerk*.

Nun startet ein Assistent und das Heimnetzwerk wird automatisch (als Heimnetzgruppe) eingerichtet, d. h. andere Windows 7-Rechner finden das Netzwerk, sobald der erste Rechner eingerichtet wurde. Beim Einrichten müssen Sie lediglich vorgeben, was die anderen Mitglieder der Heimnetzgruppe auf Ihrem Rechner sehen dürfen.

Kapitel 3

3 Markieren Sie im Dialogfeld des Einrichtungsassistenten (hier unten links sichtbar) die Kontrollkästchen der freizugebenden Objekte und blättern Sie über die *Weiter*-Schaltfläche zum nächsten Schritt.

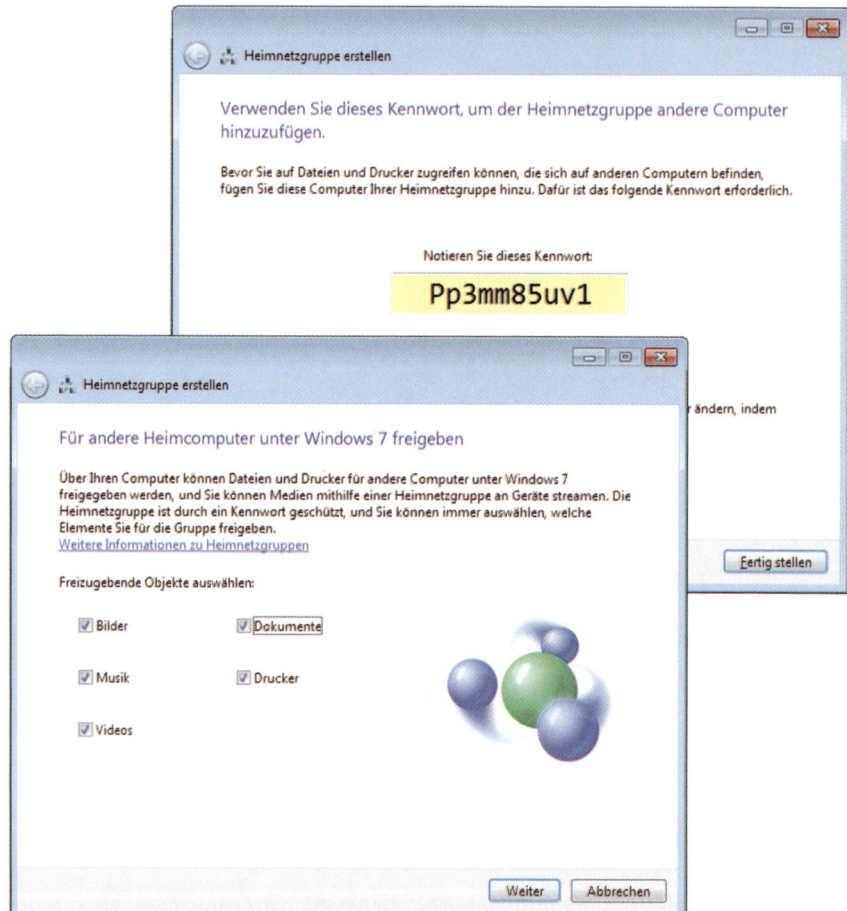

4 Wenn das hier oben rechts gezeigte Dialogfeld erscheint, müssen Sie den von Windows angezeigten Sicherheitscode notieren und dann auf die *Fertig stellen*-Schaltfläche klicken.

Damit ist der erste Rechner des Heimnetzwerks arbeitsbereit. Um einen zweiten Windows 7-Rechner zum Netzwerk hinzuzufügen, führen Sie auf diesem die obigen Schritte 1 bis 3 aus. Windows 7 durchsucht das Netzwerk nach anderen Stationen und fragt im Dialogfeld *Heimnetzgruppen-Kennwort eingeben* den Sicherheitscode für das Heimnetzwerk ab. Wird der beim Einrichten des ersten Heimnetzwerk-Rechners angezeigte Sicherheitscode korrekt eingegeben, tritt der Rechner der Heimnetzgruppe bei und Sie können das Dialogfeld schließen.

Zum Zugriff auf freigegebene Ordner anderer Rechner reicht es, im Navigationsbereich eines Ordnerfensters die Kategorie *Heimnetzgruppe* zu suchen. Anschließend können Sie zum gewünschten Rechner und zu den angezeigten Ordnern navigieren. Wirklich ganz einfach.

Arbeitsgruppennetzwerke einrichten

Heimnetzgruppen lassen sich nur mit Windows 7-Rechnern realisieren. Die Alternative ist ein Arbeitsgruppennetzwerk, welches auch Rechner mit Windows XP und Windows Vista enthalten darf. Ein Eintrag *Netzwerk* im Navigationsbereich eines Ordnerfensters signalisiert, dass ein solches Netzwerk mit einer Arbeitsgruppe existiert. Bei einem Arbeitsgruppennetzwerk muss als Netzwerkstandort »Arbeitsplatznetzwerk« eingestellt sein (siehe Schritte 1 und 2 im Abschnitt »Eine Heimnetzgruppe verwenden«). Zudem muss jeder Rechner einen eindeutigen Namen besitzen und der Arbeitsgruppe zugeordnet sein. Diese Einstellungen werden bereits bei der Windows 7-Installation vorgenommen. Zur Kontrolle dieser Einstellungen bzw. zum Anpassen gehen Sie folgendermaßen vor.

1 Drücken Sie die Tastenkombination [Win]+[Pause] und wählen Sie in der linken Aufgabenspalte der angezeigten Seite *Basisinformationen über den Computer anzeigen* den Befehl *Erweiterte Systemeinstellungen* (hier im Hintergrund sichtbar).

2 Bestätigen Sie die Sicherheitsabfrage der Windows-Benutzerkontensteuerung (z. B. indem Sie das Kennwort für das angezeigte Administratorkonto im Dialogfeld eingeben und dieses schließen).

Kapitel 3

3 Wechseln Sie im Eigenschaftenfenster *Systemeigenschaften* zur Registerkarte *Computername* und klicken Sie auf die Schaltfläche *Ändern*.

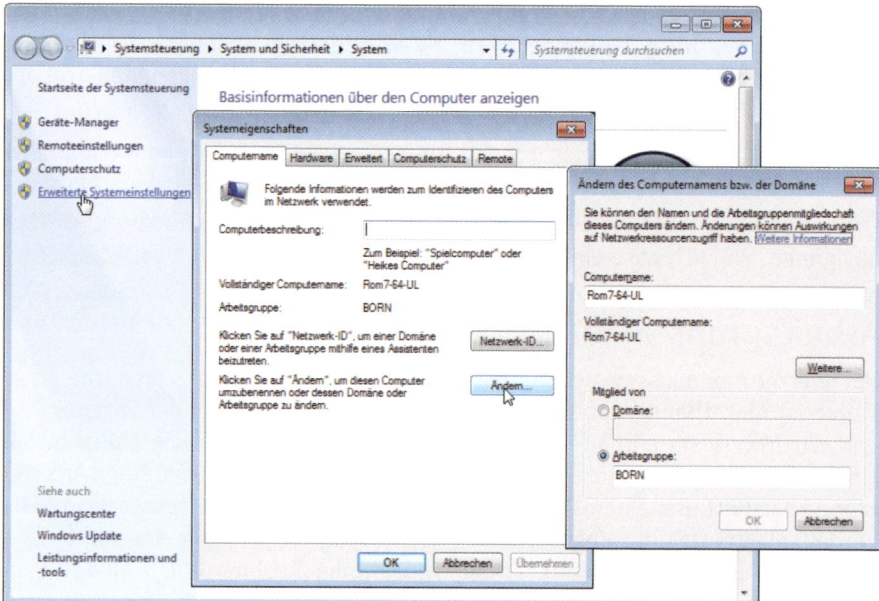

4 Geben Sie im dann angezeigten Dialogfeld (hier im Vordergrund rechts sichtbar) einen eindeutigen Computernamen (z. B. Städtenamen wie Bern, Rom, Prag, Bonn) und ggf. den Namen der Arbeitsgruppe ein.

5 Schließen Sie die geöffneten Dialogfelder und Eigenschaftenfenster über die *OK*-Schaltfläche und starten Sie den Computer neu.

Mit dieser Schrittfolge stellen Sie sicher, dass der Rechner einen eindeutigen Netzwerknamen besitzt und im Netzwerk der angegebenen Arbeitsgruppe zugeordnet wird. Sind andere Rechner innerhalb des Netzwerks eingeschaltet, erkennt Windows 7 dies und bindet diese in die Arbeitsgruppe ein.

> **Tipp**
> Damit Sie unter Windows per Netzwerk auf die Freigaben eines anderen Rechners zugreifen können, müssen Sie auf dem betreffenden System über ein Benutzerkonto verfügen. Zudem müssen die Benutzerkonten mit Kennwörtern versehen sein. Richten Sie ggf. die Benutzerkonten über die Systemsteuerung (siehe *Kapitel 12*) auf den Netzwerkrechnern ein.

Arbeiten im (Arbeitsgruppen-)Netzwerk

Ist Ihr Computer erfolgreich in ein Netzwerk eingebunden, können Sie über ein Ordnerfenster auf die freigegebenen Ressourcen anderer Rechner zugreifen.

1 Öffnen Sie das Ordnerfenster *Computer* bzw. *Netzwerk* (z. B. über das Startmenü).

Sobald Sie im Navigationsbereich des Ordnerfensters *Computer* den Eintrag *Netzwerk* anwählen, zeigt Windows die im Netzwerk gefundenen Rechner. Es kann aber einen Augenblick dauern, bis alle Rechner im Netzwerk gefunden und angezeigt werden.

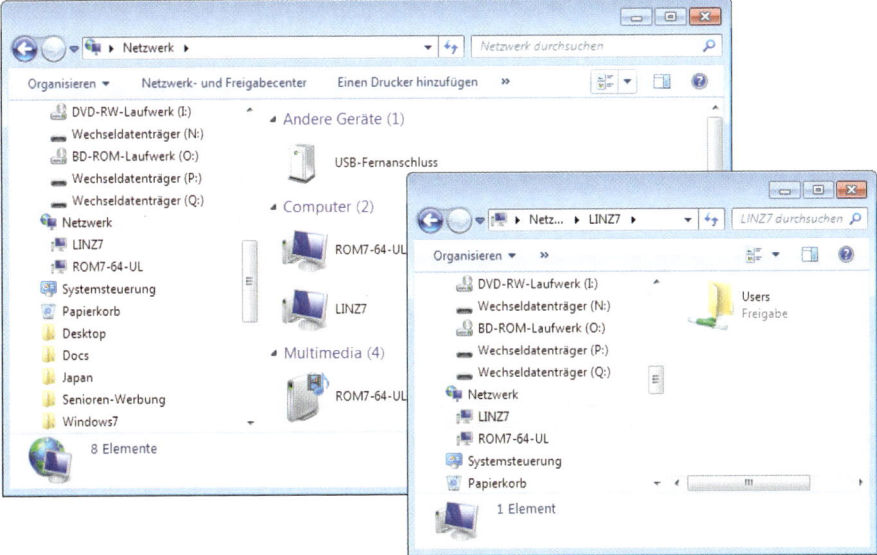

2 Doppelklicken Sie auf ein solches Ordnersymbol, stellt Windows eine Verbindung mit dem anderen Computer im Netzwerk her und zeigt dessen im Netzwerk freigegebenen Ordner, Laufwerke oder Drucker (auch als Ressourcen bezeichnet) an.

Sie können dann auf die Dateien und Ordner des fremden Rechners zugreifen und diese kopieren, verschieben oder ändern – das funktioniert wie das Arbeiten in lokalen Ordnerfenstern. Beachten Sie aber, dass der Besitzer dieser Dateien festlegen kann, ob andere Benutzer die Dateien verändern oder löschen können.

Kapitel 3

> **Techtalk**
>
> Beim Arbeiten im Netzwerk werden Ihnen Angaben der Art *Rom**C* begegnen. Es handelt sich dabei um den **UNC-Pfad**, der die Lage der gewünschten Ressource (Laufwerk, Ordner etc.) angibt. Der Pfad wird in der Form *Rechnername**Ressource* angegeben. Mit *Rom**C* wird dann die (freigegebene) Ressource *C* (z. B. Laufwerk C) auf dem Rechner mit dem Namen *Rom* bezeichnet. Groß- und Kleinbuchstaben werden dabei nicht unterschieden. Sie können sogar UNC-Pfade zu Ordnern im Internet oder zum FTP-Server angeben. Die Beschreibung dieser Funktion bleibt in diesem Buch jedoch ausgespart.

Netzwerkressourcen freigeben

Damit andere Benutzer im Arbeitsgruppennetzwerk auf Laufwerke, Ordner oder Drucker zugreifen können, muss der Administrator diese Ressourcen freigeben.

1 Öffnen Sie das Ordnerfenster (z. B. *Computer*) und suchen Sie die freizugebende Ressource.

2 Klicken Sie das Symbol des Ordners oder Laufwerks mit der rechten Maustaste an und wählen Sie im Kontextmenü *Freigeben für/Erweiterte Freigabe*.

3 Sobald Windows das Eigenschaftenfenster des Elements öffnet, klicken Sie auf der Registerkarte *Freigabe* auf die Schaltfläche *Erweiterte Freigabe*.

Da Freigaben in einem Arbeitsgruppennetzwerk nur durch Administratoren zulässig sind, müssen Sie die Sicherheitsabfrage durch Eingabe des Kennworts für das Administratorkonto bestätigen.

Netzwerke

4 Markieren Sie im Dialogfeld *Erweiterte Freigabe* (hier links sichtbar) das Kontrollkästchen *Diesen Ordner freigeben*, passen Sie im zugehörigen Textfeld ggf. den angezeigten Freigabenamen nach Ihren Wünschen an und klicken Sie auf die Schaltfläche *Berechtigungen*.

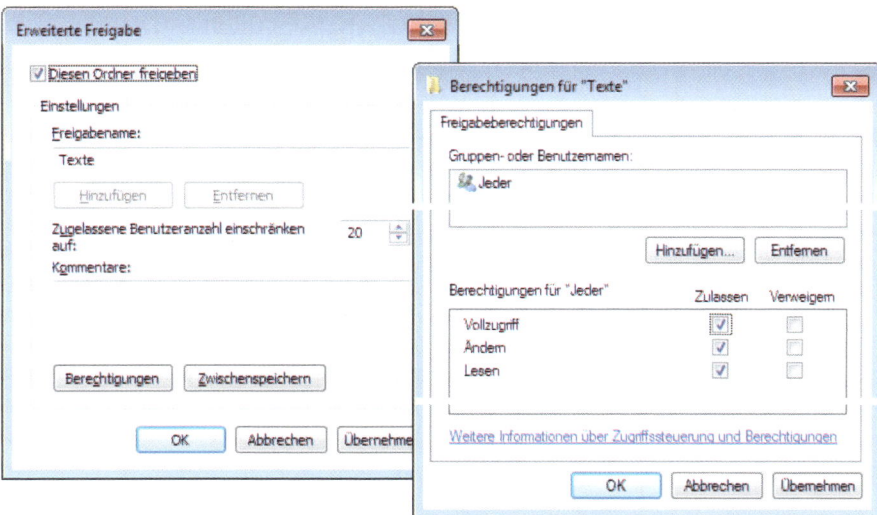

5 Setzen Sie im nächsten Dialogfeld *Berechtigungen für ...* die Zugriffsoptionen für die Freigabe durch Markieren der Kontrollkästchen.

6 Schließen Sie die Dialogfelder und Registerkarten über die *OK*-Schaltflächen.

Sollen andere Benutzer freigegebene Dateien und Ordner ändern oder auch löschen dürfen, müssen Sie beim angezeigten Benutzer »Jeder« das Kontrollkästchen *Vollzugriff* der Spalte *Zulassen* auf der Registerkarte *Freigabeberechtigungen* markieren. Windows gibt das Laufwerk oder den Ordner mit den betreffenden Optionen im Netzwerk frei.

> **Hinweis**
>
> Standardmäßig verwenden Windows Vista und Windows 7 bei Ordnern einen Assistenten zur Verwaltung von Netzwerkfreigaben. Um die oben beschriebene erweiterte Freigabe zu erzwingen, wählen Sie in einem Ordnerfenster die Schaltfläche *Organisieren* und klicken im angezeigten Menü auf den Befehl *Ordner- und Suchoptionen*. Anschließend müssen Sie auf der Registerkarte *Ansicht* des Eigenschaftenfensters die Markierung des Kontrollkästchens *Freigabe-Assistent verwenden (empfohlen)* löschen und dann auf die *OK*-Schaltfläche klicken.

> Um einen Drucker zur gemeinsamen Benutzung im Netzwerk freizugeben, öffnen Sie das Ordnerfenster *Geräte und Drucker* über das Startmenü. Wählen Sie das Druckersymbol per Doppelklick an. Im geöffneten Fenster des Druckmanagers öffnen Sie das Menü *Drucker* und wählen den Befehl *Freigabe*. Windows öffnet dann das Eigenschaftenfenster mit der Registerkarte *Freigabe*. Markieren Sie dort zur Freigabe des Druckers das Kontrollkästchen *Drucker freigeben* und klicken Sie auf die *OK*-Schaltfläche.

Zum **Aufheben einer Freigabe** verwenden Sie ebenfalls die obigen Schritte, löschen aber die Markierung des betreffenden Kontrollkästchens mit der Freigabe.

An dieser Stelle möchte ich die Netzwerk-Einführung beenden. Viele Funktionen zur Netzwerkkonfigurierung, -verkabelung, Inbetriebnahme eines WLAN-Routers etc. mussten aus Platzgründen ausgespart bleiben – Sie kennen aber die wichtigsten Funktionen. Weitergehende Informationen zum Umgang mit Dateien und Ordnern oder zum Einrichten von Netzwerken finden Sie in der Windows-Hilfe. Lassen Sie sich bei Problemen im Netzwerk bzw. bei dessen Einrichtung von erfahrenen Fachleuten unterstützen oder konsultieren Sie weiterführende Literatur (wie die von mir bei Markt+Technik zu den verschiedenen Windows-Versionen verfassten Buchtitel).

Zusammenfassung

Jetzt verfügen Sie bereits über ein umfangreiches Wissen zum Umgang mit Laufwerken, Dateien und Ordnern. Zudem kennen Sie die wichtigsten Grundbegriffe zum Arbeiten mit Netzwerken.

Testen Sie Ihr Wissen

Zur Überprüfung Ihrer Kenntnisse können Sie die folgenden Fragen beantworten (die Lösungen finden Sie in Klammern).

- **Wie lässt sich ein neuer Ordner anlegen?**

  (Mit der rechten Maustaste auf eine freie Stelle im Ordnerfenster klicken und im Kontextmenü die Befehle *Neu/Ordner* wählen. Dann den gewünschten Namen zuweisen.)

- **Wie wird eine Datei oder ein Ordner kopiert oder verschoben?**

  (Das Element markieren und mit der rechten Maustaste vom Fenster des Quellordners in das Fenster des Zielordners ziehen. Anschließend im Kontextmenü den Befehl *Hierher kopieren* oder *Hierher verschieben* wählen.)

- **Wie werden Dateinamen festgelegt?**

  (Die Regeln für Dateinamen sind am Kapitelanfang aufgeführt.)

- **Wie lässt sich ein Ordner bzw. eine Datei umbenennen?**

  (Datei oder Ordner im Ordnerfenster mit der rechten Maustaste anklicken, im Kontextmenü *Umbenennen* wählen und dann den neuen Namen eintippen. Bei Dateien darauf achten, dass die Dateinamenerweiterung erhalten bleibt.)

- **Wie wird eine Datei gelöscht?**

  (Die Datei zum Beispiel zum Papierkorb ziehen oder die Datei markieren und die Taste `Entf` drücken.)

Das können Sie schon

Den Computer in Betrieb nehmen	36
Windows starten und beenden	48, 80
Mit Fenstern arbeiten	55
Programme starten und beenden	66
Mit Laufwerken, Ordnern und Dateien umgehen	102
Im Netzwerk arbeiten	125

Das lernen Sie neu

Das brauchen Sie fürs Internet	132
So Surfen Sie im WWW	141
Browseroptionen einstellen	155

Kapitel 4
Internet – Der Einstieg

Das Internet ist ein länderübergreifender Zusammenschluss vieler tausend Rechner, auf die über Telefonleitungen oder Mobilfunk zugegriffen werden kann. Informationen aus Webseiten abrufen, Waren bestellen, E-Mail und weitere Internetfunktionen gehören für viele Menschen zum täglichen Leben. In diesem Kapitel wird gezeigt, was Sie alles brauchen, um ins Internet zu gehen. Weiter erfahren Sie, wie Sie mit einem Browser »Internetseiten« abrufen und Bilder oder Programme aus dem Internet herunterladen.

Kapitel 4

Das brauchen Sie fürs Internet

Immer mehr Menschen besitzen einen Internetzugang und nutzen das Internet zum Abrufen von Webseiten im »World Wide Web«, auch als »Surfen im WWW« bezeichnet. Einzige Voraussetzung ist ein Internetzugang.

So kommen Sie ins Internet

Der Zugriff auf das Internet erfolgt meist über eine Telefonleitung. Wer einen normalen Telefonanschluss besitzt, kann den Computer über ein **analoges Modem** mit dem Telefonanschluss verbinden.

Bei einem **ISDN-Anschluss** muss der Computer mit einer **ISDN-Karte** oder einer ISDN-Box ausgestattet sein, die dann an einer ISDN-Telefondose oder direkt an der NTBA-Box des Telefonanbieters angeschlossen wird.

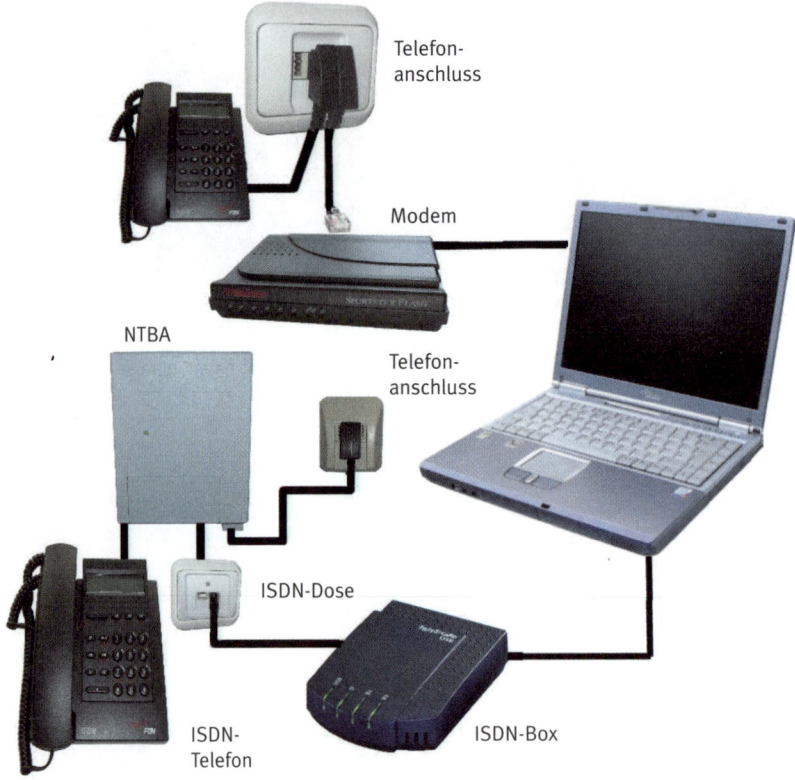

Hier sehen Sie die möglichen Varianten zur Verkabelung.

Das brauchen Sie fürs Internet

Für eine schnelle Internetverbindung benötigen Sie einen Breitband-Internetanschluss (**DSL**) des Telefonanbieters. Ein DSL-Splitter stellt am Telefonanschluss den Breitbandzugang bereit. Sie müssen dann ein spezielles DSL-Modem oder einen sogenannten (WLAN-)**DSL-Router** zwischen Computer und DSL-Splitter schalten.

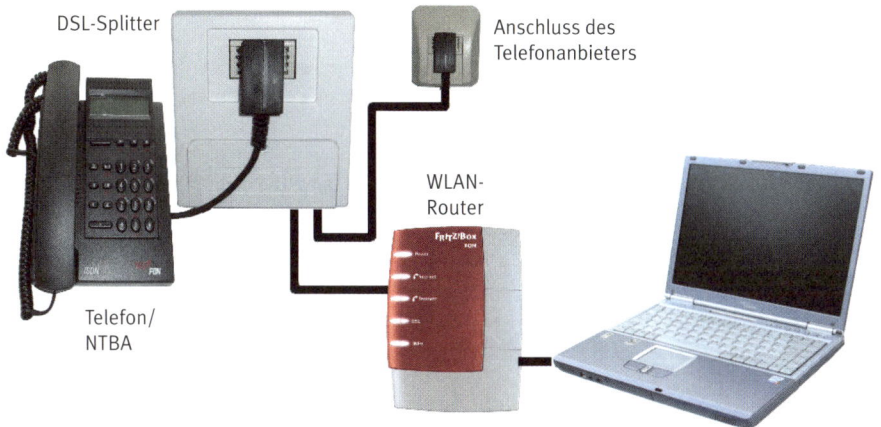

Über ein Netzwerkkabel kann ein Computer mit dem Router Verbindung aufnehmen und erhält so Zugriff auf das Internet.

Neben den erwähnten leitungsgebundenen Internetzugängen können auch **Drahtlosnetzwerke** (WLAN) benutzt werden, die eine Funkverbindung zu einem Zugangspunkt aufbauen. Der Zugangspunkt für das Funknetzwerk kann dabei öffentlich (**Hotspot**) oder privat über einen **WLAN-DSL-Router** bereitgestellt werden.

Der Internetzugang ist auch über Mobilfunkanbieter per (GPRS-/UMTS-)Handy oder über einen **USB-UMTS-Surfstick** möglich.

> **Was ist das?**
> **Modem** steht für Modulator/Demodulator, also ein Gerät, um Rechnerdaten per Telefonleitung zu übertragen. Analoge Modems erlauben nur eine langsame Datenübertragungsrate von 33 bis 56 Kilobit pro Sekunde. **ISDN** ist die Abkürzung für Integrated Services Digital Network, eine weitere Technik, um Sprache und Daten digital über den ISDN-Anschluss mittels Telefonleitungen zu übertragen. Eine ISDN-Verbindung kann pro Kanal 64 Kilobit/Sekunde Daten übertragen, wobei pro ISDN-Anschluss zwei Kanäle verfügbar sind. **DSL** steht für Digital Subscriber Line, eine Technik, um Telefonleitungen für eine Breitbandübertragung zu nutzen. DSL-Verbindungen gibt es mit verschiedenen Geschwindigkeiten (2000, 6000 oder mehr Kilobit/Sekunde). **WLAN** ist das Kürzel für Wireless Local Area Network, also ein Drahtlos- bzw. Funknetzwerk mit Übertragungsgeschwindigkeiten von 10, 54 und mehr Megabit/Sekunde.

> **Techtalk**
> **Mobiles Internet** ist per Handy oder USB-Surfstick möglich. **GPRS** (Global Packet Radio Services) ist ein langsamer Mobilfunkstandard, der durch die bei manchen Anbietern unterstützte **EDGE**-Technologie noch etwas beschleunigt wird. Bei **UMTS** (Universal Mobile Telecommunications System) handelt es sich um eine schnelle Datenverbindung im Mobilfunk. **HSDPA** (High Speed Download Packet Access) ist eine ergänzende Technologie, die den Datentransfer auf UMTS-Verbindungen (abhängig von der Verbindungsqualität und dem Standort) auf Downloadraten von 3,6 oder 14 Megabit/Sekunde beschleunigt. DSL stellt momentan die schnellsten Internetzugänge (Breitbandinternet) bereit. Ab 2011 steht im Mobilfunkbereich mit **LTE** (Long Term Evolution) ebenfalls eine schnelle Internetverbindung für mobile Geräte zur Verfügung. Weitere Details zu diesen Standards finden Sie bei Wikipedia (*http://de.wikipedia.org*) unter den entsprechenden Stichworten.

Das wird auch noch gebraucht

Neben der oben beschriebenen Gerätetechnik benötigen Sie noch einen Anbieter (**Provider**), wie beispielsweise Telefongesellschaften (T-Home, Vodafone etc.), der den kostenpflichtigen **Internetzugang** bereitstellt. Dabei lassen sich, wie bei Handytarifen, verschiedene Vertragsmodelle wählen.

- Bei Modem- und ISDN-Zugängen bieten die Provider meist zeitabhängig abgerechnete Tarife mit und ohne Grundgebühr an. Ganz unbürokratisch funktioniert ein (meist anmeldefreier) »Internet-by-Call«-Zugang über spezielle Telefonnummern. Der Internetzugang wird dann im Sekunden- bzw. Minutentakt direkt über Ihre Telefonrechnung abgerechnet.

- Wer das Internet intensiv nutzt und ggf. Musik oder Videos beziehen sowie über Internet telefonieren möchte, wird sich eher für die DSL-Breitbandanbindung entscheiden. Dort bieten die Provider Pauschaltarife (sogenannte Flatrates) an, bei denen der Internetzugang mit einem festen monatlichen Betrag abgedeckt ist.

Damit Windows weiß, welchen Anbieter Sie für eine Onlineverbindung verwenden möchten, **muss** diese **Verbindung eingerichtet** werden. Hierbei sind ggf. die zur Verbindungsaufnahme anzuwählende Telefonnummer des Providers, die zu verwendenden Geräte (Modem, ISDN-Box, DSL-Modem etc.) sowie die Benutzerkenndaten (Benutzerkennung und Passwort) einzutragen. Sofern Sie einen Vertrag mit einem Provider abschließen, stellt dieser neben den Zugangsdaten häufig auch eine **Zugangssoftware zur Interneteinwahl** bereit. Installieren Sie das Programm, werden die Zugangsdaten in Formularen abgefragt.

Sofern Sie **Internet-by-Call** nutzen und per Modem oder ISDN-Box ins Internet gehen möchten, empfiehlt sich die **Verwendung eines** sogenannten **Tarifmanagers**.

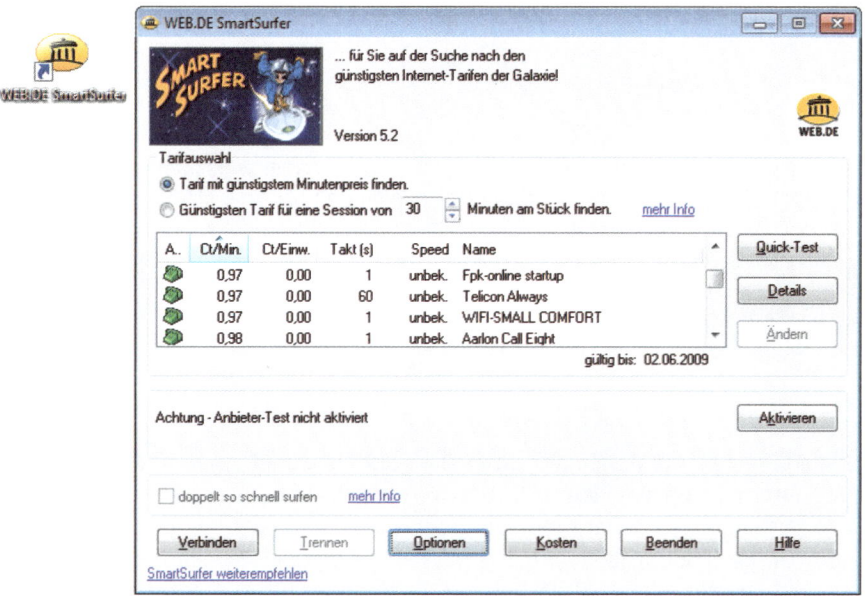

Dies sind meist kostenlose Programme (z. B. der WEB.DE SmartSurfer, *http://smartsurfer.web.de*, oder Oleco::NetLCR, *www.oleco.de*), die sich aus dem Internet herunterladen und auf dem Computer installieren lassen. Starten Sie das Programm (z. B. per Desktopsymbol), zeigt der Tarifmanager eine Liste günstiger Internet-by-Call-Anbieter. Über mit *Verbinden* und *Trennen* beschriftete Schaltflächen lässt sich eine komfortable Verbindungsaufnahme zum jeweils günstigsten Anbieter aufbauen und auch wieder beenden.

Verwenden Sie z. B. einen (W)LAN-DSL-Router für den Breitband-Internetzugang? Häufig liefert der Provider den WLAN-DSL-Router bei der Bestellung des **DSL-Breitbandzugangs** mit. Dann erhalten Sie neben den Internetzugangsdaten meist auch eine Anleitung zur Konfigurierung des DSL-Routers. In der Regel sind lediglich die Internetzugangsdaten in einer Konfigurationsseite dieses Routers einzutragen. Lesen Sie notfalls im Handbuch des (W)LAN-DSL-Routers nach, wie die Konfigurierung vorzunehmen ist.

> **Hinweis**
>
> Erkundigen Sie sich bitte bei den lokalen Telefongesellschaften oder beim Fachhändler über die verfügbaren Angebote für einen Internetzugang. Dort finden Sie ggf. auch Unterstützung, um den Internetzugang einmalig einrichten zu lassen. Eine Alternative sind Bekannte, die über das notwendige Wissen zum Einrichten des Internetzugangs verfügen.

> **Achtung**
>
> Sie sollten sicherstellen, dass Windows bei Einwahlverbindungen nicht automatisch (z. B. beim Aufruf einer Hilfe- oder Internetseite oder beim Mailversand) eine Internetverbindung aufbaut. Hierzu tippen Sie »In« in das Suchfeld des Startmenüs ein und wählen den angezeigten Eintrag *Internetoptionen*. Im Eigenschaftenfenster ist dann auf der Registerkarte *Verbindungen* das Optionsfeld *Keine Verbindung wählen* zu markieren und über die *OK*-Schaltfläche zu bestätigen. Anschließend können Sie die Internetverbindung gezielt über die Zugangssoftware oder einen Tarifmanager auf- und wieder abbauen. Lassen Sie sich gegebenenfalls vom Anbieter, Händler oder anderen erfahrenen Personen zeigen, wie die Internetverbindung hergestellt und wieder getrennt wird.

Mobiler Internetzugang

Stellen Sie den Internetzugang über einen Surfstick oder ein Handy her? Bei mobilen Internetzugängen über USB-UMTS-Surfsticks liefert der Hersteller ebenfalls eine Verbindungssoftware mit, die über ein Desktopsymbol gestartet werden kann. Die Verbindungssoftware, wie der hier gezeigte Mobile Partner, stellt ebenfalls ein Fenster mit Schaltflächen zur Verbindungsaufnahme und zum Trennen bereit.

Die zweite Möglichkeit zur Nutzung eines mobilen Internetzugangs stellen Drahtlosnetzwerke **(WLANs)** dar. Dabei kann der Internetzugang über ein öffentliches WLAN (**Hotspot**) oder über den eigenen WLAN-Router erfolgen. Bei Verwendung eines eigenen WLAN-Routers muss dieser einmalig für den Zugang eingerichtet werden. Dabei werden der Name des Funknetzwerks (SSID) sowie der Sicherheitsschlüssel und das Verschlüsselungsverfahren (WPA, WPA2) festgelegt.

Das brauchen Sie fürs Internet

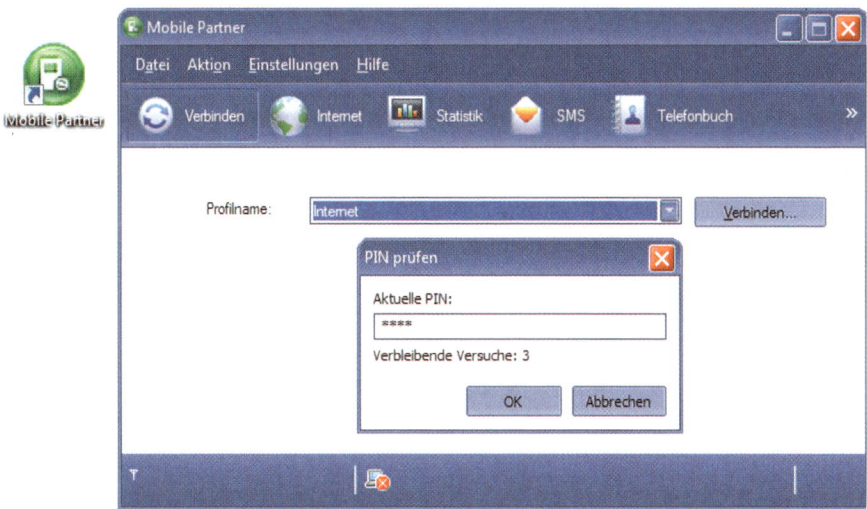

Um unter Windows 7 eine **WLAN-Verbindung** zu einem WLAN-Router **aufzubauen**, sind folgende Schritte auszuführen.

1 Klicken Sie im Infobereich der Taskleiste auf das Symbol des Drahtlosnetzwerkadapters.

Dann sollten in einer geöffneten Palette gefundene Funknetzwerke auftauchen. Zeigen Sie auf einen dieser Einträge, blendet Windows 7 eine QuickInfo mit den Kenndaten (Netzwerkname, Signalstärke, Funktyp, Verschlüsselung) ein. Die Signalstärke lässt sich an den grünen stilisierten Balken erkennen.

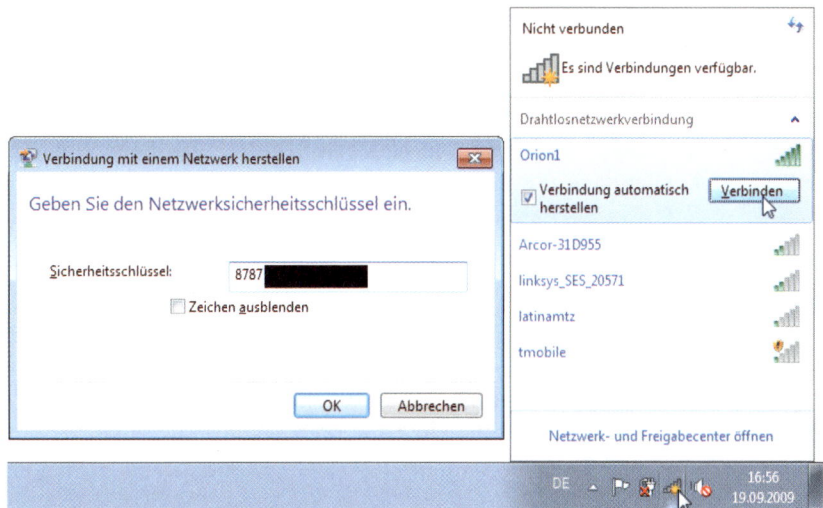

2 Klicken Sie in der eingeblendeten Liste der Verbindungen auf den Eintrag für das gewünschte Funknetzwerk.

3 Setzen oder löschen Sie ggf. die Markierung des Kontrollkästchens *Verbindung automatisch herstellen* und klicken Sie danach auf die *Verbinden*-Schaltfläche.

Windows versucht, die Drahtlosnetzwerkverbindung aufzubauen. Handelt es sich um eine abgesicherte Verbindung und ist der Netzwerkschlüssel unbekannt, erscheint das hier links gezeigte Dialogfeld.

4 Tragen Sie den Netzwerkschlüssel in das Feld *Sicherheitsschlüssel* ein und klicken Sie auf die *OK*-Schaltfläche.

Bei korrekt eingegebenem Netzwerkschlüssel wird eine Verbindung zum WLAN-Router aufgebaut. Ist die Option zum automatischen Verbinden markiert, stellt Windows 7 später die WLAN-Verbindung automatisch her, sobald das Notebook in die Nähe des Zugangspunkts kommt.

> **Hinweis**
>
> Wenn Sie im Startmenü (oder in der Navigationsleiste eines Ordnerfensters) den Eintrag *Netzwerk* wählen, können Sie in Windows 7 das Netzwerk- und Freigabecenter über eine Schaltfläche der Symbolleiste öffnen. Klicken Sie in der Aufgabenleiste (linke Spalte) des Fensters auf den Befehl *Drahtlosnetzwerke verwalten*, erscheint eine Liste aller bereits definierten WLAN-Verbindungen. Bei Bedarf können Sie Einträge mit einem Rechtsklick anwählen und diese über den Kontextmenübefehl *Netzwerk entfernen* löschen. Dies ist hilfreich, wenn ein Netzwerkschlüssel oder der Netzwerkname geändert wurde oder ein Netzwerk nicht mehr verfügbar ist.

Bei einem öffentlichen WLAN-Zugangspunkt (als **Hotspot** bezeichnet) erfolgt die Verbindungsaufnahme per WLAN mit den gleichen Schritten wie beim eigenen Drahtlosnetzwerk. Allerdings gibt es einige Besonderheiten.

- Aus Sicherheitsgründen sollten Sie das Kontrollkästchen zur automatischen Verbindungsaufnahme unmarkiert lassen. Stellen Sie die WLAN-Verbindung manuell her, um sicherzugehen, dass Sie nicht unbeabsichtigt online sind.

- Da öffentliche Hotspots i. d. R. nicht mit einem Netzwerkschlüssel abgesichert sind, entfällt die Abfrage dieses Schlüssels. Dritte können über ein **ungesichertes öffentliches Funknetzwerk** aber sowohl Ihre übertragenen Daten aufzeichnen/einsehen als ggf. auch per Funk auf Ihren Rechner zugreifen.

Das brauchen Sie fürs Internet

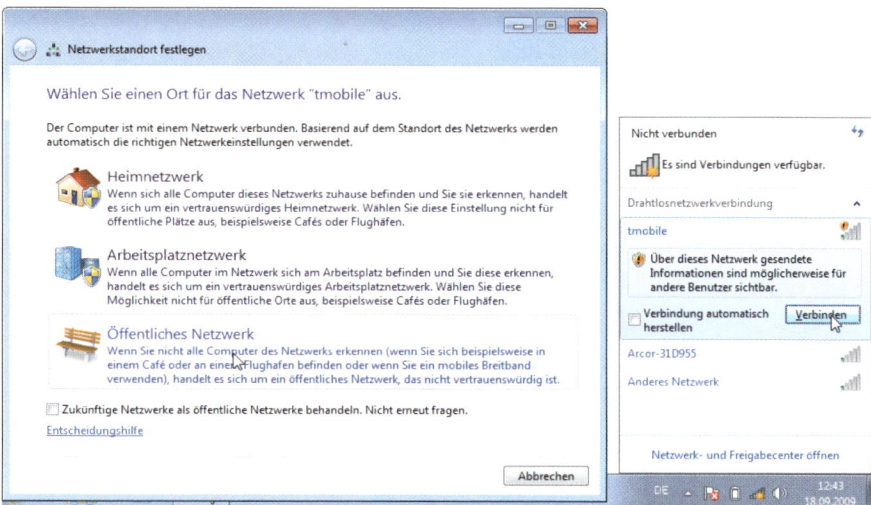

Windows 7 markiert daher ungesicherte WLAN-Verbindungen in der Netzwerkliste mit einem stilisierten gelben Warnschild mit schwarzem Ausrufezeichen. Nachdem die ungesicherte Verbindung aufgebaut wurde, zeigt Windows u. U. das hier links sichtbare Dialogfeld *Netzwerkstandort festlegen*. Klicken Sie dann auf die Option *Öffentliches Netzwerk*, um die **Datei-** und **Druckerfreigabe** für das Netzwerk zu deaktivieren. Dies verhindert, dass Dritte über das Funknetzwerk auf die Festplatte Ihres Notebooks zugreifen können.

Tipp

Achten Sie bei der Nutzung der ungesicherten Internetverbindung darauf, dass beim Eingeben von sensiblen Daten in Internetformulare (z. B. Internetbanking, Kennwortdialoge zur Anmeldung an E-Mail-Konten etc.) immer eine **sichere SSL-Verbindung** (Anzeige des Vorspanns *https:* in der Adresszeile statt *http:*) im Browser benutzt wird.

Hinweise

Die Betreiber eines **Hotspots beschränken** üblicherweise den **Zugriff auf** das **Internet** auf einen »berechtigten Benutzerkreis«. Beim Aufruf der ersten Internetseite im Browser erscheint daher meist die Startseite des Hotspot-Anbieters mit einem Formular zur Eingabe der Benutzerkennung. Erst bei erfolgreicher Anmeldung gelangen Sie ins Internet.

139

Kapitel 4

> Bei Hotels oder Cafés erfragen Sie die Zugangsdaten beim Betreiber, der auch die Modalitäten der Bezahlung vor Ort regelt. Erkundigen Sie sich beim Anbieter eines Hotspots nach den Zugangsmodalitäten. Bei kostenpflichtigen Hotspots sollten Sie nachfragen, wie die Verbindungsgebühren abgerechnet werden und was eine Zeit- oder Volumeneinheit kostet.

Möchten Sie die **Drahtlosverbindung** wieder **trennen** (z. B. nach einer Anmeldung an einem Hotspot)?

1 Klicken Sie im Infobereich der Taskleiste auf das Symbol für das Drahtlosnetzwerk.

2 Klicken Sie in der angezeigten Palette auf den Eintrag der aktiven Verbindung und wählen Sie die freigegebene Schaltfläche *Trennen*.

Anschließend sollte die Internetverbindung beendet sein.

> **Hinweis**
>
> Falls bei der Suche nach Funknetzwerken nichts angezeigt wird, überprüfen Sie am Notebook, ob der WLAN-Adapter eingeschaltet ist. Hierzu gibt es meist eine spezielle Tastenkombination, die in den Geräteunterlagen beschrieben ist. Wenn Sie eine WLAN-Verbindung nicht mehr benötigen, sollten Sie den WLAN-Adapter wieder deaktivieren. Dies spart Strom und stellt sicher, dass keine unerwünschte Verbindung aufgebaut werden kann.

So surfen Sie im WWW

Die bei weitem populärste Funktion des Internets ist das World Wide Web (abgekürzt WWW oder Web). Es handelt sich dabei um Milliarden von einzelnen Seiten, die im Internet auf sogenannten Webservern gespeichert sind und sich mit einem als **Browser** bezeichneten Programm abrufen lassen. Sie können also, sobald Sie online sind, vom Wohnzimmer aus Börsenkurse, Nachrichten zum Weltgeschehen, das Fernsehprogramm, Reiseinformationen, Warenangebote und vieles mehr ansehen.

Webseite abrufen

Das **Abrufen von Webseiten** ist eigentlich ein Kinderspiel.

1 Stellen Sie bei Bedarf eine Internetverbindung her und starten Sie den Browser.

Ist der Internet Explorer installiert, finden Sie dessen Symbol in der Taskleiste neben der *Start*-Schaltfläche. Der Firefox-Browser wird meist mit einem Desktopsymbol eingerichtet. Alternativ können Sie den Browser über den Zweig *Alle Programme* des Startmenüs aufrufen.

> **Hinweis**
>
> Standardmäßig wird Windows 7 mit dem Internet Explorer 8 als Browser ausgeliefert. Sie können aber auch andere Browser wie den Firefox verwenden. Auf dem Desktop findet sich ein Symbol *Browserauswahl*, welches Sie anklicken müssen. Dann öffnet sich ein Fenster, in dem Sie weitere Browser auswählen und dann installieren können. Der Firefox lässt sich auch direkt von der Webseite *www.mozilla-europe.org/de* herunterladen und installieren. Auf die Verwendung von Google Chrome sollten Sie aus Datenschutzgründen eher verzichten. Die nachfolgenden Beschreibungen berücksichtigen den Internet Explorer 8 und den Firefox 3.6. Bei Drucklegung dieses Buches waren aber der Internet Explorer 9 sowie der Firefox 3.7 in Entwicklung. Deren Bedienung weicht aber kaum von den Vorgängerversionen ab. Wenn Sie bei diesen Browsern kurz die [Alt]-Taste drücken, erscheint eine Menüleiste zum Abrufen der Funktionen.

Nach dem Start zeigt der Browser das Anwendungsfenster mit der eingestellten Startseite an. Sie müssen nun die gewünschte Internetseite angeben.

Kapitel 4

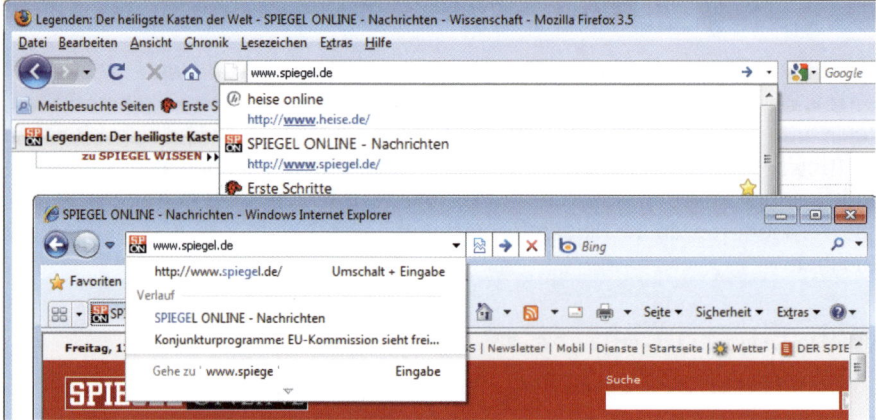

2 Klicken Sie in die Adressleiste, tippen Sie die Adresse der gewünschten Internetseite ein und drücken Sie zur Bestätigung die ⏎-Taste.

> **Tipp**
> Beim Eintippen der Adresse einer Internetseite öffnet der Browser das Listenfeld der Adressleiste und schlägt Adressen möglicherweise passender Internetseiten vor. Befindet sich die gewünschte Adresse in der Liste, können Sie deren Adresse durch Anklicken des Listeneintrags übernehmen.

> **Techtalk**
>
> **Webadressen** (auch als Uniform Resource Locator oder kurz **URL** bezeichnet) werden in der Form *www.name.de* angegeben. Die drei Buchstaben *www* zeigen an, dass es sich um eine Hauptseite (auch als Website bezeichnet) im Web handelt. An den letzten Buchstaben hinter dem zweiten Punkt lässt sich manchmal erkennen, wo die Webseite geführt wird (*.de* = Deutschland, *.at* = Österreich, *.ch* = Schweiz, *.com* = kommerzielle Webseiten, *.org* = Organisationen, *.edu* = Schulen, Universitäten etc.). Der *Name* in der Mitte der Adresse ist der sogenannte Domänenname der Webseite. Der weltweit eindeutige Domänenname muss vom Besitzer bzw. dem Provider der Webseite z. B. bei der Organisation DENIC (Deutsches Network Information Center) registriert werden. Mit *www.spiegel.de* geht es zur Webseite eines Nachrichtenmagazins, *www.mut.de* verweist beispielsweise auf die Markt+Technik-Startseite, *www.aldi.de* führt zum Angebot eines Discounters und mit *www.borncity.de* erreichen Sie meine Homepage. Das bei manchen URL-Angaben vorangestellte Kürzel *http://* gibt dem Browser einen Hinweis, mit welchem Protokoll er die Seite abrufen soll. Sie können das Kürzel weglassen, es wird dann automatisch vom Browser ergänzt. Eine Adresse der Art *blog.borncity.de* verweist auf einen Unterbereich (hier *blog*) einer Website.

So surfen Sie im WWW

Bei einer gültigen Webadresse fordert der Browser die Seite aus dem World Wide Web an und stellt deren Inhalt im Fenster des Browsers dar. Hier wurde die Adresse *www.spiegel.de* von SPIEGEL ONLINE zur Demonstration verwendet.

Der Browser ruft die betreffende Webseite ab und zeigt diese im Programmfenster an. Dieser Vorgang kann aber je nach Übertragungsgeschwindigkeit einige Sekunden dauern.

Navigieren in Internetseiten

Das Navigieren in Internetseiten bzw. das Abrufen von Folgeseiten ist in einem Browser mit einfachen Mausklicks möglich. Webseiten enthalten Verweise (sogenannte **Hyperlinks**) auf Folgeseiten. Häufig sind diese Hyperlinks optisch durch Unterstreichen oder farbliche Hervorhebung gekennzeichnet.

1 Zeigen Sie mit dem Mauszeiger auf einen Hyperlink im Dokument.

Sobald sich der Mauszeiger über dem Hyperlink befindet, wird das Symbol einer stilisierten Hand eingeblendet. Zugleich erscheint beim Zeigen auf einen Hyperlink die Adresse der Folgeseite in der Statusleiste des Browserfensters.

Kapitel 4

2 Klicken Sie den Hyperlink mit der Maus an, um die Folgeseite im Browser abzurufen.

Diese Technik kennen Sie bereits aus der Windows-Hilfe. Möchten Sie wieder zur **vorher besuchten Seite** zurückkehren? Sie brauchen dann nicht erneut die ursprüngliche Webadresse dieser Seiten in die Adressleiste einzutippen. Der Browser merkt sich ja die Adressen der von Ihnen besuchten Webseiten.

3 Klicken Sie in der Symbolleiste des Browserfensters auf die Schaltfläche *Zurück*.

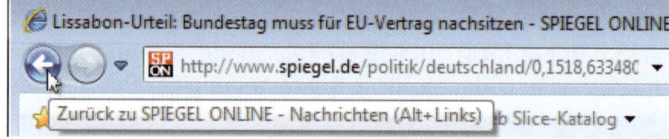

Der Browser zeigt jetzt die vorher »besuchte« Webseite erneut an. Über die rechts daneben befindliche Schaltfläche *Vorwärts* gelangen Sie dagegen zur bereits besuchten Folgeseite.

So surfen Sie im WWW

> **Hinweis**
>
> Beim Firefox sehen die Schaltflächen leicht unterschiedlich aus und sind mit *Eine Seite zurück* bzw. *Eine Seite vor* benannt, sie funktionieren aber genau so. Die Schaltflächen zum Blättern funktionieren nur, wenn Sie bereits mehr als eine Seite in der aktuellen Sitzung besucht haben. Beim nächsten Aufruf des Browsers sind die Schaltflächen gesperrt.

Durch mehrfaches Anklicken der Schaltflächen können Sie ggf. seitenweise bis zum Anfang bzw. Ende der besuchten Seitenfolge blättern. Dies funktioniert ähnlich wie beim Navigieren zwischen angesehenen Ordnern im Ordnerfenster, kann aber bei vielen bereits besuchten Webseiten recht umständlich sein.

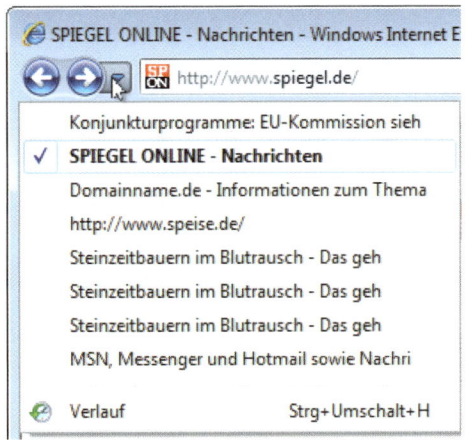

Schneller geht es, wenn Sie im Internet Explorer auf das kleine Dreieck neben der Schaltfläche *Vorwärts* klicken und dann im eingeblendeten Menü direkt einen Befehl mit dem gewünschten Seitentitel wählen.

> **Tipps**
>
> Beim Internet Explorer 8 finden Sie rechts neben dem Adressfeld noch diese drei Schaltflächen.
>
> Die linke Schaltfläche ermöglicht, den Browser in den **Internet Explorer 7-Kompatibilitätsmodus** umzuschalten. Dies ist hilfreich, falls Webseiten nicht korrekt angezeigt werden. Mit der mittleren Schaltfläche *Aktualisieren (F5)* bzw. der Funktionstaste F5 lässt sich eine Webseite erneut anfordern. Die rechte Schaltfläche *Stopp (Esc)* oder die Esc-Taste bricht das Laden einer Seite ab. Beim Firefox finden Sie zwei Schaltflächen *Aktuelle Seite neu laden* und *Laden dieser Seite stoppen* rechts neben der Schaltfläche *Eine Seite vor*, wobei etwas andere Symbole benutzt werden. Diese Schaltflächen sind ganz praktisch, wenn das Laden einer Seite wegen Überlastung des Internets zu lange dauert oder unterbrochen wird.

Sie sehen, das »Surfen« in »Webseiten« ist eigentlich ein Kinderspiel. Das Schwierigste an der ganzen Sache ist, die richtige Adresse für die Startseite zu kennen. Solche Webadressen finden sich aber mittlerweile in vielen Zeitschriften, und Sie können gezielt nach bestimmten Themen suchen lassen oder über Favoriten auf verschiedene Webseiten zugreifen (dazu später mehr). Zudem weisen sowohl der

Kapitel 4

Internet Explorer als auch der Firefox vordefinierte Symbolleisten mit Schaltflächen zum direkten Aufrufen verschiedener Webseiten (z. B. vorgeschlagene Sites beim Internet Explorer oder meistbesuchte Seiten beim Firefox) auf.

Verlauf zum Navigieren einsetzen

Wenn Sie den Internet Explorer (oder andere Browser) beenden, vergisst dieser die Liste der gerade besuchten Seiten, und die Schaltflächen *Vorwärts/Zurück* sind beim nächsten Start erst einmal gesperrt. Irgendwann tritt aber mit Sicherheit der Fall ein, dass Sie **nach einigen Tagen eine** ganz tolle **Webseite erneut ansurfen** möchten, aber deren Adresse vergessen haben.

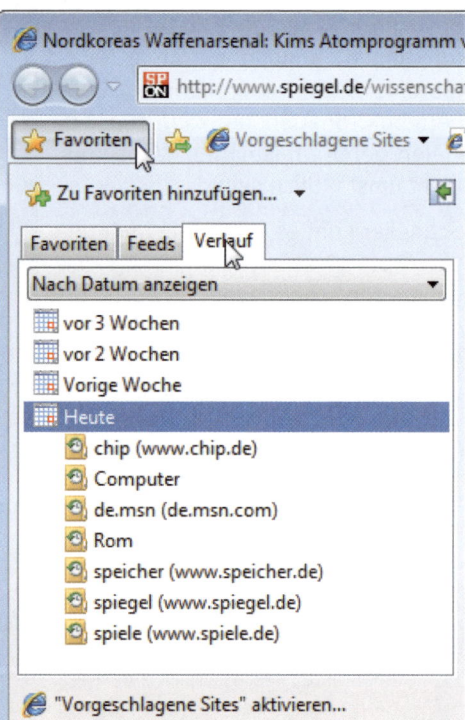

1 Klicken Sie im Internet Explorer auf die Schaltfläche *Favoriten*.

2 Wählen Sie anschließend in der eingeblendeten Spalte den Registerreiter *Verlauf* in der Kopfzeile.

3 Anschließend können Sie die in der linken Spalte eingeblendeten Verlaufseinträge per Maus anklicken.

Die Verlaufseinträge werden nach Tagen und nach Webseiten geordnet. Ein Mausklick auf einen Eintrag erweitert die Darstellung um die enthaltenen Einträge.

4 Klicken Sie auf einen Eintrag für eine besuchte Webseite.

Dann wird die Webseite erneut im rechten Teil des Browserfensters geladen und die Leiste mit dem Verlauf wieder ausgeblendet.

> **Hinweise**
>
> Beim Firefox finden Sie die Einträge der besuchten Webseiten im Menü *Chronik*. Über die Tastenkombination [Strg]+[H] können Sie ebenfalls eine Verlaufsliste am linken Rand des Dokumentfensters ein- oder ausblenden.
>
> Sie können die Leiste mit der Favoritenliste bzw. der Chronik ausblenden, indem Sie die Schaltfläche in der rechten oberen Ecke der Leiste anklicken und ggf. ein weiteres Mal auf die Schaltfläche *Schließen* klicken.

So surfen Sie im WWW

> **Tipp**
> Rufen Sie die Einträge der Chronik bzw. des Verlaufs auf, ohne dass eine Onlineverbindung besteht, wird eventuell nichts angezeigt. Beim Internet Explorer können Sie im Menü der Schaltfläche *Extras* den Befehl *Offlinebetrieb* wählen. Beim Firefox heißt der Befehl *Offline arbeiten* und findet sich im Menü *Datei*. Anschließend versucht der Browser, die Seite aus dem internen Zwischenspeicher zu holen. Es kann aber auch sein, dass nicht mehr alle Informationen des Dokuments vorhanden sind. Manchmal fehlen Bilder oder andere Informationen. Oder der Betreiber der Seite hat diese so angelegt, dass bei jedem Aufruf aktuelle Informationen angefordert werden. Dann müssen Sie eine Onlineverbindung herstellen, um die Seiteninhalte zu sehen. Denken Sie auch daran, den Modus *Offline arbeiten* nach Verwendung wieder über die obigen Schritte abzuschalten. Andernfalls können keine neuen Webseiten abgerufen werden.

Verlauf löschen, Privatmodus verwenden

Möchten Sie den **Verlauf** der besuchten Webseiten **löschen**? Öffnen Sie im Internet Explorer 8 in der Symbolleiste das Menü der Schaltfläche *Sicherheit* und wählen Sie den Befehl *Browserverlauf löschen* (hier rechts oben sichtbar). Beim Firefox verwenden Sie den Befehl *Neueste Chronik löschen* im Menü *Extras*. In beiden Fällen erscheint ein Dialogfeld mit Auswahloptionen.

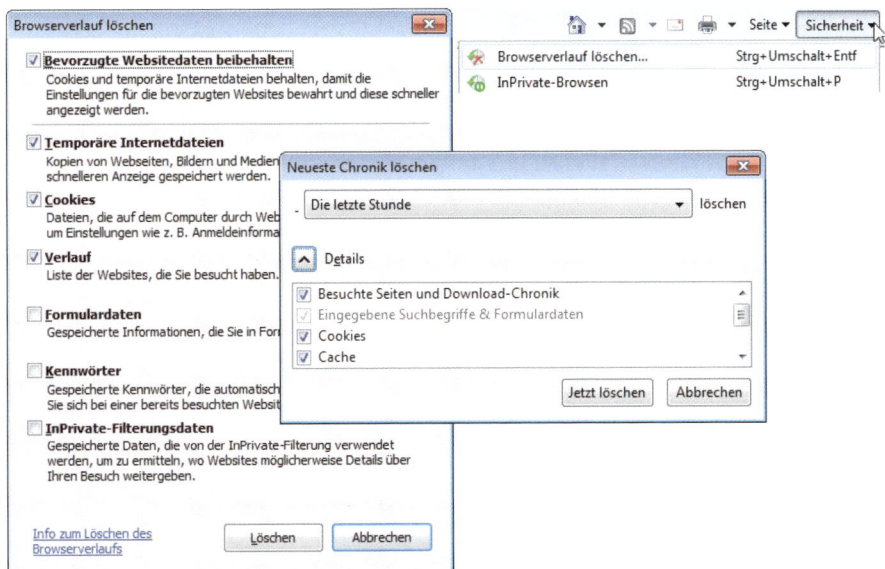

Beim Firefox (rechtes Dialogfeld) müssen Sie ggf. die Schaltfläche *Details* anklicken, um die Kontrollkästchen anzuzeigen. Zudem lässt sich über ein Listenfeld der Zeitraum der zu löschenden Chronik wählen. Markieren Sie im Dialogfeld die Kontrollkästchen der zu löschenden Daten und klicken Sie auf die Schaltfläche *Löschen* (Internet Explorer) bzw. *Jetzt löschen* (Firefox).

> **Hinweis**
>
> Sie können im Internet Explorer 8 den Befehl *Internetoptionen* im Menü der Schaltfläche *Extras* aufrufen. Danach lässt sich auf der Registerkarte *Allgemein* des Eigenschaftenfensters das Kontrollkästchen *Browserverlauf beim Beenden löschen* markieren. Beim Firefox wählen Sie im Menü *Extras* den Befehl *Einstellungen*. Klicken Sie im Dialogfeld *Einstellungen* auf das Symbol *Datenschutz*, lässt sich das Listenfeld *Firefox wird eine Chronik* auf den Wert »niemals anlegen« setzen.

> **Tipp**
>
> Sie können im Internet Explorer 8 den Befehl *InPrivate-Browsen* der Menüschaltfläche *Sicherheit* und im Firefox 3.6 *Privaten Modus starten* des Menüs *Extras* wählen. Dann speichert der Browser keinen Verlauf und keine privaten Daten, Sie hinterlassen keine »Surfspuren« auf dem Computer und brauchen auch nichts zu löschen.

Lesezeichen für Webseiten

Besuchen Sie Webseiten öfters oder stoßen Sie auf ein besonders ausgefallenes Angebot, das Sie später erneut aufrufen möchten? Dann sollten Sie die Webseite mit einem Lesezeichen versehen. Konkret bedeutet das, dass Sie den Browser anweisen, sich die Webadresse (URL) der Seite zu merken. Diese auch als **Bookmarking** bezeichnete Funktion (Sie legen quasi eine »symbolische« Buchmarke zwischen die »Seiten« im WWW) heißt beim Microsoft Internet Explorer *Favoriten* (bzw. *Lesezeichen* beim Firefox).

1 Laden Sie die gewünschte Webseite im Browser.

2 Klicken Sie im Internet Explorer 8 auf die Schaltfläche *Favoriten*, dann auf die eingeblendete Menüschaltfläche *Zu Favoriten hinzufügen* und wählen Sie im eingeblendeten Menü den Befehl *Zu Favoritenleiste hinzufügen*.

So surfen Sie im WWW

Im Firefox-Browser öffnen Sie das Menü *Lesezeichen* und wählen den Befehl *Lesezeichen hinzufügen*. Alternativ können Sie in beiden Browsern die Tastenkombination [Strg]+[D] drücken. Der Browser öffnet ein Dialogfeld, in dem Sie den Namen des Lesezeichens anpassen und dann die Adresse der Webseite (den URL) als Lesezeichen ablegen lassen können.

Tipps

Möchten Sie viele Favoriten definieren, ist es günstiger, diese in Gruppen (Ordnern) zu verwalten. Wählen Sie hierzu den Befehl *Favoriten verwalten* im Menü der Schaltfläche *Zu Favoriten hinzufügen*.

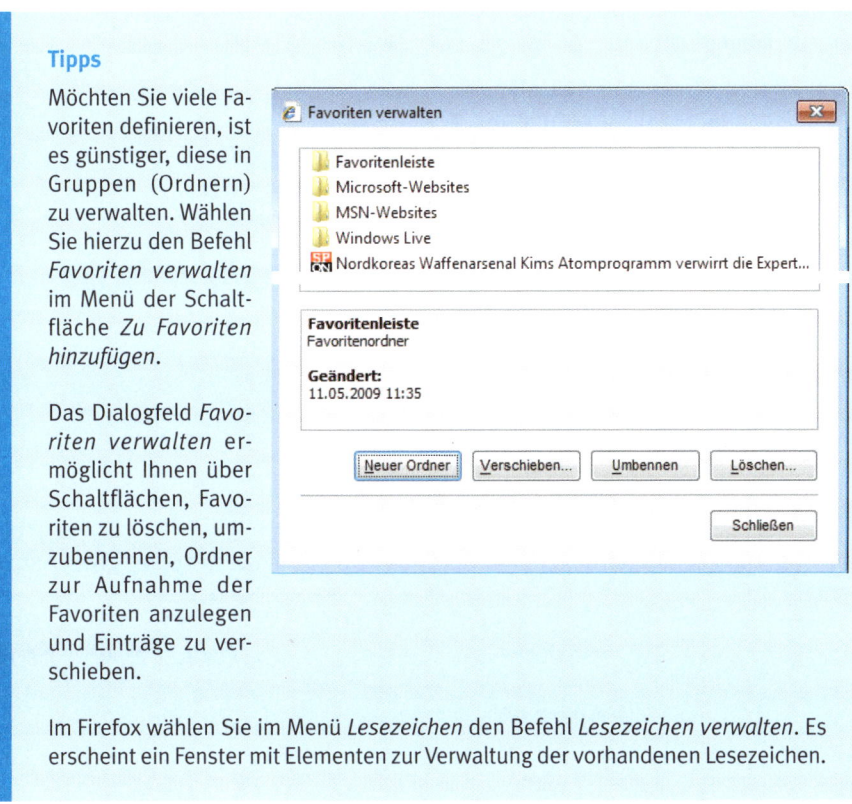

Das Dialogfeld *Favoriten verwalten* ermöglicht Ihnen über Schaltflächen, Favoriten zu löschen, umzubenennen, Ordner zur Aufnahme der Favoriten anzulegen und Einträge zu verschieben.

Im Firefox wählen Sie im Menü *Lesezeichen* den Befehl *Lesezeichen verwalten*. Es erscheint ein Fenster mit Elementen zur Verwaltung der vorhandenen Lesezeichen.

Um später im Browser auf die **Liste** der **Favoriten** (bzw. Lesezeichen) zuzugreifen und die zugehörigen Seiten **abzurufen**, gehen Sie folgendermaßen vor:

1 Klicken Sie im Internet Explorer auf die Schaltfläche *Favoriten*.

2 Wählen Sie in der eingeblendeten Spalte ggf. die Registerkarte *Favoriten* in der Kopfzeile.

Kapitel 4

3 Anschließend können Sie die in der linken Spalte eingeblendeten Favoriten per Maus anklicken.

Einträge mit Ordnersymbolen strukturieren die Favoritenliste. Klicken Sie auf ein Ordnersymbol, wird dessen Inhalt eingeblendet.

Beim Firefox öffnen Sie das Menü *Lesezeichen* und wählen die im unteren Bereich des Menüs eingeblendeten Befehle. Auch dieser Browser verwendet Ordnersymbole, um Lesezeichen zu Gruppen zusammenzufassen. Eine Gruppe öffnen Sie, indem Sie im Menü auf das Ordnersymbol zeigen. Sobald Sie ein Lesezeichen (bzw. einen Favoriteneintrag) anklicken, wird die betreffende Webseite im Browser abgerufen und angezeigt.

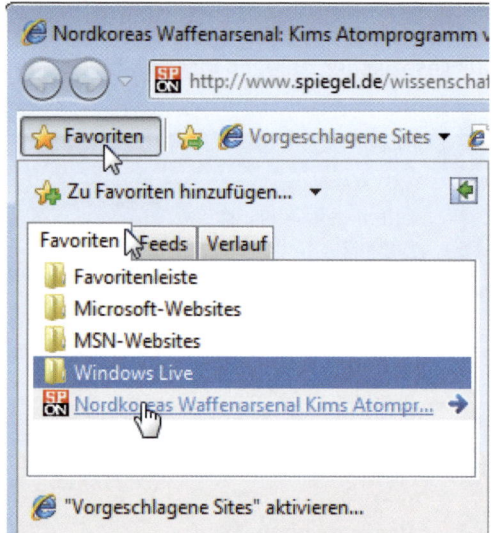

Webseiten speichern

Möchten Sie gezielt den Text einer Seite speichern, um diese später erneut anzusehen?

1 Laden Sie die Webseite im Internet Explorer, öffnen Sie in der Symbolleiste das Menü der Schaltfläche *Seite* und wählen Sie den Befehl *Speichern unter*.

2 Wählen Sie im Dialogfeld *Webseite speichern* den Ordner (z. B. *Eigene Dokumente*) für die Datei aus.

3 Stellen Sie den Dateityp im gleichnamigen Listenfeld ein, korrigieren Sie ggf. den Dateinamen im Feld *Dateiname* und klicken Sie auf die Schaltfläche *Speichern*.

So surfen Sie im WWW

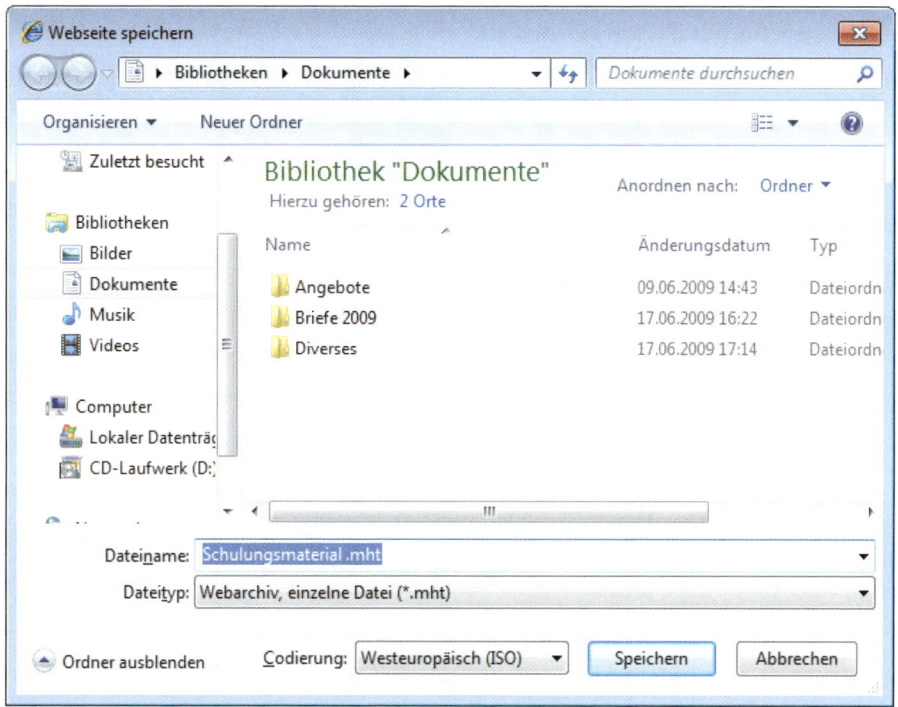

Der Text der Seite wird vom Internet Explorer als Datei mit dem vorgegebenen Namen gespeichert. Je nach ausgewähltem Dateityp legt das Programm dann eine Archivdatei (*.mht*) oder Einzeldateien mit Erweiterungen wie *.htm* oder *.html* an. Eine solcherart gespeicherte Webseite können Sie später in Windows in einem Ordnerfenster per Doppelklick anwählen. Dann öffnet Windows automatisch den Internet Explorer und zeigt die Webseite an.

> **Hinweis**
>
> Im **Firefox-Browser** gehen Sie ähnlich vor, öffnen aber das Menü *Datei* und wählen den Befehl *Seite speichern unter*. Auch der Firefox öffnet ein Dialogfeld zur Auswahl des Speicherorts, des Speicherformats und des Dateinamens.

Bilder aus Webseiten speichern

Haben Sie in einer Webseite ein schönes Bild gefunden, welches sich auch in Briefen oder Einladungsschreiben gut macht. Auch wenn diese Bilder dem Copyright unterliegen, ist eine Verwendung im privaten Umfeld meist gestattet. Zum **Speichern eines Bildes** aus der geladenen Webseite sind folgende Schritte erforderlich:

1 Klicken Sie mit der rechten Maustaste auf das Bild in der Webseite.

2 Wählen Sie im Kontextmenü den Befehl *Bild speichern unter* (Internet Explorer) bzw. *Grafik speichern unter* (Firefox).

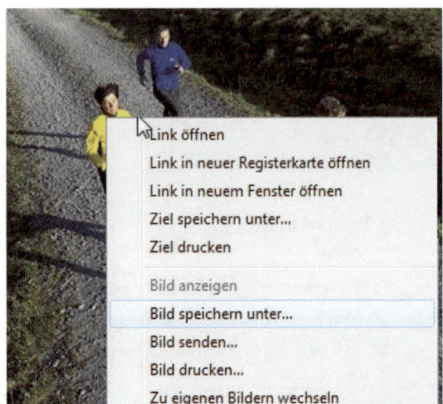

3 Wählen Sie im Dialogfeld *Bild speichern* (bzw. *Grafik speichern*) den Ordner für das Bild und korrigieren Sie ggf. den Dateinamen.

4 Klicken Sie auf die Schaltfläche *Speichern*, um das Bild zu sichern.

Fotos und Bilder werden meist im Ordner *Eigene Bilder* oder in dessen Unterordnern gespeichert. Sie können diese Bilder später mit anderen Programmen anzeigen (siehe

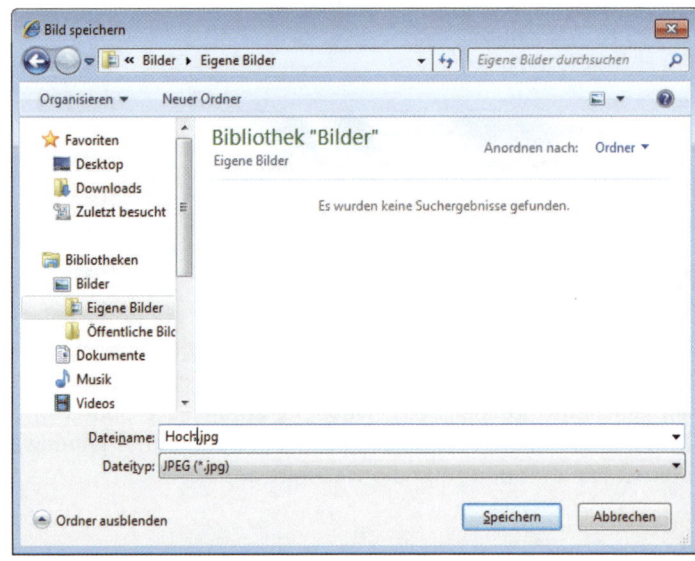

Kapitel 9). Beachten Sie aber bei der Verwendung heruntergeladener Webinhalte das Urheberrecht des betreffenden Autors oder Fotografen.

Downloads aus dem Internet

Manche Webseiten bieten die Möglichkeit, Programme, Bilder, Musik oder andere Daten auf die Festplatte Ihres Computers herunterzuladen. Dieser Vorgang wird in Neudeutsch auch als **Download** bezeichnet. Der Download solcher Dateien funktioniert am einfachsten mit folgenden Schritten (Sie können die Webadresse *www.borncity.de/Test* zur Demonstration benutzen):

So surfen Sie im WWW

1 Rufen Sie im Browser die Seite mit den Downloadangeboten auf, indem Sie die betreffende Adresse der Webseite in das Adressfeld eintippen.

2 Wählen Sie den Hyperlink für den Download mit der rechten Maustaste an und klicken Sie auf den Kontextmenübefehl *Ziel speichern unter*.

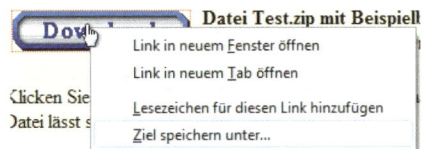

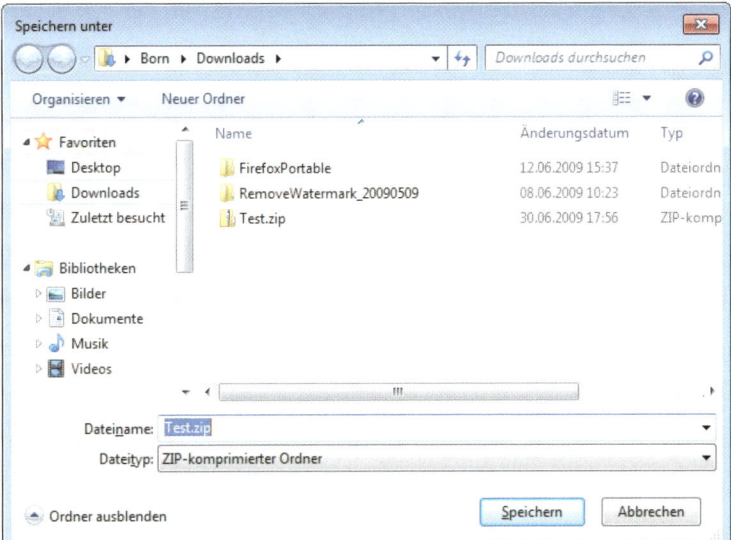

3 Im Dialogfeld *Speichern unter* wählen Sie den Zielordner (z. B. *Downloads*), passen ggf. den Dateinamen an und klicken auf die *Speichern*-Schaltfläche.

Der Browser lädt die Datei in den angegebenen Zielordner herunter, was durchaus einige Zeit dauern kann. Der hier erläuterte Ansatz funktioniert sowohl im Internet Explorer 8 als auch im Firefox 3.6.

> **Achtung**
>
> Sie können einen Download auch durch Anklicken des betreffenden Hyperlinks (oder der angezeigten Schaltfläche) starten. Dann erscheint ein Dialogfeld mit Optionen zum Öffnen oder Speichern der Datei. Eine aus dem Internet heruntergeladene Datei (**Download**) kann potenziell durch **Viren** oder andere Schädlinge infiziert sein. Laden Sie daher Dateien nur von vertrauenswürdigen Internetseiten (z. B. Downloadbereiche von Computerzeitschriften wie *www.chip.de*, *www.computerbild.de*, *www.pcwelt.de* oder *www.heise.de*). Zudem sollten Sie einen aktuellen **Virenscanner** installiert haben. Dieser schlägt Alarm, wenn Schadfunktionen in Downloads entdeckt werden.

Kapitel 4

> **Tipp**
>
> Sehr große Dateien benötigen zum Download schon mal mehrere Stunden. Besonders ärgerlich wird es, wenn solche Downloads wegen eines Fehlers oder Überlastung des Servers usw. abgebrochen werden. Abhilfe bieten sogenannte **Download-Manager** (z. B. Free Download Manager, *www.freedownloadmanager.org*), die einen schrittweisen Download unterstützen. Lassen Sie den Download z. B. beim Surfen gleichzeitig im Hintergrund mitlaufen. Bei Bedarf kann dieser Download aber jederzeit unterbrochen und später (auch bei Fehlerabbrüchen) fortgesetzt werden. Das spart Zeit, Nerven und Kosten!

Techtalk

An dieser Stelle noch einige Bemerkungen zu heruntergeladenen Dateien. Bei der Dateinamenerweiterung *.exe* handelt es sich um **Programmdateien**, die sich (nach einer Überprüfung auf Viren) **per Doppelklick ausführen** lassen. Um Dateien beim Download möglichst schnell zu übertragen, werden diese häufig als **ZIP-Archiv** komprimiert. Sie benötigen dann ein ZIP-Programm oder die Windows-Funktion »ZIP-komprimierte Ordner« (siehe in *Kapitel 3* den Abschnitt »Wissen für Fortgeschrittene«). Ein Doppelklick auf **Grafik**- (*.bmp*, *.gif*, *.jpeg*) oder **Dokumentdateien** (*.txt*, *.doc*, *.html* etc.) öffnet diese im zugehörigen Programm (vorausgesetzt, dieses ist auf dem Rechner installiert). Für die hier angegebenen Dateinamenerweiterungen bietet Windows meist interne Funktionen zur Anzeige. Viele Dokumente mit Text und Grafik werden als *.pdf*-Dateien im **Adobe Acrobat**-Format weitergegeben. Das Kürzel **PDF** steht für **P**ortable **D**ocument **F**ormat. Es handelt sich dabei um ein universelles Anzeigeformat, welches im Gegensatz zu dem für Internetdokumente verwendeten HTML-Format die Darstellung eines Dokuments mit Seitenzahlen etc. entsprechend dem Original ermöglicht. Um ein *.pdf*-Dokument anzuzeigen, benötigen Sie das kostenlose Programm Adobe Reader. Dieses Programm ist auf vielen Büchern und Zeitschriften beigelegten CDs enthalten, lässt sich aber auch von der Webseite *www.adobe.de* herunterladen. Sobald Sie die Installationsdatei per Doppelklick aufrufen, wird der Adobe Reader installiert. Anschließend können Sie *.pdf*-Dateien per Doppelklick ansehen. Zudem kann der Internet Explorer dann im WWW gespeicherte *.pdf*-Dokumente direkt anzeigen. Ein Programmzusatz zum Erzeugen von PDF-Dateien wird in *Kapitel 12* vorgestellt.

Seiten ausdrucken

Auch das **Ausdrucken** geöffneter **HTML-Dokumente** geht recht einfach:

1 Klicken Sie im Internet Explorer auf das kleine Dreieck neben der *Drucken*-Schaltfläche und wählen Sie ggf. im Menü den Befehl *Drucken*.

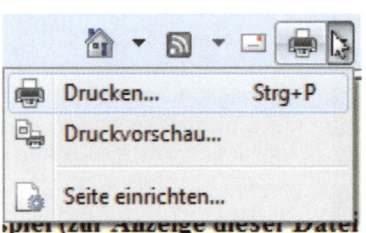

Browseroptionen einstellen

Klicken Sie nur auf die Schaltfläche *Drucken*, gibt der Internet Explorer den Inhalt der gesamten Seite auf dem unter Windows angemeldeten Standarddrucker aus. Benötigen Sie mehr Kontrolle über den Ausdruck, wählen Sie im Menü der Schaltfläche den Befehl *Drucken*. Beim Firefox finden Sie den Befehl *Drucken* im Menü *Datei*. Alternativ können Sie auch die Tastenkombination [Strg]+[P] drücken. Der Browser öffnet ein Dialogfeld, dessen Aussehen etwas vom Browser abhängt.

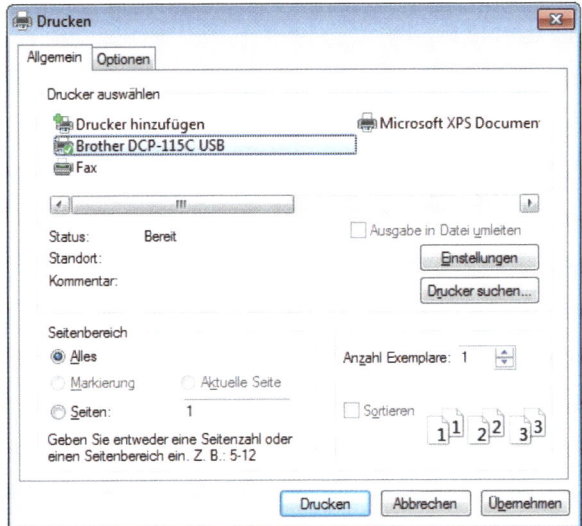

Hier ist das Dialogfeld des Internet Explorers zu sehen.

2 Wählen Sie im Dialogfeld *Drucken* den gewünschten Drucker und die entsprechenden Optionen aus.

3 Klicken Sie auf die mit *Drucken* beschriftete Schaltfläche.

Sie können im Dialogfeld den Drucker sowie den Seitenbereich wählen. Anschließend druckt der Browser den Inhalt der aktuell angezeigten Dokumentseite(n) samt Grafiken mit den gewünschten Optionen aus.

> **Was ist das?**
>
> Manche Webseiten sind in mehrere Fenster, auch als **Frames** (dt.: Rahmen) bezeichnet, unterteilt. Dann werden die Optionsfelder der Gruppe *Frames drucken* (beim Internet Explorer auf der Registerkarte *Optionen*) freigegeben, und Sie können festlegen, wie die Inhalte der Frames auszugeben sind.

Browseroptionen einstellen

Beim Starten des Internet Explorers (siehe oben) lädt dieser automatisch eine eigene Startseite (oft auch als **Homepage** bezeichnet). Meist wird die Startseite eines Webanbieters als Homepage eingetragen. Möchten Sie lieber eine andere Seite oder eine leere Seite eintragen?

1 Starten Sie den Internet Explorer. Falls Sie eine Webseite als Homepage verwenden wollen, laden Sie die gewünschte Webseite.

2 Klicken Sie im Menü der Schaltfläche *Extras* auf den Befehl *Internetoptionen*.

Der Explorer zeigt jetzt das Eigenschaftenfenster *Internetoptionen* an.

3 Wechseln Sie zur Registerkarte *Allgemein*.

4 Wählen Sie eine der Schaltflächen in der Gruppe *Startseite* aus und bestätigen Sie dies über die *OK*-Schaltfläche.

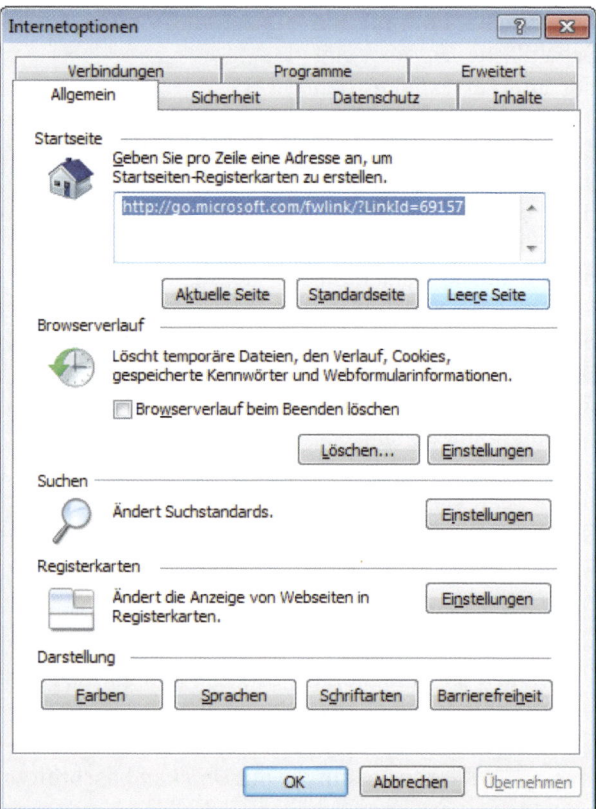

Mit der Schaltfläche *Leere Seite* wird eine Leerseite als Startseite eingestellt.

Mit *Aktuelle Seite* machen Sie das aktuell geladene Webdokument zur Startseite. Wählen Sie die Schaltfläche *Standardseite*, wird die Adresse der Microsoft-Homepage vorgegeben.

In der Gruppe *Browserverlauf* können Sie über die Schaltfläche *Löschen* die gespeicherten Webseiten aus dem Zwischenpuffer entfernen.

Im **Firefox** 3.6 wählen Sie im Menü *Extras* den Befehl *Einstellungen*. Dann können Sie im angezeigten Dialogfeld das Symbol *Allgemein* wählen und die Startseite über die Schaltflächen der Gruppe *Start* festlegen.

Browseroptionen einstellen

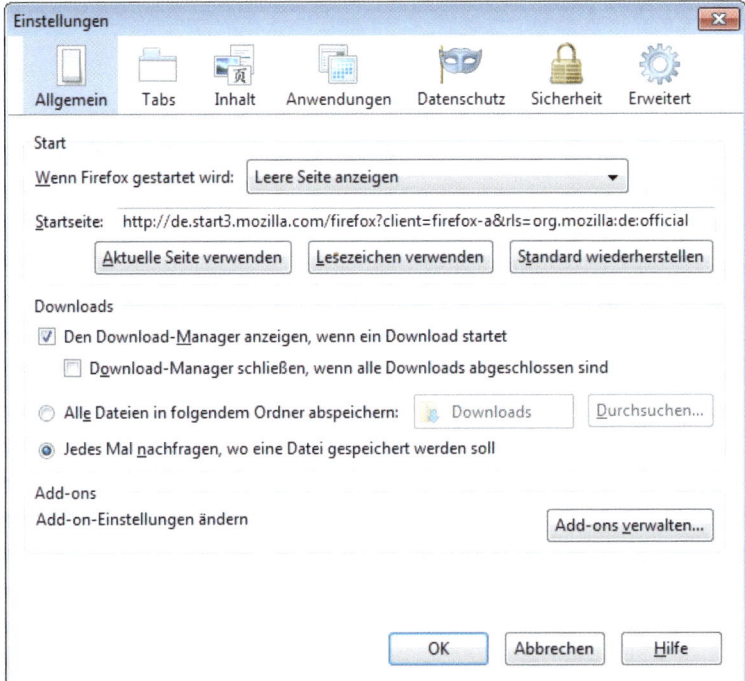

Hinweis

Über die anderen Registerkarten (Internet Explorer) bzw. Symbole (Firefox) erhalten Sie Zugriff auf weitere Browseroptionen.

Ist Ihnen die **Darstellung** der Webseite im Browser **zu klein** geraten?

1 Klicken Sie in der unteren rechten Fensterecke des **Internet Explorers** auf die *Zoom*-Schaltfläche.

2 In einem Menü können Sie dann den Vergrößerungsfaktor (z. B. 150%) wählen, um die Seiteninhalte größer darzustellen.

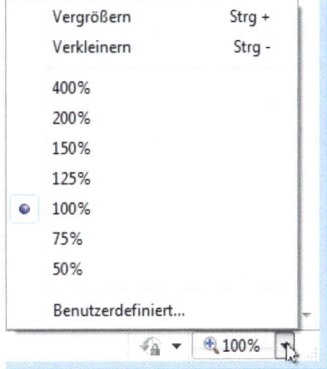

Im **Firefox** finden Sie im Menü *Ansicht* den Befehl *Zoom* zum Anpassen des Vergrößerungsfaktors.

157

Kapitel 4

> **Tipp**
> Weiterhin können Sie in beiden Browsern die Tastenkombinationen [Strg]+[+] (Vergrößern) und [Strg]+[-] (Verkleinern) verwenden. Auch das Drehen am Mausrädchen bei gedrückter [Strg]-Taste ermöglicht, die Vergrößerung anzupassen. Mittels der Funktionstaste [F11] lässt sich dagegen die Darstellung des Browserfensters zwischen einem Fenster- und einem sogenannten Kioskmodus mit maximierter Darstellung umschalten.

Zusammenfassung

Für den täglichen Einsatz kommen Sie mit den in diesem Kapitel vorgestellten Funktionen aus. Beide Browser bieten weitere Funktionen und Einstelloptionen, die aus Platzgründen in diesem Buch nicht angesprochen werden können. Konsultieren Sie gegebenenfalls die Programmhilfe oder weiterführende Bücher. Das nächste Kapitel geht auf spezielle Fragen im Hinblick auf die Nutzung des Internets ein.

Testen Sie Ihr Wissen

Zur Überprüfung Ihrer Kenntnisse können Sie die nachfolgenden Fragen beantworten (die Lösungen finden Sie in Klammern).

- **Wie rufen Sie eine Webseite im Browser ab?**

    (Browser starten und die URL-Adresse der Seite in das Feld *Adresse* eintippen.)

- **Wie lässt sich die vorherige Seite im Browser abrufen?**

    (Verwenden Sie die mit *Zurück* bezeichnete Schaltfläche.)

- **Wie laden Sie eine Datei aus dem Internet?**

    (Den Hyperlink zum Download mit der rechten Maustaste anklicken und den Kontextmenübefehl *Ziel speichern unter* wählen. Oder den Downloadlink anklicken. Im Dialogfeld zum Speichern den Speicherort angeben und das Dialogfeld über *Speichern* schließen.)

Das können Sie schon

Den Computer in Betrieb nehmen	36
Mit Windows arbeiten	48
Mit Fenstern und Programmen umgehen	61
Mit Laufwerken, Dateien und im Netzwerk arbeiten	102
Webseiten aufrufen, speichern und drucken	141

Das lernen Sie neu

Gesucht und gefunden!	162
Geschäfte im Internet	172
Onlinebanking	178
Chat, Foren und mehr	183
Aktiv im Internet	194
Computersicherheit und Internet	204

Kapitel 5
Internet für Fortgeschrittene

Dieses Kapitel befasst sich mit den Angeboten rund ums Internet. Sie lernen interessante Webseiten kennen und erfahren, wie Sie gezielt im Internet nach Informationen suchen können. Zudem werden spezielle Fragen zur Sicherheit, zum Homebanking, zum Einkaufen und mehr behandelt. Außerdem lernen Sie Internetdienste wie Chat, Foren, soziale Netzwerke oder Blogs kennen. Nach der Lektüre haben Sie einen allgemeinen Eindruck, was sich alles im Internet tun lässt.

Kapitel 5

Gesucht und gefunden!

Sobald Sie die Hürde zum Einstieg ins Internet genommen haben, steht für Sie ein riesiges Angebot an Webseiten zum Abruf bereit. Einziges Problem: Sie müssen die Startadressen (URLs) der gewünschten Webseiten kennen.

Diese Webseiten sollten Sie kennen

Haben Sie Feuer gefangen und möchten das Internet künftig öfter nutzen? Bei Ausflügen ins Web können Sie die nachfolgend beschriebenen Suchmaschinen zum Stöbern verwenden. Um Ihnen die ersten Ausflüge ins Internet zu erleichtern, habe ich eine Liste interessanter Webseiten erstellt. Sie finden diese Zusammenstellung auf meiner Webseite *www.borncity.de* in der Rubrik »Internetführer«. Berücksichtigen Sie aber bei der Nutzung, dass Webadressen mit der Zeit ungültig oder von neuen Betreibern übernommen und ggf. (z. B. durch Dialer) missbraucht werden können.

Natürlich können Sie interessante Webadressen auch aus Zeitschriften oder Prospekten sammeln und die zugehörigen Seiten ausprobieren. Fast jedes Kaufhaus, jede Supermarktkette und jeder Versandhandel ist mit einer Adresse im Web vertreten. Manchmal lässt sich die URL einer Firma oder eines Angebots erraten, indem Sie den Firmennamen durch *www* und die Kennung *.de*, *.at*, *.ch* oder *.com* ergänzen. Mit Adressen wie *www.aldi.de*, *www.rewe.de*, *www.otto.de*, *www.neckermann.de* etc. kommen Sie sicherlich weiter. Auch allgemeine Begriffe wie »Wetter« (*www.wetter.de*), »Reisen« (*www.reisen.de*), »Sport« (*www.sport.de*), »Billiger« (*www.billiger.de*), »Geld« (*www.geld.de*), »Gesundheit« (*www.gesundheit.de*) etc. leiten Sie meist zu einer Seite, die sich dem betreffenden Thema widmet. Aber dieser Ansatz ähnelt dem »Fischen im Trüben«. Hilfreich ist es, wenn Sie ggf. in Portalen und Verzeichnissen stöbern oder gezielt in Suchmaschinen nach Webseiten recherchieren.

Portale und Verzeichnisse helfen weiter

Um sich schnell über ein bestimmtes Thema zu informieren, sind sogenannte **Portalseiten** ganz hilfreich. Unter einem **Portal** versteht man im Internet ein Angebot, das sich als Einstiegs- oder Navigationsseite nutzen lässt. Solche **Portale bieten** meist die Funktionen einer **Suchmaschine**, **Webkataloge**, E-Mail, aktuelle Informationen zu Tagesthemen, Börse, Wetter und vieles mehr. Über die Internetadressen *http://de.msn.com*, *http://at.msn.com* oder *http://ch.msn.com* können Sie beispielsweise auf einige landesspezifische Portale des Microsoft Network zugreifen.

Persönlich nutze ich auch gerne Verzeichnisse, um Webseiten zu verschiedenen Themen zu finden. Bei **Verzeichnissen** handelt es sich um eine Art Katalog, in dem Themen nach Stichwörtern wie »Sport«, »Gesundheit«, »Wetter«, »Reisen« etc. geordnet werden. Diese Listen werden von Redakteuren gepflegt, die täglich viele tausend Webseiten bewerten und diese handverlesen nach den angegebenen Kategorien katalogisieren.

URL	Bemerkung
dir.web.de	führt direkt zum deutschen Internetkatalog von WEB.DE
www.allesklar.de	umfangreiches Verzeichnis mit teilweiser regionaler Ausrichtung

Am Beispiel des Stichworts »Gesundheit« sollen jetzt Webseiten aus dem Katalog »Allesklar« herausgesucht werden.

1 Rufen Sie im Browser die Startseite des Katalogs (hier *www.allesklar.de*) auf.

2 Warten Sie, bis die Katalogseite angezeigt wird, und klicken Sie dann in der Rubrik »*Gesundheit* & Medizin« auf den Hyperlink.

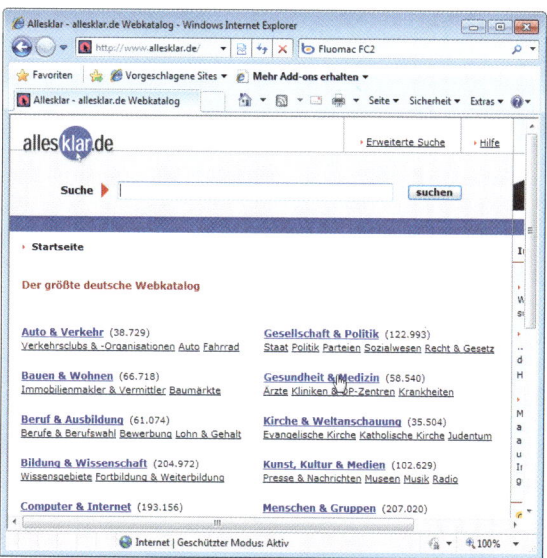

Der Browser ruft jetzt die Verzeichnisseite mit Details zu Gesundheitsthemen auf.

3 Suchen Sie ein interessantes Unterthema aus und klicken Sie erneut auf den Hyperlink des Katalogeintrags.

Wiederholen Sie den letzten Schritt so lange, bis Sie die Liste mit den Hyperlinks zu den verfügbaren Webseiten sehen. Dann genügt ein Mausklick, um die Seite anzuzeigen. Dieser Ansatz hat den Vorteil, dass Sie eine schnelle Übersicht über das Themengebiet erhalten. Häufig findet man dort Inhalte, an die man zuerst gar nicht gedacht hat. Wer sich informieren will oder einen ersten Überblick benötigt, ist mit Verzeichnissen sehr gut bedient.

> **Hinweis**
>
> In der Praxis finden Sie bei den meisten Anbietern eine Mischung aus Suchmaschine und Verzeichnis auf der Startseite. Eine Übersicht über Suchmaschinen und Verzeichnisse finden Sie auf der Webseite *www.at-web.de*.

Suchmaschinen zur gezielten Recherche

Das Problem beim Zugriff auf die einzelnen Webseiten besteht darin, dass Sie deren Adressen kennen müssen. Bei den vielen Millionen Dokumenten im World Wide Web ist dies aber ein (zumindest mengenmäßiges) Problem. Die gezielte Recherche im Web ist über als **Suchmaschinen** bezeichnete Webseiten möglich.

> **Was ist das?**
> Bei den **Suchmaschinen** handelt es sich um Rechner, die Webseiten nach HTML-Dokumenten durchsuchen und bestimmte Stichwörter speichern. Bei einer Abfrage werden dann alle Dokumente zusammengestellt, die die von Ihnen vorgegebenen Suchbegriffe als Stichwörter enthalten. Adressen von Suchmaschinen sind zum Beispiel *www.bing.com*, *www.yahoo.de* oder *www.google.com*.

Sie können die URL-Adresse einer solchen Suchmaschine direkt in die Adressleiste und dann den Suchbegriff in die eingeblendete Webseite eintippen. Oder Sie verwenden einfach das hier gezeigte Suchfeld (Internet Explorer links, Firefox rechts) des Browsers:

1 Klicken Sie in der rechten oberen Ecke des Browserfensters in das Suchfeld und tippen Sie den Suchbegriff ein.

2 Starten Sie anschließend die Suche durch Drücken der ⏎-Taste.

Dann verwendet der Browser die Standardsuchmaschine. Alternativ können Sie das Listenfeld des Suchfelds öffnen und einen der installierten alternativen Suchmaschinenanbieter auswählen. Dies ist ggf. hilfreich, wenn die Ergebnisse einer Suchmaschine nicht ausreichend sind.

Gesucht und gefunden!

> **Tipp**
> Im Menü des Listenfelds zur Suche finden Sie übrigens auch den Befehl *Suchanbieter verwalten* (Internet Explorer) bzw. *Suchmaschinen verwalten* (Firefox), mit dem sich eine Seite zur Installation und Verwaltung alternativer Suchmaschinenanbieter öffnen lässt. Statt Google lässt sich die Microsoft-Suchmaschine Bing einstellen. Um die Privatsphäre gegenüber Anbietern wie Google zu schützen, verwende ich zur Suche die Seite www.ixquick.com. Diese reicht Suchanfragen anonymisiert an mehrere Suchmaschinen weiter und liefert deren Treffer als Ergebnisse zurück. Auf der Ixquick-Startseite findet sich auch ein Hyperlink, um diesen Anbieter im Firefox oder Internet Explorer als Suchanbieter einzurichten.

Wurde eine Suchanfrage gestellt, listet die Suchmaschine die gefundenen Webseiten mit einem als Hyperlink ausgeführten Seitentitel sowie einer Kurzbeschreibung auf. Die Seiten mit der größten Relevanz werden zuerst aufgelistet. Hier sehen Sie die Ergebnisseite der Suchmaschine Bing zum Stichwort »Spanien«.

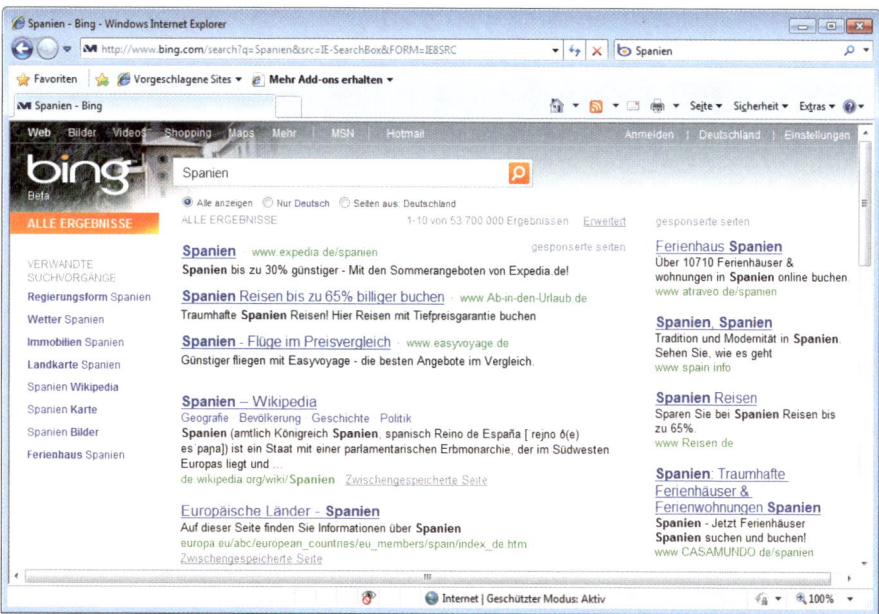

Über die Hyperlinks lassen sich die gefundenen Dokumente im aktuellen Browserfenster oder in separaten Registerkarten (beim Internet Explorer z. B. über den Kontextmenübefehl *In neuem Fenster öffnen* bzw. *In neuer Registerkarte öffnen*) abrufen. Ist die Seite nicht relevant, lässt sich das Fenster oder die Registerkarte schließen. Umfasst die Trefferliste viele Einträge, wird die Liste in mehrere Seiten unterteilt. Dann findet sich am Ende der Seite eine Zeile mit Verweisen auf die Folgeseiten.

> **Achtung**
>
> Je nach Stichwort werden manchmal sehr viele Treffer angezeigt, die aber nicht unbedingt alle relevant sind. Insbesondere können auch gekaufte oder gefälschte Angebote in der Trefferliste auftauchen. Bei Bing oder Google sind zumindest Werbeanzeigen (z. B. durch einen farbigen Hintergrund oder die Überschrift »Werbung«, »gesponsorte Links« etc.) gekennzeichnet.

> **Tipp**
>
> Zum **Suchen in einer Webseite** drücken Sie die Tastenkombination [Strg]+[F]. In beiden Browsern öffnet sich eine Suchleiste mit einem Textfeld. Bereits beim Eintippen eines Suchbegriffs werden übereinstimmende Treffer innerhalb der geöffneten Webseite farblich hervorgehoben.

Besser suchen

Erhalten Sie über eine Suchmaschine keine oder keine brauchbaren Treffer, sollten Sie mehrere Suchmaschinen (Google, Bing etc.) konsultieren. Die Alternative besteht darin, auf sogenannte **Metasuchmaschinen** wie *www.metacrawler.de* zurückzugreifen. Diese Metasuchmaschinen benutzen intern die Ergebnisse mehrerer Suchmaschinen.

> **Hinweis**
>
> Beim MetaCrawler werden in der Ergebnisliste neben den Treffern auch jeweils der Hyperlink *Öffnen anonym* gezeigt. Über diesen Hyperlink können Sie die Webseite anonym aufrufen, d. h., der Betreiber erhält keine Informationen über Sie. Der Hyperlink *Öffne Archiv* versucht dagegen, frühere Versionen der betreffenden Webseite über den Dienst *http://web.archive.org* anzuzeigen. Auf diese Weise ist es u. U. möglich, Webinhalte abzurufen, obwohl die Webseite zwischenzeitlich nicht mehr existiert.

Bringt die Suche über verschiedene Suchanbieter oder Metasuchmaschinen keine richtigen Ergebnisse? Werden entweder keine relevanten Seiten gefunden oder Hunderte oder Tausende Webseiten als Treffer angezeigt. Sie müssen dann die **Suche gezielter angehen**, indem Sie mit mehreren Stichwörtern arbeiten und einige Tricks anwenden.

Gesucht und gefunden!

- Geben Sie mehrere durch Leerzeichen getrennte Stichwörter (z. B. »Köln Bonn Zimmer«) bei der Suche an, verknüpft die Suchmaschine diese, d. h., auf der Trefferseite kommen alle Begriffe vor. Die Stichwörter können in manchen Suchmaschinen (z. B. Google) auch durch Pluszeichen getrennt (z. B. »Köln + Bonn + Zimmer«) werden.

- Mit einem direkt vor dem Begriff eingefügten Minuszeichen schließen Sie das Wort bei Google von der Suche aus, d. h., Seiten mit dem Stichwort werden nicht angezeigt. Beachten Sie aber, dass vor dem Minuszeichen ein Leerzeichen stehen muss (z. B. »Köln + Bonn – Zimmer«). Andernfalls werden ggf. mit Bindestrich geschriebene Begriffe als Treffer aufgelistet.

- Wortgruppen und Eigennamen sind in Anführungszeichen zu setzen (z. B. »Günter Born«). Das bewirkt, dass die Trefferliste nach dem Begriff in der angegebenen Form gefiltert wird. Denken Sie dabei ggf. auch an Schreibfehler in den Webseiten. Bei meinem Vornamen verwende ich – aus Rücksichtnahme auf den englischsprachigen Bereich des Web – neben dem Wort »Günter« auch die Schreibweisen »Gunter« und »Guenter«.

- Möchten Sie Seiten finden, die den einen oder anderen Begriff beinhalten, setzen Sie bei Google z. B. das Wörtchen OR dazwischen (z. B. »Köln OR Cologne«). Das ist gerade bei Umlauten recht hilfreich (z. B. die Suche nach Meier, Mayer und Maier).

Beachten Sie auch, dass in der deutschen Sprache eine Vielzahl von Wörtern existiert, die zwar identisch geschrieben werden, aber eine jeweils andere Bedeutung haben. Eine gezielte Suche wird dadurch oft ziemlich problematisch. Der Begriff »Tor« kann sich auf ein Eingangstor, einen einfältigen Menschen oder ein Fußballtor beziehen. Die Groß-/Kleinschreibweise ist dagegen bei Suchmaschinen nicht relevant.

> **Hinweis**
>
> Hinweise zur Gestaltung der Suchmuster finden Sie meist auf der Hilfeseite der betreffenden Suchmaschine, die Sie über einen mit »Suchtipps«, »Hilfe« o. Ä. bezeichneten Hyperlink abrufen können. Bei Google und anderen Suchmaschinen finden Sie außerdem den Hyperlink *Erweiterte Suche*, mit dem sich eine Formularseite öffnen lässt, in die Sie die verschiedenen Suchkriterien und Suchoptionen eingeben können.

Kapitel 5

Tipp

Beim Internet Explorer können Sie Text innerhalb der angezeigten Webseite durch Ziehen per Maus markieren. Dann wird das Symbol der *Schnellinfo*-Funktion vor dem Text sichtbar. Ein Mausklick auf dieses Symbol öffnet ein Menü, über dessen Befehle Sie nach dem Begriff suchen lassen können. Zudem lässt sich ein markierter fremdsprachiger **Text** maschinell ins Deutsche **übersetzen**.

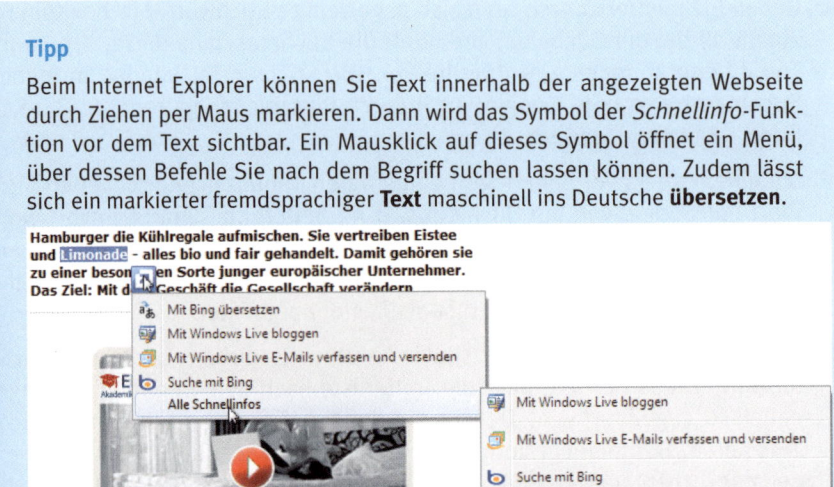

Spezialsuche nach Bildern und mehr

Mit den obigen Vorgehensweisen lässt sich in Webseiten nach den betreffenden Begriffen suchen. Möchten Sie gezielt nach Bildern suchen, die dem Begriff entsprechen? Einige Suchmaschinen unterstützen die Suche nach speziellen Inhalten.

1 Rufen Sie die Suchmaschine auf und wählen Sie die Kategorie (z. B. Bilder).

2 Tippen Sie den Suchbegriff ein und starten Sie die Suche über die betreffende Schaltfläche.

Die Suchmaschine wird Ihnen nur Bilder als Treffer anzeigen. Über weitere Kategorien lässt sich auch nach Videos, Shopping-Angeboten, Buchinhalten und mehr suchen.

> **Hinweis**
> Bei Google können Sie übrigens in allen Kategorien den Hyperlink für die erweiterte Suche wählen. Das angezeigte Formular ermöglicht nicht nur die Eingabe der Suchbegriffe, sondern auch die Auswahl des Dokumentformats. Bei Bildern können Sie beispielsweise nur Dateien mit einem bestimmten Grafikformat (z. B. Dateinamenerweiterung *.jpeg*) anzeigen lassen. Bei allgemeinen Recherchen im Web lässt sich das Dokumentformat der Ergebnisse z. B. auf Adobe-Acrobat-Dokumente (*.pdf*), auf Word-Dokumente (*.doc*) usw. reduzieren.

Programme aus dem Internet

Im Internet werden Hunderttausende an Programmen für Windows zum Download angeboten. Kennen Sie den Namen eines Programms, können Sie gezielt über Suchmaschinen nach der Internetseite des Herstellers suchen.

Einen guten Einstieg erhalten Sie über die Downloadbereiche vieler Computerzeitschriften. Dort wird geprüfte Free- und Shareware zum Herunterladen angeboten. Versuchen Sie es einmal mit der Rubrik »Downloads« bei *www.chip.de* oder *www.heise.de*. Diese Zeitschriften listen, geordnet nach Kategorien, Angebote an Shareware und/oder Freeware auf. Sofern Sie in einer Suchmaschine die beiden Stichwörter »Freeware« und »Shareware« eingeben, werden Ihnen die relevanten Webseiten angezeigt. Gelegentlich hilft auch eine Suche nach Begriffskombinationen wie »CD Brennen Freeware«.

> **Achtung**
> Webseiten mit Freeware- und Shareware-Angeboten werden häufig durch Werbung finanziert. Die beim Aufruf der Seiten zusätzlich eingeblendeten Werbefenster (Popupfenster) sind noch harmlos. Auf jeden Fall sollten Sie aber darauf achten, dass Ihnen beim Anklicken eines Links nicht die Installation eines kostenpflichtigen Angebots oder ein Abonnement untergeschoben wird. Außerdem sollten Sie einen guten Virenscanner installieren, der Sie vor Viren und ähnlichen Schädlingen in den heruntergeladenen Dateien schützt (siehe weiter unten in diesem Kapitel im Abschnitt »Sicherheit im Internet«).

Wie komme ich an Musik aus dem Internet?

Benötigen Sie Informationen rund um das Thema **Musik**? Suchen Sie **Informationen zu Musikstücken** oder **Interpreten**? Möchten Sie wissen, welche Titel vor 20, 30 oder mehr Jahren in den Top 10 waren? Sind Sie auf der Suche nach bestimmten Alben oder Titeln oder benötigen Sie ein Instrumentalstück im MIDI-Format?

Das Internet ist eine riesige Fundgrube für Fanseiten, Chartlisten, Homepages von Interpreten und mehr. Und per Internet lassen sich **Musik** und **Musikinfos herunterladen**.

- Auf den Webseiten vieler Musikfirmen und Interpreten werden oft auch kostenlose Musiktitel oder Probetracks zum Anhören angeboten. Geben Sie die betreffenden Stichwörter (Titel, Interpret etc.) in eine Suchmaschine ein, werden mit Sicherheit einige Treffer für Webseiten angezeigt. Webseiten wie *www.chart-radio.de*, *www.oldiehitparade.de* oder *www.warr.org* liefern Informationen über aktuelle Titel, Oldies und deren Interpreten.

- Es gibt zudem spezielle Musiksuchmaschinen wie *www.musicsuche.de*, um nach Musiktiteln zu suchen. Unter *www.tonspion.de* finden Sie teilweise kostenlose und vor allem legale MP3-Downloads junger Künstler.

- Die Webseite *www.vorleser.net* stellt kostenlose Hörbücher im MP3-Format zum Download bereit. Die Webseite *www.youtube.com* enthält eine riesige Anzahl an Musikvideos, die sowohl aktuelle Interpreten als auch Oldie-Titel abdecken.

- Unter *http://download.mediamarkt.de*, *www.amazon.de*, *http://store.apple.com/de* etc. finden Sie ein umfangreiches Angebot an kostenpflichtigen MP3-Downloads. Allerdings lassen Komfort beim Bestellen, die Musikqualität und das Preisniveau bisher noch zu wünschen übrig (komplette CDs im Laden sind besser und günstiger).

Das Internet bietet Ihnen vielfältige Möglichkeiten, um Informationen über Interpreten oder Songs zu bekommen oder Musik herunterzuladen. Wenn Sie in eine Suchmaschine z. B. die Stichwörter »Musik Suchmaschine« eingeben, wird Ihnen eine entsprechende Liste solcher Suchmaschinen angezeigt.

> **Hinweis**
>
> Die Verwaltung der im Apple-Store gekauften Musik erfolgt unter Windows durch das Programm **iTunes**. Dieses lässt sich kostenfrei von der Internetseite *www.apple.com/de/itunes/download/* herunterladen und dann installieren.

> **Achtung**
>
> Beim Suchen nach MP3-Musikstücken sollten Sie aber Vorsicht walten lassen, da sich hinter vorgeblichen Musikangeboten auch unseriöse Anbieter verstecken können. Die Gefahr, sich ungewollt einen Virus einzufangen oder ein unerwünschtes Abonnement einzugehen, ist also recht hoch. **Musiktauschbörsen** erlauben ebenfalls den Tausch von Musikdateien. Die dafür benutzten **Filesharing-Programme** (Filesharing heißt »gemeinsame Nutzung von Dateien«) stellen freigegebene Dateien über Netzwerke bzw. das Internet für andere Nutzer

Gesucht und gefunden!

> der Tauschbörse bereit. Die **Verbreitung oder** der **Download** solcher Angebote **ist** nach der 2003 geänderten deutschen Urheberrechts-Gesetzgebung **illegal** und kann strafrechtliche Folgen nach sich ziehen. Sie sollten daher auf Tauschbörsen verzichten. Ein Problem stellt auch der sogenannte DRM-Schutz (DRM steht für **D**igital **R**ights **M**anagement) bei legal gekauften Songs dar. Die Industrie versieht die herunterladbaren Kopien mit einem solchen Schutz, um die illegale Verbreitung zu verhindern. Leider trifft dies aber den rechtmäßigen Erwerber, wenn z. B. ein neuer Rechner gekauft oder Windows neu installiert wird und die gekauften Musikstücke sich plötzlich nicht mehr abspielen lassen. Einige Musikshops erlauben die Erneuerung der Lizenz, wobei aber häufig Zeitlimits von 12 Monaten oder sogar weniger gelten. Es empfiehlt sich, Musikstücke im MP3-Format herunterzuladen oder eine Version zu kaufen, die sich ohne DRM-Kopierschutz auf CD brennen lässt.

RSS-Feeds, das steckt dahinter

Eine populäre und gern genutzte Funktion stellen sogenannte RSS-Feeds dar. Das Kürzel RSS steht für **R**eally **S**imple **S**yndication, eine Technik, um Nachrichteninhalte an einen sogenannten RSS-Reader zu übertragen. Dies hat den Vorteil, dass Sie bestimmte Webseiten nicht im Browser abrufen müssen, um sich über Neuigkeiten zu informieren. Sobald die Webseite im RSS-Reader abonniert wurde, überträgt sie Informationen über Neuerungen an den RSS-Reader. Sie brauchen nur noch im RSS-Reader nachzusehen, ob neue Inhalte auf der Webseite vorliegen. Zum Nutzen dieser Funktion müssen Sie die Webseite als **RSS-Feed abonnieren**.

1 Rufen Sie die zu abonnierende Webseite im Internet Explorer oder im Firefox auf.

2 Anschließend wählen Sie im Browser die RSS-Feed-Schaltfläche an.

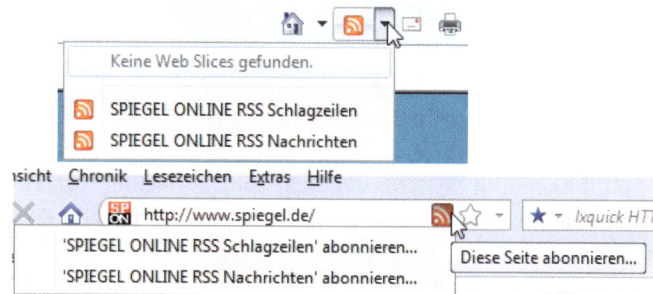

Beim Internet Explorer findet sich die Schaltfläche in der Symbolleiste (oben sichtbar), während der Firefox die Schaltfläche *Diese Seite abonnieren* in der Adressleiste (hier unten sichtbar) einblendet. Das Symbol wird nur freigegeben, wenn die Webseite RSS-Feeds unterstützt.

3 Nach Anwahl der RSS-Feed-Schaltfläche (oder des eingeblendeten Menübefehls) erscheint die Webseite (bzw. beim Firefox ein Dialogfeld), auf der Sie Informationen und eine Schaltfläche zum Abonnieren der Nachrichteninhalte finden. Wählen Sie die Schaltfläche zum Abonnieren an.

Beim Firefox sollten Sie im angezeigten Dialogfeld den Ordner *Feeds* in der Kategorie *Lesezeichen* als Ziel wählen. Ist ein RSS-Feed abonniert, und sind Sie online? Im Firefox können Sie die Inhalte der RSS-Feeds über eine Schaltfläche in einer eigenen Symbolleiste oder über den Befehl *Feeds* im Menü *Lesezeichen* abrufen.

Beim Internet Explorer öffnen Sie das Favoritencenter über die betreffende Schaltfläche und klicken dann auf die Registerkarte *Feeds*. Anschließend brauchen Sie nur noch den gewünschten RSS-Eintrag per Maus anzuklicken, um die Nachrichtenseite im Browser abzurufen.

Geschäfte im Internet

Geschäfte lassen sich per Internet abwickeln. Stichwörter sind Versteigerungen, Bestellungen und deren Bezahlung. Für den Benutzer stellt sich die Frage, wie sich so etwas sicher und rechtlich abgesichert bewerkstelligen lässt.

Bestellung und Bezahlung per Internet

Im Internet tauchen immer mehr virtuelle Einkaufsläden (**Webshops**), Auktionshäuser und Dienstleistungsangebote auf. Von Büchern über CDs oder Reisen bis hin zu Lebensmitteln können Sie fast alles per Internet bestellen und ins Haus liefern lassen. Damit es später keinen Ärger gibt und Sie die Risiken auf ein Minimum begrenzen, sollten Sie einige Grundregeln beherzigen.

- Wickeln Sie **Internetbestellungen mit größeren Auftragswerten nur mit seriösen Unternehmen** ab. Wer für zighundert Euro Waren auf Vorkasse bei einem Unbekannten bestellt, darf sich nicht wundern, wenn er um das Geld geprellt wird und die Ware nie erhält. Eine Buchbestellung beim Anbieter Amazon (*www.amazon.de*) oder eine Order bei einem renommierten Versandhaus sollte normalerweise kein Problem sein.

- **Sind Internetbestellungen rechtskräftig?** Diese Frage wird von den meisten Juristen mit Ja beantwortet. Wenn Sie etwas im Internet bestellen, kommt zwischen Ihnen und dem Verkäufer ein rechtsgültiger Vertrag zustande. Dem Verkäufer obliegt aber im Zweifelsfall der Nachweis, dass die Bestellung von Ihnen wirklich aufgegeben wurde.

Geschäfte im Internet

- Achten Sie auch darauf, dass Sie die **Adresse des Anbieters** auf der Webseite finden, um ggf. Reklamationen erheben zu können. Nach dem **Fernabsatzgesetz** und der EU-Gesetzgebung haben Sie ein 14-tägiges **Rückgaberecht** für bestellte Waren. Bestellungen im Ausland sind teilweise wegen ungeklärter Zoll- und Mehrwertsteuerfragen mit Vorsicht zu genießen. Achten Sie bei allen Bestellungen darauf, was Sie an persönlichen Daten preisgeben.

- **Bezahlung, wie geht das?** Ein heikles Thema ist die Bezahlung von Internetkäufen. Am sichersten ist es für Sie, wenn der Anbieter auf **Rechnung** liefert – aber nicht jeder Anbieter lässt sich auf so etwas ein. Eine weniger gute Lösung ist Vorauskasse per **Überweisung** oder **Nachnahme**, da Sie die Ware nicht vorab prüfen können. Besser ist die Erteilung einer **Abbuchungserlaubnis**, da Sie der Lastschrift innerhalb einer bestimmten Frist bei Ihrer Bank widersprechen können. Dies hilft, falls die Lieferung nicht eintrifft oder nicht den Erwartungen entspricht. Teuer wird es aber, wenn der Einzug wegen eines im Minus befindlichen Kontos von der Bank abgelehnt wird oder der Widerspruch samt Rückbuchung unberechtigt erfolgt. Viele Anbieter verlangen **Kreditkarten** zur Begleichung der Warenwerte, allerdings gibt es hier auch Missbrauch.

- Eine Lösung zum Geldtransfer per Internet bietet der Dienst **PayPal**. Als Privatperson kann man sich kostenlos unter *www.paypal.com/de/* registrieren lassen. Dabei kann man seine Kreditkartennummer oder Bankverbindung angeben. Um etwas zu bezahlen, teilt man PayPal die E-Mail-Adresse des Empfängers und den Betrag mit. PayPal schickt dem Empfänger die Information über die Zahlung per E-Mail. Akzeptiert der Empfänger, wird der Betrag auf dessen PayPal-Konto gutgeschrieben. Der Empfänger kann das Guthaben zur Bezahlung Dritter verwenden oder auf sein Konto transferieren.

Lassen Sie **Vorsicht bei** der **Weitergabe** von **Kreditkartendaten** oder **Kontendaten** per Internet walten. Achten Sie bei **Angaben** zu **Kontonummer** oder **Kreditkartennummer** für die Abbuchungen darauf, dass der Anbieter eine **sichere Verbindung** über *https* (Secure HTTP) mit SSL (Secure Socket Layer) bereitstellt. Machen Sie sich bewusst, dass Sie nie kontrollieren können, was mit Ihren Kreditkartendaten passiert, und dass Sie auf die Seriosität des Anbieters angewiesen sind. Rechner können von Hackern geknackt werden und dem Missbrauch ist Tür und Tor geöffnet. Einige Unternehmen reichen deshalb die verschlüsselten Kreditkartendaten direkt zur Zahlungsstelle weiter, kommen also gar nicht in den Besitz der Kreditkartennummer.

Kapitel 5

> **Hinweis**
>
> Normalerweise werden die Daten unverschlüsselt zwischen Browser und Server ausgetauscht. Damit lassen sich kritische Daten wie Kreditkartennummern etc. im Datenstrom ausspähen. Um vertrauliche Daten auszutauschen, gibt es **sichere Verbindungen**, bei denen der Browser die Daten vor dem Versenden an den Server verschlüsselt. Solche verschlüsselten Datensätze sind nicht oder nur mit riesigem Aufwand zu knacken.
>
> Eine **sichere Verbindung** zu einem HTTPS-Webserver **erkennen** Sie daran, dass in der Adressleiste der Text *https://* anstelle von *http://* angezeigt wird.
>
>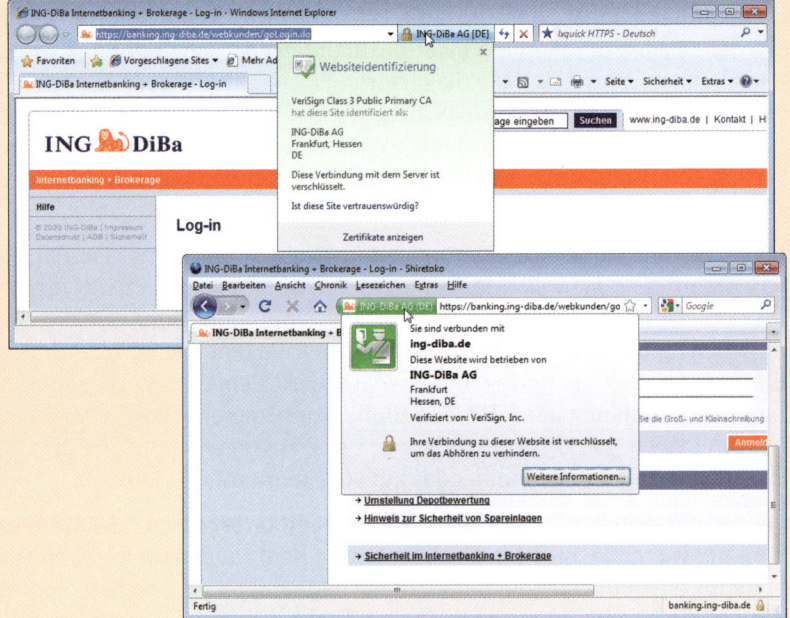
>
> Zudem wird in der Adressleiste (Internet Explorer) bzw. in der Statusleiste (Firefox) ein stilisiertes Schloss eingeblendet. Klicken Sie im Internet Explorer auf das Schloss bzw. im Firefox auf den grünen Teil der Adressleiste, wird ein Fenster mit Informationen zum Anbieter eingeblendet. Über Hyperlinks oder Schaltflächen können Sie dann das Sicherheitszertifikat des Anbieters überprüfen. Informieren Sie sich beim Internetbanking bei Ihrer Bank, wie ein solches Sicherheitszertifikat aussehen muss und welche Informationen es enthält.

eBay – die Auktionsbörse

Der größte und populärste Onlineanbieter für Versteigerungen ist **eBay** (*www.ebay.de*). Dort können Sie gebrauchte oder gar neue Waren zum Verkauf anbieten sowie Waren ersteigern. Professionelle Anbieter stellen oft auch neue Warenangebote

Geschäfte im Internet

gegen Festpreis in den betreffenden Seiten ein. Finanziert wird diese von eBay erbrachte Leistung durch eine geringe Angebots- und eine kleine Versteigerungsgebühr, die der Verkäufer zu leisten hat.

- **Verkäufer** haben bei eBay den **Vorteil**, dass das Angebot einen riesigen Interessentenkreis erreicht.
- **Käufer** können sich umfassend über das Angebot neuer und gebrauchter Waren informieren.

Sie können ja bei Interesse einmal die Webseite *www.ebay.de* besuchen. Auf der Startseite dieses Anbieters finden Sie in einer Spalte die Angebote des Auktionshauses nach Kategorien wie »Auto & Motorrad«, »Briefmarken« etc. geordnet. Ein Klick auf den betreffenden Hyperlink bringt Sie zu den jeweiligen Angeboten. Sind Sie bezüglich der Kategorie unsicher, finden Sie zudem ein Textfeld, in das Sie einen Suchbegriff eintippen können. Über die Schaltfläche *Finden* neben dem Textfeld lässt sich das eBay-Angebot nach diesem Stichwort durchsuchen.

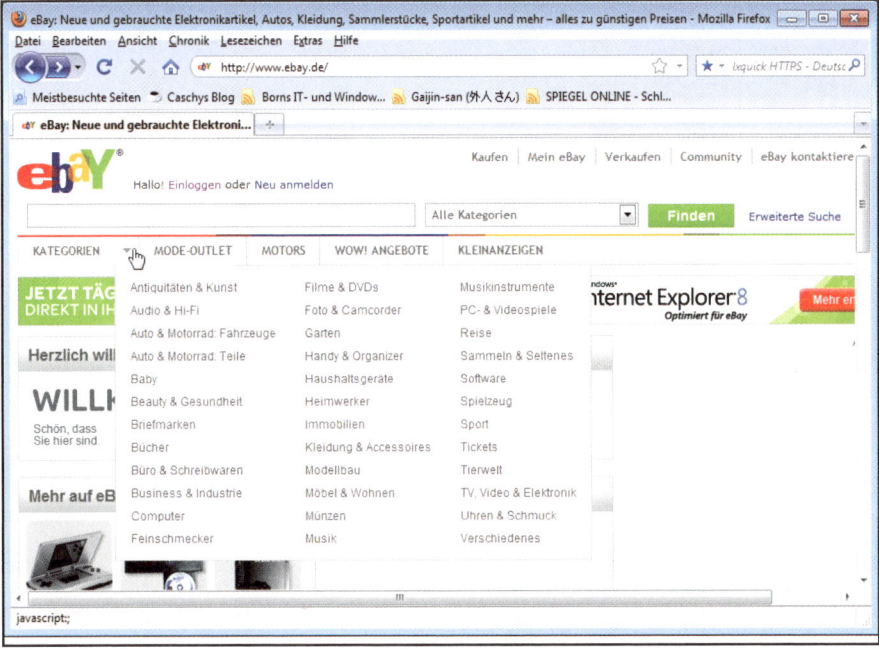

Wenn Ihnen ein Warenangebot zusagt, lassen sich die Folgeseiten durch Anklicken des zugehörigen Hyperlinks abrufen. Das funktioniert so einfach wie das Surfen in Webseiten und bleibt folgenlos, da Sie beim ersten Besuch ohne vorherige Anmeldung nichts ersteigern können. Über den Hyperlink *Hilfe* am oberen Seitenrand können Sie sich in Ruhe über die Details des Handelns bei eBay informieren.

Kapitel 5

> **Hinweis**
>
> **Bevor Sie** bei eBay in Auktionen mitbieten bzw. etwas **kaufen oder verkaufen** können, **müssen Sie sich** einmalig **anmelden**. Den Hyperlink *Anmelden* finden Sie direkt im Kopf der Startseite. Von dort gelangen Sie zu einem Anmeldeformular, in das Sie Ihre Adresse und einen Benutzernamen (z. B. ein Pseudonym) zur Teilnahme an Auktionen eintragen müssen. Der Benutzername wird durch ein von Ihnen vorgegebenes Kennwort abgesichert. Solange dieses Kennwort geheim bleibt, kann niemand unter Ihrem Benutzernamen bieten und Waren unter Ihrem Namen kaufen. Achten Sie aber darauf, dass das Kennwort nicht einfach zu erraten ist. Meldungen über den Missbrauch von eBay-Kundenkonten durch Dritte gibt es immer wieder.

Bei eBay kann der Verkäufer ein Festpreisangebot (sofort zu kaufen) oder eine Auktion (läuft über eine festgesetzte Zeit) einrichten.

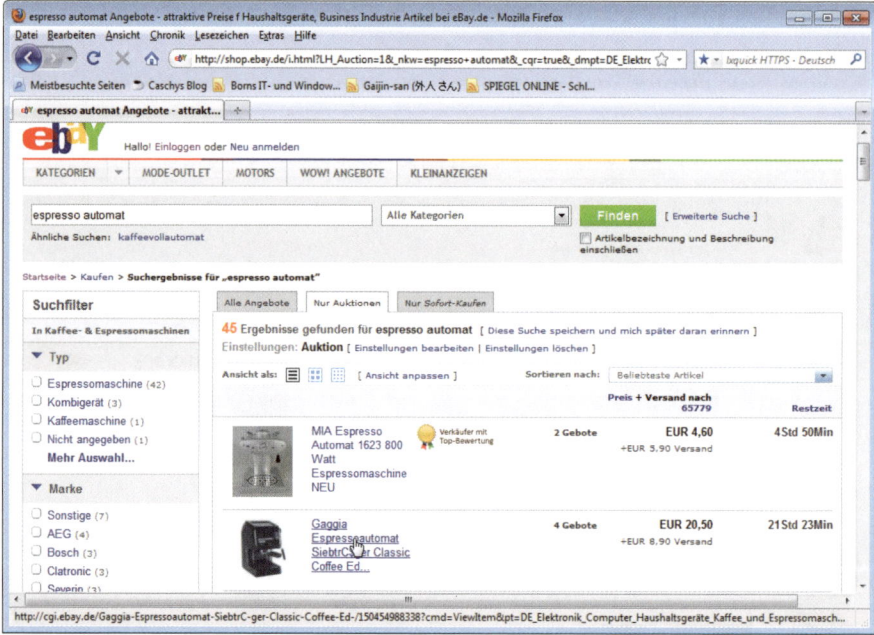

Über die Registerreiter *Alle Angebote*, *Nur Auktionen* und *Nur Sofort-Kaufen* der Angebotsseiten können Sie die Angebote nach diesen Kriterien anzeigen lassen.

Durch Anklicken eines Produktlinks gelangen Sie zur Detailseite mit allen Daten des Angebots.

Die Detailseite informiert Sie über das **aktuelle Gebot**, die bei Auktionen **verbleibende Zeit**, den Verkäufer und den Höchstbietenden.

Geschäfte im Internet

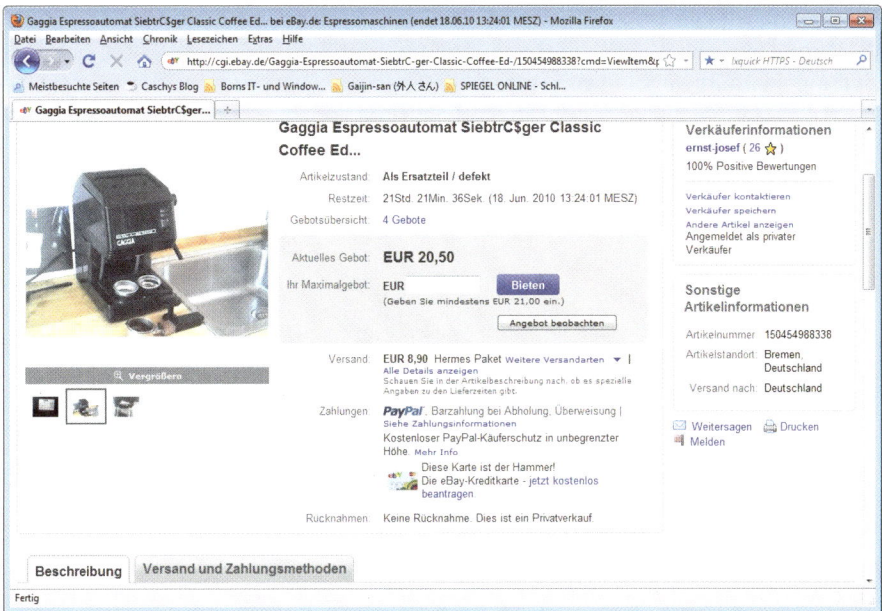

Der Verkäufer kann auf der Angebotsseite neben einer Textbeschreibung auch Fotos einstellen. Blättern Sie in der Seite nach unten, um diese Details zum betreffenden Angebot abzurufen. Sehen Sie sich diese Angaben genau an, um herauszufinden, ob Ihnen das Angebot (sowie die verlangten Versandkosten) auch wirklich zusagt. Das letzte Gebot, das bei Ablauf der Auktion eingegangen ist, erhält dann bei eBay den Zuschlag. Wenn Sie also mitbieten und den Zuschlag erhalten, ist ein Vertrag mit der Verpflichtung zur Abnahme der Ware zustande gekommen.

Sie können sich über den Hyperlink *Übersicht xx Gebote* darüber informieren, wie viele Leute mitbieten und wie die Auktion läuft. Auf der Angebotsseite erfahren Sie auch etwas über Zahlungsmodalitäten und Übergabe der Ware.

Da es bei Auktionen mitunter um beträchtliche Beträge geht, stellt sich die **Frage der Sicherheit**. Wie zuverlässig ist der Käufer und bekomme ich als Verkäufer auch mein Geld? Zahle ich als Käufer und sehe niemals die Ware? Auch eBay ist vor Betrügern nicht sicher, und Fälle geprellter Kunden bzw. Anbieter gab und gibt es durchaus. Aber auch auf Floh- oder Gebrauchtwarenmärkten besteht die Gefahr, hereingelegt zu werden. Käufer und Verkäufer können sich gegenseitig bewerten. eBay zeigt diese Bewertung der Käufer und Verkäufer auf den Auktionsseiten an, um »schwarze Schafe« herauszufinden und zu sperren. Die **Bewertung** wird durch Zahlen und kleine Sternchen in der Rubrik *Verkäuferinformationen* und *Bieter* dargestellt. Klicken Sie auf die in Klammern stehende Zahl, um die Bewertungsseite abzurufen. Solange diese Bewertungen nicht durch Anbieter oder Käufer gefälscht werden, ergibt sich ein gewisser Eindruck bezüglich der Seriosität.

Für die finanziellen Transaktionen stellt eBay verschiedene Zahlungsmodi bereit. Werden Waren zwischen Käufer und Verkäufer direkt übergeben, bietet sich Barzahlung an. Beim Versand von Waren bestehen viele Verkäufer auf Vorkasse, was für den Käufer ein Risiko bedeutet, dass das Geld dann eventuell verloren ist. eBay bietet daher einen **Treuhänderservice** an, bei dem die Zahlung auf ein Treuhandkonto geht. Nach Zahlungseingang erhält der Verkäufer eine Benachrichtigung. Geht die Ware beim Käufer ein, gibt dieser die Zahlung an den Verkäufer frei.

> **Hinweis**
>
> Auf eine Diskussion der Details wird an dieser Stelle verzichtet. Auf der eBay-Startseite finden Sie Hyperlinks (z. B. *Hilfe*), die Sie zu umfangreichen Hilfeseiten mit Informationen und detaillierten Anleitungen führen. Zudem finden Sie auf den eBay-Seiten Hyperlinks zu Tipps, Foren und Chats, in denen sich alles um das Thema Onlineauktionen dreht. Falls Sie sich zu Beginn noch unsicher sind, beobachten Sie, wie das Bieten läuft. Zur Probe können Sie ja Waren mit geringem Wert ersteigern, bevor Sie sich an »größere Brocken« heranwagen.

> **Achtung**
>
> Falls Sie über eBay Waren verkaufen möchten, informieren Sie sich im eigenen Interesse über die rechtlichen Gesichtspunkte. »Vielverkäufer« werden schnell als »gewerblich« eingestuft und handeln sich dann mitunter (unbewusst) beträchtlichen Ärger ein, wenn die für gewerbliche Verkäufer geltenden rechtlichen Regeln nicht beachtet werden. Auch der Verkauf von Musik, Programmen oder Produktplagiaten (z. B. gefälschter Markenkleidung) hat schon so manchem unwissenden Privatverkäufer Abmahnungen und Strafverfahren eingebracht. Warenkäufe im Ausland sind ebenfalls wegen der zollrechtlichen Probleme riskant.

Onlinebanking

Onlinebanking (auch als Internetbanking oder Homebanking bezeichnet) wird von vielen Bankkunden genutzt. Der folgende Abschnitt vermittelt Ihnen das erforderliche Wissen rund um diese Themen.

Onlinebanking – das wird gebraucht

Für **Onlinebanking** benötigen Sie einen **Computer**, einen **Onlinezugang** und eine **Onlinebanking-Software** (auf Onlinebanking per Telefon, Fax oder Handy gehe ich hier nicht ein). Da die meisten Geldhäuser Onlinebanking direkt über sichere Webseiten unterstützen, reicht ein Browser wie der Internet Explorer als Onlinebanking-Software aus. Wer also im Internet surft, ist für Onlinebanking vorbereitet.

> **Hinweis**
> Es gibt spezielle **Homebanking-Programme** wie **StarMoney** oder **Quicken**. Diese Programme ermöglichen die Verwaltung Ihrer Finanzen auf dem Computer und bieten Onlinebanking quasi als Zusatzfunktion. Wegen der Vielzahl der Programme werden deren Funktionen hier aber nicht behandelt.

Onlinebanking – was bringt's?

Die Banken möchten personalintensive Leistungen wie den Schalterdienst aus ihrem Angebot heraushalten. Daher wurden in vielen Filialen Kontoauszugsdrucker, Geldautomaten und Überweisungsterminals aufgestellt. Wenn Sie Bargeld benötigen, kommen Sie am Geldautomaten nicht vorbei. Aber der Kontostand oder Kontenbewegungen lassen sich direkt am heimischen Computer abrufen. Weiter können Überweisungen, terminierte Überweisungen (zu einem bestimmten Datum auszuführen), Sammelüberweisungen und Abbuchungsaufträge bequem von zu Hause ausgeführt werden. Sie sparen sich nicht nur den Weg zur Bankfiliale, die Bankgeschäfte lassen sich rund um die Uhr tätigen – notfalls führt der Computer der Bank die Transaktion am nächsten Geschäftstag aus.

Die Banken sorgen zudem über ihre Gebührenstruktur dafür, dass Onlinebanking attraktiv ist. Auch das Verwalten von Aktiendepots per Internet kann einiges an Kosten sparen.

Wie steht's mit der Sicherheit?

Wer sich für Onlinebanking interessiert, sollte sich über die Anforderungen, Möglichkeiten und auch die Risiken klar sein. Achten Sie peinlich darauf, dass Ihr **System frei von** Viren und **Trojanern** bleibt (siehe unten im Abschnitt zur Systemsicherheit), da diese ggf. Tastatureingaben mitprotokollieren oder Kennwörter ausspähen können. Sicherlich möchten Sie nicht, dass Unbefugte Zugriff auf Ihre Kontendaten erhalten oder gar Ihr Konto abräumen können.

Glücklicherweise tun die Banken einiges, und mit dem notwendigen Wissen lässt sich das Missbrauchsrisiko weitestgehend minimieren. Beim Onlinebanking per Browser brauchen Sie nur die Internetseite der Bank aufzurufen. Dort finden Sie einen Hyperlink, der Sie zur Onlinebanking-Seite weiterleitet. Das muss eine sichere Webseite sein, deren Datenverkehr über *https* und SSL verschlüsselt wird (siehe oben). Da berechtigte Benutzer die Konten einsehen und auch finanzielle Transaktionen wie Überweisungen ausführen können, kommen **zusätzliche Sicherheitsmechanismen** unter dem Kürzel FinTS (steht für Financial Transaction Services) zur Autorisierungsprüfung zum Einsatz.

- **PIN/TAN:** Dieses Verfahren teilt dem Kunden eine **PIN** (**P**ersonal **I**dentification **N**umber = Persönliche Identifikationsnummer) zu. Das ist so etwas wie die Geheimnummer der Scheckkarte, mit der Sie an Ihre Kontostände etc. herankommen. Um Geldtransfers durchzuführen, benötigen Sie dann noch sogenannte **TAN**s (**T**rans**a**ktions**n**ummern). Listen mit TAN-Nummern erhalten Sie per Post von Ihrer Bank. Jede Buchung (z. B. eine Überweisung) erfordert eine eigene TAN, die in das Überweisungsformular eingetragen wird und anschließend verbraucht ist. Solange diese TAN-Liste nicht in fremde Hände gelangt oder Sie TAN-Nummern irrtümlich oder leichtgläubig auf gefälschten Webseiten (Phishingseiten) eintragen, können keine Transaktionen wie Überweisungen etc. ausgeführt werden. Viele Banken arbeiten zwischenzeitlich mit nummerierten TAN-Listen (**iTAN**), bei der für jede Transaktion eine ganz bestimmte TAN aus der Liste angefordert wird.

- **HBCI:** Das **H**ome**b**anking **C**omputer **I**nterface ist ein von den Banken entwickelter sehr sicherer Standard zur Übertragung der Daten im Internet, der eigentlich flächendeckend eingeführt werden sollte. Die Zugangskennung zum Konto erfolgt per PIN, die Transaktionen werden über »Schlüssel« autorisiert, die auf einer Chipkarte oder auf einem Datenträger (Diskette) gespeichert sind. Nur wer die Chipkarte oder den HBCI-Datenträger hat, kann Geldtransfers veranlassen.

Das PIN/(i)TAN-Verfahren erfordert keinen zusätzlichen technischen Aufwand für Lesegeräte und Chipkarten, verlangt aber vom Benutzer eine sorgfältige Pflege der TAN-Listen. Haben Sie nur wenige Überweisungen und mehrere Konten, ist das Ganze ganz gut handhabbar. Allerdings dürfen Sie beim TAN-Verfahren nicht auf gefälschte Webseiten (Phishingseiten) hereinfallen, die Bankseiten imitieren und zur Anmeldung TAN-Nummern verlangen, die dann an Betrüger weitergeleitet werden.

Müssen Sie täglich oder wöchentlich viele Transaktionen durchführen, ist das HBCI-Verfahren bequemer. Sie stecken die Karte in das Lesegerät, melden sich per PIN-Nummer auf der Bankingseite Ihres Kontos an und können loslegen. Dieses Verfahren ist sicherer als das TAN-Verfahren. Bei mehreren Konten tritt aber u. U. das Problem auf, dass jede Bank eine getrennte Chipkarte zur Authentifizierung verlangt.

Onlinebanking

Achtung

Die für das Onlinekonto zugeteilte **PIN** sollten Sie **zyklisch** (z. B. alle drei Monate) **wechseln**. **Teilen Sie niemandem** diese **Geheimnummern mit**! Bankmitarbeiter werden Sie nie nach der PIN für Onlinebanking fragen (selbst wenn Sie Telefonbanking betreiben und sich gegenüber dem Mitarbeiter identifizieren müssen, werden nur einzelne Ziffern der Geheimzahl abgefragt, niemals die gesamte PIN). **Speichern** Sie **niemals PINs** oder **TANs** auf dem Computer. Schützen Sie TAN-Listen oder HBCI-Chipkarten vor dem Zugriff durch Dritte. Manche Bankkunden wurden Opfer von Phishingangriffen, bei denen eine zugesandte E-Mail die Aufforderung enthielt, sich am Bankkonto zwecks Kontrolle eines Vorgangs anzumelden. Der in der E-Mail enthaltene Hyperlink führte aber zu einer gefälschten Webseite, auf der dann PIN und mehrere TAN-Nummern abgefragt wurden. Diese Daten ermöglichten den Betrügern später den Zugriff auf die betreffenden Bankkonten. Um den Missbrauch einzudämmen, gehen immer mehr Banken dazu über, indizierte TAN-Listen (iTAN) zu verwenden. Bei einem Buchungsvorgang fragt dann die Banksoftware gezielt eine Nummer aus der indizierten TAN-Liste ab. Allerdings gilt auch hier, dass der Bankkunde für sein Verhalten verantwortlich ist. Wer Schädlinge wie Trojaner auf dem Rechner hat, die Kennworteingaben ausspähen, oder auf Phishingmails hereinfällt, handelt fahrlässig und muss die Folgen tragen. Achten Sie bei der Anmeldung für Internetbanking immer darauf, die Adresse der gewünschten Webseite selbst einzutippen. Überprüfen Sie ggf. anhand des Sicherheitszertifikats, ob Sie sich wirklich auf der gewünschten Webseite befinden. **Schützen** Sie sich durch **aktuelle Virenschutzprogramme** und durch einen **gesunden Menschenverstand** vor Trojanern und Phishing-E-Mails. **Kennwörter** für Bankingzugänge sollten Sie **keinesfalls in Internetcafés** oder in anderen öffentlichen Systemen **benutzen**. Die Gefahr des Ausspionierens ist einfach zu groß. Weitere Informationen zu Sicherheitsfragen finden Sie übrigens auf der Webseite www.computerbetrug.de.

Viele Banken bieten als zusätzliche Sicherheit die Einrichtung von Limits für Einzelüberweisungen und für das tägliche Überweisungsvolumen an. Die genauen Modalitäten und Geschäftsbedingungen für Onlinebanking klären Sie mit Ihrer Bank.

Achtung

Bei Überweisungen per Onlinebanking **haften Sie für Fehler** in den Anweisungen (z. B. Kontonummer und Empfänger passen nicht zueinander, Betrag falsch eingegeben etc.). Bei manuell ausgestellten Überweisungen müssen die Banken dagegen zumindest die Plausibilität der Empfängerdaten prüfen.

Kapitel 5

> **Tipp**
>
> Möchten Sie **Onlinebanking** einmal kostenlos und ohne Risiko **testen**? Viele Bankinstitute bieten Probekonten mit vorgegebenen PIN/TAN-Daten auf ihren Internetseiten zum Üben an. Oder versuchen Sie, in einer Suchmaschine die Stichwörter »Homebanking + Demokonto« einzugeben. Zur ersten Orientierung können Sie die Webseite *www.haspa.de* aufrufen und dort den Link für das Testkonto anwählen.
>
>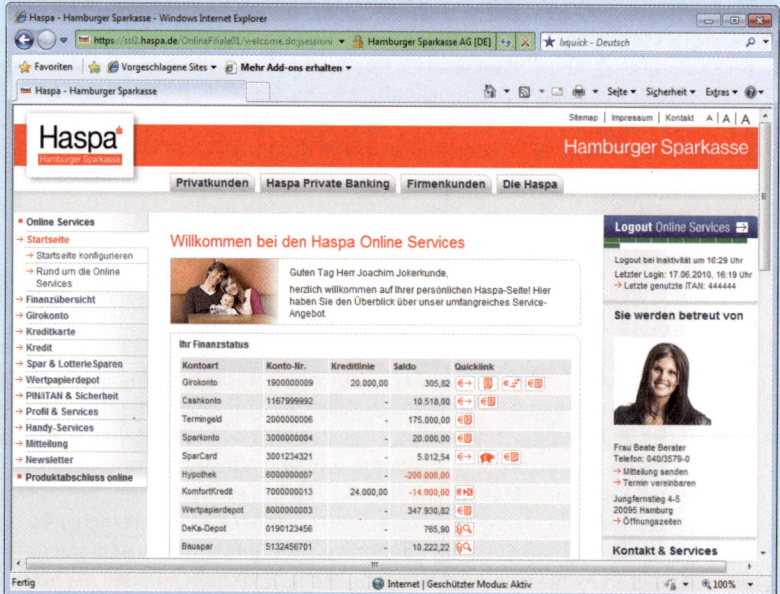
>
> Nach dem Aufruf der Webseite erscheint ein Formular zur Eingabe der Kontonummer und der PIN (die bereits eingetragen sind). Sie brauchen nur noch die angebotene Schaltfläche *Login* zur Anmeldung anzuwählen. Sobald Sie angemeldet sind, können Sie Konten anwählen, Testüberweisungen durchführen und vieles mehr.

Onlinebrokerage

Neben **Onlinebanking** lassen sich auch Wertpapierdepots per Internet führen (Direktbrokerage). Vergleichen Sie die Depotkonditionen Ihrer Hausbank mit anderen Anbietern wie *www.comdirect.de*, *www.ing-diba.de*, *www.dab-bank.com*, *www.cortalconsors.de* etc. Mit etwas Geschick reduzieren Sie die Depot- und Transaktionskosten und können Wertpapiere flexibel kaufen und verkaufen. Besonders interessant ist auch, dass die meisten Anbieter auf ihren Brokerageseiten aktuelle Informationen über die Kurse der Wertpapiere aufführen. Zudem lassen sich Orderlimits, Losslimits etc. recht einfach ändern.

Um sich über laufende Entwicklungen oder Börsenkurse zu informieren, finden Sie im Web massenhaft Informationen. Die Financial Times Deutschland (*www.ftd.de*) bietet Wirtschaftsnachrichten sowie Fonds- bzw. Aktien-Tools. Jede gute Suchmaschine bzw. jedes Internetverzeichnis wird Ihnen Rubriken zu Börse, Geld oder Wirtschaft anbieten. Börsenkurse werden auch von fast allen im Netz vertretenen Banken bereitgestellt.

Chat, Foren und mehr

Neben Webseiten bietet das Internet weitere Funktionen wie Chat oder Foren. Was sich dahinter verbirgt, wird nachfolgend skizziert. Außerdem erfahren Sie, wie Sie zu einem eigenen Auftritt im Web gelangen.

Chat – Smalltalk im Internet

Vor allem bei Jüngeren ist »Chatten« (das ist der englische Ausdruck für plaudern oder schwatzen) per Computer sehr beliebt. Hierzu trifft man sich in einem sogenannten (virtuellen) **Chatraum**, um sich mit anderen Teilnehmern zu »unterhalten«. Zum Chatten brauchen Sie heutzutage nur einen Internetzugang sowie einen Browser wie den Internet Explorer, mit dem Sie die Chaträume im Web besuchen können. Die benötigten Chatfunktionen (der **Chat-Client**) werden bei Bedarf (als Java-Modul) im Browser installiert. Meist weist ein Sicherheitsdialog auf die erforderliche Installation hin. Sie müssen dann diese Installation explizit bestätigen.

> **Was ist das?**
>
> Ein **Client** ist ein Rechner oder ein Programm, das eine bestimmte Funktionalität bereitstellt, aber Daten von einem übergeordneten **Server** bezieht. **Java** ist eine im Web häufig benutzte Programmiersprache. Die Programme werden in sogenannten **Applets** (kleinen Programmen) verpackt und lassen sich direkt in eine Webseite einbauen. Surft ein Benutzer die Seite erstmalig an, wird das Programm automatisch auf den lokalen Computer geladen und später bei Bedarf ausgeführt. Das Kürzel **IRC** steht für **I**nternet **R**elay **C**hat, eine Funktion zum Chatten. Statt eines Java-Applets können Sie einen **IRC-Client** aus dem Internet herunterladen und installieren (z. B. mIRC von *www.mirc.co.uk*). Dieses Programm wird hier aber nicht behandelt.

Chats werden von verschiedenen Anbietern bereitgestellt und sind über Internetseiten wie *www.texxland.de*, *www.chat4free.de* im Browser erreichbar. **In der Regel ist** zur Nutzung der (meist kostenfreien) Chaträume **eine Registrierung erforderlich**. Dabei werden Benutzername und Kennwort sowie ein Spitzname (Nickname) vergeben. Benutzername und Kennwort dienen später zur Anmeldung am Chat. Im Chatraum tauchen Sie aber unter Ihrem Nicknamen (z. B. Katze24) auf.

Kapitel 5

> **Hinweis**
>
> Auch wenn der Nickname Sie im Chatraum anonym bleiben lässt, gelten bestimmte Regeln (Netiquette) zur Teilnahme. Der Chatverwalter kann Ihren Zugang sperren, und bei strafbaren Handlungen lässt sich Ihre Identität auch ermitteln. Auf der Anmeldeseite bzw. der Startseite des Chatanbieters finden Sie die entsprechenden Geschäftsbedingungen, Benimmregeln und Nutzungsanleitungen.

Um an einem Chat teilzunehmen, rufen Sie die Webseite des Anbieters auf und geben dann den Benutzernamen sowie das Kennwort ein. Nach dem Login finden Sie die Zugangsseite des betreffenden Anbieters. Um ein heilloses Durcheinander zu verhindern (wenn sich weltweit plötzlich Tausende Chatter treffen), erfolgt eine Strukturierung über sogenannte **Chaträume**. Diese sind nach Themengebieten geordnet, um Leute mit gleichen Interessen zusammenzubringen.

Die Anzeige ist bei fast allen Chats so ähnlich wie hier gezeigt. Auf einer Eingangsseite (hier oben sichtbar) muss der Chatraum ausgewählt werden. Dann kann man an der »Unterhaltung« innerhalb des Chatraums teilnehmen. **Chatten** erfolgt in Echtzeit, d. h., die Teilnehmer müssen zur gleichen Zeit an ihrem Computer sitzen und online sein.

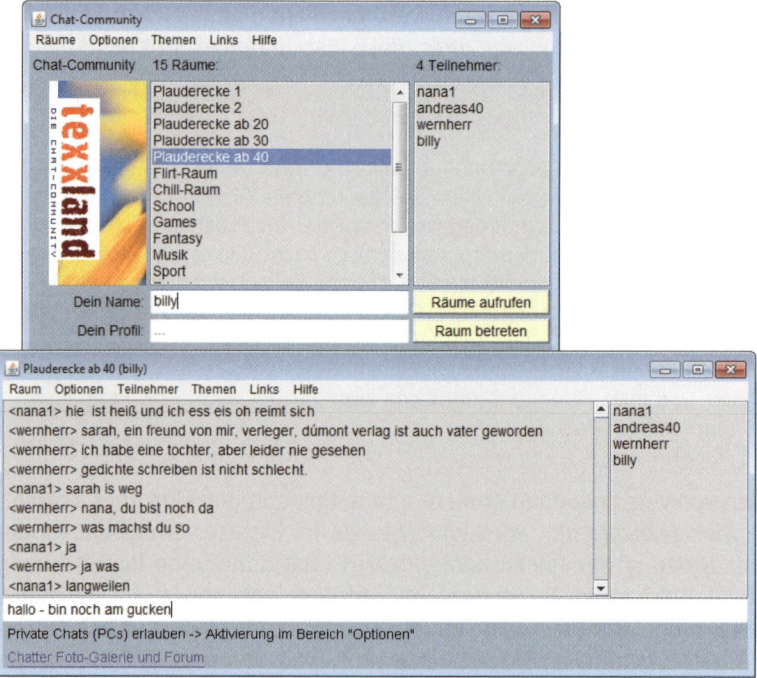

- Das Unterhalten im Chat beschränkt sich auf den Austausch kurzer Textnachrichten, die bei allen Teilnehmern auf dem Bildschirm erscheinen. Die im Raum anwesenden Teilnehmer werden in einer Liste neben den Chatnachrichten aufgeführt.

- Möchte ein Teilnehmer einen Beitrag im Chatraum absetzen, klickt er auf das Eingabefeld, tippt den Text per Tastatur ein, formatiert diesen (sofern unterstützt) und schickt ihn durch Drücken der ⏎-Taste oder über die ggf. eingeblendete *Senden*-Schaltfläche ab. Der Beitrag taucht dann unter dem Nicknamen im Nachrichtenbereich auf.

Je nach Chatanbieter enthält das Programmfenster noch zusätzliche Funktionen. Klicken Sie auf einen Eintrag in der Teilnehmerliste, können Sie beispielsweise das Profil der betreffenden Person (Geschlecht, Alter, Interessen) abrufen. Gelegentlich möchten zwei Chatter **privatere Dinge austauschen**, ohne dass alle Besucher des Chatraums die Mitteilungen lesen können. Für diesen Zweck gibt es in einigen Chaträumen die Funktion des »Flüsterns« (manchmal auch als »Whisper« bezeichnet). Diese lässt sich nach Auswahl des gewünschten Teilnehmers über spezielle Schaltflächen oder Optionen aufrufen. Das Flüstern wird beendet, sobald Sie das betreffende Fenster schließen. Auch das Verlassen des Chatraums sollte mit einer netten Geste angekündigt werden (z. B. »Ich muss jetzt gehen – bis bald«). Warten Sie dann noch eine Minute, um die Antworten der anderen Chatter zu lesen. Danach benutzen Sie das zum Abmelden vorgesehene Symbol oder die dafür vorgesehene Schaltfläche.

Haben Sie noch nie gechattet? Sorge, dass es nicht klappt? Brauchen Sie nicht zu haben. Betreten Sie einfach, wie oben beschrieben, einen Chatraum, begrüßen Sie die Teilnehmer (z. B. »Hallo an alle«) und verfolgen Sie ggf. die Beiträge der anderen Teilnehmer. Wenn Sie sicherer geworden sind, können Sie ja aktiv am Chat teilnehmen.

Tipp

Chatten lebt von den einzelnen Menschen, die den Chatraum betreten. Im **Chat wird** zwar **geduzt, aber** es gilt die **Chatiquette**, die einige Grundregeln – eigentlich Selbstverständlichkeiten – beschreibt. Höfliches und freundliches Benehmen wird vom Gegenüber erwartet. Beleidigungen, Verletzungen religiöser, weltanschaulicher oder ethischer Art, rassistische Äußerungen etc. sind tabu! Falls ein Chatter beleidigend oder grob anstößig wird, finden Sie in den meisten Chaträumen Links oder Schaltflächen, um den Teilnehmer beim Chatbetreiber zu melden. Bei groben Verstößen gegen die Regeln wird der Teilnehmer vom Betreiber vom Chat ausgeschlossen.

Kapitel 5

Ähnlich wie bei E-Mails kursieren auch in Chaträumen einige Abkürzungen. Am Anfang ist es sicherlich ungewohnt, die vielen Abkürzungen richtig zu deuten. Die folgende Tabelle zeigt Ihnen einige der am häufigsten verwendeten Kürzel.

:-)	Lächeln, Freude	:-(	Traurigkeit
;-)	Augenzwinkern	:-o	Erstaunen
.-*	Küsschen	:-V	Flüstern
bbb	Bye-bye, Baby	g *gg*	Grinsen
cu	See you (Tschüss)	cul	See you later (Bis bald)
hand	Have a nice day (Schönen Tag noch)	hant	Have a nice time (Viel Spaß)
lol	Laughing out loud (lautes Lachen)	thx	Thanks (Danke)

Häufig werden Abkürzungen durch zwei Sternchen *cu* vom restlichen Text abgesetzt. Je nach Chat-Client können Sie Smileys auch als grafische Symbole abrufen und anzeigen lassen. Die meisten Chatseiten bieten im Eingangsbereich Links an, über die Sie Informationen zur Handhabung des Chats, zur Chatiquette und auch zu den Smileys und den Abkürzungen abrufen können.

> **Hinweis**
>
> Mein persönlicher Tipp: Gehen Sie sparsam mit Smileys um, Missverständnisse passieren leicht (viele Smileys sind mit unterschiedlicher Bedeutung in Gebrauch). Mit :-), :-(, ;-), *g*, *lol* und *cu* kommen Sie eigentlich ganz schön weit.
>
> Damit der Chat funktioniert, muss meist JAVA oder Adobe Flash auf dem Computer installiert sein. Weiterhin werden Chatfunktionen auch in sozialen Netzwerken wie Facebook, Wer-kennt-wen etc. angeboten.
>
> Eine ganz witzige Sache ist **Chatroulette**. Rufen Sie die Webseite www.chatroulette.com in einem Browser auf, werden Sie nach dem Zufallsprinzip mit einem anderen Chatter verbunden. Dabei überträgt jeweils eine Webcam das Bild der vor dem Computer sitzenden Person – sodass im Browserfenster die gerade verbundenen Leute angezeigt werden. Über eine Schaltfläche kann jeder der beiden Chatter die Verbindung unterbrechen und sich mit dem nächsten Teilnehmer verbinden lassen.

Diskussion in Foren

Ein Forum (auch als Board bezeichnet) ist so etwas wie ein »Schwarzes Brett«, auf dem Teilnehmer Beiträge veröffentlichen und ggf. beantworten können. Die Funktion eines Forums wird direkt auf Internetseiten bereitgestellt.

Chat, Foren und mehr

> **Hinweis**
> Der Vorteil der Foren besteht darin, dass ein veröffentlichter Textbeitrag (Posting) über längere Zeit erhalten bleibt, während beim Chatten alle Teilnehmer online sein müssen und der E-Mail-Versand einen Empfänger der Nachricht voraussetzt. Textbeiträge in Foren lassen sich meist auch ohne Registrierung lesen. Um eigene Beiträge zu schreiben oder andere Texte zu beantworten, müssen Sie sich im Allgemeinen im Forum registrieren lassen. Meistens findet sich für diesen Zweck ein Link oder eine Schaltfläche auf der betreffenden Webseite.

Foren gibt es auf vielen Webseiten und deren Besuch ist recht einfach: Sie rufen lediglich die betreffende Webseite auf und schon können Sie die Forumsbeiträge lesen. Hier wurde der Forumsbereich für Windows 7 von Microsoft (*http://social.answers.microsoft.com/Forums/de-DE/category/windows7*) gewählt. Auf der Übersichtsseite mit den einzelnen Foren klicken Sie auf eine Forumskategorie und auf den Folgeseiten dann auf die gewünschten Unterkategorien. Wählen Sie einen Forumsnamen aus, erscheint die Seite mit den Beiträgen.

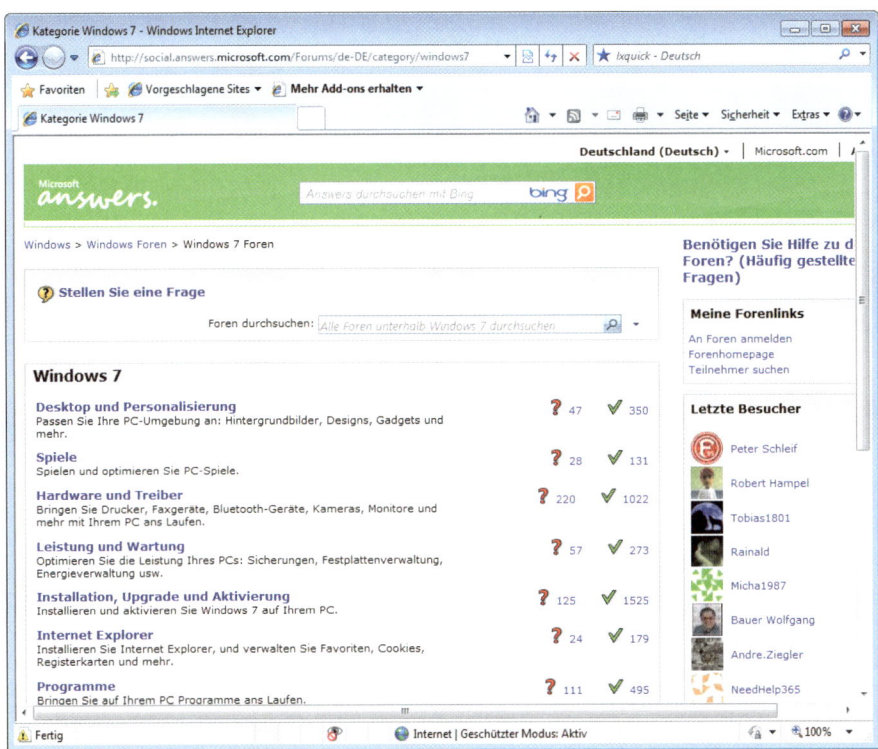

Die Forumseinträge sind als Liste mit einem Titeltext, dem Pseudonym des Verfassers bzw. der Verfasserin, der Zahl der Antworten zum Beitrag etc. aufgeführt. Dieser Aufbau ist bei fast allen Foren ähnlich.

1 Klicken Sie auf einen Forumseintrag, wird dieser im Browserfenster eingeblendet und lässt sich auch von unregistrierten Benutzern lesen.

2 Zur Beantwortung eines Beitrags wählen Sie eine mit »Antwort« oder ähnlich bezeichnete Schaltfläche auf der Seite mit dem Forumsbeitrag.

3 Sind Sie registriert, öffnet sich ein Formularfenster, in das Sie die Antwort eintragen und diese dann abschicken können.

Näheres zum Umgang mit dem Forum finden Sie auf der betreffenden Forumsseite. Beachten Sie beim Einstellen von Beiträgen in ein Forum die **Netiquette**, d. h., bleiben Sie freundlich und sachlich. Verletzende oder beleidigende Äußerungen sind tabu. Um sich über das Angebot an Foren zu informieren, geben Sie in eine Suchmaschine das Stichwort »Foren« und ggf. noch einen Unterbegriff für das Sie interessierende Thema ein.

Instant Messenger – was ist das?

Wäre es nicht schön, wenn Sie erkennen könnten, ob Bekannte oder Freunde gerade online sind? Sie könnten dann ggf. Kontakt mit ihnen aufnehmen und Nachrichten austauschen. Diese Dienstleistung stellen die sogenannten Instant Messenger im Internet bereit. Bei Windows 7 kann die betreffende Messenger-Funktion über Windows Live nachinstalliert werden.

- Um Sofortnachrichten zu versenden, müssen Sie sich an einem Sofortnachrichtendienst anmelden.
- Sie können im Messenger die eigene Identität (z. B. E-Mail-Adresse) zur Kontaktaufnahme durch Dritte freigeben.
- Weiter ermöglicht Ihnen der Messenger, Dritte (Freunde, Bekannte) als Kontakte in eine Liste aufzunehmen.

Haben Sie Ihre Identität zur Verwendung durch Dritte freigegeben, erhalten Sie eine Nachricht, wenn jemand Sie in seine Kontaktliste aufnehmen möchte. Sie können das dann gestatten oder ablehnen. Gehen Sie später online, teilt der Messenger dies einem Server im Internet mit. Gleichzeitig fragt er den Onlinestatus der von Ihnen in der Liste aufgeführten Kontakte ab und zeigt diesen an. Sie können einen Onlinekontakt anwählen und die Schaltfläche *Senden* betätigen. Dann erscheint auf beiden Systemen ein Fenster, über das sich (ähnlich wie beim Chat) Nachrichten verschicken und sogar Dateien austauschen lassen. Der Microsoft

Messenger ermöglicht darüber hinaus noch die Übertragung von Bildern, die durch Webcams am betreffenden System aufgezeichnet werden. Details zu den einzelnen Messenger-Varianten entnehmen Sie bitte der Programmdokumentation.

Telefonieren per Internet

Ein Trendthema für Besitzer eines schnellen DSL-Internetzugangs ist das Telefonieren über das Internet (auch als Voice-over-IP-Telefonie, kurz **VoIP**, bezeichnet). DSL-Anbieter wie 1&1 (*www.1und1.de*), T-Home (*www.t-home.de*) oder Skype (*www.skype.com/intl/de*) etc. stellen nach einer entsprechenden Anmeldung die benötigte Funktionalität bereit. Dabei erhält der registrierte Kunde bis zu vier Telefonnummern zugeteilt.

Interessant ist dabei das Gebührenmodell der Anbieter. Telefonate per Internet sind zwischen Kunden des Anbieters kostenfrei. Über eine Vermittlungsstelle (Gateway) des Anbieters kann aber auch jede beliebige Nummer im Festnetz oder auf dem Handy (Inland oder Ausland) angerufen werden. Verbindungen ins Festnetz sind bei den meisten Anbietern dabei um ein Vielfaches preiswerter als bei den lokalen Telefongesellschaften.

Ist ein DSL-Anschluss vorhanden und ist die Anmeldung bei einem Anbieter erfolgt? Fast alle VoIP-Anbieter liefern Hardwarelösungen zum Telefonieren. Die FRITZ!Box Fon WLAN der Firma AVM ist einerseits ein WLAN-DSL-Router, der über Kabel mit dem DSL-Anschluss verbunden wird. Über ein Netzwerkkabel oder ein Funknetz kann der Computer mit dem DSL-Router Daten austauschen und auf das Internet zugreifen (siehe *Kapitel 4*).

Gleichzeitig können mehrere Telefone sowie der Telefonanschluss über die betreffenden Anschlussbuchsen mit der FRITZ!Box verbunden werden.

Über das Telefonnetz ankommende Gespräche werden über die Box an die angeschlossenen Telefone weitergeleitet. Zudem kann der Benutzer wahlweise über das normale Telefonnetz oder über Internet telefonieren. Dies funktioniert auch, wenn der Computer ausgeschaltet ist. Mit der entsprechenden Ausstattung und günstigen DSL-Anbietern lassen sich so kräftig Telefonkosten sparen. Details können Sie auf den Webseiten der oben genannten Anbieter nachlesen.

Kapitel 5

> **Hinweis**
>
> Die Provider bieten oft eine »Flat-Telefonrate« für Gespräche ins Festnetz an. Voraussetzung ist aber, dass dann der komplette Internetanschluss über den Anbieter geführt wird. Diese Lösungen haben jedoch zwei Nachteile: Für Gespräche ins Ausland oder in Handynetze sind Sie auf die Tarife des Anbieters festgelegt – Sparvorwahlen mit Call-by-Call funktionieren nicht mehr. Zudem funktioniert auch das Telefon bei Internetstörungen nicht mehr – es sollte also auf jeden Fall ein Handy für Notfallanrufe vorhanden sein. In meinem Haushalt mit angeschlossenem Büro verzichte ich aus Gründen der Erreichbarkeit auf den Abschluss eines solchen Vertrags und zahle lieber eine geringe Gebühr für IP-Telefonate.

Kostenlos telefonieren mit Skype

Der Anbieter Skype ermöglicht ebenfalls das Telefonieren per Internet, wenn ein genügend schneller Internetzugang (DSL) vorhanden ist. Sie können sich das Programm Skype kostenlos von der Internetseite *http://www.skype.com/intl/de/* herunterladen und per Doppelklick installieren. Anschließend können Sie das Desktopsymbol für Skype per Doppelklick anwählen.

> **Hinweis**
>
> Beim ersten Programmstart müssen Sie in einem Dialogfeld eingehende Verbindungen für Skype in der Windows-Firewall freigeben. Weiterhin werden Sie bei diesem ersten Start von einem Assistenten durch die Schritte zum Einrichten des Videobilds (von der Webcam des Rechners) und des Mikrofons geführt.
>
> Um kostenlos mit Skype-Teilnehmern telefonieren zu können, benötigen Sie ein Benutzerkonto beim Anbieter. Öffnet sich ein Browserfenster, um ein Konto bei Skype zu beantragen? Sofern Sie noch kein Konto besitzen, füllen Sie das Formular aus und schicken die Daten zum Einrichten des Skype-Kontos ab. Andernfalls schließen Sie das Browserfenster.

Mit Skype lässt sich weitgehend intuitiv arbeiten. Es muss lediglich eine Internetverbindung bestehen.

Chat, Foren und mehr

1 Ist Skype eingerichtet und starten Sie das Programm (z. B. über das Desktopsymbol), erscheint ein Fenster.

2 Tippen Sie Ihren Skype-Namen sowie das Kennwort ein und klicken Sie auf die Schaltfläche *Anmelden*.

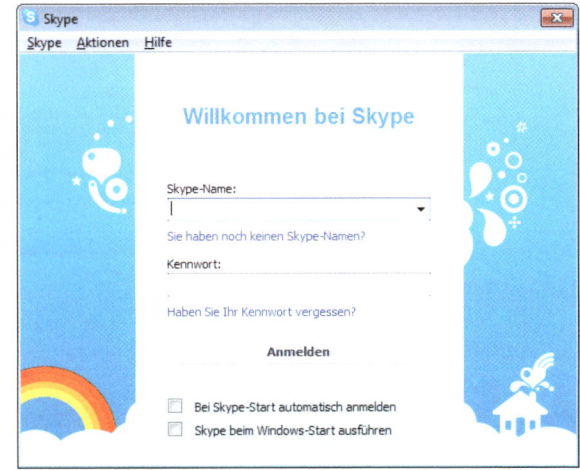

Dann sollte sich das Skype-Programmfenster öffnen, dessen Darstellung von der jeweils verwendeten Skype-Version abhängt.

Hier sehen Sie das Skype-Fenster im Kompaktmodus. Sie können aber über die Befehle *Kompaktmodus* und *Standardmodus* im Menü *Anzeige* zwischen einer erweiterten Darstellung und diesem Anzeigemodus umschalten.

Um jemand anzurufen, muss dieser als Kontakt im Skype-Programmfenster in das Register *Kontakte* eingetragen werden.

3 Kennen Sie den Skype-Namen oder die E-Mail-Adresse des Kontakts, klicken Sie auf die Schaltfläche *Neu* und wählen im Menü den Befehl *Kontakt*.

4 Geben Sie in das angezeigte Dialogfeld *Kontakt hinzufügen* den Skype-Namen ein und klicken Sie auf *Finden*.

191

Kapitel 5

5 Wird der Kontakt in Skype gefunden, können Sie diesen in der Trefferliste markieren und über die Schaltfläche *Kontakt hinzufügen* in das Skype-Konto übernehmen.

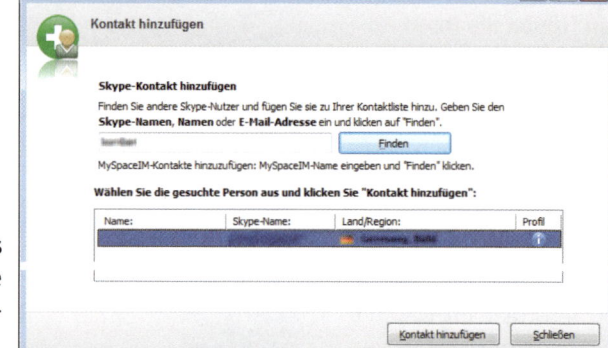

Auch das **Anrufen eines Teilnehmers** über Skype ist mit wenigen Mausklicks erledigt.

1 Klicken Sie auf der Registerkarte *Kontakte* des Skype-Programmfensters den Namen des Kontakts an.

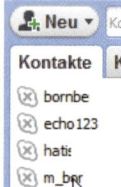

2 Anschließend müssen Sie lediglich die grüne Schaltfläche *Anrufen* mit dem Telefonsymbol im Skype-Fenster anklicken.

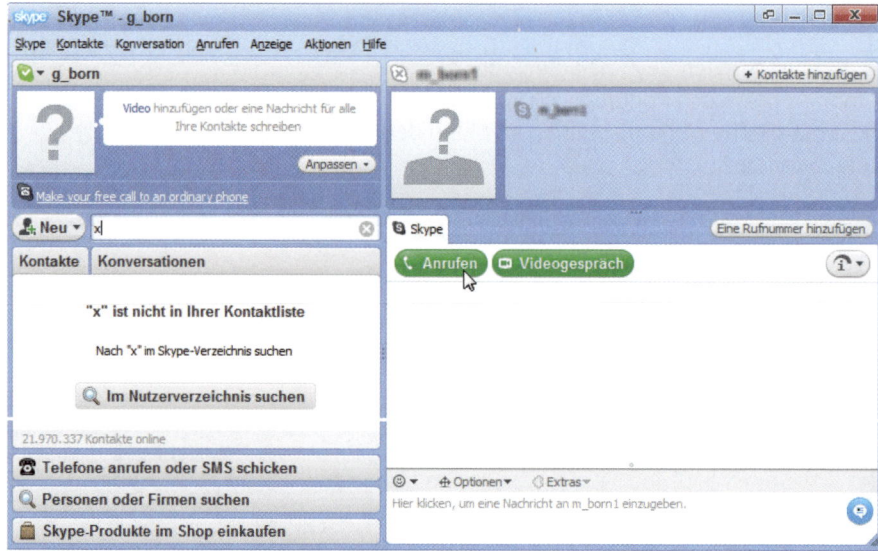

Chat, Foren und mehr

Soll zusätzlich ein Videosignal von einer Webcam übertragen werden, verwenden Sie die Schaltfläche *Videogespräch*. Der Angerufene kann dann entscheiden, ob er das Videogespräch auch mit einem Video oder nur mit Sprache annimmt bzw. komplett ablehnt.

> **Hinweis**
>
> Sie können auch den Eintrag *Telefone anrufen oder SMS schicken* in der linken unteren Ecke des Skype-Fensters anklicken. Dann erscheint ein Ziffernblock im Programmfenster, über den Sie die gewünschte Rufnummer durch Anklicken der Ziffern wählen. Klicken Sie auf die im Ziffernblock sichtbare Schaltfläche *Anrufen*, erfolgt der Anruf des Teilnehmers über das normale Telefonnetz. Während Internettelefonate zwischen Skype-Teilnehmern kostenlos sind, ist ein Anruf in ein Telefonnetz gebührenpflichtig. Sie müssen daher vor dem Anruf über ein entsprechendes Guthaben verfügen. Rufen Sie den Befehl *Skype-Guthaben* im Menü *Skype* auf. Sie werden über ein Fenster durch die Schritte geführt, um ein Guthaben für Skype aufzuladen.

Beim Aufbau der Verbindung wird beim angerufenen Teilnehmer ein Statusfenster eingeblendet, und es erfolgt eine akustische Benachrichtigung.

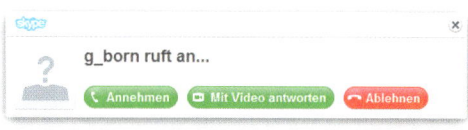

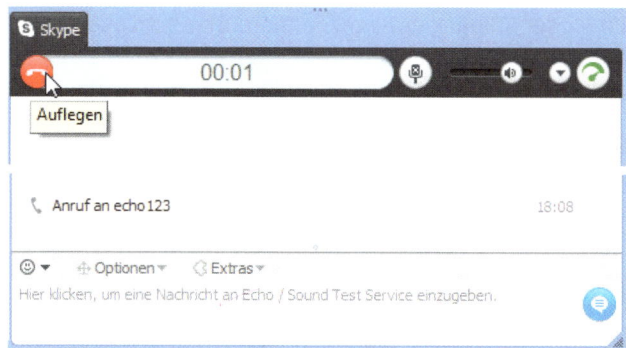

Nimmt der Teilnehmer den Anruf über die Schaltfläche *Annehmen* oder *Mit Video antworten* an, können Sie das Gespräch über die Lautsprecher des Computers sowie über das eingebaute oder angeschlossene Mikrofon führen. Ist eine Webcam am Computer angeschlossen, wird bei der Option *Mit Video antworten* auch ein Videobild zum Gegenüber übertragen.

Über die rote Schaltfläche mit dem Telefonsymbol im Skype-Fenster lässt sich die Verbindung trennen (Telefon auflegen).

> **Tipp**
>
> Um Skype zu testen, können Sie den standardmäßig vorkonfigurierten Teilnehmer »echo123« anrufen. Dann wird eine Verbindung zum Skype-Rechner (Server) hergestellt, und Sie hören eine Computerstimme.

Kapitel 5

> **Hinweise**
>
> Skype-Statusmeldungen werden in der Regel in einem QuickInfo-Fenster in der rechten unteren Ecke des Desktops angezeigt. Schließen Sie das Skype-Programmfenster, läuft das Programm im Hintergrund weiter.
>
> Solange Skype ausgeführt wird, ist ein Skype-Symbol im Infobereich der Taskleiste zu finden. Bei Windows 7 müssen Sie ggf. auf die Schaltfläche *Ausgeblendete Symbole einblenden* klicken, um die Palette mit den Symbolen anzuzeigen. Ein Klick mit der rechten Maustaste auf das Skype-Symbol öffnet ein Kontextmenü. Über den Befehl *Beenden* läst sich Skype endgültig beenden.
>
>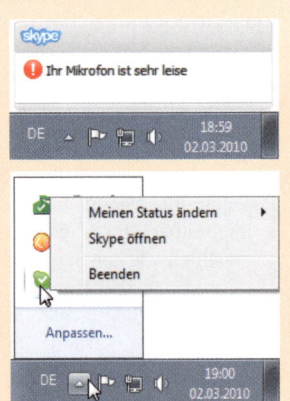
>
> Der Befehl *Meinen Status ändern* ermöglicht Ihnen, den Onlinestatus auf verschiedene Modi (z. B. Online, Abwesend, Beschäftigt etc.) zu setzen.

Aktiv im Internet

Sind Ihnen schon mal Begriffe wie »Facebook«, »wer-kennt-wen«, »Twitter«, »Xing«, »soziale Netzwerke« oder »Blogs« untergekommen? Dies sind alles Angebote des sogenannten »Mitmach-Web« (**Web 2.0**), bei denen Benutzer die Inhalte selbst gestalten. Das Spektrum reicht von Internetseiten, auf denen Benutzer eigene Fotos oder Videos veröffentlichen, über soziale Netzwerke, in denen Bekanntschaften oder Kontakte gepflegt werden, bis hin zu Blogs, in denen Menschen im Internet Tagebücher oder andere Texte publizieren. Nachfolgend möchte ich einen kurzen Überblick über diese Themen geben.

Was sind soziale Netzwerke?

Soziale Netzwerke (engl.: »social networks«) sind Gemeinschaften gleichgesinnter Menschen, die über das Internet untereinander Kontakt knüpfen. Die Mitglieder des sozialen Netzwerks melden sich bei der Internetseite des betreffenden Betreibers an, richten eine eigene Profilseite (eine Art elektronischer Visitenkarte) mit einigen persönlichen Angaben ein und können dann auf die bereitgestellten Funktionen zugreifen. Hier sehen Sie meine Profilseite, die ich im sozialen Netzwerk »wer-kennt-wen« eingerichtet habe.

Aktiv im Internet

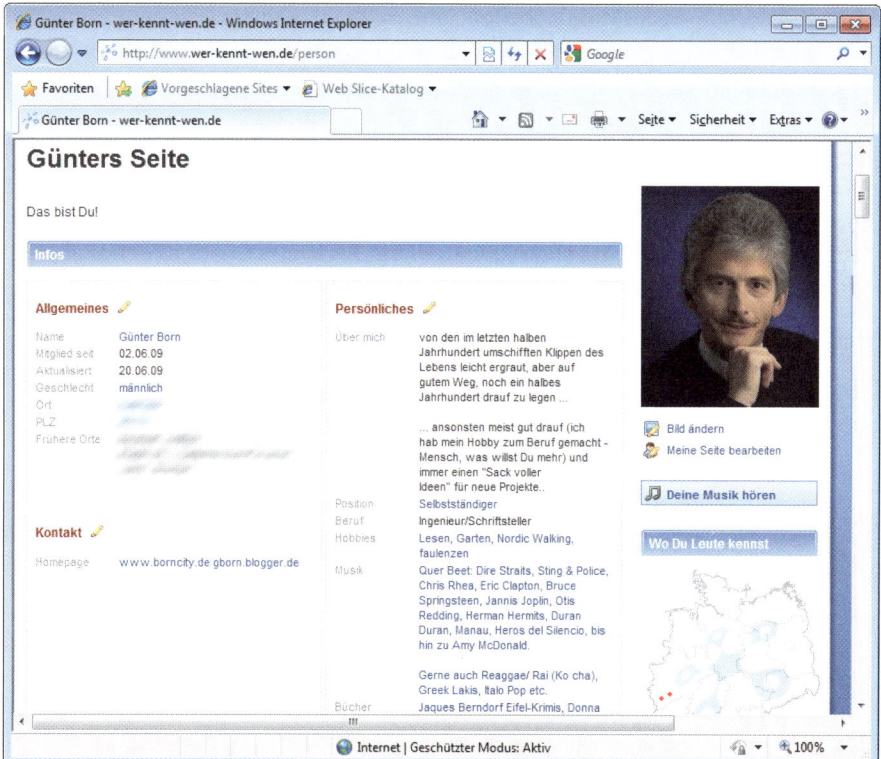

Andere Mitglieder des betreffenden Netzwerks können dann die eingerichtete Profilseite abrufen, um herauszufinden, ob sie die betreffende Person kennen oder interessant finden. Suchfunktionen ermöglichen es, gezielt nach den Namen anderer Mitglieder zu suchen, um eventuell Kontakt mit Bekannten, Kollegen oder Schulfreunden etc. aufzunehmen. Oder anhand eines Profils lassen sich Personen mit gleichen Interessen identifizieren und kontaktieren. Bei Interesse können die Benutzer des Netzwerks dabei ihre Profile mit denen anderer Mitglieder verknüpfen.

Durch die Verknüpfung der Profile zu »Freunde-Listen« entstehen Netze, bei denen ein Mitglied über drei, vier weitere Personen mit fast jedem in Beziehung steht. Je nach sozialem Netzwerk stehen weitere Funktionen zum Austausch von Nachrichten mit anderen Mitgliedern des Netzwerks, ein Kalender, ein eigenes Gästebuch, ein Tagebuch (Blog) etc. zur Verfügung.

Soziale Netzwerke dienen letztendlich **zur Beziehungspflege** zwischen Menschen. Was früher auf dem Dorfplatz oder dem Markt stattfand, also die Pflege von Kontakten zwischen den Bewohnern eines Dorfes oder einer Region, wird nun per Internet fortgeführt. Man braucht nur einen Internetzugang und ein Benutzerkonto beim betreffenden Netzwerk. Die Teilnahme ist in der Regel kostenlos. Dies eröffnet gänzlich neue Möglichkeiten, um weltweit Menschen kennenzulernen oder mit Bekannten, Freunden und Familienmitgliedern in Kontakt zu bleiben.

Zwischenzeitlich gibt es weltweit viele Tausend Anbieter von sozialen Netzwerken. Hierbei lässt sich zwischen zielgruppenbezogenen und unspezifischen sozialen Netzwerken unterscheiden. Zielgruppenbezogen kann zum Beispiel die Begrenzung auf eine spezielle Altersgruppe oder berufliche bzw. private Nutzer sein. StudiVZ richtet sich beispielsweise ausschließlich an Studenten, während die Plattform Platinnetz des gleichen Anbieters auf Personen über 50 Jahren abzielt. Hier eine Übersicht über die bekanntesten sozialen Netzwerke.

Netzwerk	Bemerkung
facebook	Ein in den USA beheimatetes soziales Netzwerk mit mehren Hundert Millionen Mitgliedern. Das deutschsprachige Angebot lässt sich unter *http://de-de.facebook.com/* abrufen. Facebook ist einer der größten und populärsten Anbieter, leidet aus meiner Sicht aber an einer sehr intransparenten Bedienoberfläche. Zusatzmodule (Applets) führen mitunter zu erheblichen Sicherheitsrisiken. Zudem weist dieses soziale Netzwerk erhebliche Defizite hinsichtlich des Daten- und Persönlichkeitsschutzes auf.
MySpace	Eine in den USA beheimatete werbefinanzierte Website (*http://de.myspace.com/*), die den Nutzern das kostenlose Anlegen eines Benutzerprofils mit Fotos, Videos, Blogs und Gruppen ermöglicht. MySpace adressiert (im Gegensatz) zu Facebook eher private Nutzer, ist aber in Deutschland nicht so populär wie Facebook. Bezüglich der Vorbehalte gilt das Gleiche wie für Facebook.
Xing	*Diese Kontaktplattform ist unter www.xing.com/de/ erreichbar und hat ca. 7 Millionen Mitglieder. Die von einem Deutschen gegründete* Plattform richtet sich vorwiegend an geschäftliche Nutzer, die ihre Kontaktpflege über dieses Medium ergänzen möchten. Gruppen ermöglichen interessierten Mitgliedern die Diskussion und Information zu bestimmten Themen. Die Basisfunktionen von Xing sind kostenfrei, erweiterte Dienste sind jedoch einer kostenpflichtigen Premium-Mitgliedschaft vorbehalten. Ein ähnliches Angebot hat auch der amerikanische Anbieter *LinkedIn*, der unter *www.linkedin.com* erreichbar ist.

Aktiv im Internet

Netzwerk	Bemerkung
wer-kennt-wen	Diese Onlinegemeinschaft (Onlinecommunity, Gemeinschaftsportal) stellt ein Kontaktenetzwerk dar, welches sich vorwiegend an Benutzer im deutschsprachigen Raum richtet. Die gerne auch als »wkw« abgekürzte Plattform ist unter der Webadresse *www.wer-kennt-wen.de* erreichbar und wird von RTL interactive betrieben. Eine Besonderheit ist, dass ein Zugang nur auf Einladung eines bereits registrierten Mitglieds möglich ist. Dies führt zu einem auf Vertrauen basierenden Netzwerk, dessen Mitglieder oft »persönlich miteinander bekannt« sind.
Localisten	Diese Kontaktplattform wird ebenfalls von Deutschen betrieben und ist über *www.localisten.de* erreichbar. Die Mitgliedschaft ist kostenlos, aber die Zielgruppe umfasst jüngere Leute bis 40 Jahre. Bei Recherchen hatte ich den Eindruck, dass Angaben in vielen Benutzerprofilen offensichtlich falsch sind.
StayFriends	Als »die Freundesuchmaschine« angepriesen, dient dieses Netzwerk vorwiegend dazu, alte Schulfreunde im deutschsprachigen Bereich aufzuspüren und zu kontaktieren. Erreichbar ist das Angebot unter *www.stayfriends.de*. Die Basismitgliedschaft ist kostenlos, viele Funktionen sind jedoch nur in der kostenpflichtigen Gold-Mitgliedschaft nutzbar.
Platinnetz Feierabend.de	Zwei soziale Netzwerke, die sich an die Gruppe der über 50-Jährigen richten. Auf der Internetseite *www.platinnetz.de* des Holtzbrinck-Verlags können auch Nichtmitglieder Beiträge zu bestimmten Themen wie Gesundheit, Gesellschaft, Leben etc. abrufen. Der geschlossene Mitgliederbereich ist jedoch nur nach einer Registrierung einsehbar. Unter *www.feierabend.de* ist das größte und älteste deutschsprachige Portal abrufbar, welches sich an die Gruppe der über 50-Jährigen richtet. Im geschlossenen Mitgliederbereich lassen sich Profile (als Visitenkarten bezeichnet) anlegen, Freunde verwalten, ein Tagebuch (Blog) führen oder in Foren diskutieren. Beide soziale Netzwerke kennen das Prinzip der Regionalgruppen, in denen sich die Mitglieder wohnortnah für gemeinsame Aktivitäten treffen.

Netzwerk	Bemerkung
MeinVerein	Vereinscommunity, bei der sich Mitglieder von Vereinen unter *www.meinverein.de* registrieren und untereinander vernetzen können. Ähnliche Angebote sind unter *http://vereine.de/* oder *http://www.iverein.de/* verfügbar. Falls Sie also aktive Vereinsarbeit betreiben, können diese Plattformen von Interesse sein.
Twitter	Der Kurznachrichtendienst Twitter ermöglicht nach einer Registrierung, Dritte an den eigenen Aktivitäten teilhaben zu lassen. Der Twitter-Nutzer schickt z. B. per Handy oder Computer kurze Textnachrichten bis maximal 140 Zeichen Länge ab, die in einer Art Tagebuch erscheinen. Abonnenten (als Follower bezeichnet) können sich dann diese Nachrichten auf mobile Geräte wie Handy übertragen lassen oder im Internet abrufen. So erfährt man, was der Twitter-Nutzer gerade macht.
SchülerVZ StudiVZ	Die bei Schülern und Studenten sehr beliebten Kontaktplattformen StudiVZ (*www.studivz.de*) und SchülerVZ (*www.schuelervz.de*) werden vom Holtzbrinck-Verlag betrieben.

Welche Gefahren bergen soziale Netzwerke?

Datenschutzbeauftragte warnen vor sozialen Netzwerken wie Facebook. Jeder Teilnehmer eines sozialen Netzwerks hinterlässt Spuren. Alles, was in das Profil eingetragen wird, ist dem Betreiber des sozialen Netzwerks bekannt und kann ggf. von Dritten eingesehen werden.

Dadurch besteht die Gefahr, dass ungewollt Informationen verbreitet werden, die so nicht öffentlich werden sollten. Insbesondere Jugendliche und junge Erwachsene gehen allzu sorglos mit meist sehr privaten Daten um. Der Gruppenzwang führt dazu, dass jeder im sozialen Netzwerk möglichst viele »Freunde« in der Freundesliste haben muss. Und bei Tausend »Freunden« geht dann schon mal der Überblick verloren, wer hinter einem ganz bestimmten Profil steckt.

Ein von Bekannten eingestelltes Bild von der letzten feuchtfröhlichen Party, welches dann von weiteren »Freunden« kommentiert wird, kann dann schon peinlich werden und berufliche Chancen verbauen. Auch Kriminelle machen sich u. U. die Leichtgläubigkeit mancher Benutzer zunutze.

Über die Einstellungen für die Privatsphäre kann der Benutzer bei den meisten Anbietern festlegen, wer was von seinen Profildaten sehen darf. Bei Facebook lässt sich z. B. vorgeben, wer persönliche Informationen, Familieninformationen etc. einsehen darf.

Aktiv im Internet

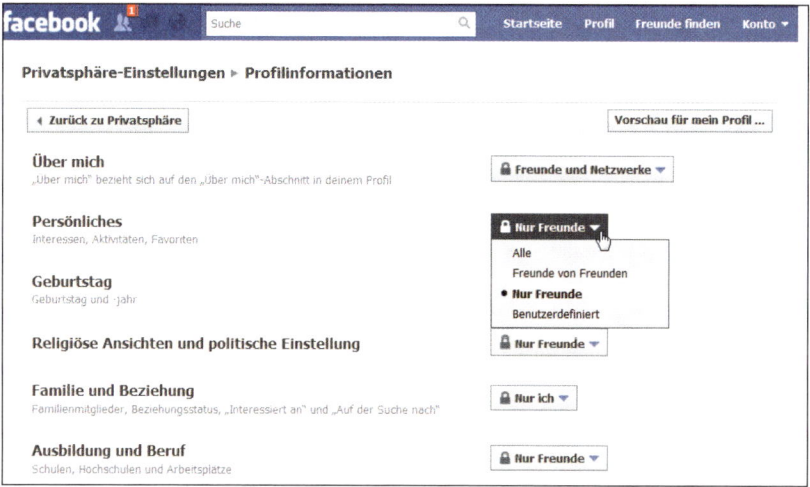

Allerdings gibt es z. B. bei Facebook das Problem, dass die Einstellungen recht kompliziert sind und der Betreiber gerne mal die Geschäftsbedingungen sowie Datenschutzeinstellungen ohne Zustimmung des Benutzers ändert. Da Facebook in den USA angesiedelt ist, schert sich der Betreiber in keiner Weise um den deutschen oder europäischen Datenschutz. Dann sind plötzlich komplette Profildaten eines Nutzers öffentlich einsehbar. Bei Facebook gibt es zudem eine Funktion, mit der Mitglieder das Adressbuch ihres Handys in das Netzwerk hochladen können. Und plötzlich hat Facebook dann Zugriff auf Personendaten, die in einem solchen Adressbuch gespeichert sind. Dadurch erhält Facebook Informationen (E-Mail-Adressen, Telefonnummern, Adressen) über Personen, die niemals Mitglied in diesem sozialen Netzwerk waren. Schlimm ist dies, wenn solche Daten an Drittfirmen für Werbezwecke weitergegeben werden.

Persönlich rate ich aus diesen Gründen beispielsweise von der Verwendung von Facebook ab. Xing oder wer-kennt-wen sind im deutschsprachigen Raum ggf. Alternativen. Wer trotzdem Facebook nutzen möchte oder muss, sollte möglichst wenig persönliche Daten in das Profil hochladen und auch Funktionen wie »Finde ich gut« etc. zurückhaltend nutzen. Informationen, die Facebook nicht hat, können auch nicht missbraucht werden.

> **Tipp**
> Um die Vorteile sozialer Netzwerke zu nutzen, ohne gleich mit deren Schattenseiten Bekanntschaft zu machen, sollten Sie einige einfache Regeln beachten. Machen Sie sich bewusst, was Sie in einem sozialen Netzwerk von sich und ggf. Dritten preisgeben. Veröffentlichen Sie niemals intime, vertrauliche oder sensible Informationen (Meinungsäußerungen über Bekannte, Arbeitgeber etc.) in einem sozialen Netzwerk. Lassen Sie im Profil notfalls Angaben über Wohnort

oder Geburtsdatum etc. weg. Telefonnummern und E-Mail-Adressen haben in öffentlich einsehbaren Profilseiten nichts verloren. Trennen Sie Berufliches und Privates, indem Sie ggf. unterschiedliche Benutzerkonten verwenden. Halten Sie die Zugangsdaten für Ihr Benutzerkonto beim sozialen Netzwerk geheim. Lesen Sie die Geschäftsbedingungen des Betreibers des sozialen Netzwerks und machen Sie sich mit den Sicherheitseinstellungen und Funktionen des betreffenden Portals vertraut.

Was sind Blogs?

Früher führten viele Menschen ein Tagebuch, in dem Gedanken, Ideen, Eindrücke und vieles mehr festgehalten wurden. Der englische Begriff »Blog« ist die Abkürzung von We**bLog**, also eine Art Tagebuch, das öffentlich im Internet (Web) geführt wird. Das Führen eines Blogs, als Bloggen bezeichnet, ist also die moderne Form, um seine Gedanken, Informationen oder Meinungen festzuhalten und der Welt kundzutun.

Die Aufbereitung des Textes und dessen chronologische Veröffentlichung in Form eines Logbuchs erfolgen durch eine Blogsoftware. Diese erstellt auch das Archiv, über welches auf ältere Beiträge zugegriffen werden kann. Bei den meisten Blogs haben Besucher zudem die Möglichkeit, Kommentare zu Beiträgen zu schreiben. Hier sehen Sie einen meiner Blogs, die sich über meine Webseite *www.borncity.de* abrufen lassen.

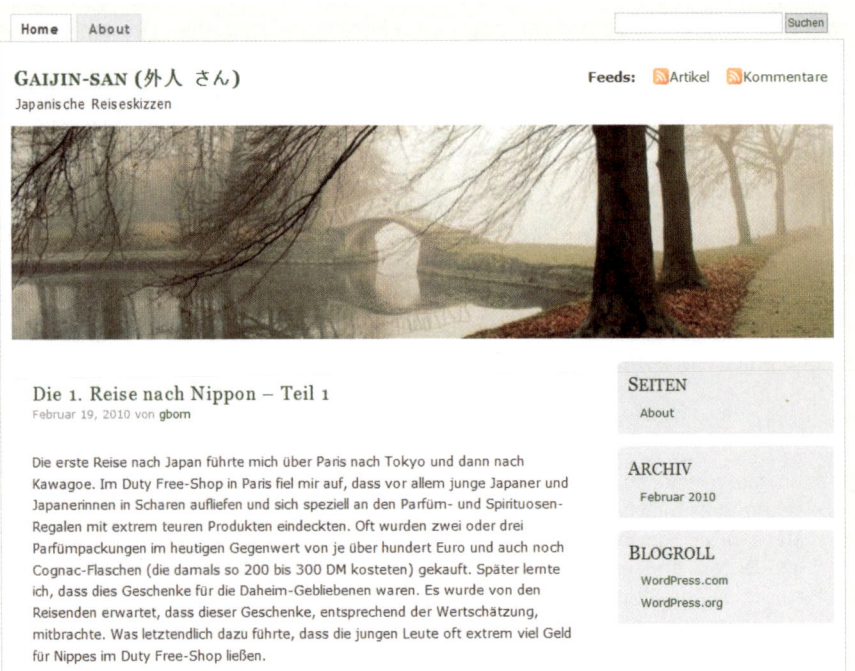

Um einen **eigenen Blog** zu **führen**, brauchen Sie lediglich einen Internetzugang sowie etwas Lust und Zeit zum Schreiben. Sie können sich dann bei einem der zahlreichen Anbieter eines kostenlosen Blogs registrieren. Nachfolgend finden Sie eine Auswahl verschiedener Anbieter.

- *blogger.de:* Ermöglicht kostenfreie Blogs für Privatanwender unter der Adresse *www.blogger.de*. Nach einer Registrierung kann der Blog unter *<blogname>.blogger.de* abgerufen werden. Die Blogs werden mit einer sehr einfachen Blogsoftware namens Antville betrieben und sind mit wenigen Handgriffen eingerichtet. Ich selbst habe vor Jahren den Blog *http://gborn.blogger.de* eingerichtet.

- *free-blog.in:* Privates Projekt von Alexander Müller, der Privatpersonen und Vereinen einen kostenlosen Blog bereitstellt. Der Blog ist werbefrei und lässt sich mit verschiedenen Vorlagen darstellen. Im Eingabeformular stehen verschiedene Schaltflächen bereit, um den Text der Beiträge zu gestalten. Zudem lassen sich im Blog auch Fotoalben angelegen. Der Blog kann von den Benutzern unter *www.free-blog.in/<name>* abgerufen werden.

- *blogger.com:* Auch die Firma Google bietet unter *www.blogger.com* bzw. *www.blogspot.com* eine Möglichkeit zum kostenlosen Einrichten eines Blogs. Sie müssen lediglich über ein Benutzerkonto für Google Mail verfügen, um sich anmelden zu können. Persönlich bin ich aber zurückhaltend bezüglich dieses Angebots, da die Firma Google einfach in zu vielen Bereichen des Internets die Finger drinhat und von nichts ahnenden Benutzern allerlei Daten sammelt und durch entsprechendes Verknüpfen von Informationen ihr Geld verdient.

- *wordpress.com*: WordPress ist der Name einer Blogsoftware, die recht populär ist und für viele Blogseiten verwendet wird. Unter der Adresse *http://de.wordpress.com/* können Privatpersonen einen kostenlosen Blog beantragen, der anschließend mit der WordPress-Software läuft. Wer weitergehende Ambitionen bezüglich des Bloggens hegt, sollte sich diese Variante auf jeden Fall ansehen.

Bezüglich der Inhalte müssen Sie sich einerseits an die Vorgaben der Anbieter, die den Blog bereitstellen, halten. Falls Sie den Blog kommerziell nutzen möchten (z. B. indem Sie selbst Werbung schalten), werden die meisten kostenlosen Bloganbieter wegfallen, da diese Werbung und eine kommerzielle Nutzung ausschließen. Natürlich sind Sie auch für den Inhalt des Blogs selbst verantwortlich. Die Form der Beiträge sollte also nicht beleidigend oder verunglimpfend gegenüber Dritten sein. Zudem müssen Sie beim Einstellen von Texten, Bildern und anderen Informationen selbstverständlich die urheberrechtliche Seite berücksichtigen. Weiterhin sollte ein Impressum existieren, um den gesetzlichen Erfordernissen Rechnung zu tragen.

> **Hinweis**
>
> Falls Sie einen Blog mit Werbung schalten oder kommerziell nutzen möchten, bietet es sich an, ein preisgünstiges Blogpaket bei einem Webanbieter zu reservieren. Für meinen eigenen Blog über Computerthemen habe ich (u. a. wegen der guten Kundenunterstützung) zwischenzeitlich beim Anbieter HostEurope (*www.hosteurope.de*) ein entsprechendes Webpaket angemietet. Dieser bietet für einen geringen monatlichen Beitrag die Möglichkeit, den Blog mit WordPress unter einer eigenen Domain einzurichten. Bevor Sie sich für einen Bloganbieter entscheiden und sich registrieren, sollten Sie dessen allgemeinen Geschäfts- und Nutzungsbedingungen aufmerksam lesen und gegebenenfalls ausdrucken.
>
> Aus Platzgründen können Themen wie soziale Netzwerke, Blogs etc. hier nur kurz angerissen werden. Darüber hinaus gibt es Webseiten wie *www.youtube.com* (Videos) oder *www.flickr.com* (Fotos), auf denen jedermann eigene Produktionen ablegen kann. Interessierte Leser möchte ich auf den von mir bei Markt+Technik erschienenen Titel »Nett, Sie online zu treffen«, ISBN 978-3-8272-4559-5, verweisen, wo verschiedene Themen wie soziale Netzwerke, Blogs, der Umgang mit Facebook, Twitter, WordPress, Flickr, YouTube etc. an Beispielen erklärt werden.

Die eigene Website im Web

Immer mehr Menschen richten sich eine eigene **Homepage** (auch als **Website** bezeichnet) im World Wide Web für private oder geschäftliche Zwecke ein und stellen Informationen im Internet bereit. Eine **Website** ist dabei eine **Ansammlung von Webseiten**, die auf einem Webserver gespeichert sind. Werden dort Waren angeboten und können diese online bestellt werden, spricht man von einem **Webshop**. Nachfolgend wird skizziert, wie man zur eigenen Website kommt.

Webseiten sind nichts anderes als Dokumentdateien, die im **HTML-Format** (**HTML** steht für **H**yper**t**ext **M**arkup **L**anguage) gestaltet wurden. Es handelt sich dabei um ein Textformat, in dem als »Tags« bezeichnete HTML-Befehle zur Formatierung von Überschriften, für Fett- oder Kursivschrift, zum Einbinden von Bildern, zur Auszeichnung von Hyperlinks etc. eingebettet sind. Das Ganze ist nicht sonderlich schwer, die HTML-Tags stehen in spitzen Klammern und werden meist paarweise benutzt. Ein ‹b›-Tag schaltet beispielsweise Fettschrift ein, mit ‹/b› wird dieses Format wieder ausgeschaltet. Ein Browser kann das HTML-Format lesen und setzt dann die Inhalte der HTML-Tags in die gewünschte Anzeige um.

> **Hinweis**
>
> HTML-Seiten werden mit der Dateinamenerweiterung *.htm* oder *.html* gespeichert. HTML-Dateien lassen sich zusammen mit Bildern etc. **lokal auf** einer **Festplatte** speichern und per Doppelklick im Browser laden. Für eine Website müssen die Dateien jedoch auf einen **Webserver** hochgeladen werden. Die Startseiten auf dem Server werden dann meist mit *index.htm*, *default.htm* oder *welcome.htm* benannt. Gibt ein Benutzer die URL in der Art *www.name.de* an, schickt der Server automatisch die eingetragene Startseite zum Browser.

Bei einigen Anbietern stehen Website-Baukästen zur Verfügung, mit denen Sie sich den Webauftritt quasi aus Bausteinen zusammenklicken können. Wer häufiger Webseiten oder umfangreichere Auftritte entwirft, greift allerdings zu speziellen HTML-Editoren oder Programmen wie dem kostenlosen Microsoft Visual Web Developer (*www.microsoft.com/germany/express/*). Manche Programme wie Microsoft Word können die Dokumente ebenfalls im HTML-Format speichern.

> **Tipp**
>
> Eine kostenlose Einführung in HTML finden Sie unter *www.borncity.de* in der Rubrik *Web/HTML/XML*. Dort gibt es sowohl ein HTML-Tutorial als auch eine Referenz aller HTML-Tags. Der von mir verfasste Markt+Technik-Titel »HTML 4.0 Kompendium« enthält ebenfalls eine umfassende Einführung in die Webseitenerstellung.

> **Hinweis**
>
> Die **HTML-Dateien müssen auf** einem sogenannten **Webserver gespeichert werden**, damit die Homepage im Web erreichbar ist. Der Betrieb eines eigenen Webservers ist recht teuer und aufwendig. Einfacher ist es, sich Speicherplatz auf einem Webserver eines sogenannten **Webspace-Anbieters** (Providers) anzumieten. Der bereits im Abschnitt über Blogs erwähnte Anbieter HostEurope (*www.hosteurope.de*) bietet entsprechende Webpakete recht preisgünstig an. Details finden Sie auf den Internetseiten der Anbieter. Zum Hochladen der auf dem Computer erstellten Webseiten auf den Server können Sie FTP-Programme wie FileZilla (*http://filezilla-project.org*) verwenden. Zum Zugriff auf den FTP-Server mit den Webseiten müssen Sie dessen FTP-Adresse in der Form *ftp://ftp.microsoft.com* sowie einen Benutzernamen samt Kennwort angeben. In der Hilfe der FTP-Programme finden Sie Hinweise, wie FTP-Adresse, Benutzerkennung und -kennwort einzutragen sind oder wie Sie die einzelnen Funktionen nutzen. Anschließend können Sie im Programmfenster des FTP-Clients wie in einem Ordnerfenster auf die lokalen Dateien des Rechners sowie des FTP-Servers zugreifen und Datentransfers zwischen Server und lokalem Rechner ausführen. Details entnehmen Sie der Hilfe des betreffenden Webseitenanbieters.

Computersicherheit und Internet

So toll die Möglichkeiten des Internets sind, man sollte das Thema Sicherheit im Auge behalten. Es gibt Risiken und negative Begleiterscheinungen des Internets, über die sich jeder im Klaren sein sollte. Das reicht vom Schutz gegen Ausspionieren des Computers über die Abwehr von Computerviren und Dialern bis hin zur Beseitigung der Spuren, die man beim Surfen hinterlässt.

Achtung: Viren und Trojaner!

Viren sind Computerprogramme, die Schäden an Ihrem Computer anrichten können. Das reicht vom Löschen oder Umbenennen von Dateien bis zum Formatieren ganzer Festplatten. Manchmal lässt sich ein Virenbefall an Fehlfunktionen des Computers oder einzelner Programme erkennen (dann ist es meist aber zu spät, um noch etwas zu unternehmen). Je nach Funktion werden verschiedene Virenarten unterschieden:

- **Programmviren** können in Programmdateien (.*exe*, .*com*) sowie in Dateien mit Erweiterungen wie .*pif* (Konfigurationsdatei für DOS-Anwendungen) oder .*scr* (Bildschirmschoner) enthalten sein bzw. über diese aktiviert werden.

- Office-Dokumente (Word: .*doc*-Dateien, Excel: .*xls*-Dateien etc.) können **Makroviren** enthalten.

- **Skriptviren** benutzen Skriptprogramme (.*vbs*, .*vbe*, .*js*, .*jse*, .*wsf,*), Stapelverarbeitungsprogramme (.*bat*, .*cmd*) oder simple HTML-Dokumente (.*hta*, .*htm*, .*html*), um den Computer anzugreifen.

Das Tückische an Viren ist, dass sie sich hinter anderen Funktionen (z. B. in sinnvollen Programmen, in Dokumenten, Webseiten etc.) verstecken und die schädigenden Funktionen eventuell erst an einem ganz bestimmten Datum wirksam werden.

Daneben gibt es noch sogenannte **trojanische Pferde** (**Trojaner**), die sich unbemerkt auf dem Rechner einnisten und den Inhalt der Festplatte, Ihre Surfgewohnheiten, Kennworteingaben etc. ausspionieren und per Internet an ihre Urheber melden. Die Seite *www.trojaner-info.de* enthält eine gute Übersicht über das Thema.

Fragen Sie sich, wie Sie an solche »gefährlichen« Sachen wie Viren und Trojaner geraten? Hier einige der Möglichkeiten zum Angriff auf Ihren Computer:

- **Viren, Würmer** und **Trojaner** können Sie sich z. B. **per Internet einfangen**, wenn Sie Programme herunterladen und dann auf dem Rechner ausführen. Selbst das Surfen auf Webseiten kann zur Gefahr werden, wenn der Benutzer dort der Installation einer vorgeblich zur Anzeige der Seite benötigten Software zustimmt.

Computersicherheit und Internet

- Die **zweite Quelle** für solche »Schädlinge« sind **E-Mails mit angehängten Dateien** und **Programmen**. Öffnet der Benutzer einen solchen Anhang, wird das Programm samt Virus ausgeführt.

Das Gleiche gilt bei der Übernahme ungeprüfter Dateien von Datenträgern Dritter. Allerdings ist die Virengefahr begrenzt, Schäden werden in der Regel durch allzu große Sorglosigkeit der Benutzer verursacht. Mit ein paar Verhaltensregeln lässt sich die Gefahr reduzieren:

- Installieren Sie ein **Virenschutzprogramm** auf dem Computer und halten Sie dieses **auf dem aktuellen Stand**. Lassen Sie zyklisch eine Virenprüfung durchführen und testen Sie neu auf den Computer übertragene Programme auf Virenbefall.

- Beziehen Sie **Programmdateien nur aus vertrauenswürdigen Quellen** (z. B. Webseiten renommierter Anbieter, CDs/DVDs aus Büchern oder Zeitschriften). Wer sich illegale Programme aus obskuren Quellen beschafft, darf sich über Virenbefall nicht wundern.

- **E-Mail-Anhänge** sollten Sie zunächst **speichern** und vor dem Öffnen **auf** einen eventuellen **Virenbefall testen**. Stammt die E-Mail von unbekannten Personen, sollten Sie die Nachricht ungelesen löschen. Seien Sie auf der Hut, wenn eine freundliche Mail von Microsoft oder anderen mit einem angeblichen Windows-Update oder einem Virenscanner im Anhang eintrifft. So wurden bereits einige Viren verbreitet. Auch als E-Mail-Anhänge verschickte Grußkarten (*.exe*-Dateien) oder Bildschirmschoner (*.scr*-Dateien) sind Virenverstecke. Selbst in E-Mail-Anhängen von Bekannten könnte ein Virus enthalten sein (falls deren PC befallen ist oder ein Virus deren System zur Verbreitung benutzt hat).

> **Tipp**
> Schalten Sie die Anzeige der Dateinamenerweiterung über *Extras/Ordneroptionen* auf der Registerkarte *Ansicht* ein (siehe *Kapitel 3*), um bei heruntergeladenen Dateien oder E-Mail-Anhängen den Dateityp zu erkennen.

Es gilt das Sprichwort »Vorsicht ist die Mutter der Porzellankiste«. Einige Viren konnten sich nur verbreiten, weil unvorsichtige Benutzer entsprechende E-Mail-Anhänge sofort per Doppelklick geöffnet haben. Speichern Sie niemals wichtige Informationen (z. B. Kennwörter) auf dem Computer und fertigen Sie Sicherheitskopien von wichtigen Dateien an.

> **Was ist das?**
> Zu allem Überfluss gibt es noch **Hoaxes**, die von wohlmeinenden Zeitgenossen breit gestreut werden und beim Anwender hektische Aktivität auslösen. Ein **Hoax** ist eine Falschmeldung über ein angebliches Virus. Die Seite *www.hoax-info.de* enthält eine sehr gute Übersicht über **Hoax**-Meldungen.

Virenschutzprogramme können Dateien vor dem Öffnen auf Viren prüfen. Die Firma Avira stellt privaten Anwendern das Programm »AntiVir Personal Edition« zur Verfügung, das Sie aus dem Internet (*www.free-av.de*) laden und kostenlos nutzen können. Von Microsoft sind die **Microsoft Security Essentials** als kostenloser Download (*www.microsoft.com/security_essentials/*) erhältlich. Es handelt sich dabei um ein Virenschutzprogramm für Windows, welches nach dem Download installiert werden muss. Der Virenwächter überwacht die Aktionen beim Öffnen von Dateien und schlägt ggf. Alarm.

> **Achtung**
> Es gibt eine Vielzahl an kostenpflichtigen und kostenlosen Virenschutzlösungen. Die von einigen Herstellern angebotenen »Internet Security Suites« mit Virenschutz, Firewall etc. versprechen zwar einen »Rundumschutz«. Unter Windows 7 sind solche Lösungen, speziell wenn sie fehlerhaft eingerichtet wurden, die Ursache für allerlei Probleme. Ich empfehle daher, im Privatbereich die oben aufgeführten kostenlosen Virenschutzlösungen einzusetzen. Wichtig ist, dass Sie die Virenschutzprogramme auf dem aktuellen Stand halten. Hierzu bieten die Hersteller Updates der Programme und der Signaturdateien zum Erkennen von Viren per Internet. Die Modalitäten sind anbieterspezifisch. Gerade bei kritischen Funktionen wie Internetbanking oder Zugriffen auf kennwortgeschützte Bereiche ist es wichtig, dass der Computer frei von Trojanern und Viren ist. Speichern Sie daher keine Kennwörter, um deren Übertragung zu verhindern.
>
> Weiterhin gibt es Webseiten, die dem Benutzer sogenannte Dialer (Einwahlprogramme fürs Internet) unterschieben. Die Einwahl ins Internet über diese Dialer wird dann sehr teuer. Die Verbreitung dieser Dialer hat aber abgenommen, seit der Gesetzgeber die zulässigen Gebühren für die Einwahl stark begrenzt hat. Sofern Sie das in *Kapitel 4* erwähnte Programm SmartSurfer zur Einwahl verwenden, sind Sie durch den Dialer-Warner schon ganz gut geschützt. Zudem enthalten Virenschutzprogramme i. d. R. auch eine Überwachung auf solche Dialer. Die Seite *www.computerbetrug.de* enthält weitere Hinweise zu Dialern.

Schutz vor Java, ActiveX und Skripten

Die bereits erwähnten Skripte und andere »Schädlinge« nutzen häufig ungenügende Sicherheitseinstellungen oder Fehler des Browsers zur automatischen Installation. Webseiten lassen sich beispielsweise durch **ActiveX**-Steuerelemente, **Java**-Applets oder **Skripte** (JavaScript- bzw. VBScript-Programme) mit Zusatzfunktionen ausstatten. Eigentlich ist das eine gute Sache und bei Webdesignern sehr beliebt.

> **Was ist das?**
>
> **ActiveX** ist eine von Microsoft eingeführte Technologie, um Webseiten mit zusätzlichen Funktionen versehen zu können. Dabei wird ein ActiveX-Modul (das ist ein Programm) einmalig von der Internetseite geladen und auf dem Computer installiert. **Java**-Applets sind ebenfalls Programmmodule, die Zusatzfunktionalität bereitstellen und einmalig installiert werden. Skripte sind im HTML-Dokument eingebettete Programme, die bei der Anzeige der Seite ausgeführt werden.

Diese Erweiterungen stellen potenzielle Einfallstore für Schadprogramme dar. Über ein ActiveX-Modul oder Java-Applet können Viren, Würmer, Dialer oder Trojaner auf den Computer eingeschleppt werden. Es genügt der Abruf einer HTML-Seite (entweder beim Surfen oder beim Ansehen einer E-Mail mit HTML-Inhalt), um ein Skript auszuführen oder um ein ActiveX-Element oder ein Java-Applet zu installieren. Skripte ermöglichen zwielichtigen Zeitgenossen auch, den **Computer auszuspionieren** oder zu **schädigen**.

Sie können den Browser aber so einstellen, dass ActiveX-Module, Java-Applets oder Skripte nicht angenommen werden oder dass der Browser Sie vor dem Ausführen der Aktion warnt. Erscheint ein Dialogfeld mit der Frage, ob eine sogenannte **ActiveX-Komponente** installiert werden soll, versucht die gerade angesurfte Webseite, eine solche Komponente auf Ihrem Computer zu installieren. Lassen Sie diesen Schritt zu, wird die ActiveX-Komponente später ohne weitere Nachfragen ausgeführt. Daher ist es wichtig, nur ActiveX-Komponenten, die nachweislich aus vertrauenswürdigen Quellen (z. B. Microsoft) stammen, zuzulassen. Bei Skriptprogrammen hilft ggf. nur das komplette Abschalten der betreffenden Funktion. Beim Microsoft Internet Explorer passen Sie die Sicherheitseinstellungen folgendermaßen an:

1 Wählen Sie im Browserfenster den Befehl *Internetoptionen* im Menü der Schaltfläche *Extras*.

2 Auf der Registerkarte *Sicherheit* wählen Sie die Zone »Internet« und legen dann die gewünschte Sicherheitsstufe fest. Beim Schließen der Registerkarte über die *OK*-Schaltfläche wird die Sicherheitsstufe aktiv.

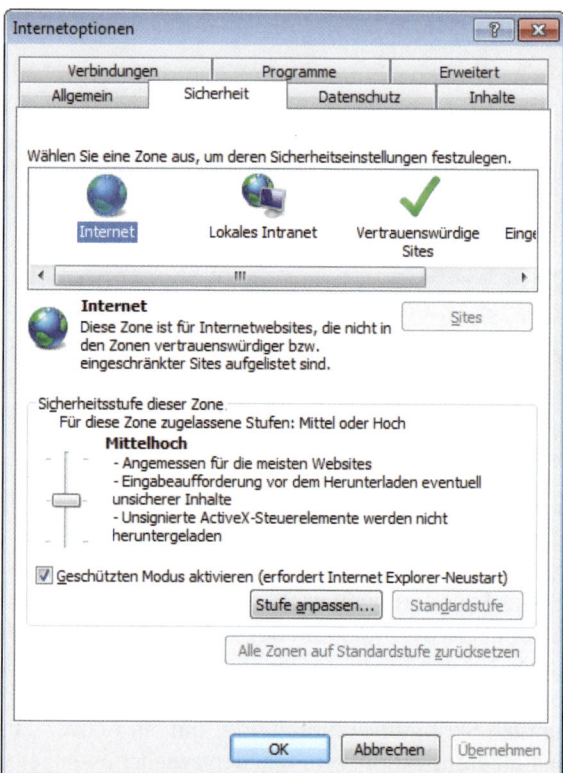

Bei Windows 7 sollte das Kontrollkästchen *Geschützten Modus aktivieren* markiert sein, um das Ausbreiten von Schädlingen zu erschweren. Über die Schaltfläche *Stufe anpassen* lassen sich die Sicherheitseinstellungen detailliert anpassen.

> **Hinweis**
>
> Virenprogrammierer nutzen gerne Schwachstellen in Internetprogrammen und in Windows aus, um die Sicherheitseinstellungen zu umgehen. Aus Sicherheitsgründen sollten Sie den benutzten Browser (z. B. Internet Explorer 8), das E-Mail-Programm und auch Windows auf dem neuesten Stand halten. In Windows lassen sich vorhandene Aktualisierungen im Internet Explorer über den Befehl *Windows Update* des Menüs der Schaltfläche *Extras* abrufen.

Der Browser öffnet bei Anwahl der Schaltfläche *Stufe anpassen* ein Dialogfeld *Sicherheitseinstellungen* mit allen Sicherheitsoptionen. Setzen Sie die Markierung der Optionsfelder für ActiveX-Steuerelemente und Plug-ins sowie für Active Scripting auf »Deaktivieren«, um die Funktion abzuschalten. Auf die gleiche Weise können Sie die Ausführung von Java-Applets blockieren.

Computersicherheit und Internet

Um bei Bedarf einzelne Erweiterungen zuzulassen, setzen Sie die betreffenden Optionen auf »Eingabeaufforderung«. Dann erscheint bei Inanspruchnahme der Funktion ein Dialogfeld, in dem Sie bestätigen müssen, ob ein Skript ausgeführt, ein ActiveX-Element oder ein Java-Applet installiert werden darf. Das ermöglicht Ihnen, bei vertrauenswürdigen Websites ein Skript oder eine ActiveX-Komponente zu akzeptieren. Erfordert eine unbekannte Website ActiveX-, Java- oder Skripterweiterungen, können Sie sich entscheiden, ob Sie das Risiko eingehen oder lieber auf den Besuch der betreffenden Seite verzichten.

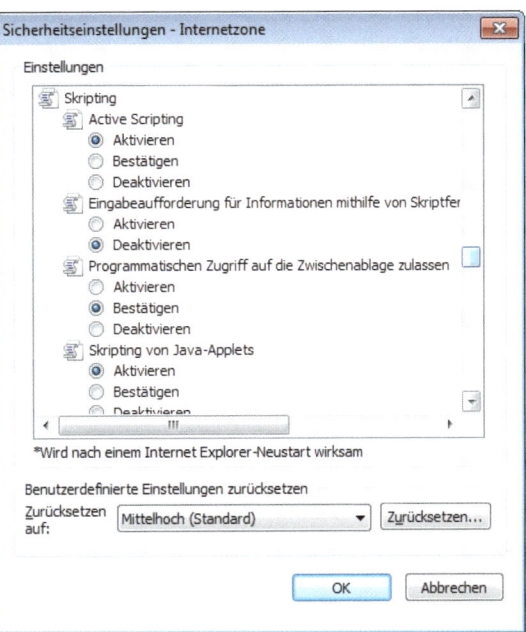

> **Hinweis**
>
> Bei abgeschaltetem Active Scripting klappt Internetbanking meist nicht mehr. Hier empfiehlt es sich, im Internet Explorer über *Extras/Internetoptionen* die Registerkarte *Sicherheit* aufzurufen. Wählen Sie dann die Zone *Vertrauenswürdige Sites* und aktivieren Sie Active Scripting. Wenn Sie auf die Schaltfläche *Sites* klicken, können Sie in einem Zusatzdialog die Adresse(n) der Homebanking-Webseite(n) einfügen. Für diese Webseiten lässt der Internet Explorer dann die freigegebenen Funktionen zu. Weitere Details finden Sie in der Programmhilfe des Internet Explorers.

Cookies – was ist dagegen zu tun?

Der Begriff **Cookies** ist das englische Wort für Plätzchen und beschreibt einen Mechanismus, bei dem eine Webseite eine kleine Textdatei auf Ihrem Rechner hinterlegt. Einige Webseiten verwenden solche Cookies, um Einstellungen, die der Benutzer bei der Anpassung der Seite gewählt hat, zu speichern. Oder es wird die Identifizierung des Benutzers über diese Cookies vorgenommen. An sich sind Cookies eine gute Sache, die sich aber auch (z. B. zum Auskundschaften der Surfgewohnheiten) missbrauchen lässt. Sie können, wie in *Kapitel 4* beschrieben, die Cookies von Zeit zu Zeit löschen. Besser ist es aber, die automatische Annahme der Cookies abzuschalten.

Kapitel 5

1 Rufen Sie im Internet Explorer das Eigenschaftenfenster über den Befehl *Internetoptionen* im Menü der Schaltfläche *Extras* auf.

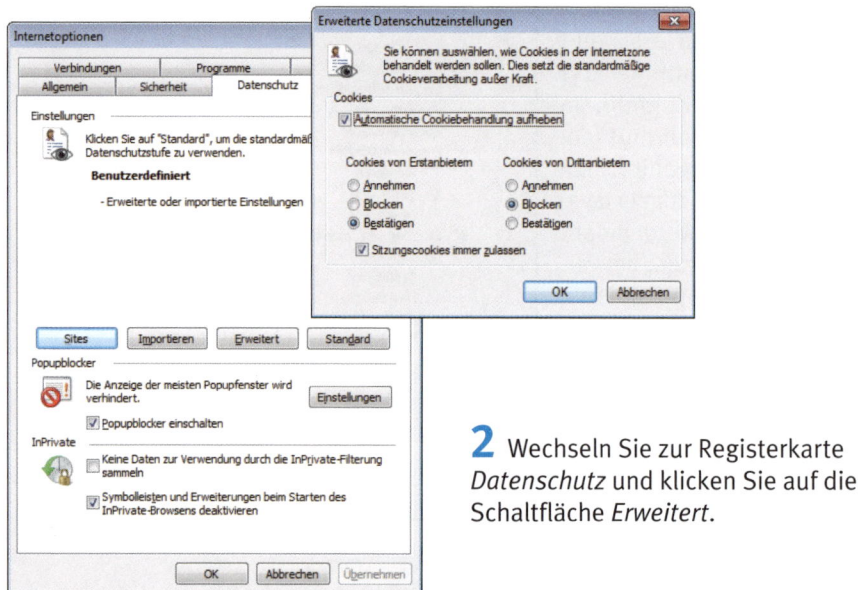

2 Wechseln Sie zur Registerkarte *Datenschutz* und klicken Sie auf die Schaltfläche *Erweitert*.

3 Markieren Sie im Dialogfeld *Erweiterte Datenschutzeinstellungen* das Kontrollkästchen *Automatische Cookiebehandlung aufheben* und setzen Sie die Markierung der beiden Optionsfeldgruppen auf *Bestätigen*.

Wenn Sie dann das Dialogfeld und die Registerkarte über die *OK*-Schaltfläche schließen, wird der Browser die Cookieannahme dem Benutzer überlassen.

> **Hinweis**
>
> Gelegentlich passiert es aber, dass eine Website ungewollt in der Cookie-Sperrliste landet. Klicken Sie dann auf der Registerkarte *Datenschutz* auf die Schaltfläche *Sites*. Es erscheint ein weiteres Dialogfeld mit den bereits vorhandenen Cookielisten. Markieren Sie den Eintrag der Website und löschen Sie ihn.
>
> Die Registerkarte *Datenschutz* enthält zudem die Optionen für den Popupblocker (siehe die folgenden Seiten). Über das Kontrollkästchen lässt sich die betreffende Funktion zu- oder abschalten. Die Schaltfläche *Einstellungen* öffnet einen Zusatzdialog, in dem Sie Adressen von Webseiten mit modifizierten Popupeinstellungen eintragen können (hilfreich z. B. beim Internetbanking).

Computersicherheit und Internet

Ist die generelle Annahme von Cookies gesperrt und möchte eine Webseite beim Aufrufen ein Cookie speichern, fragt der Browser in einem Dialogfeld nach. Nur wenn Sie die Annahme eines Cookies akzeptieren, wird dieses auf dem Computer gespeichert. Die Webseiten fragen oft mehrfach nach, d. h., Sie müssen auch mehrfach die Schaltfläche zum Annehmen oder zum Ablehnen wählen.

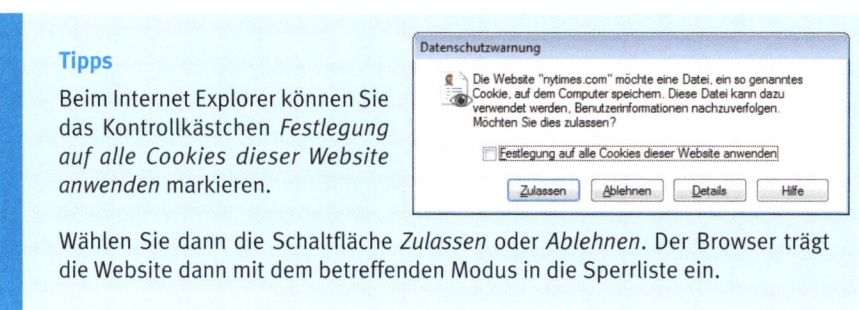

Tipps

Beim Internet Explorer können Sie das Kontrollkästchen *Festlegung auf alle Cookies dieser Website anwenden* markieren.

Wählen Sie dann die Schaltfläche *Zulassen* oder *Ablehnen*. Der Browser trägt die Website dann mit dem betreffenden Modus in die Sperrliste ein.

Popups und Phishing parieren

Manche Webseiten öffnen beim Aufrufen im Vordergrund automatisch weitere Fenster mit Werbung, sogenannte Popups. Dies kann ziemlich nervig werden, weil Sie diese Fenster erst schließen müssen, um den Inhalt der Hauptseite anzusehen. Zudem besteht die Gefahr, dass beim Schließen dieser Fenster unerwünschte Aktionen (z. B. Installation von Zusatzkomponenten) angestoßen werden. Glücklicherweise besitzt der Internet Explorer einen sogenannten Popupblocker (Werbefilter), der das Einblenden bestimmter Werbefenster unterbindet. Erscheint oberhalb des Dokumentbereichs die Informationsleiste mit dem Hinweis »Ein Popup wurde geblockt ...«?

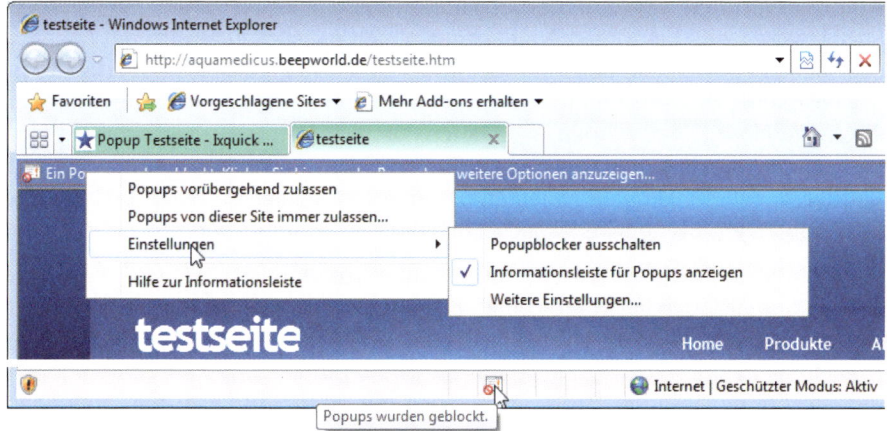

Kapitel 5

Dann wurde ein solches Werbefenster vom Internet Explorer unterdrückt. Manchmal ist es aber erforderlich, dass Sie den Inhalt des geblockten Fensters ansehen müssen (z. B. weil Sie ein seriöses bzw. erwünschtes Angebot mit Informationen abrufen möchten).

1 Klicken Sie auf die Informationsleiste, um ihr Menü zu öffnen.

2 Wählen Sie im Kontextmenü den Befehl *Popups vorübergehend zulassen* oder klicken Sie auf den Befehl *Popups von dieser Site immer zulassen*.

Die Befehle bewirken, dass das geblockte Informationsfenster erscheint oder das Angebot der betreffenden Webseite immer vom Popupblocker freigegeben wird (Letzteres ist z. B. bei Anmeldeseiten hilfreich, die beim Aufruf vielleicht geblockt werden).

> **Tipp**
> Sie können bei Anwahl eines Hyperlinks die Tastenkombination [Alt]+[Strg] gedrückt halten, um den Popupblocker für die aufzurufende Seite temporär abzuschalten.

Ein anderes Problem sind **Phishingangriffe**. Gefälschte E-Mails oder Webseiten versuchen den Benutzer dazu zu bringen, persönliche oder finanzielle Informationen (z. B. Zugangsdaten für Internetkonten) preiszugeben. Typisch sind E-Mails, die vorgeblich von einer Bank, von eBay etc. stammen und eine Aufforderung enthalten, sich zur Überprüfung der Zugangsdaten oder Zahlungsvorgänge am Onlinekonto anzumelden. Ein Mausklick auf den in der E-Mail enthaltenen Hyperlink öffnet dann aber nicht die angegebene Webseite, sondern leitet Sie zu einer gefälschten Phishing-Webseite um. Deren Aufmachung ähnelt meist dem erwarteten Angebot oder benutzt sogar Teile des Internetauftritts des vermeintlichen Absenders (z. B. der Postbank). Gibt der Benutzer nun Zugangsdaten in das Anmeldeformular der Phishing-Webseite ein, werden diese Daten durch die Betrüger abgefischt und später zur Anmeldung am betreffenden Onlinekonto missbraucht. Dies ermöglicht den Betrügern, ggf. Bankkonten zu leeren oder Internetzugangsdaten für E-Mail- bzw. eBay-Konten etc. für kriminelle Machenschaften zu missbrauchen.

Da die Zahl der Phishingversuche sprunghaft ansteigt, besitzen sowohl der Internet Explorer als auch der Firefox einen eingebauten **Phishingfilter** (beim Internet Explorer als **SmartScreen-Filter** bezeichnet). Wird eine bekannte Phishingseite (z. B. die Testseite *www.mozilla.com/firefox/its-an-attack.html*) aufgerufen, blenden sowohl der Internet Explorer als auch der Firefox-Browser eine deutliche Warnung im Dokumentbereich ein.

Computersicherheit und Internet

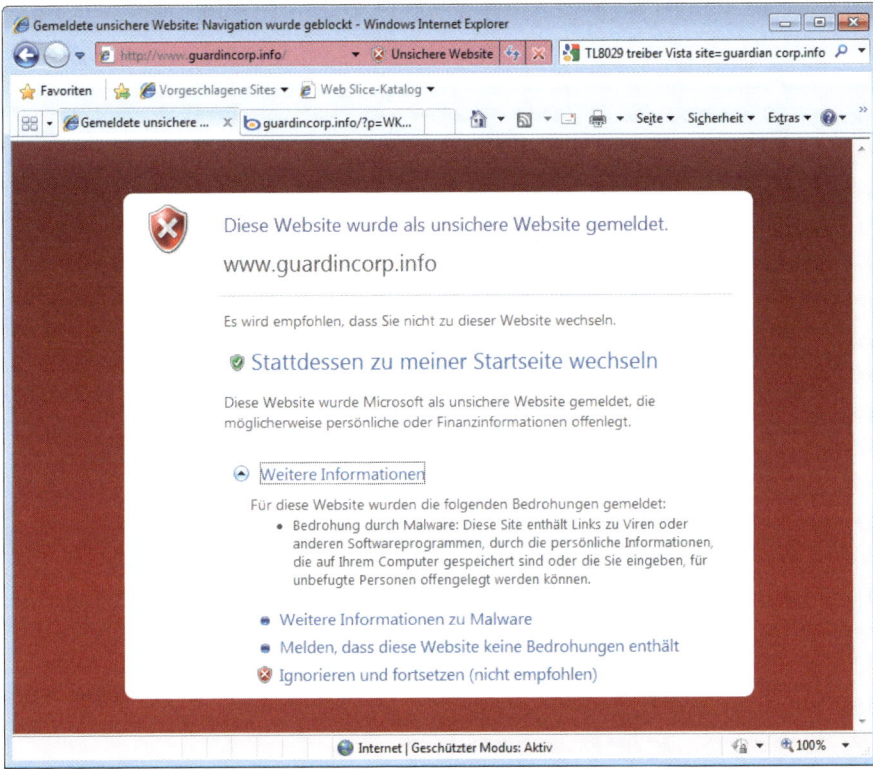

Über Hyperlinks können Sie die Anzeige der Seite ablehnen oder das Laden zwangsweise zulassen.

> **Hinweis**
> Um einen Phishingtest für die aktuell geladene Webseite durchzuführen, öffnen Sie in der Symbolleiste des Internet Explorers das Menü der Schaltfläche *Sicherheit* und wählen dann die Menübefehle *SmartScreen-Filter/Diese Website überprüfen*.

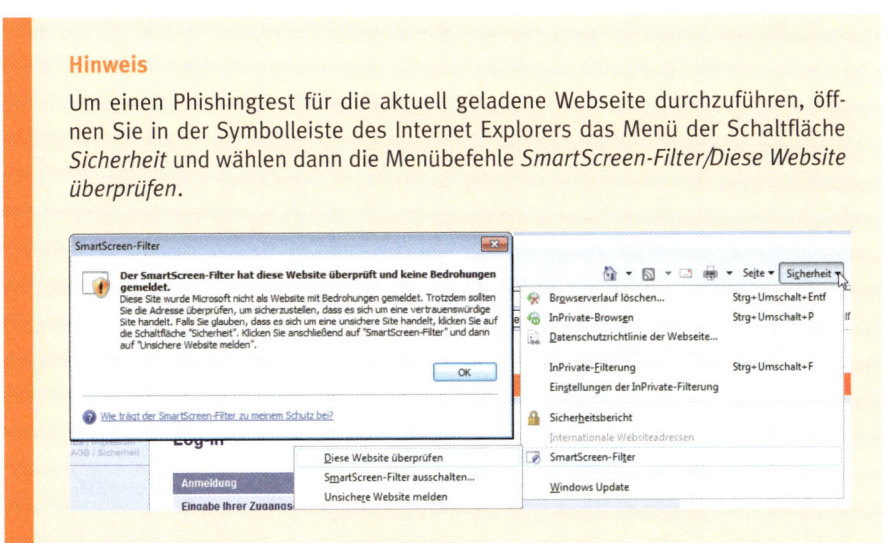

Ein Dialogfeld informiert Sie anschließend, ob eine Phishingsite erkannt wurde oder nicht. Beim Aufruf des Befehls fragt der Browser einen Microsoft-Server ab, ob die gerade geladene Adresse zu einer bekannten Phishing-Webseite gehört oder ob die Seite bekannte Phishingtechniken verwendet. Eine Negativmeldung stellt aber keine Unbedenklichkeitsbescheinigung dar. Bleiben Sie vorsichtig, wenn Sie kritische Daten (Onlinebestellungen, Anmeldung an Konten etc.) in Internetseiten eingeben. Prüfen Sie unbedingt, ob aufgerufene Anmeldeseiten beispielsweise eine abgesicherte *https:*-Verbindung benutzen und sich durch ein gültiges Zertifikat ausweisen können (siehe vorherige Seiten).

Tipp

Um kein Opfer von Phishingattacken zu werden, sollten Sie einige Regeln beachten: Banken oder andere seriöse Anbieter, bei denen Sie ein Konto unterhalten, werden Sie niemals telefonisch oder per E-Mail nach Anmeldedaten oder Kennwörtern fragen! Diese Anbieter verlangen auch nicht per E-Mail mit integriertem Link, dass Sie Ihr Konto reaktivieren. Selbst beim Telefonbanking fragt die Bank bei der Authentifizierung nur einzelne Ziffern der Geheimnummer ab. Neue PIN- oder TAN-Listen werden von den Banken niemals per E-Mail verschickt, sondern immer per Post. Die Nummern sind in verschlossenen Umschlägen enthalten. Wird Ihnen ein solcher Umschlag beschädigt oder geöffnet zugestellt, sollten Sie unverzüglich die Bank bzw. den betreffenden Anbieter verständigen und die PIN/TANs sperren lassen. Klicken Sie niemals auf einen per E-Mail zugesandten Link, um eine Anmeldeseite für ein Konto abzurufen, sondern tippen Sie daher die Ihnen bekannte Internetadresse der Bank bzw. des Anbieters manuell in die Adressleiste Ihres Browsers ein. Das Gleiche gilt sinngemäß für andere Konten (E-Mail, eBay, PayPal etc.). Wichtig ist auch, dass der Rechner frei von Trojanern ist (siehe unten), da diese u. U. Benutzereingaben aufzeichnen und per Internet weiterleiten.

Kindersicherung für Webzugriffe

Sicherlich möchten Sie als Eltern, dass Ihre Kids im Internet surfen. Allerdings findet es sicher nicht Ihre Billigung, wenn der clevere Nachwuchs sich über die neuesten Entwicklungen im Sexbusiness, über brutale Filme etc. informiert. Sie könnten ständig neben dem Computer sitzen und die Kids überwachen. Oder Sie aktivieren eine Kindersicherung für Ihre Sprösslinge. Das Ganze läuft unter dem Stichwort »Inhaltsratgeber«.

1 Wählen Sie im Internet Explorer den Befehl *Internetoptionen* im Menü der Schaltfläche *Extras*.

2 Klicken Sie auf der Registerkarte *Inhalt* auf die Schaltfläche *Aktivieren* (oder *Einstellungen*) der Gruppe *Inhaltsratgeber*.

Computersicherheit und Internet

Jetzt erscheint ein zweites Eigenschaftenfenster, in dem Sie die Filter zum Sperren von Webseiten festlegen. Die Sperre bezieht sich dabei auf den aktuellen Benutzer (d. h., Sie müssen sich ggf. vorher unter dem Benutzerkonto Ihrer Kinder angemeldet haben).

3 Klicken Sie auf der Registerkarte *Filter* auf die gewünschte Kategorie (z. B. »Gewalt«, »Sexuelle Handlungen« etc.) und bestimmen Sie anschließend die gewünschte Stufe über den Schieberegler auf der Registerkarte.

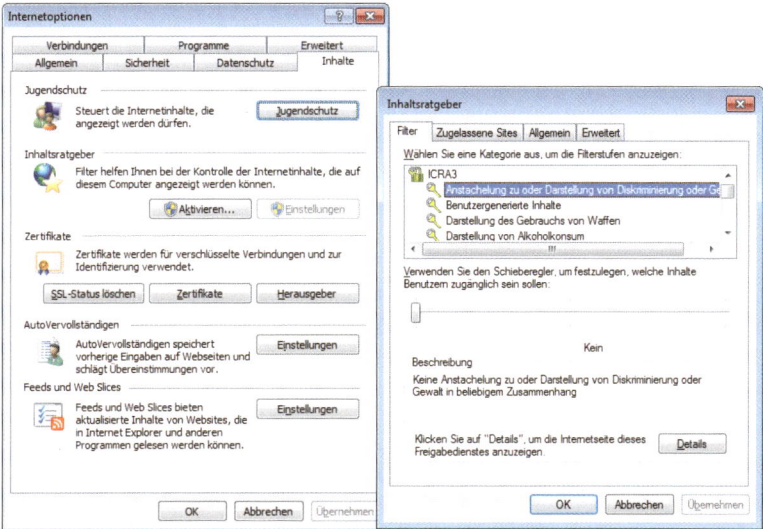

Sobald Sie das Eigenschaftenfenster über *OK* schließen, wird der Filter aktiv. Werden Webseiten mit unzulässigem Inhalt angesurft, erhält der Benutzer eine Nachricht, dass diese vom Inhaltsratgeber gesperrt wurden.

> **Hinweis**
>
> Das gesamte Filtersystem setzt voraus, dass sich die betreffenden Webseiten selbst gemäß den Kriterien der RSAC-Organisation klassifizieren. Ist das Kontrollkästchen *Zugang auf ungefilterte Sites zulassen* auf der Registerkarte *Allgemein* nicht markiert, werden alle Webseiten ohne Klassifikation zur Anzeige gesperrt. Sie können Ihren Kids aber eine Liste gebilligter Webseiten über die Registerkarte *Zugelassene Sites* zusammenstellen. Achten Sie bei der Vergabe eines Supervisor-Kennworts darauf, dass Sie dieses nicht vergessen. Die Verwaltung der Einstellung ist nur unter Administratorkonten möglich. Achten Sie also darauf, dass die Kinder nur Standardbenutzerkonten nutzen können (andernfalls setzen die Sprösslinge die Einstellungen zurück). Zudem verwendet Windows 7 Home Premium die Funktion **Jugendschutz**, die eine weitergehende Kontrolle ermöglicht. Sie gelangen in die Formulare dieser Funktion, indem Sie auf der Registerkarte *Inhalte* auf die Schaltfläche *Jugendschutz* klicken. Hinweise zum Thema Jugendschutz finden Sie in der Windows-Hilfe.

Anonym surfen

Nach der Lektüre der vorhergehenden Seiten wissen Sie, dass Arbeitgeber, Kollegen oder interessierte Dritte über das Adressfeld oder über den Verlauf herausfinden können, wo Sie sich im Web überall herumtreiben (siehe *Kapitel 4*). Um möglichst wenig Informationen über sich zu liefern, **verzichten** Sie auf das **Ausfüllen von Formularen** in Webseiten. E-Mail-Adressen lassen sich für Werbemüll missbrauchen, über die URL der eigenen Homepage lässt sich ggf. sogar Ihre postalische Adresse ermitteln. Erfordert der Zugang zu einem Angebot die Anmeldung mit Angabe einer E-Mail-Adresse, verwenden Sie ein eigens zu diesem Zweck bei einem Freemail-Anbieter angelegtes kostenloses E-Mail-Postfach. Sperren Sie die Annahme von Cookies und löschen Sie in regelmäßigen Abständen den Ordner *Verlauf*. Aber selbst wenn Sie das alles beherzigen, hinterlassen Sie beim Surfen im Internet ungewollt weitere Spuren, die eine Rekonstruktion des Surfverhaltens ermöglichen.

Achtung

Bei der Verbindungsaufnahme weist der Provider Ihrem Computer eine eindeutige Identifikationsnummer (**IP-Adresse**) zu und protokolliert dies intern. Der Betreiber einer Website kann über diese IP-Adresse Ihren Provider herausfinden. Bei strafbaren Handlungen lässt sich von der Staatsanwaltschaft über diese IP-Adressen und die beim Provider protokollierten Verbindungsdaten der Benutzer ermitteln. Bei hinreichendem Verdacht kommt es dann zur Beweissicherung ggf. zu Hausdurchsuchungen mit Beschlagnahme des Computers.

Neben der IP-Adresse kann ein Webseitenbetreiber die Art des Browsers, das benutzte Betriebssystem, die besuchten Webseiten, ggf. die E-Mail-Adresse und weitere Informationen ermitteln und zu Benutzerprofilen kombinieren. Um diese Art des Ausspionierens zu verhindern, lässt sich auf **Anonymisierer** zurückgreifen. Das sind Programme oder Kommunikationsstrukturen, die die Identität des Surfers gegenüber Webservern verschleiern. Wenn Sie in eine Suchmaschine den Begriff »Anonymisierer« eintippen, werden Ihnen entsprechende (meist kostenpflichtige) Angebote und Informationen gezeigt.

Techtalk

Die Anonymisierung erfolgt über **Proxyserver**. Ein **Proxyserver** fungiert als Zwischenstation im Internet. Um den Datenverkehr im Internet zu reduzieren, betreiben Provider häufig Proxyserver, die regelmäßig angeforderte Webseiten in einem Cache zwischenspeichern. Fordert ein Surfer eine solche Seite an, wird diese aus dem Cache und nicht aus dem Internet geholt. Dieser Technik bedienen sich die Anonymisierer, indem sie die Anfrage an den Proxyserver richten. Der Webserver der angeforderten Seite bekommt dann nur die Daten des Proxyservers zu sehen, erfährt also nichts über den PC des Benutzers.

Ganz flott, recht komfortabel und bisher kostenlos arbeitet der **Anonymisierer der** bereits erwähnten **Suchmaschine MetaCrawler** (*www.metacrawler.de*). Klicken Sie in der Ergebnisliste einer Suchanfrage auf den Hyperlink *Öffne anonym* unterhalb des jeweiligen Eintrags, wird die Seite anonymisiert abgerufen. Auf der Webseite *http://anon.inf.tu-dresden.de* lässt sich das kostenlose Programm JAP herunterladen und installieren. Nach der Installation kann das Programm über das Startmenü aufgerufen werden. Im JAP-Dialogfeld finden sich Optionen, um die Anonymisierung wahlweise ein- oder auszuschalten. Allerdings verlangsamt das Anonymisieren die Datenübertragung ungemein. Die Webseite *www.datenschutzzentrum.de* liefert unter der Rubrik »Selbstdatenschutz« einige Informationen. Hinweise zum Thema finden Sie auch auf der (etwas unübersichtlichen) Webseite *www.gurusheaven.de*.

Zusammenfassung

In diesem Kapitel haben Sie einen Einblick in die Möglichkeiten und Risiken des Internets erhalten. Aber auch Sicherheitsfragen im Umfeld von Homebanking, Virenschutz etc. wurden angesprochen. Das kann Ihnen helfen, Fehler zu vermeiden und Risiken einzuschätzen oder zu minimieren.

Testen Sie Ihr Wissen

Zur Überprüfung Ihrer Kenntnisse können Sie die folgenden Fragen beantworten (die Lösungen finden Sie in Klammern).

- **Wie finden Sie Seiten zu bestimmten Themen im Internet?**

  (Indem Sie über ein Webverzeichnis oder über eine Suchmaschine nach dem Thema suchen lassen – siehe Kapitelanfang.)

- **Was ist der Unterschied zwischen einer Suchmaschine und einem Internetverzeichnis?**

  (Eine Suchmaschine erlaubt die Eingabe eines Suchbegriffs und greift auf interne, maschinell erstellte Stichwortlisten zurück. Webverzeichnisse entsprechen Katalogen oder Inhaltsverzeichnissen und werden von Redakteuren zusammengestellt und gepflegt.)

- **Was ist beim Thema Geld und Internet zu beachten?**

  (Die Sicherheit bei der Abwicklung von Geldgeschäften sollte immer durch geeignete Maßnahmen gewährleistet sein, um Missbrauch zu verhindern.)

- **Nennen Sie Möglichkeiten zum Schutz Ihres Computers.**

  (Antivirenprogramme zum Schutz gegen Viren, Popupblocker und Phishingfilter etc.)

Das können Sie schon

Den Computer in Betrieb nehmen	36
Mit Windows arbeiten	48
Mit Fenstern und Programmen umgehen	61
Einen Internetzugang einrichten	132
Webseiten abrufen	141
Chatten, Onlinebanking und mehr	178

Das lernen Sie neu

Kurzübersicht	220
Start mit Windows Live Mail	225
Nachrichten bearbeiten	235
Kontakte verwalten	255

Kapitel 6
E-Mail und mehr

In diesem Kapitel lernen Sie alles, was es zum Thema E-Mail zu wissen gibt. Sie erfahren, wie Sie an ein Postfach gelangen, wie E-Mails erstellt, empfangen, beantwortet und verschickt werden. Weitere Abschnitte zeigen, wie Sie Adressen bzw. Kontaktdaten pflegen.

Kapitel 6

Kurzübersicht

Haben Sie noch kein E-Mail-Postfach oder interessieren Sie sich für die Grundlagen? Möchten oder müssen Sie Ihren Computer noch für den E-Mail-Versand und -Empfang einrichten? In diesem und dem folgenden Abschnitt gehe ich mit Ihnen alle Schritte durch, mit denen Sie den Computer für E-Mails »fit« machen. Weiter lernen Sie, wie Sie an ein kostenloses E-Mail-Konto kommen und wie dieses auf dem Computer eingerichtet wird.

E-Mail – das brauchen Sie

E-Mail ist der Fachbegriff für elektronische Post, die über Computer und das Internet abgewickelt wird. Dieses moderne Kommunikationsmedium ist schnell, preiswert und in vielen Bereichen nicht mehr wegzudenken. Mit einem Internetzugang braucht niemand auf E-Mails zu verzichten.

- Sie benötigen lediglich ein **E-Mail-Konto,** welches unter einer **E-Mail-Adresse** einen Briefkasten für ausgehende und ein Postfach für eingehende Post bereitstellt.

- Die **Funktionen zur Postbearbeitung werden von** speziellen **Programmen,** als **E-Mail-Clients** bezeichnet, **bereitgestellt.**

Wie kommen Sie nun aber an ein E-Mail-Konto und an die Software? Wer einen Vertrag bei einem Provider wie T-Home etc. abschließt, bekommt automatisch ein **E-Mail-Konto** (oder mehrere) zugeteilt. Die Zugangssoftware dieser Provider enthält Funktionen zur Postbearbeitung.

Nutzen Sie Internet-by-Call, können Sie sich ein (kostenloses) E-Mail-Konto bei sogenannten Freemail-Anbietern wie WEB.DE, GMX etc. einrichten.

> **Tipp**
> Ein zweites (kostenloses) E-Mail-Konto bei einem dieser Freemail-Anbieter ist ganz hilfreich zum Schutz gegen Werbemüll. Hinterlassen Sie diese E-Mail-Adresse, wenn Sie im Internet danach gefragt werden.

Die Bearbeitung solcher Postfächer ist auch kein Problem. Praktisch alle Freemail-Anbieter und viele andere Provider unterstützen **Webmail**. Das Postfach wird über Internetseiten verwaltet, die sich über jeden Browser abrufen lassen. Mittels Formularseiten können Sie eingegangene Post abrufen, neue Post erstellen und auch versenden. Webmail ist recht komfortabel, da außer dem Browser keine zusätzliche Software auf dem Computer notwendig ist. Sie können das Postfach weltweit, ggf. sogar aus einem Internetcafé, abrufen. Von Nachteil ist, dass Sie zur Postbearbeitung die ganze Zeit online sein müssen und die Speicherkapazität solcher Postfächer begrenzt ist.

Kurzübersicht

Sogenannte **Mailserver** übernehmen die Verteilung der Post im Internet und stellen einen **Postausgang** zum Versenden von Nachrichten sowie einen der E-Mail-Adresse zugeordneten **Posteingang** für eintreffende E-Mails bereit. Falls der Mailserver die Funktionen **POP3** (Post Office Protocol 3) und **SMTP** (Simple Mail Transport Procotol) oder **IMAP** (Internet Mail Access Protocol) bzw. **HTTP** (Hypertext Transfer Protocol) unterstützt, können Sie ein auf Ihrem Computer installiertes **E-Mail-Programm** (E-Mail-Client) **zur Postbearbeitung** nutzen. Die Nachrichten lassen sich offline erstellen, lesen oder bearbeiten. Nur zum Versenden neuer Mails sowie zum Abrufen des Posteingangs müssen Sie online gehen.

Microsoft Windows 7 enthält kein E-Mail-Programm. Bei Bedarf können Sie aber das kostenlose Programm Windows Live Mail oder den Thunderbird (*www.thunderbird-mail.de*) einsetzen. Im Büropaket Microsoft Office ist zudem **Microsoft Outlook** zur E-Mail-Bearbeitung enthalten.

> **Hinweis**
> Die Vielzahl der Programmvarianten macht deren umfassende Behandlung **in diesem Buch** unmöglich. Daher **werden** nachfolgend kurz ein Webmail-Postfach und dann die **Handhabung** von **Windows Live Mail vorgestellt**. Details zu anderen Programmen finden Sie in den Unterlagen der Hersteller.

Ein Postfach bei Freemail-Anbietern beantragen

Besitzen Sie noch kein Postfach oder benötigen Sie ein zweites E-Mail-Konto, können Sie dieses bei den (noch) kostenlosen Freemail-Anbietern einrichten. Das funktioniert ganz formlos und ist in wenigen Minuten erledigt.

1 Rufen Sie im Browser die Webseite des betreffenden Anbieters (z. B. *freemail.web.de*) auf.

2 Suchen Sie den Hyperlink zum Registrieren des Postfachs beim betreffenden Anbieter (z. B. *Kostenlos registrieren* bei WEB.DE).

3 Füllen Sie das Formular oder die Formulare zum Beantragen des Postfachs aus.

Abhängig vom Anbieter sind die Antragsformulare für ein Postfach unterschiedlich aufgebaut. In der Regel müssen Sie Ihren Namen und Ihre Adresse hinterlassen. Außerdem werden bei der Anmeldung ein Benutzername, ein Kennwort für das Postfach sowie die neue E-Mail-Adresse vereinbart. Merken Sie sich neben Ihrer E-Mail-Adresse unbedingt den Benutzernamen und das vereinbarte Kennwort, da diese zur Teilnahme am Nachrichtenaustausch erforderlich sind.

Hinweis

Eine E-Mail-Adresse ist weltweit eindeutig und wird beispielsweise in der Form *gborn@msn.com* angegeben. Das auch »at« genannte @-Zeichen trennt die Adresse in zwei Teile. Der Teil hinter dem @ (z. B. *msn.com*) gibt die Adresse des Mailservers im Internet an und ist vom Provider vorgegeben. Der vordere Teil der E-Mail-Adresse ist dem Posteingang des Empfängers auf dem E-Mail-Server zugeordnet. Dieser Teil kann beim Einrichten des Postfachs individuell festgelegt werden. Der Provider muss nur sicherstellen, dass keine zwei Benutzer den gleichen Namen verwenden. Der Name darf aus den Buchstaben a bis z, den Ziffern 0 bis 9, dem Punkt, dem Minuszeichen (–) und dem Unterstrich (_) gebildet werden. Beim Einrichten des E-Mail-Kontos erhalten Sie in der Regel Hinweise zu den erlaubten Zeichen sowie einen Vorschlag für den Namen.

Tipp

Wählen Sie den Namen in der E-Mail-Adresse möglichst so, dass er sich leicht merken und schreiben lässt. Zu lange und umständliche Angaben wie *Ilse.Maria.Born-Herdt@msn.com* führen leicht zu Tippfehlern und damit zu Frust beim Korrespondenzpartner, wenn die E-Mails als unzustellbar zurückbekommen. Zu einfache Namen sind auch nicht hilfreich, da diese von Werbemail-Versendern ggf. über wahrscheinliche Namenskombinationen (z. B. *Born@msn.com*) erraten werden können. Verwenden Sie den Unterstrich oder den Punkt, um Namensteile optisch zu trennen (z. B. *G_Born@msn.com*). Ob Sie die E-Mail-Adresse groß- oder kleinschreiben, ist übrigens egal.

Die folgende Tabelle enthält Informationen zu verschiedenen Freemail-Anbietern. Neben einem meist kostenlosen E-Mail-Postfach gibt es kostenpflichtige Zusatzangebote wie mehr Speicherplatz für das Postfach, Virenschutz, Fax- und SMS-Versand usw.

Anbieter	Bemerkung
WEB.DE	Zugriff über http://*freemail.web.de*, kostenloses Basispaket mit Webmail und UMS-Unterstützung, E-Mail-Adressen als *xxx@web.de*, POP3-/SMTP-Zugriffe sind bei den kostenlosen Postfächern nur alle 15 Minuten möglich
GMX	Zugriff über *www.gmx.de* bzw. *www.gmx.net*, kostenloses Basispaket, UMS-Unterstützung, E-Mail-Adressen als *xxx@gmx.de*, POP3-/SMTP-/IMAP-Zugriffe möglich
Freenet	Zugriff über *http://email.freenet.de*, kostenloses Basispaket mit Webmail und UMS-Unterstützung, E-Mail-Adressen als *xxx@freenet.de*, POP3-/SMTP-/IMAP-Zugriff möglich

Hinweis

Kostenlose E-Mail-Adressen gibt es auch bei Yahoo, Google und Microsoft. Ein fleißig genutztes E-Mail-Konto bei Google hat jedoch den Nachteil, dass Inhalte von Nachrichten durch Google mit anderen Informationen, die bei der Google-Suche, bei der Verwendung von Google-Blogs oder anderen Diensten anfallen, zu einem Benutzerprofil kombiniert und ausgewertet werden können. Bei Microsoft und Yahoo sieht es ähnlich aus. Persönlich bevorzuge ich daher die oben genannten deutschen Anbieter beim Einrichten kostenloser Freemail-Konten.

Beispiel: Webmail per Internet nutzen

Die Verwaltung eines Postfachs per Webmail ist denkbar einfach. Sie müssen sich lediglich bei der betreffenden Webseite anmelden. Anschließend lassen sich die benötigten Funktionen über Formulare im Browser abrufen. Dies soll am Beispiel eines WEB.DE-Postfachs demonstriert werden.

1 Rufen Sie die Internetseite http://*freemail.web.de* im Browser auf.

2 Tippen Sie in das Anmeldeformular Ihren Benutzernamen und Ihr Passwort ein und klicken Sie auf die Schaltfläche *Login*.

Im Browser erscheint dann die Eingangsseite Ihres E-Mail-Kontos. Über Symbole innerhalb der Startseite sowie eine Befehlsleiste am linken Rand des Fensters können Sie die einzelnen Funktionen abrufen.

- Mit der Schaltfläche *E-Mail* in der Rubrik »Neu« öffnen Sie die Seite zum Erstellen neuer E-Mails. Sobald das Formular erscheint, tippen Sie die Empfängeradresse, den Betreff sowie den Text der Nachricht in die betreffenden Felder ein und schicken die E-Mail über die Schaltfläche *Senden* ab. Das funktioniert ähnlich wie unten am Beispiel des E-Mail-Clients beschrieben.

- Einige Webmailer unterstützen den **Unified Messaging Service** (UMS). Über die Einträge *SMS* und *Fax* eines Listenfelds können Sie Formulare zum Erstellen einer SMS, eines Fax etc. öffnen. Geben Sie die Telefonnummer des Empfängers ein und ergänzen Sie den Text. Nach dem Versenden speist der Anbieter die Nachricht in das Telefon- oder Mobilfunknetz ein.

Kapitel 6

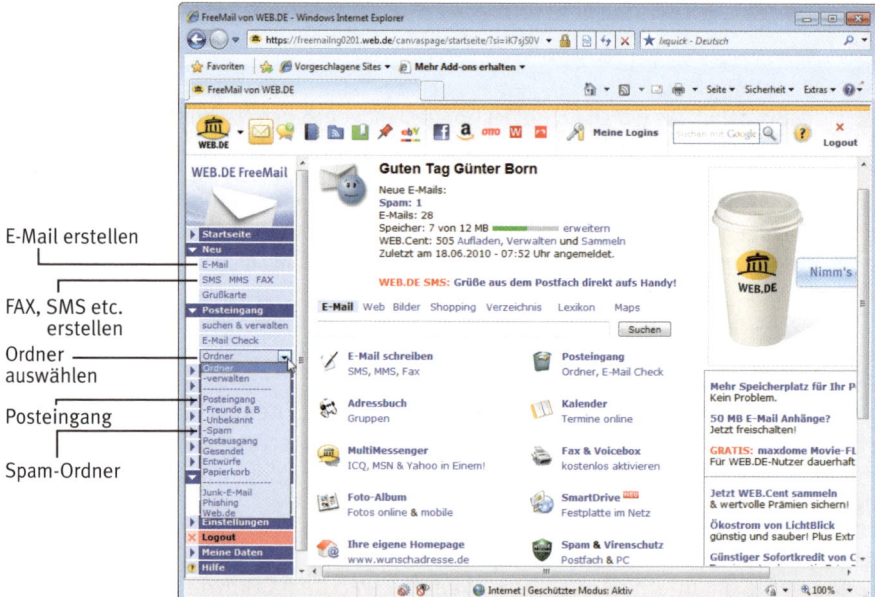

- Die Rubrik »Posteingang« enthält bei WEB.DE das Listenfeld *Ordner*. Wählen Sie im geöffneten Listenfeld den Eintrag *Posteingang*, erscheint der Inhalt des Ordners mit dem Posteingang, in dem alle eingegangenen Nachrichten als Liste angezeigt werden. Zudem gibt es bei eingeschaltetem 3-Wege-Spamschutz die Ordner *Unbekannt* (für unbekannte Absender) und *Unerwünscht* (für Werbemüll). Über Schaltflächen wie *Lesen* oder *Löschen* der Seiten lassen sich per Maus markierte Nachrichten abrufen und auch entfernen.

Das Versenden von Fax- und SMS-Nachrichten ist bei WEB.DE kostenpflichtig (zahlbar per Abbuchung vom eigenen Girokonto). Die angebotenen Zusatzfunktionen wie Adressbuch oder Kalender, Filter für eingehende Nachrichten, Virenprüfung, E-Mail-Weiterleitung oder Sammeldienst zum Abholen von Nachrichten aus anderen Postfächern, Onlinefotoalbum etc. sind abhängig vom jeweiligen Anbieter. Details finden Sie auf den Hilfeseiten des Anbieters.

> **Achtung**
> Wenn Sie Ihr E-Mail-Postfach über die Webseiten besuchen, achten Sie darauf, die Seite über eine gesicherte SSL-Verbindung aufzurufen und über die Schaltfläche *Abmelden* zu verlassen. Erst dann sollten Sie die Verbindung zum Internet beenden.

> **Techtalk**
>
> Eine ganz geniale Sache ist die Unterstützung für **Unified Messaging Service** (UMS). Damit lassen sich Dienste wie E-Mail, Fax, SMS und Anrufbeantworter/Sprachbox unter einem Benutzerkonto zusammenfassen. Beim Einrichten des E-Mail-Kontos wird dann eine spezielle Telefonnummer für Fax- und Sprachnachrichten festgelegt. Eingehende Fax- und Sprachnachrichten werden als E-Mail zugestellt. Sie können eine angehängte Fax-Grafikdatei (TIFF-Format) auf dem Computer anzeigen bzw. drucken (siehe *Kapitel 9*). Sprachnachrichten sind der E-Mail als Audiodatei (Dateierweiterung *.wav*) beigefügt und lassen sich mittels einer Soundkarte auf dem Computer abhören (siehe *Kapitel 10*).

Start mit Windows Live Mail

Die E-Mail-Bearbeitung bei Anbietern wie WEB.DE im Browser erfordert zum Lesen oder Erstellen einer Nachricht eine Onlineverbindung. Als **E-Mail-Client** bezeichnete Programme bieten da mehr Komfort. Es reicht eine kurze Onlineverbindung, um neue Nachrichten über den E-Mail-Server des Providers zu versenden und aktuell eingetroffene Post abzuholen. Danach kann die Post auch ohne Internetverbindung gelesen und beantwortet werden. Für Windows 7 bietet sich das in den Microsoft Live Essentials enthaltene, recht leistungsfähige Windows Live Mail aus den Windows Live Essentials an (die Installation ist in *Kapitel 12* beschrieben).

Windows Live Mail im Überblick

Ist das Programm Windows Live Mail unter Windows 7 installiert?

Dann können Sie Windows Live Mail im Zweig *Alle Programme/Windows Live* des Windows-Startmenüs aufrufen.

> **Hinweis**
>
> Beim ersten Aufruf taucht ein Dialogfeld zum Einrichten eines E-Mail-Kontos auf, welches Sie abbrechen können. Die Konfiguration eines E-Mail-Kontos wird auf den folgenden Seiten besprochen. Eine Abfrage der Windows Live ID während der Installation oder beim ersten Aufruf können Sie ebenfalls übergehen – diese Live ID wird nicht gebraucht (es sind dann lediglich einige Onlinefunktionen nicht verfügbar).

Kapitel 6

Nachfolgend sehen Sie das Anwendungsfenster des Programms mit den wichtigsten Elementen zur E-Mail-Bearbeitung – wobei ich den Lesebereich bereits unterhalb der Nachrichtenliste angeordnet und E-Mail-Konten eingerichtet habe (siehe folgende Seiten, nach der Installation findet sich der Lesebereich am rechten Rand, und die Nachrichtenliste sieht dann etwas anders aus). Am unteren Rand der linken Spalte finden sich die Symbole zum Abrufen der Kategorien (E-Mail, Kalender, Kontakte etc.). Zur E-Mail-Bearbeitung müssen Sie das Symbol *E-Mail* anwählen. Dann zeigt das Programmfenster folgende Einträge.

- In der Symbolleiste am oberen Rand des Programmfensters finden Sie Schaltflächen, um neue Nachrichten anzulegen (*Neu*) und eingetroffene Nachrichten zu beantworten (*Antworten, Allen antworten, Weiterleiten*).

- In der linken Spalte wird im oberen Bereich die **Ordnerliste** mit der angelegten Ordnerstruktur für die eingerichteten E-Mail-Konten eingeblendet. Sie sehen mindestens die Ordner *Posteingang*, *Gesendete Objekte*, *Gelöschte Objekte*, *Entwürfe* sowie *Junk-E-Mail*. In den Ordnern speichert Windows Live Mail die Nachrichten und Entwürfe. Zudem gibt es noch eine Kategorie *Postausgang*, in der neue Nachrichten (bei entsprechender Einstellung) vor dem Versand gesammelt werden.

- Die rechte Spalte ist für die sogenannte **Nachrichtenliste** und den Lesebereich reserviert. Wählen Sie einen Ordner in der linken Ordnerliste an, erscheint in der rechten Spalte die Liste der Nachrichten. Beim Postein- oder Postausgang werden alle Nachrichten mit Absenderangabe, Betreff und Datum aufgelistet. Die aktuell in der Liste gewählte Nachricht wird im Lesebereich (dessen Position wählbar ist) angezeigt.

Die Statusleiste enthält allgemeine Informationen zum angewählten Ordner.

> **Achtung**
> Bei Drucklegung dieses Buches war bereits die Version 4 von Windows Live Mail in Entwicklung. Diese besitzt, wie Microsoft Office, ein Menüband, in dem Sie die Bedienelemente auf den Registerkarten finden. Die Bedienung ändert sich aber nicht grundlegend, so dass die nachfolgenden Anweisungen auch mit neueren Windows Live Mail-Versionen anwendbar sein sollten. Bei größeren Abweichungen plane ich entsprechende Hinweise auf der Internetseite dieses Buches unter *www.borncity.de/BookPage/Other/ComputerEasy2010.htm* zu geben.

Start mit Windows Live Mail

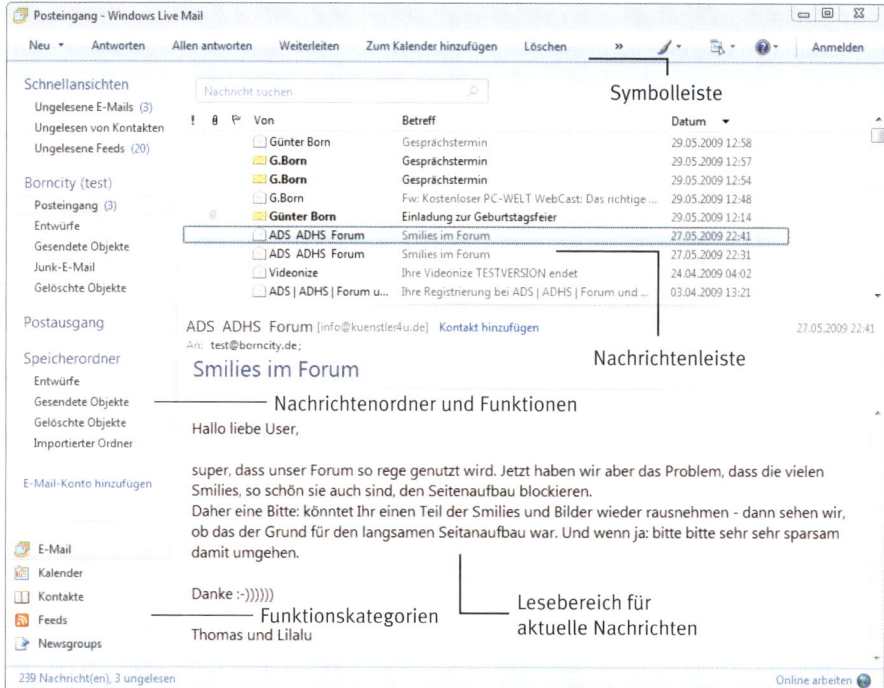

Windows Live Mail anpassen

Windows Live Mail zeigt standardmäßig keine Menüleiste an. Sie können aber kurz die Alt -Taste drücken, um die Menüleiste kurzzeitig einzublenden.

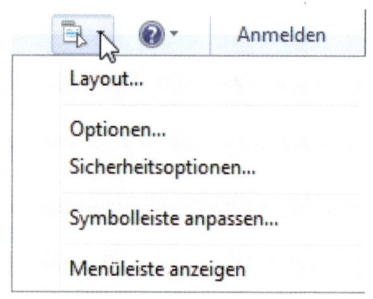

Zudem besteht die Möglichkeit, die hier gezeigte Menüschaltfläche *Menüs* in der Symbolleiste anzuwählen und dann den Befehl *Menüleiste anzeigen* anzuklicken, um die Menüleiste dauerhaft einzublenden. Über die Menüleiste erhalten Sie Zugriff auf alle Funktionen des Programms.

- Über den Befehl *Layout* öffnet sich ein Dialogfeld, in dem Sie die Anordnung des Lesebereichs für angewählte Nachrichten, die Zeilenzahl in der Nachrichtenliste, die Gestaltung der Ordnerspalte etc. beeinflussen können.

- Mit dem Befehl *Symbolleiste anpassen* öffnen Sie ein Dialogfeld, in dem der Symbolleiste Schaltflächen hinzugefügt oder entfernt werden können.

Die Voreinstellungen für Windows Live Mail gehen von einer ständigen Onlineverbindung aus. Der E-Mail-Client fragt dabei den Postserver beim Start und später

Kapitel 6

in bestimmten Zeitabständen ab. Zudem versucht er, neue E-Mails sofort nach dem Erstellen zu versenden. Wer per Modem/ISDN ins Internet geht oder einfach mehr Kontrolle über das Programm haben möchten, sollte dieses so anpassen, dass neue E-Mails im Postausgangsordner gesammelt und dann bei einer Sitzung versandt und eingetroffene E-Mails vom Posteingang heruntergeladen werden.

1 Öffnen Sie in der Symbolleiste des Programmfensters das Menü der Schaltfläche *Menüs* und klicken Sie auf den Befehl *Optionen*.

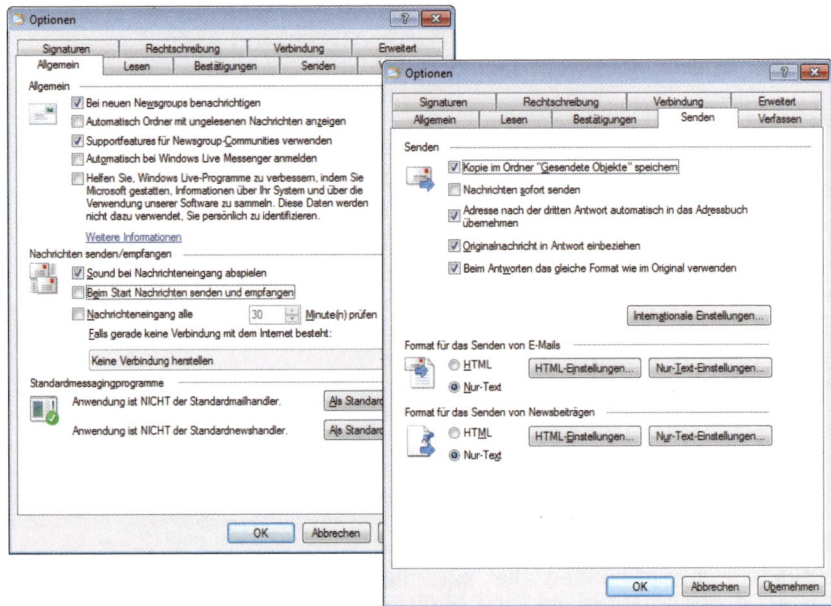

2 Löschen Sie auf der Registerkarte *Senden* die Markierung des Kontrollkästchens *Nachrichten sofort senden*. Die Markierung des Kontrollkästchens *Adresse nach der dritten Antwort automatisch in das Adressbuch übernehmen* sollte ggf. gelöscht werden, um »Datenmüll« im Adressbuch zu vermeiden.

Weiterhin können Sie das Optionsfeld *Nur-Text* in der Gruppe *Format für das Senden von E-Mails* markieren. Dies erzwingt das Abschalten von HTML-Mails (siehe den Abschnitt »Eine Nachricht verfassen« weiter hinten in diesem Kapitel).

3 Löschen Sie auf der Registerkarte *Allgemein* die Markierung der Kontrollkästchen *Beim Start Nachrichten senden und empfangen* sowie *Nachrichteneingang alle 30 Minute(n) prüfen*.

4 Schließen Sie die Registerkarte mit einem Klick auf die *OK*-Schaltfläche.

Der E-Mail-Client sammelt zukünftig alle neu erstellten Nachrichten lokal im Postausgangsordner. Sie können diese dann gezielt versenden und auch neue Post abholen.

E-Mail-Konto eintragen

Um Nachrichten vom E-Mail-Server abrufen und neue E-Mails versenden zu können, müssen die Kontenzugangsdaten in Windows Live Mail eingetragen werden. Die erforderlichen Daten erhalten Sie in der Regel vom Anbieter des Postfachs (also T-Online, Web.de, 1&1 etc.). Anhand dieser Daten weiß der E-Mail-Client, wo er Ihre E-Mails abholen kann und wo neue E-Mails ggf. in einem »Internet-Briefkasten einzuwerfen« sind.

Kennen Sie Ihre E-Mail-Adresse (z. B. BHuber@web.de), das Kennwort und ggf. die Namen der POP3- und SMTP-Server? Dann können Sie das E-Mail-Konto in Windows Live Mail folgendermaßen anlegen:

1 Starten Sie Windows Live Mail und wählen Sie in der linken Spalte des Anwendungsfensters den Hyperlink *E-Mail-Konto hinzufügen* per Mausklick an.

Jetzt startet ein Assistent, der Sie in verschiedenen Dialogfeldern durch die Schritte zur Konfiguration des E-Mail-Kontos führt.

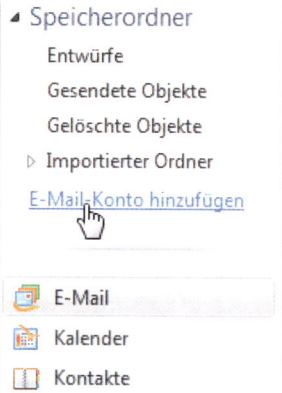

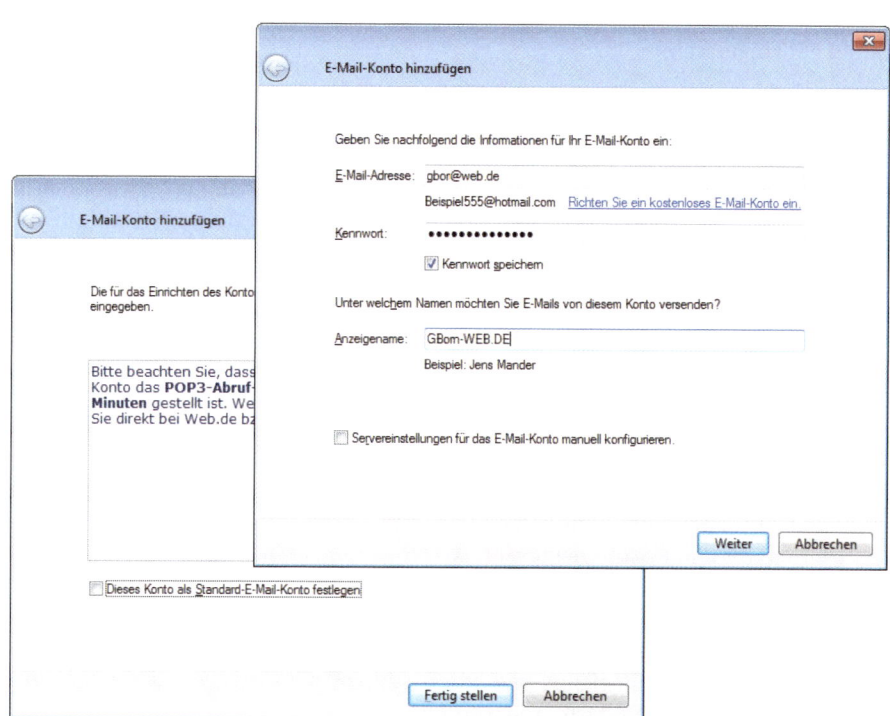

2 Tragen Sie in den Dialogfeldern die benötigten Kontendaten ein und verwenden Sie die *Weiter*-Schaltfläche, um zum Folgedialog zu gelangen.

3 Sobald das Abschlussdialogfeld erscheint, können Sie den Assistenten über die Schaltfläche *Fertig stellen* wieder schließen.

Nach dem Anklicken der *Fertig stellen*-Schaltfläche sollte Windows Live Mail automatisch einen Datenabgleich (als Synchronisation bezeichnet) mit dem E-Mail-Server vornehmen. Sind die E-Mail-Adresse und das zugehörige Benutzerkennwort korrekt, können die im Postfach lagernden E-Mails abgeholt und im Ordner *Posteingang* abgelegt werden.

> **Hinweis**
>
> Bei manchen Freemail-Konten (z. B. Web.de) erlaubt der Anbieter das Abholen neuer E-Mails per POP3-Protokoll nur in einem Zeitintervall von 15 Minuten. Dann erhalten Sie ggf. einen entsprechenden Hinweis im letzten Dialogfeld angezeigt. Rufen Sie Nachrichten häufiger ab, wird Windows Live Mail eine Fehlermeldung anzeigen.

Die genaue Anzahl der zur Konfiguration gezeigten Dialogfelder hängt vom verwendeten E-Mail-Konto ab. Für die in den einzelnen Dialogfeldern einzutragenden Daten gilt Folgendes:

- Tragen Sie im ersten Dialogfeld *E-Mail-Konto hinzufügen* (bei Schritt 2 im Vordergrund sichtbar) die E-Mail-Adresse des Kontos sowie das passende Benutzerkennwort in die betreffenden Textfelder ein. Weiterhin lässt sich noch das Textfeld *Anzeigename* mit einem Wert belegen, der anschließend als Kontenbezeichnung in der linken Spalte des Windows Live Mail-Programmfensters angezeigt wird.

- Kennt der Assistent die Zugangsadresse für den E-Mail-Server, wird sofort das Abschlussdialogfeld (hier oben im Hintergrund sichtbar) eingeblendet. Sind die Zugangsdaten nicht bekannt (oder haben Sie im Startdialogfeld das Kontrollkästchen *Servereinstellungen für das E-Mail-Konto manuell konfigurieren* markiert), werden die Serveradressen und -optionen in dem nachfolgend gezeigten Zusatzdialogfeld abgefragt. Wählen Sie im Dialogfeld den Typ des Posteingangsservers (POP3, IMAP oder HTTP) aus und geben Sie die Adressen für den Posteingangsserver sowie den Postausgangsserver in die betreffenden Felder ein. Für ein Web.de-Postfach lautet die POP3-Adresse *pop3.web.de*, während für den Postausgangsserver *smtp.web.de* einzutragen ist. Im Dialogfeld lässt sich zusätzlich das Kontrollkästchen *Postausgangsserver erfordert Authentifizierung* markieren. Zudem können Sie für Posteingangs- und Postausgangsserver vorgeben, dass eine sichere Verbindung (SSL) zu verwenden ist. Diese Option stellt sicher, dass die E-Mails beim Austausch mit dem E-Mail-Server verschlüsselt übertragen werden.

Start mit Windows Live Mail

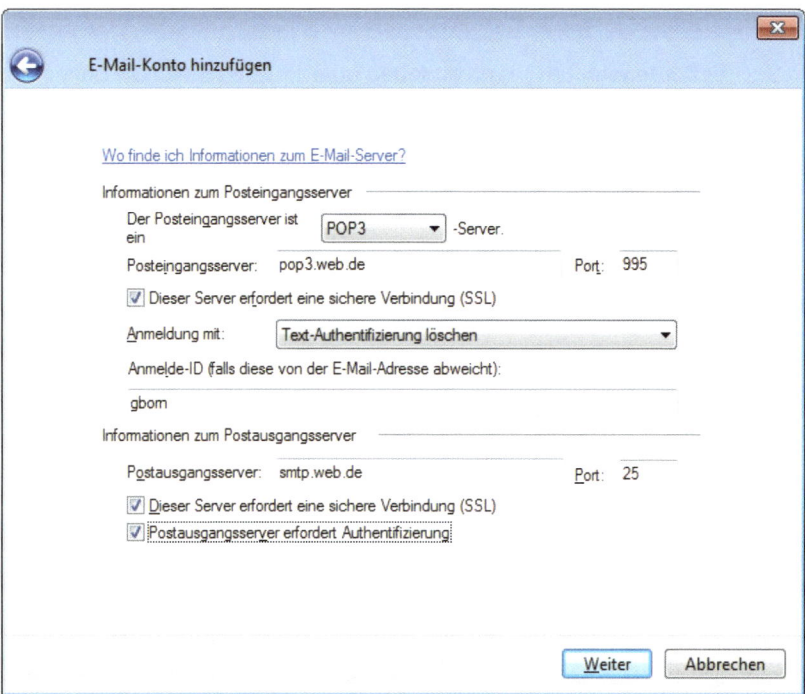

Werden mehrere E-Mail-Konten eingerichtet, lässt sich bei einem Konto das Kontrollkästchen *Dieses Konto als Standard-E-Mail-Konto festlegen* im Abschlussdialogfeld des Assistenten markieren.

> **Hinweis**
>
> Klappt das automatische Einrichten eines E-Mail-Kontos mit Angabe der E-Mail-Adresse und des Benutzerkennworts gemäß obiger Anleitung nicht? Sie können die Konteneinstellungen entsprechend den Ausführungen im folgenden Abschnitt einsehen und anpassen. Ein fehlerhaft konfiguriertes E-Mail-Konto lässt sich aber auch in der linken Spalte des Windows Live Mail-Programmfensters mit der rechten Maustaste anklicken. Wählen Sie den Kontextmenübefehl *Konto entfernen*, können Sie die obigen Schritte zur Konfigurierung des E-Mail-Kontos erneut ausführen. Markieren Sie im ersten Dialogfeld des Assistenten das Kontrollkästchen *Servereinstellungen für das E-Mail-Konto manuell konfigurieren*. Dann können Sie die Informationen für den Posteingangs- und Postausgangsserver manuell in dem oben gezeigten Dialogfeld eingeben. In diesem Fall sollten Sie sich aber vorher beim Anbieter des E-Mail-Kontos über die genauen Details (z. B. Serveradressen, gesicherte Verbindung und Authentifizierung werden unterstützt) zur Konfigurierung des E-Mail-Zugangs informieren. Falls massive Probleme auftauchen, lassen Sie sich von erfahrenen Personen beim Einrichten des E-Mail-Zugangs unterstützen.

Kapitel 6

Konteneinstellungen anpassen

Möchten Sie die **Konteneinstellungen ansehen** oder müssen Sie diese bei einem E-Mail-Konto nachträglich noch modifizieren?

1 Klicken Sie den Eintrag des betreffenden E-Mail-Kontos in der linken Spalte des Windows Live Mail-Programmfensters mit der rechten Maustaste an und wählen Sie den Kontextmenübefehl *Eigenschaften*.

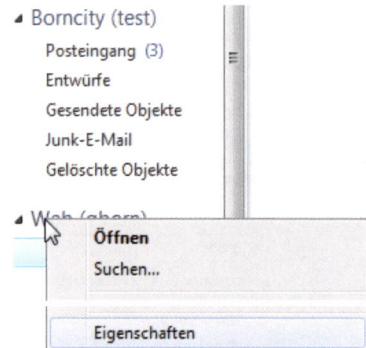

2 Passen Sie im Eigenschaftenfenster auf den einzelnen Registerkarten die benötigten Einstellungen an und klicken Sie danach auf die *OK*-Schaltfläche.

Auf den Registerkarten des Eigenschaftenfensters können Sie die folgenden Einstellungen vornehmen:

- Markieren Sie auf der Registerkarte *Erweitert* ggf. das Kontrollkästchen *Dieser Server verwendet eine sichere Verbindung (SSL)*, um eine verschlüsselte Verbindung beim E-Mail-Versand zu verwenden.

- In der Gruppe *Zustellung* der Registerkarte lässt sich über Kontrollkästchen vorgeben, ob die abgeholten Nachrichten vom Server gelöscht werden sollen. Dies verhindert ggf., dass das Postfach auf dem Server irgendwann »überläuft«.

- Unterstützt der Postausgangsserver eine Authentifizierung, markieren Sie auf der Registerkarte *Server* das Kontrollkästchen *Server erfordert Authentifizierung*. Dann kann sich der Mailclient beim Postversand mit den Kontendaten authentifizieren. Ob das erforderlich ist, erfahren Sie auf den Webseiten des Anbieters.

> **Tipp**
> Werden mehrere E-Mail-Konten konfiguriert und ist ein Freemail-Konto dabei, welches sich nur alle 15 Minuten abfragen lässt? Dann löschen Sie auf der Registerkarte *Allgemein* die Markierung des Kontrollkästchens *Dieses Konto beim Empfangen oder Synchronisierung von E-Mails einbeziehen*. Dann kann das Konto später gezielt über das Menü der Schaltfläche *Synchronisieren* abgefragt werden.

Start mit Windows Live Mail

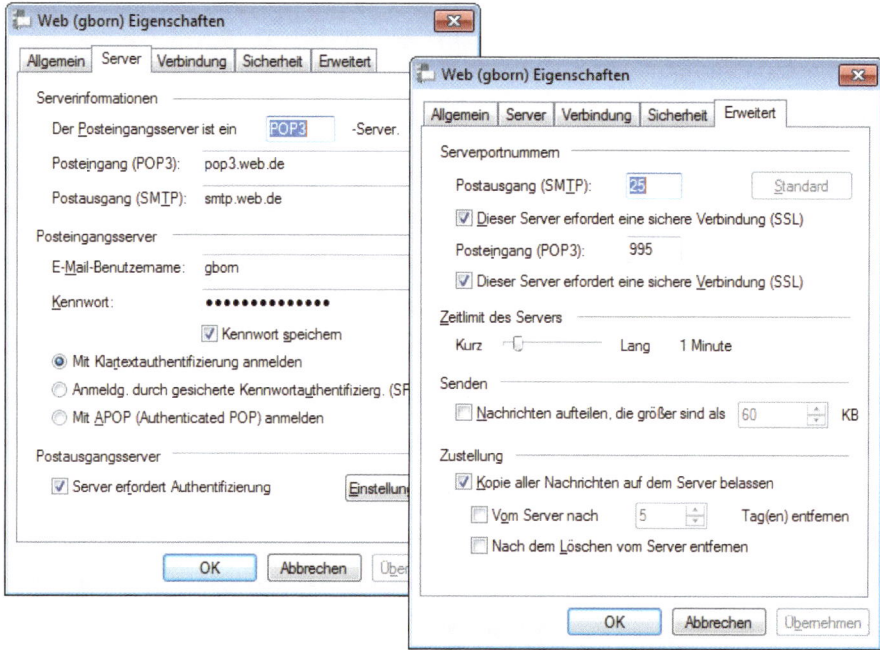

Falls Sie auf Probleme beim Einrichten des E-Mail-Kontos stoßen, lassen Sie sich von einem Experten helfen. Ist das E-Mail-Konto im E-Mail-Client einmal eingerichtet, brauchen Sie sich um solche Dinge keine weiteren Gedanken zu machen. Nach diesen Schritten kennt der E-Mail-Client Ihr E-Mail-Konto. Auf diese Weise können Sie mehrere E-Mail-Konten von verschiedenen Anbietern eintragen und mit Windows Live Mail verwalten.

Nachrichten senden/empfangen

In der Grundkonfiguration synchronisiert Windows Live Mail beim Start und in zyklischen Abständen Nachrichten mit dem E-Mail-Server des Providers. Dies erfordert jedoch eine kontinuierliche Onlineverbindung. Wenn Sie dies nicht möchten und die Einstellungen gemäß meinen obigen Empfehlungen angepasst haben, können Sie Mails gezielt versenden bzw. empfangen:

Kapitel 6

1 Stellen Sie eine Internetverbindung her und starten Sie bei Bedarf den E-Mail-Client.

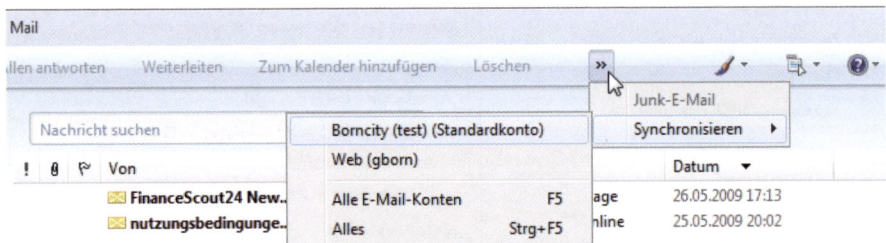

2 Klicken Sie in der Windows Live Mail-Symbolleiste auf die Schaltfläche *Synchronisieren* und wählen Sie den gewünschten Befehl.

Tipps

Ist die Schaltfläche *Synchronisieren* (wie hier im Beispiel) in der Symbolleiste verdeckt? Dann sollten Sie das Programmfenster so weit vergrößern, bis alle Schaltflächen der Symbolleiste sichtbar werden. Oder Sie wählen die hier in der Symbolleiste gerade angeklickte Schaltfläche *Weitere Headerbefehle anzeigen*, um die verdeckten Schaltflächen als Menübefehle einzublenden.

Haben Sie mehrere E-Mail-Konten eingerichtet, können Sie über die Schaltfläche *Synchronisieren* ein Menü öffnen und dann einen der Befehle zur Auswahl des E-Mail-Kontos wählen. Oder Sie können festlegen, ob Nachrichten nur zu empfangen (Befehl *Alle E-Mail-Konten*) oder auch Nachrichten zu versenden sind (Befehl *Alles*).

Hinweis

Haben Sie beim Einrichten des E-Mail-Kontos die Markierung des Kontrollkästchens *Kennwort speichern* im Dialogfeld *Anmeldung* gelöscht? Dann fragt das Programm bei jeder Verbindungsaufnahme mit dem E-Mail-Server das Kennwort neu ab. Sie müssen in diesem Fall Ihren Benutzernamen sowie das Kennwort im betreffenden Dialogfeld ergänzen und die *OK*-Schaltfläche betätigen.

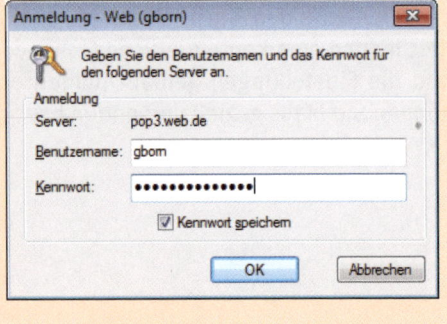

Der E-Mail-Client stellt über das Internet eine Verbindung zum E-Mail-Server her und übergibt von Ihnen neu verfasste E-Mails dem Postausgangsfach des Servers zum Versand. Gleichzeitig wird das Posteingangsfach Ihres E-Mail-Kontos auf neu eingetroffene Nachrichten abgefragt. Liegen Nachrichten vor, werden diese in den lokalen Windows Live Mail-Posteingang heruntergeladen. Der Vorgang lässt sich auf der Registerkarte *Aufgaben* des angezeigten Dialogfelds über eine Statusanzeige verfolgen.

Hinweis

Tritt während der Übertragung ein Fehler auf, erscheint dieses Fenster. Über die Schaltfläche *Details* lässt sich der untere Fensterteil mit der Registerkarte *Fehler* ein- oder ausblenden. Dies kann z. B. der Fall sein, falls Sie ein kostenloses Konto bei Web.de für E-Mails in kürzeren Zeiträumen als 15 Minuten abrufen.

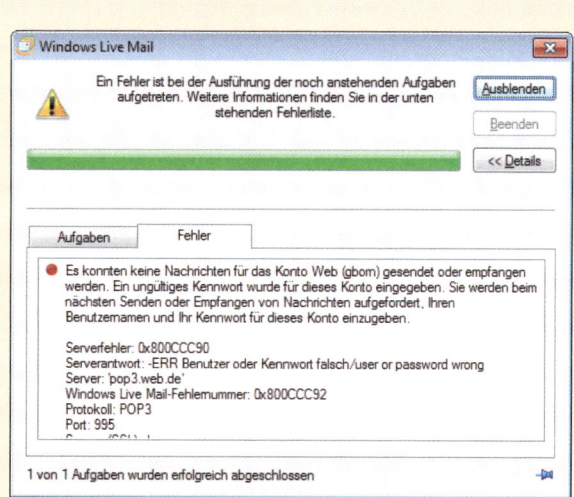

Warten Sie einfach die entsprechende Zeit ab, bevor Sie einen neuen Versuch wagen. Eine andere Fehlerursache kann ein Ausfall des E-Mail-Servers oder eine fehlerhafte Kontenkonfiguration im E-Mail-Client sein.

Sobald die Nachrichtenübertragung abgeschlossen ist, können Sie die Internetverbindung ggf. wieder trennen und die Nachrichten offline lesen sowie neue Nachrichten erstellen.

Nachrichten bearbeiten

Die Verwaltung der Post erfolgt in Windows Live Mail über Ordner, die (bei Auswahl der Funktionskategorie *E-Mail*) in der linken Spalte des Fensters in der Ordnerliste eingeblendet werden. Sie finden einen Postausgang, einen Posteingang, einen Ordner für Entwürfe, einen Ordner, in dem die Kopien gesendeter Mails gesammelt werden, einen Ordner für Junk-E-Mails und einen Papierkorb mit gelöschten Elementen. Nachfolgend wird gezeigt, wie Sie empfangene Nachrichten lesen, beantworten oder eigene E-Mails verfassen.

Kapitel 6

Empfangene Nachrichten lesen

Windows Live Mail sammelt alle empfangenen Nachrichten im Ordner *Posteingang*. Die rechts neben dem Ordnersymbol in Klammern angezeigte Zahl gibt dabei die Menge der ungelesenen (neuen) Nachrichten an. Möchten Sie die empfangene Post lesen?

1 Klicken Sie in der Ordnerliste (linke Spalte) auf das Ordnersymbol *Posteingang* des gewünschten E-Mail-Kontos.

Das E-Mail-Programm zeigt jetzt in der Nachrichtenliste alle im lokalen Postfach eingegangenen Nachrichten (den Inhalt des Ordners *Posteingang*) an. Für jede Nachricht ist eine Zeile reserviert, in der der Status der Nachricht, der Absender, der Betreff und das Empfangsdatum aufgeführt sind.

2 Sobald die Nachrichten in der rechten Spalte als Nachrichtenliste erscheinen, wählen Sie die gewünschte Nachricht per Mausklick an.

Dann wird der Inhalt der Nachricht im sogenannten »Lesebereich« (hier unterhalb der Nachrichtenliste sichtbar) eingeblendet.

3 Doppelklicken Sie in der Nachrichtenliste auf die Zeile mit der zu öffnenden Nachricht.

Windows Live Mail öffnet dann ein eigenes Fenster zum Lesen und zur Bearbeitung der Nachricht. Der Kopfbereich enthält die Angaben über den Absender, den Betreff etc.

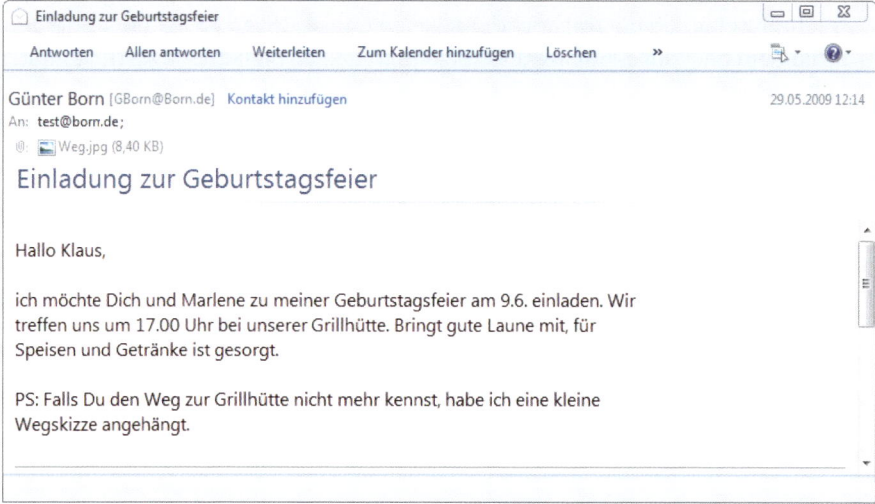

Über die Schaltfläche *Schließen* in der rechten oberen Ecke des Fensters können Sie das Fenster schließen.

Die Symbole der Nachrichtenliste

Die Nachrichtenliste des Posteingangs enthält neben der Absenderangabe (Spalte *Von*) und dem Betreff weitere hilfreiche Informationen.

Haben Sie (wie im Abschnitt »Windows Live Mail anpassen« erwähnt) den Lesebereich unterhalb der Nachrichtenliste angeordnet? Dann erscheinen am Zeilenanfang der Nachrichtenliste die hier gezeigten drei Spalten mit Symbolen.

- Die erste Spalte mit dem stilisierten Ausrufezeichen zeigt die Priorität (d. h. die Dringlichkeit) der Nachricht an. Der Absender einer Nachricht kann dieser eine normale, erhöhte oder niedrige Priorität vergeben. Ein Ausrufezeichen steht für eine erhöhte Priorität, ein nach unten zeigender Pfeil symbolisiert eine niedrige Priorität. Meist bleibt diese Spalte aber leer, da die Nachrichten mit normaler Priorität versehen werden sollten.

- Die zweite Spalte zeigt anhand einer stilisierten Briefklammer, ob die Nachricht einen Anhang enthält. Jede Nachricht kann Dateien als Anhang beinhalten. Auf diesen Punkt komme ich später zurück.

- In der dritten Spalte signalisiert eine stilisierte Fahne, dass die betreffende Nachricht noch eine Klärung erfordert. Dieses Symbol können Sie durch Anklicken der betreffenden Spalte setzen oder wieder entfernen.

- In der vierten Spalte *Von* signalisiert ein geschlossener oder ein geöffneter Briefumschlag, ob die Nachricht ungelesen oder gelesen ist. Ist dem Briefumschlag ein nach links oder rechts zeigender kleiner Pfeil überlagert? Der nach links zeigende Pfeil zeigt an, dass Sie die Nachricht bereits beantwortet haben. Der nach rechts zeigende Pfeil signalisiert, dass Sie die Nachricht an einen anderen Empfänger weitergeleitet haben.

In diesen Spalten können Sie auf einen Blick den Status der Nachricht erkennen. Sobald Sie eine Nachricht in der Nachrichtenliste des Posteingangs anklicken oder öffnen, wird deren Symbol in der Statusspalte nach kurzer Zeit auf gelesen umgesetzt (es wird ein geöffnetes Kuvert gezeigt).

Tipps

Haben Sie eine Nachricht irrtümlich angeklickt, Ihnen fehlt aber die Zeit zum Lesen? Klicken Sie die Zeile mit der Nachricht in der Nachrichtenliste mit der rechten Maustaste an und wählen Sie im Kontextmenü den Befehl *Als ungelesen markieren*. Der Status wird wieder zurückgesetzt.

Bei sehr vielen eingehenden Nachrichten ist es mitunter etwas schwierig, eine bestimmte E-Mail zu finden. Sie können E-Mails mit den auf den folgenden Seiten beschriebenen Funktionen in separaten Ordnern aufteilen und so den Posteingang strukturieren. Sie können auch nach **E-Mails suchen**, indem Sie in das oberhalb der Nachrichtenliste sichtbare Textfeld *Nachricht suchen* klicken und dann einen Suchbegriff eintippen. Daraufhin werden in der Nachrichtenliste nur solche E-Mails aufgeführt, in denen der Suchbegriff auftritt. Löschen Sie den Suchbegriff, werden wieder alle Nachrichten des gewählten Ordners eingeblendet.

Eine Anlage zur Nachricht auspacken

Erhalten Sie Nachrichten mit einer (oder mehreren) Anlage(n), werden diese im Nachrichtenfenster bzw. in der Nachrichtenliste mit einer stilisierten Büroklammer markiert. Sie können diese Anlage(n) auspacken und als Datei speichern.

1 Öffnen Sie die Nachricht durch Doppelklick auf die betreffende Zeile in der Nachrichtenliste.

Nachrichten bearbeiten

2 Klicken Sie im Kopf des Nachrichtenfensters die angehängte Datei mit der rechten Maustaste an und wählen Sie den Kontextmenübefehl *Speichern unter*.

Der Befehl *Alles speichern* ist hilfreich, falls die Nachricht mehrere zu sichernde Anlagen enthält.

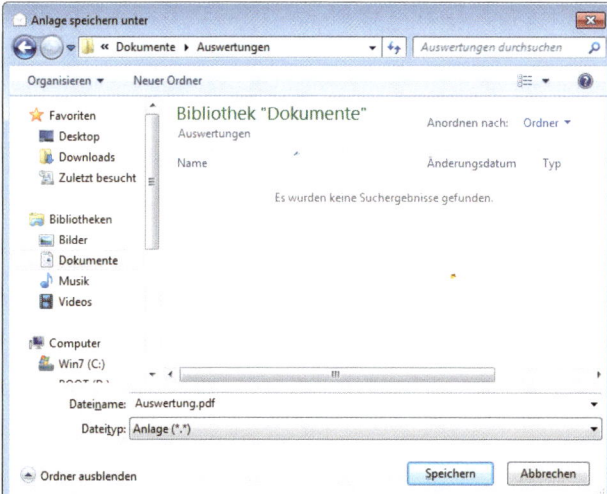

3 Wählen Sie im Dialogfeld *Anlagen speichern unter* den Zielordner aus und klicken Sie dann auf die Schaltfläche *Speichern*.

Als Zielordner können Sie einen der Unterordner von *Eigene Dokumente, Eigene Bilder* etc. wählen. Nach dem Speichern wird das Fenster geschlossen.

Tipp

Noch einfacher geht das Speichern einer E-Mail-Anlage, indem Sie das betreffende Symbol bei gedrückter linker Maustaste aus dem Nachrichtenfenster zum Desktop oder in ein geöffnetes Ordnerfenster ziehen. Wenn Sie die linke Maustaste loslassen, speichert Windows Live Mail die betreffende Datei. Sie erkennen übrigens am Symbol des Anhangs den Dateityp. Fehlt ein Programm zum Bearbeiten der Dokumentdatei, wird das Symbol einer unbekannten Datei angezeigt. Manche Nachrichtenanhänge sind auch als ZIP-Archiv gespeichert. Dann müssen Sie den Inhalt mit der Windows-Funktion »Zip-komprimierter Ordner« in einem Ordnerfenster öffnen. Anschließend können Sie den Inhalt des ZIP-Archivs per Maus zu einem anderen Ordner ziehen und so das Archiv entpacken.

Achtung

Anhänge zu E-Mails bergen das Risiko, dass sie Schadprogramme wie Viren oder Trojaner enthalten. E-Mails mit einem angeblichen Windows-Update im Anhang, einem kostenlosen Virenscanner, einer vorgeblichen Rechnung/Mahnung, einer Anzeige der Kriminalpolizei etc. sollten die Alarmglocke schrillen lassen. Es handelt sich durchweg um Trojaner, die über diese Methoden auf die Rechner der Anwender geschmuggelt werden sollen. Öffnet der Benutzer den Anhang und stimmt er der Installation des im Anhang befindlichen Programms zu, hat der Trojaner freie Bahn und kann allerlei Schaden anrichten. Löschen Sie daher E-Mails von unbekannten Absendern, die mit Anhängen versehen sind und deren Nachrichtentext Ihnen nicht plausibel vorkommt. Stellen Sie auch sicher, dass ein aktuelles Antivirenprogramm (z. B. Avira AntiVir), welches auch E-Mails überprüft, installiert ist. Dieses schlägt beim Öffnen einer Nachricht bzw. Anlage Alarm, sobald ein Trojaner oder eine mit Schadcode verseuchte Anlage erkannt wird.

Tipp

Möchten Sie den **Text der Nachricht** in einer Datei auf der Festplatte **speichern**? Drücken Sie die Alt-Taste und wählen Sie im Menü *Datei* des Nachrichtenfensters den Befehl *Speichern unter*. Im dann angezeigten Dialogfeld *Nachricht speichern unter* legen Sie den Zielordner fest, passen ggf. den Dateinamen an und wählen als Dateityp »E-Mail (*.eml)«, »Textdateien (*.txt)«, »Unicode-Textdateien (*.txt)« oder »HTML-Dateien (*.htm;*.html)«. Wenn Sie danach auf die *Speichern*-Schaltfläche klicken, wird das Dialogfeld geschlossen und die Nachricht gespeichert. Eine im *.eml*-Format gesicherte Nachricht lässt sich später per Doppelklick in einem Windows Live Mail-Nachrichtenfenster öffnen, während eine als (Unicode-)Textdatei gespeicherte E-Mail im Windows-Editor geöffnet wird. HTML-Dateien werden dagegen im Browser angezeigt.

Eine Nachricht beantworten oder weiterleiten

Haben Sie eine Nachricht empfangen, die Sie an Dritte weiterreichen möchten? Soll die Nachricht beantwortet werden? Dies ist mit Windows Live Mail kein Problem:

- Sie können die betreffende Nachricht in der Nachrichtenliste des Windows Live Mail-Fensters durch einen Mausklick markieren.
- Oder Sie öffnen die Nachricht in Windows Live Mail durch einen Doppelklick auf deren Eintrag in der Nachrichtenliste.

Sowohl das Fenster mit der angezeigten Nachricht als auch das Windows Live Mail-Fenster zeigen in der Symbolleiste die drei Schaltflächen *Antworten*, *Allen antworten* und *Weiterleiten*.

Nachrichten bearbeiten

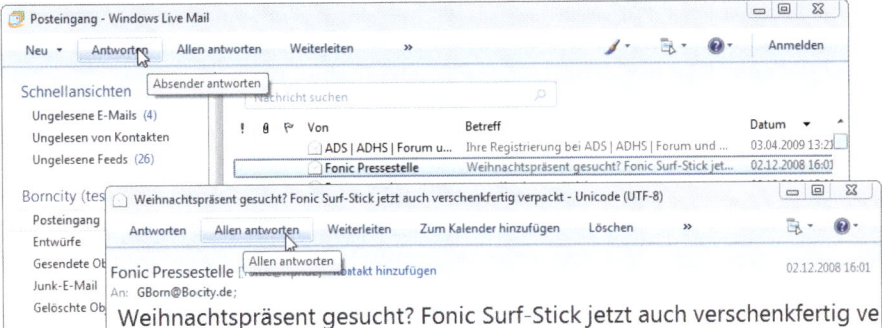

1 Um die Nachricht zu beantworten, klicken Sie auf die Schaltfläche *Antworten*.

Windows Live Mail öffnet ein neues Fenster, in dem bereits die Empfängeradresse und der Betreff eingetragen sind. Der Vorspann »Re:« im Betreff kennzeichnet die Nachricht als Antwort. Weiterhin wurde der Text der empfangenen Nachricht bereits als Zitat in der Antwort übernommen (im nachfolgenden Fenster am Nachrichtenende angeordnet).

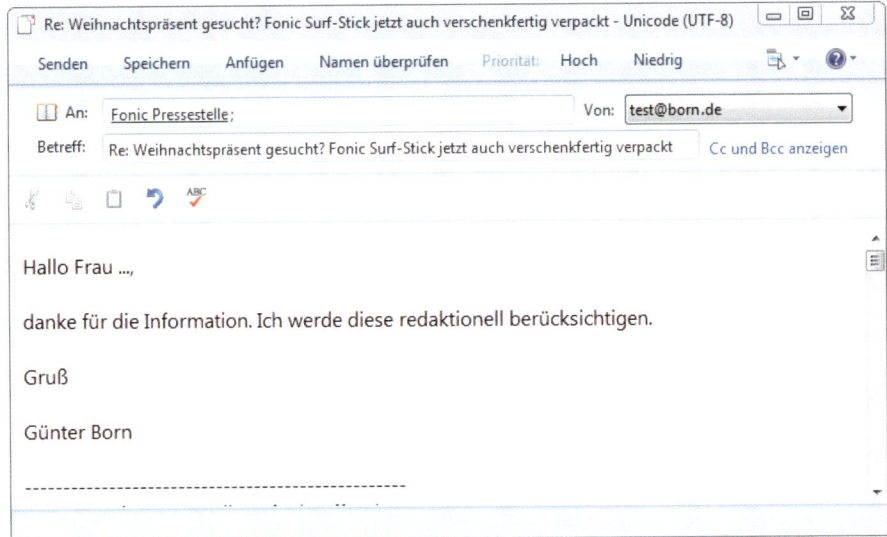

2 Fügen Sie jetzt den Antworttext zur Nachricht hinzu und klicken Sie danach in der Symbolleiste auf die Schaltfläche *Senden*.

Das Fenster der Nachricht wird geschlossen und die Nachricht (bei den hier empfohlenen Einstellungen) im Postausgang abgelegt (oder bei einer Standardkonfiguration direkt versandt). Werden Nachrichten lokal im Postausgang gesammelt, können Sie dessen Inhalt wie im Abschnitt »Nachrichten senden/empfangen« beschrieben versenden.

> **Hinweise**
>
> Manche Benutzer übernehmen Textausschnitte als Zitate in die Antwort und heben diese durch Zeichen wie › am Zeilenanfang hervor. Alternativ lassen sich Zitatstellen auch mit einer anderen Schriftfarbe kennzeichnen. Solche gekennzeichneten Zitatstellen erleichtern jemandem, der täglich einen »Berg« E-Mails erhält, die Arbeit ungemein, da der Bezug auf seine Nachricht gleich mitgeliefert wird.
>
> ```
> vielen Dank für die Informationen.
>
> >ja, Ihre Dateien von gestern sind nun auch online.
>
> Sorry, aber ich kann die Dateien nicht finden
>
> >Ich wünsche Ihnen ein schönes Wochenende
>
> Danke.
>
> G. Born
> -----------
> Check out www.borncity.de
> ```
>
> Wenn eine Nachricht mehrfach zwischen zwei Personen pendelt, wird der zitierte Teil der vorhergehenden Nachrichten immer länger. Im Hinblick auf die **Netiquette** sollten Sie die nicht mehr relevanten Teile vor dem Versenden löschen. Bei privaten Briefwechseln ist das Zitieren meist unüblich bzw. nicht erforderlich; Sie sollten daher die automatisch kopierten Textstellen vor dem Versenden herauskürzen (einfach mit der Maus markieren und die Taste `Entf` drücken).

Eine elektronische Nachricht kann an mehrere Empfänger verschickt werden (Sie müssen nur mehrere Empfänger jeweils getrennt durch ein Semikolon [;] in die Zeile *An* oder *Cc* eintragen). Erhalten Sie eine solche Nachricht, können Sie ggf. allen auf dem Verteiler stehenden Empfängern eine Antwort zukommen lassen.

Hierzu dient die Schaltfläche *Allen antworten*.

Wählen Sie diese Schaltfläche, zeigt der E-Mail-Client erneut das Fenster zum Bearbeiten der Nachricht an. Das Feld *An* enthält dann aber mehrere Empfänger, die alle eine Kopie erhalten.

Die Schaltfläche *Weiterleiten* ermöglicht Ihnen dagegen, die Nachricht an einen weiteren Empfänger zu schicken.

Klicken Sie auf diese Schaltfläche, wird die empfangene Nachricht in das neue Fenster automatisch übernommen. Die Betreffzeile enthält den alten Text, dem aber ein *Fw* (steht für »Forward«) vorangestellt ist. Weiterhin wird automatisch der alte Nachrichtentext im Fenster des Nachrichten-Editors gespiegelt. Sie müssen aber die Empfängeradresse im Feld *An* explizit angeben (siehe den folgenden Abschnitt zum Erstellen einer neuen Nachricht).

Nachrichten bearbeiten

Eine Nachricht verfassen

Möchten Sie eine neue Nachricht verfassen? Dies ist in Windows Live Mail mit wenigen Schritten erledigt:

1 Stellen Sie sicher, dass in der unteren linken Ecke des Windows Live Mail-Programmfensters die Kategorie *E-Mail* angewählt ist.

2 Klicken Sie in der Symbolleiste des Programmfensters einfach auf die Schaltfläche *Neu*.

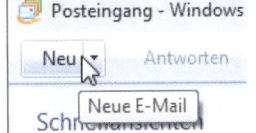

Alternativ können Sie auch die Tastenkombination [Strg]+[N] drücken oder im Menü der Schaltfläche *Neu* den Befehl *E-Mail* wählen, um eine neue Nachricht anzulegen. Das Mailprogramm öffnet das hier gezeigte Fenster zum Verfassen der Nachricht.

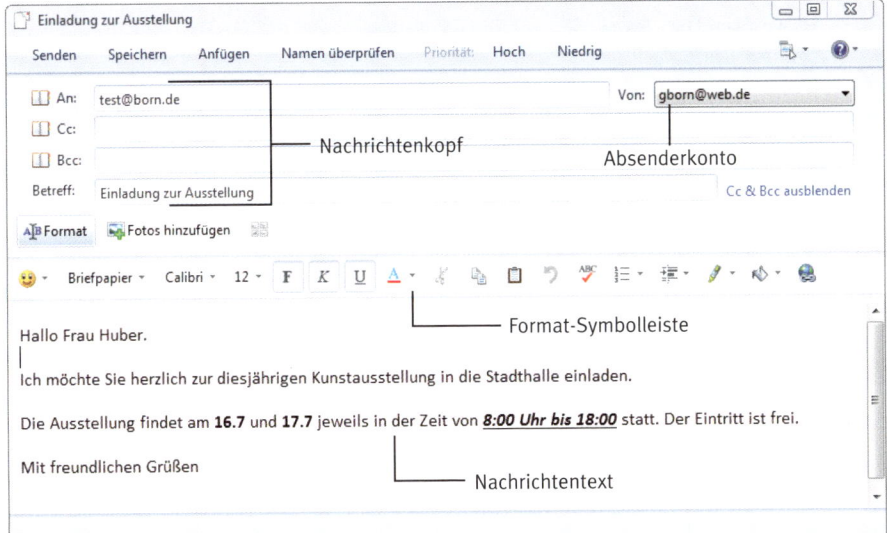

3 Haben Sie mehrere E-Mail-Konten in Windows Live Mail eingerichtet, wählen Sie im Nachrichtenkopf das Listenfeld *Von:* und stellen das Konto, über das die Nachricht zu versenden ist, ein. Ist nur ein E-Mail-Konto eingerichtet, wird das betreffende Feld nicht angezeigt.

4 Klicken Sie auf den Anfang des Textfelds *An:* und tippen Sie in dieses Feld die Empfängeradresse ein.

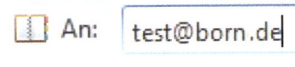

243

Kapitel 6

Bei Bedarf können Sie auch den Hyperlink *Cc und Bcc anzeigen* wählen, um die entsprechenden Adressfelder im Kopfbereich der Nachricht einzublenden.

> **Tipp**
>
> Achten Sie darauf, gültige E-Mail-Adressen in die Felder einzutragen, da die Nachricht andernfalls als unzustellbar zurückkommt. Um das in allen E-Mail-Adressen vorkommende Zeichen @ einzutippen, drücken Sie gleichzeitig die Tasten `Alt Gr` und `Q`.

> **Hinweise**
>
> Sind Kontakte definiert (siehe die folgenden Abschnitte), können Sie auch auf die Schaltfläche *An:* klicken. Dann lässt sich im angezeigten Dialogfeld ein Name auswählen und mittels der Schaltfläche *An->* in das Textfeld übernehmen. Über die Schaltfläche *Cc->* tragen Sie Empfänger für Kopien ein. Möchten Sie verhindern, dass die Empfänger die Namen der anderen Empfänger sehen?
>
>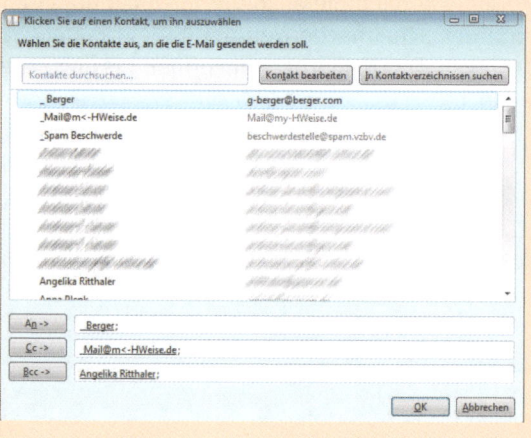
>
> Dann verwenden Sie das Feld *Bcc->* (steht für »Blind Carbon Copy«) für die Empfängerliste. Windows Live Mail verschickt die Nachricht so, dass der Empfänger lediglich die Absenderadresse und die Empfängeradressen der Felder *An->* und *Cc->* in der Nachricht sieht, nicht jedoch die Adressen, die unter *Bcc->* angegeben wurden. Die Schritte zur Adressübernahme lassen sich mehrfach ausführen. Schließen Sie das Dialogfeld mittels der *OK*-Schaltfläche, werden alle Angaben in das Fenster zum Erstellen der Nachricht übernommen.

5 Klicken Sie in das Feld *Betreff* und tippen Sie einen kurzen Hinweistext ein. Dieser sagt dem Empfänger, worum es in der Nachricht geht.

6 Abschließend klicken Sie im Fenster auf den Textbereich und geben den Nachrichtentext ein.

Nachrichten bearbeiten

E-Mails lassen sich als reiner Text oder im HTML-Format erstellen. Zum Umschalten drücken Sie die `Alt`-Taste und wählen im Menü *Format* einen der Befehle *Nur-Text* oder *Rich-Text (HTML)*. Bei neuen Nachrichten im Rich-Text (HTML)-Format wird die *Format*-Symbolleiste oberhalb des Nachrichtentextes eingeblendet. In diesem Fall lässt sich über die Menüschaltfläche *Briefpapier* der Symbolleiste der Befehl *Weitere Briefpapiere* aufrufen und in einem Dialogfeld eine Vorlage für die Nachricht wählen. Diese Vorlage für das Briefpapier legt dann die verwendete **Schriftgröße** (auch als Schriftgrad bezeichnet), die **Schrift** (Schriftart) sowie die **Schriftfarbe** und ggf. auch den Hintergrund des Textbereichs fest. Über die Elemente der *Format*-Symbolleiste können Sie markierte Teile des Nachrichtentextes oder neu eingetippte Textteile wie bei Schreibprogrammen formatieren (z. B. fette oder farbige Buchstaben, Schriftgröße anpassen, Bilder einfügen etc.). Über weitere Schaltflächen lassen sich auch Hyperlinks mit Verweisen auf Internetseiten, Bilder oder Smileys einfügen. Das funktioniert alles ähnlich wie bei Word (siehe *Kapitel 7*).

7 Ist die Nachricht fertig gestellt, klicken Sie auf die Schaltfläche *Senden* im Fenster des Nachrichten-Editors, um sie abzuschicken.

Sofern Sie die von mir weiter oben vorgeschlagenen Einstellungen verwenden, wird die mit der Schaltfläche *Senden* abgeschickte Nachricht lokal im Postausgang des E-Mail-Clients gesammelt. Je nach Programmeinstellung werden Sie beim Versenden über diesen Vorgang informiert. Die Zahl der neu erstellten Nachrichten wird in der Ordnerliste des Programmfensters hinter dem Symbol des Postausgangsordners aufgeführt. Sie erkennen also an den in Klammern angezeigten Zahlen im Postausgang, wie viele neue Nachrichten jeweils im Fach vorliegen.

> **Hinweis**
> Bei der E-Mail-Kommunikation haben sich bestimmte Regeln (als Netiquette bezeichnet) herausgebildet, die Sie beachten sollten. Zweck der E-Mail ist die schnelle Information zu einem Sachverhalt. E-Mails sollten deshalb kurz gefasst werden (der Empfänger mit vielen Nachrichten pro Tag dankt es Ihnen). Mit aus der englischen Sprache abgeleiteten Abkürzungen wie BTW (by the way), FYI (for your information), CU (see you) etc. spart der Absender Tipparbeit. Bei Zeichen der Art :-) handelt es sich um stilisierte »Gesichter« (als Emoticons oder Smileys bezeichnet), die um 90 Grad nach links gekippt sind. Mit diesen **Smileys** lassen sich Emotionen innerhalb der Nachricht ausdrücken, um dem Empfänger einen Hinweis zu geben, wie der Text gemeint war (eine E-Mail ist selten so förmlich gehalten wie ein geschriebener Brief). Hier eine Kostprobe solcher Smileys:
>
> | :-) | Freude/Humor | :-(| traurig |
> |---|---|---|---|
> | ;-) | Augenzwinkern | :-o | Überraschung/Schock |

Kapitel 6

> Achten Sie beim Schreiben darauf, dass Wörter oder Textstellen nicht durchgehend mit Großbuchstaben versehen sind. Dies gilt allgemein als Ausdruck für »schreien«; der Empfänger könnte dies also übel nehmen. Das Zeichen ‹g› (grin) steht für ein Grinsen.

Nachrichten mit Anlagen versehen

Sie können Nachrichten auch Anlagen (Fotos, Dokumente etc.) anhängen. Möchten Sie ein solches **Foto** als Grafikdatei oder eine andere Datei (z. B. ein Programm, ein Musikstück etc.) **per E-Mail verschicken**?

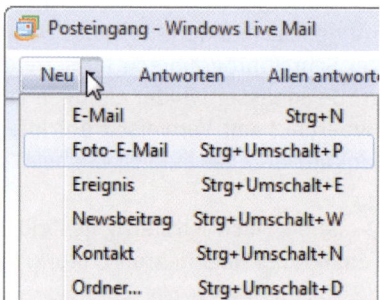

1 Öffnen Sie in Windows Live Mail das Menü der Schaltfläche *Neu* und wählen Sie den Befehl *Foto-E-Mail*.

Windows Live Mail öffnet das Fenster der neuen Nachricht. Gleichzeitig wird das Dialogfeld *Fotos hinzufügen* im Vordergrund eingeblendet.

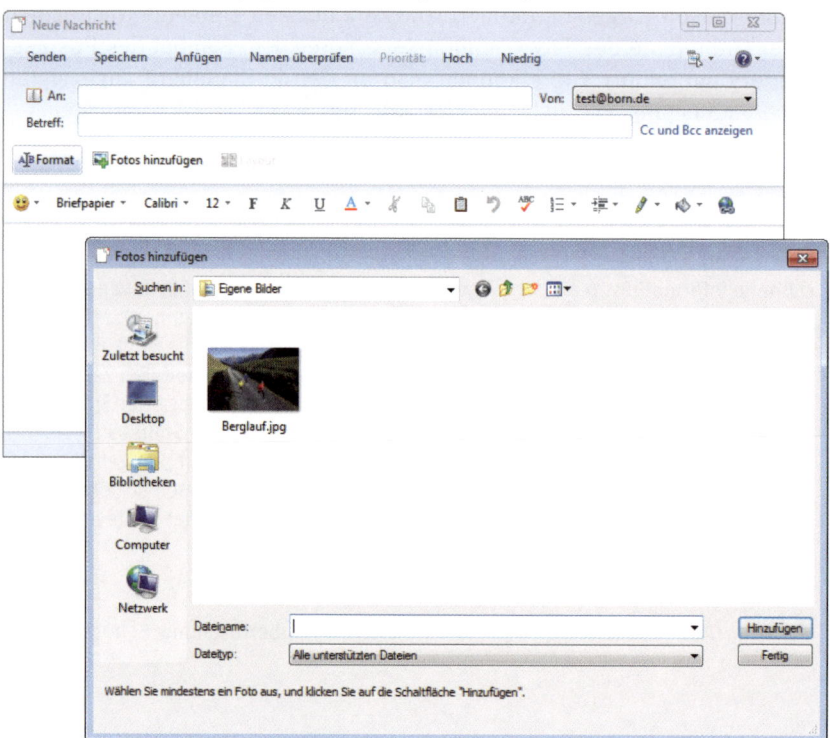

Nachrichten bearbeiten

2 Wählen Sie die gewünschten Fotos und klicken Sie auf die Schaltfläche *Hinzufügen*.

3 Sobald Sie alle Fotodateien zur Nachricht hinzugefügt haben, schließen Sie das Dialogfeld über die Schaltfläche *Fertig*.

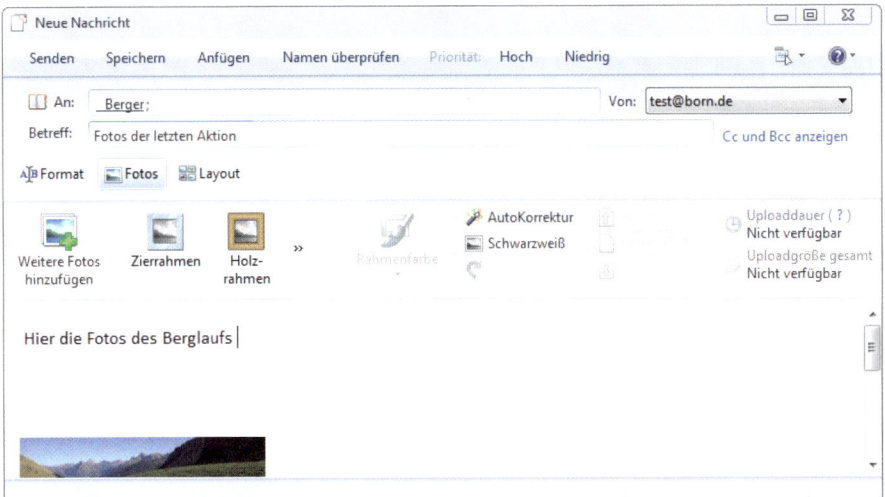

4 Ergänzen Sie im Nachrichtenfenster die E-Mail-Adresse des Empfängers, fügen Sie den Betreff und ggf. einen Text zur Nachricht hinzu.

Bei Bedarf können Sie über die Symbolleiste weitere Fotos oder Effekte hinzufügen. Mittels der *Senden*-Schaltfläche stellen Sie die Nachricht mit dem Foto in den Postausgang zum Versand. Das funktioniert genau so wie das Schreiben einer neuen E-Mail.

Beliebige Dateien anhängen

Möchten Sie eine beliebige **Datei an** eine **Nachricht anhängen**, sollten Sie dagegen die folgenden Schritte wählen:

1 Schreiben Sie wie gewohnt die E-Mail im Nachrichtenfenster, klicken Sie aber noch nicht auf die Schaltfläche *Senden*.

2 Wählen Sie in der Symbolleiste des Fensters die Schaltfläche *Anfügen*.

Kapitel 6

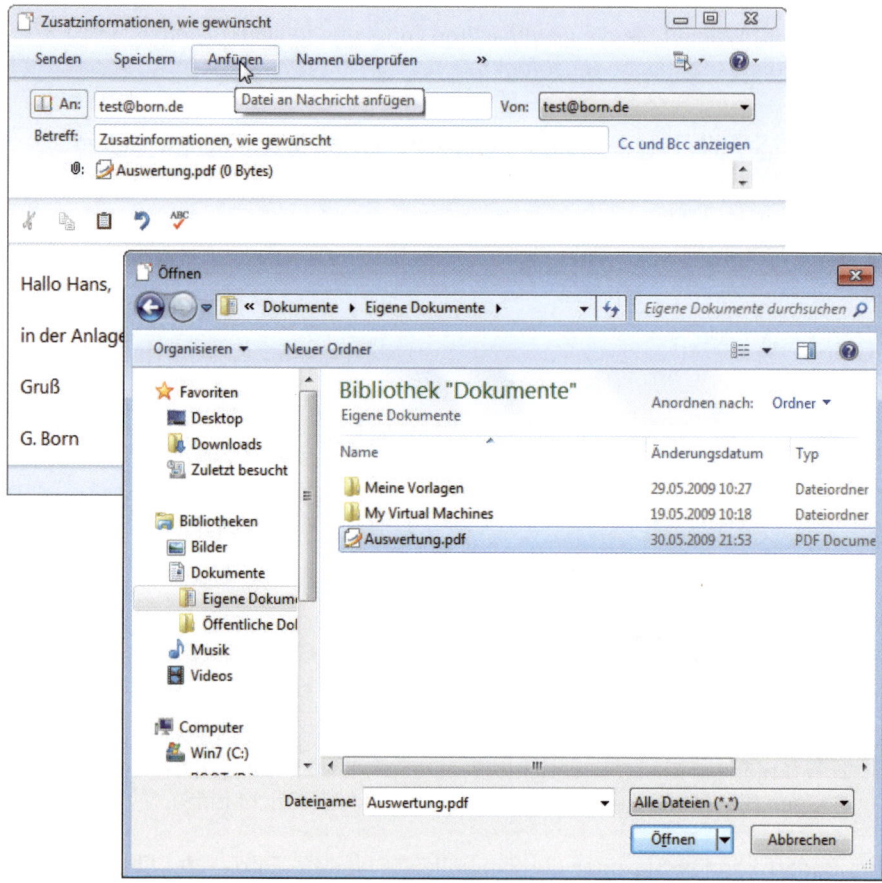

3 Wählen Sie im Dialogfeld *Öffnen* den Ordner aus, markieren Sie dann die als Anlage zu versendende Datei und schließen Sie das Dialogfeld über die mit *Öffnen* beschriftete Schaltfläche.

> **Tipp**
> Noch einfacher geht das Einfügen, wenn Sie die gewünschte Anlage (bei gedrückter linker Maustaste) aus einem geöffneten Ordnerfenster in das Fenster mit der neuen Nachricht ziehen und dort die linke Maustaste wieder loslassen.

Die Anlage wird unter der Betreffzeile im Kopf des Nachrichtenfensters angezeigt. Auf diese Weise lassen sich auch mehrere Dateien als Anlage einfügen. Sind alle Anlagen eingetragen, können Sie die Nachricht über die Schaltfläche *Senden* im Postausgang speichern und dann verschicken.

> **Achtung**
>
> Denken Sie beim Versenden von Anlagen (z. B. Videos, Bildern) daran, dass diese ggf. sehr lange Übertragungszeiten benötigen. Ein Empfänger wird sicherlich fluchen, wenn das Abrufen seiner E-Mails eine halbe Stunde dauert und er dann unerwartet eine Grafikdatei oder ein Video einer kaum bekannten Person erhält. Schicken Sie daher niemandem eine Anlage zu, wenn Sie sich nicht sicher sind, dass es erwünscht ist! Reduzieren Sie Fotos mit einem Bildbearbeitungsprogramm ggf. in der Größe. Dokumente oder Programme lassen sich mit einem Komprimierprogramm oder der Windows-Funktion »ZIP-komprimierter Ordner« in einem ZIP-Archiv speichern, wodurch sich die Dateigröße um den Faktor 10 bis 100 reduziert. Außerdem sollten Sie sicherstellen, dass der Empfänger über das entsprechende Programm verfügt, um Ihre Dokumentdateien überhaupt öffnen zu können.

Junk-E-Mails filtern

Windows Live Mail besitzt bereits einen integrierten **Spam-Filter**, der unerwünschte **Werbe-E-Mails** ggf. erkennt und direkt in den Ordner *Junk-E-Mail* ablegt. Irrtümlich als Spam erkannte und im Ordner *Junk-E-Mail* abgelegte Nachrichten können Sie in den Posteingang zurückschieben (siehe folgender Abschnitt). Zudem kann es vorkommen, dass Spam nicht erkannt wird. In diesem Fall haben Sie die Möglichkeit, Nachrichten manuell als Spam zu kennzeichnen und den Spam-Filter von Windows Live Mail zu trainieren. Gehen Sie in folgenden Schritten vor.

1 Wählen Sie in der linken Spalte des Windows Live Mail-Programmfensters den Ordner *Posteingang* (oder ggf. *Junk-E-Mail*) an und markieren Sie die betreffende Nachricht in der rechts eingeblendeten Nachrichtenliste.

2 Öffnen Sie das Kontextmenü über die rechte Maustaste und wählen Sie den gewünschten Befehl im Untermenü des Menüs *Junk-E-Mail* aus.

Kapitel 6

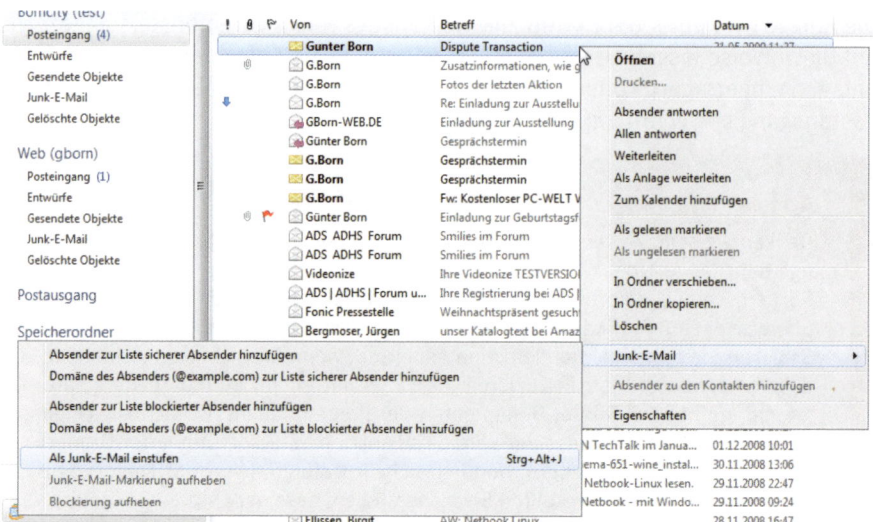

Um fehlerhafte Junk-Mail-Einträge zu korrigieren, haben Sie zwei Möglichkeiten:

- Wurde eine Werbemail vom Filter nicht als Spam erkannt, wählen Sie den Kontextmenübefehl *Junk-E-Mail/Als Junk-E-Mail einstufen*. Dann verschiebt Windows Live Mail die Nachricht vom Posteingang zum Ordner *Junk-E-Mail*.

- Bei einer fehlerhaft im Ordner *Junk-E-Mail* einsortierten Nachricht lässt sich dagegen der Kontextmenübefehl *Junk-E-Mail/Junk-E-Mail-Markierung aufheben* wählen. Dann verschiebt Windows Live Mail die Nachricht vom Ordner *Junk-E-Mail* in den Posteingang zurück.

Weiterhin bietet das Untermenü des Kontextmenübefehls *Junk-E-Mail* Befehle, um die Absender von Nachrichten zu klassifizieren und Spam-Versender auf diese Weise zu blockieren:

- Gehört die Nachricht zu einem bekannten (und erwünschten) Absender, lässt sich die Absenderadresse über den Befehl *Absender zur Liste sicherer Absender hinzufügen* in eine Liste erwünschter Korrespondenzpartner aufnehmen. Deren Nachrichten werden zukünftig nicht mehr als Junk-E-Mail betrachtet. Alternativ können Sie den Befehl *Domäne des Absenders (@example.com) zur Liste sicherer Absender hinzufügen* wählen. Dann werden alle Absender, die E-Mails über diese Domäne (z. B. @microsoft.com) versenden, als »seriös« klassifiziert. Persönlich verzichte ich aber auf die letztgenannte Möglichkeit, da sich die Absenderangaben in E-Mails auch fälschen lassen.

- Bei offensichtlichen Werbe-E-Mails können Sie deren **Absender** im Junk-E-Mail-Filter **blockieren**. Wählen Sie im Untermenü des Befehls *Junk-E-Mail* den Befehl *Absender zur Liste blockierter Absender hinzufügen*. Häufig benutzen Spam-Versender jedoch wechselnde E-Mail-Adressen, die aber von bestimmten Domains (z. B. @yahoo.com etc.) kommen. Der Befehl *Domäne des Absenders zur*

Liste blockierter Absender hinzufügen bewirkt, dass zukünftig alle Nachrichten mit Absendern dieser Domäne vom Junk-E-Mail-Filter blockiert werden.

Mit diesen Maßnahmen können Sie den Junk-E-Mail-Filter trainieren. Zusammen mit einem Spam-Schutz des Providers sollten nur noch wenige Spam-E-Mails durch die Filter schlüpfen – und die Zahl der Fehlalarme müsste sich auch in Grenzen halten.

Techniken zur Verwaltung von Nachrichten

Eingegangene Nachrichten werden bei Anwahl des Ordners *Posteingang* in der Nachrichtenliste des Windows Live Mail-Fensters aufgeführt. Vermutlich möchten Sie nicht mehr benötigte Nachrichten löschen, vielleicht deren Inhalte ausdrucken oder wichtige Nachrichten in getrennten Ordnern von Windows Live Mail ablegen. Um die **Nachrichten** zu **bearbeiten**, müssen Sie als Erstes den Inhalt des gewünschten Ordners rechts in der Nachrichtenliste abrufen.

1 Hierzu klicken Sie in der Ordnerleiste des E-Mail-Programms auf das gewünschte Symbol (z. B. *Posteingang, Postausgang, Gelöschte Objekte, Entwürfe*).

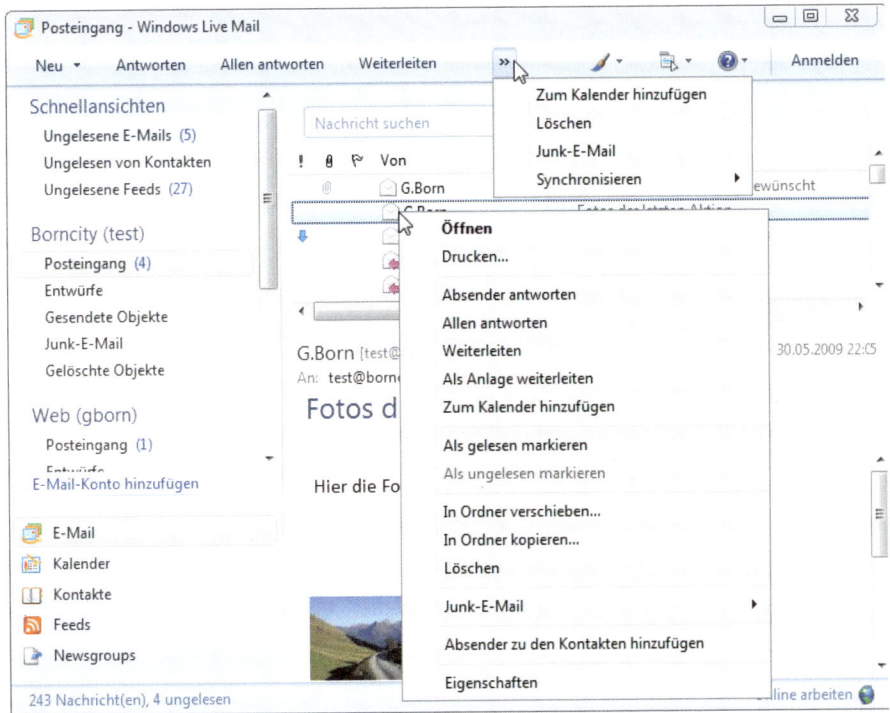

2 Dann markieren Sie per Mausklick die zu bearbeitende Nachricht in der Nachrichtenliste.

Und nun haben Sie verschiedene Möglichkeiten zur Bearbeitung der einzelnen Einträge in der Nachrichtenliste:

- Sie können die gewünschten Funktionen (z. B. Löschen) über Schaltflächen in der Symbolleiste des Windows Live Mail- oder des Nachrichtenfensters abrufen.

- Oder Sie blenden die Menüleiste durch Drücken der Alt -Taste ein und wählen im Menü *Datei* oder *Bearbeiten* den gewünschten Befehl aus.

- Elegant lässt sich auch mit Kontextmenüs arbeiten – Sie klicken einfach mit der rechten Maustaste auf den markierten Eintrag und müssen nur noch einen Befehl im Kontextmenü anwählen.

Welche Variante Sie verwenden, bleibt Ihnen überlassen. Im Kontextmenü finden Sie sowohl Befehle zum Drucken als auch zum Löschen der Nachricht.

> **Tipp**
>
> Ist bei Ihnen der Befehl oder der Kontextmenübefehl zum Drucken gesperrt? Dies ist immer der Fall, wenn Sie die Vorschau im Windows Live Mail-Lesebereich abschalten (Befehl *Layout* der Menüschaltfläche *Menüs*, siehe den Abschnitt »Windows Live Mail anpassen« in diesem Kapitel). In diesem Fall müssen Sie die Nachricht per Doppelklick in einem Nachrichtenfenster öffnen. Dann finden Sie in der Symbolleiste des Nachrichtenfensters die Schaltfläche *Drucken*.

- Zum Drucken der markierten Nachricht können Sie im Nachrichtenfenster die Schaltfläche *Drucken* wählen. Alternativ lässt sich zum **Ausdrucken einer Nachricht** auch die Tastenkombination Strg + P drücken bzw. der Kontextmenübefehl *Drucken* in der Nachrichtenliste wählen. Im dann angezeigten Dialogfeld *Drucken* sind ggf. die Druckoptionen zu wählen und schließlich ist der Ausdruck über die mit *Drucken* beschriftete Schaltfläche zu starten.

- Um eine in der Nachrichtenliste markierte oder im Nachrichtenfenster geöffnete **E-Mail** zu **löschen**, klicken Sie in der Symbolleiste des Fensters auf die Schaltfläche *Löschen*. Oder drücken Sie bei im Windows Live Mail-Fenster markierter Nachricht einfach die Entf -Taste der Tastatur. Die (markierte) Nachricht wird in den Ordner *Gelöschte Objekte* verschoben.

Der Ordner *Gelöschte Objekte* dient als eine Art Papierkorb für gelöschte Nachrichten. Sie können eine irrtümlich **gelöschte Nachricht** wieder aus dem Papierkorb **zurückholen**.

Nachrichten bearbeiten

1 Klicken Sie in der linken Spalte des Windows Live Mail-Fensters auf das Ordnersymbol *Gelöschte Objekte*.

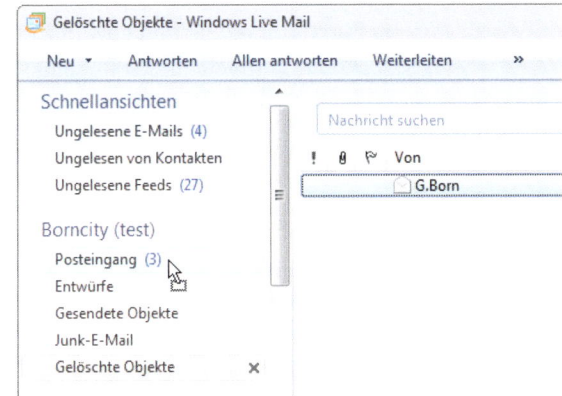

2 Anschließend lässt sich die Nachricht per Maus aus der Liste der gelöschten Objekte in einen der anderen Ordner zurückschieben.

Auf diese Weise lassen sich Nachrichten zwischen verschiedenen Ordnern verschieben. Möchten Sie eine neue **Nachricht** nicht sofort versenden, sondern erst einmal zur Überarbeitung **als Entwurf** speichern? Oder soll eine eingetroffene Nachricht als Entwurf aufgehoben werden? Dann können Sie Nachrichten auf die gleiche Weise bei gedrückter linker Maustaste aus dem Ordner *Postausgang* oder aus dem *Posteingang* in den Ordner *Entwürfe* ziehen.

Unterordner für E-Mail-Konten anlegen

Bei sehr vielen eintreffenden Nachrichten geht schnell der Überblick verloren. Dann ist es ggf. günstiger, den **Posteingang über** zusätzliche **Unterordner** zu **strukturieren**.

1 Klicken Sie den gewünschten Ordner (z. B. *Posteingang*) in der Ordnerliste des Windows Live Mail-Fensters mit der rechten Maustaste an und wählen Sie den Kontextmenübefehl *Neuer Ordner*.

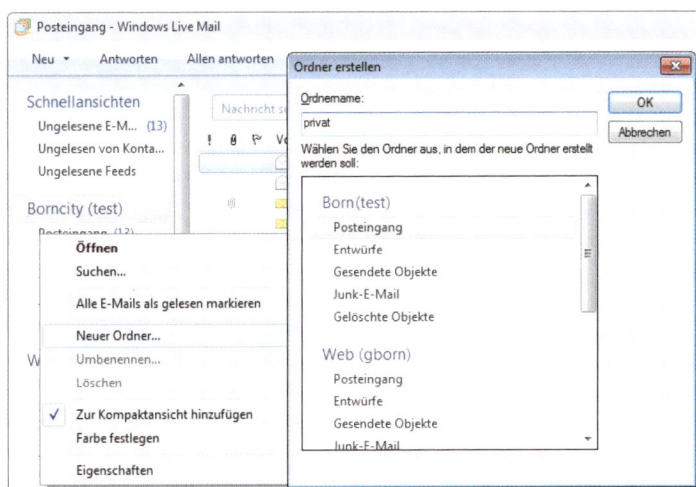

253

Kapitel 6

2 Anschließend tippen Sie den gewünschten Ordnernamen im Dialogfeld *Ordner erstellen* ein, wählen ggf. den übergeordneten Ordner in der Liste und bestätigen dies über die *OK*-Schaltfläche.

Auf diese Weise können Sie in der Ordnerliste eine zusätzliche Ordnerstruktur (z. B. *Posteingang/Privat*, *Posteingang/Beruflich* etc.) erzeugen.

Papierkorb in Windows Live Mail leeren

Da Windows Live Mail gelöschte Nachrichten im Ordner *Gelöschte Objekte* aufbewahrt, sollten Sie diesen Ordner gelegentlich leeren, um freien Speicherplatz auf der Festplatte zu schaffen.

1 Um den Ordner *Gelöschte Objekte* zu leeren, klicken Sie mit der rechten Maustaste auf das Ordnersymbol.

2 Wählen Sie im Kontextmenü den Befehl *Ordner »Gelöschte Objekte« leeren*.

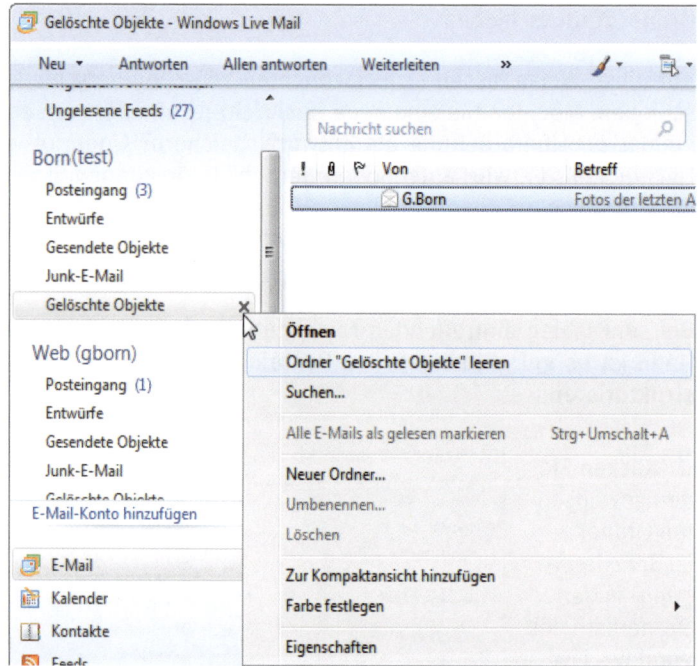

Alternativ können Sie in der linken Leiste auf die am rechten Rand des Ordners *Gelöschte Objekte* sichtbare Schaltfläche *Ordner leeren* klicken.

Jetzt wird der betreffende Ordner geleert und die Nachrichten werden endgültig von der Festplatte entfernt.

> **Tipps**
>
> Sie können den Ordner *Gelöschte Objekte* automatisch beim Beenden von Windows Live Mail leeren lassen. Öffnen Sie in der Symbolleiste des Programmfensters die Menüschaltfläche *Menüs* und klicken Sie auf den Befehl *Optionen*. Gehen Sie im Eigenschaftenfenster *Optionen* zur Registerkarte *Erweitert* und wählen Sie die Schaltfläche *Wartung*. Im Dialogfeld *Wartung* ist das Kontrollkästchen *Ordner »Gelöschte Objekte« beim Beenden leeren* zu markieren. Anschließend schließen Sie das Dialogfeld und das Eigenschaftenfenster über die *OK*-Schaltfläche.
>
> Gesendete Nachrichten werden in der Grundeinstellung von Windows Live Mail im Ordner *Gesendete Objekte* abgelegt. Somit können Sie immer mal wieder nachsehen, ob und welche E-Mails Sie verschickt haben. Wenn dieser Ordner aber zu voll und daher unübersichtlich wird, löschen Sie (wie oben beschrieben) einfach die nicht mehr benötigten Kopien.

Kontakte verwalten

Windows 7 stellt zwar einen Ordner zur Verwaltung von Adressdaten (als Kontakte bezeichnet) bereit. Um E-Mail-Adressen in Windows Live Mail verwenden zu können, müssen Sie aber die Funktion »Kontakte« des Programms verwenden.

Wie kann ich auf die Kontakte zugreifen?

Zur Pflege bzw. zum Ansehen der Kontaktdaten rufen Sie die betreffende Funktion in Windows Live Mail auf.

1 Klicken Sie im Windows Live Mail-Programmfenster in der linken Spalte auf das Symbol der Kategorie *Kontakte*.

Windows Live Mail öffnet ein neues Programmfenster *Windows Live-Kontakte*, welches Ihnen die eventuell bereits eingetragenen Kontakte anzeigt.

Die linke Spalte des Programmfensters enthält den Eintrag *Alle Kontakte* und ggf. weitere Einträge, wenn Sie die Kontakte separaten Kategorien (z. B. Privat, Geschäftlich, Verein) zugeordnet haben. Der Wert in Klammern gibt die Zahl der Kontakte in der Kategorie an.

2 Klicken Sie einen Gruppeneintrag in der linken Spalte per Maus an, um die Liste der Gruppenmitglieder in der mittleren Spalte des *Windows Live-Kontakte*-Fensters einzublenden.

Kapitel 6

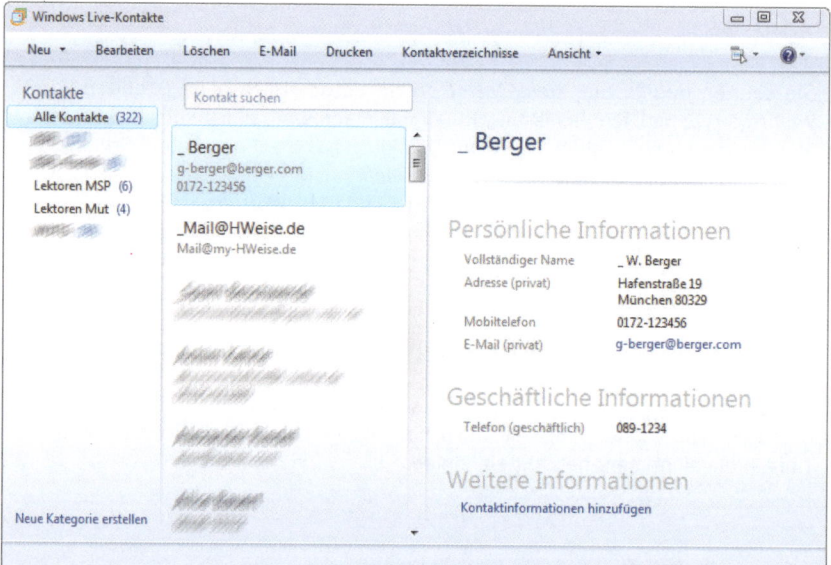

Die Bildlaufleiste der mittleren Spalte ermöglicht Ihnen, in der angezeigten Kontaktliste zu blättern.

- Klicken Sie in das Textfeld »Kontakt suchen« oberhalb der mittleren Spalte. Sobald Sie die ersten Buchstaben eines Kontaktnamens in das Feld eintippen, wird die Kontaktliste nach diesem Ausdruck gefiltert. Die Eingabe des Buchstabens »B« filtert dann alle Kontakte heraus, deren Name mit diesem Buchstaben beginnen.

- Ein Mausklick auf einen Kontakteintrag der mittleren Liste blendet die Kontaktdetails (Name, persönliche und geschäftliche Informationen etc.) in der rechten Spalte des Kontaktfensters ein.

Auf diese Weise können Sie sehr elegant in der Kontaktliste navigieren und die Details einsehen. Windows Live-Kontakte zeigt in der rechten Spalte immer nur die Informationen, die für einen Kontakt eingetragen wurden.

> **Hinweis**
>
> Über die Schaltfläche *Kontaktverzeichnisse* der Symbolleiste lässt sich ein separates Fenster *Personen suchen* öffnen, in dem Sie gezielt über Name oder E-Mail-Adresse nach Kontaktdaten von Personen suchen können. Diese Suche bezieht sich aber nicht auf das lokale Adressbuch, sondern auf Adressen, die im Internet (z.B. im VeriSign-Internetverzeichnisdienst, auf einer Internetseite) oder in einem Netzwerk gespeichert sind. Diese Funktion dürfte im deutschsprachigen Raum für Privatleute wenig relevant sein, da kaum Treffer erzielt werden. Über die Menüschaltfläche *Ansicht* der Symbolleiste können Sie zudem die Darstellung der Windows Live-Kontakte beeinflussen (z.B. Sortierung über Vornamen oder Namen).

Kontakte verwalten

Kontakte bearbeiten

Um die Details eines Kontakts einzusehen und ggf. Daten nachzutragen oder anzupassen, müssen Sie die Detailseite zur Kontaktbearbeitung öffnen:

■ Am einfachsten ist es, den Kontakteintrag in der mittleren Spalte des *Windows Live-Kontakte*-Fensters per Doppelklick anzuwählen.

■ Alternativ können Sie den Kontakteintrag in der mittleren Spalte per Mausklick markieren und dann in der Symbolleiste die Schaltfläche *Bearbeiten* anklicken.

■ Sofern in der rechten Spalte mit den Kontaktdaten ein Hyperlink *Kontaktinformationen hinzufügen* sichtbar ist, lässt sich dieser ebenfalls anklicken.

> **Achtung**
> Ein Doppelklick auf die Detailspalte ist dagegen weniger hilfreich, da er das *Windows Live-Kontakte*-Fenster zur Vollbildansicht umschaltet. Ein weiterer Doppelklick auf diese Spalte stellt dann die Fensteransicht wieder her.

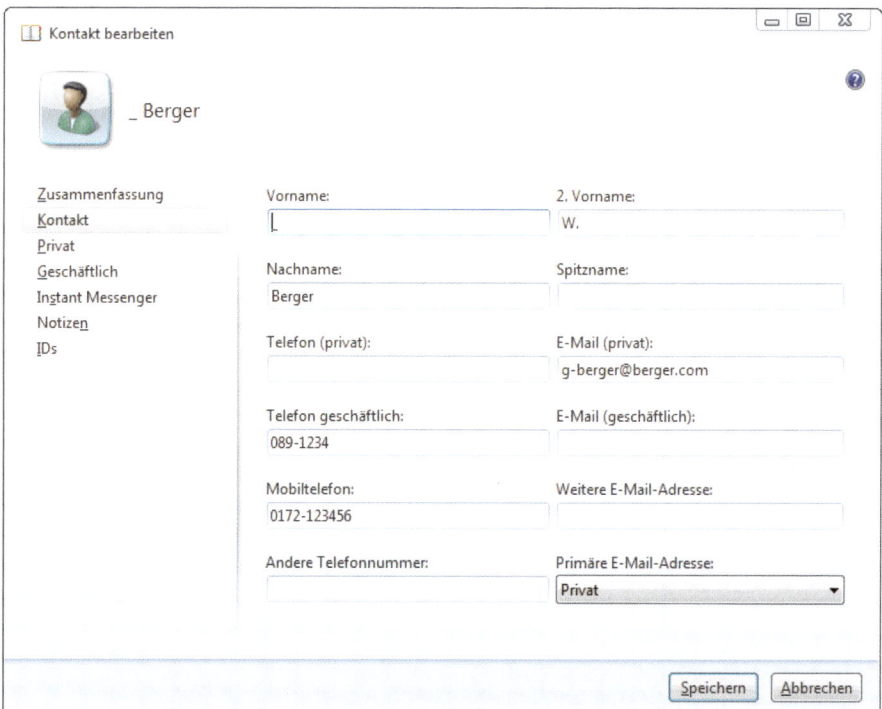

257

Im Fenster *Kontakt bearbeiten* sehen Sie den Namen des Kontakts sowie ggf. ein dem Kontakt zugeordnetes Foto. Über die linke Spalte des Fensters lassen sich dabei eine Seite mit der Zusammenfassung sowie die Detailseiten für den Kontakt samt privaten und geschäftlichen Daten abrufen:

1 Es reicht, den betreffenden Eintrag für die gewünschte Kategorie in der linken Spalte des Fensters anzuklicken. Schon werden die Informationen in der rechten Spalte eingeblendet.

2 Bei Bedarf können Sie die Einträge für den Kontakt in den Feldern der Registerkarte ändern (einfach auf den Wert klicken und per Tastatur ändern).

Über das Listenfeld *Primäre E-Mail-Adresse* der Kategorie »Kontakt« geben Sie vor, ob die eingetragene private oder geschäftliche E-Mail-Adresse in Windows Live Mail beim Einfügen von Empfängerdaten zu verwenden ist (siehe auch folgende Abschnitte). Sobald Sie das Dialogfeld über die *Speichern*-Schaltfläche schließen, werden die Änderungen gespeichert.

Kontakte löschen oder neu eintragen

Wird ein **Kontakteintrag** nicht mehr benötigt, können Sie diesen aus der Kontaktverwaltung **entfernen**.

1 Es genügt, den zu löschenden Kontakt in der mittleren Spalte per Mausklick zu markieren.

2 Anschließend können Sie in der Symbolleiste des Programmfensters auf die Schaltfläche *Löschen* klicken oder im Kontextmenü den Befehl *Kontakt löschen* wählen.

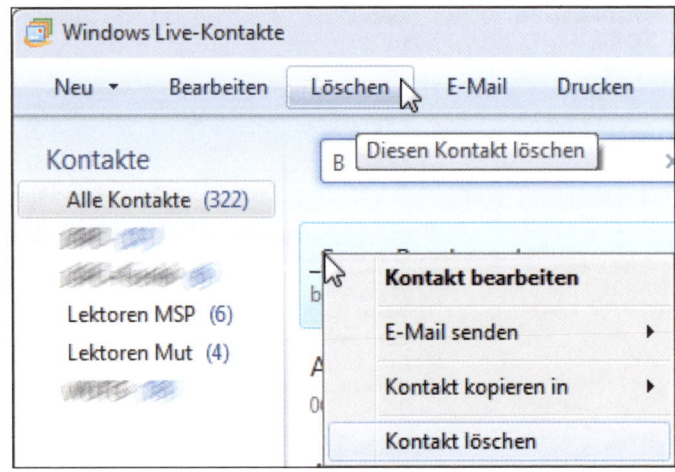

3 Danach müssen Sie den angezeigten Sicherheitsdialog mit der Frage »Kontakt löschen?« über die *OK*-Schaltfläche bestätigen.

Kontakte verwalten

Im Kontextmenü eines Kontakts finden Sie auch Befehle, um dessen Inhalt zu bearbeiten oder die Daten zu kopieren.

Zum **Eintragen eines neuen Kontakts** in die Windows Live-Kontakte sind nur wenige Schritte notwendig:

1 Klicken Sie im *Windows Live-Kontakte*-Fenster auf die Schaltfläche *Neu*.

Alternativ können Sie die Tastenkombination [Strg]+[⇧]+[N] drücken oder im Windows Live Mail-Hauptfenster den Befehl *Kontakt* der Menüschaltfläche *Neu* wählen.

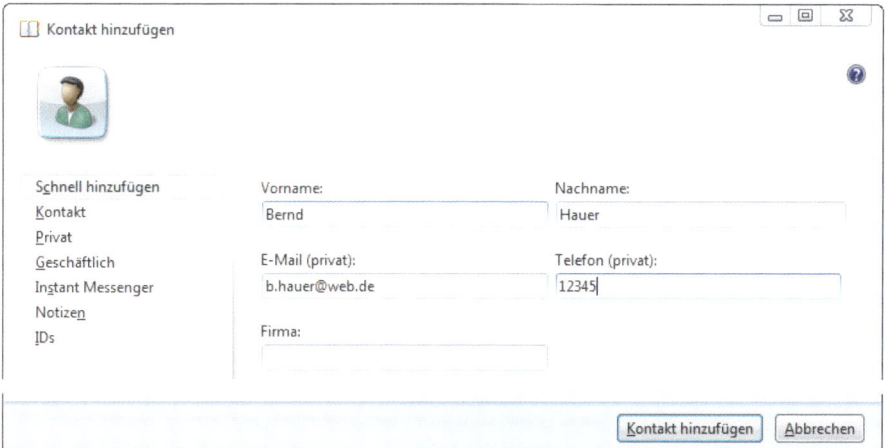

2 Anschließend tragen Sie im Fenster *Kontakt hinzufügen* die gewünschten Kontaktdaten ein. Sie müssen hierzu die Kategorien in der linken Spalte des Fensters anwählen und dann die Angaben in die angezeigten Felder eintippen.

3 Sind alle Daten erfasst, schließen Sie das Fenster über die Schaltfläche *Kontakt hinzufügen*.

Daraufhin trägt das Programm den neuen Kontakt in die Kontaktverwaltung ein.

Kapitel 6

> **Hinweis**
>
> Ob Sie Telefonnummern, Geburtstage etc. in den Kontakten mit Adressbuch verwalten, bleibt Ihnen überlassen. Telefonnummern führe ich nach wie vor im – mittlerweile arg zerfledderten – Telefonregister meines Taschenkalenders. Zur Verwaltung der E-Mails ist die Kontaktverwaltung aber ganz prima.

Kategorien für Kontakte anlegen

Bei sehr vielen Kontakten empfiehlt es sich, diese ggf. über Kategorien (Privat, Geschäftlich, Verein etc.) zu strukturieren. Hierzu müssen die Kontakte bereits eingetragen sein.

1 Öffnen Sie das Menü der Schaltfläche *Neu* des Fensters *Windows Live-Kontakte* und wählen Sie den Befehl *Kategorie*.

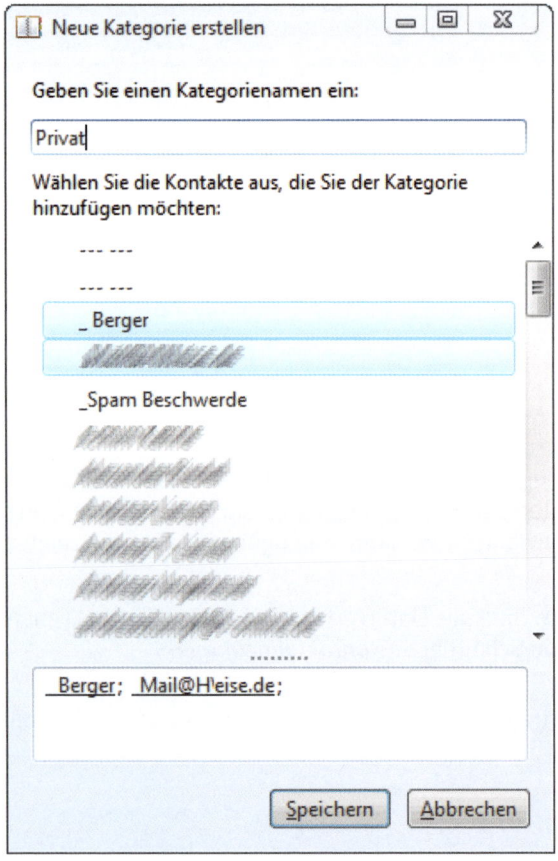

Kontakte verwalten

2 Im Fenster *Neue Kategorie erstellen* tippen Sie einen Namen für die Kategorie in das Textfeld ein.

3 Anschließend markieren Sie alle der Kategorie zuzuordnenden Kontakte in der angezeigten Liste durch Anklicken.

Die Kontaktverwaltung listet alle markierten Einträge im unteren Textfeld des Fensters auf.

4 Sind die gewünschten Kontakte markiert, schließen Sie das Fenster über die *Speichern*-Schaltfläche.

Die Kontaktverwaltung ordnet dann die gewählten Kontakte der neuen Kategorie zu und zeigt diese Kategorie in der linken Spalte des Fensters *Windows Live-Kontakte*. Klicken Sie diesen Eintrag an, werden nur noch die der Kategorie zugeordneten Kontakte in der mittleren Spalte aufgelistet.

> **Hinweis**
>
> Kategorien sind z. B. hilfreich, wenn eine E-Mail an alle Mitglieder einer Gruppe (z. B. Vereinsmitglieder) versandt werden soll. Statt einzelne Kontakte anzugeben, wird einfach die Kategorie in das Empfängerfeld eingetragen. Windows Live Mail fügt dann automatisch die E-Mail-Adressen der Empfänger ein.

Kapitel 6

Kontaktdaten ausdrucken

Benötigen Sie einen **Ausdruck** der **Kontaktdaten**? Sobald Sie in der Symbolleiste des *Windows Live-Kontakte*-Fensters auf die Schaltfläche *Drucken* klicken, erscheint ein Dialogfeld zur Auswahl der Druckoptionen.

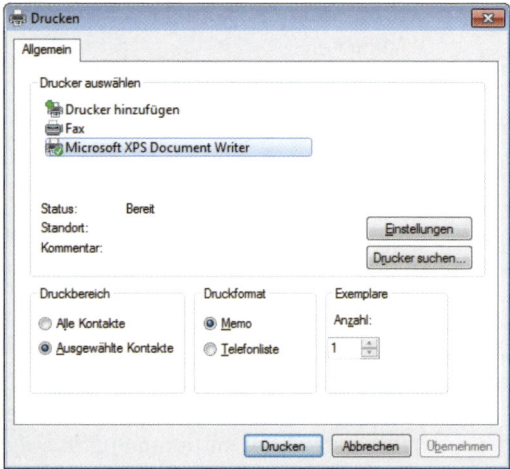

Dort lässt sich über Optionsfelder der Gruppe *Druckbereich* steuern, ob alle Kontakte oder nur vorher markierte Einträge zu drucken sind.

An dieser Stelle möchte ich die Einführung in die Funktionen zur E-Mail- und Kontaktverwaltung von Windows Live Mail beenden. Viele Funktionen (u. a. die Kalenderfunktion) mussten aus Platzgründen ausgespart bleiben – Sie sollten aber die im Alltag benötigten Funktionen kennen. Für weitergehende Informationen sei auf die Programmhilfe sowie meinen weiterführenden Markt+Technik-Titel »Magnum – Windows 7 Home Premium« verwiesen.

Zusammenfassung

Sie verfügen nun über das Wissen zum Umgang mit E-Mails, Windows Live Mail und Adressbüchern. Sie haben zudem gelernt, wie Sie ein Freemail-Konto beantragen und dessen Daten in Windows Live Mail eintragen.

Testen Sie Ihr Wissen

Zur Überprüfung Ihrer Kenntnisse können Sie die folgenden Fragen beantworten (die Lösungen finden Sie in Klammern).

- **Wie erstelle ich eine E-Mail?**

  (Auf die Schaltfläche *Neu* klicken, die Empfängeradresse sowie den Betreff hinzufügen und den Text verfassen.)

- **Wie lese ich eine E-Mail?**

  (Klicken Sie in der Ordnerspalte des E-Mail-Programms auf das Symbol *Posteingang*. Zum Lesen der Nachricht doppelklicken Sie auf den betreffenden Eintrag in der Nachrichtenliste.)

- **Wie hole ich E-Mails vom E-Mail-Server ab?**

  (Ist das E-Mail-Programm entsprechend eingerichtet, stellen Sie eine Online-Verbindung her. Dann klicken Sie im Programmfenster auf die Schaltfläche *Synchronisieren* und wählen im Menü den gewünschten Befehl. Sobald alle Nachrichten ausgetauscht sind, trennen Sie die Verbindung zum Internet.)

- **Wie komme ich an einen E-Mail-Anhang heran?**

  (Zum Beispiel indem Sie die Nachricht öffnen und dann die angehängte Datei mit der rechten Maustaste anklicken, um anschließend im Kontextmenü den Befehl *Speichern unter* zu wählen.)

- **Wie erstelle ich einen Anhang zu einer E-Mail?**

  (Ziehen Sie die zu versendende Datei z. B. aus einem Ordnerfenster in den Dokumentbereich der gerade geschriebenen Nachricht.)

- **Wie lösche ich eine E-Mail?**

  (Nachricht in der Nachrichtenliste anklicken und dann die Schaltfläche *Löschen* in der Windows Live Mail-Symbolleiste betätigen.)

- **Wie kann ich einen neuen Kontakt hinzufügen?**

  (Öffnen Sie im Windows Live Mail-Programmfenster das Menü der Schaltfläche *Neu* und wählen Sie den Befehl *Kontakt*. Anschließend tragen Sie die Kontaktdaten in das angezeigte Dialogfeld ein.)

Das können Sie schon

Den Computer in Betrieb nehmen	36
Mit Windows-Fenstern und -Programmen arbeiten	48
Webseiten abrufen und verschiedene Internetdienste nutzen	141
E-Mails empfangen und versenden	220

Das lernen Sie neu

Textverarbeitung – der Einstieg	266
Speichern, Laden und Drucken	281
Texte formatieren	288
Funktionen für Könner	303
Tolle Sachen zum Selbermachen	312

Kapitel 7
Texte am Computer erstellen

In diesem Kapitel erwerben Sie das notwendige Wissen, um Texte mit Programmen wie Microsoft Word zu erstellen, zu korrigieren und zu speichern. Zudem erfahren Sie, wie sich Textdokumente formatieren, d. h. gestalten lassen. Nach der Lektüre des Kapitels sollte das Schreiben eines Briefs oder einer Einladung kein Problem mehr darstellen. Auch der Umgang mit Tabulatoren zur Gestaltung von Listen, das Einbinden von Grafiken oder das Erstellen von Tabellen bleiben kein Buch mit sieben Siegeln.

Kapitel 7

Textverarbeitung – der Einstieg

Die alte Schreibmaschine hat längst ausgedient, dafür sind Computer in die Büros eingezogen. Mithilfe sogenannter Textverarbeitungsprogramme wie Microsoft Word lassen sich Briefe, Rechnungen, Einladungen und vieles mehr direkt am Computer erstellen, speichern, korrigieren und drucken. Nachfolgend erhalten Sie einen Überblick und lernen die Eingabe einfacher Texte.

Microsoft Word im Überblick

Der Markt bietet eine große Zahl an Textverarbeitungsprogrammen. Das am häufigsten benutzte Textverarbeitungsprogramm ist **Microsoft Word**. Es ist Bestandteil der Microsoft Office-Pakete (siehe *Kapitel 1*).

Sofern Microsoft Office 2010 auf Ihrem Rechner installiert ist, finden Sie Microsoft Word als Eintrag im Startmenü (meist unter *Alle Programme* bzw. in der Programmgruppe *Microsoft Office*).

> **Hinweis**
>
> Es gibt verschiedene **Versionen von Microsoft Office** und damit auch von **Microsoft Word**. In diesem **Buch** wird **Microsoft Word 2010 besprochen**. Die Bedienung des älteren Microsoft Word 2007 ist weitgehend gleich, d.h. nach der Lektüre dieses Kapitels kommen Sie auch mit dieser Word-Version zurecht. Selbst das in Windows 7 enthaltene Programm **WordPad** (Startmenüeintrag *Alle Programme/Zubehör/WordPad*) besitzt eine ähnliche Benutzeroberfläche samt Bedienelementen. Sofern Sie noch mit älteren Word-Versionen arbeiten und mit den Anleitungen dieses Kapitels nicht zurechtkommen, möchte ich auf ältere Ausgaben dieses Buches oder auf die bei Markt+Technik von mir erschienenen Easy-Titel zu den verschiedenen Microsoft Office-Versionen verweisen.

Nach dem Aufruf meldet sich Word mit einem Programmfenster, welches in Word 2010 wie hier gezeigt aussieht.

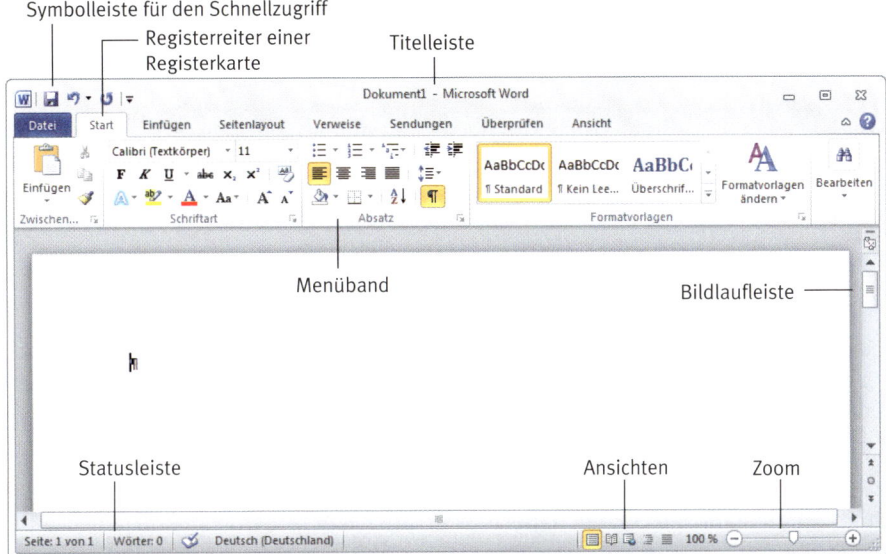

- Am oberen Fensterrand befindet sich die **Titelleiste**, in deren Mitte der Dokumentname aufgeführt ist. Am rechten Rand der Titelleiste finden Sie zudem die drei Schaltflächen, um das Programmfenster zu minimieren, zwischen dem Fenster- und Vollbildmodus umzuschalten (maximieren/verkleinern) sowie zu schließen.

- Die **Symbolleiste für den Schnellzugriff** befindet sich am linken Rand der Titelleiste und enthält Schaltflächen, über die Sie schnell auf häufig benötigte Funktionen zugreifen können. Den Inhalt der Leiste können Sie Ihren Anforderungen entsprechend anpassen (siehe Abschnitt »Die Symbolleiste für den Schnellzugriff«).

- Oberhalb des Dokumentbereichs besitzt Word 2010 das sogenannte **Menüband**. Dieses besteht aus mehreren **Registerkarten** (*Start*, *Einfügen*, *Seitenlayout* etc.), die sich über die zugehörigen Registerreiter abrufen lassen. Auf diesen Registerkarten finden Sie, thematisch in Gruppen zusammengefasste, Schaltflächen und Elemente zur Dokumentgestaltung.

- Die am unteren Fensterrand befindliche **Statusleiste** enthält im linken Teil spezielle Informationen zum betreffenden Dokument (z. B. die Seitenzahlen). Der Schieberegler am rechten Rand der Statusleiste ermöglicht es, den Zoomfaktor für die Dokumentanzeige stufenlos anzupassen. Links neben dem Regler findet sich noch eine Schaltflächengruppe zum Umschalten zwischen den in Word verfügbaren Dokumentdarstellungen.

Die weiße Fläche innerhalb des Fensters ist der Dokumentbereich. Dies ist die Arbeitsumgebung, in der Texte erfasst und gestaltet werden.

> **Hinweis**
> Neben Microsoft Office gibt es von der Firma Oracle das kostenlose **OpenOffice.org** (siehe http://de.openoffice.org), welches das Programm **Writer** zur Gestaltung von Textdokumenten enthält. Aus Platzgründen können dessen Funktionen hier nicht behandelt werden. Konsultieren Sie ggf. die bei Markt+Technik zu OpenOffice.org erschienenen Bücher.

Ein neues Dokument anlegen

Beim Start des Textverarbeitungsprogramms stellt dieses automatisch ein neues Dokument im Anwendungsfenster bereit. Sie können aber jederzeit ein neues Dokument abrufen.

Um ein neues leeres Dokument anzulegen, reicht es, die Tastenkombination [Strg]+[N] zu drücken. Anschließend erscheint das neue leere Dokument im Programmfenster. Sie können dabei in Word auch mehrere Dokumente gleichzeitig bearbeiten.

Nicht immer möchte man aber ein leeres Dokument, sondern es wird eine Vorlage (z. B. für einen Brief) benötigt. Um in Word gezielt ein neues Dokument auf Basis einer sogenannte **Vorlage** (z. B. mit einem Briefkopf) anzulegen, gehen Sie in folgenden Schritten vor.

1 Klicken Sie im Menüband auf den Registerreiter *Datei* und wählen Sie im eingeblendeten Menü den Befehl *Neu*.

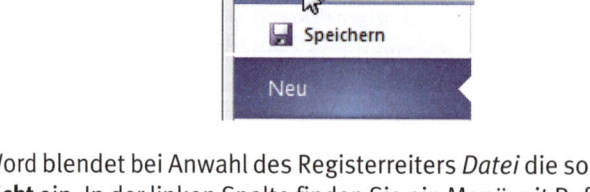

Word blendet bei Anwahl des Registerreiters *Datei* die sogenannte **Backstage-Ansicht** ein. In der linken Spalte finden Sie ein Menü mit Befehlen zum Verwalten von Dokumenten (z. B. Speichern, Drucken etc.). Klicken Sie auf einen dieser Befehle, zeigt die Backstage-Ansicht die zugehörigen Bedienelemente. Hier sehen Sie die Darstellung der Backstage-Ansicht des Befehls *Neu*.

2 Wählen Sie in der Rubrik »Verfügbare Vorlagen« der Backstage-Ansicht den Eintrag für die Vorlage.

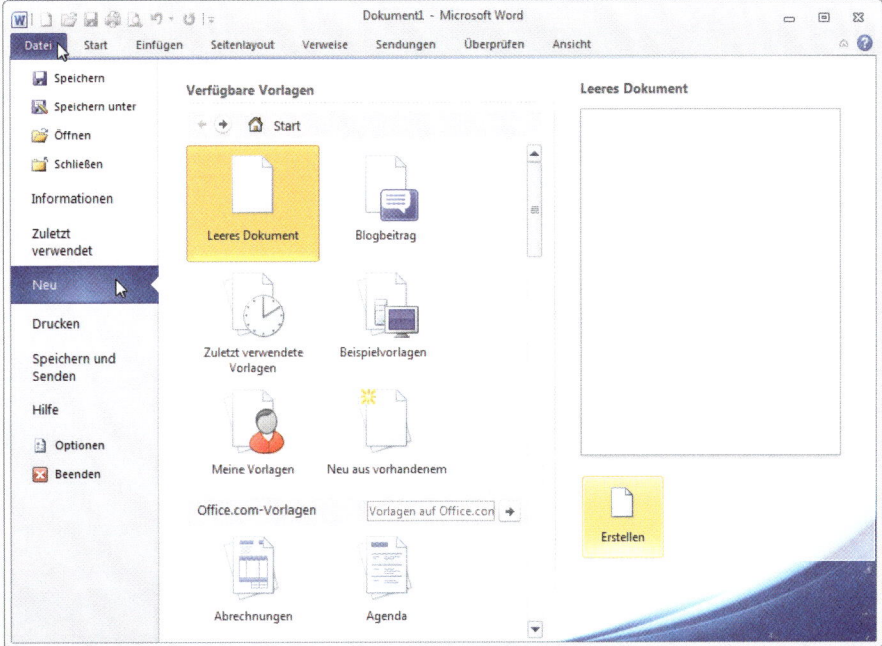

Das Symbol *Leeres Dokument* holt ein neues leeres Word-Dokument in den Dokumentbereich. Alternativ können Sie eines der anderen Symbole anwählen, um das Dokument auf Basis einer Vorlage anzulegen. Über die Symbole der Gruppe »Office.com-Vorlagen« kann Word bei bestehender Internetverbindung eine Vorlage von der Microsoft-Internetseite *office.com* herunterladen. Haben Sie eines der Vorlagensymbole in der Backstage-Ansicht angeklickt? Dann müssen Sie in einem Zwischenschritt die Vorlage auswählen.

Kapitel 7

3 Haben Sie in der Rubrik *Verfügbare Vorlagen* ein Symbol angeklickt, wählen Sie nun auf der Folgeseite eine Vorlage und schließen Sie dann das Dialogfeld über die mit *Erstellen* bzw. *Download* beschriftete Schaltfläche.

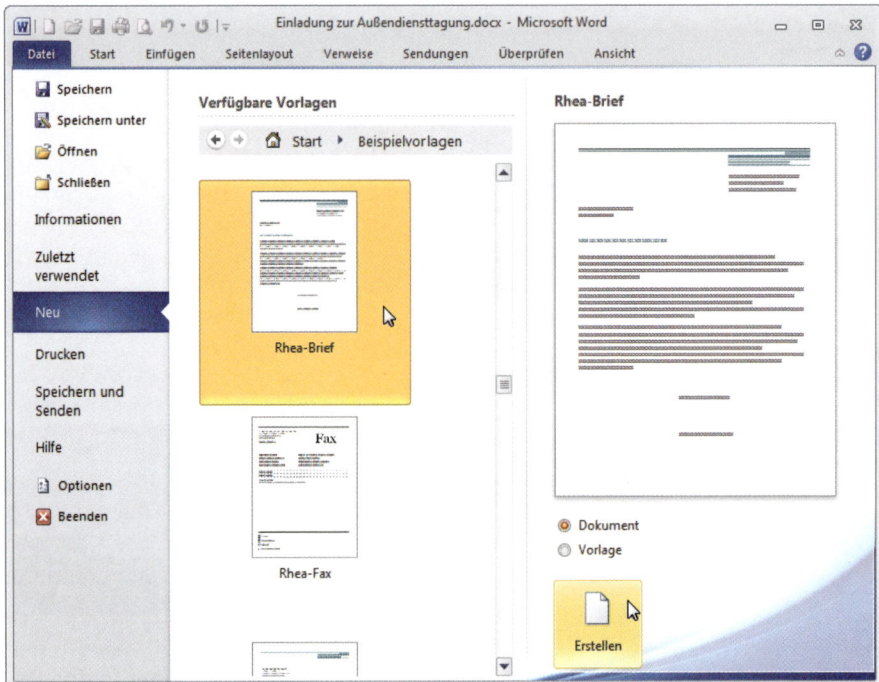

Word wird dann ein neues Dokument auf Basis der gewählten Vorlage in einem separaten Fenster öffnen. Bei einer Briefvorlage sind dann bereits Briefelemente wie Absender- und Empfängerfeld etc. vorhanden und Sie müssen den Vorlagentext nur noch um eigene Inhalte ergänzen.

> **Tipp**
> Haben Sie mehrere Dokumentfenster geöffnet, können Sie über die Schaltflächen in der Windows-Taskleiste zwischen den verschiedenen Textdokumenten umschalten.

Text eingeben

Tippen Sie den gewünschten Text einfach per Tastatur ein. Wenn Sie eine Taste länger festhalten, wird das Zeichen automatisch bei der Eingabe wiederholt. Falls Sie mit der Tastatur noch auf »Kriegsfuß« stehen, hier einige kleine Tipps:

Textverarbeitung – der Einstieg

- **Großbuchstaben** erhalten Sie, wenn Sie gleichzeitig mit der gewünschten Taste die `⇧`-Taste drücken. Auf diese Weise können Sie auch **Sonderzeichen** wie § oder % über die oberste Tastenreihe abrufen. Mit `⇧`+`4` erhalten Sie z. B. das Dollarzeichen.

- Liefern plötzlich alle Tasten Großbuchstaben, haben Sie eventuell versehentlich die `CapsLock`-Taste gedrückt und die Tastatur auf Großschreibung umgestellt. Um den Modus aufzuheben, tippen Sie kurz die `CapsLock`-Taste an.

- Ist auf einer Taste ein drittes Zeichen zu sehen, rufen Sie dieses durch gleichzeitiges Drücken der Taste `AltGR` ab. Die Tilde (~) wird also beispielsweise mit der Tastenkombination `AltGR`+`+` eingegeben. Die Tastenkombination `AltGR`+`E` erzeugt dagegen das Euro-Währungszeichen. Das bei E-Mail-Adressen benutzte At-Zeichen (@) wird über die Tastenkombination `AltGR`+`Q` abgerufen. Tipp: Bei älteren Tastaturen können Sie die `AltGR`-Taste auch über die Tastenkombination `Strg`+`Alt` simulieren.

- Der **Zwischenraum** zwischen den Wörtern wird durch die `⎵`-Taste am unteren Rand der Tastatur eingefügt.

- Gelangen Sie beim **Schreiben einer Zeile** an den rechten Zeilenrand, drücken Sie keinesfalls die `↵`-Taste, sondern tippen einfach weiter. Das Textverarbeitungsprogramm bricht den Text automatisch in die nächste Zeile um (d. h., der eingetippte Text erscheint einfach in der Folgezeile). Nur wenn Sie den nächsten Absatz beginnen möchten (z. B. bei Einzelzeilen, Adressangaben oder Listen), drücken Sie die `↵`-Taste.

Am Anfang des Buches finden Sie übrigens eine Übersicht über die Tastatur mit den wichtigsten Tasten. Mit etwas Übung werden Sie schnell sicherer und bringen auch längere Texte flott zu »Papier«.

> **Tipp**
> Wer häufiger Texte schreiben muss, sollte sich die Fähigkeit zur Texteingabe mit dem »Zehnfinger-Schreibsystem« aneignen. Zum Training sind kostenlose Tipptrainer recht hilfreich. Geben Sie in eine Suchmaschine die Begriffe »Tipptrainer Freeware« ein, um nach entsprechenden Programmen für Windows 7 zu suchen.

Textkorrektur

Bei der Texterfassung wird es selten ohne Fehler abgehen. Schnell wird ein Wort vergessen, ein Buchstabe ist doppelt, oder es sind Ergänzungen erforderlich. Und beim späteren Lesen eigener Texte fallen Ihnen vermutlich weitere Fehler auf. Das ist aber kein Beinbruch, da Textverarbeitungsprogramme recht praktische Korrekturfunktionen bieten. Sie können mit wenigen Tasteneingaben Text löschen oder ergänzen.

Kapitel 7

> Einlatung zur Sommerparty¶
>
> Wirr möchten Euch zu unserers Sommerparty einladen. Für das leibliche Wohl ist gesorgt. Mitzubringen sind lediglich gute Stimmung und etwas Zeit. ¶
>
> Ort: Garten bei uns¶
>
> Datum: 18.7. um 19:30¶
>
> Wir würden uns über eure Teilnahme freuen. Bitte gebt uns Bescheidt, ob wir mit eurer Teilnahme rechnen können.¶

Hier ist ein Beispieltext mit einigen Tippfehlern zu sehen. Die mit einer geschlängelten Linie unterstrichenen Wörter wurden durch die Word-Rechtschreibprüfung als Fehler markiert. Rot unterkringelte Stellen zeigen Schreibfehler an, während blaue Unterstreichungen auf Grammatikfehler hinweisen. Die Korrektur dieser falsch geschriebenen Wörter ist kein Kunststück:

> **Hinweise**
>
> Das am Ende einiger Zeilen sichtbare Zeichen (hier in der Titelzeile zu sehen) ist die sogenannte **Absatzmarke**, die beim Drücken der ⏎-Taste in den Text eingefügt wird und eine neue Zeile einleitet. Die Absatzmarken lassen sich ein-/ausblenden, indem Sie auf der Registerkarte *Start* in der Gruppe *Absatz* auf die Schaltfläche *Alle anzeigen* klicken.
>
>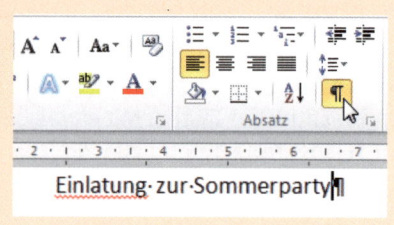
>
> Absatzmarken erscheinen nur auf dem Bildschirm, nicht jedoch im Ausdruck eines Textes.

1 Geben Sie den obigen Beispieltext mit den Fehlern in das Textverarbeitungsprogramm ein.

2 Um eine Textstelle zu korrigieren, klicken Sie diese mit der Maus an.

Das Textverarbeitungsprogramm markiert die betreffende Stelle mit der **Schreibmarke** (der blinkende senkrechte Strich, auch schon mal als **Textmarke** bezeichnet wird).

3 Anschließend führen Sie die Korrektur aus, indem Sie fehlende Zeichen eintippen oder falsche Buchstaben entfernen.

> **Tipp**
>
> Manchmal ist die genaue Positionierung der Schreibmarke per Maus etwas schwierig. Klicken Sie dann auf das betreffende Wort und führen Sie die Feinpositionierung über die Cursortasten ← und → durch.

Zur Korrektur des Textes sollten Sie Folgendes wissen: Wenn Sie neue **Zeichen** über die Tastatur eintippen, **werden** diese an der Schreibmarke **in den Text eingefügt**. Rechts neben der Schreibmarke befindliche Buchstaben rutschen in Richtung Zeilenende. Müssen Sie zur Korrektur Zeichen entfernen, verwenden Sie die folgenden Tasten:

- **Zeichen**, die **rechts von** der **Schreibmarke** stehen, können Sie **über** die Entf-Taste **löschen**.
- **Zeichen links von** der **Schreibmarke entfernen** Sie durch Drücken der ← -Taste.

Sie sollten sich die beiden Tasten merken, da diese in Windows an vielen Stellen zur Textkorrektur (z. B. auch beim Umbenennen von Dateien oder beim Arbeiten mit Texten in anderen Programmen) benutzt werden. Auf diese Weise können Sie ganz leicht Tippfehler im Text korrigieren.

> **Tipp**
>
> Löschen Sie eine Absatzmarke über die betreffende Taste, zieht das Textverarbeitungsprogramm die beiden Absätze zusammen. Wenn Sie dagegen an einer Textstelle die ⏎-Taste drücken, wird ein Absatzwechsel eingeleitet. Sie können also jederzeit einen Text an der gewünschten Stelle in zwei Absätze unterteilen.

AutoKorrektur und Rechtschreibprüfung

Eine als **AutoKorrektur** bezeichnete Funktion überwacht in Word Ihre Eingaben und setzt Tippfehler automatisch in eine korrekte Schreibweise um (aus »dei« wird dann z. B. »die«). Führt die Autokorrektur bei der Eingabe zu einer falschen Schreibweise, drücken Sie sofort die Tastenkombination Strg + Z , um die Änderung wieder aufzuheben.

In Microsoft Word steht Ihnen zudem eine **Rechtschreibprüfung** zur Verfügung, um Tippfehler auszumerzen.

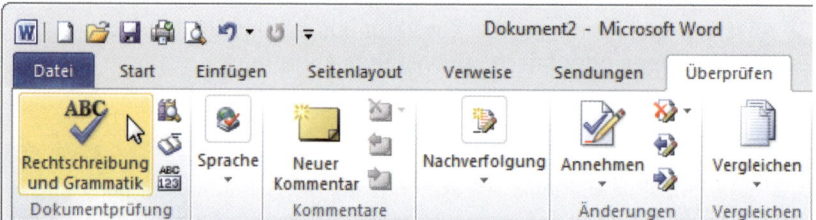

1 Wechseln Sie im Menüband zur Registerkarte *Überprüfen* und klicken Sie auf die Schaltfläche *Rechtschreibung und Grammatik*.

Das Programm startet dann die Rechtschreibprüfung und öffnet ein Dialogfeld zur Ablaufsteuerung. Das Dialogfeld zeigt die falsch geschriebenen Wörter und ggf. Korrekturvorschläge an.

2 Sie können den Schreibfehler im Dialogfeld korrigieren oder auf einen Vorschlag klicken und über eine der Schaltflächen korrigieren lassen.

- Die mit *Ändern* beschriftete Schaltfläche nimmt die Korrektur im Dokument vor.
- Die Schaltfläche *Alle ändern* weist die Rechtschreibprüfung an, alle entsprechenden Fehler im Dokument automatisch zu korrigieren.
- Über die Schaltflächen *Einmal ignorieren* und *Alle ignorieren* bleibt die als falsch bemängelte Schreibweise erhalten.
- *AutoKorrektur* trägt den falsch geschriebenen Begriff samt korrekter Schreibweise in die AutoKorrektur-Liste ein.
- Unbekannte, aber richtig geschriebene Begriffe lassen sich über die mit *Zum Wörterbuch hinzufügen* beschriftete Schaltfläche in ein Wörterbuch übertragen.

Mit der Schaltfläche *Rückgängig* lässt sich eine Korrektur auch wieder zurücknehmen. Neben der kompletten Rechtschreibprüfung können Sie in Word auch falsch geschriebene Wörter direkt korrigieren.

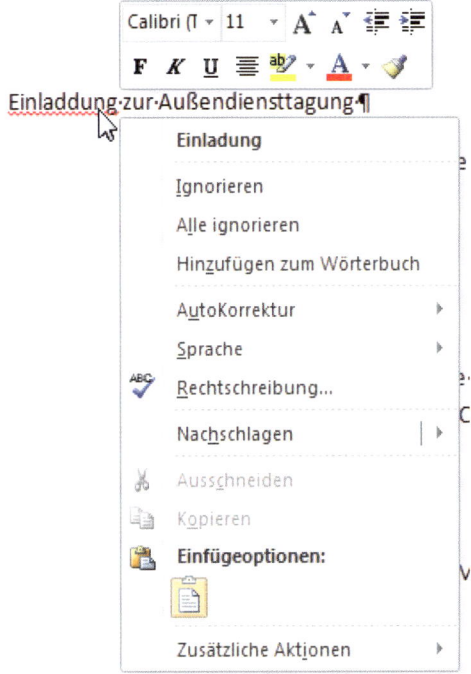

1 Klicken Sie mit der rechten Maustaste auf ein mit einer roten geschlängelten Linie unterstrichenes Wort.

Dann zeigt das eingeblendete Kontextmenü Vorschläge für eine korrekte Schreibweise an.

2 Sie können den Korrekturvorschlag durch Anklicken der richtigen Schreibweise im Kontextmenü übernehmen oder den Fehler manuell im Text korrigieren.

Die sonstigen angezeigten Befehle ermöglichen, die fehlerhafte Schreibweise zu ignorieren, Wörter zum Wörterbuch hinzuzufügen, die Autokorrektur aufzurufen oder die Rechtschreibprüfung zu starten.

Änderungen rückgängig machen

Haben Sie irrtümlich etwas gelöscht, etwas ungewollt überschrieben oder falsch eingetippt? Ähnlich wie viele Windows-Anwendungen ermöglicht Ihnen auch Word, die letzten Änderungen zurückzunehmen:

- Drücken Sie die Tastenkombination [Strg]+[Z].
- Zudem können Sie in der Symbolleiste für den Schnellzugriff die mit *Rückgängig* bezeichnete Schaltfläche anklicken.

Wählen Sie die Schaltfläche an bzw. drücken Sie die Tastenkombination, wird die **letzte Änderung rückgängig** gemacht. Diese Funktion lässt sich sogar mehrfach anwenden, um Korrekturen schrittweise zurückzunehmen.

Kapitel 7

> **Hinweise**
>
> Word besitzt die hier gezeigten Schaltflächen *Rückgängig* und *Wiederherstellen*, um Änderungen zurückzunehmen und wiederherzustellen.
>
>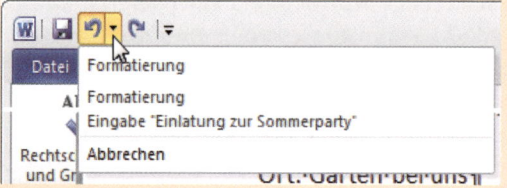
>
> Bei diesen Schaltflächen lässt sich zudem ein Menü öffnen, über dessen Befehle sich Änderungen zwischen dem aktuellen Zustand und dem gewählten Eintrag gezielt zurücknehmen oder wiederherstellen lassen.

Positionieren im Text

Klicken Sie per Maus auf eine Stelle im Text, wird die Einfügemarke dort positioniert. Zur schnellen Auswahl einer Textstelle ist diese Vorgehensweise sehr gut geeignet. Oft ist es aber schwierig, die Schreibmarke genau vor oder hinter einen Buchstaben zu setzen. Zudem stört der ständige Wechsel zwischen Tastatur und Maus den Arbeitsfluss. Sie sollten daher die Möglichkeit zur Positionierung per Tastatur kennen. Die Position der Schreibmarke lässt sich direkt mittels der genannten **Cursortasten** sowie weiterer Tasten verändern. Die folgende Tabelle enthält eine Auflistung der wichtigsten Tasten und Tastenkombinationen zur Positionierung der Einfügemarke im Text.

Tasten	Bemerkung
↑	Verschiebt die Einfügemarke im Text eine Zeile nach oben
↓	Verschiebt die Einfügemarke im Text eine Zeile nach unten
←	Verschiebt die Einfügemarke im Text ein Zeichen nach links in Richtung Textanfang
→	Verschiebt die Einfügemarke im Text ein Zeichen nach rechts in Richtung Textende
Strg + ←	Verschiebt die Einfügemarke im Text um ein Wort nach links
Strg + →	Verschiebt die Einfügemarke im Text um ein Wort nach rechts
Pos1	Drücken Sie diese Taste, springt die Einfügemarke an den Zeilenanfang.

Tasten	Bemerkung
`Strg` + `Pos1`	Mit dieser Taste verschieben Sie die Einfügemarke an den Dokumentanfang.
`Ende`	Mit dieser Taste verschieben Sie die Einfügemarke an das Zeilenende.
`Strg` + `Ende`	Mit dieser Taste verschieben Sie die Einfügemarke an das Dokumentende.

Diese Tastenkombinationen lassen sich bei fast allen Windows-Textverarbeitungsprogrammen einsetzen.

Markieren von Texten

Eine wichtige Arbeitstechnik stellt das Markieren von Textabschnitten (z. B. zur Formatierung oder zur Korrektur von Texten) dar. Das Markieren lässt sich mit dem farbigen Auszeichnen eines Textes auf einem Blatt Papier vergleichen.

> **Was ist das?**
>
> **Das Markieren** wird Ihnen in Windows und in den zugehörigen Programmen häufiger begegnen. Sie können Dateien, Symbole, Ordner, Textbereiche oder Bildausschnitte mit der Maus (durch Anklicken oder Ziehen) markieren. Je nach Programm zeigt Windows den markierten Bereich mit einem farbigen Hintergrund oder durch eine gestrichelte Linie an. Haben Sie etwas markiert, wirken alle Befehle auf den Inhalt der Markierung.

Nehmen wir an, Sie möchten im Beispielbrief einen Textteil markieren. Dann gehen Sie folgendermaßen vor:

1 Klicken Sie mit der Maus an den Anfang des zu markierenden Textbereichs.

2 Halten Sie die linke Maustaste gedrückt und ziehen Sie die Maus zum Ende des Bereichs, der markiert werden soll.

```
Einladung zur Sommerparty¶

Wir möchten Euch zu unserer diesjährigen Sommerparty einladen. Für das
leibliche Wohl ist gesorgt. Mitzubringen sind lediglich gute Stimmung und
etwas Zeit.¶

Ort: Garten bei uns¶

Datum: 18.7. um 19:30¶
```

Der markierte Textbereich wird farbig hervorgehoben. Sie können anschließend verschiedene Funktionen anwenden, die sich auf den markierten Bereich auswirken. Drücken Sie z. B. die `Entf`-Taste, wird der markierte Textbereich gelöscht. Beim Eintippen von Text ersetzt das erste Zeichen den markierten Text. Die restlichen eingetippten Zeichen werden dann hinter das erste Zeichen eingefügt. Das Markieren benötigen Sie auch zum Ausschneiden, Kopieren oder Formatieren von Text.

> **Hinweis**
>
> Sie können **Texte** auch **per Tastatur markieren**. Positionieren Sie die Einfügemarke an den Anfang des zu markierenden Bereichs. Anschließend halten Sie die `⇧`-Taste gedrückt und verschieben die Einfügemarke mittels der oben beschriebenen Cursortasten im Text.
>
> Zum **Aufheben der Markierung** klicken Sie auf eine Stelle außerhalb des markierten Bereichs oder drücken eine der Cursortasten `→` bzw. `←`.

Ausschneiden, Kopieren und Verschieben

Um umfangreichere Textstellen in einem Dokument (oder zwischen Dokumenten) zu verschieben oder zu kopieren, können Sie auf die Funktionen zum Ausschneiden oder Kopieren per **Zwischenablage** zurückgreifen.

> **Was ist das?**
>
> Die **Zwischenablage** ist ein Speicherbereich, der durch Windows bereitgestellt wird. Ein Programm kann dort ausgeschnittene oder kopierte Dokumentteile ablegen und wieder herausnehmen. Der Inhalt der Zwischenablage geht beim Beenden von Windows verloren.

Der Aufruf dieser Funktionen erfolgt über Schaltflächen oder Tastenkombinationen.

Die Schaltfläche *Ausschneiden* der Gruppe *Zwischenablage* der Registerkarte *Start* des Menübands oder die Tastenkombination `Strg`+`X` schneiden den markierten Bereich aus. Der markierte Bereich verschwindet im Dokumentfenster, die Daten wandern in die Zwischenablage.

Die Schaltfläche *Kopieren* der Gruppe *Zwischenablage* der Registerkarte *Start* des Menübands oder die Tastenkombination `Strg`+`C` kopieren den markierten Bereich aus dem Dokument in die Zwischenablage. Der vorher markierte Bereich bleibt dabei erhalten.

Textverarbeitung – der Einstieg

 Verwenden Sie die Schaltfläche *Einfügen* auf der Registerkarte *Start* des Menübands oder die Tastenkombination [Strg]+[V], um den Inhalt der Zwischenablage an die aktuelle Stelle im Dokument einzufügen.

Diese Funktionen zum Kopieren, Ausschneiden und Einfügen stehen in fast allen Windows-Anwendungen (also auch in Word) zur Verfügung. Zur Demonstration soll jetzt der obige Beispieltext mit diesen Funktionen etwas verändert werden.

> Einladung zur Sommerparty¶
>
> Wir möchten Euch zu unserer diesjährigen Sommerparty einladen. Für das leibliche Wohl ist gesorgt. Mitzubringen sind lediglich gute Stimmung und etwas Zeit.¶
>
> Ort: Garten bei uns¶
>
> Datum: 18.7. um 19:30¶
>
> Wir würden uns über Eure Teilnahme freuen. Bitte gebt uns Bescheid, ob wir mit Eurer Teilnahme rechnen können.¶

1 Markieren Sie den auszuschneidenden Text.

2 Klicken Sie in der Gruppe *Zwischenablage* der Registerkarte *Start* auf die Schaltfläche *Ausschneiden*.

Der markierte Text wird in die Windows-**Zwischenablage** übertragen und verschwindet aus dem Dokumentbereich.

3 Setzen Sie die Schreibmarke hinter das letzte Zeichen am Textende.

4 Klicken Sie in der Gruppe *Zwischenablage* der Registerkarte *Start* auf die Schaltfläche *Einfügen*.

Der vorher ausgeschnittene Text taucht nach den obigen Schritten am Ende des Dokuments auf.

> Einladung zur Sommerparty¶
>
> Wir möchten Euch zu unserer diesjährigen Sommerparty einladen. Für das leibliche Wohl ist gesorgt. ¶
>
> Ort: Garten bei uns¶
>
> Datum: 18.7. um 19:30¶
>
> Wir würden uns über Eure Teilnahme freuen. Bitte gebt uns Bescheid, ob wir mit Eurer Teilnahme rechnen können. Mitzubringen sind lediglich gute Stimmung und etwas Zeit.¶

Ähnlich wie mit Schere und Kleber können Sie also einen Textbereich markieren, dann ausschneiden und mittels der Zwischenablage an eine beliebige Stelle im Dokument einfügen. Das **Kopieren eines** markierten **Textbereichs** funktioniert auf ähnliche Weise.

1 Markieren Sie den auszuschneidenden Text und wählen Sie den Befehl zum Kopieren des markierten Bereichs (z. B. indem Sie die Schaltfläche *Kopieren* anklicken).

Der markierte Text wird in die Windows-**Zwischenablage** übertragen. Im Dokumentbereich wird nichts verändert (das ist wie bei einem Fotokopierer, wo ja auch das Original unverändert erhalten bleibt und lediglich eine Kopie ausgeworfen wird).

2 Positionieren Sie die Schreibmarke an der Einfügestelle im Text und klicken Sie dann auf die Schaltfläche *Einfügen*.

Das Programm fügt nun den Inhalt der Zwischenablage an der Einfügemarke ein. Mit diesen Schritten haben Sie den vorher markierten Text an die neue Stelle kopiert (oder verschoben, wenn der Befehl *Ausschneiden* gewählt wurde). Im konkreten Beispiel enthält das Dokument den betreffenden Text ein zweites Mal.

> **Hinweise**
>
> Sie können nicht nur einzelne Wörter, sondern ganze Sätze, Abschnitte oder auch einen kompletten Text markieren und in die Zwischenablage übernehmen. Anschließend lässt sich der Inhalt der Zwischenablage beliebig oft in das Dokument einfügen. Der **Datenaustausch** über die **Zwischenablage** funktioniert auch **zwischen verschiedenen Fenstern** (also z. B. zwischen zwei Word-Dokumenten).
>
> Wurde ein formatierter Text (z. B. mit Fettschrift) markiert, in die Zwischenablage übernommen und dann in das Dokument eingefügt?

Dann blendet Word 2010 nach dem Einfügen aus der Zwischenablage die hier gezeigte Schaltfläche *Einfügeoptionen* in das Dokument ein. Klicken Sie auf die Schaltfläche, öffnet sich eine Palette mit Schaltflächen.

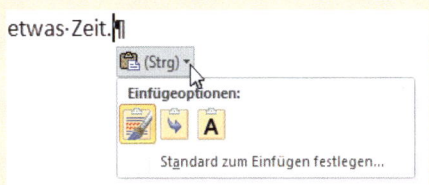

Sie können dann z. B. die Schaltfläche *Nur den Text übernehmen* wählen, um die Formatierung zu entfernen.

Zudem unterstützen viele Programme auch den Austausch von Grafiken oder anderen Daten über die Zwischenablage. Bei Word 2010 können Sie bei der Schaltfläche Einfügen ein Menü öffnen. Über den Befehl Inhalte einfügen lässt sich ein Dialogfeld zur Auswahl des Einfügeformats (nur Text, Grafik, formatierter Text etc.) öffnen.

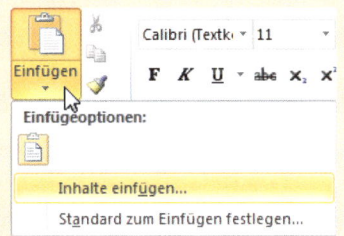

Speichern, Laden und Drucken

Der Vorteil der Textverarbeitung per Computer besteht darin, dass Sie die Dokumente speichern und somit aufbewahren können. Bei Bedarf lassen sich diese dann jederzeit erneut laden oder ausdrucken.

Speichern

Damit die Änderungen am eingegebenen Text beim Beenden des Textverarbeitungsprogramms nicht verloren gehen, müssen Sie den Text vorher speichern. Das Speichern eines neuen Dokuments ist in Word ganz einfach:

1 Klicken Sie auf die Registerkarte *Datei* und wählen Sie im Menü der Backstage-Ansicht den Befehl *Speichern* bzw. *Speichern unter*.

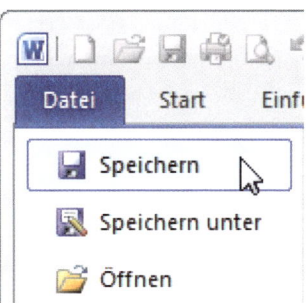

Der Befehl *Speichern* sichert ein vorher geladenes Dokument ohne Nachfrage in der zugehörigen Datei. Bei einem neu erstellten Dokument, das bisher noch nicht gespeichert wurde, erscheint automatisch das Dialogfeld *Speichern unter*.

Möchten Sie ein geändertes Dokument, das bereits in einer Datei gespeichert oder aus einer Datei geladen wurde, unter einem anderen Dateinamen speichern? Dann müssen Sie den Befehl Speichern unter wählen, da dieser immer das gleichnamige Dialogfeld öffnet.

> **Tipp**
> Die Microsoft Office-Anwendungen besitzen in der Standardeinstellung zudem die Schaltfläche *Speichern* in der Symbolleiste für den Schnellzugriff. Klicken Sie auf diese Schaltfläche oder drücken die Tastenkombination Strg+S, wird die Speichern-Funktion ebenfalls aufgerufen. Alternativ können Sie auch die Funktionstaste F12 drücken, um direkt das Dialogfeld *Speichern unter* zu öffnen.

2 Erscheint das Dialogfeld *Speichern unter*, wechseln Sie über dessen Navigationsbereich zum Speicherordner.

3 Tippen Sie den Dateinamen in das Feld *Dateiname* ein und klicken Sie auf die Schaltfläche *Speichern*.

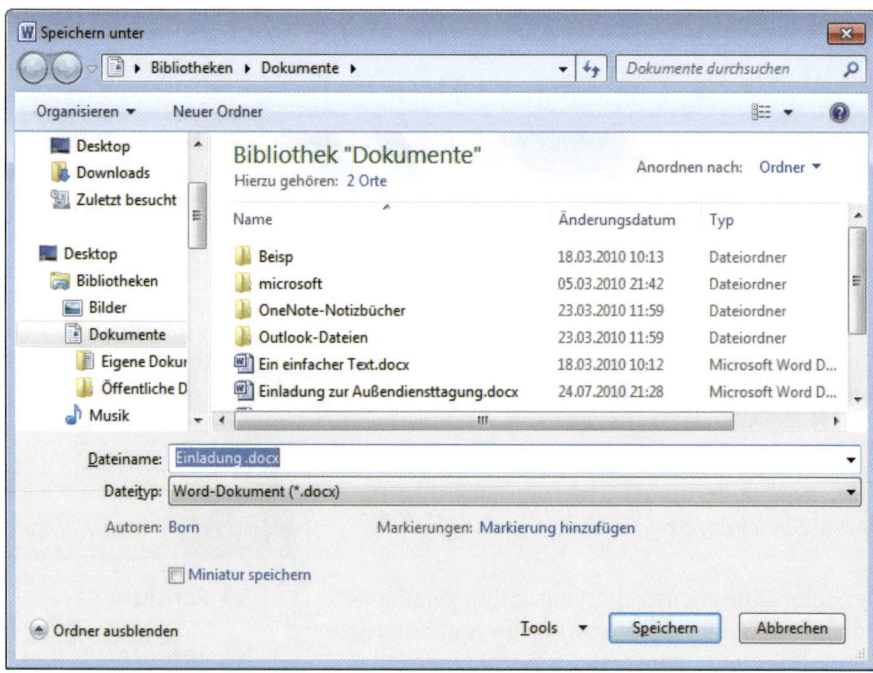

Bei Bedarf können Sie in Schritt 3 im Feld *Dateityp* die Dateiformate zum Speichern des Textes wählen. Die Standardeinstellung für Word 2007/2010-Dokumente ist *.docx*. Das *.doc*-Format wird von den älteren Word 97-2003-Versionen verwendet.

Speichern, Laden und Drucken

Wählen Sie dagegen den Typ *.txt*, speichert Word das Dokument als einfache Textdatei. Allerdings geht die Formatierung beim Speichern in eine *.txt*-Datei verloren. Das Format *.rtf* (Rich-Text Format) ermöglicht den Dokumentaustausch mit Textverarbeitungsprogrammen von anderen Softwareanbietern.

> **Tipp**
>
> Über den Eintrag *PDF (*.PDF)* können Sie das Dokument als Adobe PDF-Format exportieren. Diese Dokumente lassen sich im Adobe Reader anzeigen. Das Dateiformat *XPS-Dokument (.xps)* erzeugt ein Dokument, welches z. B. im Internet Explorer oder im Microsoft XPS-Viewer angezeigt werden kann.
>
> Alternativ können Sie im Menü der Backstage-Ansicht den Befehl *Speichern und Senden* wählen. Dann finden Sie in der mittleren Spalte die Kategorie *Dateitypen* mit dem Befehl *PDF/XPS-Dokument erstellen*. Wählen Sie diesen Befehl, lässt sich die gleichnamige Schaltfläche in der rechten Spalte anwählen. Dann öffnet sich ebenfalls ein Dialogfeld, in dem Sie den Zielort, den Dokumentnamen und das Speicherformat bestimmen können. Über die im Dialogfeld vorhandene Schaltfläche *Optionen* können zusätzliche Einstellungen für den PDF-/XPS-Export gesetzt werden.

Word schließt nach Anwahl der Schaltfläche *Speichern* das Dialogfeld *Speichern unter* und legt das Dokument unter dem vorgegebenen Namen mit dem eingestellten Dokumentformat in einer Datei im Zielordner ab.

> **Hinweise**
>
> Über den Navigationsbereich in der linken Spalte des Dialogfelds können Sie verschiedene Speicherorte wählen. Enthält der angewählte Speicherort bereits Ordner und Dateien, werden deren Symbole rechts im Anzeigebereich eingeblendet. Durch einen Doppelklick auf ein Ordnersymbol lässt sich zu diesem Unterordner wechseln. Die Schaltfläche *Neuer Ordner* am oberen Rand des Dialogfelds (oder der gleichnamige Kontextmenübefehl) ermöglicht Ihnen, einen neuen Ordner anzulegen. Der Aufbau des Dialogfelds *Speichern unter* hängt etwas von der verwendeten Betriebssystemversion ab. In Windows Vista müssen Sie ggf. in der linken unteren Dialogfeldecke auf die Schaltfläche *Ordner einblenden* klicken, um die hier gezeigte Darstellung zu erzwingen.
>
> Beenden Sie Word (z. B. über die Schaltfläche *Schließen* in der rechten oberen Fensterecke) und weist der Dokumentbereich noch ungesicherte Änderungen auf, werden Sie über ein Dialogfeld zum Speichern der Änderungen aufgefordert.

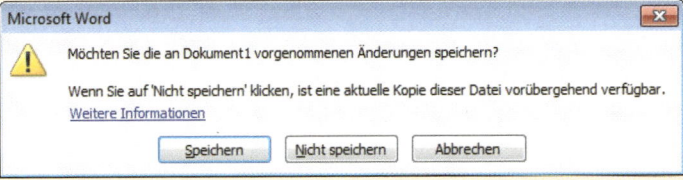

Kapitel 7

> Über die Schaltfläche *Speichern* des Dialogfelds sichern Sie das Dokument. Die Schaltfläche *Nicht speichern* verwirft alle Änderungen und schließt das Programm. Mit der Schaltfläche *Abbrechen* wird das Programm nicht beendet und Sie können das Dokument weiterbearbeiten.

Ein Dokument laden

Doppelklicken Sie in einem Ordnerfenster auf eine Dokumentdatei, wird diese in der zugehörigen Anwendung geladen. Alternativ haben Sie die Möglichkeit, ein Textdokument direkt in Word zu laden.

1 Öffnen Sie die Registerkarte *Datei* und wählen Sie in der Backstage-Ansicht den Befehl *Öffnen*.

Oder Sie drücken die Tastenkombination [Strg]+[O]. Allerdings darf dann die Backstage-Ansicht nicht geöffnet sein. Sie können zudem den Befehl *Zuletzt verwendet* in der Backstage-Ansicht wählen, um ein dort aufgeführtes Dokument direkt zu öffnen.

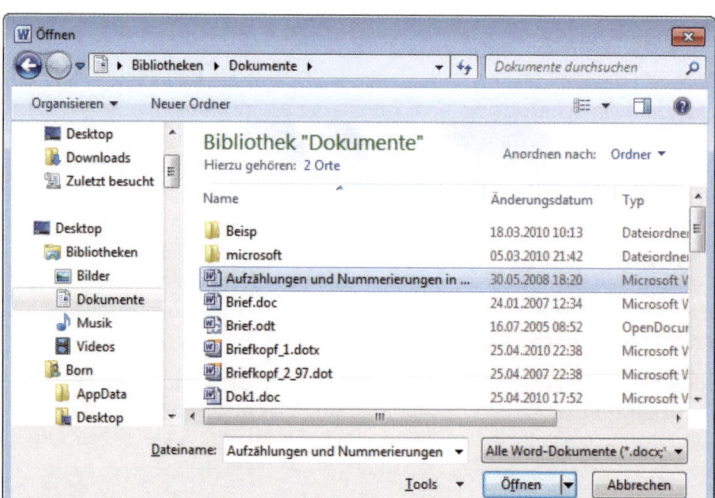

2 Navigieren Sie zum Dokumentordner, markieren Sie die Dokumentdatei mit einem Mausklick und verwenden Sie die Schaltfläche *Öffnen* zum Laden des Dokuments.

Speichern, Laden und Drucken

Dokumentdateien werden in Windows 7 standardmäßig im Ordner *Dokumente* bzw. in Unterordnern abgelegt. Sie können über den Navigationsbereich des Dialogfelds *Öffnen* zu den betreffenden Dokumentordnern wechseln. Das Textprogramm lädt anschließend die Datei und zeigt das Ergebnis im Dokumentfenster an.

> **Hinweise**
>
> Im Dialogfeld lässt sich das Listenfeld für den Dateityp öffnen. Dort können Sie den Filter zur Anzeige der gewünschten Dateitypen einstellen.
>
> Klicken Sie auf das Listenfeld, öffnet sich die Liste der unterstützten Dateiformate. Je nach Anwendung können Sie dann zwischen den Formaten wählen.
>
>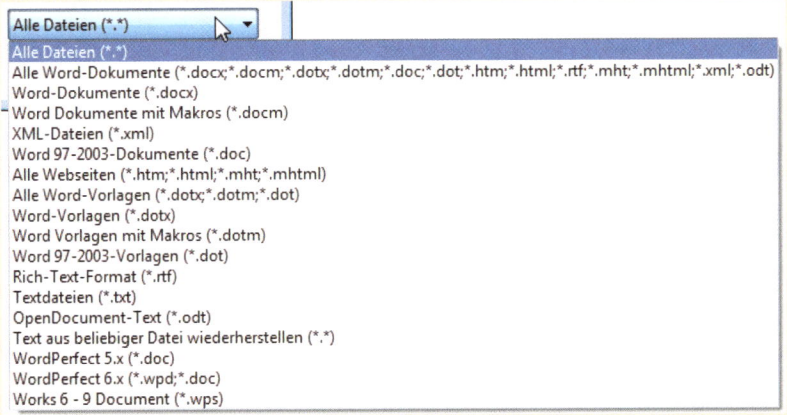
>
> Der Eintrag »Alle Word-Dokumente« listet z. B. sämtliche von Microsoft Word unterstützten Dokumentformate auf. Über weitere Einträge können Sie nur Dokumente im neuen Word 2007/2010-Format (*.docx* oder *.docm*) wählen oder Dateien im älteren Format für Word 97-2003 (*.doc*) laden.
>
> Klicken Sie auf das Dreieck am rechten Rand der Schaltfläche *Öffnen*, erscheint das hier gezeigte Menü. Dort finden Sie Befehle, um ein Dokument schreibgeschützt zu öffnen oder beim Laden zu reparieren.
>
>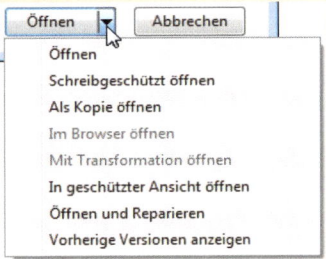
>
> Sie können weiterhin ein Kontextmenü öffnen, indem Sie im Dialogfeld mit der rechten Maustaste auf den Dateibereich klicken. Das Menü enthält Befehle, um neue Ordner anzulegen oder markierte Ordner bzw. Dokumente zu löschen bzw. umzubenennen. Dies funktioniert nicht nur im Dialogfeld *Öffnen*, sondern auch im Dialogfeld *Speichern unter*.

Kapitel 7

Drucken

Das **Drucken** eines **Dokuments** ist in Microsoft Word 2010 (und in den anderen Office-Anwendungen) sehr einfach. Um gezielt ein geladenes Dokument in Word zu drucken, führen Sie folgende Schritte aus.

1 Öffnen Sie die Backstage-Ansicht über den Registerreiter *Datei* und klicken Sie in der Menüleiste auf den Befehl *Drucken*.

2 Wählen Sie anschließend im rechten Teil der Backstage-Ansicht die gewünschten Druckoptionen aus und klicken Sie dann auf die *Drucken*-Schaltfläche.

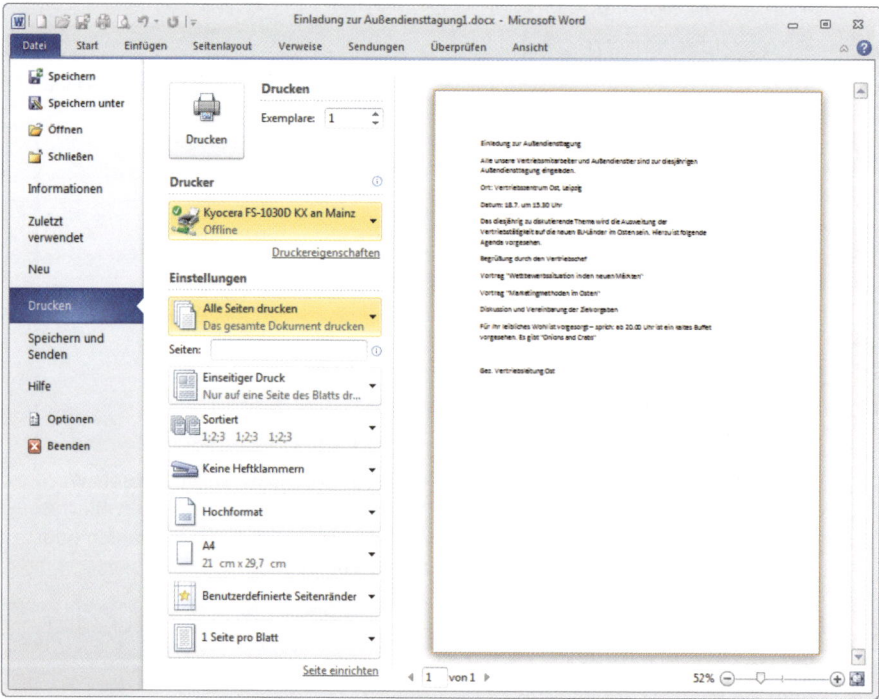

> **Hinweis**
>
> Alternativ können Sie auch die Tastenkombination [Strg]+[P] drücken, um die Druckseite in der Backstage-Ansicht aufzurufen.
>
> In der rechten Spalte der Backstage-Ansicht wird automatisch eine **Druckvorschau** eingeblendet. Über den Zoom-Regler in der rechten unteren Ecke der Backstage-Ansicht können Sie die Darstellung dieser Druckvorschau vergrößern oder so weit verkleinern, dass mehrere Druckseiten sichtbar werden.

Speichern, Laden und Drucken

Das Einstellen der Druckoptionen ist in Microsoft Office 2010 sehr komfortabel.

> **Was ist das?**
>
> Ein **Drehfeld** ist ein spezielles Bedienelement mit zwei Schaltflächen zur Eingabe von Werten. Über die beiden Schaltflächen lässt sich der Wert des Felds schrittweise erhöhen oder verringern.

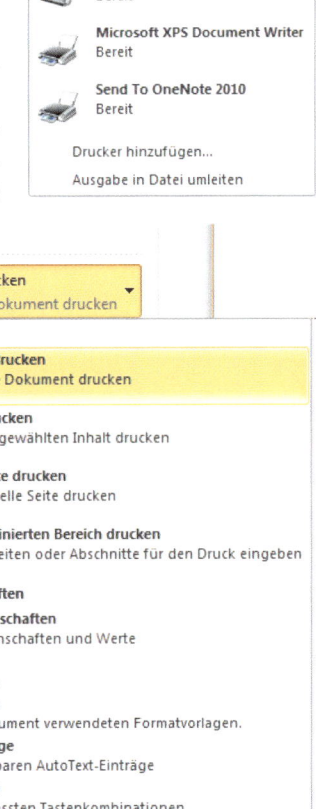

- Die Zahl der Druckexemplare stellen Sie über das Drehfeld *Exemplare* ein.

- Das gewünschte Ausgabegerät lässt sich über die Menüschaltfläche *Drucker* auswählen. Neben angeschlossenen Druckern können Sie auch das Dokument als XPS-Datei, als Fax oder als OneNote-Dokument ausgeben.

- Um gezielt einzelne Seiten auszudrucken, klicken Sie in der Gruppe *Einstellungen* auf das Feld *Seiten*. Dann geben Sie die zu druckenden Seitenzahlen in das Feld ein. Die Seitenzahlen können durch Semikola getrennt werden (z. B. 5;7;8 druckt die Seiten 5, 7 und 8). Oder Sie geben ein Seitenintervall in der Form 2–4 in das Feld *Seiten* ein, um die fortlaufenden Seiten 2, 3 und 4 zu drucken. Die Menüschaltfläche oberhalb des Felds wird dann automatisch auf »Benutzerdefinierten Bereich drucken« gesetzt.

- Um gezielt Dokumentteile wie eine Auswahl, die aktuelle Seite oder Dokumenteigenschaften zu drucken, klicken Sie auf die Menüschaltfläche der Gruppe *Einstellungen* und wählen dann im eingeblendeten Menü den gewünschten Eintrag aus. Der Befehl *Auswahl drucken* ist nur anwählbar, wenn Sie vor dem Wechsel in die Backstage-Ansicht einen Dokumentbereich markieren.

287

- In der Spalte *Einstellungen* können Sie weitere Druckvorgaben bestimmen. So können Sie beim Drucken mehrerer Kopien bei mehrseitigen Dokumenten die Option *Sortiert* einstellen. Word druckt die einzelnen Blätter so aus, dass immer ein zusammengehörendes Dokument entsteht. Sie brauchen die ausgedruckten Kopien nicht mehr selbst zu sortieren. Allerdings kann der Zeitvorteil insbesondere bei Seiten mit Grafiken schnell wieder zunichtegemacht werden, weil die jeweiligen Seiten einzeln in den Druckerspeicher geladen werden müssen.
- Eine weitere Komfortfunktion besteht darin, dass Sie über die betreffende Menüschaltfläche die Seiten pro Blatt angeben können. Stellen Sie die Menüschaltfläche auf »2 Seiten pro Blatt«, wenn Sie die Ausgabe verkleinert im A5-Format auf einem DIN-A4-Blatt wünschen.

Weitere Einstellungen lassen sich über die Hyperlinks *Druckereigenschaften* und *Seite einrichten* abrufen. Sobald der Druck veranlasst wurde, bereitet Word die Ausgabe an den gewählten bzw. den Standarddrucker vor. Während des Aufbereitens sehen Sie eine Fortschrittsanzeige in der Statusleiste des Programmfensters.

Bei einem mehrseitigen Dokument erkennen Sie auch, wie viele Seiten bereits zum Drucken aufbereitet wurden. Bei längeren Dokumenten dauert die Druckaufbereitung einige Sekunden. Sie können in der Statusleiste die *Abbrechen*-Schaltfläche anklicken, um die Druckausgabe abzubrechen.

> **Hinweis**
>
> Wurde der Druckauftrag bereits an Windows übergeben, können Sie die Ausgabe nur noch im Windows-Druckmanager abbrechen. Das Fenster des Druckmanagers lässt sich z. B. aufrufen, indem Sie das im Infobereich der Windows-Taskleiste sichtbare Druckersymbol per Doppelklick wählen. Oder Sie öffnen das Ordnerfenster *Geräte und Drucker* über das Startmenü und wählen das Druckersymbol per Doppelklick an. Im Fenster des Druckmanagers sehen Sie die Druckerwarteschlange mit den anstehenden Druckaufträgen. Klicken Sie mit der rechten Maustaste auf den Namen des Druckauftrags und wählen Sie im Kontextmenü den Befehl zum Abbrechen des Druckauftrags. Treten beim Ausdruck Probleme auf, lesen Sie bitte im Anhang dieses Buches nach. Dort finden Sie einige Tipps zum Beheben von Druckerstörungen.

Texte formatieren

Die Stärke von Microsoft Word besteht in der Möglichkeit, Dokumente wie Einladungen oder Briefe besonders ansprechend zu gestalten. Sie können bestimmte Textstellen fett hervorheben oder Überschriften in der Zeilenmitte anordnen. Das wird als **Formatieren** bezeichnet. Nachfolgend finden Sie eine Übersicht, wie sich die wichtigsten Formatfunktionen anwenden lassen.

> **Was ist das?**
> Beim Formatieren unterscheidet man zwischen **Zeichenformaten**, die sich auf die Zeichen eines Textes beziehen, und **Absatzformaten**, die immer einen kompletten Absatz betreffen.

Fette, kursive und unterstrichene Texte

Das Auszeichnen einer Textstelle mit fetter oder kursiver Schrift oder das Unterstreichen von Wörtern lässt sich mit wenigen Mausklicks bewerkstelligen.

1 Markieren Sie die Textstelle, die Sie formatieren möchten.

2 Klicken Sie auf der Registerkarte *Start* auf die gewünschte Formatschaltfläche, um das Format zuzuweisen.

3 Klicken Sie auf eine freie Dokumentstelle, um die Markierung aufzuheben.

Hier sehen Sie einen Textausschnitt aus obigem Beispiel, bei dem Teile fett, kursiv und unterstrichen ausgeführt wurden.

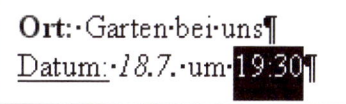

Die für diese Formate benötigten Schaltflächen finden Sie in Word 2010 in der Gruppe *Schriftart* auf der Registerkarte *Start* des Menübands.

	Diese Schaltfläche formatiert den markierten Text mit **fetten** Buchstaben.
	Klicken Sie auf diese Schaltfläche, erscheint der markierte Text mit schräg gestellten Buchstaben. Man bezeichnet dies auch als *kursiv*.
	Um einen markierten Text zu unterstreichen, klicken Sie auf diese Schaltfläche. Der rechte Teil der Schaltfläche mit dem Dreieck öffnet eine Palette zur Auswahl der Unterstreichungsmodi.

Auf diese Weise können Sie bei Bedarf weitere Textstellen im Dokument mit fetten oder kursiven Auszeichnungen formatieren. Auf Wunsch können Sie sogar alle Zeichenformate in einem Wort kombinieren, indem Sie einfach alle Formatschaltflächen anklicken. Die Gruppe *Schriftart* auf der Registerkarte *Start* enthält weitere Steuerelemente, über die sich Formate zuweisen lassen.

Kapitel 7

> **Hinweis**
>
> Sie erkennen übrigens an einer eingedrückt dargestellten Schaltfläche, welcher Formatmodus für den markierten Text gerade eingeschaltet ist.

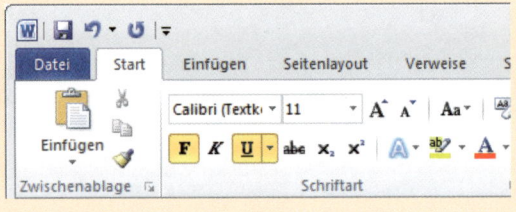

Um die **Zeichenformate** eines Textes zurückzusetzen (d. h. zu **entfernen**), markieren Sie die betreffenden Zeichen und klicken auf die »eingedrückt« dargestellten Schaltflächen.

> **Tipps**
>
> Bei Microsoft **Word** können Sie die **Formatierung** eines markierten Textbereichs **aufheben**, indem Sie die Tastenkombination ⌈Strg⌉+⌈ ⌉ drücken.
>
> Den gleichen Effekt erreichen Sie, wenn Sie bei einem markierten Text auf der Registerkarte *Start* des Menübands die Schaltfläche *Formatierung löschen* in der Gruppe *Schriftart* anklicken.

Schriftart und Schriftgrad verändern

Zur Gestaltung von Dokumenten können Sie im Text verschiedene **Schriftarten** einsetzen und auch die jeweiligen **Schriftgrade** variieren. Sowohl die Schriftart als auch der Schriftgrad lassen sich in Word auf der Registerkarte *Start* in der Gruppe *Schriftart* anpassen.

> **Was ist das?**
>
> Die Größe der Zeichen wird als **Schriftgrad** bezeichnet, die Maßeinheit für den Schriftgrad wird in **Punkt** angegeben. Zur Darstellung von Texten werden sogenannte **Schriftarten** (wie Times Roman, Courier, Arial etc.) benutzt. Die Schriftart bestimmt die Form der einzelnen Buchstaben.

Sofern Sie noch das auf den vorhergehenden Seiten verwendete Beispiel vorliegen haben, soll jetzt die Titelzeile »Einladung zur Sommerparty« in der Schriftart »Arial« und mit einem Schriftgrad von 18 Punkt formatiert werden.

Texte formatieren

1 Markieren Sie den Text der gewünschten Zeile.

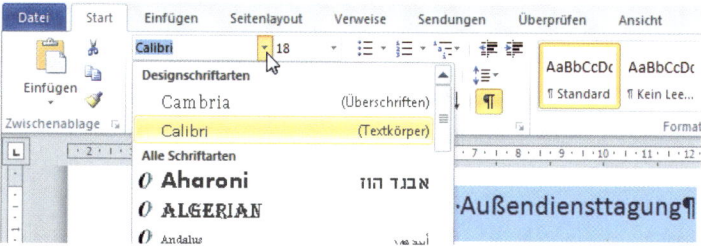

2 Klicken Sie auf der Registerkarte *Start* des Menübands auf das Listenfeld *Schriftart* und wählen Sie den Eintrag »Arial« in der Liste aus.

> **Hinweis**
>
> Die beiden Schriftarten »Times New Roman« und »Arial« sind in der Regel auf allen Windows-Systemen installiert und werden beim Schreiben von Texten benutzt. Die Schriftart »Arial« ist serifenlos, d. h., die Enden der Buchstaben weisen keine Querstriche auf. Solche serifenlosen Schriften (Arial ist eine Abwandlung der Helvetica-Schriftfamilie) eignen sich besonders zur Gestaltung von Überschriften. Längere Textabsätze werden dagegen gerne mit »Times New Roman« geschrieben. Das ist eine Serifenschrift, die sich an die Times-Schriftfamilie anlehnt. Aus typografischen Gründen (Typografie = Buchdruckerkunst, d. h. die Lehre, Schriften möglichst leserfreundlich und ästhetisch zu gestalten) sollten Sie bei der Gestaltung von Textdokumenten nicht zu viele Schriftarten gleichzeitig verwenden – auch wenn Ihre Windows-Installation vielleicht sehr viele Schriften umfasst.

3 Um den noch markierten Text mit einem anderen Schriftgrad zu versehen, klicken Sie auf der Registerkarte *Start* des Menübands auf das Kombinationsfeld *Schriftgrad*.

4 Wählen Sie dann den in der Liste angezeigten Wert »18« oder tippen Sie diese Zahl in das Feld ein.

5 Klicken Sie auf eine Stelle neben dem Text, um die Markierung aufzuheben.

Einladung zur Sommerparty¶

Wir möchten Euch zu unserer diesjährigen Sommerparty einladen. Für das leibliche Wohl ist gesorgt. Mitzubringen sind lediglich gute Stimmung und etwas Zeit.¶

Ort: Garten bei uns¶

Datum: 18.7. um 19:30 ¶

Wir würden uns über Eure Teilnahme freuen. Bitte gebt uns Bescheid, ob wir mit Eurer Teilnahme rechnen können. Mitzubringen sind lediglich gute Stimmung und etwas Zeit.¶

Das Ergebnis sollte dann in etwa wie hier gezeigt aussehen. Die mit der Schriftart »Arial« versehene Titelzeile wird mit dem Schriftgrad von 18 Punkt angezeigt. Der restliche Text ist in »Times New Roman« mit einem Schriftgrad von 12 Punkt gehalten.

So bringen Sie Farbe in den Text

Einer der Vorteile der Textverarbeitung besteht darin, dass sich Texte farbig gestalten lassen. In Kombination mit einem Farbdrucker geben Sie Ihren Grußkarten oder Einladungen damit einfach mehr Pfiff. **Zur farbigen Gestaltung von** markierten **Texten und Texthintergründen** stehen verschiedene Schaltflächen zur Verfügung.

Die Schaltfläche *Schriftfarbe* der Gruppe *Schriftart* auf der Multifunktionsleiste ermöglicht es, die Schriftfarbe anzupassen. Ein Klick auf die Schaltfläche weist die zuletzt benutzte Farbe zu. Klicken Sie auf das kleine Dreieck neben der Schaltfläche, öffnet sich eine Palette zur Farbauswahl. Klicken Sie auf ein Farbfeld, wird die Farbe dem markierten oder anschließend eingetippten Text zugewiesen.

Markieren Sie einen eingefärbten Text, lässt sich diesem über die Farbpalette eine andere Farbe zuweisen. Die Farbe *Automatisch* färbt den markierten oder eingegebenen Text in der vom Betriebssystem vorgesehenen Farbe (meist Schwarz) ein. Über den Befehl *Weitere Farben* öffnen Sie ein Zusatzdialogfeld zur Auswahl zusätzlicher Farben. Dort können Sie auch eine eigene Farbe mischen.

Über die Schaltfläche *Texthervorhebungsfarbe* der Gruppe *Schriftart* lässt sich dagegen ein Textbereich, ähnlich wie mit einem Farbmarker auf Papier, mit einer Farbe hervorheben. Die Palette der Schaltfläche ermöglicht die Auswahl der Hervorhebungsfarbe. Der Befehl *Keine Farbe* hebt die Hervorhebung auf.

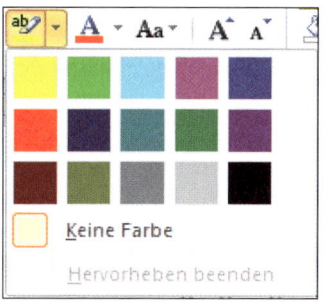

Zudem gibt es noch die Schaltfläche *Schattierung* in der Gruppe *Absatz* der Registerkarte *Start*. Über deren Palette lässt sich auf die gleiche Weise die Hintergrundfarbe eines Textabsatzes vorgeben.

> **Hinweis**
>
> So verlockend Farben sind, Sie sollten diese sparsam verwenden. Farbausdrucke sind ziemlich teuer. Wählen Sie dagegen Schwarz-Weiß-Druck, gehen die Farbabstufungen verloren und die Textdokumente sind häufig nur noch schlecht lesbar.

Weitere Zeichenformate

Neben den oben verwendeten fetten, kursiven oder farbigen Auszeichnungen samt Schriftarten und Schriftgraden unterstützen die meisten Textverarbeitungsprogramme weitere Zeichenformate.

So lassen sich **Texte hoch- oder tiefstellen, doppelt unterstreichen, durchstreichen** oder **mit** anderen **Effekten versehen**.

Das Vorgehen zum Zuweisen dieser Formate ist in den meisten Programmen ähnlich:

1 Markieren Sie die betreffende Textstelle im Dokument.

2 Anschließend können Sie den markierten Textbereich über die hier gezeigten Schaltflächen der Registerkarte *Start* durchstreichen, hoch- oder tiefstellen.

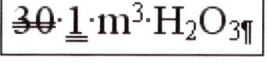

Um einen markierten Text gezielt mit mehreren Zeichenformaten zu versehen, lässt sich auch folgende Schrittfolge durchführen.

1 Klicken Sie mit der rechten Maustaste auf den markierten Textbereich und wählen Sie im Kontextmenü den Befehl *Schriftart*.

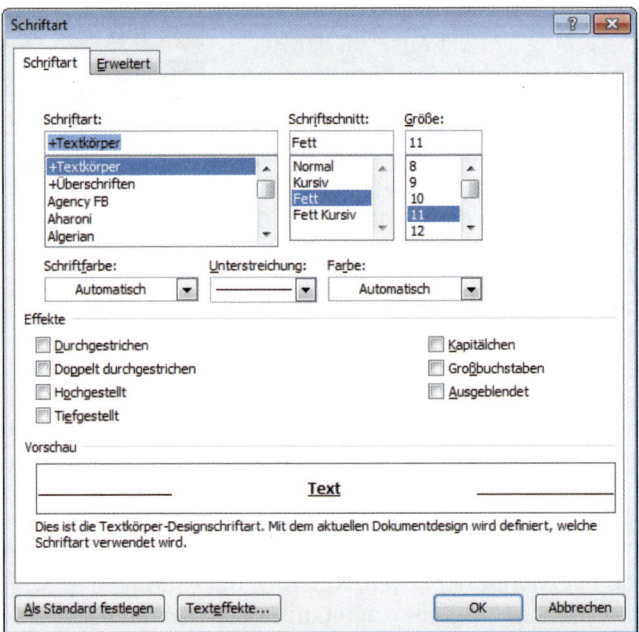

Word öffnet das Eigenschaftenfenster *Schriftart* mit Registerkarten. Auf den Registerkarten finden Sie alle Optionen für Zeichenformate, die das jeweilige Programm unterstützt.

2 Holen Sie die betreffende Registerkarte (z. B. *Schriftart*) in den Vordergrund und legen Sie die gewünschten Formateigenschaften fest.

3 Schließen Sie das Eigenschaftenfenster über die *OK*-Schaltfläche.

Word formatiert den markierten Text gemäß den vorgenommenen Einstellungen.

- Die Registerkarte *Schriftart* ermöglicht z. B. das Durchstreichen von Textstellen, verschiedene Varianten zum Unterstreichen oder spezielle Schrifteffekte wie **Ausgeblendet**, **Kapitälchen** oder **Großbuchstaben**.

- Zum **Hoch**- oder **Tiefstellen** von Zeichen markieren Sie in Word die Kontrollkästchen *Hochgestellt* bzw. *Tiefgestellt* auf der Registerkarte *Schriftart*.

Zur Gestaltung einzelner Dokumente wie Plakate oder Einladungen können weitere **Texteffekte** wie **Schatten** oder **Relief** ganz nett sein.

Texte formatieren

1 Markieren Sie den betreffenden Text und klicken Sie in der Gruppe *Schriftart* der Registerkarte *Start* des Menübands auf die Schaltfläche *Texteffekte*.

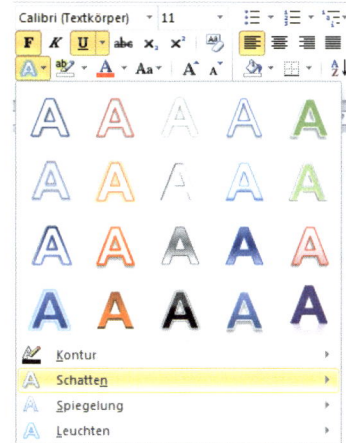

2 Anschließend können Sie einen in der Palette eingeblendeten Effekte oder einen der Menübefehle auswählen.

Die Palette *Texteffekte* ermöglicht Konturschriften, Schattierungen, Leuchteffekte und mehr. Dies kann für Einladungen oder Flyer ganz nett sein.

Im täglichen Gebrauch werden Sie solche Optionen für Standardbriefe aber vermutlich seltener anwenden.

> **Hinweis**
>
> Das Eigenschaftenfenster *Schriftart* bietet Ihnen auch Optionen zur Einstellung der Schriftart, der Schriftfarbe oder des Schriftgrads. Klicken Sie am unteren Rand der Registerkarte *Schriftart* auf die Schaltfläche *Texteffekte*, öffnet sich ein Dialogfeld. Über dessen Optionen lassen sich Texteffekte wie Konturschrift, Schattierung etc. zuweisen.

> **Tipp**
>
> Markieren Sie einen Textabschnitt, wirkt das Format auf den gesamten Text. Steht die Einfügemarke in einem Wort, wird das gesamte Wort mit dem entsprechenden Format versehen. Vielschreiber kommen schneller mit den folgenden Tastenkombinationen voran:
>
> | Tastenkombination | Funktion |
> |---|---|
> | Strg + ⇧ + F | Fett |
> | Strg + ⇧ + K | Kursiv |
> | Strg + ⇧ + U | Unterstrichen |
> | Strg + ⇧ + D | Doppelt unterstrichen |
> | Strg + + | Hochgestellt ein-/ausschalten |
> | Strg + # | Tiefgestellt ein-/ausschalten |

> Möchten Sie beim Eingeben des Textes das Format zuweisen? Dann klicken Sie auf die gewünschte Schaltfläche und tippen Sie den Text ein. Welche Formate gerade benutzt werden, sehen Sie ebenfalls an den »gedrückt« dargestellten Schaltflächen. Drücken Sie die Tastenkombination einmal (bzw. klicken Sie auf die Schaltfläche), wird das Format zugewiesen. Wiederholen Sie die Tastenkombination (oder klicken Sie erneut auf die Schaltfläche), schaltet das die Formatierung ab.

Absatzausrichtung ändern

Die obigen Formatangaben bezogen sich auf einzelne Zeichen eines Textabschnitts. Man spricht daher auch von Zeichenformaten. Zusätzlich gibt es jedoch auch Formate, die sich auf komplette Absätze beziehen. Diese Absatzformate legen beispielsweise die Textausrichtung zwischen linkem und rechtem Rand oder den Abstand zwischen den Absätzen fest. Sie finden auf der Registerkarte *Start* des Menübands die folgenden Schaltflächen zur Absatzausrichtung in der Gruppe *Absatz*.

	Die mit *Text linksbündig ausrichten* bezeichnete Schaltfläche richtet die Zeilen am linken Rand aus. Erreicht der Text den rechten Rand, wird das nächste Wort automatisch in die Folgezeile übernommen (umbrochen). Weil die Zeilen am rechten Rand unterschiedlich lang sind, bezeichnet man dies auch als Flattersatz. Eine linksbündige Ausrichtung ist die übliche Art der Texterfassung.
	Über die Schaltfläche *Zentriert* lassen sich Texte an der Mitte zwischen dem linken und rechten Rand ausrichten. Diese Anordnung eignet sich zum Beispiel zur Gestaltung von Überschriften.
	Über die Schaltfläche *Text rechtsbündig ausrichten* erreichen Sie, dass die Textzeilen am rechten Seitenrand ausgerichtet werden, während der Flattersatz sich auf den linken Rand bezieht.
	Die Schaltfläche *Blocksatz* vergrößert die Wortzwischenräume so, dass alle Textzeilen (z. B. wie beim Zeitungsdruck) am linken und rechten Rand ausgerichtet werden. Diese Option steht bei WordPad nicht zur Verfügung.

Texte formatieren

1 Markieren Sie den gewünschten Bereich mit den Absätzen oder klicken Sie in einen Absatz (hier wurde die Titelzeile markiert).

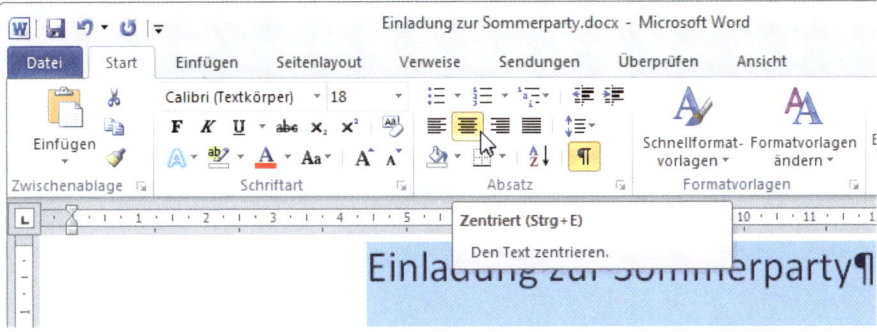

2 Klicken Sie auf der Registerkarte *Start* der Multifunktionsleiste in der Gruppe *Absatz* auf die gewünschte Schaltfläche (hier wurde *Zentriert* gewählt).

Das **Ausrichten** bezieht sich auf Absätze im **markierten Textbereich**. Ist nichts markiert, wird das Format auf den aktuellen **Absatz**, der die Schreibmarke enthält, angewandt. In obigem Beispiel sorgt die Schaltfläche *Zentriert* für eine mittige Ausrichtung der Titelzeile zwischen linkem und rechtem Rand. Welcher Modus gerade aktiv ist, sehen Sie (neben der Textausrichtung) auch an der als »eingedrückt« angezeigten Schaltfläche. Vielleicht wiederholen Sie einmal die obigen Schritte mit einem anderen Absatz und weiteren Schaltflächen?

Zeilen- und Absatzabstand anpassen

Zur handschriftlichen Textkorrektur ist ein Ausdruck mit einem vergrößerten **Zeilenabstand** ganz hilfreich (Korrekturanweisungen lassen sich im Zeilenzwischenraum unterbringen). Viele Benutzer fügen außerdem häufig zusätzliche Leerzeilen durch Drücken der ⏎-Taste ein, um den Abstand zwischen zwei Absätzen zu vergrößern (was bei längeren Dokumenten zu Problemen bei der Formatierung führen kann). Word bietet Ihnen aber die Möglichkeit zum Anpassen des Zeilen- und Absatzabstands.

> Zur·Textkorrektur·ist·ein·Ausdruck·mit·einem·vergrößerten·Zeilenabstand· ganz·hilfreich.·Dann·lassen·sich·Korrekturanweisungen·im· Zeilenzwischenraum·unterbringen.·¶
> Bei·Dokumenten·mit·mehreren·Absätzen·sind·bestimmte·Absatzabstände· erwünscht.·Verzichten·Sie·auf·Leerzeilen·zum·Absetzen·von·Absätzen.·¶
> Verwenden·Sie·stattdessen·Absatzformate,·um·Zeilenabstand·und· Absatzabstand·einzustellen.¶

Kapitel 7

1 Geben Sie, wie hier gezeigt, einen Text ein, der aus mindestens zwei Absätzen mit mehreren Zeilen besteht.

2 Markieren Sie den gesamten Text, um die Absatzformate auf das gesamte Dokument anzuwenden.

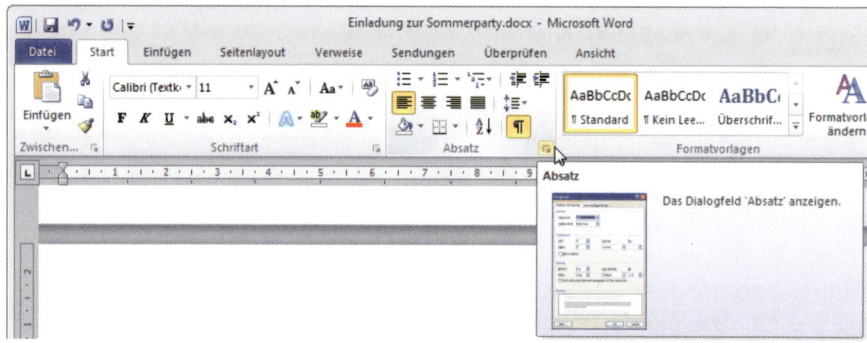

3 Klicken Sie auf der Registerkarte *Start* des Menübands auf das **Startprogramm für Dialogfelder** der Gruppe *Absatz*.

Sie können auch mit der rechten Maustaste auf den markierten Textbereich klicken und im Kontextmenü den Befehl *Absatz* wählen.

4 Das Programm öffnet jetzt das Eigenschaftenfenster *Absatz* mit verschiedenen Registerkarten, über die sich die Absatzformate einstellen lassen. Wählen Sie die Registerkarte *Einzüge und Abstände*.

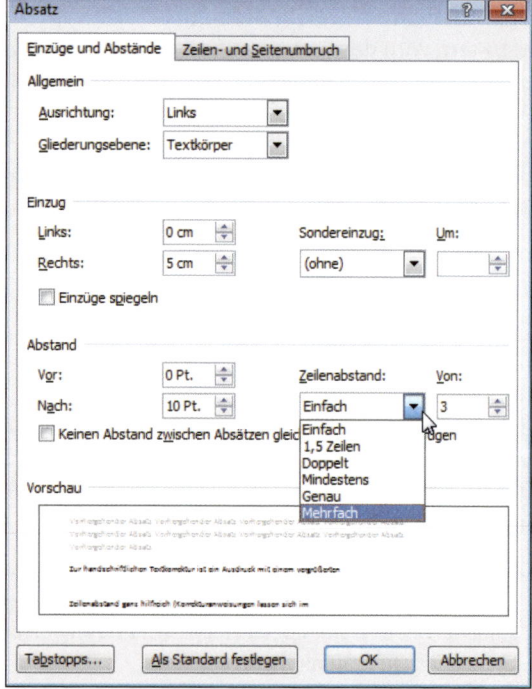

5 Anschließend können Sie den Zeilenabstand über das gleichnamige Listenfeld auf Einfach, 1,5 Zeilen, Doppelt etc. stellen, um den Abstand zwischen den Zeilen eines Absatzes zu vergrößern.

6 Den Abstand zwischen den Absätzen stellen Sie über die Drehfelder *Vor:* und *Nach:* der Gruppe *Abstand* ein.

7 Schließen Sie die Registerkarte über die *OK*-Schaltfläche.

Das Textverarbeitungsprogramm weist den Absätzen dann die eingestellten Formate zu. Im hier gezeigten Beispiel wurde der erste Absatz einzeln markiert und mit einem 1,5-zeiligen Abstand formatiert.

> Zur Textkorrektur ist ein Ausdruck mit einem vergrößerten Zeilenabstand ganz hilfreich. Dann lassen sich Korrekturanweisungen im Zeilenzwischenraum unterbringen. ¶
>
> Bei Dokumenten mit mehreren Absätzen sind bestimmte Absatzabstände erwünscht. Verzichten Sie auf Leerzeilen zum Absetzen von Absätzen. ¶
> Verwenden Sie stattdessen Absatzformate, um Zeilenabstand und Absatzabstand einzustellen. ¶
> ¶

Anschließend wurden alle Absätze markiert, und dann wurde ein Abstand von 6 Punkt nach jedem Absatz zugewiesen. Die Absätze werden dadurch optisch voneinander abgesetzt.

> **Tipp**
> In Word wird der Absatzabstand standardmäßig in (typografischem) Punkt angegeben. Sie können aber statt »6 Pt.« auch einen Wert der Art »0,5 cm« in die Felder *Vor:* und *Nach:* eintippen. Haben Sie Textbereiche markiert, denen unterschiedliche Formate zugewiesen wurden (z. B. ein Absatz mit 1,5-zeiligem Abstand, alle anderen Absätze normal), enthalten die betreffenden Optionen beim Aufruf der Registerkarte keine Werte – Word weiß ja nicht, welche Formatangabe anzuzeigen ist. Geben Sie dann auf der Registerkarte der betreffenden Option gezielt einen Wert ein. Dann wird dieses Format auf den gesamten markierten Textbereich angewandt. Das ist hilfreich, um z. B. unterschiedliche Formatierungen anzupassen oder zurückzusetzen.

Einrücken im Text

Gelegentlich möchte man Textstellen etwas einrücken. Oder der rechte Rand für einen Absatz soll etwas nach links verschoben werden. Fachleute bezeichnen dies als Einzüge im Text. Gelegentlich sieht man bei Schriftstücken, dass Einzüge am

Kapitel 7

linken Rand durch Einfügen von Leerzeichen (oder Tabulatorzeichen) vorgenommen werden. Eine verkürzte Zeilenlänge ließe sich durch Zeilenumbrüche im Text erreichen – was aber jeweils neue Absätze generiert und daher verpönt ist. Word bietet eine wesentlich elegantere Methode, Einzüge und Abstände vom linken/rechten Rand einzustellen. Möchten Sie einige Absätze am linken Rand etwas einziehen oder einen bestehenden Einzug wieder reduzieren?

1 Markieren Sie die Absätze, auf die sich die Einzüge oder die Abstände vom Rand beziehen sollen.

2 Klicken Sie auf der Registerkarte *Start* des Menübands die beiden Schaltflächen *Einzug verkleinern* bzw. *Einzug vergrößern* der Gruppe *Absatz* an.

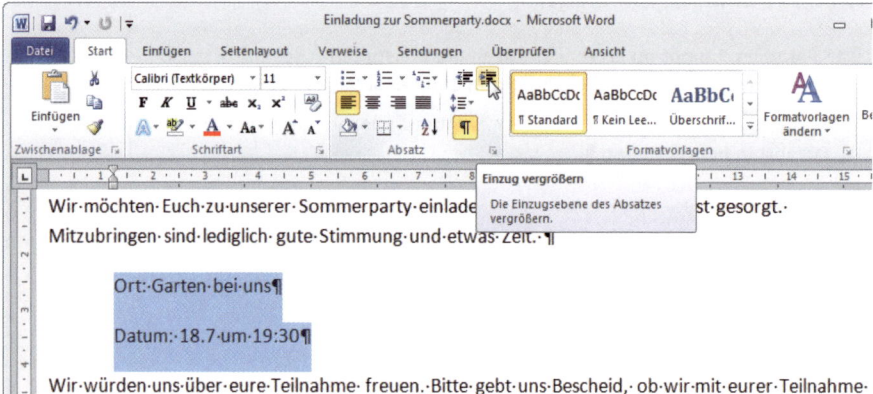

Hier sehen Sie zwei auf diese Weise eingerückte Absätze. Der Einzug der markierten Absätze lässt sich über die Schaltfläche *Einzug verkleinern* wieder zurücksetzen.

> **Hinweis**
>
> Die volle Kontrolle über die Absatzeinzüge erhalten Sie, indem Sie den markierten Text mit der rechten Maustaste anklicken und im Kontextmenü den Befehl *Absatz* wählen. Im Eigenschaftenfenster stellt Word auf der Registerkarte *Einzüge und Abstände* die Gruppe *Einzug* bereit (siehe Abschnitt »Zeilen- und Absatzabstand anpassen«). Über die Drehfelder lässt sich der linke und rechte Abstand zum Rand sowie der Erstzeileneinzug einstellen.

Eine schnelle Anpassung der **Einzüge und Randeinstellungen** erreichen Sie **über** das in allen Textverarbeitungsprogrammen angezeigte horizontale **Lineal**.

Texte formatieren

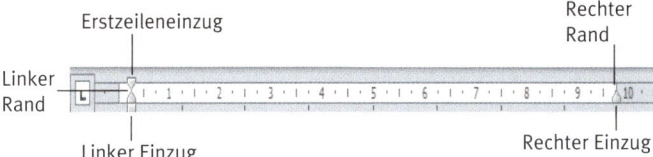

Im Lineal sehen Sie links und rechts einen eingefärbten Bereich. Die Übergänge zwischen eingefärbtem und weißem Bereich zeigen den linken und rechten Rand für den Textbereich an. Zudem sehen Sie am linken und rechten Rand des Lineals kleine Dreiecke. Diese als **Randsteller** bezeichneten Elemente ermöglichen Ihnen, den Einzug der ersten Zeile sowie den Beginn und das Ende der Zeilen der markierten Absätze einzustellen.

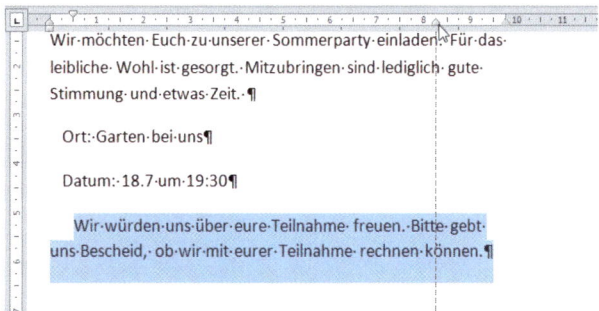

1 Markieren Sie die Absätze, deren Einzüge oder Randeinstellungen anzupassen sind.

2 Anschließend können Sie den entsprechenden Randsteller (Erstzeileneinzug, linker Einzug, rechter Einzug) per Maus auf dem Lineal nach links oder rechts verschieben.

Das Programm passt dann die Formatierung der Absätze entsprechend an. Hier wurden Absätze am linken Rand eingezogen. Der markierte Absatz weist zudem einen vergrößerten Einzug der ersten Zeile (Erstzeileneinzug) auf, und der Text wird über den Randsteller am rechten Rand eingezogen.

> **Hinweise**
>
> Beim Ziehen eines Randstellers wird übrigens eine vertikale gestrichelte Linie im Dokumentbereich eingeblendet. Word ermöglicht zudem, den linken/rechten Rand durch Ziehen anzupassen.
>
> Zeigen Sie mit der Maus auf den Übergang zwischen farbigem und weißem Linealhintergrund und verschieben Sie die Trennlinie auf dem Lineal.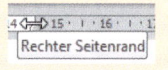
>
> Weiterhin lässt sich im Menüband zur Registerkarte *Seitenlayout* wechseln. Klicken Sie in der Gruppe *Seite einrichten* auf die Schaltfläche *Seitenränder*, lässt sich anschließend in der eingeblendeten Palette der Befehl *Benutzerdefinierte Seitenränder* wählen. Das angezeigte Eigenschaftenfenster *Seite einrichten* ermöglicht über die Registerkarte *Seitenränder* den oberen, unteren, linken und rechten Seitenrand, die Ausrichtung und mehr anzupassen.

Aufzählungen und Nummerierungen

Gelegentlich ist es hilfreich, Absätze in einem Dokument mit einem vorangestellten **Schmuckpunkt** besonders hervorzuheben. Oder die einzelnen Absätze werden mit vorangestellten Nummern ausgezeichnet. Man bezeichnet diese Hervorhebungen auch als **Aufzählungen** (Schmuckpunkte) und **Nummerierungen** (Ziffern oder Buchstaben). Das Auszeichnen einzelner Absätze eines Dokuments als Aufzählung oder Nummerierung ist mit wenigen Schritten durchzuführen.

1 Markieren Sie jene Absätze, die als Aufzählung oder mit Nummerierung dargestellt werden sollen.

2 Wählen Sie auf der Registerkarte *Start* des Menübands die hier gezeigten Schaltflächen der Gruppe *Absatz*.

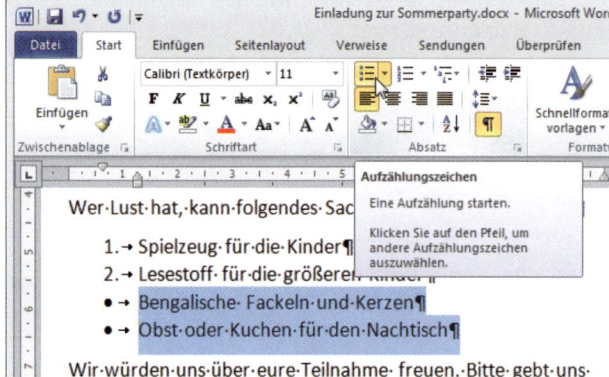

In der Abbildung sehen Sie einen Ausschnitt aus einem Textdokument, in dem zwei Absatzzeilen mit einer Nummerierung (1., 2.) und die beiden markierten Absätze mit einem Aufzählungszeichen versehen sind.

Um die **Aufzählung** oder **Nummerierung aufzuheben,** markieren Sie die betreffenden Absätze und klicken dann erneut auf die »eingedrückt« dargestellte Schaltfläche. Die Aufzählung oder Nummerierung wird anschließend aufgehoben.

Hinweis

Die für die Nummerierung oder Aufzählung benutzten Zeichen sowie deren Format (z. B. Abstand zwischen dem Symbol und dem Folgetext) lassen sich einstellen. Öffnen Sie die Palette der Schaltflächen *Aufzählungszeichen* oder *Nummerierung*, können Sie über die eingeblendeten Optionen das Aufzählungs- oder Nummerierungszeichen auswählen.

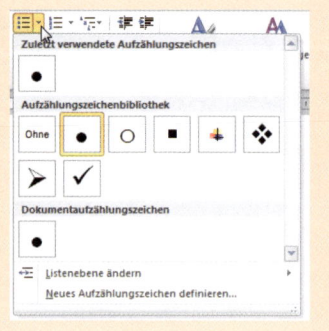

> **Tipp**
> Wenn Sie am Ende einer Zeile die Tastenkombination ⇧+↵ drücken, findet ein sogenannter »weicher« Zeilenumbruch anstatt eines Absatzwechsels statt. Weiche Zeilenwechsel ermöglichen Ihnen, in einer Aufzählung/Nummerierung Absätze einzuziehen, ohne dass ein Nummerierungssymbol/Schmuckpunkt vorangestellt wird.
>
> ```
> 3.→Ehrung·langjähriger·Mitglieder↵
>     (10,·15·und·20·Jahre·Mitgliedschaft)¶
> 4.→Gemeinsames·Beisammensein·und·Spaß·für·alle¶
> ```

Funktionen für Könner

In diesem Abschnitt lernen Sie einige fortgeschrittenere Funktionen zur Gestaltung von Textdokumenten kennen. Sie erfahren, wie Sie Listen mit Tabulatoren gestalten, Sonderzeichen in den Text einfügen oder Grafiken einbinden. Zudem können Sie mit Tabellen arbeiten und Zeichenfunktionen nutzen.

Listen mit Tabulatoren gestalten

Beim Gestalten von Listen (z. B. Namensliste, Telefonliste, Adressliste etc.) stehen viele Benutzer vor dem Problem, die Daten in einzelnen Spalten korrekt einzurücken. Mit etwas Hintergrundwissen ist es aber kein Problem, so etwas wie die hier abgebildete Telefonliste zu erstellen.

1 Tippen Sie als Erstes die Kopfzeile mit den Namen ein, wobei Sie die einzelnen Begriffe durch Drücken der ⇥-Taste trennen.

2 Anschließend ergänzen Sie die restlichen Zeilen um die Daten der Telefonliste. Jeder Eintrag in der Zeile wird ebenfalls mit einem Tabulatorzeichen vom nächsten Eintrag getrennt.

3 Zum Schluss können Sie noch die Kopfzeile fett formatieren.

```
Name→Vorname  →  ☎·Telefon → Kosten/€¶
Born→Klaus→346  →  5,40¶
Braun→Dieter→458  →  10,00¶
Daum→Willi → 192  →  3,00¶
Eigner→Agnes→374  →  4,00¶
Immer→Inge  →  111  →  0,40¶
```

Das Dokument sollte dann ungefähr wie hier gezeigt aussehen. Lassen Sie sich an dieser Stelle durch den »wilden« Aufbau der Liste nicht stören.

Tipps

Interessiert es Sie, wie sich das **Symbol** eines Telefons (oder ein anderes Sonderzeichen) in den Text **einfügen** lässt? Wechseln Sie im Menüband zur Registerkarte *Einfügen*. Öffnen Sie am rechten Rand der Registerkarte das Menü der Schaltfläche *Symbol* und klicken Sie auf den Befehl *Weitere Symbole*.

Im dann angezeigten Eigenschaftenfenster gehen Sie zur Registerkarte *Symbole* und stellen die Schriftart »Wingdings« ein. Danach klicken Sie auf das Zeichen und übernehmen dieses mit der Schaltfläche *Einfügen* ins Dokument.

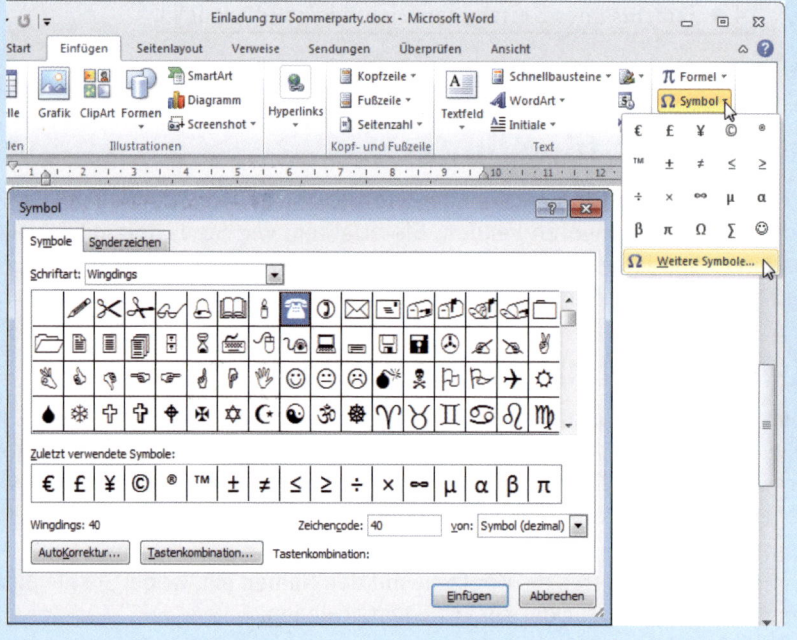

Nach der Texteingabe gilt es jetzt noch, die Liste sauber in Spalten aufzuteilen. Die Vorarbeit ist bereits durch die eingefügten Tabulatorzeichen erledigt. Standardmäßig sind die sogenannten Tabstopps (also die Positionen, zu denen ein Tabulator springt) im Abstand von 1,5 cm auf dem horizontalen Lineal definiert. Enthält die Liste unterschiedlich lange Texte, sind die Einträge in den Spalten (wie oben gezeigt) verschoben. Manche Benutzer versuchen dies durch Eingabe mehrerer Tabulatorzeichen zu korrigieren. Ändern sich die Einträge der Liste, führt das nicht selten zu größerem Korrekturaufwand, da immer wieder Tabulatorzeichen eingefügt oder entfernt werden müssen. Daher empfiehlt es sich, die Tabstopps gezielt zu setzen.

1 Markieren Sie den Bereich mit den Daten der Liste.

2 Klicken Sie mit der Maus in der unteren Hälfte des horizontalen Lineals auf jene Positionen, an denen ein Tabstopp eingefügt werden soll.

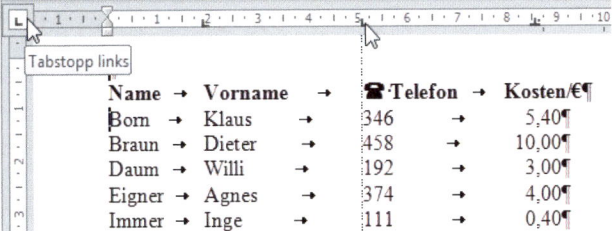

Bei jedem Mausklick wird die Position des Tabstopps durch einen kleinen »Winkel« im Lineal markiert und das Programm ordnet die Spalten entsprechend an.

> **Hinweis**
>
> Die »Marken« für die Tabstopps werden angezeigt, sobald Sie die zugehörigen Zeilen bzw. Absätze markieren. Bei Bedarf können Sie dann diese Marken per Maus nach links oder rechts verschieben und so den Tabstopp justieren. Ziehen Sie eine solche Marke mit der Maus nach oben oder unten aus dem Lineal heraus, wird der zugehörige Tabstopp beim Loslassen der linken Maustaste entfernt. Die **Tabstopp-Art** lässt sich übrigens über die Schaltfläche links neben dem horizontalen Lineal anpassen – klicken Sie einfach (wie im oberen Bild angedeutet) auf die Schaltfläche, um die einzelnen Typen abzurufen.

Im hier gezeigten Beispiel gibt es noch eine Besonderheit. Die letzte Spalte weist **Währungsbeträge** auf, die **am Dezimalkomma ausgerichtet** sind. Dazu müssen Sie statt eines linksbündigen Tabstopps einen dezimalen Tabstopp verwenden.

1 Hierzu klicken Sie in der linken oberen Dokumentecke mehrfach auf das Feld zur Tabulatorauswahl, um statt des oben gezeigten »Tabstopp links« einen »Tabstopp dezimal« auszuwählen.

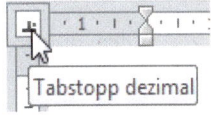

2 Anschließend legen Sie den dezimalen Tabstopp fest, indem Sie im horizontalen Lineal auf die betreffende Position klicken.

Es empfiehlt sich jedoch, bei diesem Ansatz nur die Datenzeilen der Tabelle zum Setzen der Tabstopps zu markieren, da die Kopfzeile keine Dezimalzahlen enthält. Bei der Kopfzeile können Sie stattdessen die letzte Spalte über einen Tabstopp zentriert ausrichten.

Kapitel 7

Arbeiten mit Tabellen

Word ermöglicht die Verwendung von Tabellen innerhalb eines Textdokuments. Diese Tabellen lassen sich sowohl zur Listengestaltung als auch für andere Aufgaben einsetzen.

1 Fügen Sie nach Möglichkeit einige Leerzeilen in das Dokument ein und positionieren Sie die Schreibmarke in den zweiten Absatz.

Die ermöglicht Ihnen später, Text vor und hinter die Tabelle einzufügen oder die komplette Tabelle wieder zu löschen.

2 Wechseln Sie im Menüband zur Registerkarte *Einfügen* und klicken Sie auf die Schaltfläche *Tabelle* der Gruppe *Tabellen*.

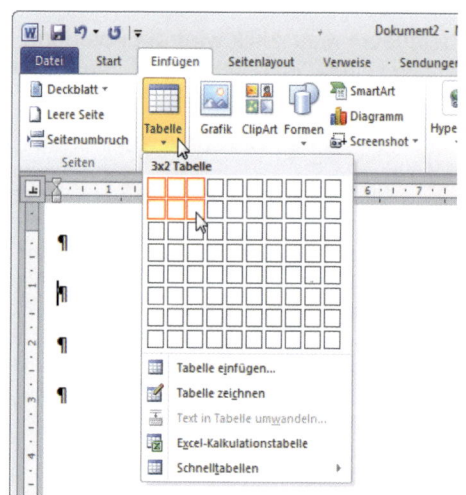

3 Markieren Sie in der Palette die Zahl der Spalten und Zeilen der Tabelle durch Zeigen per Maus und klicken Sie auf die Palette, um die Einstellung zu übernehmen.

Die Tabelle wird mit der in der Palette markierten Zeilen- und Spaltenzahl in das Dokument einfügt.

> **Hinweis**
>
> Word 2010 bietet Ihnen über den Befehl *Tabelle zeichnen* der geöffneten Palette zudem die Möglichkeit, Tabellen im Dokument durch Ziehen mit der Maus zu zeichnen.

Hier sehen Sie eine Tabelle mit zwei Zeilen und drei Spalten.

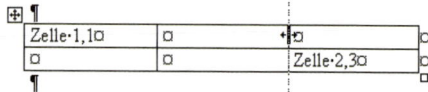

Das Tabellengitter ist mit einem schwarzen Rahmen versehen. Die kleinen Kreise in jeder Word-Tabellenzelle stellen Endemarken der Zelle (bzw. der Zeile) ähnlich der Absatzmarken im Text dar. Ober- und unterhalb der Tabelle sind zwei Absatzmarken zu sehen.

Funktionen für Könner

- Möchten Sie Daten in die Zellen der Tabelle eintragen, klicken Sie auf die betreffende Zelle und tippen dann den Text ein. Es stehen die üblichen Funktionen zur Texteingabe und -formatierung bereit. Drücken Sie z. B. die ⏎-Taste, wird ein Absatz in die Tabellenzelle eingefügt. Markierte Texte lassen sich wie gewohnt formatieren. Zudem können Sie den Inhalt der Zelle über die bereits oben erwähnten Schaltflächen linksbündig, zentriert oder rechtsbündig ausrichten.

- Die ⇆-Taste positioniert die Schreibmarke jeweils eine Zelle weiter nach rechts. Wird die Zelle am rechten Tabellenrand erreicht, springt die Schreibmarke zur ersten Zelle in der nächsten Zeile. Steht die Schreibmarke in der rechten unteren Zelle, erzeugt die ⇆-Taste eine neue Tabellenzeile. Um innerhalb einer Tabellenzelle Tabulatoren einzufügen, müssen Sie die Tastenkombination Strg + ⇆ verwenden.

- Um die Breite einer Zelle zu verändern, zeigen Sie mit der Maus auf die Trennlinie. Sobald der Mauszeiger die Form eines Doppelpfeils annimmt, lässt sich die Trennlinie der Zelle nach links oder rechts ziehen. Die Breite wird bei unmarkierten Zellen auf die komplette Spalte und sonst auf die markierten Zellen angewandt. Auf die gleiche Weise können Sie die horizontalen Linien nach oben/unten ziehen, um die Zeilenhöhe anzupassen.

> **Hinweis**
>
> Den Inhalt der Zellen können Sie – wie bei normalen Texten gewohnt – durch Ziehen per Maus markieren. Komplette Strukturen der Tabelle wie Zellen, Zeilen oder Spalten lassen sich ebenfalls durch Ziehen markieren. Ziehen Sie die Maus bei gedrückter linker Maustaste nach unten, wird die Spalte markiert. Ziehen Sie die gedrückte Maustaste zu den nach rechts liegenden Zellen bis zum rechten Rand, wird die Tabellenzeile markiert. Word unterscheidet dabei noch, ob der Zelleninhalt oder die Zellenstruktur markiert ist. Klicken Sie beispielsweise wie nachfolgend gezeigt links neben die Tabelle, wird die komplette Zeile markiert. Zeigen Sie auf den Anfang einer Zelle oder auf die oberste Linie einer Tabelle, erscheint ein schwarzer Pfeil. Ein Mausklick auf den Spaltenkopf markiert dann die Spalte, ein Mausklick auf die Zelle markiert diese.
>
>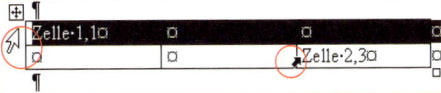
>
> Um die Zellenstruktur anzupassen, klicken Sie mit der rechten Maustaste auf den markierten Zellenbereich. Im Kontextmenü bieten Word Befehle, um Zellen einzufügen oder zu löschen.

Hier sehen Sie das Word-Beispiel der Telefonliste, wobei diese Liste als Tabelle gestaltet wurde.

Name	Vorname	☎ Telefon	Kosten/€
Born	Klaus	346	5,40
Braun	Dieter	458	10,00
Daum	Willi	192	3,00
Eigner	Agnes	374	4,00
Immer	Inge	111	0,40

Bei der Spalte mit den Telefonnummern wurden die Zellen markiert und dann rechtsbündig ausgerichtet. Zudem habe ich die Währungsangaben in der Spalte *Kosten* markiert und mit einem Dezimaltabulator versehen. Dieser bewirkt, dass die Beträge am Dezimalkomma ausgerichtet werden.

Abschließend noch ein kleiner Hinweis. Standardmäßig versieht Word die Tabellen mit einem schwarzen Rahmen, der die Struktur anzeigt. Gelegentlich ist es aber erwünscht, die Liste ohne diese Linien darzustellen. Dann müssen Sie die als »Rahmen« bezeichneten **Linien aufheben**.

1 Markieren Sie die komplette Tabelle. Achten Sie aber darauf, dass wirklich nur die Tabelle und nicht zusätzliche Absatzmarken vor und hinter der Tabelle markiert sind.

Sobald eine Tabelle markiert wurde, blendet Word das Kontexttool *Tabellentools* mit der Registerkarte *Entwurf* im Menüband ein.

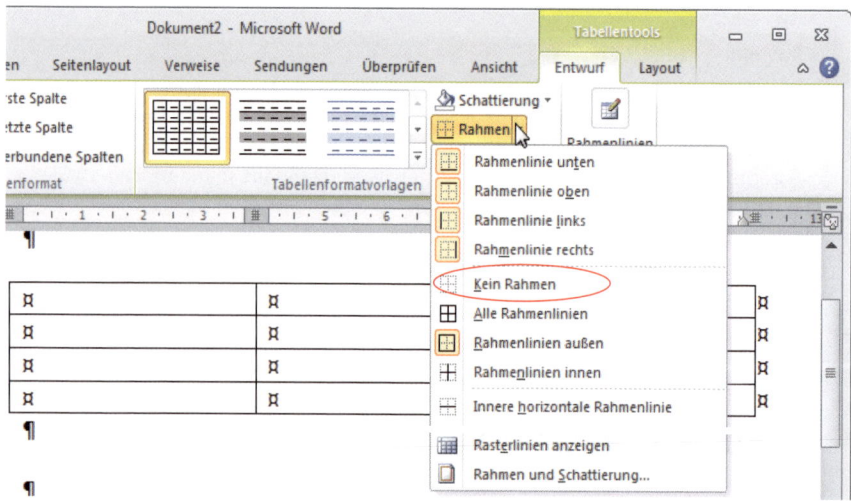

2 Klicken Sie in der Gruppe *Tabellenformatvorlagen* der Registerkarte auf den rechten Rand der Schaltfläche *Rahmen* und wählen Sie im angezeigten Menü den Eintrag *Kein Rahmen*.

Dann wird die Tabellenstruktur durch eine hellblau abgeblendete Gitterlinie angezeigt.

Sobald Sie die Tabellenmarkierung aufheben, ist nur noch eine grau abgeblendete Gitterlinie zu sehen.

Diese Gitterlinie zeigt die Zellenstruktur der Tabelle an, wird aber nicht mit ausgedruckt. Die Anzeige der Gitternetzlinien lässt sich übrigens über den Befehl *Rasterlinien anzeigen* in der Schaltfläche *Rahmen* ein-/ausblenden.

Grafiken in den Text einfügen

Häufig besteht der Wunsch, Grafiken oder Fotos in ein Dokument einzubinden. Dazu führen Sie folgende Schritte aus.

1 Fügen Sie ein paar Leerzeilen in das Dokument ein und klicken Sie im Dokument an die Stelle, an der die Grafik einzufügen ist.

Achten Sie beim Positionieren der Schreibmarke darauf, dass ober- und unterhalb der Einfügestelle Leerzeilen vorhanden sind. Das erleichtert es, ggf. Text im Nachhinein vor und hinter dem eingefügten Element einzugeben.

2 Wechseln Sie im Menüband zur Registerkarte *Einfügen* und klicken Sie in der Gruppe *Illustrationen* auf die Schaltfläche *Grafik*.

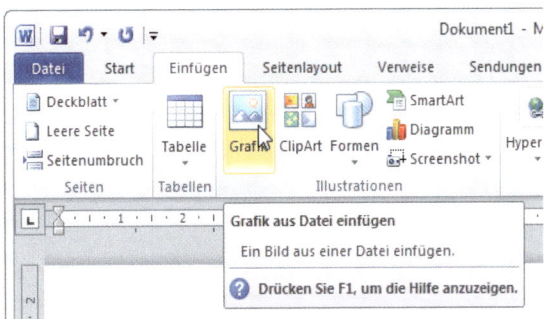

Nun wird ein mit *Grafik einfügen* etc. beschriftetes Dialogfeld geöffnet. Der Dateityp für die Bilddatei steht standardmäßig auf »Alle Grafiken« und kann so bleiben. Eine Vorschau auf die Bilddateien lässt sich am oberen Rand des Dialogfelds über die Schaltfläche *Ansicht ändern* einstellen (siehe auch *Kapitel 3*).

3 Wählen Sie im Dialogfeld den Bildordner und anschließend die Bilddatei aus.

4 Bestätigen Sie die Auswahl über die Schaltfläche *Einfügen*.

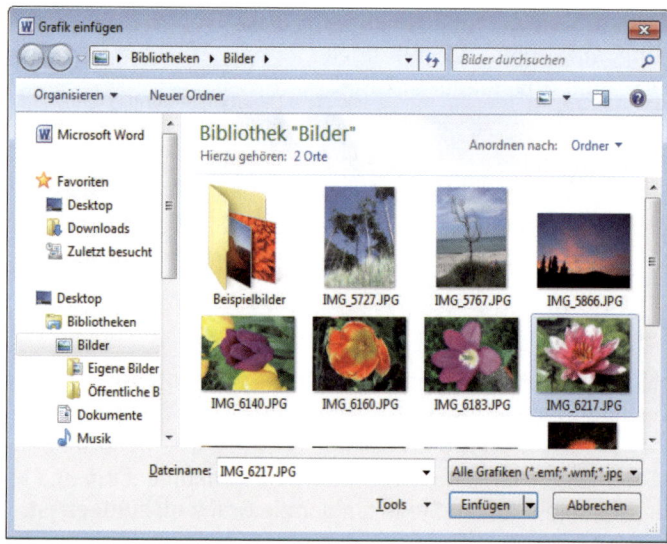

Die Grafik wird anschließend in das Dokument eingebunden. Hier sehen Sie einen Ausschnitt mit einem leeren Absatz oberhalb der Grafik.

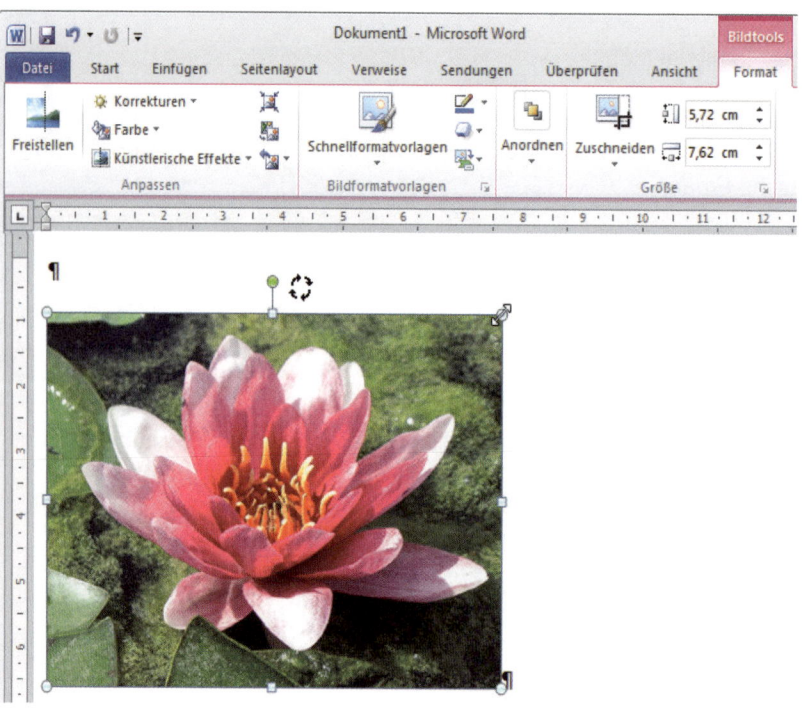

Hinweis

Normalerweise werden die Daten eines Bildes direkt in die Dokumentdatei eingefügt. Wegen der großen Bilddateien wachsen die Dokumentdateien dann stark an. Sie können in Word aber Bilder als sogenannte Verknüpfung einfügen. Bei einer **Verknüpfung** wird nur der Pfad zur Bilddatei im Dokument gespeichert, was weniger Platz benötigt. In Word lässt sich auf das kleine Dreieck der Schaltfläche *Einfügen* klicken und im dann geöffneten Menü der Befehl *Mit Datei verknüpfen* wählen. Geben Sie die Dokumentdatei auf einen Datenträger weiter, müssen Sie die verknüpften Grafikdateien auch auf dieses Medium kopieren.

5 Klicken Sie auf die im Dokument eingefügte Grafik, um diese zu markieren.

Die so markierte Grafik wird mit einem Rahmen, der an den Rändern sogenannte Ziehmarken enthält, versehen. Zudem wird die Registerkarte *Format* der Bildtools im Menüband eingeblendet, solange die Grafik markiert ist.

6 Sie können die Größe der Grafik und deren Lage anpassen sowie das Bild bearbeiten.

Hier einige mögliche Anpassungen, die Sie vornehmen können.

- Zum Anpassen der Größe verschieben Sie die Ziehmarken per Maus nach innen oder außen.

- Ziehen Sie die grüne Drehmarke oberhalb der Grafik, wird die Grafik um die eigene Achse gedreht.

- Klicken Sie auf der Registerkarte *Format* auf die Schaltfläche *Freistellen*, lässt sich über die dann angezeigten Schaltflächen ein Bildmotiv (z. B. Blume) vor dem Hintergrund freistellen.

- Die Menüschaltfläche *Korrekturen* öffnet eine Palette, über deren Einträge Sie die Helligkeit und den Kontrast des Bildes ändern oder das Motiv schärfen bzw. weichzeichnen können.

- Die Menüschaltfläche *Farbe* stellt in einer Palette Einträge bereit, um den Farbton oder die Farbsättigung anzupassen bzw. das Bild einzufügen.

- Mit der Schaltfläche *Künstlerische Effekte* kann ein Motiv in einen Plakatdruck, eine Beistiftzeichnung etc. umgewandelt werden.

- Die Schaltfläche *Position* öffnet eine Palette, über die Sie die Lage der Grafik im umgebenden Text vorgeben können.

- Mit der Palette der Schaltfläche *Zeilenumbruch* legen Sie fest, ob der Text ober- und unterhalb der Grafik anzuordnen ist oder das Bild umlaufen soll. Zudem lässt sich die Grafik vor oder hinter dem Text positionieren.

Weitere Schaltflächen der Registerkarte *Format* ermöglichen Ihnen, das Bild um 90 Grad zu drehen, Schatten einzublenden, den Bildausschnitt durch Ziehen per Maus zuzuschneiden und vieles mehr. Drücken Sie dagegen die `Entf`-Taste, wird die markierte Grafik gelöscht.

Tolle Sachen zum Selbermachen

Das in den vorherigen Abschnitten erworbene Wissen soll jetzt auf einige Dokumentbeispiele angewandt werden.

Einladungskarte mit Bild und Text

Individuell gestaltete Einladungs- oder Grußkarten besitzen eine besondere Note. Mit Microsoft Word ist die Gestaltung solcher Karten kein Problem. Sehen Sie sich einmal die nachfolgende Einladung an, die Sie als Basis für eigene Dokumente verwenden können:

- Die Titelzeile wurde mit einem größeren Schriftgrad in einer Art Schreibschrift (Bradley Hand ITC) zentriert angeordnet.

- Zur Montage des Fotos samt dem daneben stehenden Text dient eine Tabelle, deren Rahmen ausgeblendet wurde. Dadurch lässt sich das Foto in der linken Zelle und der Text in der rechten Zelle unterbringen.

- Der Einladungstext wurde ebenfalls mit einer speziellen Schriftart (Schreibschrift) formatiert.

Beim Ausdruck verschwindet die Gitternetzlinie der Tabellenstruktur. Drucken Sie das Dokument z. B. auf Fotopapier, ergibt sich eine individuell gestaltete sehr hübsche Einladungskarte.

> **Tipp**
>
> Fotos lassen sich aus dem Internet, per Scanner oder Digitalkamera auf den Computer übertragen. Zudem gibt es sogenannte **ClipArts**. Das sind Zeichnungen oder stilisierte Bilder, die als Grafikdateien auf CDs oder auf der Festplatte gespeichert sind. Microsoft Office besitzt eine eigene Clipart-Sammlung, die sich über die Schaltfläche *ClipArt* auf der Registerkarte *Einfügen* des Menübands aufrufen lässt.
>
> Windows und Microsoft Office 2010 werden bereits mit einer Vielzahl an Schriftarten ausgeliefert. Zudem finden sich im Internet (z. B. *www.1001fonts.com*) ganze Sammlungen an frei verwendbaren Schriftarten (auch als TrueType-Fonts bezeichnet). Sie können z. B. auch in einer Suchmaschine »Freeware Fonts TrueType« eingeben und suchen lassen.

Visitenkarten

Möchten Sie Ihre Visitenkarten am Computer selbst erstellen? Im (Schreibwaren-) Handel gibt es Visitenkartenvordrucke (z. B. *www.pearl.de*) – es handelt sich dabei um Bogen im DIN-A4-Format, aus denen sich die Visitenkarten herauslösen lassen. Was Sie dann noch brauchen, ist Microsoft Word oder den Writer. Sie können in beiden Programmvarianten auf Visitenkartenvorlagen zurückgreifen. Die Alternative besteht darin, sich eine eigene Visitenkartenseite mit folgenden Schritten anzulegen.

1 Legen Sie ein neues Dokument an und stellen Sie den linken und rechten Rand über die Randsteller des horizontalen Lineals auf 1 cm ein. Der obere und untere Rand sind über das vertikale Lineal ebenfalls auf 1 cm zu setzen.

2 Erstellen Sie eine Tabelle mit drei Spalten und einer Zeile. Die linke und rechte Tabellenzelle erhalten jeweils eine Breite von 8,5 cm und eine Höhe von 5,5 cm. Die mittlere Zelle ist dann 1 cm breit.

3 Klicken Sie auf die linke obere Tabellenzelle und geben Sie den Visitenkartentext ein. Anschließend können Sie den Text nach Ihren Vorstellungen formatieren.

4 Fertigen Sie einen Probeausdruck des Entwurfs auf normalem Papier an. Prüfen Sie, ob der Text Ihren Wünschen entspricht und richtig auf den Visitenkartenbogen positioniert wird (Blatt über einen Bogen legen und die Position des Texts kontrollieren).

5 Passen Sie ggf. den Entwurf an und wiederholen Sie Schritt 4. Stimmt alles, markieren Sie die Tabelle und löschen den Rahmen um die Tabellenzellen.

6 Danach erweitern Sie die Tabelle um weitere Tabellenzeilen und kopieren den Entwurf der Visitenkarte per Zwischenablage in die betreffenden Zellen (markierte Texte kopieren Sie mit Strg+C in die Zwischenablage und fügen sie mit Strg+V wieder ein).

Sie können den Entwurf anschließend zur Kontrolle auf Normalpapier ausdrucken und speichern. Stimmt alles, legen Sie zum Drucken Visitenkartenbogen ein. Pro Bogen erhalten Sie in der Regel zehn Visitenkarten.

Briefbogen

Korrespondenz lässt sich sehr elegant per Computer erledigen. Sie können dabei jedes Mal mit einem leeren Blatt beginnen und den Brief samt Absenderangabe, Empfängeradresse etc. erstellen. In Microsoft Word 2010 stehen zudem Briefvorlagen zur Verfügung. Sie können diese Vorlagen beim Anlegen eines neuen Dokuments verwenden (siehe Kapitelanfang).

Pfiffiger ist es aber, wenn Sie einmalig einen eigenen Briefkopf anlegen, der Absenderangaben und weitere Briefelemente enthält, und diesen als Vorlage speichern. Dann lassen sich Briefe in Word mittels dieser Vorlage erstellen.

Techtalk

Die **Briefgestaltung** erfolgt im Geschäftsverkehr nach **DIN 5008** (Regeln für allgemeine Schreibweisen) und **DIN 676** (Gestaltung/Abstände Geschäftsbrief), wobei die Revision vom Januar 2005 zu berücksichtigen ist (siehe auch *http://de.wikipedia.org/wiki/DIN_5008*). Auch private Briefbogen können sich an diese DIN anlehnen.

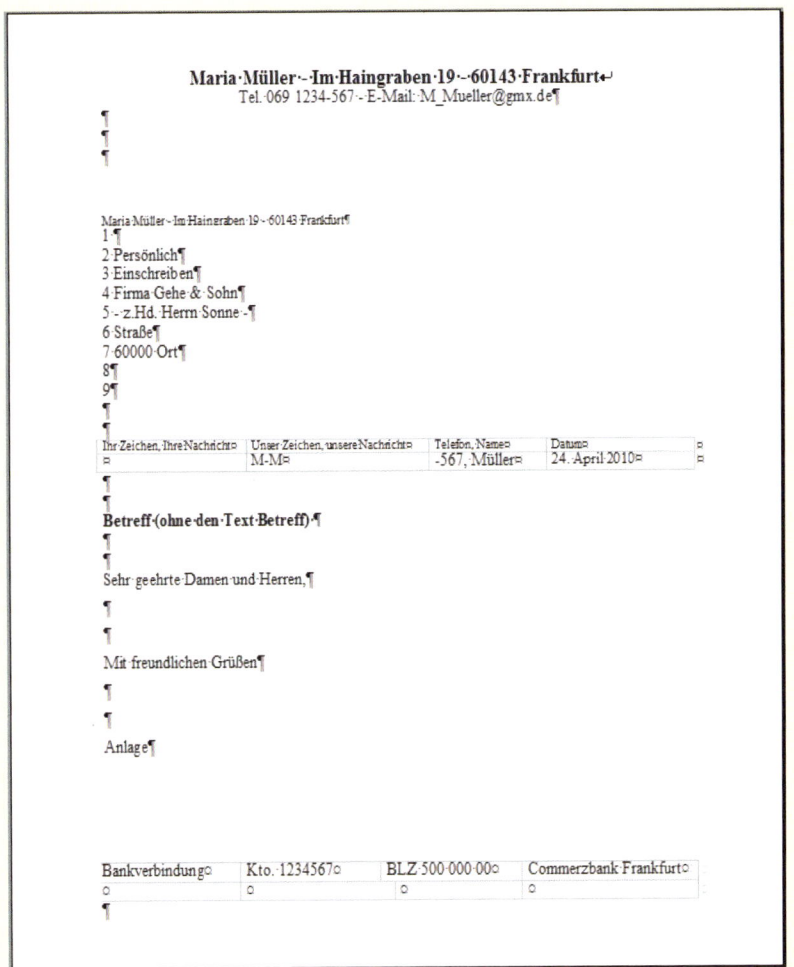

Die obersten 4,5 cm des DIN-A4-Blatts (21 cm breit und 29,7 cm lang) sind im DIN-Brief zur freien Gestaltung des Briefkopfes reserviert. Die DIN legt den Rand für den Brief mit mindestens 2,14 cm links und 0,81 cm rechts fest. Als Schriftgrad ist ein Wert von mindestens 10 Punkt vorgegeben. Häufig beginnt man bereits bei 1,67 cm vom oberen Rand mit dem Firmenkopf. Eine Ortsangabe mit Datumszeile wird dann in der gleichen Zeile mit einem Tabulatorabstand von 10,16 cm, bezogen auf den linken Blattrand, angeordnet. Das Anschriftenfeld mit der Empfängeradresse beginnt 5,08 cm vom oberen sowie 2,41 cm vom linken Rand und weist neun Zeilen auf. Die ersten drei Zeilen sind für Vermerke und Vorausverfügungen (z. B. Einschreiben) vorgesehen. Gibt es diese Vermerke nicht, bleiben die Zeilen leer. Die restlichen sechs Zeilen sind für die Empfängeranschrift reserviert. Dort werden (Firmen-)Name, Straße und Ortsangabe ohne Leerzeilen angegeben. Weitere Bestandteile eines Geschäftsbriefs sind Bezugs- und Betreffzeilen, die Anrede, die Grußformel, das Unterschriftenfeld und die Anlagen. Die Fußzeile am unteren Rand ist nach DIN frei gestaltbar. In der Fußzeile können Sie Geschäfts- und Bankverbindungen eintragen. Benötigen Sie keine Bankverbindung, lassen Sie die Fußzeile weg. Bei einem Privatbrief können Sie auch die Bezugszeile mit dem Text »Ihr Zeichen« entfallen lassen. Setzen Sie stattdessen am rechten Rand den Text »Ort, den (Datum)« in die betreffende Zeile ein. Die nachfolgende Darstellung zeigt einen stilisierten Briefbogen, der sich an die DIN 5008 anlehnt. Eine gute Übersicht über die Gestaltung des Anschriftenfelds finden Sie auf der Internetseite *www.din-5008-richtlinien.de*.

Einen fertigen Entwurf für einen DIN-gerechten Briefkopf können Sie von meiner Webseite *www.borncity.de* in der Rubrik »Tipps & Tricks« unter der Überschrift »Easy Computer – Alles rund um den PC « herunterladen. Die Techniken zum Erstellen solcher Vorlagen sind in meinem Markt+Technik-Titel »Easy Microsoft Office 2010« beschrieben.

Führen Sie die folgenden Schritte aus, um eine Vorlage für geschäftliche Schreiben mit eigenem Briefkopf zu erstellen und dann als **Dokumentvorlage** zu **speichern**. Leser, die lediglich eine Vorlage für die private Korrespondenz benötigen, übergehen einfach die Schritte zum Einfügen der nicht benötigten Elemente (wie die Bezugszeile).

1 Erstellen Sie den Entwurf für den Briefbogen, z. B. indem Sie die von mir zum Download angebotene Vorlage an eigene Bedürfnisse anpassen (z. B. Absenderangaben, Betreffzeile ändern).

Tolle Sachen zum Selbermachen

2 Zum Speichern der Vorlage wählen Sie im Menü der Registerkarte *Datei* den Befehl *Speichern und Senden*.

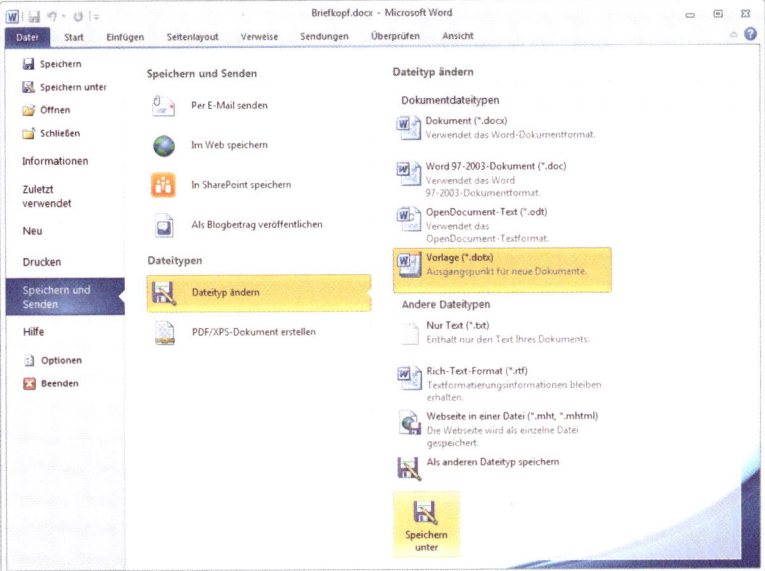

3 Anschließend klicken Sie in der mittleren Spalte des Backspace-Bereichs auf den Eintrag *Dateityp ändern,* wählen in der rechten Spalte den Eintrag *Vorlage (*.dot)* und klicken auf die am unteren Rand sichtbare Schaltfläche *Speichern unter*.

4 Wählen Sie im Dialogfeld *Speichern unter* im Navigationsbereich den Speicherort »Microsoft Word\Templates«, passen Sie ggf. den Dateinamen an, belassen Sie als **Dateityp** »Word-Vorlage (*.dotx)« und klicken Sie auf die *Speichern*-Schaltfläche.

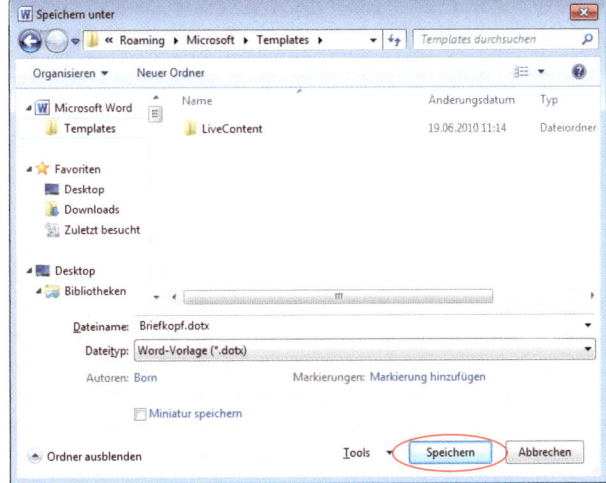

Mit diesen Schritten ist der Briefentwurf als Dokumentvorlage im Vorlagenordner gespeichert. Sie können danach das Dokumentfenster schließen. Wenn Sie anschließend, wie am Kapitelanfang im Abschnitt »Neue Dokumente aus Vorlagen erstellen« beschrieben, vorgehen, lässt sich die von Ihnen erstellte Vorlage für den Brief in der Kategorie »Eigene Vorlagen« wählen. Das neue Dokument enthält alle Elemente, die Sie in die Vorlage eingetragen haben. Sie brauchen dann nur noch die Empfängerangabe und den Brieftext zu ergänzen, um anschließend den Brief als Word-Dokument zu speichern und/oder zu drucken.

Zusammenfassung

An dieser Stelle möchte ich die Einführung in die Textverarbeitung mit Word und Writer beenden. Sie haben die wichtigsten Funktionen kennengelernt. Aus Platzgründen wurden allerdings viele Funktionen ausgespart oder nur kurz beschrieben. Weitere Details zu Word finden Sie in den bei Markt+Technik erschienenen Easy-Titeln zu Microsoft Office (z. B. »Easy – Office 2010« oder »Easy – Office 2010 Home and Student«). Zudem können Sie bei Fragen zu einzelnen Funktionen die Programmhilfe konsultieren. Das nächste Kapitel befasst sich mit Tabellenkalkulation und weiteren Programmfunktionen für den Bürobereich.

Testen Sie Ihr Wissen

Zur Überprüfung Ihrer Kenntnisse können Sie die folgenden Fragen beantworten (die Lösungen finden Sie in Klammern).

- **Wie können Sie einen Text fett oder unterstrichen auszeichnen?**

    (Den Text markieren und dann die Schaltfläche *Fett* oder *Unterstreichen* in der Menüleiste auf der Registerkarte *Start* anklicken.)

- **Wie können Sie die Absatzformate anpassen?**

    (Die Absätze markieren, mit der rechten Maustaste anklicken und den Kontextmenübefehl *Absatz* wählen. Dann die gewünschten Optionen im Eigenschaftenfenster setzen.)

- **Wie lässt sich der Dokumententwurf ohne Ausdruck kontrollieren?**

    (Indem Sie über die Registerkarte zur Backstage-Ansicht wechseln und dann auf den Befehl *Drucken* im Menü klicken. Dann wird eine Seitenvorschau in der rechten Spalte der Backstage-Ansicht angezeigt.)

- **Wie lässt sich eine Vorlage erstellen?**

    (Zuerst ist das Dokument zu entwerfen. Speichern Sie dieses anschließend als Dokumentvorlage – siehe auch vorhergehende Seiten.)

Das können Sie schon

Den Computer in Betrieb nehmen	36
Mit Windows-Fenstern und -Programmen arbeiten	48
Webseiten abrufen und verschiedene Internetdienste nutzen	141
E-Mails empfangen und versenden	220
Textdokumente erstellen und gestalten	266

Das lernen Sie neu

Grundlagen zur Tabellenkalkulation	322
Tabellenkalkulation, der Einstieg	326
Präsentieren am Computer	339

Kapitel 8
Tabellenkalkulation und Präsentation

In diesem Kapitel lernen Sie weitere Programme zur Tabellenkalkulation oder zum Erstellen von Präsentationen kennen. Diese Funktionen werden von Microsoft Office bereitgestellt. Mit dem Wissen aus diesem Kapitel können Sie mit Tabellenkalkulationsprogrammen umgehen und Präsentationen erstellen.

Grundlagen zur Tabellenkalkulation

Tabellenkalkulationsprogramme sind Anwendungen, die Tabellen zur Aufnahme von Daten oder zur Durchführung von Berechnungen zur Verfügung stellen. Mit einem Tabellenkalkulationsprogramm können Sie z. B. ein Haushaltsbuch, ein Kassenbuch, Listen zur Kosten- oder Budgetkontrolle, Verbrauchsberechnungen für das Auto, Vermögensaufstellungen, Vereinsabrechnungen oder -listen, Mietobjektabrechnungen, eine Aktiendepotverwaltung und vieles mehr führen.

Excel im Überblick

Für Windows bietet die Firma Microsoft das Tabellenkalkulationsprogramm **Microsoft Excel** als Bestandteil von Microsoft Office an. Falls Sie **OpenOffice.org** (*de.openoffice.org*) verwenden, steht Ihnen das Tabellenkalkulationsprogramm **Calc** zur Verfügung. Ist Microsoft Office installiert, können Sie Excel über den Befehl *Alle Programme* und die Untergruppe *Microsoft Office* des Startmenüs aufrufen.

> *Tipp*
> Falls Sie das Tabellenkalkulationsprogramm regelmäßig nutzen, richten Sie am besten ein Verknüpfungssymbol auf dem Desktop ein. Ziehen Sie den Startmenüeintrag mit der rechten Maustaste zum Desktop und wählen Sie anschließend im Kontextmenü den mit *Verknüpfungen hier erstellen* oder ähnlich bezeichneten Befehl.

Nach dem Programmstart legt das Programm ein neues leeres Dokument an und zeigt das Anwendungsfenster. Hier sehen Sie das Anwendungsfenster von Excel 2010 mit dem Dokumentbereich, dem Menüband und der Statusleiste.

- Über die Registerkarten des Excel-**Menübands** können Sie, ähnlich wie bei Word, die einzelnen Funktionen zur Gestaltung des Dokuments, zum Speichern, zum Drucken etc. abrufen. Die Benennung der Registerkarten, Gruppen und Elemente stimmt dabei sogar in weiten Teilen mit der in Word überein. Einige der Schaltflächen auf den Registerkarten müssten Sie bereits von den vorherigen Kapiteln kennen, andere werden vielleicht neu für Sie sein.

- Die **Bearbeitungsleiste** wird zwischen Menüband und Dokumentbereich eingeblendet und enthält das **Namenfeld** zur Anzeige der aktuellen Zelle, mehrere Schaltflächen sowie den Bereich zur Bearbeitung des Zellinhalts der aktuell gewählten Zelle.

- Der **Dokumentbereich** (das Innere des Fensters) **dient zur Aufnahme der Kalkulationstabellen.** Je nach Fenstergröße werden noch horizontale bzw. vertikale Bildlaufleisten zum Blättern im Dokumentbereich eingeblendet.

Grundlagen zur Tabellenkalkulation

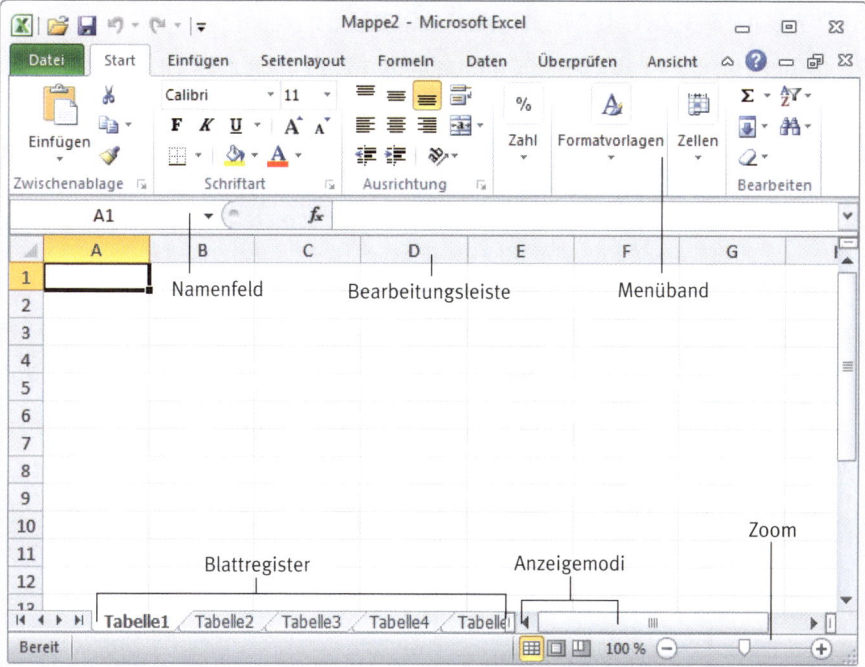

- In der **Statusleiste** zeigt Ihnen Excel Hinweise darüber an, was gerade passiert. Meist steht in der linken Ecke der Text *Bereit*, d. h., Excel wartet auf eine weitere Eingabe von Ihnen. Tippen Sie etwas ein, wird der Text *Eingeben* sichtbar. Ermittelt Excel Ergebnisse für die Tabelle, erscheint kurzzeitig der Text *Berechnen*. Der Text *Bearbeiten* signalisiert eine Bearbeitung der Zelle. Zusätzlich kann diese Leiste noch einige zusätzliche Statusangaben enthalten. So finden Sie einen Schieberegler zum Anpassen des Zoomfaktors oder Schaltflächen zum Umschalten der Tabellendarstellung vor.

Vieles kennen Sie bereits aus *Kapitel 7* vom Textverarbeitungsprogramm Word. Neu ist lediglich der Dokumentbereich, der bei Excel in Form einer Tabelle aufgeführt ist. Zudem findet sich oberhalb des Dokumentbereichs noch die Bearbeitungsleiste, über die Sie die Tabelleninhalte verändern können (dazu später mehr).

> **Hinweis**
>
> Auch bei Microsoft Excel gilt, dass die Vorgängervariante Excel 2007 in der Bedienung weitgehend identisch ist. Auf den nachfolgenden Seiten gehe ich aber ausschließlich auf Microsoft Excel 2010 ein. Verwenden Sie eine ältere Office-Version, möchte ich Sie auf die von mir zu den diversen Office-Versionen bei Markt+Technik publizierten Easy-Titel verweisen.

Arbeitsmappen und Arbeitsblätter

Zum Arbeiten mit einem Tabellenkalkulationsprogramm müssen Sie zumindest die wichtigsten Grundbegriffe und Bezeichnungen kennen.

- Bei der Tabellenkalkulation dreht sich alles um **Tabellen**, die in Excel auch als **Arbeitsblätter** bezeichnet werden.
- In Excel 2010 ist die Zahl der Arbeitsblätter nur vom verfügbaren Speicher abhängig. Die Dokumente von Microsoft Excel, die die Arbeitsblätter enthalten, werden als **Arbeitsmappen** bezeichnet.

Das Arbeitsblatt wird in Zeilen und Spalten aufgeteilt (erkennbar an den grauen Gitternetzlinien). Die Spaltenköpfe sind mit Großbuchstaben wie A, B, C bezeichnet, während die Zeilenköpfe fortlaufend nummeriert sind.

Ein viereckiges Feld in der Tabelle wird als **Zelle** bezeichnet. Die **Position einer** solchen **Zelle** lässt sich **durch** Angabe der **Spalten-** und **Zeilennummer angeben** (z. B. steht die Adresse A1 für die Zelle oben links in Spalte A und Zeile 1).

Klicken Sie mit der Maus auf eine Zelle, wird diese mit einem dicken Rahmen hervorgehoben. Diese Zelle stellt dann die **aktive Zelle** dar, deren Adresse übrigens im Feld links neben der Bearbeitungsleiste eingeblendet wird.

> **Hinweis**
> Sie können auch die Cursortasten (→, ←, ↑, ↓) verwenden, um Zellen anzuwählen. Die ⇥-Taste wählt die rechts neben der aktuellen Zelle liegende Zelle als neue aktive Zelle aus. Mit ⇧+⇥ gehen Sie eine Zelle nach links.

Im unteren Teil des Dokuments sehen Sie die Registerreiter mit den Namen (z. B. »Tabelle 1«, »Tabelle 2« etc.) der im Tabellendokument enthaltenen Arbeitsblätter.

Grundlagen zur Tabellenkalkulation

Diese Registerreiter werden in Excel als **Blattregister** bezeichnet. Durch Anklicken der Registerreiter können Sie auf die einzelnen Arbeitsblätter (Tabellen) des Dokuments zugreifen. Sie arbeiten dabei immer mit der Tabelle, deren Registerreiter hell angezeigt wird.

> **Hinweis**
>
> Klicken Sie mit der rechten Maustaste auf einen Registerreiter, finden Sie im Kontextmenü Befehle, um eine Tabelle (bzw. das Arbeitsblatt) umzubenennen, zu löschen oder eine neue Tabelle einzufügen.

Ein neues Tabellendokument anlegen

Um mit dem Tabellenkalkulationsprogramm arbeiten zu können, benötigen Sie ein Tabellendokument (bzw. eine Excel-Arbeitsmappe). Beim Programmstart legt Excel ein leeres Tabellendokument mit mehreren Tabellen an. Möchten Sie aus einem laufenden Programm heraus ein neues Tabellendokument anlegen?

Ein leeres Tabellendokument erhalten Sie, indem Sie die Tastenkombination [Strg]+[N] drücken. Um ein Tabellendokument aus einer Vorlage abzuleiten, gehen Sie dagegen in folgenden Schritten vor.

1 Wechseln Sie im Menüband zur Registerkarte *Datei* und wählen Sie im Menü den Befehl *Neu* an.

2 Anschließend können Sie die Tabellenvorlage (wie bei Word) in der Spalte *Verfügbare Vorlagen* der Backstage-Ansicht auswählen.

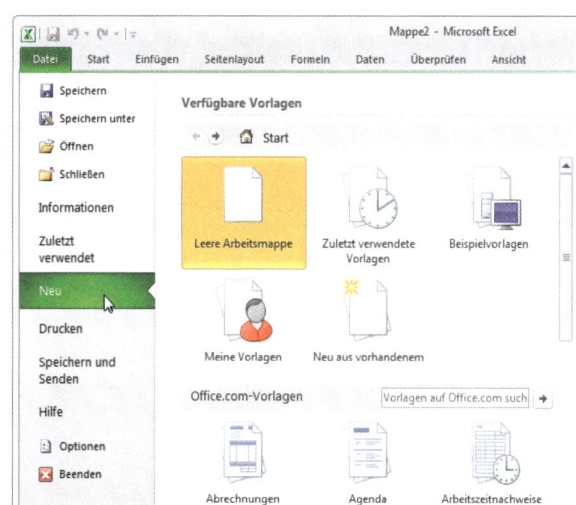

Das Symbol *Leere Arbeitsmappe* legt ein Dokument mit drei Tabellen an. Über den Eintrag *Beispielvorlagen* oder über die Einträge der Kategorie »Office.com-Vorlagen« können Sie aber auch Arbeitsmappen mit speziellen Arbeitsblättern erzeugen.

3 Klicken Sie beispielsweise auf den Eintrag *Beispielvorlagen*.

325

Kapitel 8

4 Wählen Sie anschließend in der Spalte »Verfügbare Vorlagen« eine der eingeblendeten Vorlagen.

Bereits bei Anwahl der Vorlage zeigt Excel eine Vorschau auf die Tabelleninhalte in der rechten Spalte der Backstage-Ansicht an.

5 Bestätigen Sie die Auswahl der Vorlage über die mit *Erstellen* oder *Download* beschriftete Schaltfläche der Backstage-Ansicht.

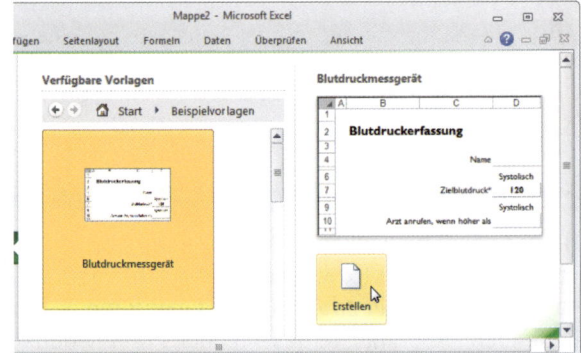

Die Arbeitsmappe wird dann angelegt und angezeigt.

Eine neu in Excel angelegte **Arbeitsmappe** enthält meist drei leere mit »Tabelle1« bis »Tabelle3« beschriftete Arbeitsblätter.

Tabellenkalkulation, der Einstieg

Das Arbeiten mit einem Tabellenkalkulationsprogramm wie Microsoft Excel ist sehr einfach. Dies soll jetzt am Beispiel eines Haushaltsbuches, welches die Einnahmen und die Ausgaben für einen bestimmten Zeitraum einander gegenüberstellt, schrittweise demonstriert werden.

Arbeitsblätter umbenennen

Für das Beispiel des Haushaltsbuches brauchen Sie 12 Arbeitsblätter, die nach den einzelnen Monaten benannt sind. Eine neue Arbeitsmappe enthält aber nur drei Arbeitsblätter, d. h., Sie müssen die Arbeitsmappe um weitere Tabellen ergänzen.

1 Falls nicht schon geschehen, starten Sie Excel oder öffnen ein neues Dokument.

Jetzt soll das erste Arbeitsblatt umbenannt werden.

Tabellenkalkulation, der Einstieg

2 Klicken Sie mit der rechten Maustaste auf den Registerreiter »Tabelle1« des Excel-Fensters und wählen Sie im Kontextmenü den Befehl *Umbenennen*.

3 Tippen Sie den gewünschten Namen ein und übernehmen Sie die Änderung durch Drücken der ⏎-Taste.

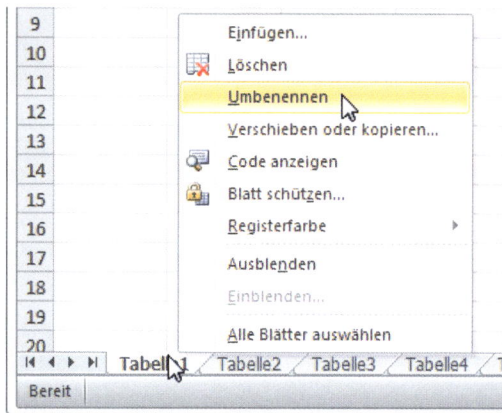

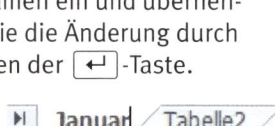

Excel zeigt dann den neuen Namen für die betreffende Tabelle. Auf diese Weise können Sie die **Arbeitsblätter** beispielsweise nach den einzelnen Monaten **benennen**.

> **Achtung**
>
> Der Name für ein Arbeitsblatt darf bis zu 31 Zeichen lang sein. Sie können Leerzeichen im Namen verwenden (z. B. »Haushaltsbuch Januar«). Nicht erlaubt sind jedoch die Zeichen [ ] : / \ ? und *. Weiter muss der Name in der Arbeitsmappe eindeutig sein, d. h., Sie können den gleichen Namen nicht zweimal vergeben.

Neue Arbeitsblätter einfügen

Benötigen Sie ein **neues Arbeitsblatt** innerhalb der Arbeitsmappe, gehen Sie in folgenden Schritten vor.

1 Öffnen Sie das Kontextmenü durch einen Rechtsklick auf das Blattregister und wählen Sie den Kontextmenübefehl *Einfügen*.

2 Wählen Sie im Dialogfeld *Einfügen* eine Tabellenvorlage (z. B. »Tabellenblatt«) und klicken Sie auf die *OK*-Schaltfläche.

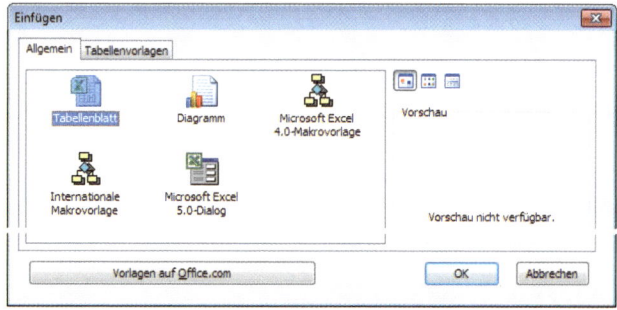

327

> **Hinweis**
>
> Auf der Registerkarte *Allgemein* finden Sie die Vorlage *Tabellenblatt* für ein leeres Arbeitsblatt. Die Registerkarte *Tabellenvorlagen* enthält eine Reihe Arbeitsblätter für Blutdruckmessungen, Rechnungsaufstellungen, Spesenabrechnungen und mehr.

Nun wird ein neues Arbeitsblatt, als leere Tabelle oder von der Vorlage abgeleitet, in die Arbeitsmappe eingefügt.

> **Tipp**
>
> Sie können die Registerreiter der Arbeitsblätter bei Bedarf per Maus (waagerecht) ziehen und so die Reihenfolge der Arbeitsblätter umstellen.

Tabelleneingaben

Ist die gewünschte Anzahl an Tabellen angelegt, können Sie mit der **Eingabe** der Daten für das Haushaltsbuch **beginnen**. Im ersten Arbeitsblatt ist die Rubrik »Einnahmen« der Tabelle hinzuzufügen.

1 Klicken Sie auf die Zelle A3.

2 Tippen Sie »Einnahmen« ein und drücken Sie die ↵-Taste.

Der eingegebene Text wird in der Zelle angezeigt. Gleichzeitig wird eine andere Zelle als aktive Zelle hervorgehoben.

3 Ergänzen Sie die übrigen Einträge der Spalte A durch die hier gezeigten Texte.

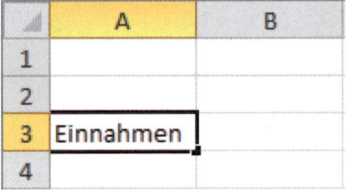

Standardmäßig verschiebt Excel beim Drücken der ↵-Taste die aktive Zelle eine Zeile tiefer.

Sie brauchen daher nur die Texte einzutippen und dann die ↵-Taste zu drücken.

Tipps

Gelegentlich ist eine Tabellenspalte zu eng, dann ragt der Zellinhalt über die Nachbarzellen. Enthalten diese ebenfalls Werte, wird der Inhalt der Zellen abgeschnitten oder Zahlen werden mit den Zeichen #### dargestellt. Sie können die **Spaltenbreite** aber jederzeit **anpassen**.

Zeigen Sie auf den Spaltentrenner zwischen den Spaltenköpfen und warten Sie, bis der Mauszeiger die hier gezeigte Form annimmt.

Dann ziehen Sie den Spaltentrenner einfach bei gedrückter linker Maustaste nach rechts, bis die Spalte breit genug ist. Ein Doppelklick auf den Spaltentrenner passt die Spaltenbreite übrigens automatisch an den längsten Zelleintrag an. Die Zeilenhöhe lässt sich analog durch Ziehen des Zeilentrenners anpassen.

Hinweise

Ist Ihnen bei der Eingabe in eine Zelle **ein Fehler unterlaufen**? Drücken Sie die [Esc]-Taste, wird die aktuelle Eingabe verworfen. Wurde die Eingabe abgeschlossen, können Sie den letzten Befehl über die Tastenkombination [Strg]+[Z], den Befehl *Rückgängig* im Menü *Bearbeiten* oder über die Schaltfläche *Rückgängig* zurücknehmen. Fällt Ihnen der Fehler erst später auf, klicken Sie auf die Zelle und tippen den neuen Wert ein.

Klicken Sie in die Zelle, lassen sich auch Teilwerte des Zellinhalts in der **Bearbeitungsleiste** markieren und bearbeiten.

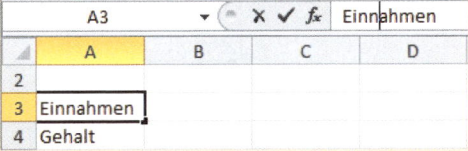

Ähnlich wie bei Word lässt sich ein Zeichen links von der Textmarke mit der Taste [←] und rechts von der Textmarke mit der Taste [Entf] in der Bearbeitungsleiste löschen. Tippen Sie einen neuen Text ein, wird dieser eingefügt. Die Schaltfläche *Abbrechen* (mit dem roten Kreuz) der Bearbeitungsleiste oder die [Esc]-Taste verwerfen die Eingaben. Klicken Sie auf die Schaltfläche mit dem stilisierten Häkchen oder drücken Sie die [↵]-Taste, überträgt das Tabellenkalkulationsprogramm die Eingabe aus der Bearbeitungsleiste in die aktive Zelle.

Haben Sie die Texte in die Rubrik für die Eingaben eingetippt, sollten Sie jetzt die Ausgabespalte ergänzen.

Kapitel 8

1 Klicken Sie auf die Zelle D3, tippen Sie den Text »Ausgaben« ein und drücken Sie dann die ⏎-Taste.

2 Ergänzen Sie die Ausgaben-Spalte durch die hier gezeigten Texte.

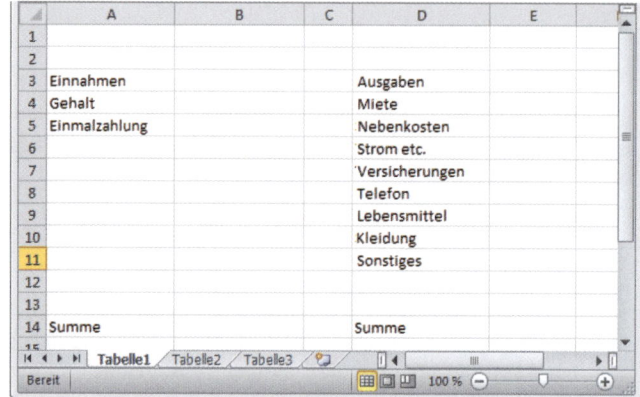

Die Tabelle könnte dann wie hier gezeigt aussehen.

Zahleneingabe

Nach diesen Vorbereitungen können Sie nun mit dem **Eintippen der Zahlen** für die Spalten mit den Einnahmen und Ausgaben beginnen.

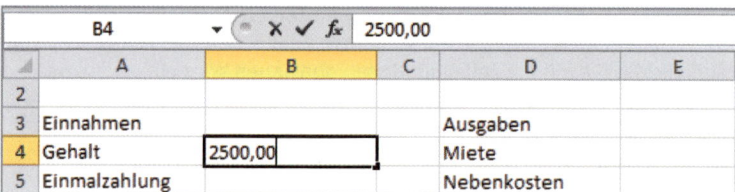

1 Klicken Sie in die Zelle B4, geben Sie den Betrag 2500,00 ein und drücken Sie die ⏎-Taste.

2 Fügen Sie in die betreffende Zelle der »Einmalzahlung« den Betrag 50,50 hinzu.

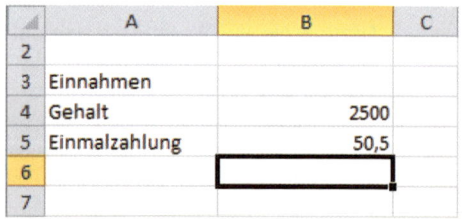

Das Tabellenblatt sieht dann so aus. Etwas merkwürdig ist dabei die Zahlendarstellung, da diese nicht den eingetippten Beträgen entspricht.

Es gibt aber eine einfache Erklärung: Bei dem von Excel benutzten Standard-Zellformat werden bei Zahlen nur signifikante Ziffern angezeigt. Da die Angaben »2500,00« und »2500« den gleichen Wert ergeben, schneidet das Programm bei der Anzeige die den Wert nicht verändernden Nullen ab. Die Anpassung des Zellformats wird nachfolgend gezeigt.

Tabellenkalkulation, der Einstieg

> **Was ist das?**
>
> Das **Zellformat** legt fest, wie Zahlen, Texte oder sonstige Zellinhalte darzustellen sind. Zahlen erscheinen standardmäßig rechtsbündig, Texte linksbündig. Fett geschriebene oder ausgerichtete Zellinhalte werden genauso über das Zellformat gesteuert wie die Angabe über die Zahl der Stellen nach dem Komma.

3 Tippen Sie jetzt die restlichen Werte für die Ausgaben-Spalte ein.

Das Ergebnis sollte dann so ähnlich wie hier gezeigt aussehen.

	A	B	C	D	E
1					
2					
3	Einnahmen			Ausgaben	
4	Gehalt	2500		Miete	700
5	Einmalzahlung	50,5		Nebenkosten	200
6				Strom etc.	50
7				Versicherungen	100
8				Telefon	50
9				Lebensmittel	500
10				Kleidung	300
11				Sonstiges	20
12					
13					
14	Summe			Summe	

Format zur Zellanzeige anpassen

Sofern die Darstellung der Zellwerte nicht den Anforderungen entspricht, müssen Sie das Zellformat anpassen. Das Zellformat soll jetzt für eine Zahlendarstellung mit zwei Nachkommastellen angepasst werden.

1 Markieren Sie den **Zellbereich**, indem Sie auf die Zelle B4 klicken und dann die Maus bei gedrückter linker Maustaste bis zur Zelle B14 ziehen.

Der markierte Zellbereich wird farbig dargestellt und durch einen Rahmen abgegrenzt.

2 Klicken Sie mit der rechten Maustaste auf den markierten Zellbereich und wählen Sie im Kontextmenü den Befehl *Zellen formatieren*.

Kapitel 8

3 Im dann angezeigten Dialogfeld *Zellen formatieren* wählen Sie auf der Registerkarte *Zahlen* die gewünschte Kategorie (z. B. »Zahl«).

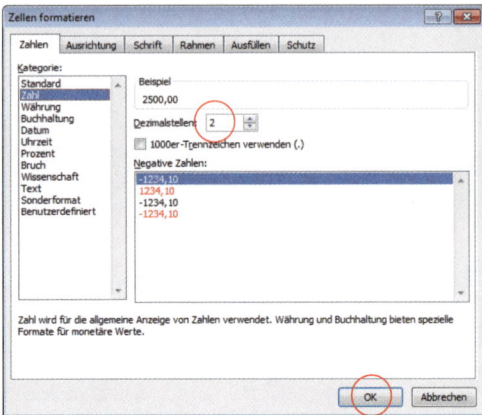

4 Stellen Sie das Drehfeld *Dezimalstellen* auf den Wert 2 ein und klicken Sie auf die *OK*-Schaltfläche.

Sobald Sie eine Formatkategorie wählen, werden die Optionen zur Formatierung angezeigt. In der Liste finden Sie übrigens auch das *Standard*-Zellformat.

5 Wiederholen Sie die obigen Schritte für die Rubrik »Ausgaben«.

Die Tabelle sollte anschließend nach der Anpassung des Zellformats folgende Zahlendarstellung aufweisen.

	A	B	C	D	E
1					
2					
3	Einnahmen			Ausgaben	
4	Gehalt	2500,00		Miete	700,00
5	Einmalzahlung	50,50		Nebenkosten	200,00
6				Strom etc.	50,00
7				Versicherungen	100,00
8				Telefon	50,00
9				Lebensmittel	500,00
10				Kleidung	300,00
11				Sonstiges	20,00
12					
13					
14	Summe			Summe	

Da Sie den gesamten Zellbereich einer Spalte bis zum Feld »Summe« markiert haben, wird das Zellformat auch für die noch leeren Zellen gesetzt. Tragen Sie später Werte in diese Zellen ein, werden diese automatisch in der betreffenden Darstellung angezeigt.

Tabellenkalkulation, der Einstieg

Tipps

Microsoft Excel enthält im Menüband auf der Registerkarte *Start* die beiden nebenstehenden Schaltflächen *Dezimalstelle hinzufügen* und *Dezimalstelle löschen*, über die Sie Dezimalstellen ergänzen oder entfernen können.

Haben Sie Zellen mit Zahlen markiert, können Sie durch Anklicken der Schaltfläche *Dezimalstelle hinzufügen* die Anzeige der Nachkommastellen erzwingen. Bei jedem Mausklick wird eine Nachkommastelle zur Anzeige hinzugefügt.

Es besteht zudem die Möglichkeit, die Schaltfläche *Buchhaltungszahlenformat* zu verwenden. Diese bewirkt die Darstellung mit zwei Nachkommastellen, blendet gleichzeitig aber das Währungssymbol ( ) mit ein.

Berechnungen in die Tabelle einbauen

Mit den obigen Schritten haben Sie letztendlich eine einfache Tabelle bzw. Liste angelegt. Sie erkennen sicherlich schon, dass sich Tabellenkalkulationsprogramme hervorragend zum Erstellen von Listen (Telefonlisten, Adresslisten, Mitgliederlisten, Bestandslisten etc.) eignen. Das Eintippen der Werte in das Arbeitsblatt ist aber nur die halbe Miete. So etwas hätten Sie auch irgendwie mit Word oder handschriftlich ausführen können. Der Vorteil bei der Tabellenkalkulation liegt darin, dass das Programm automatisch die **Einnahmen** sowie die Ausgaben **summieren** und dann auch die **Differenz** beider Werte **ermitteln** kann.

1 Markieren Sie die Zelle B14 per Mausklick. Diese Zelle soll die Summe der Spalte »Einnahmen« aufnehmen.

2 Klicken Sie im Menüband auf die am rechten Rand der Registerkarte *Start* (Gruppe *Bearbeiten*) sichtbare Schaltfläche *Summe*.

Kapitel 8

Im Arbeitsblatt wird der in der Nähe liegende Zahlenblock (z. B. durch eine umlaufende Linie) markiert. Diese Markierung zeigt Ihnen an, welche Zellen in die Berechnung eingehen. In der Zelle B14 wird jetzt die Formel »=SUMME(...)« eingeblendet. Die Angabe B4:B13 in der Klammer steht für den markierten Zellbereich.

3 Drücken Sie die ⏎-Taste, um die Formel zu bestätigen.

Das Ergebnis erscheint in der Zelle B14. Da Sie das Zellformat bereits in den vorherigen Schritten festgelegt haben, wird das Ergebnis automatisch mit Nachkommastellen versehen.

> **Hinweis**
>
> Das Tabellenkalkulationsprogramm analysiert bei Anwahl der Schaltfläche zum Summieren die Umgebung der aktiven Zelle. Werden in der Nachbarschaft Zahlen in einer Zeile oder Spalte gefunden, markiert das Programm die betreffenden Zellen. Sie können aber jederzeit andere Zellen anklicken und einen Bereich durch das Ziehen mit der Maus markieren. Der betreffende Zellbereich wird mit der umlaufenden (gestrichelten oder durchgezogenen) Linie markiert. Bei Bedarf können Sie aber einen neuen Zellbereich per Maus markieren. Sobald Sie diese Auswahl durch Drücken der ⏎-Taste bestätigen, wird die Bereichsangabe in die Zielzelle übernommen.

Tabellenkalkulation, der Einstieg

Bei der Anwendung der obigen Formel wurde der gesamte Bereich von der Zelle B4 bis zur Zelle B13 summiert, obwohl einige Zellen leer sind. Das bietet Ihnen die Möglichkeit, weitere Werte in die Zeilen 6, 7 usw. einzutragen, ohne die Formel ändern zu müssen. Sobald Sie etwas an den Zahlen der Tabelle ändern, wird automatisch das Ergebnis neu berechnet und in der Zelle B14 angezeigt.

4 Wiederholen Sie jetzt die obigen Schritte, indem Sie die Zelle E14 anklicken und dann die Summenfunktion erneut anwenden.

Wenn Sie alles richtig gemacht haben, sollte jetzt auch die Summe der Ausgaben in der betreffenden Zelle erscheinen. Nun bleibt noch die Aufgabe, die Differenz zwischen Einnahmen und Ausgaben zu ermitteln.

1 Klicken Sie auf die Zelle A16 und geben Sie den Text »Differenz« ein.

2 Weisen Sie der Zelle B16 ein Zellformat mit zwei Nachkommastellen zu.

| 16 | Differenz | =B14-E14 |

3 Um die Differenz der Inhalte der Zellen B14 und E14 zu bestimmen und in der Zelle B16 abzulegen, können Sie die Formel »=B14 – E14« eintippen und über die ⏎-Taste bestätigen.

Sobald Sie das Gleichheitszeichen (=) per Tastatur eingeben, erkennt das Tabellenkalkulationsprogramm eine Formeleingabe. Sie können dann die Zellbezüge auch durch Anklicken der jeweiligen Zellen ergänzen. Für die Formel »=B14 – E14« geben Sie z. B. das Gleichheitszeichen ein, klicken dann auf die Zelle B14, tippen das Minuszeichen ein und klicken anschließend auf die Zelle E14. Das Tabellenkalkulationsprogramm übernimmt beim Klicken auf die Zellen automatisch die Zellbezüge (z. B. *B14*) in die Formel. Sie brauchen dann nur die Operanden direkt per Tastatur einzutippen.

> **Hinweis**
> Möchten Sie die **Formel erneut sehen**, klicken Sie einfach auf die betreffende Zelle. Excel blendet die Formel dann in der Bearbeitungsleiste ein. Sie können den Ausdruck dort anklicken und in der Bearbeitungsleiste korrigieren. Wählen Sie die Zelle per Doppelklick an, wird die Formel auch im Tabellenblatt eingeblendet.

Kapitel 8

Das Tabellenkalkulationsprogramm zeigt nach der Eingabe der Formel das Ergebnis der Berechnung in der Zielzelle. Das sieht dann wie in diesem Tabellenausschnitt aus.

	A	B	C	D	E
2					
3	Einnahmen			Ausgaben	
4	Gehalt	2500,00		Miete	700,00
5	Einmalzahlung	50,50		Nebenkosten	200,00
6				Strom etc.	50,00
7				Versicherungen	100,00
8				Telefon	50,00
9				Lebensmittel	500,00
10				Kleidung	300,00
11				Sonstiges	20,00
12					
13					
14	Summe	2550,50		Summe	1920,00
15					
16	Differenz	630,50			

Sobald Sie anschließend etwas an den Zahlen ändern (z. B. Werte korrigieren oder hinzufügen), wird bei jedem Drücken der ⏎-Taste das komplette Tabellenblatt mit allen Formeln durchgerechnet. Anschließend sehen Sie das aktualisierte Ergebnis. Wenn Sie sich jetzt einmal eine Tabelle mit vielen Berechnungsformeln vorstellen, wird klar, welche Arbeitserleichterung ein Tabellenkalkulationsprogramm bietet.

Diagrammerstellung ganz einfach

Eine Stärke von Excel ist das Erstellen von Diagrammen, mit denen sich Daten visualisieren lassen. Dies soll jetzt am Beispiel einer Umsatztabelle demonstriert werden.

Filiale	1.Quartal	2.Quartal	3.Quartal	4.Quartal	
Nord	83,00	87,00	88,00	84,00	342,00
Süd	82,50	80,50	81,50	85,60	330,10
Ost	59,00	61,00	62,00	61,00	243,00
West	77,00	75,00	76,00	80,00	308,00
Summe	301,50	303,50	307,50	310,60	1223,10

1 Erstellen Sie in Excel eine einfache Umsatztabelle mit den hier gezeigten Zahlen.

Die Daten der Umsatztabelle sollen jetzt als **Säulendiagramm** aufbereitet werden.

Tabellenkalkulation, der Einstieg

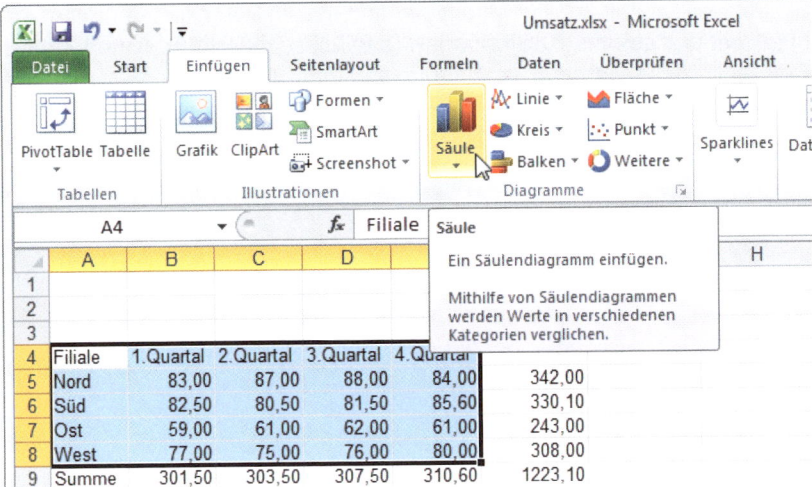

2 Markieren Sie im Arbeitsblatt die Daten des Zellbereichs mit den Umsatzdaten (hier A4:E8).

> **Tipp**
> Der Umfang der Markierung beeinflusst auch die Darstellung des Diagramms. An dieser Stelle habe ich darauf verzichtet, die Summen mit in die Auswertung aufzunehmen. Dies verhindert, dass Excel die y-Achse des Balkendiagramms an den Umsatzsummen ausrichtet. Vielmehr bleibt der gesamte Darstellungsbereich den Umsätzen der Filialen vorbehalten.

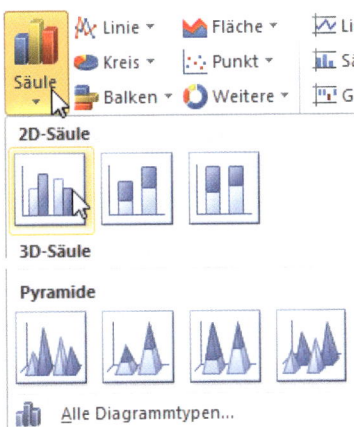

3 Wechseln Sie zur Registerkarte *Einfügen* des Menübands und klicken Sie in der Gruppe *Diagramme* auf die Schaltfläche *Säule*.

4 Sobald die Palette mit den Säulendiagrammvarianten angezeigt wird, klicken Sie auf eines der angezeigten Symbole (hier *Gruppierte Säulen* in der Rubrik *2D-Säule*).

Excel besitzt nun alle notwendigen Informationen, um aus den markierten Daten ein Säulendiagramm zu erstellen.

337

Das Diagramm wird daher aus der Menge der markierten Daten und der Benutzerauswahl erstellt und automatisch formatiert (z. B. Achsenbeschriftung und -skalierung). Excel zeigt das Diagramm als Diagrammelement direkt im Vordergrund des Arbeitsblatts, wobei aber meist ein Teil der Tabelle mit den Daten verdeckt wird.

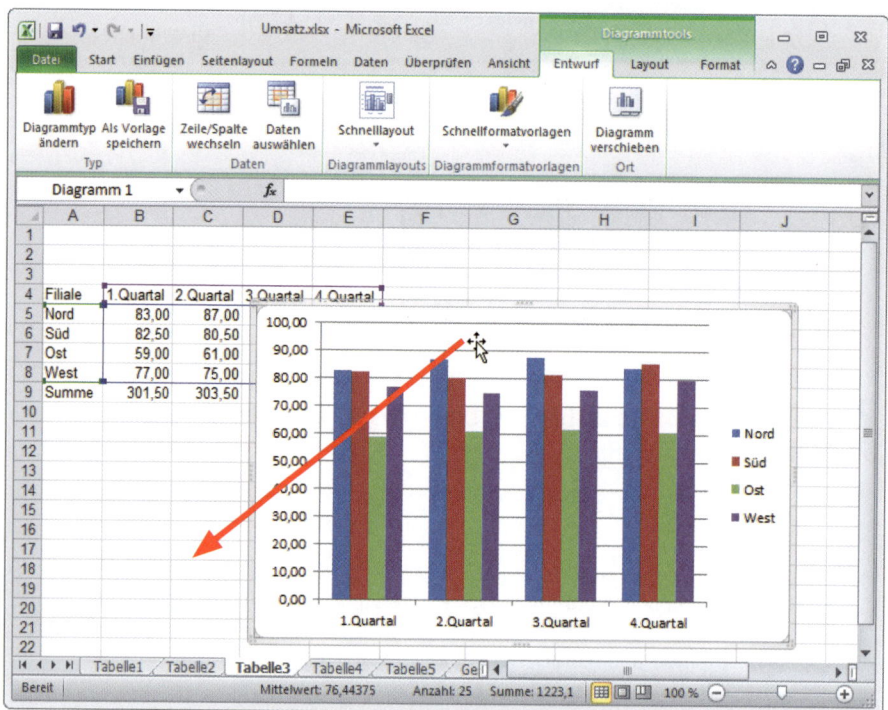

5 Markieren Sie die Diagrammfläche mit einem Mausklick und verschieben Sie diese dann bei gedrückter linker Maustaste im Arbeitsblatt zur gewünschten Position.

Bei Bedarf besteht zudem die Möglichkeit, die Diagrammgröße über die Ziehmarken an den Rändern der Diagrammflächen anzupassen. Ein nicht mehr benötigtes Diagramm können Sie mit der Maus anklicken und dann durch Drücken der Entf -Schaltfläche löschen.

> **Hinweis**
>
> Ist ein Diagramm markiert, blendet Excel die Diagrammtools mit der Registerkarte *Entwurf* im Menüband ein. Um den Diagrammtyp zu ändern, klicken Sie auf der Registerkarte *Entwurf* des Menübands auf die Schaltfläche *Diagrammtyp ändern*. Möchten Sie die Farben oder das Aussehen des Diagramms anpassen, wählen Sie die betreffenden Kataloge auf der Registerkarte *Entwurf* des Menübands. Zum Tauschen der Legende mit der x-Achse eines markierten Diagramms wählen Sie auf der Registerkarte *Entwurf* der Diagrammtools die Schaltfläche *Zeile/Spalte wechseln* der Gruppe *Daten*.
>
> Zum Aufheben einer Markierung genügt es, einen Tabellenbereich außerhalb der Markierung anzuklicken. Möchten Sie eine Änderung an der Tabelle wieder zurücknehmen, können Sie die Schaltfläche *Rückgängig* in der Symbolleiste für den Schnellzugriff anklicken oder die Tastenkombination Strg+Z drücken.
>
> An dieser Stelle muss die Kurzeinführung in das Arbeiten mit dem Tabellenkalkulationsprogramm Excel aus Platzgründen enden. Mit dem Programm lässt sich viel mehr bewerkstelligen. Sie können die Zellen markieren und dann formatieren. Zudem lassen sich Arbeitsblätter speichern, laden und drucken. Das geht alles ähnlich wie bei Word. Die Programme unterstützen auch komplexere Funktionen (z. B. Zinsberechnungen) und vieles mehr. Konsultieren Sie ggf. die im Markt+Technik-Verlag erschienenen Easy-Titel zu Excel oder Microsoft Office, um Näheres zu den jeweiligen Funktionen zu erfahren.

Präsentieren am Computer

Präsentationsunterlagen für Werbung oder Vorträge lassen sich hervorragend per Computer erstellen. Auch eine Präsentation kann direkt am Computer erfolgen. Besitzer von **Microsoft Office** verfügen mit **PowerPoint** bereits über das geeignete Präsentationsprogramm.

PowerPoint im Überblick

Microsoft PowerPoint lässt sich ähnlich wie Word oder Excel über den Zweig *Alle Programme/Microsoft Office* des Startmenüs aufrufen. Oder Sie doppelklicken auf eine bestehende PowerPoint-Dokumentdatei, um das Anwendungsfenster von Microsoft PowerPoint zu öffnen.

Kapitel 8

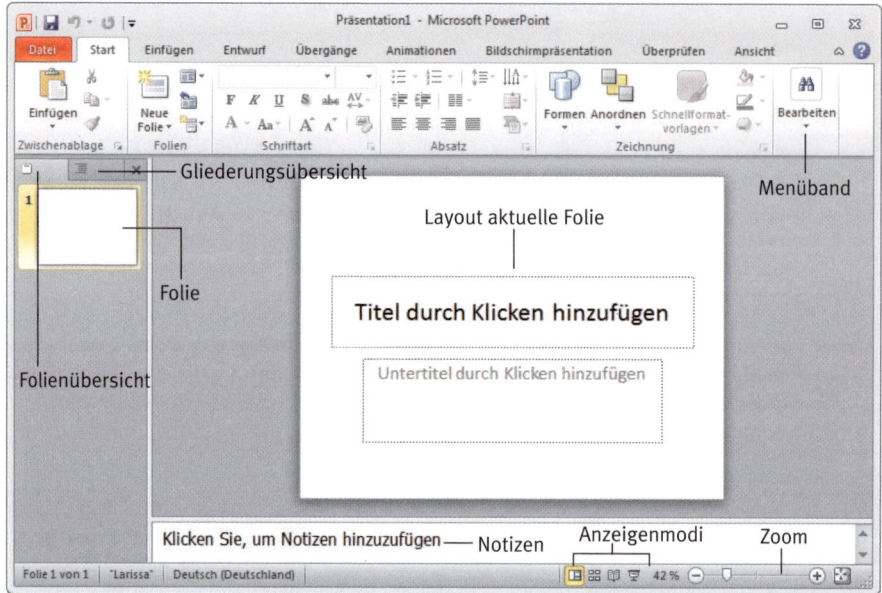

Ähnlich wie bei Word oder Excel enthält das Anwendungsfenster oben ein Menüband mit diversen Registerkarten und unten eine Statusleiste.

- Das Menüband weist die Registerkarten mit den Optionen zur Gestaltung der Präsentation sowie zu deren Wiedergabe auf.

- Der Dokumentbereich zeigt die geladene Präsentation, die aus einer oder mehreren Seiten (auch als **Folien** bezeichnet) bestehen kann.

- Die linke Spalte, als **Folienübersicht** bezeichnet, zeigt alle Folien einer Präsentation als Miniaturen an. Dieses Teilfenster lässt sich über einen Registerreiter am oberen Spaltenende von der Folienübersicht zur **Gliederungsansicht** umschalten. Dann werden nur die Folientitel und Überschriften angezeigt.

- Die aktuell gewählte Folie erscheint im rechten Teil des Dokumentbereichs in der **Layoutansicht**. Zu jeder Folie lassen sich **Notizen** (z. B. bezüglich des Inhalts oder Hinweise zur Präsentation) ablegen. Diese Notizen geben Sie in das Fenster unterhalb des Dokumentfensters mit der angezeigten Folie ein.

- In der Statusleiste finden Sie z. B. auch die Schaltflächen zum Umschalten der Darstellungsmodi oder den Schieberegler zur Anpassung des Zoomfaktors. Dort informiert Sie PowerPoint über die Foliennummer sowie den Namen der benutzten **Entwurfsvorlage**.

Zum Beenden von PowerPoint wählen Sie wie bei anderen Programmen entweder die Schaltfläche *Schließen* in der rechten oberen Ecke des Anwendungsfensters oder Sie rufen auf der Registerkarte *Datei* den Befehl *Beenden* auf.

Eine neues Präsentationsdokument anlegen

Eine neue Präsentation wird als leeres Dokument oder aus einer bereits bestehenden Präsentationsvorlage abgeleitet.

1 Starten Sie PowerPoint, klicken Sie auf den Registerreiter *Datei* und wählen Sie in der Backstage-Ansicht den Befehl *Neu*.

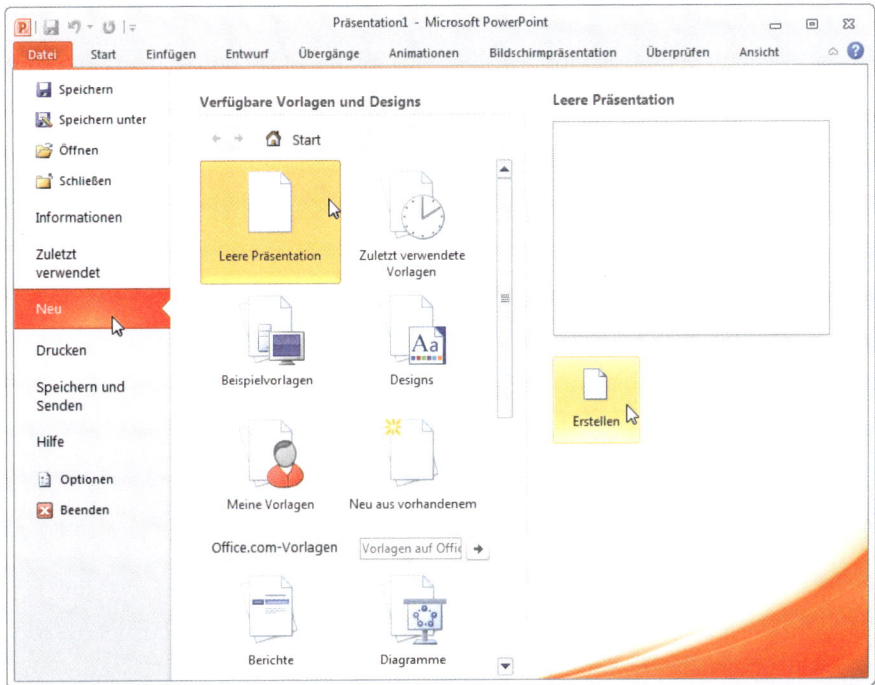

2 Wählen Sie in der Spalte *Verfügbare Vorlagen und Designs* der Backstage-Ansicht eine Vorlagenkategorie und dann eine der in der Kategorie angezeigten Vorlagen.

In der Kategorie *Beispielvorlagen* finden Sie einige Präsentationsvorlagen für Projekte, Berichte etc. Diese Vorlagen sind mit einem Folienhintergrund und einem Foliendesign versehen und brauchen nur noch durch Inhalte ergänzt zu werden. Über die Rubrik »Office.com-Vorlagen« können Sie auf online bereitgestellte Präsentationsvorlagen zugreifen. Wählen Sie den Eintrag *Leere Präsentation*, um mit einer leeren (weißen) Folie zu beginnen. Die rechte Spalte der Backstage-Ansicht liefert Ihnen eine Miniaturvorschau auf die Folie der jeweils gewählten Vorlage.

3 Sobald die gewünschte Vorlage ausgewählt wurde, klicken Sie in der rechten Spalte auf die Schaltfläche *Erstellen* (bzw. *Download* bei Onlinevorlagen).

PowerPoint legt dann die neue Präsentation bzw. das neue Dokument auf Basis dieser Vorlage im Dokumentbereich ab. Das Dokument kann dabei, je nach gewählter Vorlage, aus einer oder mehreren Folien bestehen.

Folienlayout neu zuordnen

In PowerPoint werden Folieninhalte über ein Layout (zur Anordnung von Text und Bildern) gestaltet. Wenn Sie eine Präsentation gemäß den obigen Schritten anlegen, weist PowerPoint der ersten Folie das Layout für Überschriften zu. Es gibt aber weitere Layouts mit unterschiedlichen Platzhaltern, in die sich Text und/oder Grafiken einfügen lassen. Um **Folien** ein **neues Layout** zuzuweisen, gehen Sie folgendermaßen vor.

1 Klicken Sie in der linken Spalte mit der Folienübersicht die gewünschte Folie mit der rechten Maustaste an.

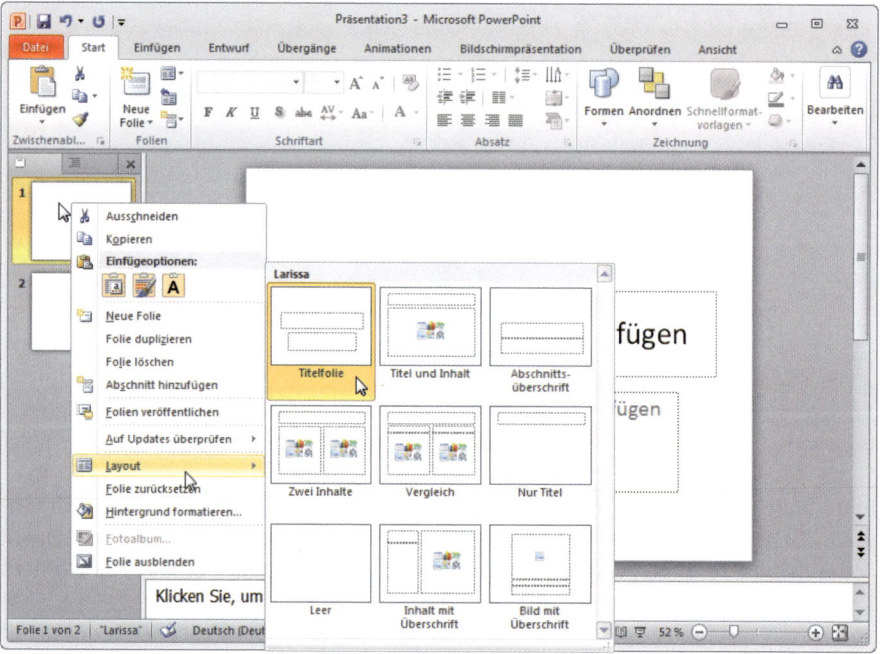

2 Anschließend wählen Sie im Kontextmenü den Befehl *Layout* und klicken in der als Untermenü eingeblendeten Palette auf das gewünschte Layout.

Präsentieren am Computer

Sie können dabei zwischen Folienlayouts mit Überschriften, mit Inhalten etc. wählen – wobei die angebotenen Layouts von der gewählten Dokumentvorlage abhängen. Sobald Sie das Folienlayout gewählt haben, fügt PowerPoint die betreffenden Platzhalter in das Layout ein.

Foliendesigns wechseln

Neben dem Layout lässt sich den Folien auch ein **Design** zuweisen. Dieses Design wirkt sich auf alle Folien aus und **legt** neben dem **Folienhintergrund** auch die **Schriftarten** für Textinhalte etc. **fest**.

1 Um ein neues Design zuzuweisen, wechseln Sie im Menüband zur Registerkarte *Entwurf*.

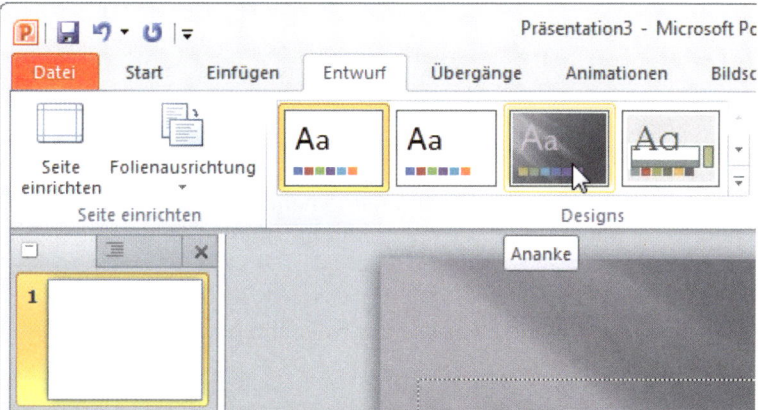

Bereits beim Zeigen auf die Symbole der Gruppe *Designs* wird dessen Wirkung in der aktuellen Folie sichtbar.

2 Klicken Sie auf das gewünschte Design, um es den Folien der Präsentation zuzuweisen.

Dann sollten alle Folien der Präsentation die gleiche Hintergrundfarbe und andere im Design enthaltene Stilelemente aufweisen.

Kapitel 8

Hinweis

Bei Bedarf können Sie am rechten Rand der Gruppe *Designs* unterhalb der eingeblendeten Bildlaufleiste auf die Schaltfläche *Weitere* klicken, um den PowerPoint-Katalog mit den Designs einzublenden. Über die Menüschaltfläche in der Titelleiste des Katalogs lässt sich wählen, welche Designs anzuzeigen sind. Anschließend können Sie das Design durch Anklicken eines Katalogeintrags zuweisen.

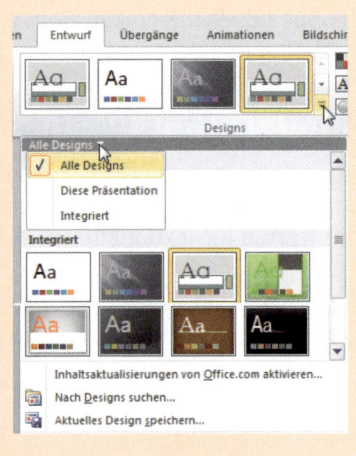

Folien mit Inhalten füllen

Folien sind, abhängig vom Layout, mit Platzhaltern für Texte, Grafiken etc. versehen. Um die Seiten der Präsentation mit Inhalten zu füllen, gehen Sie folgendermaßen vor:

1 Klicken Sie in der linken Spalte der Folienübersicht auf die Miniaturansicht der gewünschten Folie.

2 Anschließend ergänzen Sie in der Layoutansicht des Dokumentbereichs die Platzhalter um die gewünschten Inhalte.

Einen Platzhalter für Texte brauchen Sie nur anzuklicken. Dann lässt sich der gewünschte Text eintippen. Platzhalter für Grafiken sind per Doppelklick anzuwählen. Dann erscheint ein Dialogfeld zur Auswahl der Grafikdatei. Ähnlich gehen Sie bei Platzhaltern für Tabellen oder andere Elemente vor.

> **Hinweis**
>
> Ein eingefügtes Element lässt sich innerhalb des Layouts durch Anklicken markieren. Dann kann der Markierungsrahmen (wie bei in Word eingefügten Grafiken oder bei Windows-Fenstern) per Maus verschoben und in der Größe angepasst werden. Klicken Sie in den Rahmen auf den eingefügten Text, lassen sich die Zeichen markieren.

Auf diese Weise lässt sich eine Seite gestalten. Das zugewiesene Layout bestimmt, welche Elemente (Überschriftentexte, Text mit Aufzählungen, Seiten mit Grafiken etc.) eingefügt werden können. Textinhalte können Sie zusätzlich, wie in Word, per Maus markieren und über die Schaltflächen des Menübands formatieren (z. B. Fettschrift, Schriftart, Schriftgrad etc.).

Folien einfügen und löschen

Benötigen Sie zusätzliche Folien zu einer Präsentation, oder soll eine Folie gelöscht werden?

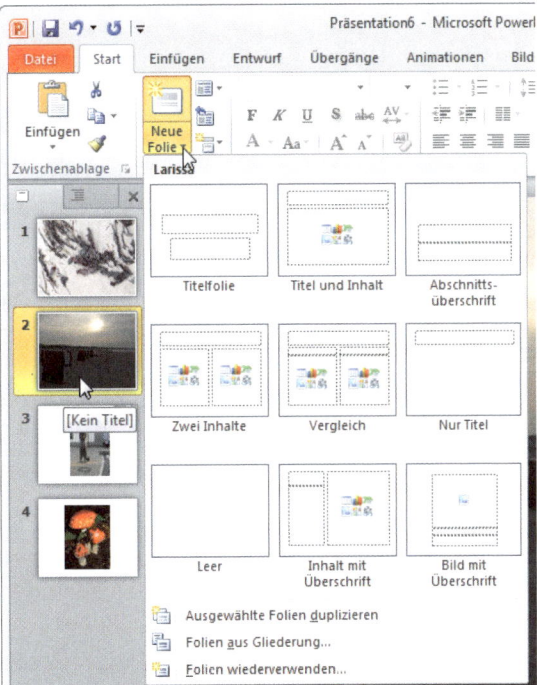

1 Um eine **neue** Seite (**Folie**) zur Präsentation hinzuzufügen, klicken Sie in der Folienübersicht auf die Folie, hinter die die neue Folie einzufügen ist.

2 Wählen Sie auf der Registerkarte *Start* des Menübands die Schaltfläche *Neue Folie*.

3 Klicken Sie in der eingeblendeten Palette auf das gewünschte Folienlayout.

Kapitel 8

Die neu eingeführte Folie enthält die Platzhalter gemäß dem ausgewählten Folienlayout. Sie müssen diese dann nur noch um die gewünschten Inhalte ergänzen.

Möchten Sie eine **Folie** aus der Präsentation **entfernen**? Klicken Sie die zu löschende Folie in der Folienübersicht per Maustaste an und drücken Sie dann die `Entf`-Taste. Alternativ können Sie das Kontextmenü öffnen und den Befehl *Folie löschen* wählen. Die Folie wird dann ohne weitere Nachfragen aus der Präsentation entfernt.

> **Tipp**
>
> Haben Sie irrtümlich eine Folie gelöscht, drücken Sie sofort die Tastenkombination `Strg`+`Z`. Dann hebt PowerPoint den letzten Befehl auf und stellt die gelöschte Folie wieder her.

Auf diese Weise können Sie die Seiten einer Präsentation gestalten. Hier sehen Sie eine solche Präsentation, die zusätzlich über eine Schaltfläche der Statusleiste in den Anzeigemodus *Foliensortierung* umgeschaltet wurde.

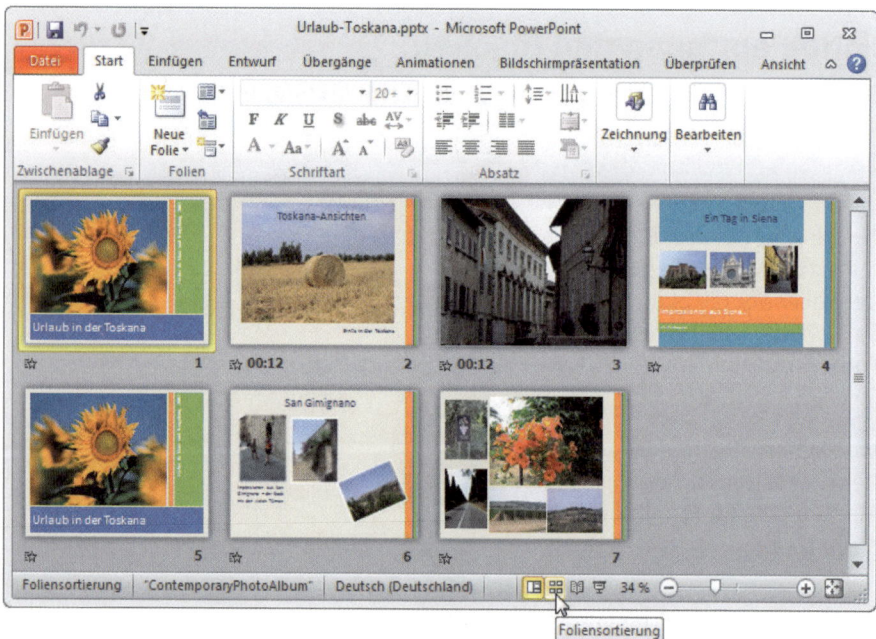

In der Darstellung als Foliensortierung lässt sich die Reihenfolge der Folien innerhalb der Präsentation durch Verschieben der Miniaturansicht ändern. In der Normalansicht verwenden Sie die Folienübersicht, um die Folienreihenfolge durch vertikales Ziehen per Maus zu ändern.

Präsentieren am Computer

> **Hinweis**
>
> An dieser Stelle noch einige Tipps zur Erstellung Ihrer Präsentationen. **Planen Sie Ihre Präsentation vorab**. Machen Sie sich Gedanken über die **Zielgruppe** und stimmen Sie Ihre Botschaft auf den Kreis der Adressaten ab. Überlegen Sie, was Sie sagen möchten und wie dies präsentiert werden soll. Richten Sie Ihr Augenmerk auch auf den Visualisierungsstil. Pro **Seite** sollten Sie **nicht mehr als drei** oder **vier Punkte** einplanen und **Text** mit einem **großen Schriftgrad versehen** (mindestens 36 Punkt). Diese Punkte kann der Zuhörer schnell aufnehmen und ggf. auch noch in der letzten Reihe ohne Opernglas erkennen. Verwenden Sie ein einheitliches Design (Hintergrund, Farben etc.) für alle Seiten.

Nach dem Erstellen der Präsentation können Sie diese speichern, erneut laden und ggf. die Seiten (auch für die als Handouts bezeichneten Unterlagen) drucken. Das funktioniert genauso wie bei Textverarbeitungsprogrammen über die Befehle der Registerkarte *Datei*.

Wiedergabe einer Bildschirmpräsentation

Eine Präsentation lässt sich direkt am Bildschirm wiedergeben (und kann ggf. mit einem Projektor auf eine Leinwand geworfen werden). Die entsprechenden Schritte werden hier kurz dargestellt.

1 Wählen Sie den Befehl *Öffnen* im Menü der Registerkarte *Datei* und laden Sie die Präsentationsdatei über das *Öffnen*-Dialogfeld.

2 Rufen Sie den Anzeigemodus *Bildschirmpräsentation* auf, indem Sie z. B. die Funktionstaste F5 drücken.

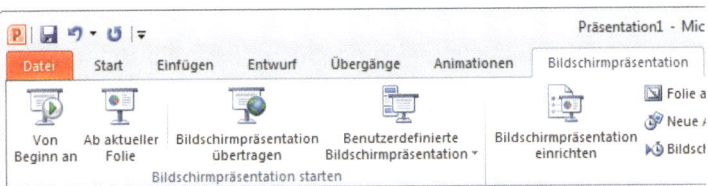

Alternativ können Sie im Menüband die Registerkarte *Bildschirmpräsentation* in den Vordergrund holen und dann die Schaltfläche zum Start der Präsentation anwählen. Zudem findet sich in der Statusleiste eine Schaltfläche *Bildschirmpräsentation*, um die Präsentation zu starten.

Sobald die Wiedergabe der Präsentation beginnt, verschwindet das Fenster des Programms und die erste Folie wird in Vollbilddarstellung angezeigt.

Kapitel 8

3 Anschließend können Sie zwischen den einzelnen Seiten der Präsentation blättern.

Das Weiterschalten zur nächsten Seite kann durch einen Mausklick mit der linken Maustaste oder durch Drücken der ⏎-Taste erfolgen. PowerPoint bietet zudem die Möglichkeit, durch Drücken der ←-Taste zur vorherigen Folie zurückzugehen.

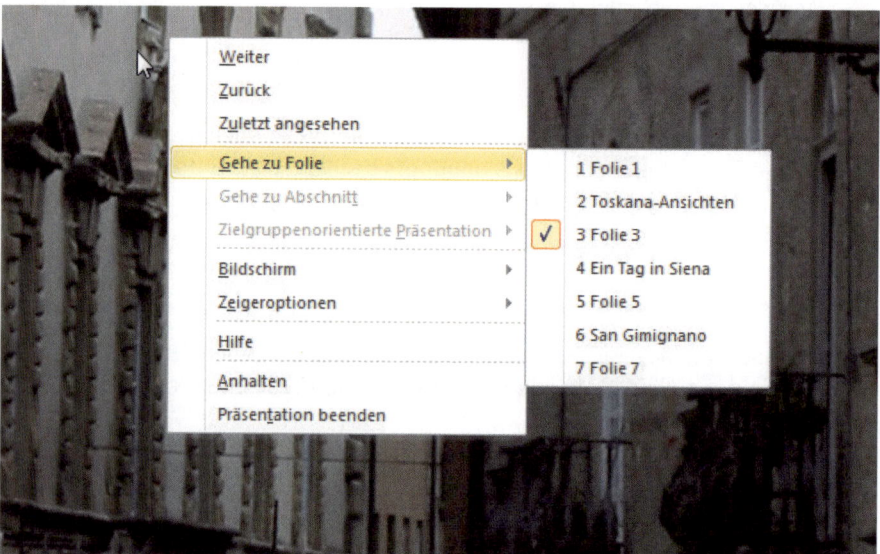

Alternativ können Sie die Präsentation mit der rechten Maustaste anklicken. Im Kontextmenü finden Sie Befehle, um eine Folie vor oder zurück zu gehen oder gezielt Seiten über den Befehl *Gehe zu Folie* aufzurufen.

Der Kontextmenübefehl *Zeigeroptionen* öffnet ein Untermenü, in dem Sie Zeichenwerkzeuge auswählen können. Mit diesen lassen sich per Maus Markierungen innerhalb der Folie anbringen (die aber nach dem Beenden der Präsentation verworfen werden). Ist das Ende der Präsentation erreicht, kehrt das Programm zur Normalansicht zurück. Eine laufende Präsentation können Sie jederzeit durch Drücken der Esc-Taste beenden.

> **Hinweis**
> Es führt an dieser Stelle zu weit, auf die vielfältigen Optionen von PowerPoint einzugehen. So können Sie Seitenwechsel mit Animationen und Effekten versehen oder Folien kommentieren. Hier sei auf die im Markt+Technik-Verlag erschienenen Easy-Titel zu Microsoft Office verwiesen.

Zusammenfassung

In diesem Kapitel haben Sie einen Einblick in die Funktionen von Tabellenkalkulations- und Präsentationsprogrammen erhalten. Je nach Bedarf wird eine Vielzahl weiterer Programme zur Unterstützung der Arbeit im Büro, im Verein oder beim Hobby angeboten. Hier sei auf die Angebote des Handels verwiesen.

Testen Sie Ihr Wissen

Zur Überprüfung Ihrer Kenntnisse können Sie die folgenden Fragen beantworten (die Lösungen finden Sie in Klammern).

- **Was kann ich mit einem Tabellenkalkulationsprogramm tun?**

  (Ein Tabellenkalkulationsprogramm ermöglicht es, Listen zu erstellen und wiederkehrende Berechnungen in Tabellen automatisiert vorzunehmen.)

- **Wie geben Sie eine Berechnungsformel in eine Kalkulationstabelle ein?**

  (Klicken Sie in die Zelle und geben Sie die Formel in der Form =A1 + 10 ein. Das Gleichheitszeichen leitet eine Formel ein, die Zellreferenzen, Konstanten und Funktionsaufrufe enthalten darf.)

- **Wie legen Sie in einer Kalkulationstabelle die Anzahl der Dezimalstellen fest?**

  (Klicken Sie auf die Zelle und betätigen Sie dann die Schaltfläche *Dezimalstelle hinzufügen* bzw. *Dezimalstelle löschen* oder legen Sie das Zellformat über das Kontextmenü fest.)

- **Was ist ein Präsentationsprogramm?**

  (Ein Programm wie Microsoft PowerPoint, welches die einfache Gestaltung von Vortragsunterlagen in Form von Folien ermöglicht, die am Bildschirm oder per Projektor präsentiert werden.)

Das können Sie schon

Den Computer in Betrieb nehmen	36
Mit Windows-Fenstern und -Programmen arbeiten	48
Webseiten abrufen und diverse Internetdienste verwenden	141
E-Mails empfangen und versenden	220
Textdokumente erstellen und gestalten	266
Tabellenkalkulations- und Präsentationsprogramme einsetzen	322

Das lernen Sie neu

Bildverwaltung – ein Überblick	352
Fotokorrektur per Fotogalerie	367
Fotobearbeitung mit Photoshop Elements	374

Kapitel 9
Alles rund ums Bild

Windows bietet Ihnen verschiedene Funktionen zur Übernahme von Fotodateien. Sie können die Fotos ansehen, ausdrucken oder mit Programmen wie Adobe Photoshop Elements bearbeiten. In diesem Kapitel erhalten Sie einen Überblick über diese Themen.

Bildverwaltung

Bilder und Fotos lassen sich sehr gut auf dem Computer in Dateien ablegen. Sie können die Fotos und Bilder ansehen, drucken und auch bearbeiten. Nachfolgend erhalten Sie einen Überblick über die Funktionen zur Bildverwaltung.

Fotos zum Computer übertragen

Möchten Sie Fotos von einer Digitalkamera, einem Fotohandy oder einer Foto-CD/-DVD auf den Computer übertragen, um diese dort zu speichern, zu verwalten oder zu bearbeiten? Sie können die folgenden Schritte verwenden, um die Fotos auf den Computer zu übernehmen.

1 Schließen Sie das eingeschaltete Gerät (Kamera, Handy) per USB-Kabel an den Computer an oder legen Sie den Datenträger (Speicherkarte, Foto-CD/-DVD) in das entsprechende Laufwerk ein.

2 Sobald das Dialogfeld *Automatische Wiedergabe* erscheint, klicken Sie auf den Befehl *Bilder und Videos importieren* oder wählen Sie den Befehl *Ordner öffnen, um Dateien anzuzeigen*.

Welchen Befehl Sie wählen, hängt davon ab, was Sie tun möchten. Der Befehl *Ordner öffnen, um Dateien anzuzeigen* öffnet ein Ordnerfenster.

Sie können dann die Fotodateien von der Speicherkarte, der Foto-CD oder vom Speicherchip der Digitalkamera bzw. des Handys direkt in einen Ordner (z. B. *Eigene Bilder*) der Festplatte kopieren. Wie dies funktioniert, ist in *Kapitel 3* beschrieben.

Der Befehl *Bilder und Videos importieren* startet dagegen den Importassistenten zur Übernahme der Fotos. Dies setzt aber voraus, dass sich Geräte wie Fotohandys oder Digitalkameras gegenüber Windows als Wechseldatenträger (oder als Fotogerät) ausgeben, um erkannt zu werden.

Bildverwaltung

> **Hinweis**
>
> Digitalkameras, die den Digital Storage Class-Standard oder das Picture Transfer Protocol (PTP) unterstützen, verhalten sich gegenüber Windows 7 wie ein Wechseldatenträger. Falls eine Kamera diese Standards nicht unterstützt, benötigen Sie sogenannte WIA- oder WPD-Treiber für Windows 7 des Geräteherstellers zur Kameraansteuerung. Falls diese für ältere Digitalkameras nicht erhältlich sind, versuchen Sie, die Speicherkarte der Kamera zu entnehmen und direkt in einen Speicherkartenleser am Rechner einzulegen. Dies schont nicht zuletzt auch die Akkus der Kamera. Wie Sie die Speichermedien nach Gebrauch sicher entfernen, ist in *Kapitel 3* erklärt.

Der Importassistent durchsucht das Speichermedium nach Fotos und informiert Sie mit einer Fortschrittsanzeige (hier im Hintergrund sichtbar) über diesen Schritt.

3 Sobald das hier im Vordergrund sichtbare Dialogfeld *Bilder und Videos importieren* erscheint, klicken Sie in das Listenfeld *Diese Bilder beschriften* und tippen einen Text ein.

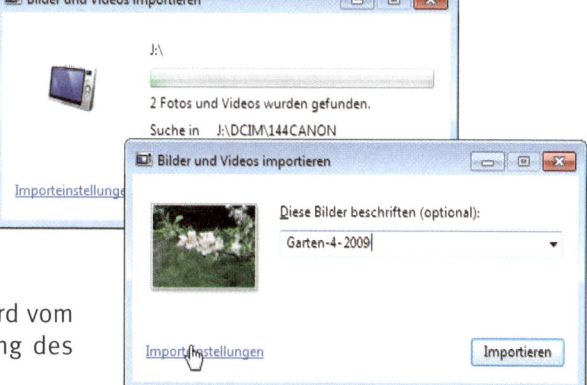

Der eingegebene Name wird vom Assistenten zur Benennung des Importordners verwendet.

4 Bei Bedarf können Sie noch in der linken unteren Dialogfeldecke auf den Hyperlink *Importeinstellungen* klicken, in einem Zusatzdialogfeld verschiedene Importoptionen anpassen und dieses über die *OK*-Schaltfläche schließen.

5 Klicken Sie abschließend auf die *Importieren*-Schaltfläche des Dialogfelds *Bilder und Videos importieren*.

353

Kapitel 9

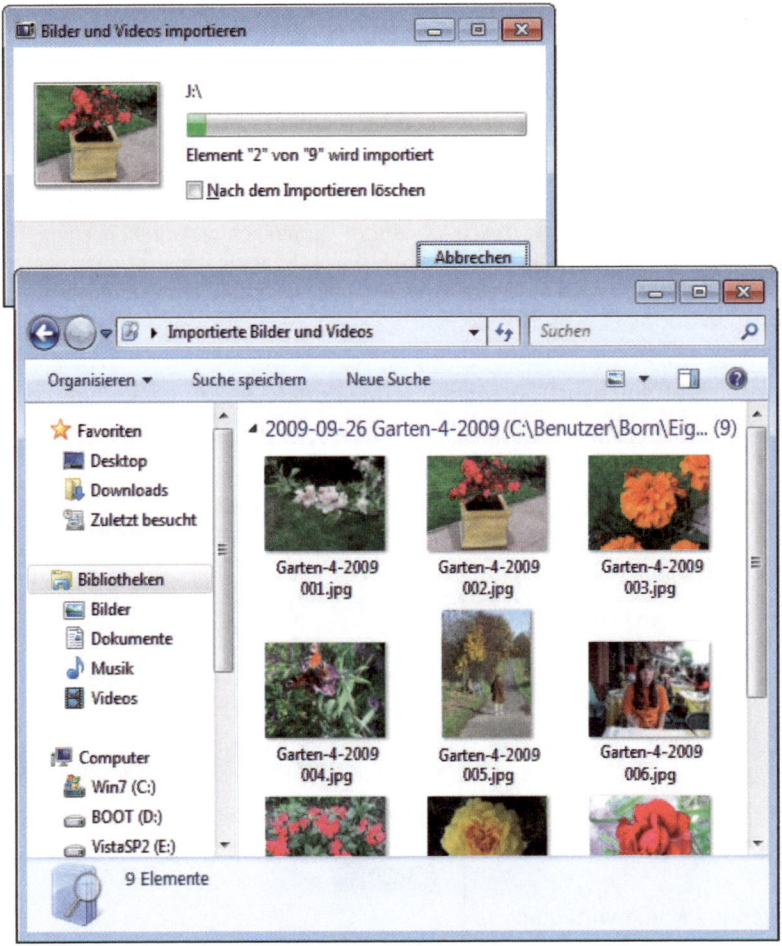

Während des Imports zeigt eine Fortschrittsanzeige im Dialogfeld des Importassistenten (hier im Hintergrund oben sichtbar), wie viele Fotos importiert werden. Sie können das Kontrollkästchen *Nach dem Importieren immer vom Gerät löschen* markieren, um den Datenträger (Speicherkarte) zu leeren.

Ist der Import abgeschlossen, öffnet Windows 7 automatisch die Bibliothek mit den importierten Fotos (hier im Vordergrund gezeigt). Das Ordnerfenster einer Bibliothek fasst dabei die Inhalte von Speicherorten zu sogenannten Gruppen zusammen. Oberhalb der importierten Fotos wird dann der Name des Fotoordners sowie dessen Pfad angegeben (siehe obige Abbildung des Ordnerfensters). Über die Schaltflächen *Ansicht ändern* und *Weitere Optionen* in der Symbolleiste des Ordnerfensters lässt sich der Anzeigemodus »Große Symbole« wählen (siehe auch *Kapitel 3*). Dann zeigt das Ordnerfenster die Miniaturansichten der im Ordner enthaltenen Fotos, und Sie können ggf. Fehlschüsse sofort löschen.

Bildverwaltung

Hinweise

Bei umfangreichen Bildersammlungen geht schnell der Überblick verloren, wenn Sie alle Fotos direkt im Ordner *Eigene Bilder* ablegen.

Der Importassistent erzeugt daher beim Speichern der Fotos automatisch neue Unterordner, die z. B. nach dem aktuellen Datum sowie einer vorgebbaren Beschriftung benannt sind (hier *2009-06-26-Garten-4-2009*). Um besondere Ereignisse (z. B. Urlaub, Hochzeit, Geburtstage etc.) besser identifizieren zu können, lassen sich die Fotos in separaten Unterordnern mit entsprechenden Bezeichnungen anlegen.

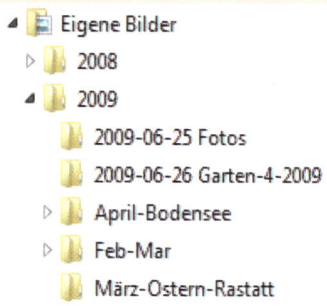

Die hier sichtbaren Ordnernamen *2008*, *2009*, *Blumen* etc. wurden z. B. manuell beim Kopieren von Fotodateien angelegt. Dies vereinfacht die chronologische Einsortierung bzw. den entsprechenden Zugriff auf die Bilder.

Tipp

Möchten Sie mehr **Kontrolle über** den **Importvorgang** haben (z. B. Fotos gezielt auswählen und/oder löschen) oder funktioniert der Ansatz über den Importassistenten nicht? Legen Sie das Speichermedium in einen Kartenleser ein und öffnen Sie parallel die Ordnerfenster *Computer* und *Eigene Bilder* (z. B. über die Startmenübefehle). Im Ordnerfenster *Computer* navigieren Sie zum Wechseldatenträger und öffnen den Ordner mit den Fotodateien. Digitalkameras verwenden übrigens einen gemeinsamen Standard zur Ablage der Fotodateien. Sie finden auf allen Speicherkarten den Ordner *DCIM*, der einen herstellerspezifisch benannten Unterordner (z. B. *166_FUJI*, *154CANON* etc.) mit den Fotodateien beinhaltet. Anschließend kopieren Sie die gewünschten Fotodateien vom Speichermedium in einen Unterordner des Ordners *Eigene Bilder* (siehe *Kapitel 3*). Alternativ können Sie die nachfolgend beschriebene Windows Live Fotogalerie zum Fotoimport verwenden.

Fotos mit der Fotogalerie verwalten

Zur komfortablen Verwaltung Ihrer Fotosammlung empfiehlt es sich, auf die Windows Live Fotogalerie zurückzugreifen. Diese ist kostenlos von Microsoft über die Windows Live Essentials erhältlich, muss aber separat installiert werden (siehe *Kapitel 12*). Die Windows Live Fotogalerie ermöglicht Ihnen, die Fotos nach bestimmten Kriterien zu sortieren bzw. zu filtern (und zu bearbeiten).

1 Rufen Sie das Programm über das Startmenü im Zweig *Windows Live/Windows Live Fotogalerie* auf.

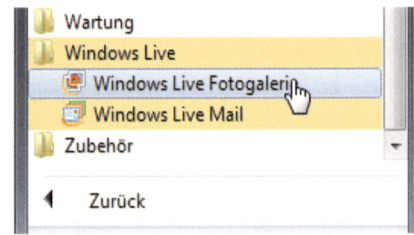

2 Anschließend können Sie die Funktionen der Fotogalerie verwenden.

> **Hinweis**
>
> Falls beim Start ein Dialogfeld zur Anmeldung an Windows Live erscheint, können Sie dieses über die *Abbrechen*-Schaltfläche beenden. Der letzte Schritt ist hilfreich, wenn Sie kein Windows Live-Benutzerkonto besitzen oder verhindern möchten, dass Windows Live Fotogalerie Informationen ins Internet überträgt.

Die Windows Live Fotogalerie zeigt nach dem Start in der Regel das hier sichtbare Fenster.

- Der Navigationsbereich in der linken Spalte ermöglicht über verschiedene Kriterien (nach Ordnern, Aufnahmedatum, Beschriftungen), auf die Fotosammlung zuzugreifen. Ähnlich wie bei Ordnerfenstern reicht es, das gewünschte Navigationselement in der linken Spalte anzuklicken, um die Fotoauswahl entsprechend zu filtern.

- In der rechten Spalte werden die von der Fotogalerie verwalteten Fotos als Miniaturansichten (oder als Einzelbilder) dargestellt. Die Darstellung lässt sich über die Schaltfläche *Details anzeigen/Miniaturansicht anzeigen* in der Statusleiste des Fensters umschalten. Die Spalte gibt Ihnen eine schnelle Übersicht über die vorhandenen Fotos. Der Schieberegler in der rechten unteren Fensterecke ermöglicht Ihnen dabei, die Größe der Miniaturansichten stufenlos anzupassen. Zeigen Sie mit der Maus auf eine Miniaturansicht, blendet die Fotogalerie zudem eine vergrößerte Darstellung als QuickInfo ein.

- Wählen Sie in der Symbolleiste die Schaltfläche *Info*, wird im rechten Fensterteil eine Zusatzspalte eingeblendet. Klicken Sie auf die Miniaturansicht eines Fotos, werden in dieser Spalte die **Fotoeigenschaften** (Dateiname, Aufnahmedatum, Bewertung, Beschriftungen, Bildtitel und Größe) angezeigt.

- Über die drei Schaltflächen *Gegen den Uhrzeigersinn drehen*, *Im Uhrzeigersinn drehen* und *Löschen* in der Statusleiste lässt sich ein in der Miniaturansicht markiertes **Foto** um 90 Grad nach rechts oder links **drehen** oder in den Papierkorb verschieben (**löschen**).

Bildverwaltung

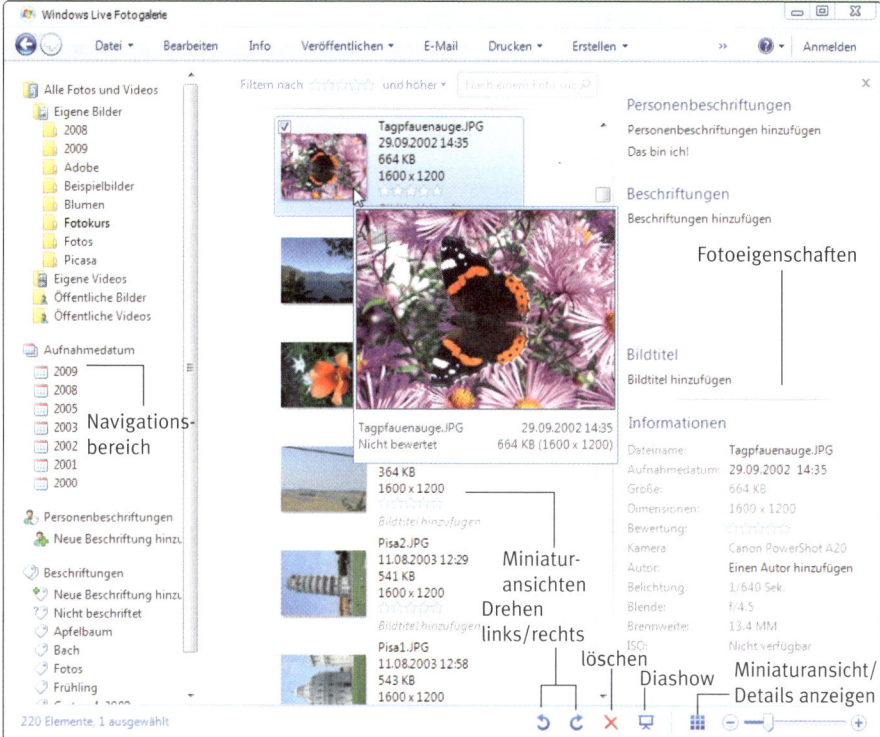

Ein Doppelklick auf eine Miniaturansicht öffnet das entsprechende Bild in einer vergrößerten Darstellung als Fotoanzeige in der Fotogalerie (siehe auch folgende Seiten).

> **Achtung**
>
> In diesem Kapitel wird die bei Drucklegung dieses Buches noch aktuelle Version 3 von Windows Live Fotogalerie beschrieben. Ab der Version 4 ist die Windows Live Fotogalerie mit einem Menüband (wie bei Microsoft Office) ausgestattet. Statt die Funktionen, wie hier im Kapitel gezeigt, über die Symbolleiste und über die Elemente am rechten Rand des Fensters abzurufen, finden Sie alle Steuerelemente dann im Menüband. Die Bedienung ändert sich aber nicht gravierend, so dass die nachfolgenden Anweisungen auch mit der neueren Windows Live Fotogalerie anwendbar sein sollten. Bei größeren Abweichungen plane ich entsprechende Hinweise auf der Internetseite dieses Buches unter *www.borncity.de/BookPage/Other/ComputerEasy2010.htm* zu geben.

Fotos in die Fotogalerie importieren

Zur Verwaltung der Fotos müssen diese in die Fotogalerie »einsortiert« werden. Sie können die Fotos direkt von Kameras oder Datenträgern importieren oder bereits auf der Festplatte angelegte Fotoordner aufnehmen.

1 Öffnen Sie in der Fotogalerie das Menü der Schaltfläche *Datei* und wählen Sie den Befehl *Ordner zur Galerie hinzufügen* oder *Von Kamera oder Scanner importieren*.

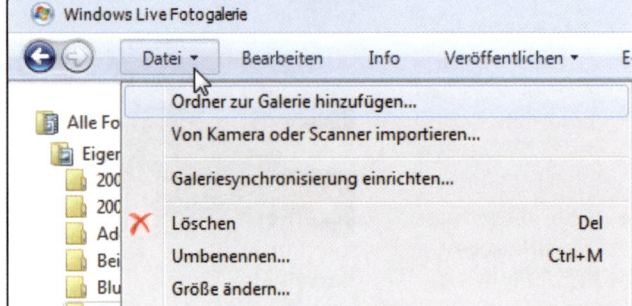

2 Anschließend befolgen Sie die in den angezeigten Dialogfeldern gegebenen Anweisungen.

Beim **Fotoimport** über den Befehl *Von Kamera oder Scanner importieren* erscheint das Dialogfeld *Fotos und Videos importieren* (hier im Hintergrund). Sie müssen dann das gewünschte Gerät auswählen und die *Importieren*-Schaltfläche anklicken.

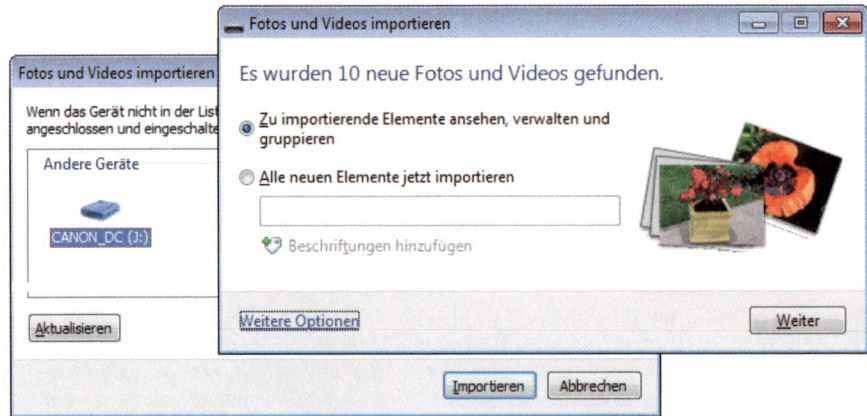

■ Im Dialogfeld des Importassistenten (hier im Vordergrund oben) können Sie über die Option *Alle neuen Elemente jetzt importieren* einen Ordnertitel angeben oder die Fotos (ähnlich wie am Kapitelanfang) nach Anklicken der *Weiter*-Schaltfläche über einen Importassistenten einlesen lassen.

Bildverwaltung

- Das Optionsfeld *Zu importierende Elemente ansehen, verwalten und gruppieren* ermöglicht Ihnen über die *Weiter*-Schaltfläche, ein Dialogfeld zur Auswahl einzelner Fotos zu öffnen und dann den Import zu starten.

Der Hyperlink *Weitere Optionen* in der linken unteren Dialogfeldecke öffnet ein Dialogfeld zum Anpassen der Importoptionen.

Verwenden Sie im Menü der Schaltfläche *Datei* den Befehl *Ordner zur Galerie hinzufügen*, erscheint das hier gezeigte Dialogfeld. Navigieren Sie zum gewünschten Fotoordner, markieren Sie diesen und bestätigen Sie dies durch Anklicken der *OK*-Schaltfläche. Zur Navigation in der Ordnerstruktur des Dialogfelds verwenden Sie die gleichen Techniken wie beim Arbeiten in Ordnerfenstern (siehe *Kapitel 3*).

Die Aufnahme des Fotoordners oder der Fotoimport in die Fotogalerie kann einige Sekunden dauern. Anschließend sollte ein neuer Eintrag im Zweig *Alle Fotos und Videos* des Navigationsbereichs der Fotogalerie zu finden sein.

Hinweis

Ist ein Scanner am Computer angeschlossen und sind WIA-Treiber für Windows 7 installiert, lassen sich **Fotos** über den Befehl *Datei/Von Kamera oder Scanner importieren* der Windows Live Fotogalerie **einscannen**.

Filtern und Sortieren in der Fotogalerie

Sind die Fotos in der Windows Live Fotogalerie aufgenommen, können Sie diese sehr komfortabel abrufen und filtern.

1 Öffnen Sie die Windows Live Fotogalerie und klicken Sie in der linken Spalte auf die Rubrik *Alle Fotos und Videos*.

In der mittleren Spalte sollten jetzt die Miniaturansichten aller in der Windows Live Fotogalerie verwalteten Fotos angezeigt werden.

2 Expandieren Sie im Navigationsbereich der Fotogalerie den Zweig *Alle Fotos und Videos/Eigene Bilder* durch Anklicken des Dreiecks vor dem Ordnersymbol und navigieren Sie in der Ordnerhierarchie zu einem der hinzugefügten Ordner.

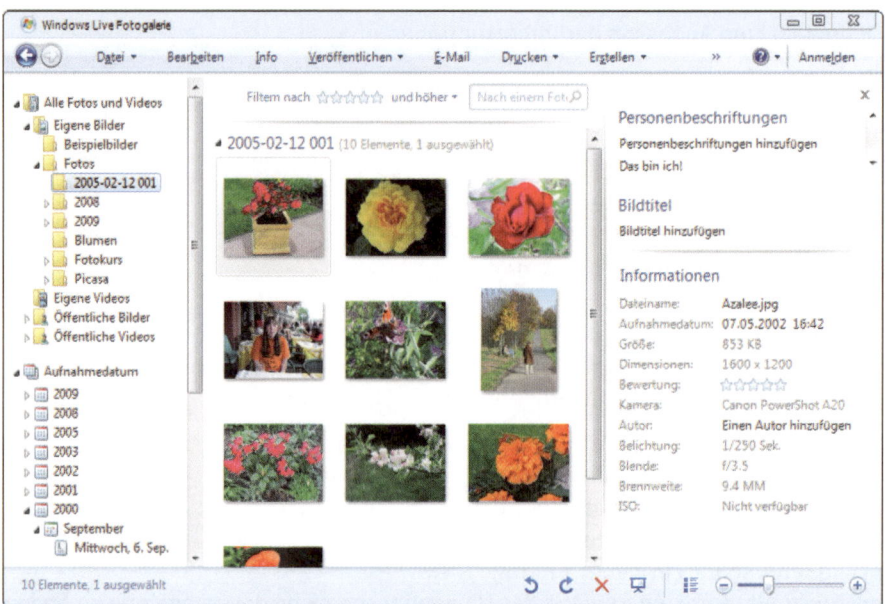

Sobald Sie ein Ordnersymbol im Navigationsbereich anklicken, zeigt die Fotogalerie nur noch die Miniaturansichten der im gewählten Ordner gespeicherten Fotos. Haben Sie vergessen, in welchem Ordner die Fotos eines Ereignisses (Geburtstag, Hochzeit, Taufe, Urlaub etc.) abgelegt wurden, **kennen** aber **das Datum** des betreffenden Ereignisses?

3 Klicken Sie im Navigationsbereich der Fotogalerie auf den Zweig *Aufnahmedatum* und wählen Sie dann das Aufnahmejahr, den Aufnahmemonat und ggf. den Aufnahmetag.

Jetzt erscheinen in der mittleren Spalte nur noch die Miniaturansichten jener Fotos, die an dem bestimmten Tag aufgenommen wurden. **Suchen** Sie **Fotos zu** einem bestimmten **Thema** (z. B. Blumenfotos)? Sofern die Fotos beschriftet (bzw. mit Markierungen versehen) sind, ist die Auswahl mit wenigen Mausklicks möglich.

4 Klicken Sie im Navigationsbereich auf den Zweig *Beschriftungen* und wählen Sie in der eingeblendeten Liste die gewünschte Beschriftungskategorie aus.

Nun werden nur noch jene Fotos als Miniaturansichten eingeblendet, deren Beschriftungen dem angegebenen Filterkriterium entsprechen (hier Blumenfotos).

Bildverwaltung

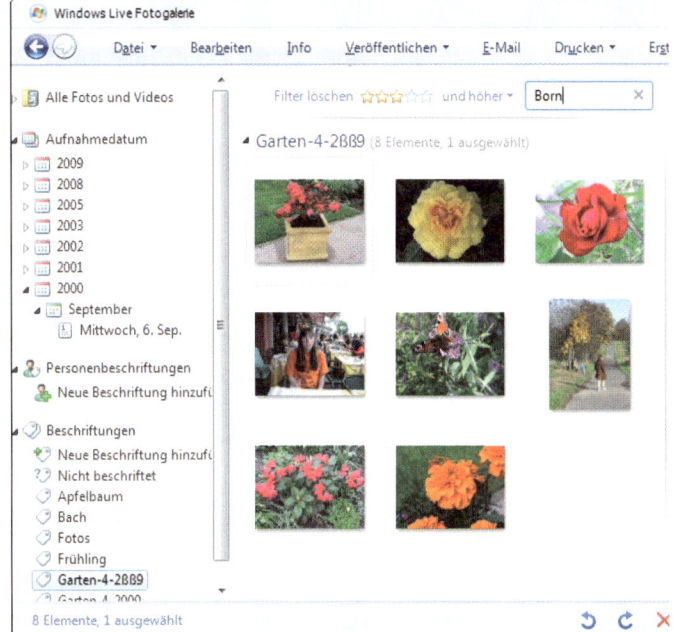

5 Bei Bedarf können Sie auf das Textfeld oberhalb der Miniaturansichten klicken und einen Suchbegriff eintippen.

6 Oder Sie klicken auf die Sternchen des Elements *Filtern nach*, um nach Bewertungen zu filtern. Dann lässt sich über das zugehörige Listenfeld der Bewertungsmodus wählen.

Die Fotogalerie filtert anschließend alle Fotos mit entsprechender Bewertung oder solche, deren Titel oder Beschriftung zum Suchmuster passen, und zeigt die Ergebnisse als Miniaturansichten in der mittleren Spalte an.

> **Tipp**
> Die Filterkriterien lassen sich nach der Eingabe über eingeblendete Befehle wie *Filter löschen* oder die *Löschen*-Schaltfläche des Textfelds wieder entfernen.

Fotos bewerten und beschriften

Bei umfangreicheren Fotosammlungen wird es schwierig, gezielt bestimmte Motive zu einzelnen Themen (z. B. Tiere, Natur, Gebäude, Personen etc.) zu finden. Über die Windows Live Fotogalerie haben Sie aber die Möglichkeit, **Fotos** nach bestimmten Kriterien zu **katalogisieren**.

Kapitel 9

1 Wählen Sie im Navigationsbereich (linke Spalte der Fotogalerie) den gewünschten Zweig per Mausklick an, um die Miniaturansichten der Fotos im mittleren Teil des Fensters einzublenden.

2 Klicken Sie die Miniaturansicht eines Fotos in der mittleren Spalte der Fotogalerie an, um dessen Eigenschaften in der rechten Spalte des Fensters einzublenden. Fehlt die betreffende Spalte, klicken Sie in der Symbolleiste auf die *Info*-Schaltfläche.

3 Klicken Sie in der rechten Spalte der Windows Live Fotogalerie auf den gewünschten Befehl (z. B. *Beschriftungen hinzufügen*) und tippen Sie den Text ein.

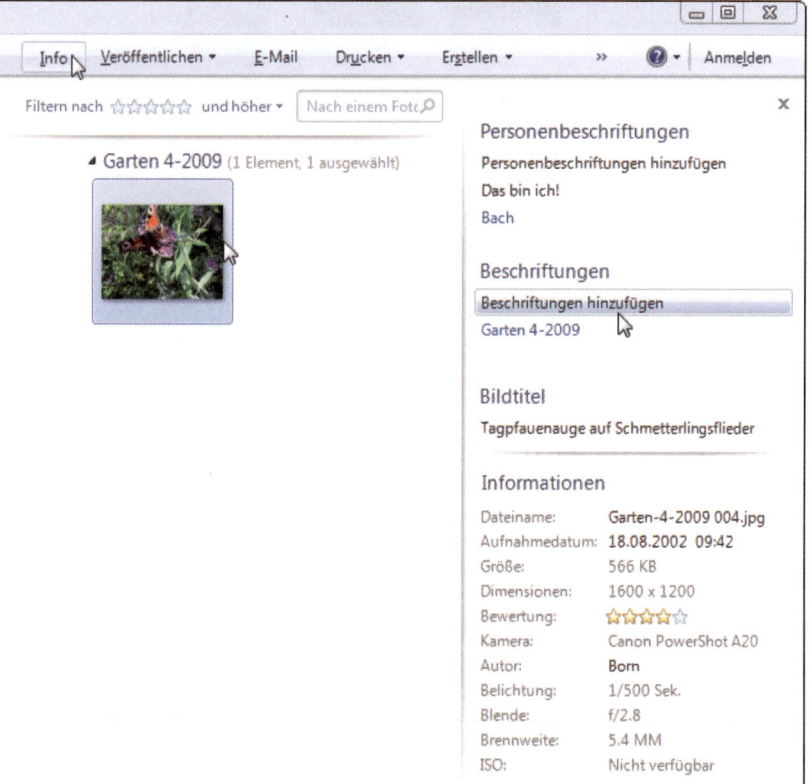

Der Titeltext wird dem Foto zugeordnet, sobald Sie die ⏎-Taste drücken oder auf eine Stelle außerhalb des Textfelds klicken.

Bei Personenfotos können Sie die Namen der identifizierten Personen unter »Personenbeschriftungen« hinzufügen. Im Feld *Bildtitel* lässt sich ein Text zum Fotomotiv ablegen. Über die Rubrik *Beschriftungen* können Sie beliebige Texte (z. B. Aufnahmeort, Anlass der Aufnahme, Besonderheiten etc.) eintragen. Sie können

Bildverwaltung

dies mehrfach wiederholen, um einem Bild mehrere Stichwörter als Beschriftungen zuzuweisen. Beschriftungen lassen sich über den Kontextmenübefehl *Beschriftung entfernen* auch wieder löschen.

Die Rubrik *Informationen* enthält einige Daten wie den Dateinamen oder das aus den Exif-Informationen entnommene Kameramodell. Der Dateiname lässt sich anklicken und anpassen. Klicken Sie auf das angezeigte Aufnahmedatum, lässt sich dieses ebenfalls (ggf. über ein eingeblendetes Kalenderblatt) ändern. Sie können zudem auf die Sternchen der Zeile *Bewertungen* klicken, um das Foto in der Qualität einzustufen. Weiterhin lässt sich in das Feld *Autor* der Name des Fotografen eintragen. Auf diese Weise können Sie jedem Foto individuelle Kennzeichen anheften. Diese Informationen lassen sich später bei der Suche in der Fotogalerie oder in Ordnerfenstern in Suchanfragen einbeziehen.

> **Hinweise**
>
> Klicken Sie ein Foto in einem Ordnerfenster oder in der Fotogalerie mit der rechten Maustaste an, lässt sich im Kontextmenü der Befehl *Eigenschaften* wählen. Windows öffnet das Eigenschaftenfenster der Fotodatei.
>
> Auf der Registerkarte *Details* werden die Eigenschaften der Fotodatei eingeblendet. In der Kategorie *Bild* finden Sie bei JPEG-Dateien die von der Digitalkamera eingetragenen Exif-Daten. Es handelt sich dabei um Aufnahmeparameter wie Belichtung, Blende etc. Wurden Beschriftungen eingetragen, finden Sie diese ebenfalls auf der Registerkarte. Bei Bedarf können Sie Eigenschaften wie den Titel, Markierungen, die Bewertung oder Angaben zu Autoren, Aufnahmedatum, Copyright etc. auch verändern. Die Änderungen werden durch Anklicken der *OK*-Schaltfläche in die Fotodatei übernommen.

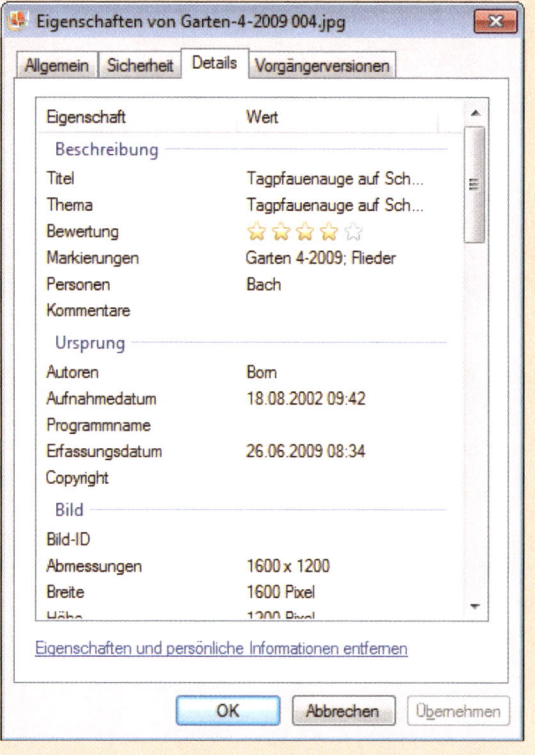

Kapitel 9

> Der Hyperlink *Eigenschaften und persönliche Informationen entfernen* öffnet ein Eigenschaftenfenster, in dem Sie über Kontrollkästchen die zu entfernenden Werte auswählen und dann löschen lassen können.

Fotos als Diashow präsentieren

Möchten Sie auf dem Computer gespeicherte Fotos und Bilder als Diashow auf dem Monitor präsentieren? Dies funktioniert sowohl mit Windows 7-Bordmitteln als auch mit der Windows Live Fotogalerie.

■ In Windows starten Sie die Diashow, indem Sie im Ordnerfenster auf die in der Symbolleiste eingeblendete Schaltfläche *Diashow* klicken.

■ Markieren Sie die Fotos in der Windows Live Fotogalerie und klicken Sie in der Fußzeile auf die Schaltfläche *Diashow* oder drücken Sie die Funktionstaste F12.

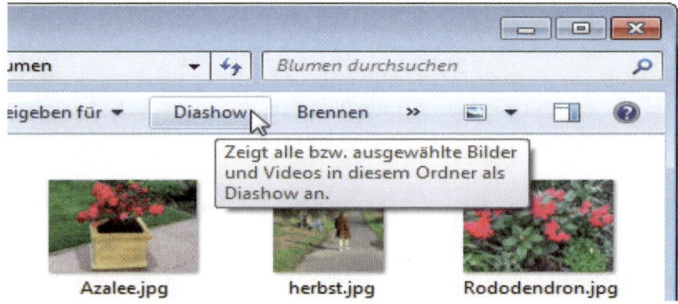

Die Diashow gibt die Fotos in einer Vollbilddarstellung automatisch auf dem Bildschirm wieder. Bei Bedarf können Sie in den Ablauf der Diashow eingreifen:

■ Die Tasten ← und → schalten zum jeweils vorhergehenden oder nachfolgenden Foto um.

■ Zum **Beenden der Diashow** drücken Sie die Esc -Taste auf der Tastatur.

Klicken Sie mit der rechten Maustaste auf die Anzeige der Diashow, öffnet sich ein Kontextmenü. Dort finden Sie Befehle, um die Wiedergabe anzuhalten, zu beenden oder die Geschwindigkeit zwischen *Langsam*, *Mittel* und *Schnell* umzuschalten.

Weitere Befehle ermöglichen es, zwischen den vorhergehenden/nachfolgenden Fotos zu blättern.

Bildverwaltung

Fotos und Bilder drucken

Das Drucken eines Fotos oder eines Bildes ist in Windows 7 (oder in der Windows Live Fotogalerie) mit wenigen Mausklicks erledigt:

1 Öffnen Sie den Ordner, der die Bilddatei(en) enthält, oder starten Sie die Windows Live Fotogalerie und wählen Sie den Ordner mit den gewünschten Fotos aus.

2 Markieren Sie die auszudruckenden Fotos und klicken Sie in der Symbolleiste des Ordnerfensters bzw. der Fotogalerie auf die Schaltfläche *Drucken*.

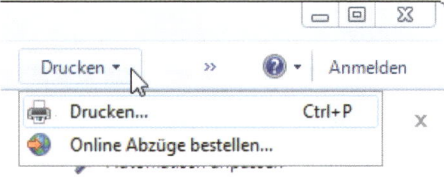

Bei der Fotogalerie erscheint nach Anwahl der Schaltfläche *Drucken* ein Menü, in dem Sie erneut den Befehl *Drucken* anwählen müssen.

Alternativ können Sie die Druckfunktion in der Fotogalerie über die Tastenkombination [Strg]+[P] aufrufen.

3 Im Dialogfeld *Bilder drucken* legen Sie die Druckoptionen fest und klicken auf die Schaltfläche *Drucken*, um den Ausdruck zu starten.

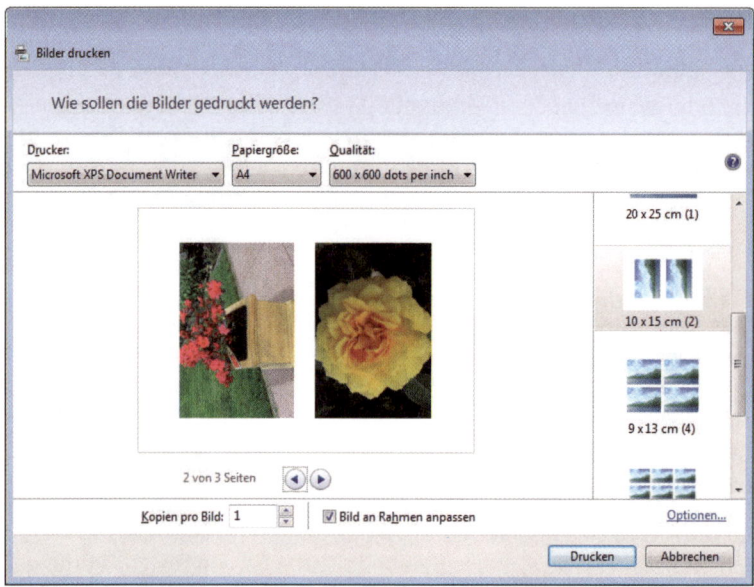

Listenfelder oberhalb der Vorschau lassen die Auswahl des Druckers, der Papiergröße und der Druckqualität zu.

Der Ausdruck erfolgt in der Regel auf DIN-A4-Fotopapier. Bei den Standardfotoformaten 9 x 13 cm oder 10 x 15 cm passen vier bzw. zwei Bilder auf einen Bogen. Das gewünschte Fotoformat lässt sich über die am rechten Rand des Dialogfelds eingeblendete Liste mit den Formatschablonen (z. B. *13 x 18 cm (2)*) auswählen. Unterhalb des Vorschaubereichs finden Sie Felder, um die Zahl der Kopien pro Bild vorzugeben. Der Link *Optionen* öffnet ein zusätzliches Dialogfeld, in dem Sie bei Bedarf Optionen zum Schärfen der Bilder beim Drucken oder die Druckereinstellungen anpassen können. Windows ordnet die Fotos beim Ausdrucken in Abhängigkeit vom gewählten Layout so an, dass sie auf den Druckbogen passen.

> **Hinweis**
>
> Die Druckerhersteller bieten eine umfangreiche Auswahl an Farbtintenstrahldruckern, die Papierabzüge in Fotoqualität liefern. Voraussetzung ist aber die Verwendung von speziellem, auf den Drucker abgestimmtem Fotopapier. Die Ausdrucke sind zwar schnell erledigt, werden aber recht teuer. Als (bessere und meist preisgünstigere) Alternative können Sie Papierabzüge von Digitalfotos auch über Fotolabors bestellen. Neben in vielen Drogerien und Märkten aufgestellten Printservice-Stationen lassen sich Fotodateien mit speziellen Programmen des jeweiligen Labors vom Computer ins Internet übertragen. Anschließend erhalten Sie die Papierabzüge per Post. Auf meiner Website *www.borncity.de* finden Sie in der Rubrik »Foto-Links« eine Liste aktueller Fotolabors mit den entsprechenden Internetadressen.

Fotokorrektur per Fotogalerie

Nicht immer gelingen die digitalen Schnappschüsse, und die Fotos geraten zu hell, zu dunkel oder weisen andere Fehler auf. Mit der Windows Live Fotogalerie können Sie Fotos in einem gewissen Umfang korrigieren. Nachfolgend werden die wichtigsten Funktionen zur Fotobearbeitung kurz vorgestellt.

Fotos anzeigen, drehen und löschen

Zur Beurteilung der Bildqualität ist eine Großbilddarstellung des Fotos erforderlich. Unscharfe Fotos können dann gelöscht werden. Im Hochformat geschossene Aufnahmen müssen eventuell um 90 Grad gedreht werden. Dies ist in der Windows Live Fotogalerie (und teilweise direkt in Ordnerfenstern) mit wenigen Mausklicks möglich.

1 Um ein Foto in vergrößerter Ansicht darzustellen, wählen Sie seine Miniaturansicht in der Windows Live Fotogalerie per Doppelklick an.

Dann wechselt die Anzeige zu der hier gezeigten Einzeldarstellung des Fotos. Über die Schaltfläche *Zurück zur Galerie* der Symbolleiste gelangen Sie zur vorhergehenden Darstellung zurück.

2 Reicht Ihnen die Einzelbilddarstellung zur Beurteilung der Bildschärfe nicht aus, passen Sie den Vergrößerungsfaktor über den Schieberegler *Zoom* in der Statusleiste des Galeriefensters an.

Die Windows Live Fotogalerie vergrößert das angezeigte Foto stufenlos um den eingestellten Zoomfaktor. Je nach gewähltem Wert erscheint im Fenster aber nur noch ein Ausschnitt des Fotos.

3 Um bestimmte Ausschnitte des gezoomten Fotos in der Anzeige zu sehen, klicken Sie auf den Anzeigebereich. Solange Sie die linke Maustaste gedrückt halten, lässt sich der **Fotoausschnitt im Anzeigefenster verschieben**.

4 Um schnell zur ursprünglichen Größe zurückzukehren, wählen Sie die Schaltfläche *Tatsächliche Größe*.

Die Statusleiste des Galeriefensters enthält weitere Schaltflächen zum Abrufen der Funktionen. In der obigen Abbildung wurden die Schaltflächen zur besseren Identifizierung beschriftet.

> **Tipp**
>
> Sind Sie sich beim Arbeiten mit der Windows Live Fotogalerie unsicher über eine Funktion? Zeigen Sie mit der Maus auf die betreffende Schaltfläche der Statusleiste, erscheint eine QuickInfo mit Hinweisen zur Funktion. Mit den Schaltflächen *Zurück* und *Weiter* lässt sich **zwischen** den **Fotos** der aktuellen Auswahl **blättern**. Die Auswahl bezieht sich dabei auf die in der Fotogalerie angezeigten Miniaturansichten (z. B. kompletter Fotoordner oder eine zusammengestellte Fotogalerie).

5 Ein **Foto** im Hochformat können Sie über die hier mit *Drehen* beschrifteten Schaltflächen um 90 Grad nach links oder rechts **drehen**.

Die Funktion lässt sich auch abrufen, indem Sie mit der rechten Maustaste auf das (in der Fotogalerie oder im Ordnerfenster angezeigte) Foto klicken und den betreffenden Kontextmenübefehl (entweder *Im Uhrzeigersinn drehen* oder *Gegen den Uhrzeigersinn drehen*) wählen.

6 Um das **Foto** zu **entfernen**, klicken Sie in der unteren Leiste auf die Schaltfläche *Löschen*.

Alternativ lässt sich das Kontextmenü eines Fotos oder einer Miniaturansicht mit der rechten Maustaste öffnen und der Befehl *Löschen* wählen. Die Sicherheitsabfrage, ob die Datei wirklich in den Papierkorb verschoben werden darf, bestätigen Sie über die *Ja*-Schaltfläche. Das Foto wird sowohl aus der Galerie als auch aus dem Ordner entfernt und in den Papierkorb verschoben.

> **Hinweise**
>
> Die meisten Schaltflächen sind übrigens auch in der Darstellung der Miniaturansichten in der Statusleiste der Fotogalerie zu sehen. Sie können daher die obigen Funktionen auch direkt in der Fotogalerie auf Miniaturansichten anwenden. Ähnliches gilt für das Kontextmenü, welches sich beim Anklicken der Fotovorschau oder der Miniaturansicht per Klick mit der rechten Maustaste öffnet.
>
> In der Galerieanzeige gibt es sogar noch weitere Funktionen. Möchten Sie direkt aus der Windows Live Fotogalerie zum Ordner der Fotodatei wechseln? Markieren Sie das gewünschte Foto in der Miniaturansicht, öffnen Sie das Kontextmenü und wählen Sie den Kontextmenübefehl *Dateispeicherort öffnen*. Es erscheint daraufhin das Ordnerfenster, welches die betreffende Fotodatei enthält. Dies ist vor allem hilfreich, wenn Sie in der Galerie Fotos über Filter oder Suchfunktionen zusammengestellt haben und nun die Fotodateien manuell vom Ordnerfenster aus kopieren oder sichern möchten.

Fotokorrekturen, schnell und einfach

Die Windows Live Fotogalerie stellt einfache Funktionen zur Fotokorrektur bereit.

1 Wählen Sie das betreffende Foto per Doppelklick an und klicken Sie in der Einzelbilddarstellung auf die Schaltfläche *Bearbeiten* der Symbolleiste.

2 Klicken Sie in der Symbolleiste des Galeriefensters auf die Schaltfläche *Bearbeiten*.

Alternativ können Sie in der Fotogalerie die Miniaturansicht eines Fotos markieren und auf die Schaltfläche *Bearbeiten* in der Symbolleiste klicken.

Kapitel 9

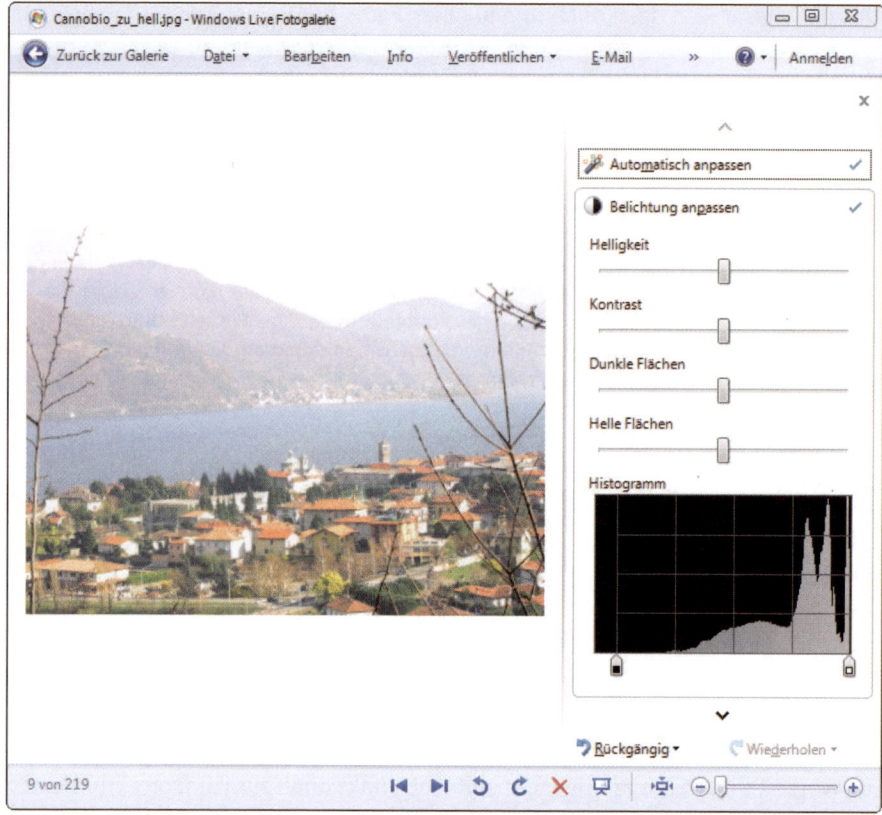

3 Sobald die Einzelbildansicht vorliegt, klicken Sie in der rechten Spalte des Galeriefensters auf eine der gezeigten Schaltflächen mit der Korrekturfunktion.

4 Erscheint die Detailansicht, führen Sie die Korrekturen (z. B. über die in der rechten Spalte angebotenen Schieberegler) aus.

Unerwünschte **Korrekturen heben** Sie über die in der rechten Spalte am unteren Rand angezeigte Schaltfläche *Rückgängig* wieder **auf**. Mit der Schaltfläche *Wiederholen* lässt sich die letzte Aktion wiederholen. Den Korrekturmodus beenden Sie, indem Sie erneut auf die zugehörige Schaltfläche (z. B. *Belichtung anpassen*) klicken. Eine noch nicht angewählte Schaltfläche der Korrekturfunktion müssen Sie vorher per Mausklick selektieren.

> **Tipp**
>
> Sobald Sie in der oberen Symbolleiste des Galeriefensters die Schaltfläche *Zurück zur Galerie* anklicken, werden die vorgenommenen Änderungen in der Fotodatei gespeichert (erkennbar an dem kurzzeitig eingeblendeten Hinweis). Möchten Sie eine bereits **gespeicherte Änderung zurücknehmen**? Markieren Sie die Miniaturansicht des Fotos per Mausklick und wählen Sie in der oberen Symbolleiste des Galeriefensters die Schaltfläche *Bearbeiten*. Die Einzelbilddarstellung erscheint und in der rechten Spalte findet sich am unteren Rand statt der Schaltfläche *Rückgängig* die Schaltfläche *Wiederherstellen*. Wählen Sie diese Schaltfläche an und bestätigen das Dialogfeld mit der Sicherheitsabfrage über die *Wiederherstellen*-Schaltfläche, werden alle Änderungen verworfen und das Originalfoto wird wiederhergestellt.

Über die Schaltflächen der Bearbeitungsspalte der Fotogalerie lassen sich folgende Korrekturen ausführen:

- *Automatisch anpassen*: Wählen Sie diese Schaltfläche, um ein leicht fehlerhaft belichtetes Foto (zu hell, zu dunkel, farbstichig) automatisch korrigieren zu lassen. Bei Bedarf können Sie anschließend die nachfolgend beschriebenen Einzelkorrekturen zur Feinanpassung anwenden.

- Über die Befehle *Belichtung anpassen* oder *Farbe anpassen* können Sie einzelne Parameter eines Fotos manuell anpassen. Die Fotogalerie blendet dann Regler zum Ändern der jeweiligen Parameter (z. B. *Helligkeit*, *Kontrast*) ein.

- *Farbe anpassen:* Diese Schaltfläche blendet Regler zur Farbkorrektur ein. Verwenden Sie den Regler *Farbtemperatur*, um das Foto mit einem kälteren Blauton oder einem wärmeren Rotton zu versehen. Der Regler *Farbton* entfernt Farbstiche aus dem Bild, indem der Grünanteil verstärkt oder reduziert wird. Der Regler *Sättigung* bestimmt, wie kräftig die Farben im Bild dargestellt werden. Ziehen Sie den Regler *Sättigung* nach links, verblassen die Farben und Sie bekommen irgendwann ein Schwarz-Weiß-Foto.

- *Rote Augen korrigieren*: Die Schaltfläche ermöglicht, rote Augen von Personen in Blitzlichtaufnahmen zu korrigieren. Markieren Sie anschließend (durch Ziehen per Maus) den Bereich der roten Pupille in der Anzeige. Beim Ziehen erscheint im Bildbereich ein dünner Markierungsrahmen. Lassen Sie die linke Maustaste los, um die Korrektur auszuführen, d. h. die rote Pupille schwarz einzufärben. Klicken Sie erneut in der rechten Spalte der Fotogalerie auf die Schaltfläche *Rote Augen korrigieren*, um den Korrekturmodus zu beenden.

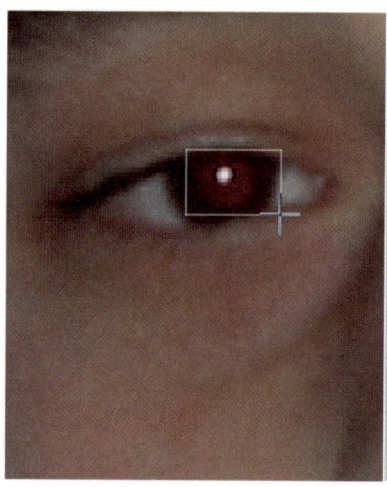

- *Detail anpassen:* Diese Korrekturfunktion ermöglicht, digitales Pixelrauschen oder unscharfe Aufnahmen aufzubereiten. Der Regler *Schärfen* hebt die Kontraste des Fotos, um eine höhere Schärfe zu vermitteln. Mit dem Regler *Geräusche mindern* wird ein Weichzeichner auf das Foto angewandt, welcher benachbarte Bildpunkte angleicht und so ein digitales Rauschen reduziert. Die Schaltfläche *Analysieren* führt die beiden Korrekturen automatisch aus.

- *Schwarzweißeffekte:* Nach Anwahl der Schaltfläche erscheinen die hier gezeigten Einträge. Wählen Sie einfach eines der Vorschaubilder aus, um den Effekt auf das Foto anzuwenden.

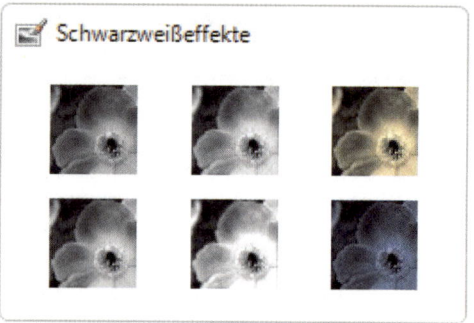

- *Fotos ausrichten:* Wählen Sie die Schaltfläche in der rechten Spalte der Fotogalerie, werden Gitternetzlinien im Foto eingeblendet. Anschließend können Sie das Foto über den eingeblendeten Schieberegler so weit kippen, bis der gewünschte Teil des Motivs (z. B. Horizont, Kanten) parallel zu den Linien liegt.

Fotokorrektur per Fotogalerie

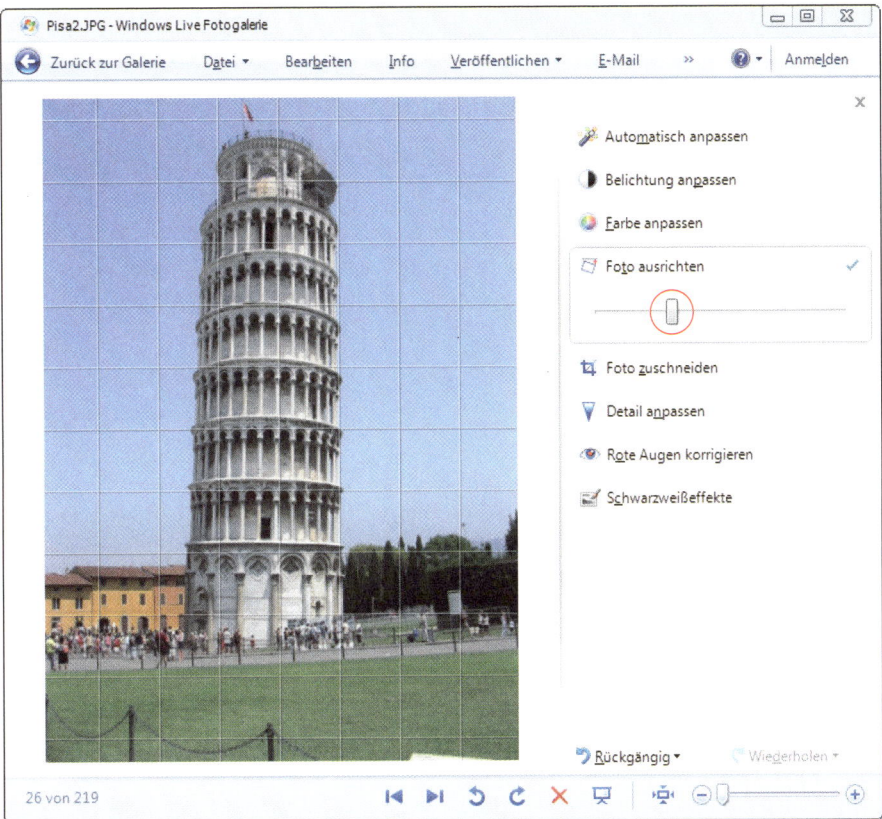

- *Foto zuschneiden:* Benötigen Sie nur einen **Ausschnitt** des **Fotos**, wählen Sie diese Schaltfläche in der rechten Spalte. Sobald das Foto mit dem Markierungsrechteck versehen wurde, verschieben Sie dessen Ränder mit der Maus auf die gewünschte Größe. Klicken Sie in der rechten Spalte auf die Schaltfläche *Übernehmen*, um den markierten Bildbereich auszuschneiden.

Die hier beschriebenen Korrekturfunktionen reichen für die meisten Fälle aus. Nur wenn Sie einzelne Stellen in Fotos retuschieren möchten oder ausgefallene Funktionen zur Bildverbesserung benötigen, sind Sie auf spezielle Grafikbearbeitungsprogramme wie Adobe Photoshop Elements angewiesen. Zum Aufrufen solcher Programme können Sie die Miniaturansicht oder die Fotoansicht mit der rechten Maustaste anklicken. Der Kontextmenübefehl *Öffnen mit* zeigt Ihnen in einem Untermenü die installierten Grafikprogramme. Wählen Sie einen entsprechenden Eintrag, öffnet die Fotogalerie das Foto zur Bearbeitung in der betreffenden Anwendung.

Kapitel 9

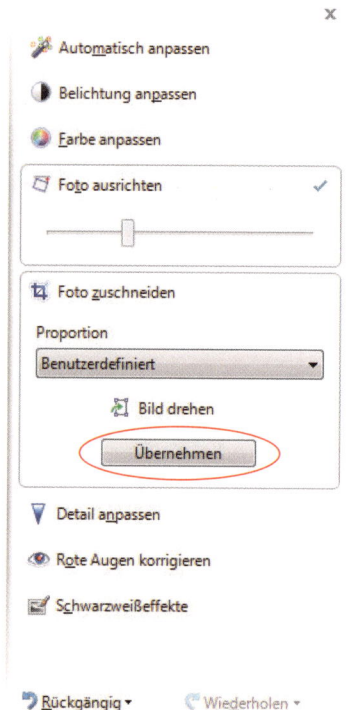

> **Hinweis**
>
> Neben der Windows Live Fotogalerie können auch Programme wie Irfanview (*www.irfanview.de*) oder Googles Programm Picasa (*http://picasa.google.com*) zur Fotoverwaltung, -anzeige und -korrektur eingesetzt werden.

Fotobearbeitung mit Photoshop Elements

Für Fotoretuschen sind Sie auf das Programm Adobe Photoshop Elements oder das kostenlose PhotoFiltre (*www.photofiltre.com*) angewiesen. Nachfolgend werden einige Retuschefunktionen von Photoshop Elements 8 beschrieben. Diese Techniken lassen sich auch mit älteren Programmversionen oder bei PhotoFiltre anwenden.

Photoshop Elements zur Bearbeitung aufrufen

Zur Fotobearbeitung in Photoshop Elements können Sie folgende Schritte verwenden.

1 Starten Sie Photoshop Elements (z. B. über das Windows-Startmenü oder das Desktopsymbol).

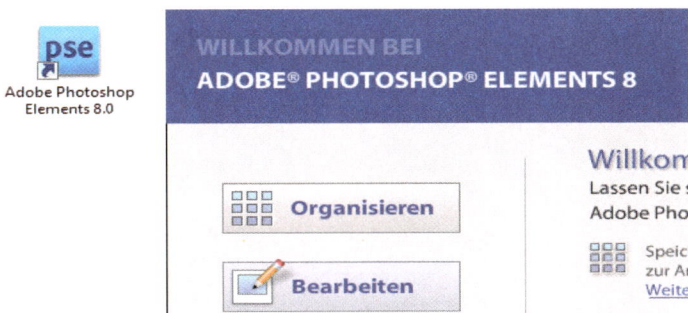

2 Im angezeigten Dialogfeld klicken Sie auf die Schaltfläche *Bearbeiten*.

Photoshop Elements startet nun im Bearbeitungsmodus und zeigt das entsprechende Dokumentfenster. Dieses Fenster enthält einige Elemente, über die sich Funktionen zur Bearbeitung der Fotos abrufen lassen.

- Die **Menüleiste** weist Befehle und die **Titelleiste** Schaltflächen auf, über die Sie die einzelnen Bearbeitungsfunktionen abrufen.

- An der linken Seite wird die **Werkzeugleiste** sichtbar. Über deren Schaltflächen stehen die einzelnen Werkzeuge (Markieren, Beschneiden, Pinsel etc.) zur Bildkorrektur bereit. Ein kleines Dreieck in der unteren rechten Ecke der Schaltfläche signalisiert, dass mehrere Werkzeuge hinterlegt sind. Klicken Sie die Schaltfläche per Maus an, halten aber die linke Maustaste länger gedrückt, öffnet sich ein Menü zur Werkzeugauswahl.

- Unterhalb der Menüleiste findet sich noch die **Optionenleiste**. In dieser Leiste werden abhängig vom gewählten Werkzeug die Bedienelemente zum Setzen bestimmter Optionen (z. B. Werkzeugstärke) eingeblendet.

- Im **Arbeitsbereich** erscheinen die Fenster zur Bearbeitung der Fotos. Unterhalb des Arbeitsbereichs zeigt der Editor noch Miniaturabbildungen der geladenen Fotos im sogenannten **Fotobereich** an. Durch Anklicken einer Miniaturabbildung wird das betreffende Foto im Arbeitsbereich in den Vordergrund gebracht.

- Am rechten Rand des Fensters findet sich der **Palettenbereich**, in dem das Programm Ebenen, Stile und Effekte sowie Anweisungen zur Bearbeitung der Bilder verwaltet.

Kapitel 9

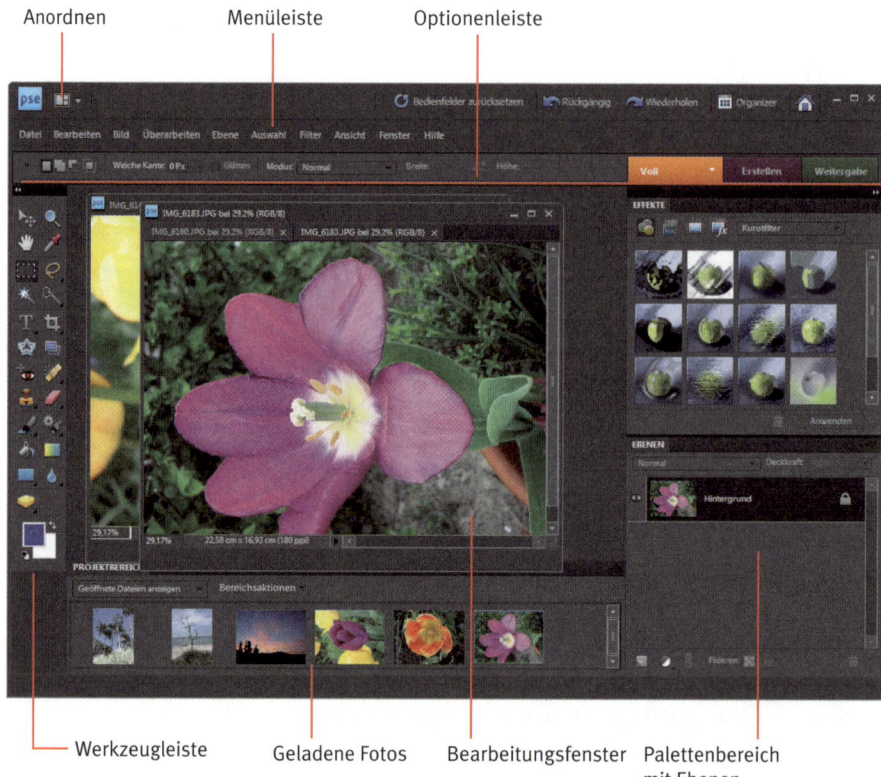

Anordnen — Menüleiste — Optionenleiste

Werkzeugleiste — Geladene Fotos — Bearbeitungsfenster — Palettenbereich mit Ebenen

Um bestimmte **Fotos** zum Bearbeiten zu **laden**, gibt es mehrere Möglichkeiten.

- Die einfachste Variante besteht darin, die Fotodateien aus dem Fenster eines Windows-Ordners in den Arbeitsbereich von Photoshop Elements zu ziehen und dann die linke Maustaste loszulassen.

- Sie können im Menü *Datei* den Befehl *Öffnen* wählen, um das gleichnamige Dialogfeld aufzurufen. Dann wählen Sie im *Öffnen*-Dialogfeld den Fotoordner, markieren anschließend die gewünschten Fotodateien und bestätigen Ihre Auswahl über die *Öffnen*-Schaltfläche des Dialogfelds.

Haben Sie beim Programmstart die Schaltfläche *Organisieren* gewählt, erscheint das Fenster des Organizers, in dem Sie Fotos importieren und Kataloge zur Verwaltung der Fotos nutzen können. Markieren Sie im Organizer ein Foto und wählen im Menü der in der Symbolleiste enthaltenen Schaltfläche *Bearbeiten* den Befehl *Mit Photoshop Elements bearbeiten*, wird das Foto ebenfalls im Bearbeitungsfenster geladen.

Fotobearbeitung mit Photoshop Elements

> **Tipp**
> Doppelklicken Sie auf die Titelleiste eines Fotofensters, belegt dieses den gesamten Arbeitsbereich. Über die Schaltfläche *Anordnen* in der Titelleiste des Anwendungsfensters können Sie die Darstellung aller geladenen Fotos anpassen. Der Befehl *Nur schwebende Fenster* erzwingt die Anzeige in verschiebbaren Fenstern.

Fotos drehen und spiegeln

Im Hochkantformat aufgenommene Fotos werden beim Laden nach links gekippt dargestellt. Sie können ein geladenes Foto aber per Programm um 90 Grad drehen.

1 Laden Sie das Foto in das Programm und stellen Sie sicher, dass das zugehörige Dokumentfenster angewählt ist.

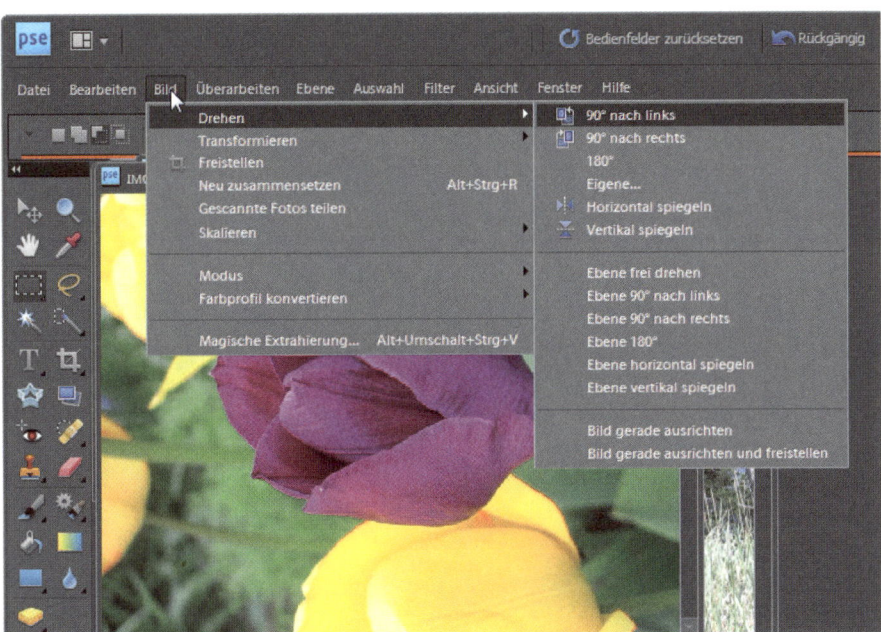

2 Zum **Drehen** oder Spiegeln **eines Fotos** öffnen Sie das Menü *Bild* und wählen den gewünschten Befehl aus.

Der Befehl *Drehen* öffnet ein Untermenü mit verschiedenen Befehlen, die für die Drehvarianten stehen. Zusätzlich finden Sie Befehle, um Fotos horizontal oder vertikal zu spiegeln.

Fotoausschnitt markieren ...

Möchten Sie ein Foto beschneiden (der Fachbegriff heißt freistellen)? Oder sollen Bildteile ausgeschnitten bzw. kopiert und in andere Dokumente eingefügt werden? Zuerst gilt es die betreffenden **Bildteile** zu **markieren**. Hierzu sind folgende Schritte auszuführen.

1 Wählen Sie in der Werkzeugleiste die hier links gezeigte Schaltfläche *Auswahlrechteck* oder klicken Sie länger auf die *Lasso*-Schaltfläche und wählen Sie einen der Befehle *Lasso*, *Magnetisches Lasso* oder *Polygon-Lasso*.

Das Werkzeug *Auswahlrechteck* kann rechteckige oder runde Bereiche eines Fotos markieren, das Lasso bietet die Möglichkeit, eine Freihandlinie oder eine freie Kurve aus Linienstücken zusammenzustellen.

2 Markieren Sie nun den gewünschten Bildausschnitt im Dokumentfenster des gewünschten Fotos.

Das Markieren ist etwas abhängig vom gewählten Werkzeug.

- Bei der Funktion *Auswahlrechteck* klicken Sie auf einen Punkt des Bildes und ziehen die Maus bei gedrückter linker Maustaste.

- Beim Lasso klicken Sie einen Punkt im Bild an. Wenn Sie jetzt die linke Maustaste gedrückt halten, können Sie einen beliebigen Umriss mit der Maus abfahren. Sobald Sie die linke Maustaste loslassen, wird eine geschlossene Fläche markiert.

- Beim Polygon-Lasso klicken Sie einen Punkt im Bild an. Anschließend können Sie weitere Punkte durch Mausklicks festlegen. Die Punkte werden durch Linien verbunden. Ein Doppelklick bewirkt, dass Anfangs- und Endpunkt dieses Polygons durch ein Linienstück verbunden und damit die Fläche als geschlossene Markierung angezeigt wird.

Fotobearbeitung mit Photoshop Elements

- Das magnetische Lasso ermöglicht Ihnen, Figuren, wie die hier gezeigte Blüte, sehr einfach zu markieren. Klicken Sie nach Auswahl des Werkzeugs auf einen Punkt am Rand der Figur. Anschließend fahren Sie mit dem Mauszeiger (die linke Maustaste ist nicht gedrückt) am Rand der Figur entlang. Photoshop Elements wird dann den Rand automatisch markieren. Dies funktioniert aber nur, wenn ein starker Kontrast zwischen freizustellender Figur und dem Hintergrund besteht. Ein Doppelklick schließt die Markierung.

Eine gestrichelte Linie markiert den Auswahlbereich. Hier wurden zwei Varianten – ein Auswahlrechteck und eine Auswahl mittels Lasso – in ein Bild montiert.

Um eine **Markierung aufzuheben**, wählen Sie im Kontextmenü oder im Menü *Auswahl* den Befehl *Auswahl aufheben* an.

... und freistellen

Das Beschneiden eines rechteckigen Bildausschnitts wird als Freistellen bezeichnet.

1 Stellen Sie sicher, dass der gewünschte Bildausschnitt gemäß obigen Erläuterungen mit einem rechteckigen Rahmen markiert wurde.

2 Zum Freistellen (also zum Ausschneiden des markierten Bereichs) wählen Sie im Menü *Bild* den Befehl *Freistellen*.

Sie können auch die Schaltfläche *Freistellungswerkzeug* der Palette wählen und einen rechteckigen Bildausschnitt per Maus zum Freistellen markieren. Der äußere Bereich wird dann dunkel abgeblendet. Die Freistellung erfolgt, sobald Sie die Markierung durch Drücken der ⏎-Taste bestätigen.

Photoshop Elements entfernt alle äußeren Bildteile und belässt lediglich den markierten Bereich im Dokumentfenster. Sie können nun das Bild weiterverarbeiten oder speichern.

> **Tipp**
>
> Haben Sie ein Foto freigestellt, ausgeschnitten oder anderweitig bearbeitet? Sie können den jeweils letzten Schritt über den Befehl *Rückgängig* im Menü *Bearbeiten* oder über die gleichnamige Schaltfläche der Titelleiste zurücknehmen.

... oder ausschneiden, kopieren und einfügen

Neben dem Freistellen können Sie markierte Bildteile auch ausschneiden bzw. kopieren. Die markierten Teile werden dann in die Windows-Zwischenablage übertragen und lassen sich in das aktuelle Dokument oder in andere Dokumente (z. B. Word) einfügen.

1 Stellen Sie sicher, dass der gewünschte Bildausschnitt gemäß obigen Erläuterungen mit einem rechteckigen Rahmen oder mit einem Polygon über die Lasso-Werkzeuge markiert wurde.

2 Öffnen Sie das Menü *Bearbeiten* und wählen Sie den Befehl *Ausschneiden* oder *Kopieren*.

Photoshop Elements überträgt dann den markierten Bildteil in die Zwischenablage. Beim Befehl *Ausschneiden* bleibt anstelle des markierten Ausschnitts ein »Loch« (in der über die Farbpalette der Werkzeugleiste eingestellten Hintergrundfarbe). Der Befehl *Kopien* verändert das Originalbild nicht, legt aber eine Kopie des markierten Bereichs in der Zwischenablage ab.

3 Fügen Sie nun den Inhalt der Zwischenablage über den Befehl *Neu/Bild aus Zwischenablage* des Menüs *Datei* als neues Dokumentfenster in Photoshop Elements ein.

Sie können alternativ auch über den Untermenübefehl *Neu/Leere Datei* des Menüs *Datei* bzw. über die Tastenkombination `Strg`+`N` ein neues weißes Blatt anlegen. Legen Sie dann im angezeigten Dialogfeld die Dokumentgröße z. B. über das Feld *Vorgabe* auf »DIN-Formate« und dann über das Feld »Größe« auf »A4« fest. Anschließend lässt sich der Inhalt der Zwischenablage über den Menübefehl *Bearbeiten/Einfügen* in das neue Blatt einfügen. Haben Sie den Inhalt der Zwischenablage in das aktuelle Foto erneut eingefügt, legt Photoshop Elements den Ausschnitt an der alten Stelle ab. Hier sehen Sie das Originalfoto mit dem Ausschnitt sowie ein neues Blatt mit dem eingefügten Inhalt der Zwischenablage.

Fotobearbeitung mit Photoshop Elements

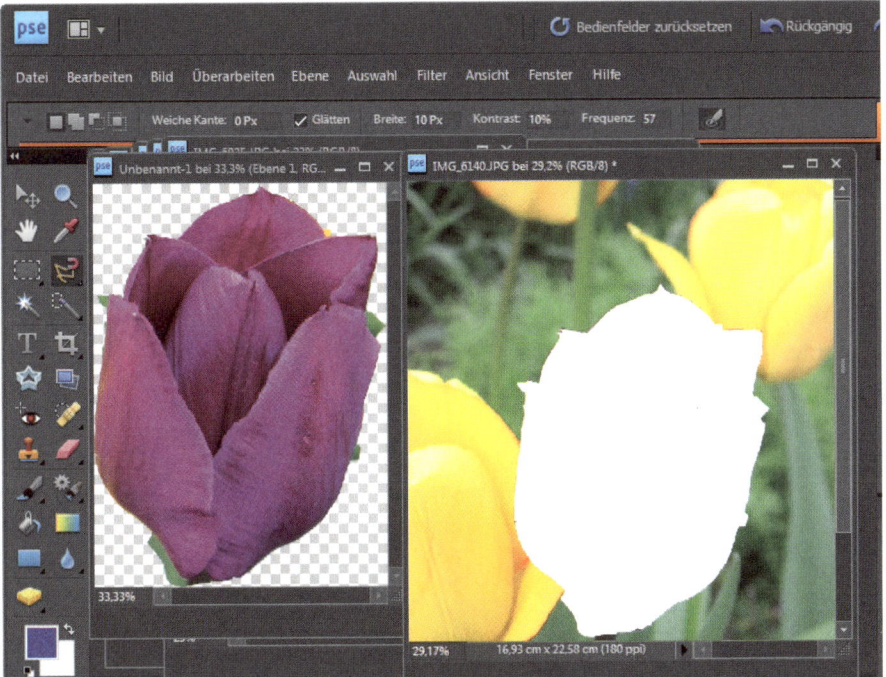

Tipps

Die drei Funktionen zum Ausschneiden, Kopieren oder Einfügen lassen sich auch über Tastenkombinationen abrufen: [Strg]+[X] schneidet den markierten Bereich aus, [Strg]+[C] kopiert den markierten Bereich in die Zwischenablage, und [Strg]+[V] fügt den Inhalt der Zwischenablage in das aktuelle Dokumentfenster ein. Achten Sie vor dem Einfügen darauf, das gewünschte Dokumentfenster durch einen Mausklick auf dessen Titelleiste zu markieren.

Haben Sie den Inhalt der Zwischenablage in Photoshop Elements in ein Dokumentfenster eingefügt, können Sie die nebenstehende Schaltfläche *Verschieben-Werkzeug* wählen.

Photoshop Elements versieht das eingefügte Element mit einem Rahmen und den hier gezeigten Ziehmarken. Sie können per Maus auf den Rahmen zeigen, die linke Maustaste gedrückt halten und dann den Rahmen an beliebige Stellen des Dokumentfensters schieben. Durch Verschieben der rechteckigen Ziehmarken an den Ecken des Rechtecks lässt sich die Größe des Elements anpassen.

Bestätigen Sie den aktuellen Vorgang durch Drücken der ⏎-Taste. Den Verschieben-Modus heben Sie auf, indem Sie z. B. das *Auswahlrechteck*-Werkzeug in der Werkzeugleiste wählen.

Konturenauswahl in Photoshop Elements

Photoshop Elements bietet den Zauberstab als Werkzeug, mit dem Sie dem Programm die Auswahl des betreffenden Motivs überlassen. Das funktioniert besonders gut, wenn ein Gegenstand in einem Foto hervorsticht.

1 Wählen Sie in der Werkzeug-Palette den Zauberstab. Der Mauszeiger nimmt die Form eines Zauberstabs an.

2 Klicken Sie auf die Teile des Fotos, die auszuwählen sind. Bei gedrückter ⇧-Taste werden neu angewählte Bereiche zur Auswahl hinzugefügt. Mit gedrückter Alt-Taste werden angeklickte Bereiche aus der Auswahl herausgenommen.

Im Feld *Toleranz* der Symbolleiste lässt sich die zur Auswahl zulässige Farbabweichung vorgeben.

Hier wurde der schwarze Hintergrund des Fotos gewählt. Dadurch wird der Bereich außerhalb des Blütenkelchs markiert.

> **Hinweis**
>
> Der Zauberstab ist in vielen Grafikprogrammen vorhanden und lässt sich dort auf ähnliche Weise verwenden. Wichtig ist aber, dass große Flächen mit einheitlicher Farbe vorhanden sind, da sonst das Markieren per Zauberstab nicht richtig klappt.

Fotobearbeitung mit Photoshop Elements

3 Öffnen Sie ggf. das Menü *Auswahl* und wählen Sie den Befehl *Auswahl umkehren*.

Im aktuellen Beispiel bewirkt die Umkehrung der Auswahl die Markierung des Blütenkelchs. Sie können anschließend den markierten Bereich über die Befehle *Ausschneiden* und *Kopieren* in die Zwischenablage übernehmen oder andere Operationen anwenden.

Fotos speichern

Haben Sie ein Foto bearbeitet, können Sie es über den Befehl *Speichern* des Menüs *Datei* oder durch Drücken der Tastenkombination [Strg]+[S] in der Ursprungsdatei speichern. Allerdings möchte ich von diesem Ansatz dringend abraten, denn beim Speichern wird ja die Originaldatei überschrieben. Handelt es sich dabei um die von der Digitalkamera auf den Rechner übertragene Fotodatei, geht das Original verloren! Dies ist tragisch, wenn Sie im Nachhinein feststellen, dass die Korrektur schiefgegangen oder nicht zufriedenstellend ausgefallen ist. Das Foto ist dann unwiederbringlich verloren. Profis vermeiden daher das Arbeiten mit Originalen und verwenden Kopien der Fotodateien zum Bearbeiten. Zudem können Sie beim Speichern die bearbeiteten Fotos unter einem neuen Namen sichern.

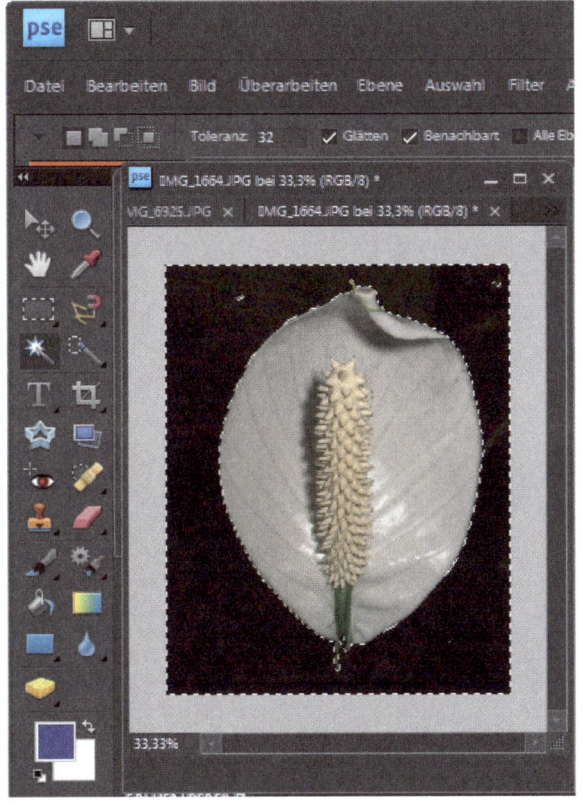

1 Öffnen Sie hierzu das Menü *Datei* des Anwendungsfensters und wählen Sie den Befehl *Speichern unter*.

Photoshop Elements öffnet das nebenstehend gezeigte *Speichern unter*-Dialogfeld.

2 Wählen Sie den Zielordner (z. B. über das Listenfeld *Speichern in*), geben Sie den gewünschten Dateinamen in das betreffende Feld ein und stellen Sie im Listenfeld *Format* das gewünschte Speicherformat ein.

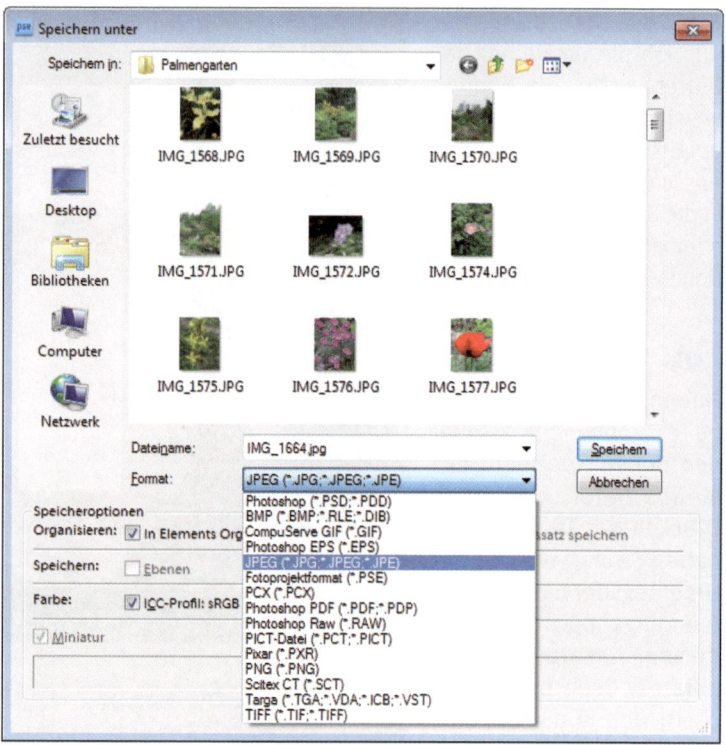

Die Kontrollkästchen *Als Kopie* und *In Elements Organisator aufnehmen* steuern, ob bearbeitete Fotos automatisch als Kopie unter neuem Namen gesichert und automatisch in den Organisator (d. h. in den Fotokatalog) aufgenommen werden.

3 Klicken Sie auf die *Speichern*-Schaltfläche. Existiert der Dateiname bereits, erhalten Sie eine Warnung angezeigt und Sie können über Schaltflächen wählen, ob die Datei überschrieben werden soll oder nicht.

Photoshop Elements ermöglicht Ihnen, die Fotos und Bilder in verschiedenen Dateiformaten zu sichern. Viele Formate werden dabei direkt in Windows (z. B. im Internet Explorer, in der Windows-Fotogalerie etc.) sowie in weiteren Programmen unterstützt. Zum Speichern von Fotos können Sie das JPEG-Format oder das TIFF-Format verwenden. Je nach gewähltem Zielformat öffnet Photoshop Elements beim Speichern das Dialogfeld zur Auswahl der Formatoptionen. Hier sehen Sie die Dialogfelder mit den Optionen für das JPEG- und für das TIFF-Format.

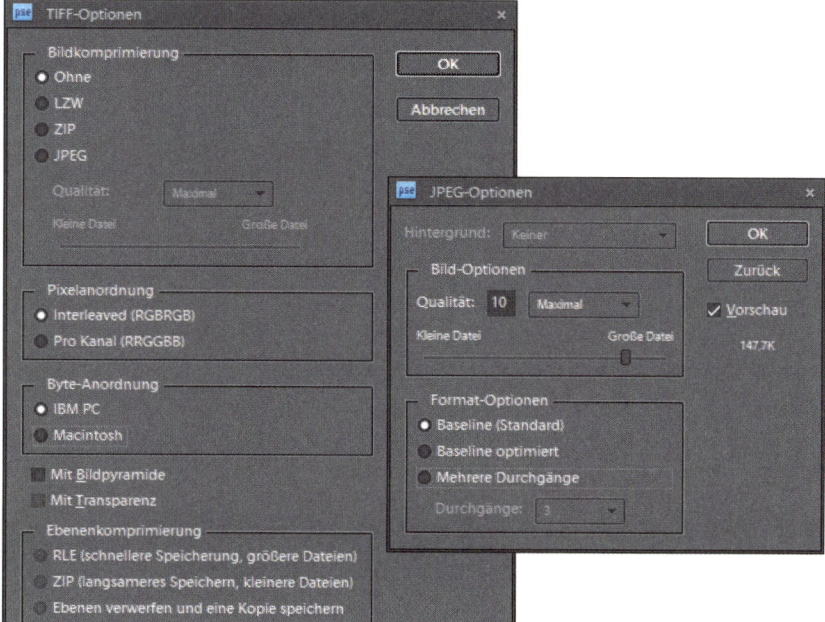

4 Stellen Sie die Speicheroptionen (beim JPEG-Format z. B. die Speicherqualität oder beim TIFF-Format die Komprimieroption) ein und bestätigen Sie dies über die *OK*-Schaltfläche.

Das Dialogfeld wird geschlossen und das Foto unter dem angegebenen Namen im Zielformat gesichert.

Hinweise

Bei Foto- und Bilddateien sind verschiedene **Grafikformate** zur Speicherung in Gebrauch. Oft lässt sich das benutzte Grafikformat an der Dateinamenerweiterung (*.bmp*, *.tif*, *.png*, *.gif*, *.jpg* etc.) erkennen. Von Windows 7 wird das Bitmapformat mit der Dateinamenerweiterung *.bmp* oder das neuere PNG-Format (*.png*) zur Speicherung von Bildern verwendet. Im grafischen Bereich (z. B. bei Fotografen, Werbeagenturen, Druckereien) ist dagegen das sogenannte TIFF-Format wegen seiner Betriebssystemunabhängigkeit recht populär. Daneben haben sich weitere Formate für spezielle Zwecke etabliert. Das GIF-Format erzeugt bei Bildern mit bis zu 256 Farben extrem kleine Dateien und wird daher gerne zur Ablage von Grafiken (z. B. Logos) im Internet benutzt. Zur kompakten **Speicherung von Fotos** (in Echtfarbendarstellung) wurde dagegen das **JPEG-Format** entwickelt. Dieses Format benutzt aber eine verlustbehaftete Komprimierung, d. h., beim Speichern gehen Informationen verloren. Daher sollten Sie Fotos niemals im Original, sondern nur als Kopie im TIFF-Format bearbeiten.

Das JPEG-Verfahren benutzt ein verlustbehaftetes Komprimierungsverfahren. Achten Sie daher auf den in der Gruppe *Bild-Optionen* eingestellten Qualitäts- oder Größenwert. Je kleiner die Dateigröße gewählt wird, umso geringer wird auch die Qualität des gespeicherten Fotos. Bearbeiten Sie ein JPEG-Bild in mehreren Schritten, bei denen das Foto gespeichert und später erneut geladen wird, kann dies zu einem merklichen Qualitätsverlust führen. Verwenden Sie daher während der Bearbeitung eines Fotos ggf. das TIFF-Format mit dem Wert »Ohne« für die Bildkomprimierung zum Speichern. Dies ergibt zwar große Bilddateien, verhindert aber Qualitätsverluste beim Speichern. Erst wenn das Foto fertig bearbeitet ist, sichern Sie es in der gewünschten Qualitätsstufe im JPEG-Format.

Fotoretusche mit Photoshop Elements

Oft enthalten Fotos kleine Fehler (Pickel, rote Augen etc.), die sich am Computer mit Photoshop Elements leicht retuschieren lassen. Nachfolgend möchte ich kurz einige Retuschetechniken vorstellen.

Zoom-Werkzeug zur Bildvergrößerung

Bei der Fotoretusche ist es häufig erforderlich, den zu bearbeitenden **Bildausschnitt** zu **vergrößern**.

Dies lässt sich mit dem Zoom-Werkzeug bewerkstelligen, welches über diese Schaltfläche der Werkzeugleiste aufgerufen wird.

Zum **Anwenden des Zoom-Werkzeugs** klicken Sie einfach per Maus auf das betreffende Bild im Dokumentfenster. Je nach Einstellung wird dann der Zoomfaktor erhöht oder reduziert, d. h., das Foto wird schrittweise vergrößert bzw. verkleinert. Bei Anwahl des Zoom-Werkzeugs lässt sich der Zoomfaktor in der Optionenleiste oberhalb des Dokumentbereichs in Prozent einstellen. Zudem enthält die Optionenleiste zwei Schaltflächen, über die sich die Wirkungsrichtung des Werkzeugs anpassen lässt.

> **Tipps**
>
> Sie können durch Drücken der `Alt`-Taste die Wirkung des Zoom-Werkzeugs jeweils umkehren.
>
> Ein vergrößerter Bildausschnitt lässt sich mit dem Hand-Werkzeug innerhalb des Fensters per Maus verschieben.

Rote-Augen-Korrektur

Enthält eine Blitzlichtaufnahme rote Pupillen bei Menschen und Tieren? Photoshop Elements kann rote Augen zwar automatisch beim Laden entfernen. Zuverlässiger ist aber, diese Korrektur manuell vorzunehmen.

Fotobearbeitung mit Photoshop Elements

1 Laden Sie das Foto in Photoshop Elements und vergrößern Sie das Foto über das Zoom-Werkzeug.

Die Pupille des zu korrigierenden Auges sollte gut zu sehen sein. In der Optionenleiste oberhalb des Dokumentbereichs finden Sie zwei Lupensymbole, um die Vergrößerungs- und Verkleinerungsfunktion auszuwählen.

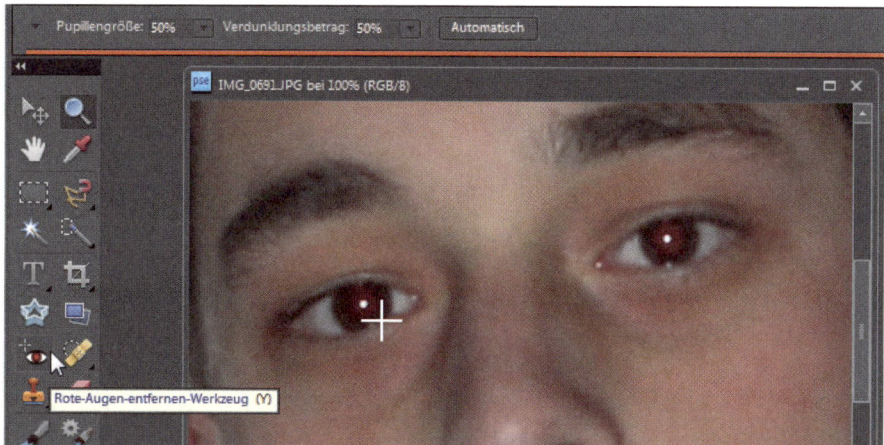

2 Wählen Sie in der Werkzeugleiste die Schaltfläche des *Rote-Augen-entfernen*-Werkzeugs und stellen Sie ggf. die Pupillenstärke sowie weitere Korrekturoptionen in der Optionenleiste oberhalb des Fotos ein.

3 Klicken Sie anschließend auf die roten Augen im Foto und warten Sie, bis das Programm diese korrigiert hat.

Sie müssen die beiden Augen getrennt korrigieren. Anschließend können Sie das Foto unter neuem Namen speichern oder weiterbearbeiten.

Bildfehler retuschieren

Bei Porträtaufnahmen gibt es schnell glänzende Stellen im Gesicht der Person. Oder Fältchen, Pickel und Hautunreinheiten fallen extrem im Foto auf. Diese Fehler lassen sich in Photoshop Elements korrigieren.

Kapitel 9

1 Laden Sie das Foto in Photoshop Elements und vergrößern Sie den Bildausschnitt mit dem Fehler.

Hier wurde die Nasen- und Mundpartie mit den glänzenden Stellen im Foto als Bildausschnitt entsprechend vergrößert. Verwenden Sie die Bildlaufleisten und das Handwerkzeug, um im Bildausschnitt zu blättern.

2 Anschließend wählen Sie das Werkzeug in der Werkzeugleiste aus und korrigieren den Bildfehler, indem Sie bei gedrückter linker Maustaste mit dem Werkzeugsymbol über den Bildbereich wischen.

Mit dem Werkzeug *Weichzeichner* lassen sich »harte« Stellen in einem Porträt per Maus korrigieren. Bewegen Sie die Maus nach Auswahl des Weichzeichners bei gedrückter linker Maustaste über eine glänzende Stelle im Foto, wird diese »stumpfer«.

Der Effekt wird umso stärker, je häufiger Sie die Maus über die betreffende Stelle ziehen. Auf die gleiche Weise können Sie mit dem Weichzeichner Fältchen oder andere kleine Fehler behandeln.

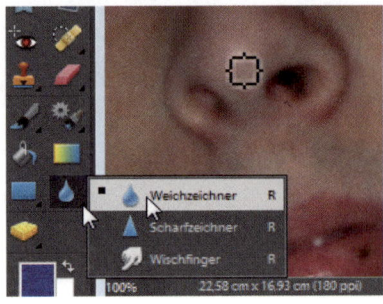

Zudem gibt es eine Schaltfläche *Scharfzeichner*, über deren Funktion sich Stellen im Bild schärfen lassen. Konkret werden die Pixelkontraste verstärkt.

Der Effekt lässt sich sehr gut an Stellen mit feinen Strukturen wie den hier gezeigten Augenbrauen studieren.

Das Werkzeug *Wischfinger* ermöglicht Ihnen auf sehr einfache Weise, Teile im Bild zu verschmieren. Zeigen Sie neben die fehlerhafte Stelle und ziehen Sie den Mauszeiger bei gedrückter linker Maustaste über den Bildfehler.

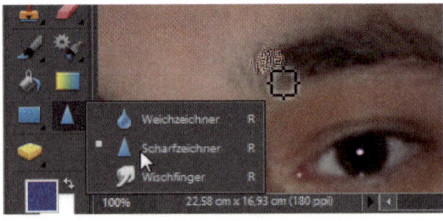

Damit lassen sich kleine Bildfehler wie Pickel in einem Porträt verwischen. Hier werden mit dem Wischfinger helle Stellen an der Mundpartie der Porträtaufnahme durch Verwischen korrigiert.

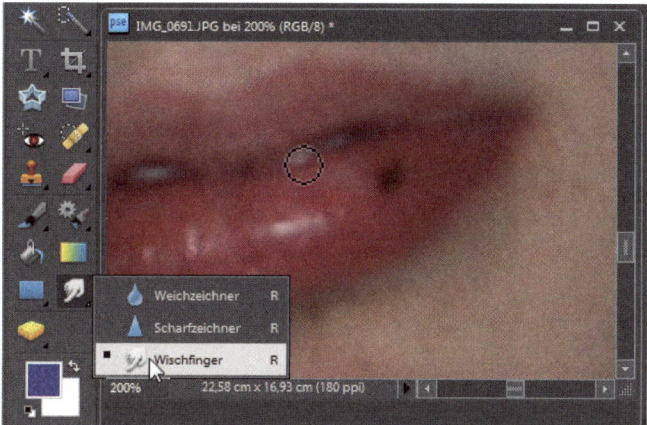

Photoshop Elements stellt zudem Werkzeuge bereit, um die Helligkeit innerhalb des Fotos gezielt zu beeinflussen. Nach Auswahl des Werkzeugs kann dieses bei gedrückter linker Maustaste im Foto benutzt werden.

Das Werkzeug *Schwamm* wäscht die Farbe im Bild ab, die überstrichenen Stellen werden gräulicher.

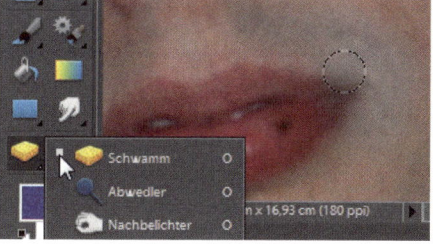

Wählen Sie den *Abwedler* und fahren per Maus über das Foto, werden die Bildstellen aufgehellt. Der *Nachbelichter* besitzt die gegenteilige Wirkung, er verdunkelt die bei gedrückter linker Maustaste überstrichenen Bildstellen.

Hinweis

Beachten Sie aber, dass Sie die Wirkung dieser Werkzeuge über die Elemente der Optionenleiste beeinflussen können. So lässt sich beim Schwamm über die Option *Modus* die Sättigung erhöhen oder reduzieren. Beim Abwedler und beim Nachbelichter gibt es die Option *Bereich*, über deren Werte sich die Wirkung auf Mitteltöne sowie helle (Lichter) oder dunkle (Tiefen) Bildteile beschränken lässt.

Reparatur-Pinsel und Kopierstempel

Um größere Retuschierarbeiten an einem Foto durchzuführen, eignet sich der Wischfinger nicht sonderlich gut, die Korrektur wird zu aufwendig bis unmöglich. Mit dem Werkzeug *Reparatur-Pinsel* bzw. *Bereichsreparatur-Pinsel* lassen sich Stellen mit mehreren Bildfehlern korrigieren.

1 Wählen Sie das Werkzeug *Bereichsreparatur-Pinsel* in der Werkzeugleiste an.

2 Ziehen Sie den Mauszeiger bei gedrückter linker Maustaste über die zu reparierenden Bildstellen.

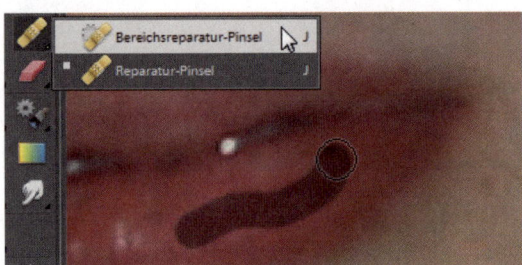

Die vom Mauszeiger überstrichenen Bildteile werden farbig markiert. Sobald Sie die linke Maustaste loslassen, versucht der Bereichsreparatur-Pinsel, die Stellen durch benachbarte Bildteile zu ersetzen. Bei kleineren Stellen (Kratzer in gescannten Dias, Pickel in Porträts) klappt das sogar ganz gut.

> **Hinweis**
>
> Beim Werkzeug *Reparatur-Pinsel* müssen Sie, wie beim Kopierstempel, erst eine Stelle im Bild bei gedrückter [Alt]-Taste anklicken. Dann wird der Pinsel mit dem Muster der entsprechenden Stelle gefüllt. Ziehen Sie den Reparatur-Pinsel dann über andere Bildstellen, verwendet Photoshop Elements den Inhalt des vorher markierten Bereichs zur Reparatur.

Um größere Stellen zu retuschieren, sollten Sie zum **Kopierstempel** greifen.

1 Wählen Sie das Werkzeug *Kopierstempel* über die Werkzeugleiste aus und passen Sie gegebenenfalls die Werkzeuggröße über das Element *Größe* in der oberhalb des Fotos eingeblendeten Symbolleiste an (Textfeld anklicken und Wert eingeben oder auf die Schaltfläche des Elements klicken und dann den Schieberegler per Maus nach links oder rechts ziehen).

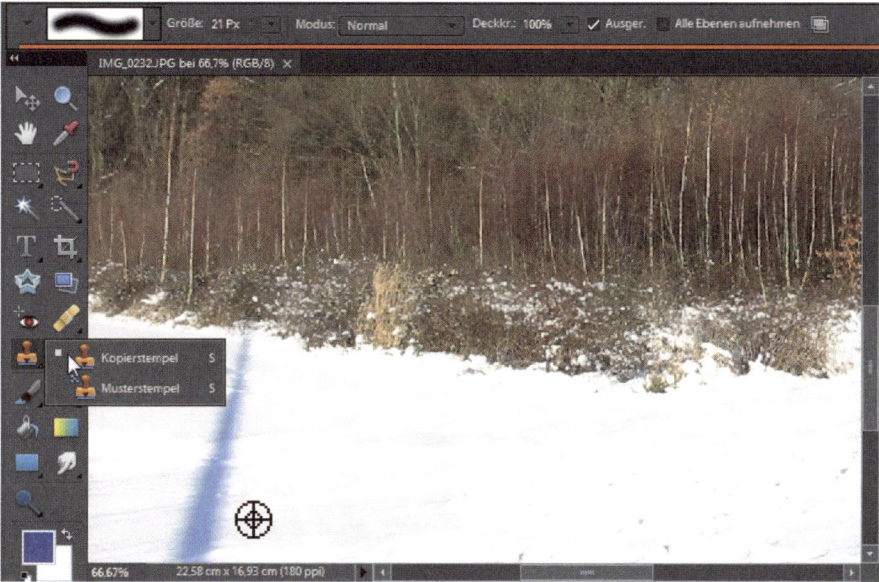

2 Zeigen Sie auf die Ausgangsstelle im Foto, deren Bereich Sie im Kopierstempel übertragen möchten, und halten Sie die [Alt]-Taste gedrückt.

3 Sobald der Mauszeiger die Form eines Fadenkreuzes annimmt, drücken Sie kurz die linke Maustaste und lassen Sie danach die [Alt]-Taste sowie die Maustaste los.

Das Werkzeug wird dann mit dem Inhalt der Ausgangsstelle gefüllt. Nach diesen vorbereitenden Schritten sind Sie jetzt in der Lage, Bildbereiche zu retuschieren.

4 Zeigen Sie per Maus auf die zu retuschierende Bildstelle, halten Sie die linke Maustaste gedrückt und ziehen Sie den Mauszeiger über die zu korrigierenden Bildstellen.

Photoshop Elements kopiert daraufhin das im Kopierstempel enthaltene Muster an die betreffenden Bildstellen. Das neben dem Mauszeiger eingeblendete Kreuz signalisiert übrigens, welcher Bildbereich gerade in den mit einem Kreis markierten Korrekturbereich kopiert wird. Im hier gezeigten Bild wird auf diese Weise ein ins Bild ragender Schatten auf der Schneefläche ersetzt. Durch das Kopieren der Bildbereiche bleiben sogar die Muster der Spuren im Schnee erhalten. Sie können den Kopierstempel also auch mit Bildmotiven (z. B. Blättern eines Baums) füllen und dieses Muster im Bild klonen.

Helligkeit und Farbe eines Fotos korrigieren

Ist ein Foto zu hell oder zu dunkel geworden oder weist es gar einen Farbstich auf? Auch dies lässt sich, in gewissen Grenzen, mit Photoshop Elements korrigieren.

1 Laden Sie das Foto in Photoshop Elements. Sollen Korrekturen nur auf Teile des Fotos ausgeführt werden, markieren Sie anschließend die betreffenden Abschnitte.

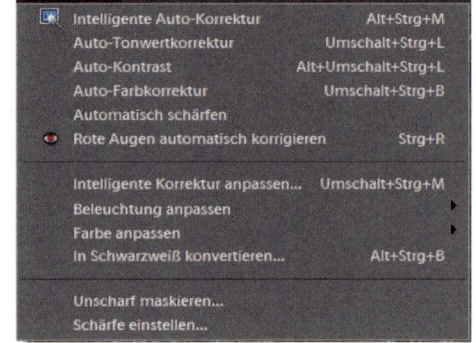

2 Öffnen Sie das Menü *Überarbeiten* und wählen Sie einen der dort eingeblendeten Befehle aus.

Die Anzahl und Benennung der Befehle hängt von der verwendeten Photoshop Elements-Programmversion ab.

- Über die »Auto-Befehle« (z. B. *Auto-Tonwertkorrektur*) übernimmt das Programm automatisch die Verbesserung des Fotos. Der Befehl *Intelligente Auto-Korrektur* führt bei Bedarf verschiedene Korrekturen (Helligkeit, Farbe etc.) durch.

- Die Befehle *Beleuchtung anpassen* und *Farbe anpassen* öffnen Untermenüs, über deren Befehle Sie manuelle Farbkorrekturen durchführen können. Über die Untermenübefehle *Tiefen/Lichter* und *Helligkeit/Kontrast* öffnen sich Dialogfelder mit Schiebereglern, die eine manuelle Korrektur der betreffenden Bildparameter ermöglichen.

Zusätzlich lässt sich ein Bild über die Tonwertkorrektur verbessern. Um die Helligkeit eines Fotos zu verändern, lassen sich beispielsweise folgende Schritte durchführen.

Fotobearbeitung mit Photoshop Elements

1 Öffnen Sie das Menü *Überarbeiten*, wählen Sie dort den Befehl *Beleuchtung anpassen* und klicken Sie im Untermenü auf den Befehl *Tonwertkorrektur*.

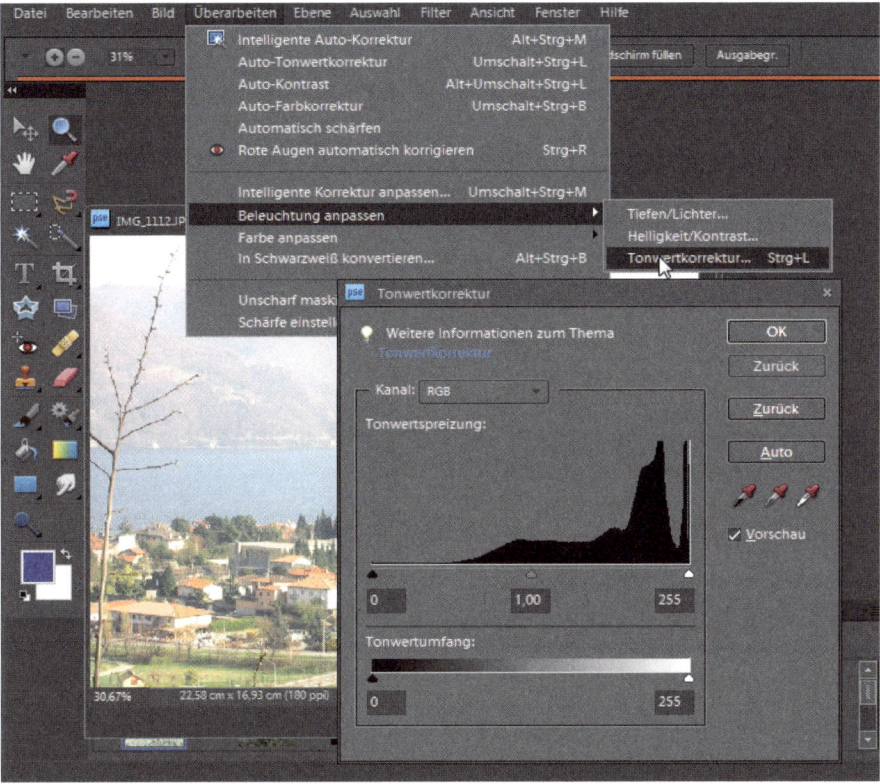

Das Programm blendet die Tonwertverteilung im Dialogfeld *Tonwertkorrektur* ein. Hier wurde ein etwas blasses Foto verwendet. Die Werte liegen sehr eng beieinander und nutzen nicht die Skala von 0 bis 255 aus.

2 Achten Sie darauf, dass das Listenfeld *Kanal* auf dem Wert »RGB« steht, um alle Farben im Bild zu korrigieren.

3 Zur Verbesserung des Bildes ziehen Sie die linke Dreieckmarke unterhalb des Histogramms mit der Maus nach rechts an die Stelle, an der das Histogramm als Kurve beginnt.

4 Schieben Sie die rechte Marke so weit nach links, dass sie den Abschluss des Histogramms am rechten Rand markiert.

393

Damit haben Sie den Beginn der hellsten und dunkelsten Stellen im Bild markiert, und das Programm kann diese Bildwerte auf das Intervall von 0 bis 255 umrechnen.

5 Passen Sie anschließend noch die Helligkeit der Mitteltöne durch Verschieben der mittleren Marke an.

Die Schaltfläche *Auto* führt alle Korrekturen automatisch aus. Über die Schaltfläche *Zurück* werden die Änderungen an den Werten der Tonwertkorrektur zurückgenommen. Sobald Sie das Dialogfeld *Tonwertkorrektur* über die *OK*-Schaltfläche schließen, werden die Änderungen übernommen.

> **Hinweis**
>
> Photoshop Elements 8 bietet eine große Fülle weiterer Funktionen zum Beschriften von Fotos oder Filtereffekte zum Aufhellen oder Verfremden von Bildern. Die Beschreibung der Funktionen muss aus Platzgründen an dieser Stelle leider entfallen. In dem im Markt+Technik-Verlag erschienenen Titel »Photoshop Elements 8.0 Meisterkurs« finden Sie eine sehr detaillierte Anleitung zu den Programmfunktionen. Eine Anleitung zum Umgang mit Photofiltre als PDF-Auszug aus einem meiner Fotobücher finden Sie unter *http://tinyurl.com/36s0258* zum Download.

Zusammenfassung

In diesem Kapitel haben Sie eine Übersicht über Funktionen zur Fotoanzeige und zur -bearbeitung erhalten. Zudem wissen Sie in groben Zügen, wie sich Fotos von Speichermedien und Digitalkameras übernehmen lassen.

Testen Sie Ihr Wissen

Zur Überprüfung Ihrer Kenntnisse können Sie die folgenden Fragen beantworten (die Lösungen finden Sie in Klammern).

- **Wie lässt sich eine Vorschau auf Grafikdateien abrufen?**

   (Im Ordnerfenster den Anzeigemodus »Große Symbole« über die Schaltfläche *Weitere Optionen* einschalten, siehe Kapitelanfang.)

- **Wie lassen sich Fotos als Diashow wiedergeben?**

   (Öffnen Sie den Ordner mit den Bildern. Anschließend wählen Sie in der Aufgabenleiste bzw. in der Symbolleiste den Befehl zum Aufrufen der Diashow. Oder markieren Sie die Fotos in der Windows Live Fotogalerie und klicken Sie auf die Schaltfläche *Diashow*.)

- **Wie lassen sich Bildteile in Photoshop Elements kopieren?**

   (Markieren Sie den Ausschnitt mittels des *Auswahl*-Werkzeugs. Dann kopieren Sie den Ausschnitt über Strg+C in die Zwischenablage, legen ggf. über den Befehl *Datei/Neu* ein neues Dokument an und fügen die Zwischenablage mit Strg+V in das Dokumentfenster ein.)

Das können Sie schon

Den Computer in Betrieb nehmen	36
Mit Windows-Fenstern und -Programmen arbeiten	48
Webseiten abrufen und verschiedene Internetdienste nutzen	141
E-Mails empfangen und versenden	220
Textdokumente erstellen und gestalten	266
Tabellenkalkulation und Präsentation einsetzen	326/339
Fotos am Computer ansehen und bearbeiten	352

Das lernen Sie neu

Spielen, bis der Arzt kommt	398
Bildung und Hobby	404
Windows als Musikmaschine	405
Mein Computer als Heimkino	427
Der Computer als Videostudio	432

Kapitel 10
Spiele, Bildung, Musik und Video

Ein Computer mit Windows 7 lässt sich hervorragend zur Unterhaltung (Entertainment), zur Entspannung und zum Lernen (Education) nutzen. Computerspiele fesseln ganze Generationen. Moderne Computer sind zudem Multimediamaschinen, d. h., Sie können beim Arbeiten am Computer Musik hören oder sogar Videos abspielen. Sofern Sie über die entsprechenden Programme verfügen, lassen sich Videos von Kameras auf den Computer überspielen und bearbeiten. In diesem Kapitel möchte ich Ihnen einen Einblick in die Welt des Edutainments (ein Kunstwort aus den Begriffen Education und Entertainment) geben.

Kapitel 10

Spielen, bis der Arzt kommt

Möchten Sie sich am Computer entspannen? Dann könnten Spiele das Richtige sein. Im folgenden Abschnitt finden Sie Wissenswertes rund um das Thema Spiele.

Hardware und Spielezubehör

Für Windows gibt es eine Unmenge Computerspiele. Moderne Computer unterstützen mit ihren leistungsfähigen Grafikkarten die Darstellung realitätsnaher Spielszenen. Welche Hardware bzw. welche Grafikleistungen ein Spiel benötigt und ob es unter Windows 7 läuft, wird in der Regel in den Herstellerunterlagen angegeben.

> **Techtalk**
>
> Damit moderne Spiele mit 3D-Grafik funktionieren, muss eine genügend leistungsfähige Grafikkarte im Computer vorhanden sein. Andernfalls läuft das Spiel nicht oder der Spielablauf ruckelt. In Windows 7 ist die von vielen Spielen geforderte DirectX-Schnittstelle in der Version 11 enthalten. Die Grafikleistung des Computers lässt sich ablesen, indem Sie in das Suchfeld des Startmenüs den Text »Leistung« eingeben und dann den Befehl *Leistungsinformationen und -tools* wählen. Tippen Sie dagegen in das Suchfeld des Startmenüs den Befehl *dxdiag* ein und drücken die ⏎-Taste, startet das DirectX-Diagnoseprogramm. Dieses stellt auf verschiedenen Registerkarten Informationen zur DirectX-Unterstützung bereit.

Action-Spiele (z. B. Autorennen, Flugsimulatoren etc.) setzen entsprechende Zusatzgeräte (eine Spieleperipherie) voraus.

Das einfachste Bedienelement stellt der sogenannte **Joystick** dar. Ein solcher Steuerknüppel nimmt die Bewegungen um eine Achse auf und kann mit einer unterschiedlichen Anzahl Tasten (Feuerknöpfen) zur Bedienung des Spiels sowie eventuell mit der sogenannten **Force-Feedback**-Technik ausgestattet sein.

(Quelle: Jöllenbeck GmbH [www.speed-link.com])

Hier sehen Sie ein als **Gamepad** bezeichnetes Peripheriegerät, welches mit beiden Händen gehalten wird. Über verschiedene Bedienknöpfe und ein Element zur Eingabe von Drehbewegungen lässt sich das Spiel bedienen.

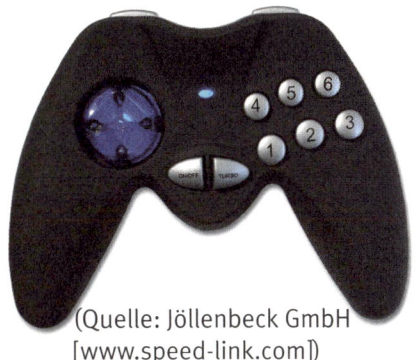

(Quelle: Jöllenbeck GmbH [www.speed-link.com])

Techtalk

Über die **Force-Feedback-Technik** ist es bei entsprechend programmierten Spielen möglich, dem Benutzer realistischere Eindrücke (z. B. Vibrationen oder Gegendruck auf die Steuerbewegungen) zur Spielszene zu vermitteln.

Speziell für Simulationsspiele (z. B. Autorennen) gibt es als **Racing Wheels** bezeichnete Steuergeräte, die mit Lenkrad, Gaspedalen und ggf. sogar Schaltung und Handbremse versehen sind. Sie erlauben es dem Spieler, den realen Bedingungen bei der Bedienung des Spiels sehr nahe zu kommen.

(Quelle: Jöllenbeck GmbH [www.speed-link.com])

Diese Peripheriegeräte werden mittlerweile fast ausschließlich über die USB-Schnittstelle an den Computer angeschlossen. Welche dieser Peripheriegeräte Sie benötigen, hängt vom verwendeten Spiel ab. Die betreffenden Angaben finden Sie in der Regel auf der Verpackung des Spiels aufgedruckt.

Weitere Informationen zu Spielen

Wegen der Vielzahl von Spielen für Windows 7 kann an dieser Stelle nur ein kurzer Abriss mit einigen allgemeinen Informationen gegeben werden. Windows 7 wird mit einigen **einfachen Spielen** (z. B. Kartenspielen wie Solitär, Spider Solitär, Hearts und Freecell oder Spielen wie Schach, Mahjong etc.) **ausgeliefert**. Gerade die Karten- und Strategiespiele stellen eine ideale Möglichkeit zum Einstieg dar und können der Unterhaltung und Entspannung dienen. Sie finden die Windows-Spiele im Startmenü im Zweig *Alle Programme/Spiele*. Die mit Windows ausgelieferten Spiele setzen in der Regel keine besondere Hardware zur Bedienung voraus, Tastatur und Maus genügen.

> **Hinweis**
>
> Aus Platzgründen muss die Beschreibung der mit Windows 7 gelieferten Spiele an dieser Stelle entfallen. Schauen Sie in der Hilfe des Spiels nach, um weitere Informationen zu erhalten. Für einige Spiele können Sie eine kurze Anleitung unter der Überschrift »Kurzanleitungen für Windows-Spiele« in der Rubrik »Tipps & Tricks« von meiner Website *www.borncity.de* herunterladen. Die Adobe Acrobat PDF-Datei lässt sich im Adobe Reader auf Ihrem Computer ansehen, speichern und drucken.

Bei manchen Spielen lassen sich die Rechner über ein Netzwerkkabel verbinden und es können menschliche Spieler gegeneinander antreten. Die modernere und universellere Variante stellen **Internetspiele** dar, die eine Onlineverbindung voraussetzen. Sobald Sie das Programm starten, nimmt es Verbindung zum Spieleserver (Game-Server) auf. Dieser Server führt die Onlinespieler zusammen. Auf der Internetseite *http://spiele.unterhaltung.msn.de* finden Sie ein reichhaltiges Angebot an Onlinespielen. Dort werden ggf. auch weitere Spiele zum (kostenlosen) Download angeboten. Auch die Website *http://de.bigpoint.com* stellt nach einer Anmeldung eine Sammlung an Browserspielen bereit. Wer Mitglied beim sozialen Netzwerk Facebook ist, kann dort auch Spiele wie Farmville (Simulation eines Bauernhofs) im Browser spielen. Das vor Jahren extrem beliebte **Moorhuhn** lässt sich online auf der Seite *www.moorhuhn.de* spielen.

> **Achtung**
>
> Sofern Sie an Onlinespielen teilnehmen, fallen auf jeden Fall die Kosten für den Internetzugang an. Dies kann bei zeitabhängig abgerechneten Internetverbindungen durchaus kostenträchtig sein. Bei der Teilnahme an Onlinespielen müssen Sie sich zudem beim betreffenden Anbieter anmelden bzw. registrieren. Achten Sie darauf, ob diese Registrierung kostenlos ist oder ob ggf. einmalige bzw. laufende Kosten entstehen. Bei einem kostenpflichtigen Abonnement sollten Sie wissen, was an finanziellen Belastungen auf Sie zukommt und wie Sie ein

> solches Abonnement ggf. wieder beenden können. Eltern sollten auf jeden Fall ihre Kinder auf die Gefahren hinweisen, dass bei einer unbedarften Anmeldung an einer solchen Website durchaus ein (ungewolltes) kostenpflichtiges Abonnement entstehen kann. Leider wird so etwas von zwielichtigen Geschäftemachern mitunter ausgenutzt, die auf ihren Webseiten die Kosten nur in ganz kleiner Schrift und versteckt aufführen.

Die verfügbaren Spiele werden zudem in verschiedene **Genres** (Kartenspiele, Brettspiele, Geduldsspiele, Actionspiele, Strategiespiele, Simulation etc.) unterteilt.

- Beispiele für schnelle Simulationsspiele sind der **Microsoft Flugsimulator**, **DTM Race Driver** oder **Grand Theft Auto**.

- Neben den obigen durch Action geprägten Vertretern gibt es auch Simulationen als Strategiespiele, in denen z. B. eine Zivilisation erschaffen werden soll. **Zivilisation**, **Anno 1503**, **Anno 1602**, **Anno 1701** (http://anno.de.ubi.com/), **Die Siedler** (http://siedler.de.ubi.com/siedler-7/) und andere gehören in diese Kategorie.

- Beim Spiel **Die Sims** (http://de.thesims3.com) handelt es sich um eine »Lebenssimulation«, bei der Sie einen Bewohner von SimCity erschaffen können und dann für dessen Bedürfnisse (Hunger, Komfort, Hygiene, soziales Ansehen etc.) zuständig sind.

- Eine Mischung zwischen Onlinesimulationsspiel und virtueller Welt ist **Second Life**. Bei Second Life handelt es sich um eine virtuelle 3D-Welt, die von ihren Bewohnern erschaffen und weiterentwickelt wird. Um an Second Life teilzunehmen, müssen Sie eine Software auf dem Computer installieren und einen Zugang beantragen. Der Basis-Account ist dabei kostenlos. Sofern Sie aber ein Land besitzen möchten, um dort zu leben, zu bauen oder zu arbeiten, benötigen Sie einen kostenpflichtigen Zugang, bei dem eine monatliche Mietgebühr anfällt.

- Daneben gibt es noch die obligatorischen Weltraum-, Schlacht- und Kriegsspiele, die auf Computern laufen. Ein Onlinerollenspiel im Genre der Kriegsspiele ist **World of Warcraft** (www.wow-europe.com/de), in dem Zehntausende Teilnehmer gegeneinander antreten.

Simulationen und Actionspiele benötigen wegen der aufwendigen Grafik und zur Bedienung die weiter oben in diesem Kapitel erwähnte Hardware zur Anzeige und zur Bedienung. Brett- und Kartenspiele lassen sich in der Regel auf allen Windows-Computern spielen und werden per Maus oder mit der Tastatur bedient.

Hinweise zu Spielen erhalten Sie, indem Sie den Spielenamen in einer Suchmaschine wie Google eintippen. Persönlich besuche ich auch gerne die Seite *de.wikipedia.org* und lasse dort nach dem Spielenamen suchen. Auf den Seiten dieser Enzyklopädie finden Sie meist eine ausführliche Beschreibung des betreffenden Produkts. Auch Computerzeitschriften veröffentlichen häufiger Übersichten zu Spielen. Im Onlineangebot der Zeitschrift PC-Welt finden Sie z. B. eine Aufstellung zu beliebten Minispielen (*http://tinyurl.com/minispiele*). Weiterhin stehen mittlerweile einige frühere Spieleklassiker im Internet zum kostenlosen Download bereit. Die Zeitschrift PC-Welt hat sich dieses Themas ebenfalls in einem Onlineartikel angenommen (*http://tinyurl.com/alte-spiele*) und gibt Downloadlinks für Spiele wie Civilization, Command & Conquer, GTA, Mechwarrior und weitere an.

Wer viel Zeit mit Spielen verbringt, für den lohnt sich auch das Abonnement einer der vielen Spielezeitschriften (z. B. GameStar), die Testberichte, Hintergründe zur Spieleentwicklung und eine Übersicht über Neuerungen bringen. Häufig liegen diesen Zeitschriften auch CDs/DVDs mit Spielen und Spieledemos bei. Auf der Webseite *www.gamestar.de* der Zeitschrift GameStar finden Sie nicht nur die neuesten Informationen zur Spieleszene. Unter der Rubrik »Downloads« werden Patches, d. h. Fehlerkorrekturen, zu populären Spielen angeboten. Weiterhin finden sich dort auch Test- und Demoversionen der Spielehersteller zum Download. Einen besonderen Service bietet die Rubrik »Tipps & Tricks«. Dort finden Sie eine alphabetisch geordnete Sammlung von Cheats, Tipps und Lösungen zu Spielen.

> **Was ist das?**
>
> **Cheats** sind Tipps und Anleitungen, mit denen sich Spielsituationen am Computer einfacher oder schneller bewältigen lassen; es handelt sich dabei z. B. um bestimmte Tastenkombinationen zum Abrufen von Optionen. Der Begriff kommt aus dem Englischen: »to cheat« heißt so viel wie mogeln. Wenn Sie solche Tipps zu Spielen suchen, geben Sie den Begriff »Cheats«, ggf. kombiniert mit dem Namen des Spiels, in eine Suchmaschine ein. Mit Sicherheit werden Ihnen eine Unmenge Webseiten angezeigt, die sich mit dem Thema befassen.

Wenn Sie sich über die Preise eines bestimmten Spiels informieren möchten, empfiehlt sich ggf. der Besuch der Amazon-Webseite (*www.amazon.de*). Wählen Sie die Kategorie »Games« im Kopf der Seite und tippen Sie in das Suchfeld den Titel des Spiels ein. Neben Preisangaben und einer allgemeinen Beschreibung des Spiels finden Sie dort oft Bewertungen von anderen Nutzern und gelegentlich sogar Angebote für gebrauchte Versionen des Spiels. T-Online betreibt ein Spieleportal unter der Internetadresse *www.gamesload.de*. Sie können sich dort über aktuelle Spiele und deren Anforderungen informieren. Zudem lassen sich diese kostenpflichtigen Spiele direkt erwerben und aus dem Internet herunterladen. Ansonsten können Sie in Suchmaschinen Begriffe wie »Spiele Freeware« eingeben, um sich Seiten mit kostenlosen Spielen anzeigen zu lassen.

Spielen, bis der Arzt kommt

Achtung

Im Spielebereich gibt es leider auch Webseiten, deren Angebote an Spielen und Cheats zum Download mit einem Haken verbunden sind. Das beginnt mit ständig aufklappenden und nervenden Werbefenstern und endet mit Dialogfeldern, die beim Schließen einen 0900/0137er-Dialer oder Schadsoftware installieren. Passen Sie auch auf, dass beim Besuch der Seiten keine Registrierungsdaten wie Name und Adresse abgefragt werden. Unter dem Stichwort »Abofallen« versuchen die Betreiber dann, den Besuchern ein kostenpflichtiges Jahresabonnement unterzuschieben. Falls doch mal ein Malheur mit einer Abofalle passiert ist, finden Sie Hilfe bei Verbraucherzentralen und auf der Webseite www.computerbetrug.de. Merken Sie sich die betreffenden Webseiten und meiden Sie diese zukünftig. **Eltern sollten** ihre **Kinder auf** diese **Gefahren hinweisen**, damit es keine unangenehmen Überraschungen gibt. Beachten Sie als Eltern auch die Altersklassifizierung für Spiele. Indizierte Computerspiele haben im Kinderzimmer nichts verloren.

Windows an Spiele anpassen

Einige der verfügbaren Spiele wurden für ältere Windows-Versionen entwickelt und laufen unter Windows 7 nicht richtig. Manchmal hilft es dann, wenn Sie folgende Schritte durchführen.

1 Klicken Sie das Symbol des Spiels (z. B. auf dem Desktop oder im Startmenü) mit der rechten Maustaste an und wählen Sie den Kontextmenübefehl *Eigenschaften*.

2 Wechseln Sie zur Registerkarte *Kompatibilität* und markieren Sie das Kontrollkästchen *Programm im Kompatibilitätsmodus ausführen für*.

3 Stellen Sie den Kompatibilitätsmodus auf eine der vorgegebenen Betriebssystemversionen (Windows 95 etc.) ein.

4 Markieren Sie bei Bedarf noch die Kontrollkästchen in der Gruppe *Einstellungen*.

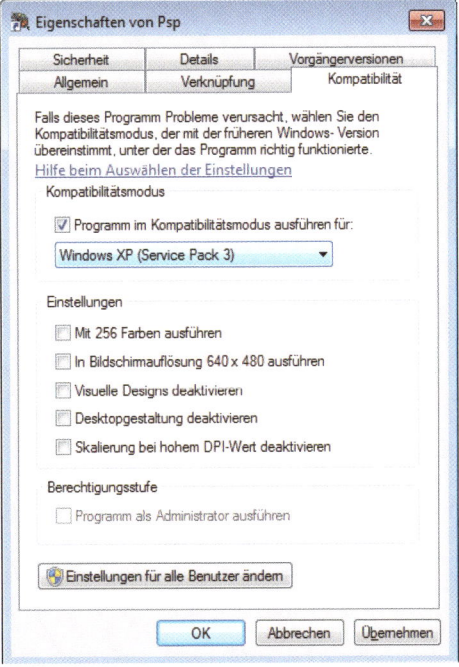

Sobald Sie die Registerkarte über die *OK*-Schaltfläche schließen, werden die Kompatibilitätsoptionen übernommen und beim Ausführen des Programms durch Windows verwendet. Gegebenenfalls müssen Sie mehrere Optionen ausprobieren, um die optimalen Einstellungen herauszufinden.

> **Achtung**
>
> Die Hard- und Softwarevoraussetzungen, die ein Spieleprogramm benötigt, sind in der Regel auf der Verpackung aufgedruckt. Achten Sie beim Kauf bzw. Download von (älteren) Spielen, dass diese für Windows 7 geeignet sind und Ihre Hardware die Anforderungen erfüllt. Falls Sie ein 64-Bit-Windows 7 verwenden, werden ältere, für MS-DOS oder Windows 95/98 geschriebene Spiele nicht mehr funktionieren. Daran lässt sich dann auch mit den obigen Kompatibilitätseinstellungen nichts ändern.

Bildung und Hobby

Häufig lässt sich für ein Hobby auf den Computer zurückgreifen. Wer sich für Fotografie oder Video interessiert, dem eröffnet der Computer ganz neue Möglichkeiten zur Bearbeitung des Filmmaterials. Einige dieser Aspekte werden in diesem Buch in diesem und im vorherigen Kapitel angeschnitten. Spezielle Programme unterstützen Sie bei der Ahnenforschung (*www.ahnenblatt.de* , *www.myheritage.de*),. und die Verwaltung von Sammlerstücken (Briefmarken, Münzen, Bierdeckeln oder was auch immer) lässt sich per Software elegant organisieren.

Auch im Hinblick auf die **Unterstützung beim Lernen** kann der Computer ein guter Helfer sein. Vom Tipptrainer über Mathe- und Physikprogramme bis hin zu Vokabeltrainern gibt es eine Unmenge von Lernprogrammen. Über Suchmaschinen oder in den Downloadbereichen von Webseiten wie *www.heise.de*, *www.computerbild.de* oder *www.chip.de* werden Sie in den betreffenden Kategorien fündig. Alternativ können Sie »Lernprogramm« gepaart mit dem gewünschten Begriff wie »Mathematik« in eine Suchmaschine eingeben. Bei richtig gewählten Begriffen wird die Suchmaschine eine Reihe von Seiten auflisten, die sich mit dem Thema befassen.

> **Tipp**
>
> Schulbuchverlage wie Klett (*www.klett.de*) oder Schrödel (*www.schroedel.de*) bieten ebenfalls spezielle Lernsoftware an. Anbieter wie Pearl (*www.pearl.de*) haben häufig ältere Versionen von Lernprogrammen und Nachschlagewerken im Angebot.

Nachschlagewerke wie Lexika und Fremdwörterbücher oder solche zu Geografie und Geschichte bekommen auf dem Computer ganz neue Fähigkeiten. Geben Sie einfach Stichwörter wie »Duden«, »Brockhaus« etc. in eine Suchmaschine ein. Viele Begriffe lassen sich statt in einem Lexikon auch in der Onlineenzyklopädie Wikipedia (*http://de.wikipedia.org*) kostenlos nachschlagen. Ein (kostenpflichtiges) Onlinesprachtraining ist z. B. unter *http://de.babbel.com* abrufbar.

Aus Aufwandsgründen muss es an dieser Stelle bei einer groben Vorstellung bleiben. Erkundigen Sie sich im Fachhandel oder recherchieren Sie im Internet, welche Software es rund um die Themen Hobby, Wissen und Lernen gibt.

Hinweis

Mittlerweile verbreiten sich auch elektronische Bücher (**eBooks**) und digitale Lesegeräte (**eBook-Reader**). eBooks werden in Form von Dateien in diversen eBook-Formaten angeboten. Ist ein eBook im Adobe PDF-Format verfügbar, reicht zur Anzeige unter Windows der kostenlose Adobe PDF-Reader (oder der Foxit-Reader, *www.foxitsoftware.com*). Ein spezieller eBook-Reader steht unter dem Namen **Kindle** von der Firma Amazon zur Verfügung. Alternativ können die immer beliebter werdenden Tablet-PCs (**iPad**, **WeTab** etc.) oder u. U. auch Smartphones wie iPhone oder Anroid-Handys als eBook-Reader eingesetzt werden. Die Behandlung dieser Thematik geht über die Ziele dieses Buches hinaus.

Windows als Musikmaschine

Moderne Computer ermöglichen die Wiedergabe von Klängen und Musik, wenn entsprechende Lautsprecher an der **Soundkarte** angeschlossen sind. Die im Rechner enthaltenen DVD-Laufwerke ermöglichen Ihnen, **Audio-CDs** abzuspielen. **Musikstücke** lassen sich auch auf die **Festplatte** kopieren und von dort **wiedergeben**. Oder Sie schneiden **Radiosendungen** und **eigene Musikstücke** über den Audioeingang der Soundkarte mit und speichern diese als Audiodateien auf der Festplatte. Auf die gleiche Weise lassen sich alte **Schallplatten** oder **Kassetten** mit dem Computer **digitalisieren**. Wer einen schnellen Internetzugang hat, kann auch Radio über das Internet hören. Alles, was Sie benötigen, ist ein geeignetes Wiedergabeprogramm für diese Musikquellen.

Techtalk

Soundkarten besitzen meist Miniklinkenbuchsen zum **Anschließen** der **Lautsprecher und** anderer **Audiogeräte** (siehe *Kapitel 1*). Die beiden Stereolautsprecher werden über ein Kabel mit einem Stereoklinkenstecker in die (grüne) »Out«-Buchse eingesteckt. Das Anschlussblech weist in der Regel noch eine mit »Line in« oder ähnlich beschriftete Buchse auf. An diese Buchse lassen sich Geräte wie

Radio, CD-Player etc. anschließen, um Tonaufnahmen herzustellen. Eine separate Mikrofonbuchse ermöglicht es zwar, ein einfaches **Mikrofon** für Aufnahmen anzuschließen. Für hochwertige Aufnahmen empfiehlt sich aber die Verwendung eines Mischpults, dessen Ausgang mit dem Audioeingang der Soundkarte verbunden wird. Da Hi-Fi-Geräte in der Regel Cinchbuchsen besitzen, benötigen Sie entweder Adapter oder Verbindungskabel, die an einem Ende Miniklinkenstecker und am anderen Ende Cinchstecker aufweisen.

Moderne Soundkarten können zudem Mehrkanalton in Dolby-Digital-Technik auf dem Computer wiedergeben. Angaben der Art »5.1« oder »Dolby Digital 5.1« auf Lautsprechern oder Soundkarten signalisieren, wie viele Lautsprecher sich anschließen lassen. Ein 5.1-Lautsprechersystem besteht aus sechs Einheiten: vorne links/rechts, hinten links/rechts, Subwoofer für Niedrigfrequenzeffekte und einem zentralen Lautsprecher. Zum Anschluss analoger Lautsprechersysteme weisen diese Soundkarten dann (wie hier gezeigt) zusätzliche Klinkenbuchsen auf. An der mit »front« bezeichneten analogen Anschlussbuchse werden die beiden (vorderen) Stereolautsprecher mit einem normalen Klinkenstecker angeschlossen. Weitere mit »rear« und »c/sub« beschriftete Buchsen erlauben den Anschluss der beiden rückwärtigen Lautsprecher und des Subwoofers bzw. des zentralen Lautsprechers. Jeder Klinkenstecker kann zwei Lautsprecher versorgen.

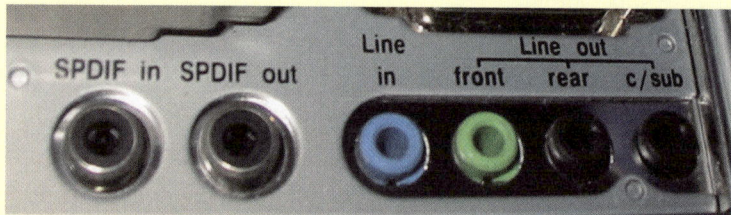

Bei 7.1.-Systemen kommen nochmals zwei Lautsprecherkanäle hinzu. Dann werden meist digitale Lautsprechersets eingesetzt, die die Klangkanäle selbsttätig trennen. Solche Lautsprecher sind i. d. R. über ein entsprechendes Kabel mit dem digitalen Audioausgang der Soundkarte verbunden. Die dabei verwendete SPDIF-Technik (**SPDIF** steht für **S**ony/**P**hilips **D**igital **I**nterface **F**ormat) unterstützt sowohl elektrische als auch optische Ein- und Ausgänge. Weist die Soundkarte die hier gezeigten elektrischen SPDIF-(RCA-)Buchsen auf, lassen sich diese über ein geeignetes (Koax-)Kabel mit den SPDIF-Buchsen anderer Geräte verbinden.

Durch die Erdung der Geräte und Antennenleitungen kommt es beim Anschluss externer Geräte (z. B. Stereoanlagen) zu **Brummschleifen**, die sich durch einen Brummton bemerkbar machen. Sie müssen dann herausfinden, welche Geräte und Anschlusskabel den Brummton einschleppen. Wenn alle Geräte dieselbe Steckdosenleiste verwenden, kann es helfen, den Netzstecker des betreffenden Geräts um 180 Grad gedreht erneut in die Steckdose zu stecken – oder Sie klemmen versuchsweise die Antenne ab. Bei Bedarf müssen Sie auf spezielle Kabel und (Trenn-)Übertrager (zum Trennen der Audiosignale) bzw. Mantelstromfilter (bei Antennen) zurückgreifen. Die betreffenden Bauteile sind im Elektronikhandel zu bekommen. Solche Erdungsprobleme werden beim Einsatz optischer Übertragungskabel mit der sogenannten **TOS-Link**-Glasfasertechnik vermieden.

Wiedergabeprogramme

Zum Abspielen von Musik und Videos benötigt der Computer ein spezielles **Wiedergabeprogramm** (auch als **Media Player** bezeichnet). Windows 7 ist mit dem **Microsoft Media Player** 12 ausgestattet. Mit dem Video Lan Player (**VLC**) steht ein kostenloses Programm (*www.videolan.org*) zur Wiedergabe von Musik und Video zur Verfügung. Diese Programme können Audio-CDs, verschiedene Musikdateien (.*wav*, .*mp3*, .*wma* etc.) und Videos in unterschiedlichen Formaten wiedergeben. Zudem unterstützen die Player teilweise auch die Wiedergabe von DVDs.

Hinweis
Neben den beiden hier genannten Media Playern gibt es weitere Wiedergabeprogramme von verschiedenen Anbietern. Der **Real Player** wird gelegentlich benötigt, um auf Webseiten (z. B. bei Amazon) angebotene Hörproben von Musiktiteln abzuspielen. Sie können die aktuelle Version unter *de.real.com* (Spalte »Real Player«) herunterladen. Von Apple wird der **QuickTime**-Player zur Wiedergabe von QuickTime-Filmen (.*mov*) kostenlos angeboten. Recht populär ist auch die freie Version des Programms **Winamp** der Firma Nullsoft, die Sie kostenlos von der Internetseite *www.winamp.com* herunterladen können. Meine Empfehlung ist aber, mit der Installation dieser Player zurückhaltend zu sein. Allzu häufig kommt es im Anschluss an die Installation eines Fremdplayers zu allerlei Problemen mit Windows 7. Der Windows Media Player und der VLC-Player reichen nach meiner Erfahrung normalerweise zur Wiedergabe gängiger Musik- und Videodateien aus. Sofern Sie doch Player herunterladen, achten Sie beim Download darauf, die kostenlose Version auszuwählen und kein Abonnement einzugehen. Falls beim Besuch von Internetseiten ein angeblich fehlender Player zum Download angeboten wird, sollten Sie dies ablehnen. Der Download könnte Schadsoftware oder den Zwang zu einem Abonnement enthalten.

Audio- und Videoformate

Zum Speichern von Klängen, Musikstücken und Videos werden verschiedene Formate benutzt.

- Das **WAV-Format** (.*wav*) speichert Audiodaten in unkomprimierter Form mit diversen Abtastraten (z. B. CD-Qualität im 16-Bit-Stereoton mit einer Abtastrate von 44,1 KHz). Das Aufzeichnungsverfahren führt zu recht großen Dateien (pro Minute ca. 10 MByte). Die auf einer üblichen Musik-CD im WAV-Format gespeicherten Musikstücke belegen daher zwischen 640 und 700 Megabyte. Die bei einer eingelegten Musik-CD im Ordnerfenster des Computers angezeigten .*cda*-Dateien sind lediglich Verweise auf die (im WAV-Format gespeicherten) Klangdateien mit den Musikstücken.

- Das vom Fraunhofer Institut als verlustbehaftetes Komprimierverfahren für Musikdateien entwickelte **MP3**-Verfahren (.*mp3*) zeichnet sich durch eine sehr hohe Klangqualität (128-Kbit-Datenrate) bei sehr kompakten Audiodateien (ca. 1 MByte pro Minute) aus. MP3 steht dabei für MPEG-1 Audio Layer 3, d. h., es wird das von der Moving Picture Experts Group (MPEG) verabschiedete MPEG-1-Format mit einer speziellen Kodierung benutzt. Eine neuere Variante **MP3Pro** kommt mit 64-Kbit-Datenrate bei gleicher Klangqualität aus und reduziert die Dateigröße gegenüber MP3 nochmals um rund 50 %.

- Von Microsoft wurde das **WMA-Format** (.*wma*, steht für Windows Media Audio) zur Speicherung von Audiodaten entwickelt. Der Vorteil dieses Formats besteht darin, dass es bei einer brauchbaren Klangqualität nur die Hälfte des Speicherplatzes von MP3-Dateien belegt. WMA-Dateien lassen sich auf Wunsch vor einer unbefugten Wiedergabe schützen (zur Wiedergabe der Musikstücke ist eine entsprechende Wiedergabe-Lizenzdatei auf dem Gerät erforderlich).

- Zum Speichern von Videos mit Ton wird häufig das **AVI-Format** (.*avi*, steht für Audio Video Interleaved) verwendet. Das (unkomprimierte) Format besitzt eine gute Bildqualität, erzeugt aber sehr große Dateien und wird vom Windows Media Player unterstützt.

- Von Microsoft wurde das **WMV-Format** (.*wmv*, steht für Windows Media Video) zur komprimierten Speicherung von Videos mit Ton entwickelt. Das Format wird vom Windows Media Player unterstützt.

- Das **MPEG-Format** (.*mpg*, .*mpeg*) ermöglicht das komprimierte Speichern von Videobildern mit Ton. Dabei werden aber verschiedene Varianten eingesetzt. Das **MPEG-1-Format** unterstützt Bitraten bis 1.500 Kbit/Sekunde und eine Auflösung von 352 x 288 Bildpunkten. Es wird bei Video-CDs verwendet, deren Bildqualität in etwa der von VHS-Kassetten entspricht. MPEG-1-Dateien lassen sich im Windows Media Player mit den üblichen Codecs wiedergeben. Mit dem auf Super Video-CDs und DVDs benutzten **MPEG-2-Format** lassen sich Bitraten

Windows als Musikmaschine

über 80 Mbit/Sekunde und eine beliebige Auflösung erreichen. Audiodaten lassen sich im 5.1-Kanalton mit Dolby Digital (AC3) und DTS aufzeichnen. Das **MPEG-4-Format** benutzt Bitraten von 10 Mbit/Sekunde bei beliebiger Auflösung und führt zu extrem kompakten Dateien. Allerdings werden innerhalb von MPEG-4-Dateien unterschiedliche Verfahren zum Speichern der Videodaten verwendet (Microsoft VC-1, QuickTime, H264 etc.).

Es gibt noch weitere, spezielle, aber seltener genutzte Audio- und Videoformate (z. B. das aus dem Open-Source-Bereich stammende **OGG Vorbis**-Audioformat, Real Video 9, QuickTime etc.), die hier aber unerwähnt bleiben. Google stellte, als dieses Buch überarbeitet wurde, das neue Videoformat **WebM** vor, welches bei YouTube-Videos zum Einsatz kommen soll. Bei digitalen Videokameras kommt noch ein spezielles **AVCHD-Format** zum Speichern der Videos zum Einsatz.

> **Hinweis**
> Mit dem VLC-Player können die meisten Videoformate abgespielt werden. Details zu den einzelnen Audio- und Videoformaten können Sie bei Wikipedia unter *http://de.wikipedia.de* abrufen, indem Sie nach dem Formatnamen suchen lassen.

Musik-CDs und -dateien abspielen

Das Abspielen von Musik-CDs am Computer ist eigentlich ein Kinderspiel. Der Windows Media Player oder eines der anderen Wiedergabeprogramme ist dafür geeignet.

1 Zum **Abspielen** einer Musik-CD genügt es, wenn Sie diese in das DVD- bzw. BD-Laufwerk einlegen (siehe *Kapitel 3*).

2 Erscheint das Dialogfeld *Automatische Wiedergabe*, klicken Sie auf den Befehl *Audio-CD wiedergeben*.

Anschließend beginnt die Wiedergabe der Musik-CD über den Windows Media Player. Die Bedienung ist auf den folgenden Seiten erklärt.

Kapitel 10

> **Hinweise**
>
> Um ein **bestimmtes Wiedergabeprogramm** zu **verwenden** oder falls die automatische Wiedergabe nicht funktioniert, rufen Sie das Wiedergabeprogramm manuell auf.
>
> Den Windows Media Player starten Sie z. B. über das Symbol in der Taskleiste bzw. über den Befehl *Alle Programme/Windows Media Player* des Startmenüs.

Um das **Abspielen** einer Musik-CD zu **beenden**, drücken Sie einfach einmal auf die Auswurftaste des DVD-/BD-Laufwerks und warten, bis die Schublade ausgefahren wird. Dann entnehmen Sie die CD, schließen die Schublade und beenden das Wiedergabeprogramm.

Um auf der Festplatte (z. B. in der Bibliothek *Musik*) gespeicherte **Musikstücke wiederzugeben**, wählen Sie im Ordnerfenster die *.wav-*, *.mp3-* oder *.wma*-Datei per Doppelklick an. Windows sucht anhand der Dateinamenerweiterung automatisch das für den Dateityp geeignete Wiedergabeprogramm.

Bei bekanntem Dateiformat werden zudem beim Markieren einer Datei verschiedene Wiedergabeschaltflächen in der Symbolleiste des Ordnerfensters eingeblendet.

Klicken Sie auf die Schaltfläche *Wiedergabe*. Bei Bedarf können Sie das Menü der Schaltfläche *Wiedergabe* öffnen.

Im Menü lässt sich dann der gewünschte Player gezielt auswählen.

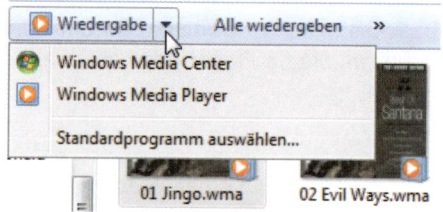

> **Tipp**
>
> Enthält das Ordnerfenster mehrere Musikdateien und möchten Sie diese nacheinander wiedergeben? Wählen Sie im Ordnerfenster die Schaltfläche *Alle wiedergeben*. Windows legt dann eine sogenannte Wiedergabeliste der Musiktitel an und beginnt mit dem Abspielen des ersten Titels.

Probleme kann es lediglich geben, wenn der Player nicht über die erforderlichen Codecs zur Wiedergabe der Audio- oder Videodatei verfügt.

Was ist das?

Das Wort **Codec** setzt sich zusammen aus Coder und Decoder und bezeichnet einen Softwarebaustein, der zum Kodieren oder Dekodieren von Audio- oder Videodaten benutzt wird. Wiedergabeprogramme benötigen solche Codecs, um Daten im betreffenden Audio- oder Videoformat abspielen zu können. Einige Wiedergabeprogramme sind in der Lage, automatisch im Internet nach fehlenden Codecs zu suchen. Codecs sind häufig patentgeschützt und müssen lizenziert werden. Während viele Codecs zur Wiedergabe in der Regel kostenlos verwendet werden dürfen, sind Codecs zum Erzeugen von Audio- und Videodateien gebührenpflichtig.

Achtung

Wegen der Möglichkeit zum Kopieren von Musik-CDs mithilfe von CD-/DVD-Brennern versieht die Musikindustrie neue Audio-CDs teilweise mit einem Kopierschutz. Solche CDs lassen sich nicht mehr auf Computern oder älteren CD-Playern wiedergeben. Details über die einzelnen Kopierschutzverfahren finden Sie im Internet (in Google z. B. »CD-Kopierschutztechniken« eingeben).

Im Internet gekaufte Musikstücke, die im WMA-Format vorliegen, sind häufig mit einem digitalen Rechtemanagement (DRM, Digital Rights Management) versehen. DRM ist ein Abspielschutz, der die Wiedergabe nur im Rahmen der erworbenen Rechte erlaubt. Dies verhindert mitunter, dass Sie regulär erworbene Musik auf einem anderen/neuen Computer abspielen können. Besser ist es, wenn die Musikstücke im MP3-Format im Musikshop zum Download angeboten werden, denn das MP3-Format kennt kein solches Rechtemanagement.

Windows Media Player – Kurzübersicht

Sobald der Windows Media Player gestartet oder mit der Wiedergabe einer Musik- bzw. Videodatei begonnen wurde, erscheint das nachfolgend gezeigte Programmfenster (dessen Darstellung allerdings veränderbar ist). Am unteren Rand des Fensters besitzt der Windows Media Player Schaltflächen zur Wiedergabesteuerung. Die Funktionen sind ähnlich wie beim Walkman oder beim CD-Player organisiert.

- Über die Schaltfläche *Wiedergabe/Anhalten* lässt sich ein Multimediatitel (Musik, Video) abspielen bzw. anhalten. Mit der Schaltfläche *Stopp* wird die Wiedergabe beendet.

- Der Schieberegler *Lautstärke* ermöglicht Ihnen, die Lautstärke einzustellen, und ein Klick auf das Lautsprechersymbol schaltet den Ton ein oder aus.

- Die Schaltflächen der Wiedergabesteuerung (*Zurück/Weiter*) ermöglichen Ihnen, schrittweise zwischen den Medientiteln (bei Musik zwischen den Musikstücken und bei Videos zwischen den ggf. vorhandenen Kapiteln) vor oder

Kapitel 10

zurück zu gehen. Klicken Sie auf die Schaltfläche *Weiter* und halten die linke Maustaste länger gedrückt, wechselt der Player (bei der Wiedergabe von Videos) in den schnellen Vorlaufmodus.

- Weiterhin finden Sie noch zwei Schaltflächen, mit denen sich die Titel in zufälliger Reihenfolge wiedergeben bzw. wiederholen lassen.

Der Schieber der Suchleiste bewegt sich beim Abspielen der Medientitel nach rechts. Sie sehen also, welcher Teil des aktuellen Titels bereits abgespielt wurde bzw. noch wiederzugeben ist. Durch Ziehen des Schiebers mit der Maus lässt sich eine bestimmte Stelle im aktuellen Titel suchen.

> **Hinweis**
>
> Das Fenster des Windows Media Players kann, z. B. beim Abspielen einer eingelegten Musik-CD, den hier gezeigten Modus »Allgemeine Wiedergabe« zeigen. Sie können aber die Darstellung über die in der rechten oberen Ecke befindliche Schaltfläche *Zur Bibliothek wechseln* ändern (siehe folgende Seiten). Dann erscheint u. a. eine Symbolleiste, über die sich auf die Befehle des Players zugreifen lässt. Eine Schaltfläche in der rechten unteren Fensterecke ermöglicht, zum Modus »Allgemeine Wiedergabe« zurückzuwechseln. Ein kurzes Drücken der Alt -Taste blendet ein Menü zum Zugriff auf die Funktionen des Players in der linken oberen Fensterecke ein.

Die Medienbibliothek verwenden

Mit der Medienbibliothek können Sie Ihre Multimediadateien (z. B. Musik) komfortabel verwalten. Sobald Sie einen Musiktitel aus einem Ordner der Festplatte wiedergeben, wird diese Mediendatei automatisch zur Medienbibliothek hinzugefügt. Nur beim Abspielen von Mediendateien von CDs, DVDs, BDs und Wechseldatenträgern werden die Titel nicht eingetragen. Um die Inhalte der Medienbibliothek anzusehen und ggf. aufgenommene Titel wiederzugeben, gehen Sie in folgenden Schritten vor:

1 Starten Sie den Windows Media Player und wählen Sie (falls der Modus »Aktuelle Wiedergabe« erscheint) die Schaltfläche *Zur Bibliothek wechseln*.

Sie sehen dann die nachfolgend gezeigte Bibliotheksansicht. In der linken Spalte finden Sie den Navigationsbereich, über dessen Einträge sich auf unterschiedliche Bibliotheken (Wiedergabelisten, Musik, Videos, Bilder) zugreifen lässt.

Kapitel 10

2 Wählen Sie in der linken Spalte des Navigationsbereichs die gewünschte Bibliothekskategorie aus (z. B. *Musik*).

3 Expandieren Sie den Zweig der Bibliothekskategorie (über die Dreiecke vor dem jeweiligen Eintrag) und klicken Sie auf einen Eintrag wie *Interpret*, *Album*, *Musiktitel* etc.

Der Windows Media Player zeigt Ihnen in der mittleren Spalte die zur betreffenden Kategorie gefundenen Medieneinträge sowie bei Musikdateien ggf. das Albumcover. Zum (einmaligen) Ermitteln des Albumcovers und der Titel einer Audio-CD muss aber eine Internetverbindung bestehen.

4 Wählen Sie zum Abspielen den gewünschten Eintrag in der mittleren Spalte per Doppelklick an.

Über den Navigationsbereich des Windows Media Players können Sie also sehr bequem auf bereits abgespielte Musik, Videos, Bilder etc. zugreifen. Sie brauchen nur einen der Einträge des Bereichs anzuwählen, um die betreffenden Medieneinträge nach Kategorien geordnet abzurufen.

Windows als Musikmaschine

Tipp
Bei Bedarf können Sie auch den Namen eines Interpreten, Titels etc. in das Suchfeld der Symbolleiste eintippen. Der Media Player durchsucht dann die Medienbibliothek nach den entsprechenden Stichwörtern und listet Übereinstimmungen auf.

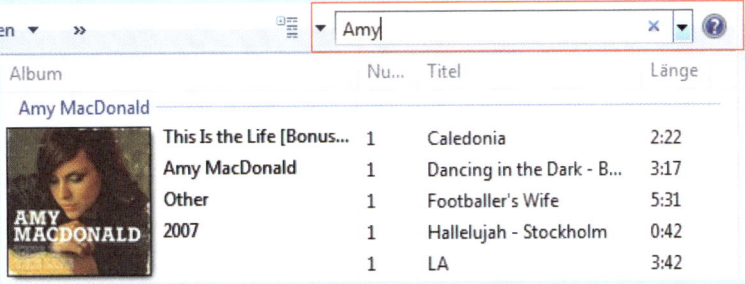

Möchten Sie einen **Medientitel aus** der **Medienbibliothek entfernen**? Klicken Sie den Titeleintrag mit der rechten Maustaste an und wählen Sie den Kontextmenübefehl *Löschen* aus. In einem zusätzlichen Dialogfeld können Sie über Optionsfelder wählen, ob der Eintrag nur aus der Bibliothek oder auch von der Festplatte gelöscht werden soll.

Wiedergabelisten für die Lieblingstitel

Wiedergabelisten ermöglichen Ihnen, Musikstücke, Videos etc. in beliebiger Reihenfolge zur Wiedergabe zusammenzustellen. Um eine solche Wiedergabeliste anzulegen, gehen Sie in folgenden Schritten vor:

1 Starten Sie den Windows Media Player im Bibliotheksmodus (siehe vorhergehende Seiten).

2 Klicken Sie in der Symbolleiste des Fensters auf die Schaltfläche *Wiedergabeliste erstellen*.

415

Kapitel 10

3 Tippen Sie im Navigationsbereich in das hervorgehobene Feld einen Namen für die neue Wiedergabeliste ein.

Die Wiedergabeliste können Sie über Kontextmenübefehle auch nachträglich umbenennen oder löschen.

4 Klicken Sie anschließend im Navigationsbereich auf die Kategorie (z. B. *Musik*) mit den in die Wiedergabeliste aufzunehmenden Titeln.

Sie können wie in den vorhergehenden Abschnitten beschrieben vorgehen und eine Audio-CD abspielen oder mehrere Musikdateien bzw. Videos über die Schaltfläche *Alle wiedergeben* eines Ordnerfensters im Windows Media Player abspielen. Dann tauchen die Titel in der Bibliotheksanzeige auf.

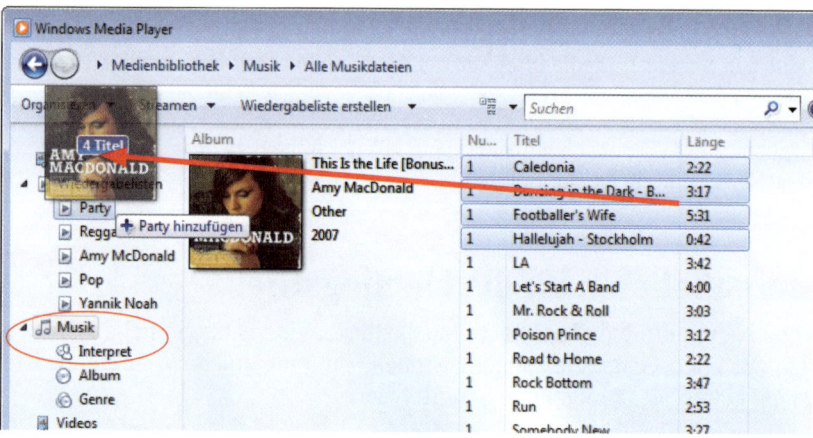

5 Markieren Sie den oder die gewünschten Titel in der mittleren Spalte und ziehen Sie diese bei gedrückter linker Maustaste zur Wiedergabeliste im Navigationsbereich.

Beim Loslassen werden die Titel in die Liste einsortiert. Wiederholen Sie die letzten Schritte, bis alle gewünschten Titel in der Wiedergabeliste aufgeführt werden.

Windows als Musikmaschine

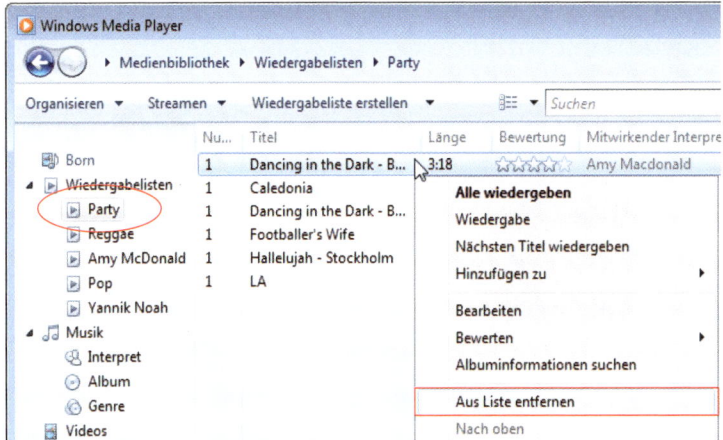

6 Sie können anschließend im Navigationsbereich den Eintrag für die Wiedergabeliste anklicken und dann die Reihenfolge der Titel durch Ziehen per Maus in der Wiedergabeliste sortieren.

Über den Kontextmenübefehl *Aus Liste entfernen* lässt sich ein **Eintrag löschen**.

Wählen Sie später im Windows Media Player die Wiedergabeliste im Navigationsbereich per Doppelklick an, startet die Wiedergabe mit dem ersten Titel. Alternativ können Sie nach Anwahl der Wiedergabeliste einen eingeblendeten Titel per Doppelklick wiedergeben. Über die Schaltflächen des Windows Media Player-Bedienfelds können Sie zudem eine zufällige Titelwiedergabe oder eine Titelwiederholung wählen (siehe Abschnitt »Windows Media Player – Kurzübersicht«).

Musik-CD auf die Festplatte kopieren

Der Windows Media Player kann den Inhalt von Musik-CDs auf die Festplatte kopieren. Dann lassen sich die Musikstücke direkt von der Festplatte abspielen (siehe oben).

1 Legen Sie die Original-CD in das CD-Laufwerk ein, starten Sie bei Bedarf den Windows Media Player und wählen Sie anschließend im Navigationsbereich den Eintrag für das Medium per Mausklick an.

Kapitel 10

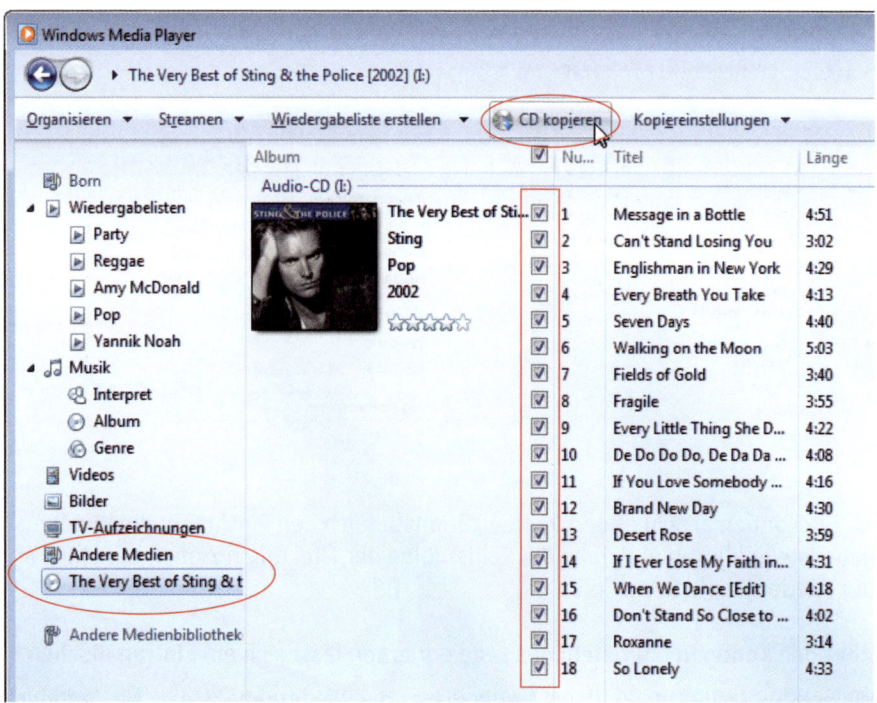

2 Sobald die Titelliste angezeigt wird, heben Sie die Markierung der nicht zu kopierenden Musiktitel durch Anklicken per Maus auf (nur die Kontrollkästchen der zu kopierenden Titel sollten mit Häkchen markiert sein).

Hinweis

Bei Bedarf können Sie das Menü der in der Symbolleiste sichtbaren Schaltfläche *Kopiereinstellungen* öffnen. Über den Befehl *Format* lässt sich im Untermenü das gewünschte Audioformat (z. B. MP3) zum Kopieren auswählen. Die Audioqualität beim Speichern legen Sie über das Untermenü des Befehls *Audioqualität* fest.

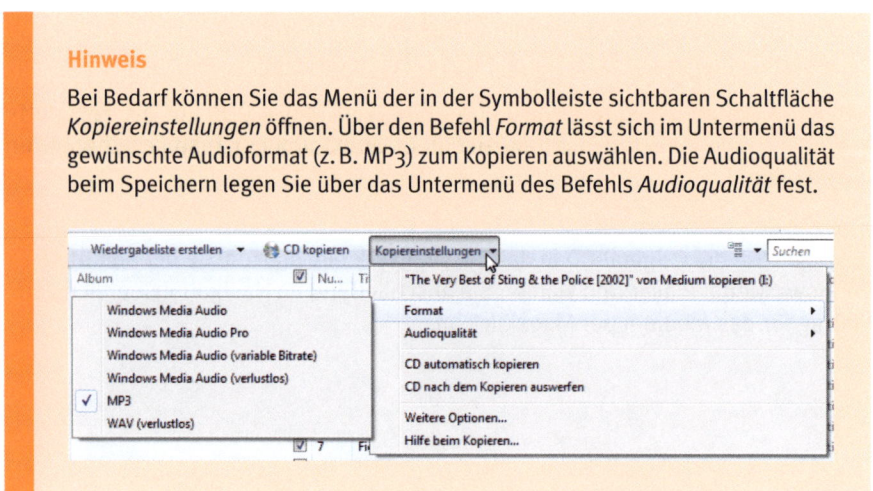

Windows als Musikmaschine

3 Klicken Sie abschließend in der Symbolleiste des Playerfensters auf die Schaltfläche *CD kopieren*.

Der Windows Media Player beginnt dann mit dem Einlesen der markierten Musiktitel und kopiert diese im angegebenen Format in den Ordner *Eigene Musik*. Dabei wird für jedes Album ein eigener Unterordner und für jeden Musiktitel eine separate Datei angelegt.

Eine Textanzeige in der Titelliste informiert Sie, welcher Titel gerade kopiert wird.

Über die Schaltfläche *Kopieren beenden* der Symbolleiste können Sie den Vorgang jederzeit beenden.

Musiktitel auf CD brennen

Ist am Computer ein DVD-/BD-Brenner angeschlossen, lassen sich auf die Festplatte kopierte und nicht kopiergeschützte Musikstücke auf CD-Rohlinge übertragen. Hierzu führen Sie die folgenden Schritte durch:

1 Starten Sie den Windows Media Player und klicken Sie in der rechten oberen Ecke des Programmfensters auf die Registerkarte *Brennen*.

2 Wählen Sie im Navigationsbereich die Wiedergabelisten oder die Einträge der Medienbibliothek, um die gewünschten Musiktitel im Programmfenster anzuzeigen.

Kapitel 10

3 Ziehen Sie die gewünschten Musiktitel mit der Maus nach rechts in die Brennliste.

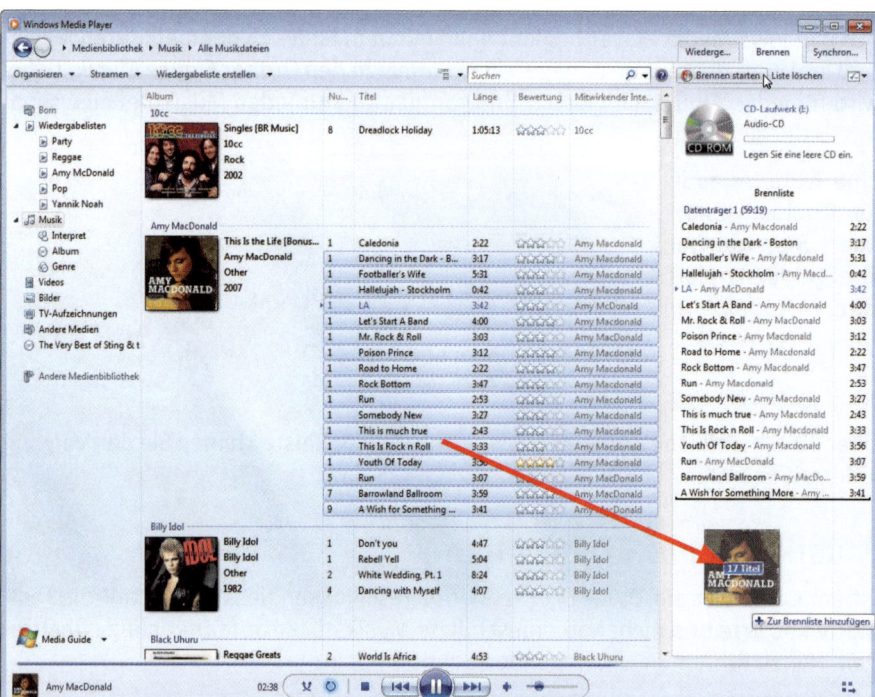

4 Sind alle Titel hinzugefügt, klicken Sie in der Symbolleiste auf die Schaltfläche *Brennen starten*.

Sobald die Schublade des Brenners ausgefahren wird, legen Sie einen leeren CD-R-Rohling ein und schließen die Schublade. Nachdem der Datenträger erkannt wurde, beginnt der Windows Media Player mit dem Brennen der Musiktitel auf das Medium.

Windows als Musikmaschine

Während des Brennens werden Sie über eine Fortschrittsanzeige in der Brennliste über den Ablauf informiert. Sie können den Brennvorgang zwar über die Schaltfläche *Brennen abbrechen* vorzeitig beenden – riskieren aber den Verlust des Rohlings. Nach dem Brennen des letzten Titels öffnet der Windows Media Player standardmäßig die Schublade des Brennlaufwerks und Sie können das Medium entnehmen. Anschließend können Sie den Windows Media Player beenden und die gebrannte Audio-CD testen, indem Sie diese erneut in das CD-Laufwerk einlegen.

> **Hinweis**
>
> Standardmäßig brennt der Windows Media Player die Musiktitel als Audiospuren im Format der Audio-CDs auf den Rohling. Möchten Sie eine MP3- oder WMA-CD bzw. -DVD brennen? Da es sich letztendlich um eine Daten-CD oder -DVD handelt, können Sie die im nächsten Kapitel gegebenen Anleitungen zum Brennen der Dateien verwenden. Dann enthält der Rohling separate Audiodateien. Sie können diesen Datenträger in einem geeigneten DVD-Player oder am Computer abspielen. Normale CD-Player können CDs mit MP3- oder WMA-Dateien allerdings in der Regel nicht wiedergeben.

So kommt Musik auf einen MP3-Player

Besitzen Sie einen MP3- oder WMA-Player und möchten Sie Musikstücke auf dieses portable Abspielgerät übertragen? Mit Windows ist dies kein Problem.

1 Starten Sie den Windows Media Player und verbinden Sie den portablen Media Player über die USB-Schnittstelle mit dem Computer.

2 Warten Sie, bis das portable Gerät erkannt wird, und klicken Sie in der rechten oberen Ecke des Windows Media Players auf die Registerkarte *Synchronisieren*.

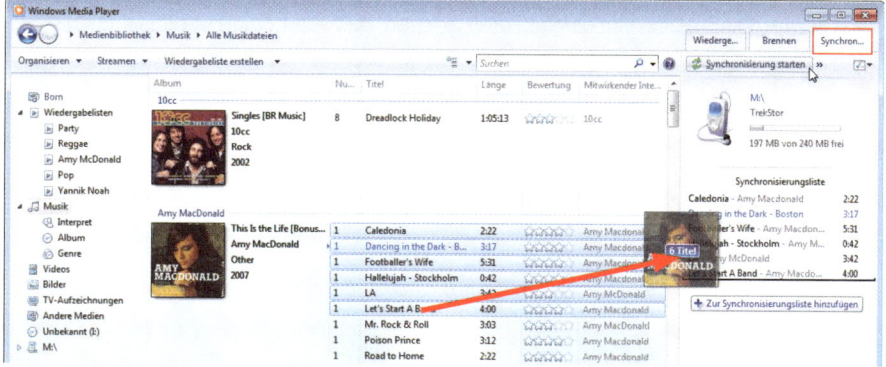

3 Wählen Sie im Navigationsbereich Wiedergabelisten oder Einträge der Medienbibliothek aus, um deren Titellisten im Programmfenster einzublenden.

4 Markieren Sie die gewünschten Musiktitel im Fenster des Windows Media Players und ziehen Sie diese mit der Maus nach rechts in die Synchronisationsliste des Geräts. Nicht erwünschte Titel können Sie in der Synchronisationsliste markieren und über den Kontextmenübefehl *Aus Liste entfernen* löschen.

5 Sobald alle Musiktitel ausgewählt sind, klicken Sie in der Symbolleiste (oberhalb der Synchronisationsliste) auf die Schaltfläche *Synchronisierung starten*.

Der Windows Media Player gleicht dann die Titelliste des portablen Geräts mit der Synchronisationsliste ab, fügt neue Titel zum Player hinzu und löscht ggf. unerwünschte Titel. Eine Fortschrittsanzeige im Fenster des Windows Media Players informiert Sie über den Ablauf. Nach dem Beenden der Synchronisierung wird die Titelliste im Synchronisationsbereich gelöscht und Sie können den portablen (MP3-)Player von der USB-Schnittstelle trennen (siehe *Kapitel 3*) und verwenden.

> **Hinweis**
>
> Klicken Sie im Navigationsbereich des Windows Media Players auf das Symbol des angeschlossenen Geräts, wird der Inhalt des MP3-Players in der mittleren Bibliotheksspalte eingeblendet. Sie können dann (z. B. per Kontextmenü) Titel vom Gerät löschen.
>
> Wird der MP3-Player nicht im Windows Media Player erkannt oder gibt es Probleme bei der Synchronisation? Dann stecken Sie den MP3-Player an die USB-Buchse ein und öffnen das Ordnerfenster *Computer*. Doppelklicken Sie auf das Wechseldatenträgerlaufwerk, welches dem MP3-Player zugeordnet ist. Sie sollten anschließend die Ordner auf dem Speicher des MP3-Players sehen. Wenn Sie nun noch über das Startmenü die Ordner der Bibliothek *Musik* öffnen, können Sie die MP3- (und WMA-)Dateien zwischen den beiden geöffneten Ordnerfenstern kopieren bzw. verschieben oder löschen. Das funktioniert wie das Kopieren, Verschieben oder Löschen von Datendateien (siehe *Kapitel 2*).
>
> Sofern Sie einen **iPod**-Player oder ein **iPhone** von Apple besitzen, können Sie diesen ebenfalls per USB-Kabel mit dem Computer verbinden. Sie benötigen dann aber das kostenlose Programm **iTunes** von der Internetseite *www.apple.com/de/itunes/*, um im Apple Store gekaufte Musik unter Windows auf den iPod zu übertragen.

Internetradio

Mittlerweile gibt es eine ganze Menge Radiosender, die ihr Programm als sogenannte Audiostreams im Internet übertragen. Sobald der Computer online ist, können Sie die Radioprogramme über einen geeigneten Player (z. B. Windows Media Player, RealOne Player) anhören. Sie müssen nur die betreffende Webseite der Radiostation aufrufen und dort den Hyperlink zur Wiedergabe des betreffenden Radioprogramms anwählen.

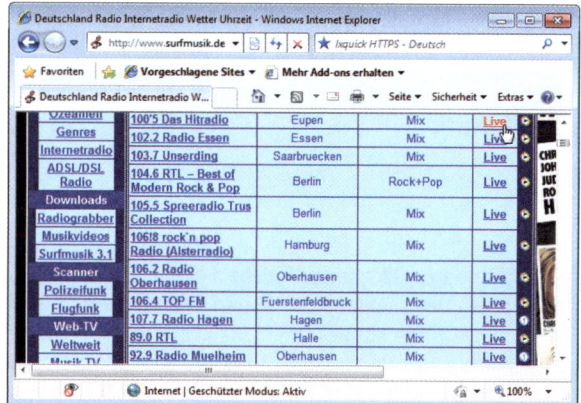

Die Schwierigkeit besteht lediglich darin, geeignete Internetsender zu finden. Hier wurde die Webseite www.surfmusik.de aufgerufen, die eine Übersicht über Internetradiostationen gibt. Zur Wiedergabe brauchen Sie nur den gewünschten Eintrag anzuklicken. Entweder startet die Wiedergabe im gewählten Media Player oder der Browser öffnet ein zweites Fenster zur Wiedergabe.

Achtung

Bei der ersten Wiedergabe einer Internetradiostation erscheint im Wiedergabefenster die Information, dass das erforderliche Plug-in des Windows Media Players geblockt wurde. Sie müssen dann auf die Informationsleiste klicken und die Ausführung des Media Player-Plug-in einmalig zulassen. Sollte das zur Wiedergabe der Streams benötigte Player-Plug-in allerdings fehlen, meldet die Webseite dies und fordert Sie zur Installation auf. Achten Sie in diesem Fall darauf, dass keine kostenpflichtigen Inhalte bestellt oder Dialer installiert werden.

Was ist das?

Stream ist der englische Begriff für Strom und bezeichnet den Datenstrom, der vom Server übertragen wird. Dieser Stream kann die Musik des Radiosenders in stark komprimierter Form enthalten. Je nach Server werden unterschiedliche Kodierungsverfahren zum Übertragen der Daten benutzt. Das Wiedergabeprogramm muss über die entsprechenden **Codecs** zur Wiedergabe verfügen. Der Windows Media Player kann solche Codecs automatisch aus dem Internet nachladen. Ein **Add-in** bzw. ein **Plug-in** ist eine Software, die Zusatzfunktionen für ein Programm bereitstellt. Add-ins und Plug-ins gibt es für verschiedene Programme wie Winamp, Browser wie Internet Explorer oder Netscape Navigator, Microsoft Word, Microsoft Excel etc.

Ist ein Player-Plug-in installiert, versucht der Media Player, eine Verbindung zum Streaming-Server aufzunehmen. Besitzt dieser noch freie Kapazität, werden die Daten übertragen und auf dem lokalen Rechner über die Soundkarte ausgegeben. Über die im Wiedergabefenster angezeigten Bedienelemente des Players lässt sich die Musikwiedergabe anhalten und erneut fortsetzen. Natürlich können Sie auch die Webseite eines bekannten Radiosenders direkt besuchen und nachsehen, ob dort ein Hyperlink *Webradio* zu finden ist.

Internetradio ist vor allem für Benutzer, die über eine schnelle DSL-Verbindung ohne Volumenbeschränkung verfügen, von Interesse. Bei ISDN- oder Modemverbindungen kostet die Onlineverbindung Gebühren, es kommt häufig zu Aussetzern, und die Musik wird nur stark komprimiert und in reduzierter Qualität übertragen.

> **Tipp**
>
> Möchten Sie Sendungen im **Internetradio** für private Zwecke **mitschneiden**? Standardmäßig ist das nicht möglich, da die Wiedergabeprogramme das Speichern der sogenannten Audiostreams mit den übertragenen Daten nicht unterstützen. Sie können aber das kostenlose Programm **Screamer** (*www.screamer-radio.com*) verwenden. Dieses kann Internetradiostationen empfangen und besitzt auch eine Schaltfläche, um die Sendungen in Form von MP3-Dateien mitzuschneiden. Beachten Sie aber beim Mitschneiden die geltende Rechtslage (2010 war das Mitschneiden von Radiosendungen noch gestattet).

Musikaufzeichnung am Computer

Möchten Sie alte Schallplatten oder Kassetten auf den Computer überspielen und als Audiodateien speichern? Oder soll eine Rundfunksendung am Computer mitgeschnitten werden? Selbst das Aufnehmen von Klängen, Tönen oder eigener Musik ist denkbar. Nachfolgend finden Sie eine Übersicht, was beim Aufzeichnen von Audiodaten zu beachten ist.

> **Achtung**
>
> **Beim Aufzeichnen von Musik** ist das **Urheberrecht** zu **beachten**, das nur die Anfertigung von Privatkopien erlaubt. Beim Kopieren von Medien müssen Sie zudem im Besitz des Originaldatenträgers sein, und das Aushebeln eines vom Hersteller aufgebrachten Kopierschutzverfahrens mit entsprechenden Programmen ist unzulässig. Mitschnitte am Audioeingang der Soundkarte oder mit Mikrofon dürften (Stand 2010) aus juristischer Sicht aber nicht als Umgehen des Kopierschutzes zu werten sein.

Zur Aufzeichnung verwenden Sie den (an der Front- bzw. Geräterückseite des Computers angeordneten) Audio- oder Mikrofoneingang der Soundkarte.

Die meist vorhandene Miniaturklinkenbuchse des Mikrofons lässt nur den Anschluss einfacher, nicht abgeschirmter Mikrofone zu. Für höherwertigere Tonaufnahmen sollten Sie das Mikrofon an ein Mischpult anschließen. Die Audioausgänge eines Radios, Mischpults oder Vorverstärkers (meist beim Anschluss eines Plattenspielers an die Soundkarte erforderlich) verbinden Sie dann mit dem Audioeingang der Soundkarte.

Zur Aufzeichnung der Tonsignale benötigen Sie noch ein entsprechendes Programm. Sehr komfortabel handhabbar ist das Programm No23 Recorder. Das ca. 1 MByte große Programm lässt sich kostenlos unter der Internetadresse *www.no23.de* herunterladen und installieren.

1 Starten Sie den No23 Recorder und klicken Sie im Programmfenster auf die Schaltfläche des Felds *Zielverzeichnis*.

2 Legen Sie im Dialogfeld *Zielverzeichnis wählen* den Ordner für die aufzunehmenden Dateien fest und schließen Sie dieses wieder.

3 Anschließend ergänzen Sie die in der linken Spalte des Programmfensters sichtbaren Textfelder durch den Namen des Künstlers, des Musiktitels etc. Fehlen die Textfelder, klicken Sie im Programmfenster auf den Balken *ID3Tags MP3*.

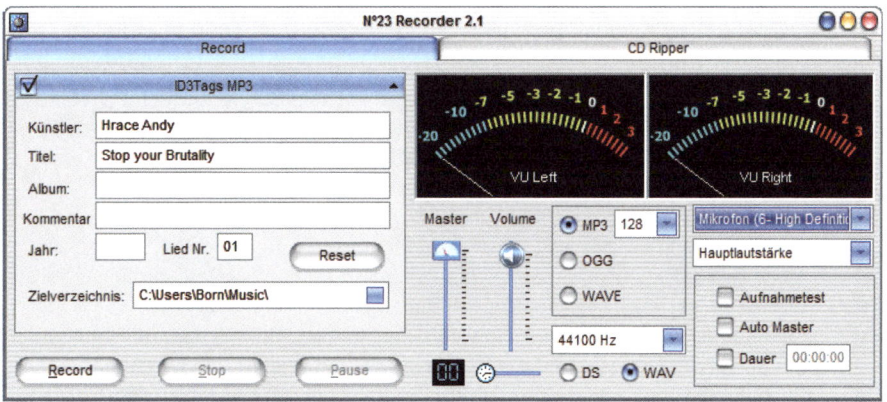

4 Stellen Sie im rechten Teil des Fensters die gewünschten Aufnahmeparameter ein.

Das gewünschte Audioformat (MP3, OGG-Vorbis oder WAV) wählen Sie, indem Sie das betreffende Optionsfeld anklicken. Zudem können Sie über ein Listenfeld noch die Aufnahmefrequenz vorgeben (meist 48.000 Hertz). Stellen Sie dann über das Listenfeld ggf. die Soundkarte und den Aufnahmekanal (z. B. »Mikrofon«) ein. Wenn Sie dann das Kontrollkästchen *Aufnahmetest* markieren, können Sie die Aufnahmelautstärke über den Regler *Master* des Aufnahmefensters einpegeln. Bei Problemen kontrollieren Sie die Einstellungen der Windows-Lautstärkeregelung (siehe oben). Der Regler *Volume* beeinflusst nur die Wiedergabelautstärke am Lautsprecher der Soundkarte.

5 Nach diesen Vorbereitungen klicken Sie auf die Schaltfläche *Record*, um die Aufnahme zu starten. Wird diese Schaltfläche gesperrt dargestellt, müssen Sie die Markierung des Kontrollkästchens *Aufnahmetest* löschen.

Die Aufzeichnung wird automatisch im Zielverzeichnis im betreffenden Dateiformat unter dem aus den Angaben *Lied Nr*, *Künstler* und *Titel* der Gruppe *ID3Tags MP3* bestimmten Dateinamen hinterlegt. Beim MP3-Format schreibt der Recorder diese Informationen zusätzlich in die MP3-Datei. Die Aufnahme beenden Sie über die *Stopp*-Schaltfläche. Nach dem Aufzeichnen können Sie die Musikdatei in einem Media Player wiedergeben. Bei MP3-Dateien werden auch die in den MP3-ID3-Tags hinterlegten Informationen zu Künstler, Titel etc. angezeigt.

> **Hinweis**
>
> Im Internet gibt es verschiedene Artikel mit Anleitungen und **Tipps**, um **Schallplatten** zu **digitalisieren** und auf CD zu brennen (z. B. www.joergei.de oder in Google nach den Begriffen »Schallplatten digitalisieren« und »Schallplatten auf CD« suchen). Zur **Konvertierung** oder zum **Beschneiden** der verschiedenen **Audioformate** (z. B. .wav in .mp3) benutzen Sie Wave-Editoren wie AudaCity (http://audacity.sourceforge.net/?lang=de). Zum Speichern im MP3-Format benutzen die meisten Freeware-Programme den **Lame MP3-Encoder**. Aus rechtlichen Gründen müssen sich die Benutzer den Encoder (Datei *lame_enc.dll*) selbst aus dem Internet laden und installieren (ggf. den Dateinamen in eine Suchmaschine eingeben).

> **Tipp**
>
> Je nach Audiotreiber existiert ein Audioeingang »Wave« oder »Stereomix«, an dem Sie das Ausgangssignal der Soundkarte für Aufnahmen abgreifen können (hilfreich zum Mitschnitt von Internetradio oder des Tons von YouTube-Musikvideos).

Computer als Kino

Haben Sie Videodateien (Dateinamenerweiterungen wie *.avi*, *.mpg*, *.mpeg* oder *.wmv*) zur Wiedergabe in den Ordnern der Bibliothek *Videos* gespeichert oder möchten Sie DVDs mit Filmen am Computer abspielen? Nachfolgend wird Ihnen gezeigt, wie dies funktioniert. Mit einem Projektor (Beamer) lässt sich dann sogar so etwas wie Kino in den eigenen vier Wänden realisieren.

Videodateien anzeigen

Camcorder und viele Digitalkameras liefern Videodateien. Zudem lassen sich Videodateien aus dem Internet herunterladen oder TV-Sendungen mit geeigneten TV-Programmen (z. B. dem Windows Media Center) aufzeichnen. Mit den folgenden Schritten können Sie Videodateien wiedergeben:

1 Öffnen Sie den Ordner (z. B. *Eigene Videos*, *Öffentliche Videos* oder *TV-Aufzeichnungen*), in dem die Videodateien abgelegt sind.

2 Wählen Sie das Symbol der gewünschten Videodatei per Doppelklick im Ordnerfenster an.

Alternativ können Sie die Datei markieren und dann im Ordnerfenster die Schaltfläche *Wiedergabe* in der Symbolleiste anklicken. Klappt dies nicht, weil dann ein anderer Player startet? Dann klicken Sie auf das Dreieck am rechten Rand der Schaltfläche *Wiedergabe* und wählen Sie im eingeblendeten Menü gezielt den Befehl *Windows Media Player*.

Windows startet den Windows Media Player, der das Video im Medienbereich des Fensters anzeigt. Die Tonspur wird über die Soundkarte wiedergegeben. Die Bedienung erfolgt auf die gleiche Weise wie beim Abspielen von Musik über die Schaltflächen unterhalb des Videobereichs (siehe Kapitelanfang).

Tipp

Bei Videos lässt sich die Bildgröße über das Kontextmenü anpassen (einfach den Bildbereich mit der rechten Maustaste anwählen). Über den Befehl *Video* können Sie in einem Untermenü den Zoomfaktor wählen. Eine Vollbilddarstellung erreichen Sie über den Befehl *Vollbild*. Zurück zur Fensterdarstellung bringt Sie der Kontextmenübefehl *Vollbild schließen*. Schneller geht das Umschalten, indem Sie den Videobereich jeweils per Doppelklick anwählen.

Techtalk

Der Windows Media Player unterstützt die allgemein gängigen **Multimediaformate**. Sie können daher Videos im **AVI-, DivX-, WMV-, MOV-** (MP4) und **MPEG-1/2-Format** wiedergeben. Der zum Abspielen von Film-DVDs und MPEG-2-Videos benötigte MPEG-2-Decoder ist in Windows 7 Home Premium und Ultimate enthalten. Weitere Videoformate werden nur unterstützt, wenn die entsprechenden Codecs als DirectShow-Filter in Windows 7 installiert sind. Bei diesen Filtern handelt es sich um Softwarebausteine, die von Drittherstellern (teilweise kostenpflichtig) angeboten werden. Falls sich Videos nicht mit dem Windows Media Player abspielen lassen, können Sie ggf. auch alternative Player wie beispielsweise den VLC-Player verwenden. Dieser lässt sich kostenlos von der Webseite *www.videolan.org/vlc* herunterladen und kann viele Videoformate abspielen.

Wiedergabe von Video-CDs/-DVDs

Videos können auf CDs (Video-CD oder Super Video-CD) sowie auf DVDs und Blu-ray Discs (BDs) gespeichert sein. Windows 7 enthält bereits die zur Wiedergabe von Video-CDs und Video-DVDs benötigten Wiedergabefunktionen (MPEG-1- und MPEG-2-Codecs). Zur Wiedergabe des Inhalts einer Video-CD oder Video-DVD gehen Sie folgendermaßen vor:

1 Legen Sie das Medium in das entsprechende Laufwerk ein und warten Sie, bis das Dialogfeld *Automatische Wiedergabe* erscheint.

Computer als Kino

2 Wählen Sie im Dialogfeld den abhängig vom eingelegten Medium angezeigten Befehl *Video-CD wiedergeben* bzw. *DVD-Film wiedergeben*.

> **Hinweis**
>
> Falls das Dialogfeld *Automatische Wiedergabe* beim Einlegen des Videomediums nicht automatisch erscheint, können Sie das Ordnerfenster *Computer* öffnen und den Kontextmenübefehl *Automatische Wiedergabe* wählen.

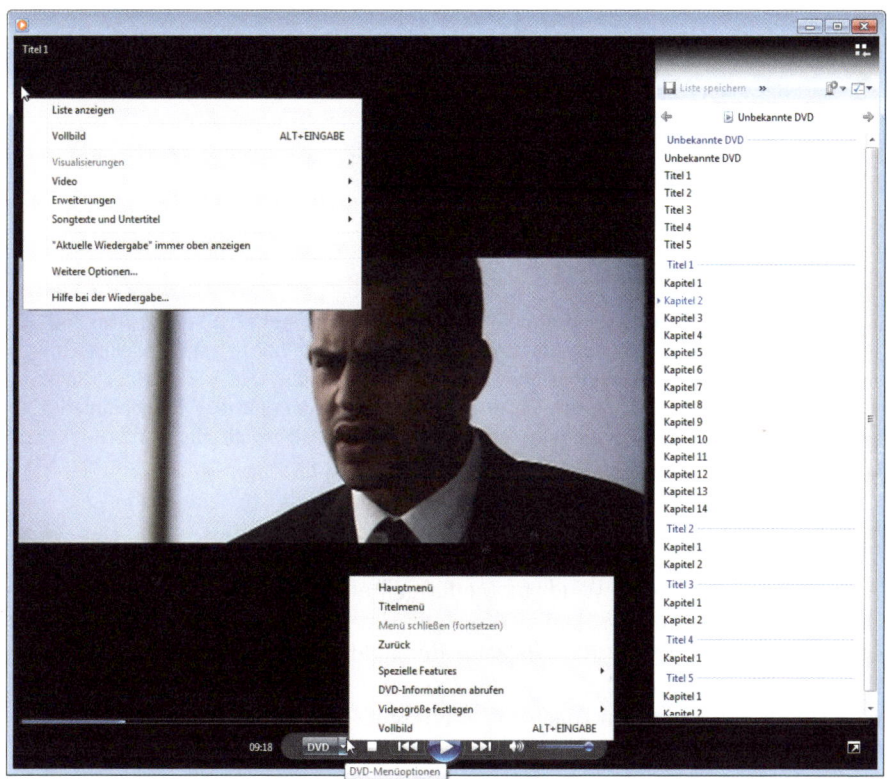

429

Das Video wird entweder in einem Fenster oder in der Vollbildansicht wiedergegeben. Ein Doppelklick ermöglicht die Umschaltung zwischen Fenster- und Vollbilddarstellung. Klicken Sie mit der rechten Maustaste auf den Videobereich, lassen sich über das Kontextmenü verschiedene Befehle (z. B. Vollbildmodus, Listenbereich ein-/ausblenden etc.) abrufen.

Ist eine Video-DVD mit einer Menüführung ausgestattet, die den kapitelweisen Abruf der Videoinhalte ermöglicht? Dann können Sie über die Einträge im eingeblendeten Listenbereich auf die Kapitel zugreifen. Oder Sie öffnen das Menü der am unteren Fensterrand eingeblendeten Schaltfläche *DVD*. Das eingeblendete Menü ermöglicht Ihnen, zum Hauptmenü oder zum Titelmenü der DVD zu springen, DVD-Informationen abzurufen oder die Videogröße einzustellen. Die Ablaufsteuerung über die Schaltflächen der Bedienleiste entspricht der Wiedergabe von Audio- und Videodateien.

> **Hinweis**
>
> Beachten Sie, dass Video-DVDs (und -BDs) von den Herstellern mit einem **Regionalcode** versehen werden. Ein in den USA gekauftes Videomedium (z. B. DVD Code 1) wird sich daher nicht auf einem europäischen DVD-Player (Code 2) abspielen lassen. Super Video-CDs lassen sich standardmäßig nicht im Windows Media Player abspielen, da der Microsoft MPEG-2-Decoder deren spezielles Format nicht unterstützt. Nur wenn Decoder von Drittherstellern in einer zu Windows 7 passenden Version installiert sind, kann die Wiedergabe ggf. im Windows Media Player erfolgen. Zur Wiedergabe von BD-Videomaterial benötigen Sie ebenfalls einen Decoder von Drittherstellern. Solche Decoder werden z. B. bei der Installation der aktuellen Version des Programms Cyberlink Power DVD eingerichtet.
>
> Videos lassen sich auch aus dem Internet beziehen. Auf dem Videoportal YouTube (*www.youtube.com*) findet sich eine riesige Sammlung an Videoclips. Zur Wiedergabe dieser Videos muss aber der Adobe Flash Player installiert sein. Auch die TV-Sender stellen unter dem Stichwort »Mediathek« Programmausschnitte zum Herunterladen bereit (z. B. *www.zdf.de*, *www.ard.de*).

Das Windows Media Center

Windows 7 wird mit dem Windows Media Center ausgeliefert. Dies ist quasi die Unterhaltungszentrale des Computers, über die Sie per Tastatur und Maus oder über eine Fernbedienung eine Vielzahl von Funktionen zur Wiedergabe von Multimediainhalten (Fotos, Musik, Videos, TV) abrufen können. So können Sie Musik hören, Bilder in Form von Diashows wiedergeben, Videos ansehen und (bei im Rechner eingebautem TV-Empfänger) sogar am Computer fernsehen.

Computer als Kino

Das Windows Media Center wird direkt über das Startmenü aufgerufen, indem Sie den Eintrag *Windows Media Center* im Zweig *Alle Programme* anklicken. Das Programm startet standardmäßig im Vollbildmodus, sodass sowohl der Windows-Desktop als auch die Taskleiste verschwinden. Zeigen Sie mit der Maus in die rechte obere Fensterecke, können Sie über die mittlere Schaltfläche zum Fenstermodus zurückschalten. Die Bedienung per Maus, Tastatur oder Fernbedienung ist recht einfach.

- Über die Steuerungstasten ([←], [→], [↑], [↓]) der Fernbedienung oder der Tastatur lässt sich ein horizontaler bzw. vertikaler Bildlauf durch das Funktionsmenü durchführen. Wenn Sie mit der Maus auf den unteren oder rechten Bildrand der Funktionsleiste zeigen, erscheinen Navigationselemente zum horizontalen und vertikalen Blättern im Funktionsmenü.

- Um Funktionen zu nutzen, müssen Sie diese lediglich auf der Seite anwählen. Die aktuelle Funktion wird im Zentrum des Bildschirms mit einem Symbol eingeblendet und lässt sich über die [OK]-Taste der Fernbedienung anwählen. Oder Sie verwenden die [↵]-Taste der Tastatur. Ein Mausklick auf die in der Mitte des Bildschirms angezeigte Funktion ruft diese ebenfalls auf.

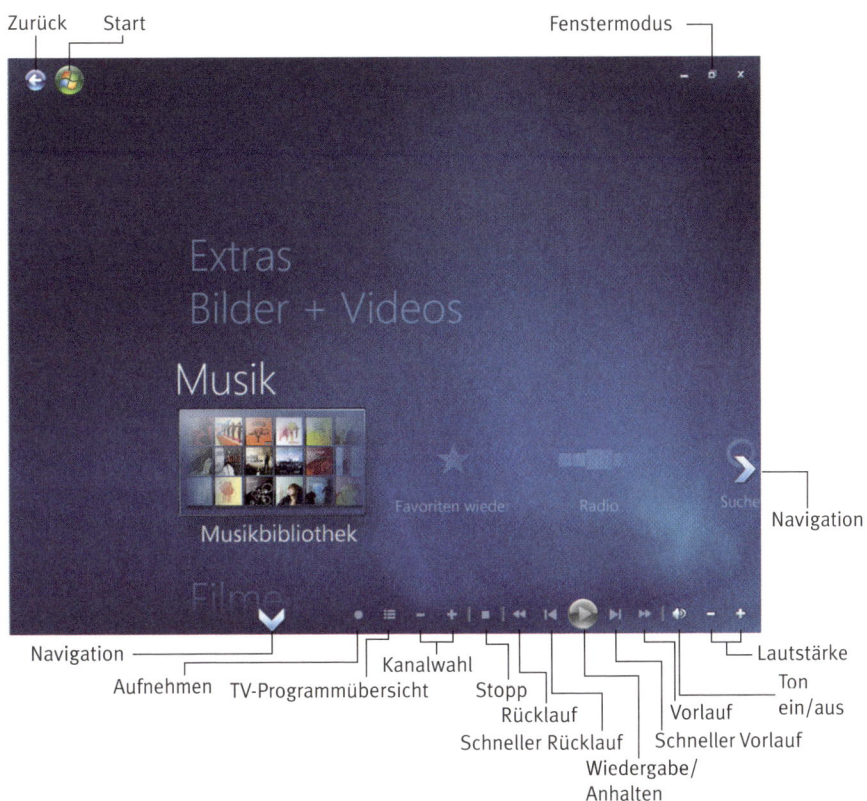

- Die beiden beim Zeigen mit der Maus in der linken oberen Ecke eingeblendeten Schaltflächen ermöglichen, eine Ebene zurückzugehen bzw. die Startseite aufzurufen. Zudem können Sie die ←-Taste verwenden, um eine Bedienebene zurückzugehen. An der Fernbedienung findet sich eine Schaltfläche zum Abrufen der Startseite.

- Am unteren Bildrand eingeblendete Elemente dienen zur Wiedergabesteuerung. Dabei werden einzelne Bedienelemente nur bei Anwahl der entsprechenden Funktion freigegeben (z. B. Kanalwahl nur bei TV-Empfang).

Um z. B. Bilder, Musik oder Videos anzuzeigen, müssen Sie lediglich die betreffenden Bibliothekseinträge im Funktionsmenü auswählen. Anschließend werden Sie schrittweise durch verschiedene Seiten geführt, in denen die verfügbaren Optionen und Befehle in Menüs angezeigt werden. Ist ein TV-Empfänger vorhanden, lassen sich auch TV-Programme empfangen und ggf. sogar aufzeichnen.

> **Hinweis**
>
> Beim ersten Aufruf des Windows Media Centers muss dieses konfiguriert werden. Über die im Fenster eingeblendete *Weiter*-Schaltfläche blättern Sie durch die Konfigurationsdialoge. Verwenden Sie ggf. die Schaltfläche *Express Setup* im Fenster, um das Media Center einzurichten. Eine detaillierte Behandlung der Einzelfunktionen sprengt aber den Umfang dieses Buches.

Computer als Videostudio

Die Festplattenkapazität heutiger Computer sowie die Möglichkeiten moderner Grafikkarten machen es möglich, das Gerät als digitales Schnittstudio für Videofilme zu nutzen. Der folgende Abschnitt verschafft Ihnen eine kurze Übersicht über dieses Thema.

Videoquellen für den Computer

Neben im Internet zum Download angebotenen Videoclips können viele Digitalkameras sowie digitale Videokameras Videos aufzeichnen. Zudem können Sie mit einer eingebauten Fernsehkarte Fernsehsendungen am Computer mitschneiden.

Zur **Übertragung der Bilder** von Videokameras muss der Rechner mit entsprechenden **Schnittstellen zum Anschluss** der **Bildquellen** ausgestattet sein. Bei Digitalkameras lassen sich die Videos genau wie Fotos über ein Lesegerät vom Speicherchip auf die Festplatte des Computers übertragen. Digitale **Camcorder** besitzen entweder einen **USB-Anschluss** oder eine **FireWire-Schnittstelle** (auch als IEEE 1394 oder iLink bezeichnet).

Hier sehen Sie das Anschlussfeld eines Rechners mit Buchsen für **FireWire**, **Composite Video**, **S-Video** und **Audio**.

Dann müssen Sie die Kamera nur noch über ein geeignetes FireWire- oder USB-Kabel mit dem Rechner verbinden.

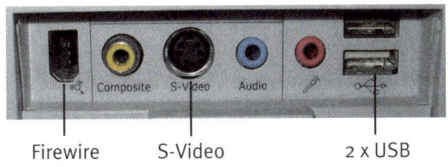

Firewire   S-Video   2 x USB

> **Hinweis**
>
> Die **S-Video-Schnittstelle** ist für den Import von analogem Videomaterial über ein S-Video-Kabel von analogen Videokameras vorgesehen. Sie benötigen dann ein zweites Audiokabel, welches zwischen den Audioausgang der Kamera und den Audioeingang der Soundkarte zu schalten ist. Problem ist aber, dass weder Windows 7 noch der Windows Live Movie Maker den Import von analogen Audio- und Videodaten unterstützen. Sie sind auf die ältere Version des Windows Movie Maker 2.6 (erhältlich auf den Microsoft-Internetseiten) oder Programme wie AMCap angewiesen, die sich u. U. zum Import verwenden lassen. Einen Auszug aus einem meiner Bücher mit der Beschreibung der Windows Movie Maker-Funktionen finden Sie als PDF-Dokument unter *http://tinyurl.com/36s0258*.

Videoimport bei Windows

Beim Import von digitalem Videomaterial braucht Windows lediglich die betreffenden Videodateien auf die Festplatte des Rechners zu übertragen. Schließen Sie ein entsprechendes Gerät (z. B. Videokamera) an den Rechner an, wird dieses im Idealfall durch Windows 7 erkannt. Dann erscheint das Dialogfeld *Automatische Wiedergabe* (hier im Hintergrund sichtbar), in dem Sie den Importassistenten über den Befehl *Bilder und Videos importieren* starten.

In manchen Fällen startet der Importassistent zur Übertragung der Videodateien auch direkt.

1 Warten Sie, bis die Medieninhalte erkannt sind, und geben Sie im Dialogfeld (nachfolgend im Vordergrund rechts gezeigt), einen Begriff für die zu importierenden Videos an.

2 Weiterhin sollten Sie auf den Hyperlink *Importeinstellungen* klicken und das Listenfeld *Videos importieren in* auf den Ordner *Eigene Videos* setzen.

Kapitel 10

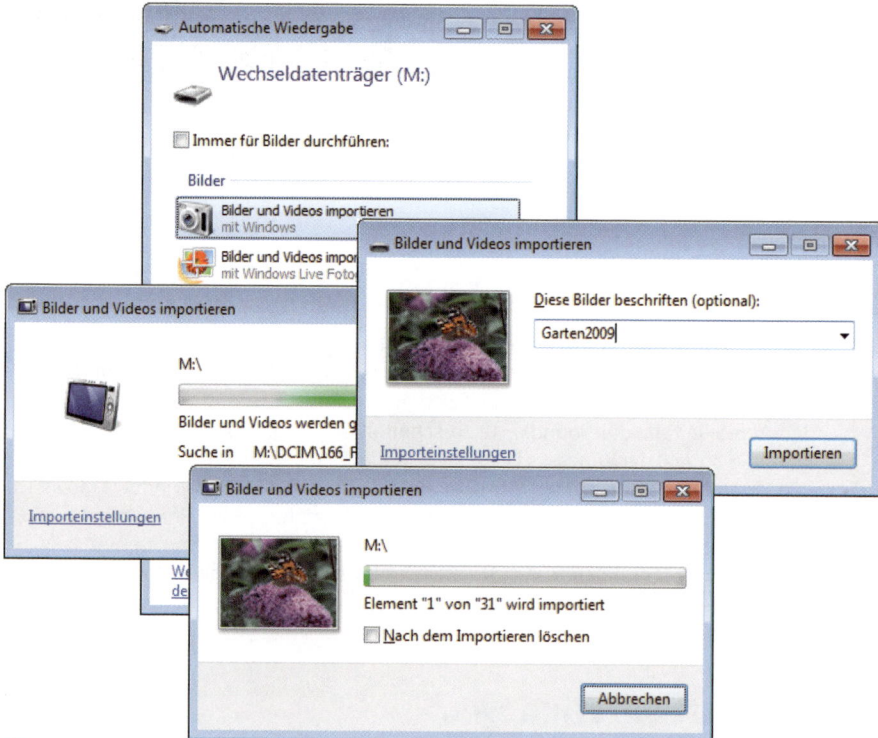

3 Sobald Sie auf die *Importieren*-Schaltfläche klicken, beginnt (wie bei Fotodateien) der Import der Videodaten.

Die Übertragung umfangreicher Videodateien dauert ggf. einige Zeit, was durch Dialogfelder mit einer Fortschrittsanzeige signalisiert wird. Windows erzeugt aus dem in den Importassistenten eingegebenen Begriff einen Unterordner im Zielordner (*Eigene Videos*) und legt das importierte Videomaterial darin ab.

Hinweis

Scheitert die Übertragung mittels des Importassistenten, weil das Gerät nicht erkannt wird? Dann legen Sie die Speicherkarte mit dem Videomaterial direkt in ein Lesegerät am Computer ein. Sobald Windows das Videomaterial erkennt, wird der Importassistent zur Übertragung der Videodateien oder das Dialogfeld *Automatische Wiedergabe* gestartet. Zudem können Sie die Videodateien direkt über Ordnerfenster in den Zielordner *Eigene Videos* kopieren oder verschieben. Dieser Ansatz hat den Vorteil, dass Sie selektiv auf das Ausgangsmaterial zugreifen und dieses ggf. auch gezielt löschen können. Zur Verwaltung vieler Videosequenzen können Sie übrigens die in *Kapitel 9* beschriebene Windows Live Fotogalerie verwenden. Diese kann auch Videodateien über den Befehl *Von Kamera oder Scanner importieren* des Menüs *Datei* importieren.

Computer als Videostudio

Der Movie Live Maker im Überblick

Zum Bearbeiten von Videomaterial benötigen Sie ein Schnittprogramm. Im Handel gibt es eine ganze Reihe solcher Schnittprogramme (z. B. Pinnacle Studio, Adobe Premiere Elements etc.). Für einfache Aufgaben können Sie auch den kostenlosen **Windows Live Movie Maker** aus den Windows Live Essentials verwenden. Sie müssen das Programm lediglich installieren (siehe *Kapitel 12*). Nachfolgend sehen Sie das Fenster des Windows Live Movie Maker.

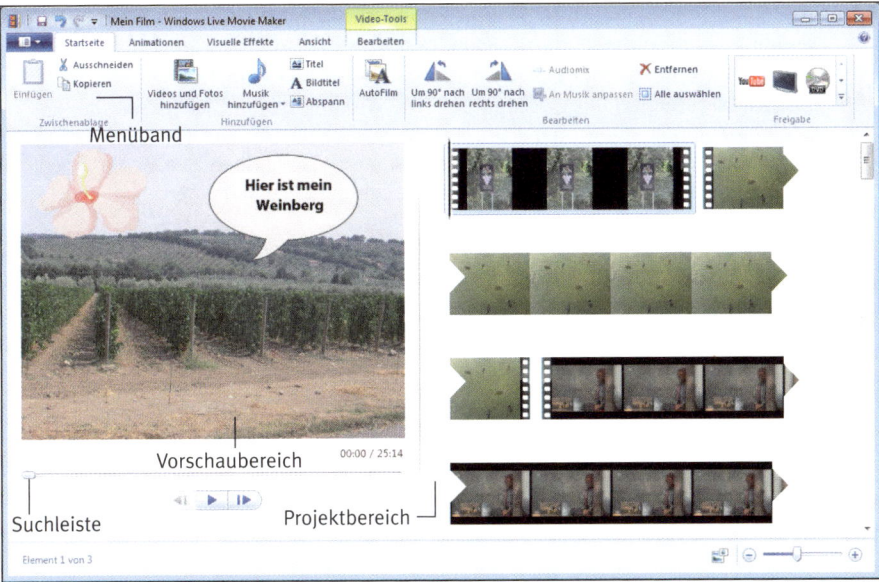

- Am oberen Fensterrand findet sich die Titelleiste samt der Symbolleiste für den Schnellzugriff. Darunter befindet sich das **Menüband** mit diversen Registerkarten, über deren Elemente Sie auf die Schnittfunktionen zugreifen können.

- Die rechte Spalte des Anwendungsfensters enthält den **Projektbereich**, in dem die zu bearbeitenden Videoclips, Audiodateien und Fotos als Miniaturansichten angezeigt werden. Dieser Bereich fungiert als Schnitttisch, auf dem einzelne Videoclips in der gewünschten Reihenfolge zusammenmontiert und beschnitten werden können.

- In der linken Spalte des Anwendungsfensters ist der **Vorschaubereich** zu sehen. In diesem Bereich können Sie das im Projektbereich enthaltene Foto- und Videomaterial als Film abspielen und die genaue Position von Start-, End- und Schnittmarken ermitteln. Eine Suchleiste sowie Schaltflächen ermöglichen die Wiedergabesteuerung und Positionierung im abzuspielenden Clip.

Am unteren Rand des Anwendungsfensters finden Sie noch die Statusleiste, über deren Schieberegler *Zeitzoomachse* Sie den Zoomfaktor für die Darstellung der

Videoclips im Projektbereich beeinflussen können. Der Zoomfaktor bestimmt, wie lang die Zeitachse zur Darstellung des Clips über Miniaturbilder im Projektbereich sein soll. Die Größe der angezeigten Miniaturansichten der Clips können Sie direkt über die Menüschaltfläche *Miniaturansichtsgröße ändern* (links neben dem Schieberegler) zwischen großen Symbolen, extra großen Symbolen etc. umstellen.

> **Hinweise**
>
> Auf der Registerkarte *Ansicht* finden Sie ebenfalls eine Menüschaltfläche, um die Miniaturansichtsgröße auszuwählen. Die Schaltfläche *Seitenverhältnis* ermöglicht, die Darstellung zwischen Standard und Breitbild umzustellen. Die Schaltflächen der Gruppe *Zeitzoom* ermöglichen es, die Zeitachse der im Projektbereich angezeigten Clips anzupassen. Die Wirkung ist die Gleiche wie die des Schiebereglers in der Statusleiste. Beachten Sie aber, dass sich die Gestaltung des Menübands bei neueren Programmversionen des Windows Live Movie Maker ändern kann. Die Bedienung sollte aber weitgehend gleich bleiben.
>
> Der Windows Live Movie Maker arbeitet mit sogenannten **Projekten**, in denen der aktuelle Bearbeitungsstand samt Informationen über die importierten Clips, durchgeführte Schnittoperationen, Anordnung der Clips etc. abgelegt werden. Beim Start legt das Programm automatisch ein neues Projekt an.
>
> Sie können aber auch die *Windows Live Movie Maker*-Registerkarte anwählen und dort den Befehl *Neues Projekt* wählen. Nach einer Sicherheitsabfrage wird das aktuelle Projekt gesichert oder verworfen. Den Bearbeitungsstand des Projekts können Sie jederzeit über die Befehle *Projekt speichern* und *Projekt speichern unter* im Menü der *Windows Live Movie Maker*-Schaltfläche sichern. Gespeicherte Projekte lassen sich später über den Befehl *Projekt öffnen* des gleichen Menüs im Anwendungsprogramm wieder laden.

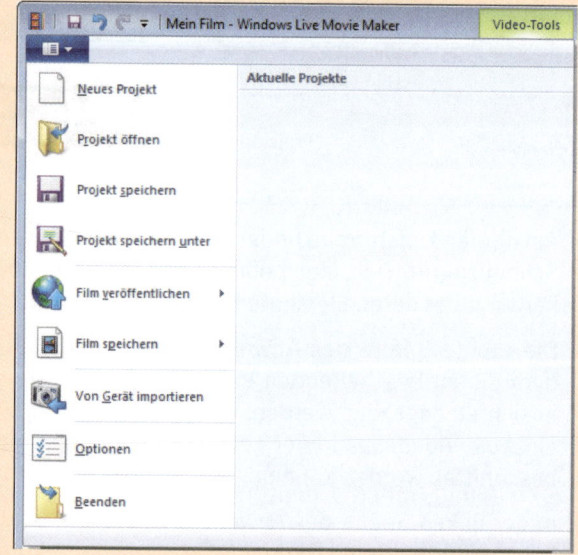

Computer als Videostudio

Import von Videos, Fotos und Audiodateien

Nach dem Start des Windows Live Movie Maker können Sie Videos, Fotos und Audiodateien in den Projektbereich importieren und in weiteren Schritten zum Film kombinieren. Am einfachsten geht das Hinzufügen von Elementen zum Projekt, indem Sie die betreffenden Mediendateien per Maus aus einem Ordnerfenster in den Projektbereich ziehen.

1 Oder Sie klicken auf der Registerkarte *Startseite* des Menübands auf die Schaltfläche *Videos und Fotos hinzufügen*.

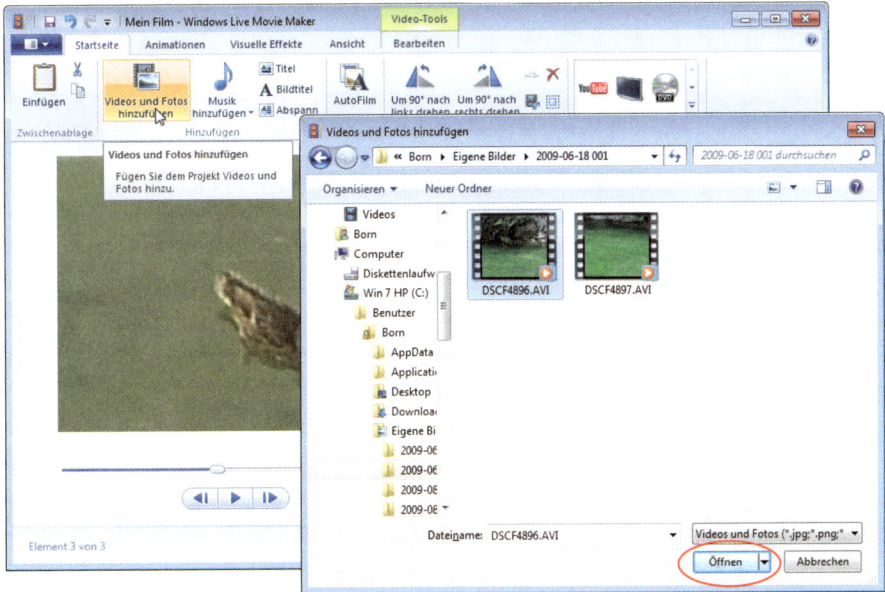

2 Anschließend navigieren Sie im angezeigten Dialogfeld *Videos und Fotos hinzufügen* zum Ordner mit den Mediendateien, wählen die gewünschte Datei aus und klicken auf die *Öffnen*-Schaltfläche.

Der Windows Live Movie Maker unterstützt den Import von Videodateien in Formaten wie AVI, MPEG-2 und MPEG-4 (Dateinamenerweiterungen *.WMV*, *.MOV*, *.3GP* etc.).

437

> **Achtung**
> Beachten Sie das Urheberrecht beim Einmischen von anderem Material (Videoclips, Fotos, Musik) in die Videos. Wer ein eigenes Video oder ein Foto aufnimmt, besitzt automatisch das Urheberrecht an diesem Material. Dieses verfällt auch nicht, wenn das Material in ein Video integriert oder leicht bearbeitet wird. Die Copyright-Inhaber von professionellen Videoclips, Musikstücken oder Fotos haben meist etwas dagegen, wenn ihr Material ohne Genehmigung verwendet wird, und können Schadenersatz verlangen. Zudem verlangt die GEMA (Gesellschaft für musikalische Aufführungs- und mechanische Vervielfältigungsrechte) Gebühren für das Abspielen von Musikstücken in »öffentlichen Räumen«. Auch private Videos können schnell (z. B. durch Vorführung in Firmen, im Verein oder auf Webseiten) an die »Öffentlichkeit« gelangen.

Videoclips anordnen und drehen

Der Windows Live Movie Maker zeigt im Projektbereich die Miniaturansichten der hinzugefügten Fotos und Videodateien an. Längere Clips werden dabei (abhängig vom gewählten Zoomfaktor) durch mehrere Miniaturbilder dargestellt. Videoclips erkennen Sie übrigens am eingeblendeten Filmrand, der den Anfang sowie das Ende anzeigt.

- Einen im Querformat aufgezeichneten Clip oder ein gekipptes Foto markieren Sie im Projektbereich. Anschließend wählen Sie auf der Registerkarte *Startseite* des Menübands die Schaltflächen *Um 900 nach links drehen* bzw. *Um 900 nach rechts drehen*.

- Um die Reihenfolge der im fertigen Film gezeigten Clips und/oder Fotos anzupassen, markieren Sie einen Eintrag im Projektbereich und ziehen diesen bei gedrückter linker Maustaste nach oben oder unten an die gewünschte Position.

- Sollen importierte Fotos oder Clips nicht im fertigen Film auftauchen, markieren Sie diese und klicken anschließend auf der Registerkarte *Startseite* des Menübands auf die Schaltfläche *Element entfernen*. Dies ist z. B. erforderlich, wenn Sie aus einem importierten Videoclip Szenen (z. B. Werbung) herausschneiden oder Clips teilen (siehe folgende Seiten).

Klicken Sie Elemente mit der rechten Maustaste im Projektbereich an, stehen Ihnen im Menüband Befehle zum Löschen des markierten Elements, zum Ausschneiden, Kopieren und erneuten Einfügen per Zwischenablage zur Verfügung. Auf diese Weise können Sie Videoclips oder Fotos duplizieren oder neu im Projektbereich anordnen.

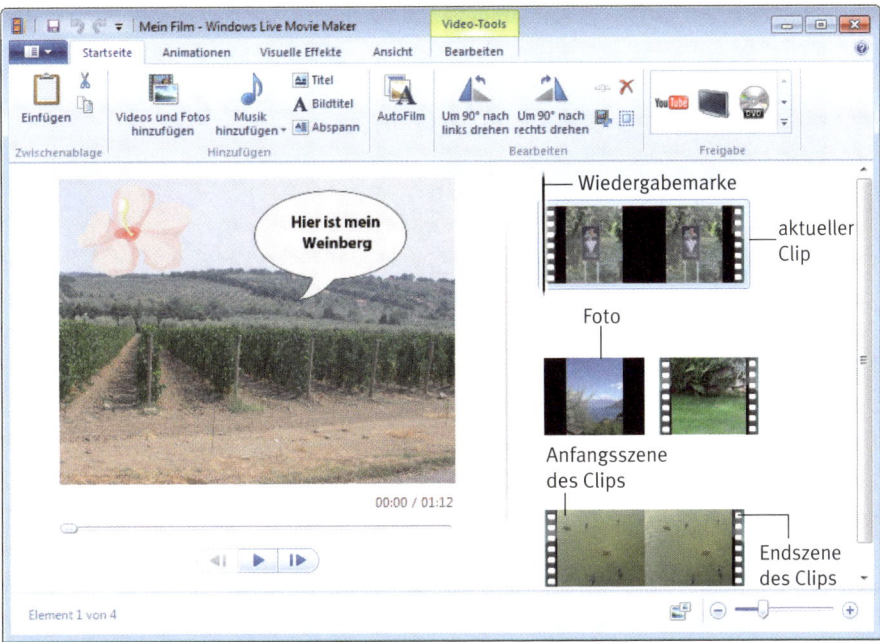

Videoclips beschneiden

Müssen Szenen aus Clips herausgeschnitten oder Abläufe am Anfang bzw. Ende entfernt werden? Oder möchten Sie bei TV-Aufnahmen Werbeblöcke herausschneiden?

1 Um einen Clip zu teilen, markieren Sie ihn im Projektbereich durch einen Mausklick und lassen die Wiedergabe im Vorschaubereich zur gewünschten Stelle durchlaufen.

Kapitel 10

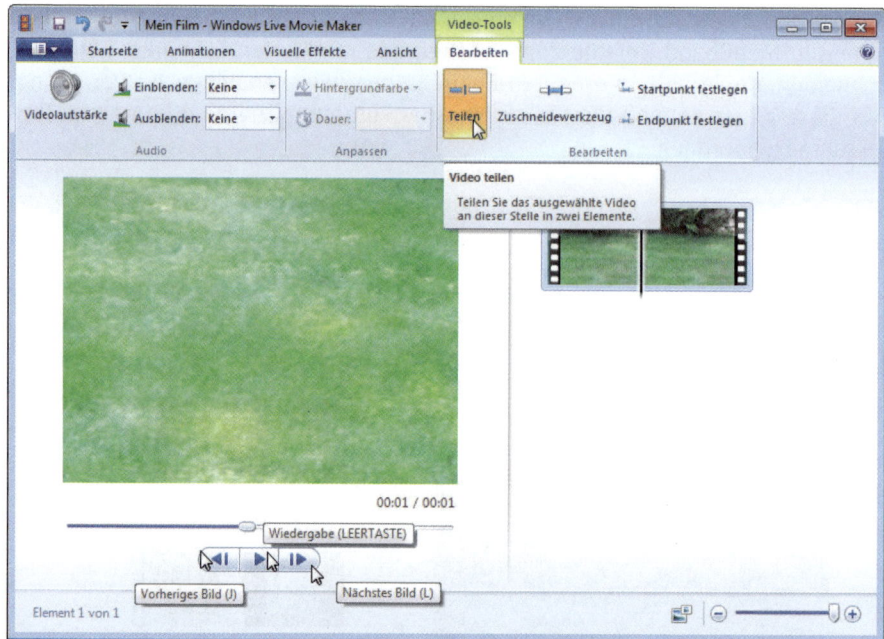

2 Dann klicken Sie auf der Registerkarte *Bearbeiten* des Menübands auf die Schaltfläche *Video teilen*.

Den Clip können Sie durch Anklicken der Schaltfläche *Wiedergabe* oder Drücken der ⬜-Taste im Vorschaufenster abspielen und auch wieder anhalten. Verwenden Sie die beiden Schaltflächen *Vorheriges Bild* und *Nächstes Bild* (Tasten J und L) des Vorschaubereichs zur Feinpositionierung innerhalb des Videos, bevor Sie eine Szene teilen. Der Videoclip wird mittels der Schaltfläche *Video teilen* an der aktuellen Stelle geteilt und im Projektbereich mit zwei Elementen angezeigt.

> **Tipp**
>
> Zur Grobpositionierung können Sie den Schieber der Zeitachse des Videobereichs (Suchleiste) mit der Maus nach links oder rechts verschieben. Allerdings gibt es beim Windows Live Movie Maker das Problem, dass dieser die Zeitachse der Suchleiste auf die Zeitdauer des fertigen Films und nicht auf das gerade angewählte Element bezieht. Nur wenn Sie einen einzelnen Clip in den Projektbereich eingefügt haben, klappt die Grobpositionierung über die Suchleiste ganz leidlich.

Zum **Entfernen von Werbeblöcken** aus TV-Mitschnitten verwenden Sie folgenden Ansatz.

Computer als Videostudio

1 Lassen Sie das Video zum Beginn der Werbeeinblendung vorlaufen und schneiden Sie den Film dann mittels der Schaltfläche *Video teilen* am Beginn des Werbeblocks.

2 Markieren Sie den nun im Projektbereich angezeigten zweiten Clip und lassen Sie die Vorschau zum Ende des Werbeblocks vorlaufen. Dann teilen Sie den Clip erneut an dieser Stelle.

Anschließend sollten im Projektbereich drei Clips vorliegen, von denen einer nur noch Werbung enthält. Diesen Clip können Sie anklicken und über die Schaltfläche *Element entfernen* der Registerkarte *Startseite* oder den Kontextmenübefehl *Löschen* aus dem Projekt herausnehmen. Dann wird die Werbung beim Erstellen des Films nicht exportiert.

Möchten Sie nur einen **Ausschnitt** aus einem Clip in den fertigen Film **übernehmen**?

1 Markieren Sie das Element im Projektbereich und lassen Sie das Video in der Vorschau bis zum Beginn der gewünschten Szene vorlaufen. Anschließend klicken Sie auf der Registerkarte *Bearbeiten* des Menübands auf die Schaltfläche *Startpunkt festlegen*.

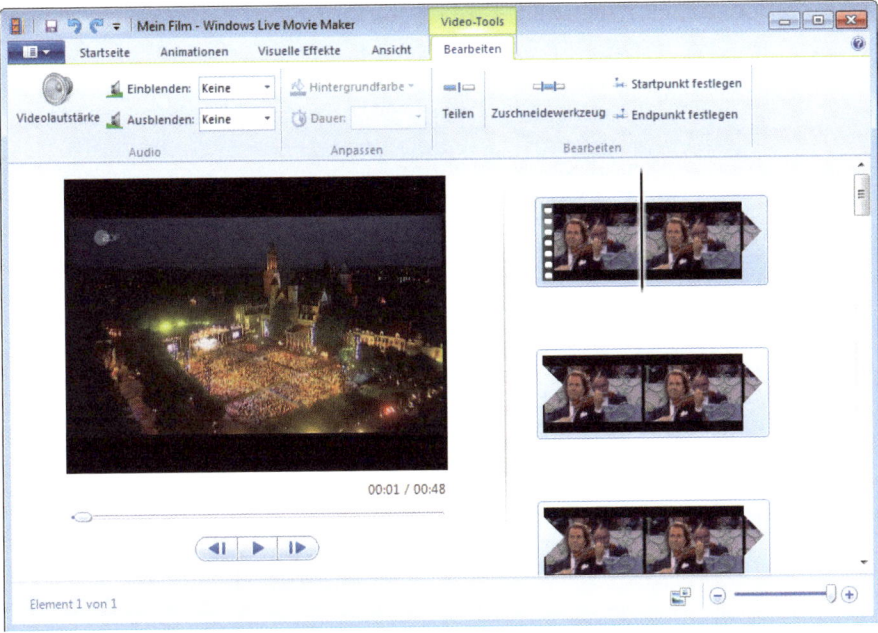

2 Lassen Sie danach das Video im Vorschaufenster erneut weiterlaufen, bis das Ende der gewünschten Szene erreicht ist, und klicken Sie auf der Registerkarte *Bearbeiten* des Menübands auf die Schaltfläche *Endpunkt festlegen*.

Kapitel 10

Der Windows Live Media Maker setzt dann die beiden Punkte im aktuellen Clip und passt automatisch die Darstellung im Vorschaufeld an. Zu erkennen ist dies an den im Vorschaubereich eingeblendeten Zeitmarken (die Startzeit beginnt bei 00:01, und die Endzeit wird entsprechend reduziert).

> **Hinweis**
>
> Der Zuschnitt durch Setzen des Start- und Endpunkts hat den Nachteil, dass anschließend nicht mehr erkennbar ist, was im Clip an Szenen vor und hinter diesen Marken war. Möchten Sie eine Korrektur vornehmen, können Sie die *Rückgängig*-Schaltfläche in der Symbolleiste für den Schnellzugriff anklicken oder die Tastenkombination [Strg]+[Z] drücken. Komfortabler lässt sich ein Zuschnitt aber über das Zuschneidewerkzeug vornehmen.

Um einen Ausschnitt aus einem Videoclip komfortabel auszuwählen, empfiehlt sich die **Verwendung des Zuschneidewerkzeugs**.

1 Markieren Sie den gewünschten Videoclip im Projektbereich und klicken Sie auf der Registerkarte *Bearbeiten* des Menübands auf die Schaltfläche *Zuschneidewerkzeug*.

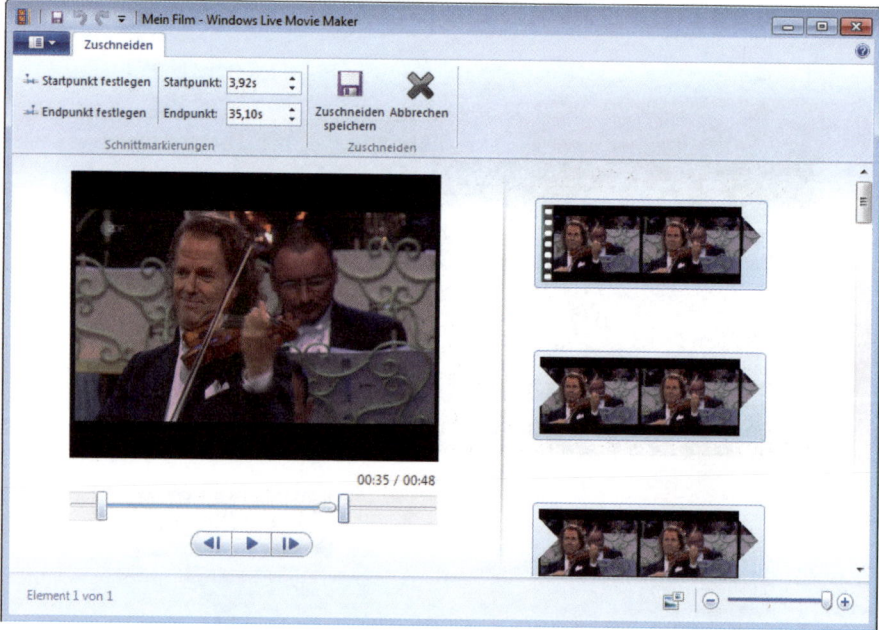

2 Anschließend setzen Sie die Start- und Endmarke, indem Sie die betreffenden Elemente in der Suchleiste des Vorschaubereichs zu den Stellen im Clip ziehen.

Computer als Videostudio

Bei Bedarf können Sie die Szene über die Schaltflächen des Vorschaubereichs Bild für Bild vor- oder zurückblättern. Dann lässt sich der genaue Zeitpunkt rechts oberhalb der Suchleiste ablesen, und Sie können diesen Wert in das Feld *Startpunkt* bzw. *Endpunkt* der Registerkarte *Zuschneiden* eintragen. Dies ermöglicht eine framegenaue Festlegung der Schnittmarke. Verwenden Sie die Schaltfläche *Zuschneiden speichern* der Registerkarte *Zuschneiden*, um die Änderungen im Projekt zu sichern. Die *Abbrechen*-Schaltfläche beendet ebenfalls das Zuschneiden, verwirft aber die Ergebnisse.

Animationen und Übergänge

Die im Projektbereich angeordneten Videoclips und für eine Diaschau aufgenommenen Fotos können bei der Wiedergabe durch Überblenden weich ineinander übergehen. Um solche Übergänge oder Animationseffekte zuzuweisen, gehen Sie folgendermaßen vor.

1 Markieren Sie das oder die gewünschten Elemente im Projektbereich des Anwendungsfensters.

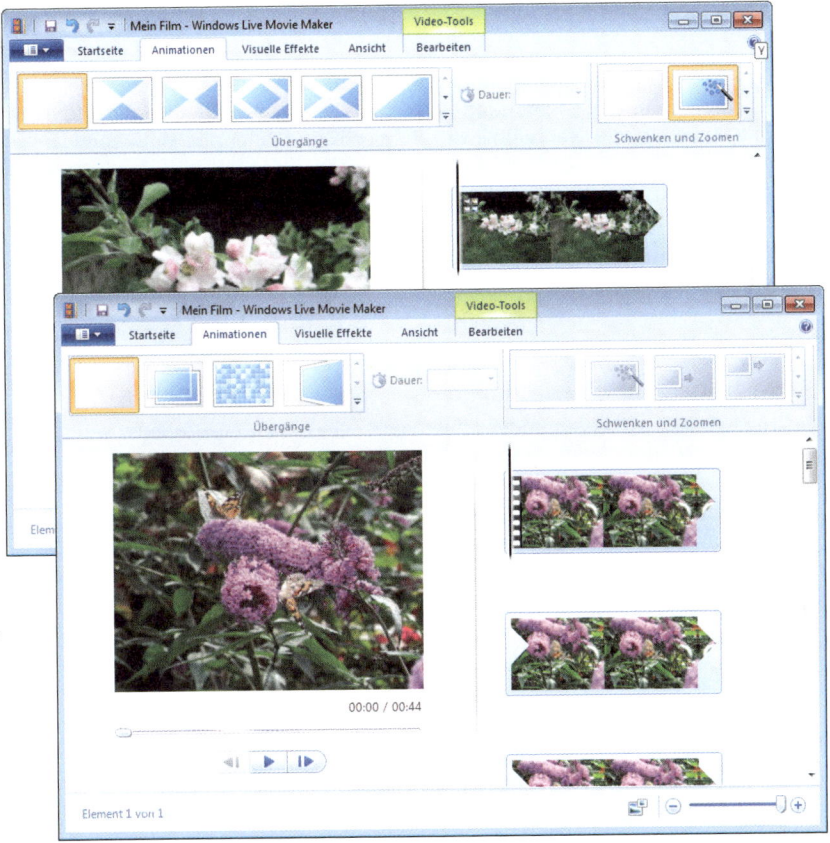

Kapitel 10

2 Wechseln Sie im Menüband zur Registerkarte *Animationen* und klicken Sie in den Gruppen *Übergänge* bzw. *Schwenken und Zoomen* auf den gewünschten Eintrag.

3 Bei Bedarf können Sie zusätzlich die Dauer des Übergangs in der Gruppe *Übergänge* der Registerkarte anpassen.

Welche Übergänge angeboten werden und ob der Bereich *Schwenken und Zoomen* verfügbar ist, hängt vom im Projektbereich gewählten Element ab. Bei Videos stehen andere Übergänge für Clips als für die Fotos einer Diaschau bereit. Hier ist im Hintergrund die Registerkarte *Animationen* bei einem Foto als Projektelement zu sehen, während im Vordergrund die Animationen für Videos gezeigt werden. Die Registerkarte zeigt nur einen Ausschnitt der jeweils verfügbaren Übergänge an. Klicken Sie auf die am unteren rechten Rand der Palette sichtbare Schaltfläche *Mehr*. Dann wird die Palette so erweitert, dass alle Übergänge bzw. Funktionen sicht- und abrufbar sind.

Tipp

Im Windows Live Movie Maker können Sie Videos oder Einzelbilder im Projektbereich markieren und ihnen dann verschiedene **visuelle Effekte** (Plakatdarstellung, Schwarzweiß, Kanten) zuweisen. Wechseln Sie hier im Menüband zur Registerkarte *Visuelle Effekte*. Zeigen Sie im Menüband auf einen der eingeblendeten Effekte, um die zugehörige QuickInfo abzurufen sowie den Effekt im Vorschaubereich zu beurteilen. Sobald Sie die Schaltfläche des Effekts auf der Registerkarte *Visuelle Effekte* anklicken, wird dieser dem Element dauerhaft zugewiesen.

Achtung

Ein zugewiesener Übergang oder Effekte wie Schwenken und Zoomen werden am Anfang des betreffenden Clips im Symbol der Miniaturansicht als stilisiertes Dreieck im Projektbereich eingeblendet. Sie dürfen keinesfalls den Kontextmenübefehl *Löschen* zum Entfernen des Übergangs verwenden, da dieser das Element aus dem Projektbereich entfernt. Wählen Sie das Element im Projektbereich an und klicken Sie auf den Registerkarten *Animationen* bzw. *Visuelle Effekte* auf die Einträge *Kein Übergang* bzw. *Kein Effekt*.

Vor- und Abspann definieren

Eine besonders nette Sache ist die Möglichkeit, Titel für den Vorspann des Videos, für einzelne Bilder oder für den Abspann des Films zu definieren.

1 Wählen Sie auf der Registerkarte *Startseite* des Menübands in der Kategorie *Hinzufügen* eine der Schaltflächen *Titel*, *Bildtext* oder *Abspann*.

Falls Sie einen Bildtitel festlegen möchten, ist vorher das Bild im Projektbereich zu markieren.

2 Klicken Sie auf das im Vorschaubereich angezeigte Textfeld und geben Sie den Text für den Titel, für das Bild oder den Abspann ein.

Solange der Text noch markiert ist, können Sie auf der Registerkarte *Format* dessen Formatierung über die Schaltflächen der Gruppen *Schriftart* und *Absatz* anpassen. Klicken Sie im Vorschaubereich neben das Textfeld, um dessen Markierung aufzuheben.

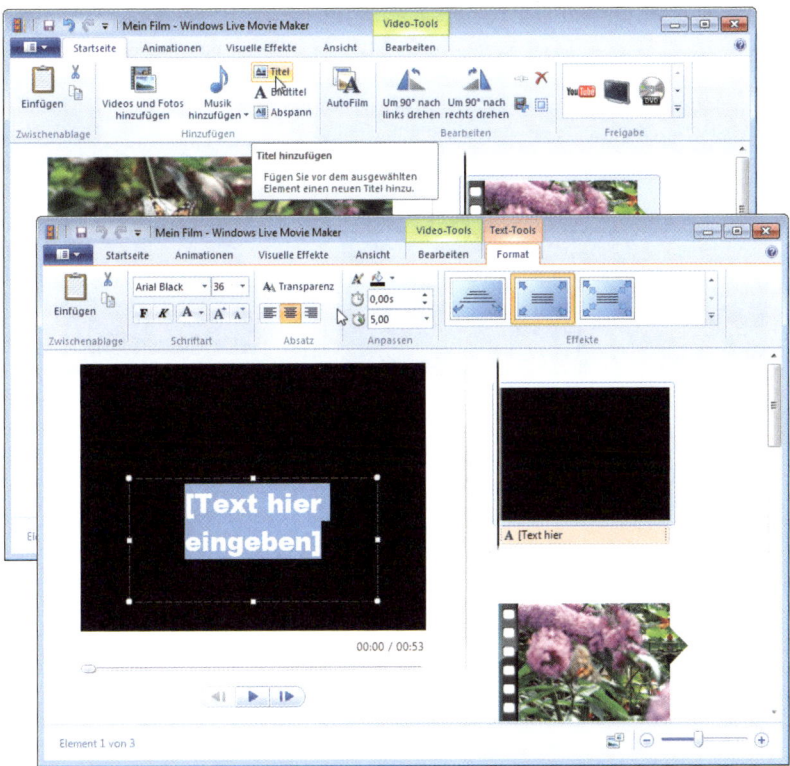

Kapitel 10

3 Anschließend lassen sich in der Gruppe *Anpassen* die Zeiten für den Beginn und das Ende der Anzeige des Titels in die betreffenden Drehfelder eintragen. Zusätzlich können Sie in der Gruppe *Effekte* noch Einblendeffekte für die Textanzeige auswählen.

Der Windows Live Movie Maker zeigt die definierten Texte am Anfang und Ende des Projektbereichs sowie ggf. bei Einzelbildern an. Sie können die betreffenden Platzhalter also jederzeit im Projektbereich anklicken und den Text im Vorschaubereich korrigieren. Zudem lassen sich im Projektbereich markierte Texte über die Schaltfläche *Element entfernen* der Registerkarte *Startseite* oder über den Kontextmenübefehl *Löschen* entfernen.

> **Hinweis**
> Um Videoclips oder eine Diaschau mit Fotos zu vertonen, lassen sich auch Audiodateien in den Projektbereich aufnehmen. Diese werden dann dem Clip zugewiesen. Ist dieser im Projektbereich markiert, lässt sich in der Titelleiste *Musiktools* anwählen. Dann können Sie auf der Registerkarte *Optionen* die Startzeit, den Start- und Endpunkt sowie die Lautstärke in Bezug auf den Videoclip einstellen.
>
>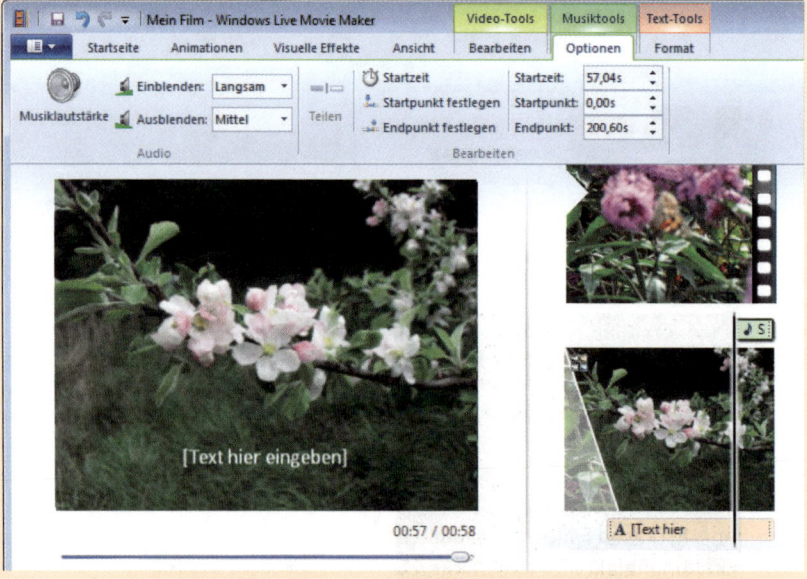
>
> Um einen Audioclip zu löschen, klicken Sie das Symbol mit der rechten Maustaste im Projektbereich an und wählen im Kontextmenü den Befehl *Entfernen*.

Freigabe des fertigen Films

Sobald Sie die auf den vorhergehenden Seiten beschriebenen Schritte zum Erstellen eines Films ausgeführt haben, können Sie das Ergebnis in eine Videodatei überführen. Im Windows Live Movie Maker wird dies als »Freigabe« bezeichnet, und auf der Registerkarte *Startseite* finden Sie eine entsprechende Programmgruppe mit mehreren Schaltflächen. Diese ermöglichen, den Film direkt bei YouTube einzustellen, als hochauflösende Videodatei zu speichern oder auf DVD zu brennen.

- Es reicht, die betreffende Schaltfläche der Gruppe *Freigabe* auf der Registerkarte *Startseite* anzuklicken. Welche Optionen dort angeboten werden, hängt von der Windows Live Movie Maker-Programmversion ab.

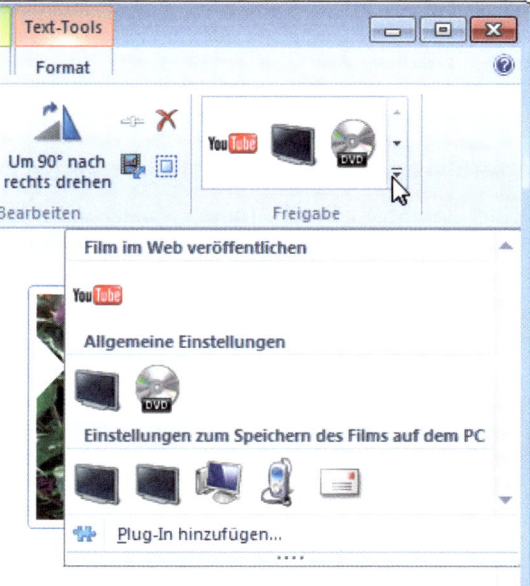

- Je nach Auswahl müssen Sie anschließend in einem Dialogfeld die SkyDrive- oder YouTube-Zugangsdaten eintragen bzw. den Zielordner sowie den Namen der Videodatei vorgeben bzw. wählen. Beim Veröffentlichen als Videodatei oder auf DVD erscheint ein Dialogfeld zur Auswahl des Zielordners und zum Festlegen des Dateinamens. In diesen Fällen wird eine WMV-Videodatei erstellt, deren Qualität automatisch in Abhängigkeit der gewählten Veröffentlichungsschaltfläche eingestellt wird.

Kapitel 10

Das Erstellen des Films (auch als Rendern bezeichnet) kann, je nach gewählter Wiedergabequalität und Schnelligkeit des Computers, durchaus einige Stunden betragen. Während der Aufbereitung werden Sie über eine Fortschrittsanzeige über den Ablauf informiert. Exportierte Videodateien können Sie im Windows Media Player wiedergeben. Bei der Ausgabe auf DVD startet der Windows Live Movie Maker den Windows DVD Maker, der dann den Film bereits als Projektelement aufweist – Sie brauchen nur noch die Schritte zum Authoring durchzuführen (siehe folgendes Kapitel).

> **Hinweis**
>
> Beachten Sie, dass sich die Bedienoberfläche des Programms in Abhängigkeit von der Version ändern kann. Weitere Details zum Umgang mit dem Windows Live Movie Maker entnehmen Sie bitte der Programmhilfe. Verwenden Sie andere Schnittprogramme, greifen Sie auf deren Handbücher oder auf Zusatzliteratur zum jeweiligen Produkt zurück.

Zusammenfassung

In diesem Kapitel haben Sie eine Einführung in das Thema Spiele und Bildung erhalten. Zudem wissen Sie, wie sich Musik-CDs, DVDs und Audio- und Videodateien abspielen lassen. Sie kennen auch die Möglichkeiten zum Mitschneiden und Bearbeiten von Musik und Videos.

Testen Sie Ihr Wissen

Zur Überprüfung Ihrer Kenntnisse können Sie die folgenden Fragen beantworten (die Lösungen finden Sie in Klammern).

- **Wie lässt sich eine Musik-CD abspielen?**

    (Legen Sie die CD in das Laufwerk ein. Falls das Wiedergabeprogramm nicht startet, wählen Sie es im Startmenü und aktivieren Sie die CD-Wiedergabe.)

- **Wie lässt sich eine Videodatei wiedergeben?**

    (Die Videodatei im Ordnerfenster per Doppelklick anwählen. Dann wird das Wiedergabeprogramm gestartet.)

- **Wie kann man Videos aufzeichnen?**

    (Sie benötigen eine digitale Videokamera zur Aufnahme des Videos. Die Kamera kann dann per USB/FireWire an den Computer angeschlossen werden. Dann lässt sich das Video über den Importassistenten auf die Festplatte übertragen.)

- **Wie lassen sich Videos schneiden?**

    (Sie müssen die Videodateien im Windows Live Movie Maker in den Projektbereich aufnehmen. Dann können Sie die Clips im Vorschaubereich abspielen und schneiden, siehe vorhergehende Seiten.)

Das können Sie schon

Den Computer in Betrieb nehmen	36
Mit Windows-Fenstern und -Programmen arbeiten	48
Webseiten abrufen und verschiedene Internetdienste nutzen	141
E-Mails empfangen und versenden	220
Textdokumente erstellen und gestalten	266
Tabellenkalkulation und Präsentation einsetzen	222
Fotos am Computer ansehen und bearbeiten	352
Spiele aufrufen, Musik hören, Videos ansehen	398
Musik und Videos aufzeichnen und bearbeiten	424/432

Das lernen Sie neu

Grundwissen zum Brennen	452
Brennen von CDs/DVDs/BDs	454
Video-DVDs erstellen	471

Kapitel 11
CD/DVD brennen

Daten, Musik oder Videos lassen sich auf CDs, DVDs oder BDs speichern. Alles, was Sie neben einem Brenner benötigen, sind einige wenige Kenntnisse, was dabei zu beachten ist. Dann ist das Sichern von Daten, das Zusammenstellen von Diashows oder Filmclips als Video-DVD ein Kinderspiel. Wie das geht und was dabei zu beachten ist, erfahren Sie in diesem Kapitel.

Grundwissen zum Brennen

Industriell produzierte Musik-CDs (auch Audio-CDs genannt) oder die in Zeitschriften, Büchern oder Geräten beiliegenden CDs oder DVDs sind nur lesbar. Einzelkopien von CDs, DVDs und BDs oder Kleinserien lassen sich mit einem sogenannten DVD- oder BD-Brenner erstellen. Bei diesem Vorgang werden die Daten über einen etwas stärkeren Laser als mikrometerkleine Vertiefungen (Pits) und Zwischenräume (Lands) in die Datenträgerschicht spezieller CD-, DVD- oder BD-Rohlinge eingebrannt. Nachfolgend geht es um grundlegende Fragen zum Brennen solcher Datenträger.

Rohlinge

Moderne Computer verfügen standardmäßig über einen DVD-Brenner, mit dem sich (CD- und DVD-)**Rohlinge** beschreiben lassen. Ist ein BD-Brenner eingebaut, können zusätzlich Blu-ray-Disc-Rohlinge gebrannt werden. Hierbei lassen sich folgende Rohlingstypen unterscheiden:

- Bei **CD-Rohlingen** wird zwischen **CD-R** (R steht für »Recordable«) und **CD-R/W** (W steht für »Writable«) unterschieden. Eine **CD-R kann einmal** in einem Brenner **beschrieben werden**. **CD-R/W**-Rohlinge **lassen sich mehrfach** in speziellen CD/RW- bzw. DVD-/BD-Brennern **beschrieben** und auch wieder **löschen**. Die **Kapazität** der **CD-R**- und **CD-R/W**-Rohlinge wurde ursprünglich auf **650 MByte** festgesetzt (entspricht 74 Minuten Musik). Mittlerweile findet man im Handel aber praktisch nur noch **700-MByte**-Rohlinge (80 Minuten Aufzeichnungszeit) oder spezielle CD-R-Rohlinge mit Überlänge (z. B. mit 800 MByte bzw. 90 Minuten Aufzeichnungszeit).

- Bei **DVD-Rohlingen** unterscheidet man auch zwischen einmal beschreibbaren (**DVD-R**) und mehrfach beschreibbaren (**DVD-RW**) Rohlingen. Zusätzlich gibt es bei DVDs aus lizenzrechtlichen Gründen einen DVD-Plus- (**DVD+R, DVD+RW**) und einen DVD-Minus-Standard (**DVD-R/-RW**). Da die **Kapazität** einer **DVD** durch die Zahl der Schichten (Layer) im Datenträger und durch die Möglichkeit, beide Seiten einer Datenschicht beschreiben zu können, bestimmt wird, gibt es auch noch sogenannte Dual Layer-DVDs (DVD+R DL, DVD-R DL). DVDs können daher verschiedene Kapazitäten (4,7 GB = single-sided/single-layered; 8,5 GB = single-sided/dual-layered, 9,4 GB = double-sided/single-layered, 17 GB = double-sided/dual-layered) aufweisen. **DVD-Rohlinge** weisen typischerweise eine Kapazität von 4,7 Gigabyte auf. Die seit 2004 verfügbaren doppellagigen **DVD-DL-Rohlinge** (z. B. DVD±R DL) kommen zwar auf 8,54 GByte Kapazität, erfordern aber Double Layer DVD-Brenner.

- Ein weiteres optisches Speichermedium stellt die **Blu-ray Disc** (BD) dar. Dieses Medium ist vor allem für hochauflösende Videos gedacht, benötigt aber spezielle BD-Laufwerke zum Abspielen. Blu-ray-Disc-Rohlinge gibt es als einmal beschreibbare **BD-R** (25 GByte) und **BD-R DL** (50 GByte) sowie als mehrfach beschreibbare **BD-RE** (25 GByte) und **BD-RE DL** (50 GByte).

Achten Sie darauf, dass der Brenner die gewünschten Rohlingstypen unterstützt. Moderne Multiformat-DVD-Brenner unterstützen sowohl das DVD+R/+RW- als auch das DVD-R/-RW-Format und können zudem DVD±R DL-Rohlinge sowie CD-Rs und CD-RWs brennen. Bei BD-Brennern gilt sinngemäß das Gleiche. Wiederbeschreibbare Rohlinge lassen sich in etwa 1000 Mal löschen. Eine spezielle Variante sind **DVD-RAM-Rohlinge**, die spezielle Brenner benötigen und sich ca. 100.000 Mal beschreiben lassen.

Achtung

Das **HD-DVD**-Format konnte sich gegenüber BD nicht durchsetzen und wird in diesem Buch nicht behandelt. Ältere CD-Laufwerke und handelsübliche CD-Player haben häufig Probleme mit dem Lesen wiederbeschreibbarer CD-RW-Medien. Auch bei älteren DVD-Playern und -Laufwerken gibt es noch Kompatibilitätsprobleme mit selbstgebrannten CDs bzw. DVDs. Viele DVD-Player können mittlerweile DVD-R und DVD+R, nicht aber DVD-RAM lesen. Mit DVD±RW-Medien haben ältere DVD-Laufwerke/-Player ebenfalls ihre Probleme. Diverse Computerzeitschriften testen regelmäßig die Kompatibilität handelsüblicher Player und Brenner und veröffentlichen die Ergebnisse. Weitere Informationen zu DVD-Typen und deren Kapazitäten finden Sie im Internet unter *www.afterdawn.com/glossary*.

Techtalk

Beachten Sie, dass die Kapazitätsangaben auf den Verpackungen auf einem Marketingtrick der Hersteller beruhen. Es wird 1 KByte mit 1000 Byte statt mit den in der Computertechnik üblichen 1024 Byte angesetzt. Die rechnerisch korrekte Kapazität ist daher immer um den Multiplikator 0,93132 geringer (z. B. statt der angegebenen 4,7 GB passen nur 4,37 GB auf den Rohling). In diesem Buch werden die von den Herstellern auf den Rohlingen angegebenen Kapazitäten genannt. Zudem gibt es Rohlinge von Markenherstellern und preiswertere »No-Name«-Produkte. Bei No-Name-Ware müssen Sie testen, ob diese mit Ihrem Brenner harmoniert. Bei älteren Laufwerken kann auch die Farbe der verspiegelten Datenseite (golden, blau etc.) eine Rolle spielen. Goldene Rohlinge sind am problemlosesten und am langlebigsten (100 Jahre). Die preiswerteren Rohlinge mit grünlicher Datenschicht besitzen eine Haltbarkeit von etwa zehn Jahren. Achten Sie auch darauf, dass die Rohlinge für die Geschwindigkeit der benutzten Laufwerke zugelassen sind (sonst kann es Unwuchten beim Abspielen in schnellen Laufwerken geben). Zum Sichern von Daten sollten Sie, wegen der höheren Lebensdauer, bevorzugt CD-Rohlinge einsetzen.

Brenner und Brennprogramme

In jedem moderneren Rechner ist praktisch ein Multiformat-DVD-Brenner eingebaut, mit dem sich diverse Rohlinge (CD-R-/-RW, DVD-R, DVD+R, DVD-RW, DVD+RW und oft sogar DVD +R DL/DVD -R DL) brennen lassen. Ist sogar ein BD-Brenner vorhanden, lassen sich zusätzlich auch BD-R-, manchmal auch BD-R DL- sowie mehrfach beschreibbare BD-RE-Rohlinge brennen. Welche Rohlinge genau unterstützt werden, ist in den Geräteunterlagen des Brenners vermerkt. Unter www.hardwarejournal.de finden Sie Hinweise zu Brennern, Rohlingen und mehr. Brenner arbeiten mit verschiedenen **Geschwindigkeiten** (von 1-fach bis n-fach). Je höher die Brenngeschwindigkeit, umso schneller ist ein Rohling gebrannt.

Windows 7 besitzt bereits integrierte **Funktionen, um** Daten auf CD, DVD oder BD **zu brennen**. Auch das Brennen von Musik-CDs oder das Erstellen einer Video-DVD wird mit Bordmitteln unterstützt. Manche Benutzer verwenden spezielle **Brennprogramme**, um damit ihre Daten, Musik oder Videos komfortabel auf Rohlinge zu brennen.

> **Hinweis**
>
> Bei Windows 7 empfehle ich aber zurückhaltend mit der Installation des z. B. immer noch recht populären Pakets **Nero 10** zu sein. Zu häufig haben sich Anwender mit der in Nero 10 enthaltenen Programmsammlung Ärger eingehandelt – und ältere Versionen dieses Programms funktionieren u. U. überhaupt nicht mehr. Für Windows 7 gibt es auch einige kostenlose Brennprogramme wie **DeepBurner Free** (*www.deepburner.com*) und **CDBurnerXP** (*http://cdburnerxp.se/de/*). Am besten gefällt mir CDBurnerXP, von dem es sogar eine portable Version für USB-Sticks gibt – allerdings erkennt das Programm nicht alle DVD-/BD-Brenner.

CDs/DVDs/BDs brennen

CDs, DVDs (und ggf. BDs) eignen sich wegen ihrer Kapazität gut zur Sicherung von Daten oder Programmen. Sie können beispielsweise den Inhalt eines Ordners mit Programm- oder Datendateien auf CDs/DVDs (und falls ein BD-Brenner vorhanden ist, auch auf BDs) brennen und bei Bedarf auf die Festplatte zurückkopieren. Nachfolgend wird gezeigt, wie dies mit Windows 7-Funktionen funktioniert.

So brennen Sie Daten auf CD/DVD/BD

Möchten Sie verschiedene Dateien (oder komplette Ordner) von der Festplatte auf eine CD, DVD oder BD (Blu-ray Disc) brennen?

1 Öffnen Sie das Ordnerfenster (z. B. über den Startmenübefehl *Computer*) und suchen Sie den Ordner mit den zu sichernden Dateien.

CDs/DVDs/BDs brennen

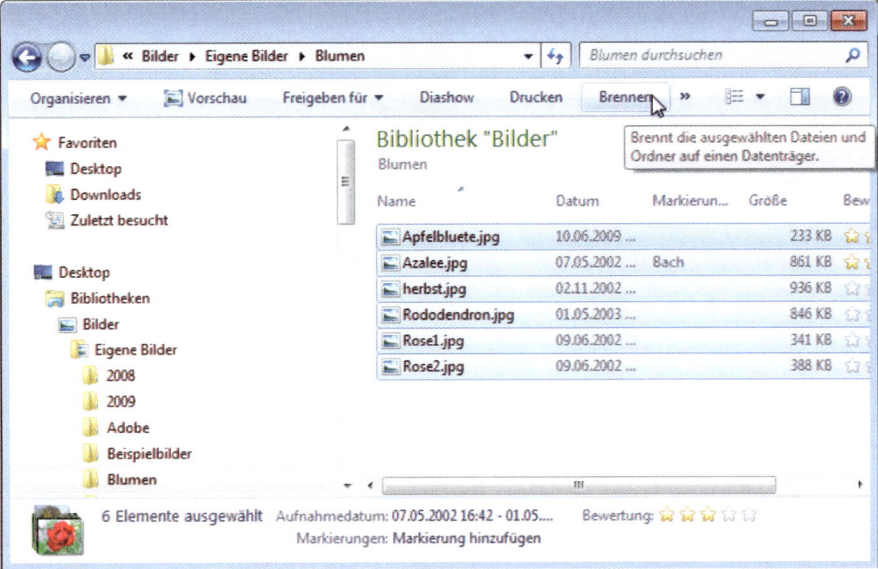

2 Markieren Sie die zu sichernden Dateien im Ordnerfenster (z. B. Dateien bzw. Ordner bei gedrückter [Strg]-Taste anklicken) und klicken Sie anschließend in der Symbolleiste des Ordnerfensters auf die Schaltfläche *Brennen*.

Alternativ können Sie die zu brennenden Dateien auch per Maus zu dem in der linken Spalte des Ordnerfensters gezeigten Laufwerkssymbol des Brenners ziehen.

3 Sobald die Schublade des Brenners ausgefahren wird und das Dialogfeld *Auf Datenträger brennen* erscheint, legen Sie den gewünschten Rohling (CD, DVD oder BD) in das Laufwerk ein und schließen die Schublade des Laufwerks.

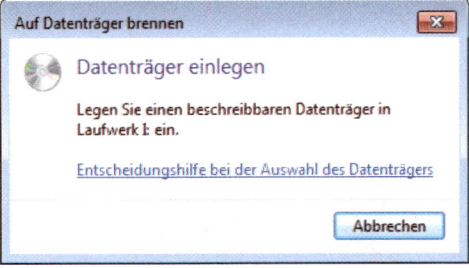

Das Dialogfeld verschwindet automatisch, sobald Windows den Rohling im Brenner erkennt. Ist der Rohling nicht beschreibbar, erhalten Sie einen entsprechenden Fehlerdialog angezeigt. Sie müssen dann einen anderen Rohling einlegen.

4 Erscheint dieses Dialogfeld, passen Sie ggf. den Inhalt des Textfelds *Datenträgertitel* an, markieren ein Optionsfeld und klicken auf die *Weiter*-Schaltfläche.

Windows gibt als Datenträgertitel das aktuelle Datum vor. Sie können aber jeden beliebigen Text (z. B. »Urlaub 2010«) vorgeben. Die Auswahl des Optionsfelds legt fest, wie die Daten auf den Datenträger zu schreiben sind.

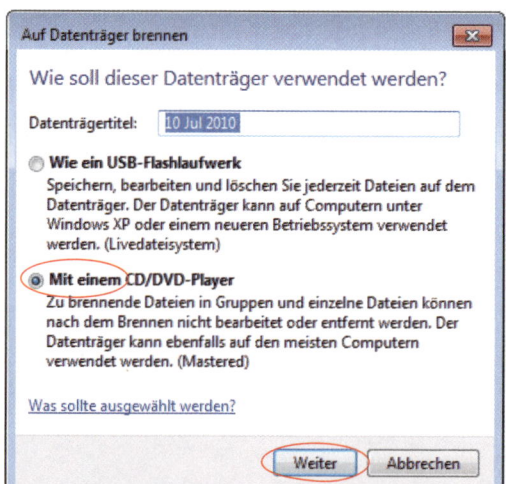

> **Hinweis**
>
> Windows 7 unterstützt zwei **Varianten beim Brennen von Daten** auf CDs, DVDs oder BDs. Die Option *Mit einem CD/DVD-Player* im Dialogfeld *Auf Datenträger brennen* verwendet den »Mastered«-Modus (**Multisession**), bei dem die Daten auf einen Rutsch auf das Medium gebrannt werden. Ist der Rohling nach dem Schreiben noch nicht voll, kann in einem weiteren Durchlauf noch eine sogenannte Session mit Daten auf das Medium gebrannt werden. Der Multisession-Modus stellt sicher, dass die Daten-CD bzw. -DVD überall lesbar ist.
>
> Sie können im Dialogfeld *Auf Datenträger brennen* auch die Option *Wie ein USB-Flashlaufwerk* wählen, um Daten im sogenannten Livedateisystem (UDF-Format) auf den Rohling zu schreiben. Beim Livedateisystem brennt Windows 7 die Dateien sofort auf das Medium. Sie können die CD, DVD bzw. BD wie eine Speicherkarte oder einen USB-Speicherstick verwenden, um Dateien zu speichern, zu überschreiben oder zu löschen. Alle Änderungen werden sofort auf den Rohling geschrieben. Der so erstellte Datenträger ist aber u. U. nicht auf allen Geräten lesbar (diese müssen das sogenannte UDF-Dateisystem unterstützen). Zudem dauert die Vorbereitung (Formatierung) des Rohlings sehr lange.

Windows informiert Sie beim Mastered-Modus über eine QuickInfo im Infobereich der Taskleiste, wenn Dateien zum Brennen vorliegen.

CDs/DVDs/BDs brennen

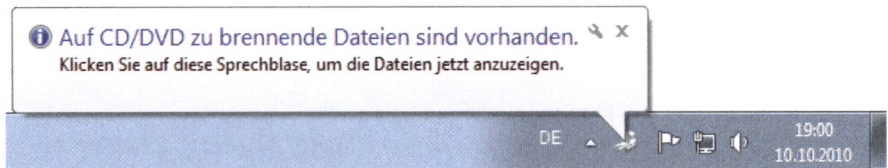

Dies ist wichtig, da die Dateien bei Verwendung der obigen Schrittfolge nicht sofort auf den Datenträger gebrannt, sondern in einem Zwischenspeicher auf der Festplatte vermerkt werden. Dies gibt Ihnen die Gelegenheit, Dateien aus verschiedenen Ordnern zum Brennen auszuwählen und im letzten Schritt zu brennen.

Sobald Sie die *Weiter*-Schaltfläche im Dialogfeld *Auf Datenträger brennen* anklicken, verschwindet dieses und das Ordnerfenster des Brenners erscheint.

5 Sollen noch weitere Dateien auf den Rohling gebrannt werden, minimieren Sie dieses Ordnerfenster und fügen die gewünschten Dateien über die obigen Schritte zum Brenner hinzu.

Erst wenn Sie alle zu brennenden Dateien mit den obigen Schritten ausgewählt und dem Laufwerk des Brenners zugewiesen haben, erfolgt das Brennen auf das Medium.

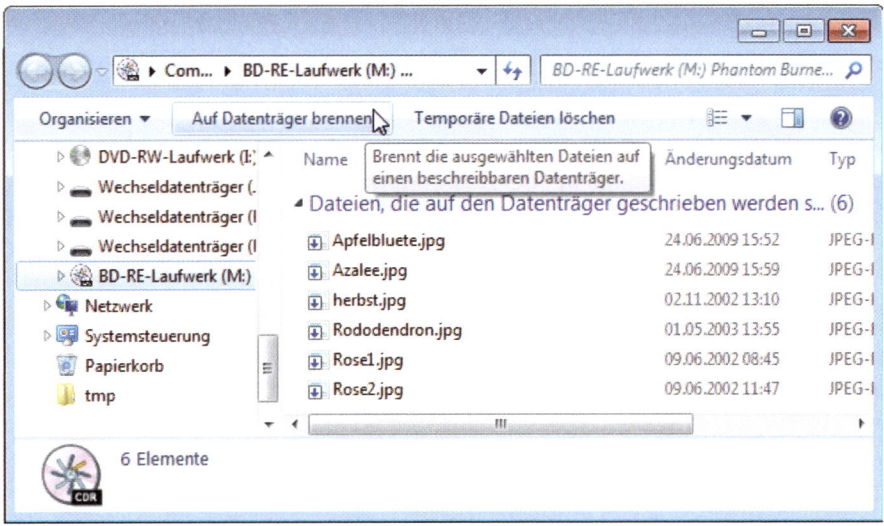

1 Öffnen Sie das Ordnerfenster des Brenners (z. B. über dessen Symbol im Navigationsbereich) und klicken Sie in der Symbolleiste auf die Schaltfläche *Auf Datenträger brennen*.

Kapitel 11

> **Tipp**
> Im Ordnerfenster des Brennerlaufwerks sehen Sie übrigens die zum Brennen zusammengestellten Dateien. Bei Bedarf können Sie einzelne Dateien aus dem Ordnerfenster des Brenners löschen. Dies ist hilfreich, falls Sie falsche Dateien zum Brennen hinzugefügt haben oder falls die Zahl der zu brennenden Dateien die Kapazität des Rohlings übersteigt.

2 Ergänzen Sie ggf. in diesem Dialogfeld den Datenträgertitel im betreffenden Textfeld (Text anklicken und überschreiben).

3 Passen Sie bei Bedarf die Brenngeschwindigkeit über das Listenfeld *Aufnahmegeschwindigkeit an* und klicken Sie danach auf die *Weiter*-Schaltfläche.

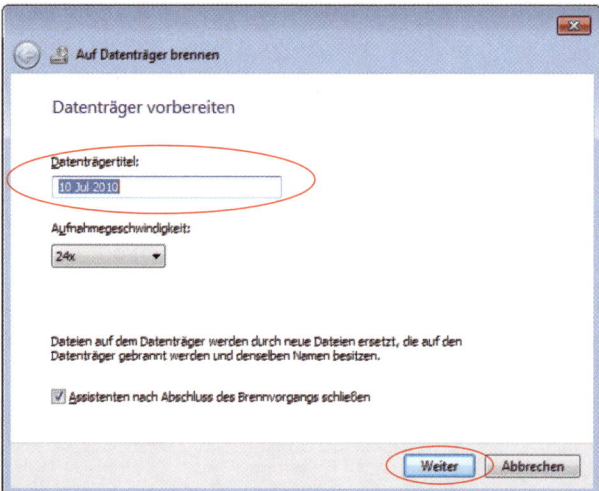

Windows brennt dann die markierten Dateien über den betreffenden Brenner (z. B. DVD-Recorder) auf den Rohling. Der Ablauf wird durch eine Fortschrittsanzeige im Dialogfeld *Auf Datenträger brennen* angezeigt. Dies kann, abhängig vom Datenträger und der Menge der zu brennenden Daten, eine Weile dauern. Sobald der Brennvorgang abgeschlossen ist, wird die Schublade des Brenners ausgefahren.

4 Schließen Sie die Schublade des Brenners und klicken Sie ggf. im noch geöffneten Dialogfeld *Auf Datenträger brennen* auf die Schaltfläche *Fertig stellen*.

Ist der gebrannte Rohling beim Einfahren noch im Laufwerk, lässt sich direkt auf dessen Inhalt zugreifen. In der Regel wird Windows das Dialogfeld *Automatische Wiedergabe* öffnen, und Sie können einen Befehl (z. B. *Ordner öffnen, um Dateien anzuzeigen*) auswählen. Danach wird der Inhalt des Datenträgers in einem Ordnerfenster angezeigt.

RW-Rohlinge löschen

Mehrfach beschreibbare **Datenträger** (CD-RW, DVD+RW, DVD-RW, BD-RE, BD-RE DL) müssen Sie vor einer Wiederverwendung **löschen**.

1 Legen Sie den Datenträger in den Brenner ein und schließen Sie ggf. angezeigte Dialogfelder.

2 Anschließend können Sie das Laufwerkssymbol des Brenners im Ordnerfenster *Computer* mit der rechten Maustaste anklicken und dann den Kontextmenübefehl *Datenträger löschen* wählen.

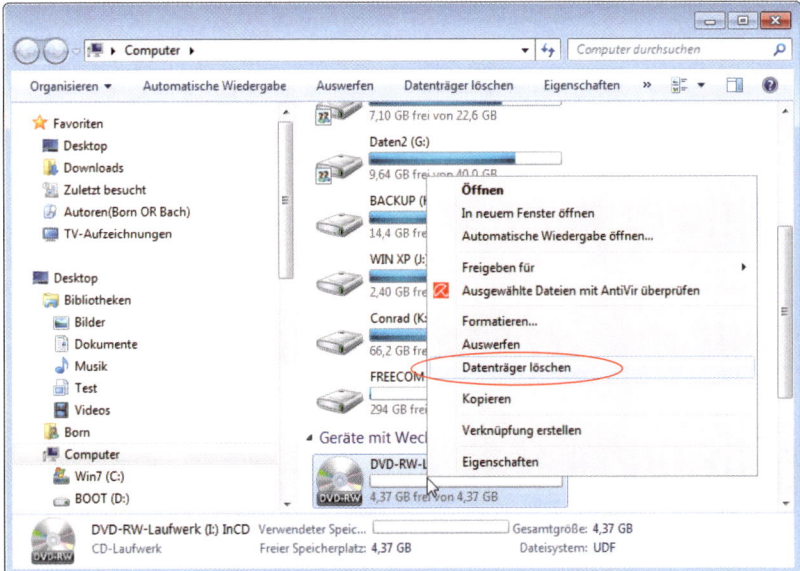

3 Im Dialogfeld *Datenträger kann gelöscht werden* klicken Sie auf die *Weiter*-Schaltfläche und warten, bis der Datenträger gelöscht wurde.

Das Löschen kann durchaus einige Zeit dauern. Treten während dieses Vorgangs Fehler auf, sollten Sie den RW-Rohling entsorgen, da andernfalls die Gefahr von Datenverlusten beim erneuten Brennen besteht. Den gelöschten RW-Rohling können Sie anschließend erneut zum Brennen von Daten verwenden.

Kapitel 11

ISO-Dateien brennen

Manchmal erhält man sogenannte ISO-Dateien beim Download von Programmen. ISO-Dateien enthalten das Abbild einer CD oder DVD. Um auf den Inhalt einer ISO-Datei zugreifen zu können, brennen Sie diese, abhängig von deren Größe, auf eine CD oder DVD. Der Inhalt dieser CD/DVD lässt sich dann direkt in Windows 7 im Ordnerfenster ansehen.

1 Zum Brennen wählen Sie im Ordnerfenster die betreffende ISO-Datei mit einem Rechtsklick an und klicken dann auf den Kontextmenübefehl *Datenträgerabbild brennen*.

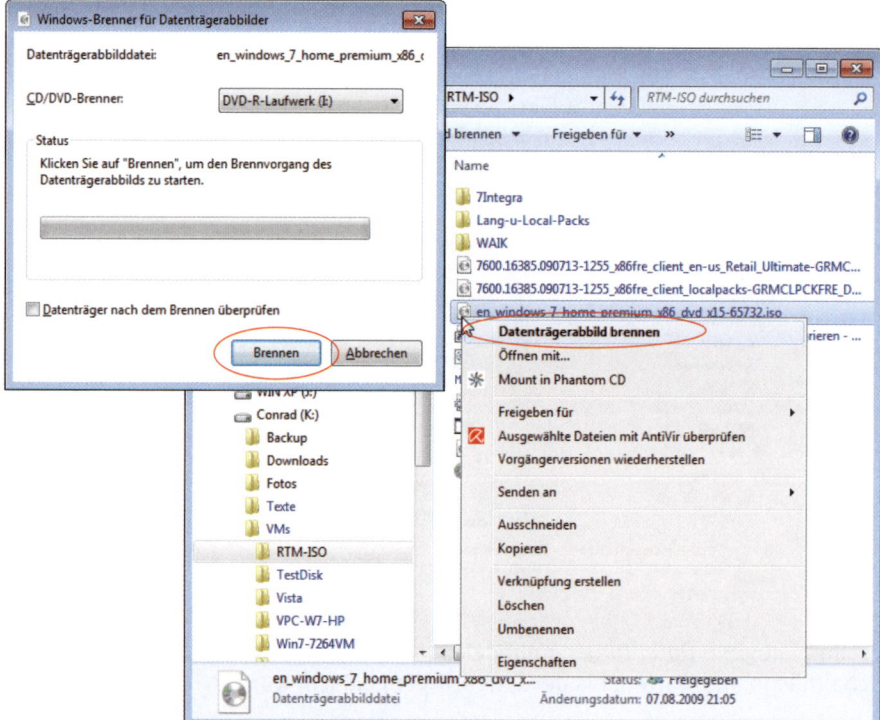

2 Im dann angezeigten Dialogfeld *Windows-Brenner für Datenträgerabbilder* wählen Sie ggf. den Brenner über das Listenfeld.

3 Markieren Sie ggf. das Kontrollkästchen *Datenträger nach dem Brennen überprüfen* und klicken Sie danach auf die *Brennen*-Schaltfläche.

CDs/DVDs/BDs brennen

Sie werden ggf. aufgefordert, den Rohling in den Brenner einzulegen. Dann wird das ISO-Abbild auf den Datenträger gebrannt. Nach dem Brennen können Sie den Rohling dem Brenner entnehmen und beschriften. Der so gebrannte Rohling enthält dann ein genaues Abbild der ursprünglichen CD/DVD.

> **Achtung**
>
> Zum Beschriften von CDs, DVDs und BDs gibt es spezielle Stifte. Sie sollten keinesfalls spitze Gegenstände (Kugelschreiber) zum Beschriften verwenden, da diese die Datenträgerschicht beschädigen können. Auch das Aufkleben von Papieretiketten (Labels) ist keine gute Idee. Diese Aufkleber können zu Unwuchten oder Verbiegungen führen, wodurch der Datenträger nicht mehr lesbar ist.

Daten-CDs/-DVDs mit CDBurnerXP erstellen

Falls Sie lieber mit einem Brennprogramm arbeiten, können Sie zum Brennen von Daten auf CD-/DVD-Rohlinge auch das Programm CDBurnerXP verwenden.

1 Starten Sie CDBurnerXP (z. B. über das betreffende Desktopsymbol).

2 Legen Sie einen leeren Rohling in den Brenner, klicken Sie im Dialogfeld *CDBurnerXP* auf *Daten-Zusammenstellung* und bestätigen Sie die *OK*-Schaltfläche.

Kapitel 11

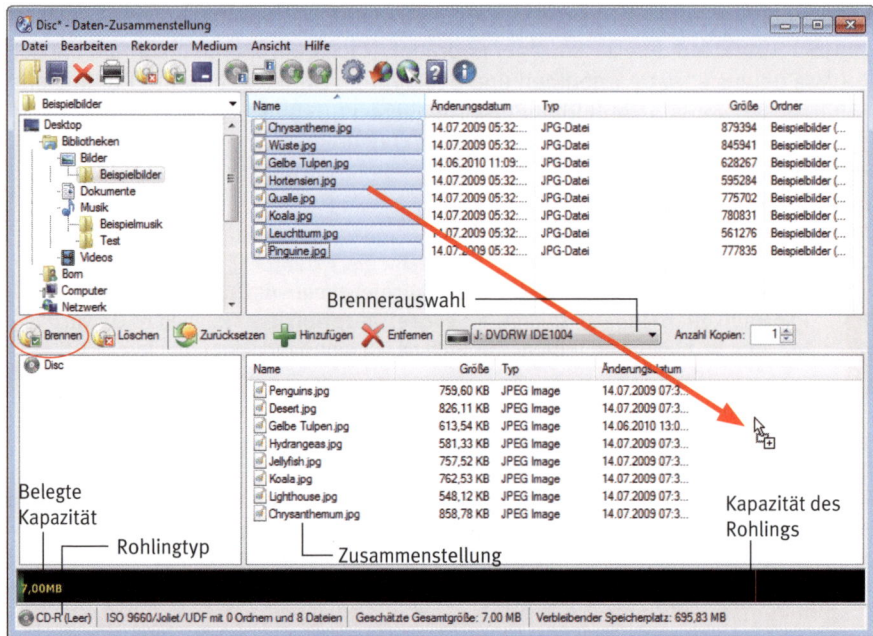

Jetzt sollte das Fenster *Disc - Daten-Zusammenstellung* erscheinen. Über die beiden Symbolleisten am oberen Fensterrand und in der Fenstermitte lassen sich die Programmfunktionen abrufen. Stellen Sie sicher, dass in der mittleren Symbolleiste der Brenner im Listenfeld zur Brennerauswahl angezeigt wird. Bei mehreren eingebauten Brennern wählen Sie über das Listenfeld das betreffende Gerät. Spätestens jetzt sollte in der linken Ecke der Statusleiste der eingelegte Rohling angezeigt werden (andernfalls drücken Sie die Funktionstaste [F5] zur Aktualisierung der Anzeige). Das Erkennen des Brenners und des Rohlings ist wichtig, da andernfalls kein Brennen möglich ist. Der Rohlingstyp bestimmt auch, wie viele Daten in einer Zusammenstellung gebrannt werden können.

3 Wählen Sie im linken oberen Teilfenster das Laufwerk und den Ordner, in dem die zu brennenden Dateien liegen.

4 Markieren Sie im oberen rechten Teilfenster die zu brennenden Dateien und ziehen Sie diese per Maus in den Bereich der Zusammenstellung.

CDs/DVDs/BDs brennen

Sobald die ersten Dateien zur Zusammenstellung hinzugefügt wurden, zeigt das Programm oberhalb der Statusleiste die bereits belegte Kapazität auf dem Rohling in Form eines grünen Balkens an. Eine senkrechte Linie am rechten Rand dieser Anzeige signalisiert dabei die maximale Kapazität des Datenträgers. Sie können Schritt 4 so oft wiederholen, bis alle zu brennenden Dateien zum Zusammenstellungsbereich hinzugefügt wurden oder bis die Kapazität des Rohlings erreicht ist.

> **Hinweis**
>
> Ziehen Sie ein Ordnersymbol in die Zusammenstellung, wird dieser Ordner samt Inhalt in die zu brennende Datenmenge einbezogen. Bei Bedarf können Sie Dateien oder Ordner im Fenster der Zusammenstellung markieren und dann über die Schaltfläche *Entfernen* der mittleren Symbolleiste wieder austragen. Über die Schaltfläche *Zurücksetzen* der mittleren Symbolleiste wird die komplette Zusammenstellung gelöscht.

5 Klicken Sie bei Bedarf das Symbol *Disc* im linken unteren Teilfenster mit der rechten Maustaste an, wählen Sie den Kontextmenübefehl *Umbenennen* und geben Sie einen neuen Datenträgernamen vor.

Der Datenträgername wird später beim Einlesen des gebrannten Rohlings im Ordnerfenster *Computer* angezeigt.

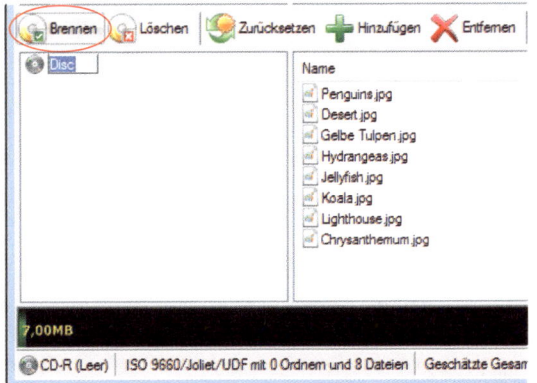

> **Hinweis**
>
> Aus Kompatibilitätsgründen sollten nur die Buchstaben a bis z sowie die Ziffern 0 bis 9 (ohne Umlaute) sowie die Sonderzeichen - und _ im Datenträgernamen vorkommen. Der Name sollte auch nicht länger als 12 Zeichen sein.

6 Ist alles vorbereitet, klicken Sie in der mittleren Symbolleiste auf die mit *Brennen* bezeichnete Schaltfläche.

Kapitel 11

7 Klicken Sie im Dialogfeld *Medium brennen* auf den gewünschten Brennmodus.

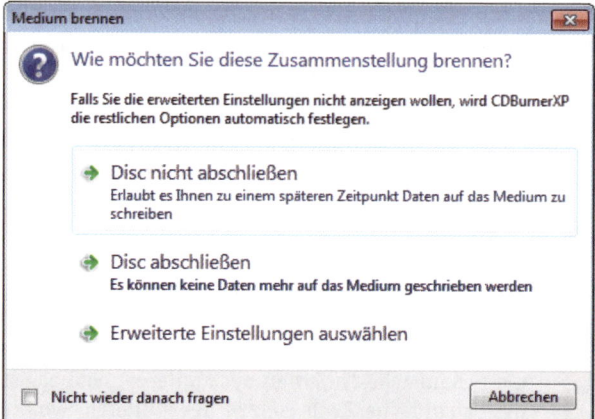

Ist die Zusammenstellung kleiner als die Rohlingskapazität, wählen Sie die Option *Disc nicht abschließen*.

Dann können Sie zu einem späteren Zeitpunkt nochmals Daten auf den Rohling hinzufügen.

> **Hinweis**
>
> Datendiscs werden durch CDBurnerXP im Multisession-Modus gebrannt. **Multisession** ist ein spezielles Format, bei dem mehrfach auf eine CD/DVD geschrieben werden kann (das ist hilfreich, wenn der Rohling beim Brennen nicht ganz voll wird und später noch Daten aufnehmen soll). Vor jedem Schreibvorgang liest das Brennprogramm die CD-/DVD-Daten und hängt die neuen Dateien an. Ältere CD-Laufwerke unterstützen oft nur den Singlesession-Modus und können solche CDs dann nicht lesen. Über den Befehl *Disc abschließen* stellen Sie sicher, dass keine Daten mehr auf den Rohling gebrannt werden können. Dies ist hilfreich, wenn sicher sein muss, dass der Datenträger auch auf älteren Laufwerken gelesen werden kann. Der Befehl *Erweiterte Einstellungen auswählen* im Dialogfeld *Medium brennen* öffnet ein Eigenschaftenfenster, in dem Sie die Brennmethode, die Brennoptionen und weitere Einstellungen vorgeben können. Aus Platzgründen muss auf die Beschreibung dieser Einstellungen verzichtet werden. Belassen Sie die Vorgaben des Programms.

CDs/DVDs/BDs brennen

Während des Brennens informiert Sie dieses Dialogfeld über den Ablauf und zeigt ggf. auftretende Fehler an.

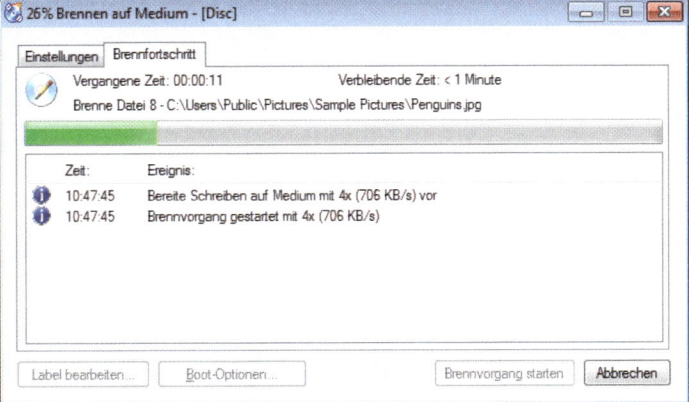

Nach Abschluss des Brennvorgangs entnehmen Sie den Rohling, beschriften diesen und schließen eventuell noch geöffnete Dialogfelder.

> **Tipp**
>
> Über die Schaltfläche *Informationen zum eingelegten Medium anzeigen* der oberen Symbolleiste oder über das Menü *Medium* und den Befehl *Medium Informationen* können Sie ein Dialogfeld öffnen. Dieses zeigt Ihnen Details zum im Brenner eingelegten Datenträger an. Die Schaltfläche *Informationen über den Recorder anzeigen* bzw. der Befehl *Laufwerks-Informationen* ermöglicht, ein ähnliches Dialogfeld zu öffnen, in dem die Fähigkeiten des Brenners aufgelistet werden.

> **Hinweis**
>
> Über das Menü *Datei* können Sie den Befehl *Speichern unter* wählen, um die Brenndaten der Zusammenstellung in eine Datei zu sichern. Diese lässt sich später über den Befehl *Öffnen* des gleichen Menüs wieder einlesen, und Sie können den Brennvorgang wiederholen. Der Befehl *Als ISO-Image speichern* schreibt die Daten der Zusammenstellung in eine ISO-Datei statt auf den Rohling. Diese ISO-Datei kann später mit CDBurnerXP oder mit der entsprechenden Windows 7-Funktion (siehe vorhergehende Seiten) auf einen Rohling gebrannt werden.

Eine 1:1-CD-/DVD-Kopie erstellen

Möchten Sie eine exakte Kopie einer vorhandenen CD oder DVD erstellen, stellen Sie sicher, dass das Medium im Quelllaufwerk eingelegt ist. Dann gehen Sie folgendermaßen vor:

Kapitel 11

1 Starten Sie CDBurnerXP über das Desktopsymbol.

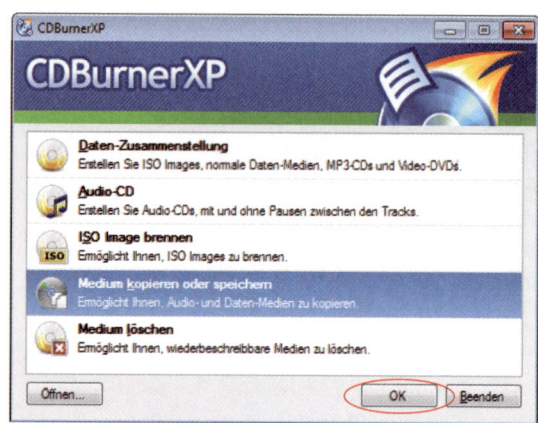

2 Wählen Sie im hier gezeigten Dialogfeld den Befehl *Medium kopieren oder speichern*.

3 Klicken Sie danach auf die *OK*-Schaltfläche.

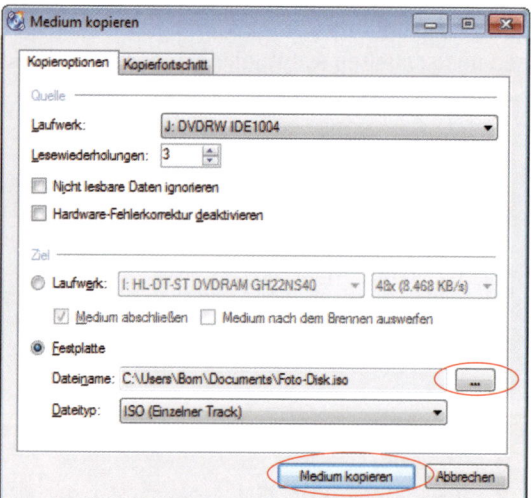

4 Wählen Sie ggf. im Fenster *Medium kopieren* auf der Registerkarte *Kopieroptionen* das Quelllaufwerk über das Listenfeld *Laufwerk*.

5 Legen Sie auf der gleichen Registerkarte das Ziellaufwerk fest und klicken Sie auf die Schaltfläche *Medium kopieren*.

Sind zwei optische Laufwerke im Computer eingebaut, können Sie als Ziel direkt den Brenner angeben. Alternativ lässt sich das Optionsfeld *Festplatte* wählen. Dann können Sie über das Feld *Dateiname* und dessen Schaltfläche einen Ordner, in den der Inhalt des Datenträgers zu speichern ist, sowie einen Dateinamen angeben. Als Speicherformat lässt sich über das Listenfeld *Dateityp* eine ISO-Datei oder eine MDS-Datei erzeugen.

6 Warten Sie, bis der Kopiervorgang abgeschlossen wurde, und beenden Sie das Dialogfeld zum Kopieren.

In einem zweiten Schritt können Sie die als (ISO-)Datei erstellte Kopie auf einen neuen Rohling brennen.

Hinweise

Beachten Sie beim Kopieren das Urheberrecht. Viele CDs und DVDs sind mit einem Kopierschutz versehen, die Kopien werden ohne (illegale) technische Tricks nicht funktionieren. Zudem lassen sich nur Medien mit gleicher Kapazität kopieren. Eine handelsübliche 9-Gigabyte-DVD kann also nicht auf DVD-Rohlinge mit 4,7 Gigabyte kopiert werden. Ähnliches gilt für Musik-CDs mit Überlänge, die nicht auf einen Rohling geringerer Kapazität kopiert werden können.

Wählen Sie im Dialogfeld *CDBurnerXP* den Befehl *Medium löschen* oder klicken Sie im Programmfenster auf die gleichnamige Schaltfläche, erscheint dieses Dialogfeld. Dann können Sie einen im Brenner eingelegten RW-Rohling löschen. Die Methode *Schnell* löscht nur das Inhaltsverzeichnis. Wählen Sie die Option *Sicher*, falls alle Daten auf dem Rohling gelöscht werden sollen.

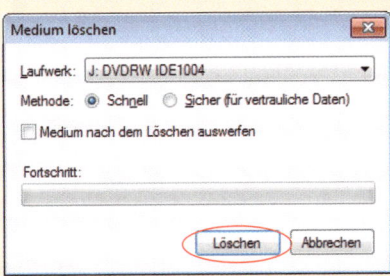

Musik-CDs erstellen

Im vorherigen Kapitel haben Sie erfahren, wie sich Musiktitel im Windows Media Player als Audio-CD zusammenstellen und brennen lassen. Sie können Musik-CDs aber auch mit CDBurnerXP erstellen. **Zum Brennen** einer auf handelsüblichen CD-Playern abspielbaren Audio-CD müssen Sie **vorher** alle **Titel** als Audiodateien (*.wav*, *.mp3*) auf der Festplatte **zusammenstellen**.

- Schallplattenaufnahmen, eigene Songs oder Mitschnitte von Radiosendungen können Sie mit den in *Kapitel 10* erwähnten Aufnahmeprogrammen direkt als *.wav*-, *.wma*- oder *.mp3*-Dateien speichern und anschließend in einem Wave-Editor (z. B. Audacity) nachbearbeiten.

- Um einzelne Titel oder gar den Inhalt einer kompletten, aber nicht kopiergeschützten Musik-CD auf die Festplatte zu übernehmen, können Sie den Windows Media Player verwenden (siehe *Kapitel 10*). Dieser liest den Inhalt der Audio-CD ein und kopiert die (versteckten) *.wav*-Dateien der einzelnen Tracks auf die Festplatte in den Ordner *Eigene Musik*.

> **Achtung**
> Beachten Sie beim Kopieren von Musik-CDs das EU-Urheberrecht (das auch national gilt). Es erlaubt zwar das Anfertigen von Privatkopien, Sie müssen aber im Besitz einer rechtmäßigen CD-Kopie sein. Zudem dürfen Sie die vom Hersteller auf das Medium aufgebrachten Kopierschutzverfahren nicht umgehen. Sofern Sie diese Restriktionen beachten, können Sie legale CD-Kopien für den eigenen Gebrauch erstellen.

Sobald die Musikstücke auf der Festplatte vorliegen, können Sie zum **Brennen der Audio-CD** folgende Schritte ausführen.

1 Starten Sie CDBurnerXP über das Desktopsymbol.

2 Wählen Sie im Dialogfeld *CDBurnerXP* den Befehl *Audio-CD* und klicken Sie auf die *OK*-Schaltfläche.

Sobald das Fenster *Audio-Zusammenstellung* angezeigt wird, gehen Sie wie auf den vorhergehenden Seiten beim Erstellen einer Daten-CD vor.

3 Navigieren Sie im oberen linken Teilfenster zum Ordner mit den Musikdateien und ziehen Sie die gewünschten Titel per Maus in das untere Teilfenster mit der Zusammenstellung.

Neben *.wav*-Dateien dürfen Sie übrigens auch Audiodateien in anderen Formaten (MP3, WMA etc.) zur Zusammenstellung hinzufügen. Achten Sie beim Zusammenstellen darauf, dass die am unteren Rand des Programmfensters in Minuten angezeigte **Abspieldauer** der **CD** nicht überschritten wird.

CDs/DVDs/BDs brennen

> **Tipp**
> Bei Bedarf können Sie die Titel im Wiedergabebereich mit der rechten Maustaste anwählen und dann über den Kontextmenübefehl *Track abspielen* wiedergeben. Das hier im Vordergrund sichtbare Playerfenster ermöglicht, die Wiedergabe zu stoppen. Fehlt das Playerfenster, können Sie dieses über das Menü *Ansicht*, Befehl *Audio Player*, des Programmfensters einblenden.

4 Sobald alle Titel in der Zusammenstellung aufgeführt sind, klicken Sie in der mittleren Symbolleiste auf die Schaltfläche *Brennen*.

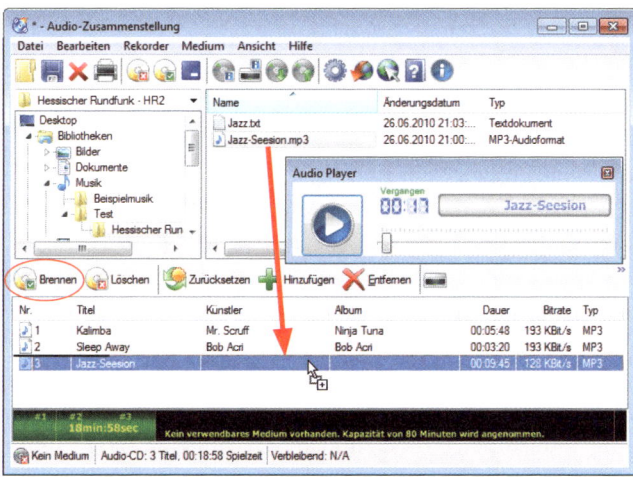

Dann erscheint ein Dialogfeld, das das Konvertieren der Quelldateien in das für die Audio-CD benötigte WAV-Format anzeigt. Das Dialogfeld wird nach dem Konvertieren automatisch geschlossen.

5 Wählen Sie auf der Registerkarte *Brennoptionen* die Brennmethode und klicken Sie dann auf die Schaltfläche *Brennvorgang starten*.

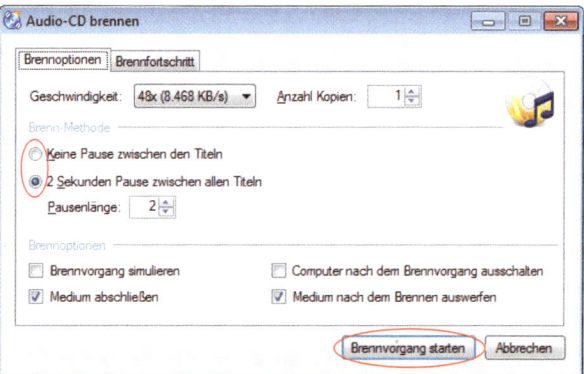

Bei Musik-CDs wird üblicherweise eine Pause von 2 Sekunden zwischen den Titeln eingefügt. Über die Brennoptionen können Sie diese Pause verlängern oder unterdrücken. Sobald der Brennvorgang gestartet wurde, befolgen Sie die Anweisungen des Programms zum Einlegen des CD-Rohlings und warten, bis dieser als Audio-CD gebrannt wurde.

> **Hinweise**
>
> Audio-CDs können übrigens nur komplett gebrannt werden – ein Multisession-Modus wie bei Daten-CDs wird nicht unterstützt. Haben Sie nur einige Titel zur Zusammenstellung gezogen, bleibt der Rest der CD ungenutzt. Für Audio-CDs sind i. d. R. nur CD-R-Rohlinge verwendbar, da handelsübliche CD-Player üblicherweise keine CD-RWs unterstützen.
>
> Möchten Sie eine Musik-CD (oder DVD) mit WMA- oder MP3-Dateien brennen? Da es sich dabei quasi um eine Daten-CD handelt, die lediglich die Musikstücke als Dateien enthält, gehen Sie wie beim Brennen einer Daten-CD vor (siehe vorherige Seiten). Sie benötigen dann einen speziellen Player (z. B. Windows Media Player), der die MP3- oder WMA-Stücke abspielen kann.

Video-DVDs

Mitgeschnittene Fernsehsendungen, aufgenommene Filme und mehr lassen sich auf CDs oder auf DVDs brennen. Das ermöglicht eine Wiedergabe auf dem Computer oder über handelsübliche DVD-Player. Selbst eine Fotosession aus dem letzten Urlaub lässt sich mit wenigen Handgriffen zu einer interaktiven Diashow zusammenstellen und am Computer oder per DVD-Player abspielen. Wie das funktioniert, erfahren Sie in diesem Lernschritt.

Grundlagen zu Video-CDs und DVDs

Sie können aufgezeichnete Videos auf eine Daten-CD oder eine -DVD brennen. Die Videodateien lassen sich mit den in *Kapitel 10* erwähnten Playern (z. B. Windows Media Player) abspielen. Der Vorteil besteht darin, dass Sie verschiedene Videoformate verwenden können – auf dem Computer muss zur Wiedergabe lediglich der benötigte Codec installiert sein.

Soll das Medium dagegen auch in einem DVD-Player wiedergegeben werden, müssen die Videodateien in ganz speziellen Formaten (MPEG) und in einer speziellen Struktur auf dem Medium vorliegen. Hierbei haben sich folgende Standards herausgebildet:

- **VCD:** Das Kürzel steht für **V**ideo **C**ompact **D**isc. Bei diesem Standard wird die Bildqualität des Films so weit reduziert, bis die Datenmenge für ca. 80 Minuten Video auf eine normale CD passt. Hierzu wird eine Bildauflösung von 352 x 288 Bildpunkten (beim PAL-Standard) und eine Bildwiederholrate von 25 Bildern pro Sekunde benutzt. Als Aufzeichnungsformat kommen MPEG-1 mit 1,1 Mbit/Sekunde (Videokanal) und 224 Kbit/Sekunde (Audiokanal) zum Einsatz. VCDs erreichen eine Bildqualität, die der von Videokassetten entspricht. Daher wird VCD gerne zum Archivieren von VHS-Bändern auf CDs benutzt.

- **S-VCD:** Bei der **S**uper **V**ideo **C**ompact **D**isc wird eine Bildauflösung (beim PAL-Verfahren) von 480 x 576 Bildpunkten benutzt. Als Aufzeichnungsformat kommt MPEG-2 mit einer variablen Datenrate (bis zu 2,6 Mbit/Sekunde im Videokanal und bis zu 384 Kbit/Sekunde im Audiostream) zum Einsatz. Wegen der größeren Datenmenge (verursacht durch die gegenüber der VCD verbesserte Bildqualität samt Dolby-Raumklang) passen nur 35 bis 40 Minuten Film auf den CD-Rohling. Zudem wird das S-VCD-Format von älteren DVD-Playern nicht unterstützt.

- **DVD:** Wegen der erforderlichen Kapazität ist die DVD das Standardmedium zur Aufzeichnung von Filmen mit einer (PAL-)Auflösung von 720 x 576 Bildpunkten. Das MPEG-2-Aufzeichnungsformat arbeitet mit einer variablen Datenrate bis zu 9,8 Mbit/Sekunde im Videokanal und benutzt das MPEG-2 AC-3-Verfahren im Audiokanal. Dadurch lässt sich über eine Stunde Film auf eine DVD brennen.

> **Was ist das?**
>
> **PAL** (Phase Alteration Line) ist die technische Bezeichnung für einen in Deutschland, Großbritannien, Südamerika, Australien und den meisten anderen westeuropäischen und asiatischen Ländern benutzten Fernsehübertragungsstandard. In Deutschland werden bei PAL 625 Zeilen pro Bild bei 25 Bildern/Sekunde und 50 Hz Feldfrequenz benutzt. Das **NTSC**-Verfahren (National Television Systems Committee) kommt bei Fernsehübertragungen in den USA, in Japan, Kanada und Mexiko zum Einsatz. Es benutzt eine Auflösung von 525 Zeilen pro Bild bei 30 Bildern/Sekunde und 60 Hz Feldfrequenz. Daher müssen Sie bei Video-CDs und DVDs angeben, ob die Daten im PAL- oder NTSC-Verfahren zu kodieren sind.

Schnittprogramme wie Pinnacle Studio, PowerDirector, Video Deluxe etc. enthalten Funktionen zum Brennen der Medien. Alternativ können Sie den Windows DVD Maker zum Erstellen von Video-DVDs verwenden.

Video-DVD erstellen in Windows DVD Maker

Um Videoclips, ein geschnittenes Video oder Fotos als Diashow auf Video-DVD zu brennen, können Sie den Windows DVD Maker einsetzen. Dieses Programm wird auch gestartet, sobald Sie in der Windows Live Fotogalerie über die Menüschaltfläche *Erstellen* den Befehl *DVD brennen* oder im Windows Live Movie Maker die Schaltfläche zum Veröffentlichen auf DVD wählen. In diesem Fall werden dem Windows Movie Maker bereits der Film oder die Fotos für die Diashow mit übergeben. Sie können den Windows DVD Maker auch direkt über das Startmenü im Zweig *Alle Programme/Zubehör* aufrufen.

1 Sobald das Programm gestartet wurde, wählen Sie im Dialogschritt *Bilder und Videos zur DVD hinzufügen* ggf. den Brenner über das Listenfeld der oberen Symbolleiste aus.

2 Klicken Sie im Fußbereich auf das Textfeld *DVD-Titel* und geben Sie einen Titeltext ein.

> **Hinweis**
>
> Über den in der rechten unteren Ecke eingeblendeten Link *Optionen* können Sie ein Dialogfeld zur Auswahl der Videooptionen (PAL- oder NTSC-Format, Seitenverhältnis 16 : 9 oder 4 : 3, Diashow mit einem Menü starten etc.) öffnen.

3 Fügen Sie bei Bedarf die Videoclips und Fotos im Dialogfeld *Bilder und Videos hinzufügen* ein, passen Sie die Reihenfolge der Elemente an und klicken Sie danach auf die Schaltfläche *Weiter*.

Falls Sie den Windows DVD Maker manuell aufrufen, können Sie die Video- und Fotodateien per Maus aus einem Ordnerfenster in die Elementliste des Dialogfelds ziehen. Über die Schaltfläche *Elemente hinzufügen* der Symbolleiste lässt sich ein Ordnerfenster öffnen, in dem Sie Foto- und Videodateien nachträglich auswählen und zur Zusammenstellung hinzufügen können.

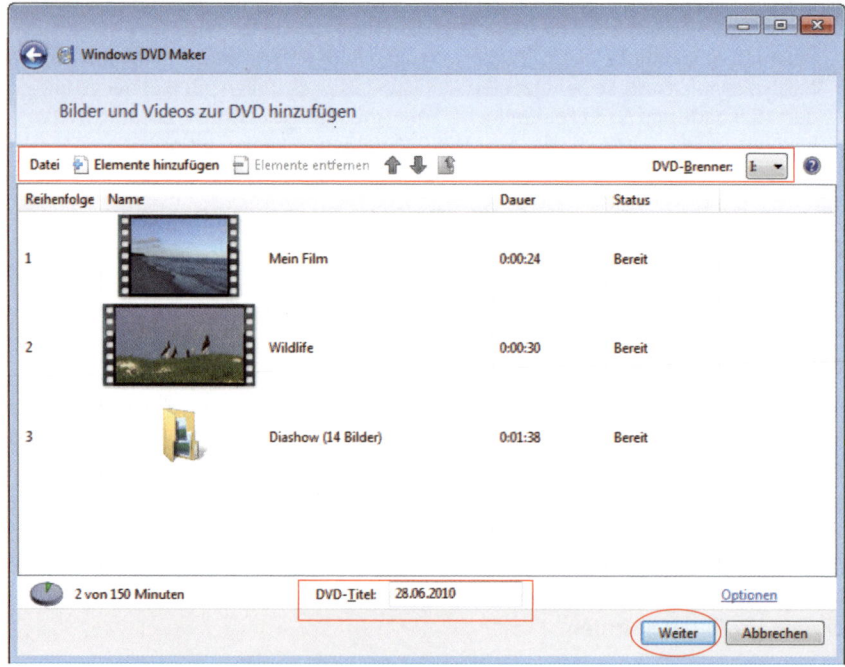

Video-DVDs

Achtung
Vor dem Einfügen der Elemente müssen Sie sicherstellen, dass Videos und Fotos im Hochkantformat bereits um 90 Grad gedreht sind.

Unerwünschte **Elemente** können Sie in der Zusammenstellung markieren und mittels der Schaltfläche *Elemente entfernen* oder über den Kontextmenübefehl *Entfernen* aus dem Dialogfeld *Bilder und Videos zur DVD hinzufügen* **löschen**.

Die **Reihenfolge der Elemente** beeinflussen Sie, indem Sie einen Eintrag markieren und diesen dann bei gedrückter linker Maustaste nach oben oder unten in der Liste verschieben. Alternativ können Sie die Pfeilschaltflächen in der Symbolleiste verwenden, um das markierte Element nach oben oder unten zu verschieben.

Tipp
Fotos werden unter dem Eintrag *Diashow* in die Elementliste eingefügt. Um die Reihenfolge der Fotos zu ändern, wählen Sie den Eintrag *Diashow* mit einem Doppelklick an. Dann erscheint die Fotoliste und Sie können die Einträge gemäß der obigen Beschreibung per Maus nach oben oder unten in der Liste verschieben. Zudem lassen sich einzelne Fotos markieren und aus der Liste entfernen. Sind die Fotos der Diashow sortiert, können Sie in der linken oberen Ecke des Dialogfelds die Schaltfläche *Wechselt zur vorherigen Seite zurück* anwählen. Oder Sie klicken in der rechten unteren Dialogfeldecke auf die *Weiter*-Schaltfläche, um die nächsten Schritte auszuführen.

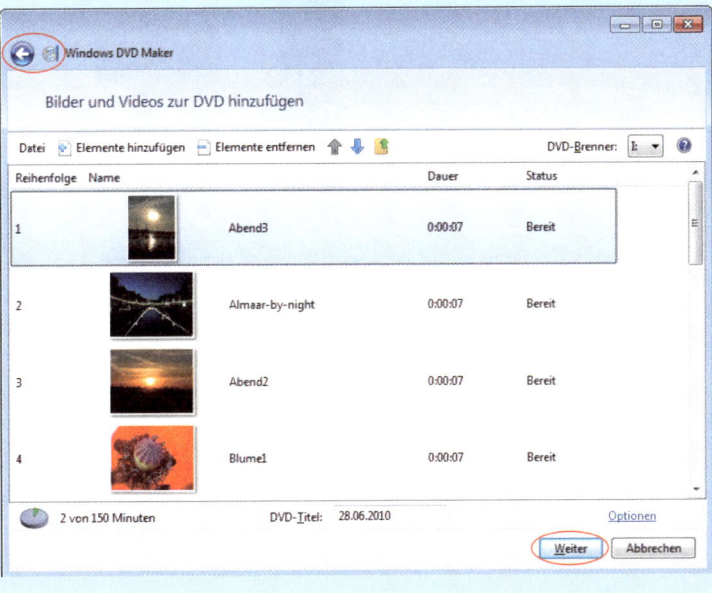

473

Kapitel 11

4 Im nachfolgend gezeigten Dialogschritt *DVD kann gebrannt werden* legen Sie die Optionen für Menütexte und Menüstile fest.

Im Dialogfeld finden Sie eine Symbolleiste mit mehreren Schaltflächen sowie Symbole für den Menüstil.

- Die Schaltflächen *Menütext* und *Menü anpassen* der Symbolleiste öffnen separate Dialogfelder, um den Titeltext anzupassen oder Videos für den Menüvordergrund und -hintergrund auszuwählen.

- Die Schaltfläche *Diashow* öffnet ein Dialogfeld, in dem Sie Audiodateien hinzufügen und somit die Diashow vertonen können. Die Audiodateien werden später beim Abspielen der Diashow als Tonspur wiedergegeben.

- Über die am rechten Rand des Dialogfelds *DVD kann gebrannt werden* angezeigte Liste lässt sich ein Menüstil für das Eingangsmenü der DVD wählen.

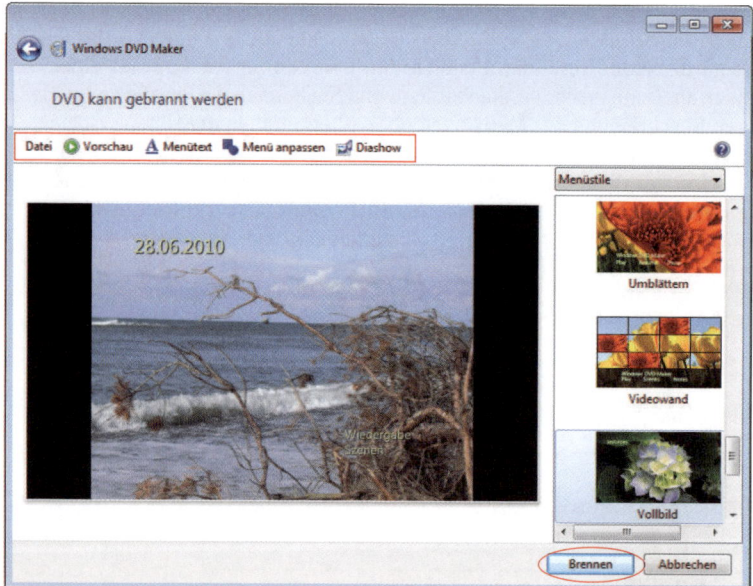

> **Hinweis**
>
> Sobald alle Optionen im Dialogfeld eingestellt sind, können Sie die Schaltfläche *Vorschau* in der Symbolleiste anklicken. Dann erstellt der Windows DVD Maker eine Vorschau des Videos und simuliert deren Wiedergabe in einem Dialogfeld. Das Dialogfeld bietet beispielsweise Schaltflächen, um in den Menüs des Videos zu navigieren, zwischen den Szenen (d. h. Einzelfotos) zu blättern und das Menü aufzurufen. So können Sie die Videowiedergabe vor dem Brennen testen. Das Dialogfeld lässt sich über die *OK*-Schaltfläche schließen.

5 Entspricht alles Ihren Vorstellungen, klicken Sie auf die Schaltfläche *Brennen*.

Der Windows DVD Maker fordert Sie in einem Meldungsfeld zum Einlegen einer beschreibbaren DVD in den Brenner auf. Sobald das eingelegte Medium vom Brenner erkannt wird, verschwindet das Meldungsfeld wieder und die Video-DVD wird erstellt. Ein Dialogfeld mit einer Fortschrittsanzeige informiert Sie über den Ablauf. Sobald die Fertigstellung der Video-DVD gemeldet wurde, können Sie das Medium dem Brenner entnehmen und ggf. noch geöffnete Dialogfelder schließen.

Anschließend lässt sich die Video-DVD am Computer mit dem Windows Media Player oder mittels eines DVD-Players testen.

Zusammenfassung

In diesem Kapitel haben Sie eine Übersicht über Möglichkeiten zum Brennen von CDs/DVDs/BDs erhalten. Sie kennen jetzt die wichtigsten Medientypen und können diese mit den Brennfunktionen von Windows 7 oder mit Programmen wie CDBurnerXP erstellen.

Testen Sie Ihr Wissen

Zur Überprüfung Ihrer Kenntnisse können Sie die folgenden Fragen beantworten (die Lösungen finden Sie in Klammern).

- **Was ist beim Brennen einer Audio-CD zu beachten?**

    (Sie müssen den Dateityp »Audio-CD« im Dialogfeld *CDBurnerXP* wählen, damit die Musiktitel im WAV-Format auf der CD gespeichert werden.)

- **Wie kann eine MP3-CD erstellt werden?**

    (Erstellen Sie eine Daten-CD, auf die Sie die MP3-Dateien übertragen.)

- **Wie bekommt man Videos auf CDs?**

    (Sie müssen die Videodateien in Windows oder in CDBurnerXP auf eine Daten-CD brennen.)

- **Wie erstellen Sie eine DVD für Videos?**

    (Verwenden Sie den Windows DVD Maker und fügen Sie die gewünschten Videos gemäß den Ausführungen auf den vorherigen Seiten zum Projekt hinzu.)

Das können Sie schon

Den Computer in Betrieb nehmen	36
Mit Windows-Fenstern und -Programmen arbeiten	48
Webseiten abrufen und verschiedene Internetdienste nutzen	141
E-Mails empfangen und versenden	220
Textdokumente erstellen und gestalten	266
Tabellenkalkulations- und andere Büroprogramme nutzen	222
Fotos am Computer ansehen und bearbeiten	352
Spiele aufrufen, Musik hören, Videos ansehen	398
Videos aufzeichnen und bearbeiten	432
CDs und DVDs brennen	454

Das lernen Sie neu

Drucker und Geräte verwalten	478
Anzeigeoptionen anpassen	485
Systemsteuerung verwenden	488
Softwarepflege – so geht's	497
Windows-Sicherheit	501
Startmenü, Taskleiste, Verknüpfungen verwalten	508
PDA, Handy und PC	511

Kapitel 12
Systempflege

Haben Sie die vorherigen Kapitel durchgearbeitet? Dann verfügen Sie über das notwendige Wissen, um mit Microsoft Windows und seinen Programmen zu arbeiten. Andererseits lässt sich das Betriebssystem an vielen Stellen anpassen. Oder möchten Sie weitere Programme installieren bzw. deinstallieren, Windows-Komponenten hinzufügen, einen Treiber oder einen Drucker etc. einrichten? In diesem Kapitel erfahren Sie in aller gebotenen Kürze, wie das alles funktioniert und wie Sie bestimmte Windows-Einstellungen an Ihre eigenen Anforderungen anpassen.

Kapitel 12

Drucker und Geräte

Windows unterstützt Drucker der verschiedensten Hersteller, die Sie an Ihren Computer anschließen können. Wie Sie neue Drucker einrichten und was es sonst in diesem Zusammenhang noch Wissenswertes gibt, erfahren Sie in diesem Abschnitt.

Drucker einrichten

Wenn Sie einen neuen Drucker an den Computer anschließen, benötigt Windows einen sogenannten **Druckertreiber**. Das ist ein spezielles Programm, das die Windows-Ausgaben für das angeschlossene Gerät umsetzt. Wurde der Treiber bei der Windows-Installation vergessen, passt er nicht zum aktuellen Drucker oder möchten Sie ein neues Gerät in Betrieb nehmen, gehen Sie folgendermaßen vor:

1 Verbinden Sie den Drucker wie in *Kapitel 1* gezeigt mit dem Computer und schalten Sie das Gerät ein.

Meist wird der neue Drucker vom Betriebssystem erkannt und automatisch eingerichtet. Sie müssen dann lediglich einige Windows-Meldungen bestätigen und ggf. auf Anforderung die CD/DVD mit den Druckertreibern in ein Laufwerk einlegen. Klappt die automatische Installation nicht, führen Sie die folgenden Zusatzschritte aus.

2 Öffnen Sie das Ordnerfenster *Geräte und Drucker* über den gleichnamigen Befehl des Startmenüs.

Es erscheint ein Ordnerfenster, in dem die Symbole der bisher installierten Geräte und Drucker aufgeführt werden.

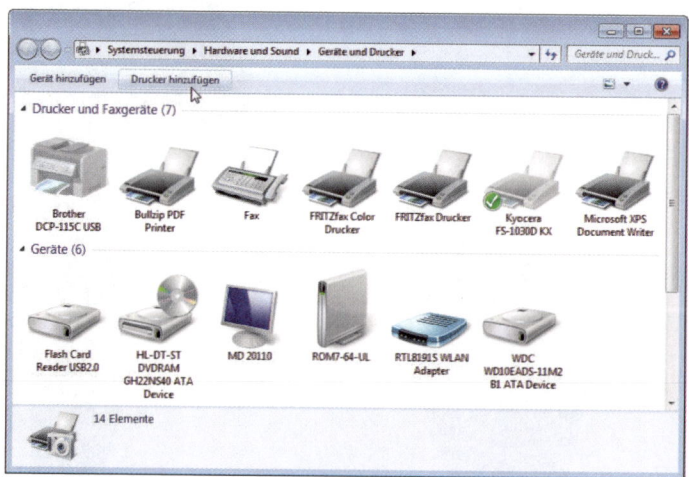

3 Wählen Sie in der Symbolleiste die Schaltfläche *Drucker hinzufügen*.

Drucker und Geräte

> **Tipp**
> Im Fenster *Geräte und Drucker* sehen Sie in der Kategorie »Geräte« alle installierten bzw. angeschlossenen Geräte und deren Status. Rufen Sie bei Problemen mit einem Gerät den Kontextmenübefehl *Problembehandlung* des Gerätesymbols auf, um Unterstützung bei der Fehlerdiagnose zu erhalten.

Windows startet einen Assistenten, der Sie durch die Schritte zur Einrichtung des neuen Druckers führt. In den Dialogfeldern werden die benötigten Einstellungen abgefragt. Über die Schaltflächen *Weiter* und *Zurück* lässt sich zwischen den Dialogschritten blättern. Die Schaltfläche *Zurück* findet sich in der linken oberen Ecke des Dialogfelds.

4 Zuerst möchte der Assistent wissen, ob der Drucker lokal am Rechner angeschlossen ist oder an einem im Netzwerk befindlichen Computer betrieben wird. Markieren Sie die Option, um einen lokalen Drucker einzurichten.

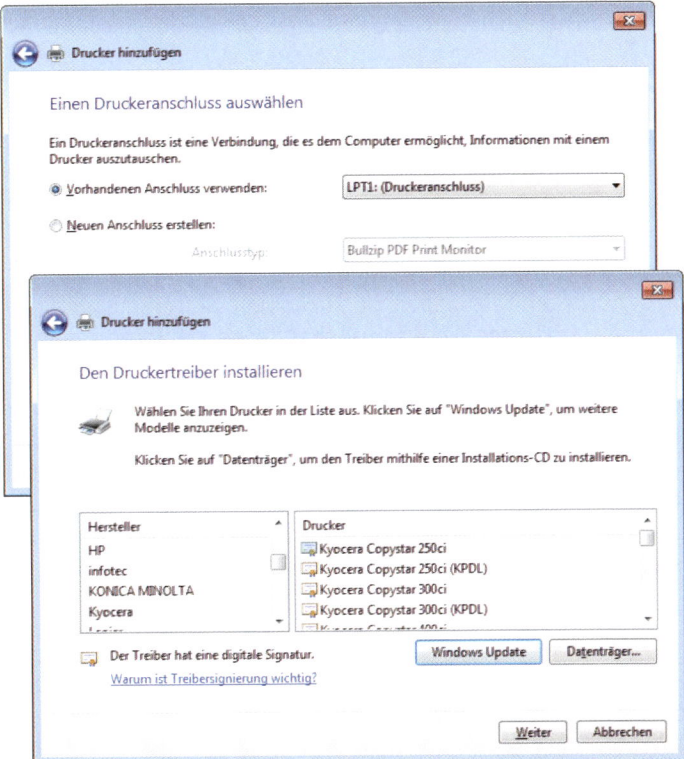

5 Wird der Drucker nicht automatisch erkannt, fragt der Assistent im Dialogfeld *Einen Druckeranschluss wählen* noch den Geräteanschluss ab.

Die verfügbaren Anschlüsse werden in einem ein- oder mehrzeiligen Listenfeld aufgeführt. Drucker sind typischerweise an einer USB-Buchse oder an der sogenannten **parallelen Schnittstelle** angeschlossen, der die Bezeichnung **LPT1:** zugewiesen ist.

6 Im Dialogschritt *Den Druckertreiber installieren* legen Sie den Hersteller des Druckers und das genaue Druckermodell durch Anklicken der Namen in den beiden Listen fest.

> **Hinweis**
>
> Wird der Drucker in der Liste nicht aufgeführt und verfügen Sie über eine CD oder DVD des Druckerherstellers mit Treibern, können Sie den Drucker über die mit *Datenträger* bezeichnete Schaltfläche installieren. Windows öffnet ein Dialogfeld zur Auswahl des Datenträgerlaufwerks. Dann müssen Sie in den geöffneten Dialogfeldern den Ordner, der den Druckertreiber enthält, auswählen. Die Druckerunterlagen sollten Hinweise auf diesen Ordner enthalten. Über die Schaltfläche *Windows Update* können Sie bei bestehender Internetverbindung auch prüfen lassen, ob die Treiber des Druckerherstellers ggf. von Microsoft zur automatischen Installation bereitgestellt werden.

7 Ändern Sie bei Bedarf den (vorgegebenen) Namen des Druckers und legen Sie über weitere Optionen im Dialogfeld fest, ob der Drucker als Standardgerät für Ausgaben verwendet werden soll.

8 Bei einem im Netzwerk angeschlossenen Computer werden Sie noch gefragt, ob der Drucker freizugeben ist. Sie können den Freigabenamen für das Netzwerk anpassen und dann die *Weiter*-Schaltfläche anklicken.

Windows gibt Ihnen nach der Druckerinstallation im Abschluss-Dialogfeld noch die Gelegenheit, den Ausdruck einer Testseite über eine Schaltfläche zu starten. Es kann einige Zeit dauern, bis das Gerät die Testseite ausgedruckt hat. Das Dialogfeld mit dem Hinweis, dass die Testseite ausgegeben wurde, schließen Sie über die *Schließen*-Schaltfläche. Das Dialogfeld des Installationsassistenten verlassen Sie über die Schaltfläche *Fertig stellen*.

> **Hinweis**
>
> Mit den obigen Schritten können Sie durchaus mehrere Druckertreiber (Farbdrucker, Faxversand etc.) im Ordnerfenster *Geräte und Drucker* einrichten. Gibt es Probleme mit einem Drucker, blendet Windows ein gelbes Ausrufezeichen im Druckersymbol ein. Klicken Sie das Symbol eines eingerichteten Druckers im Ordnerfenster *Geräte und Drucker* mit der rechten Maustaste an, erscheint ein Kontextmenü. Dort finden Sie Befehle, um das Gerät zu entfernen (d. h. den Druckertreiber zu löschen), die Problembehandlung aufzurufen, den Drucker neu zu benennen oder die Druckereigenschaften einzusehen.

> **Tipp**
>
> Ziehen Sie das **Druckersymbol** per Maus aus dem Ordnerfenster zum Desktop, um dort eine **Verknüpfung** anzulegen. Dann genügt später ein Doppelklick auf dieses Desktopsymbol, um die Druckaufträge zu kontrollieren (siehe unten).
>
> Möchten Sie Ihre Dokumente im PDF-Format weitergeben? Für private Zwecke können Sie die kostenlose Version des Produkts **CutePDF** (*www.cutepdf.com*) installieren. Der dann eingerichtete PDF-Druckertreiber lässt sich im Dialogfeld *Drucken* auswählen. Der Name der PDF-Datei wird in einem separaten Fenster abgefragt, und anschließend erfolgt die Ausgabe in diese Datei. PDF-Dateien lassen sich mit dem kostenlosen Adobe Reader (*www.adobe.de*) anzeigen.

Druckeinstellungen wählen

Bei mehreren Druckern lässt sich eines der Geräte per Kontextmenü als **Standarddrucker** festlegen (einfach das Symbol im Ordnerfenster *Geräte und Drucker* mit der rechten Maustaste anklicken und im Kontextmenü den Befehl *Als Standard festlegen* wählen). Der Standarddrucker wird immer dann benutzt, wenn Sie in Anwendungen die Schaltfläche *Drucken* wählen.

Über den Befehl *Drucken* im Menü *Datei* (oder über die Tastenkombination Strg+P bzw. über die Befehle der Menüschaltfläche *Drucken*) des Anwendungsprogramms wird das Dialogfeld zur Druckausgabe geöffnet.

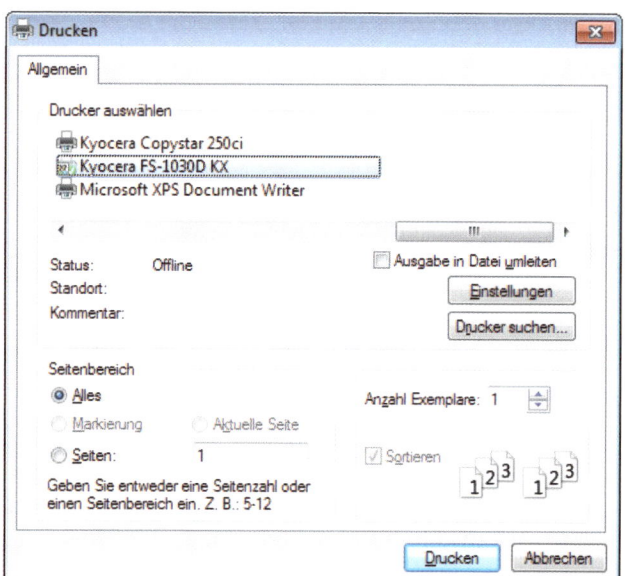

Der genaue Aufbau dieses Dialogfelds hängt u. U. aber vom verwendeten Programm ab. Die wichtigsten Elemente sind aber immer gleich.

- Sie können beispielsweise den verwendeten Drucker aus einer Liste wählen oder (bei vielen Anwendungen) den zu druckenden Seitenbereich des Dokuments sowie die Kopienanzahl über die Steuerelemente des Dialogfelds festlegen.

- Die Schaltfläche *Einstellungen* öffnet ein Eigenschaftenfenster mit mehreren Registerkarten, in denen Sie die Seitenorientierung (Hoch- oder Querformat) und weitere Optionen setzen können.

Über das Kontrollkästchen *Ausgabe in Datei umleiten* lässt sich die Ausgabe des Druckertreibers in Dateien zwischenspeichern (sinnvoll, wenn die Ausgaben später mit anderen Programmen weiterverarbeitet werden sollen).

Druckaufträge verwalten

Beim Drucken aus einem Anwendungsprogramm übernimmt Windows die Steuerung. Die Druckdaten werden vor der Ausgabe temporär auf der Festplatte zwischengespeichert. Dadurch ist die Druckausgabe in der Anwendung bereits abgeschlossen und Sie können sofort weiterarbeiten, während Windows im Hintergrund noch die einzelnen Seiten an den Drucker ausgibt. Man bezeichnet die Technik zum Puffern der Druckausgaben auch als Spooling. Jeder Druckvorgang wird intern in Windows als Druckauftrag in einer sogenannten Warteschlange verwaltet.

Bei anstehenden Druckaufträgen erscheint ein kleines Druckersymbol im Infobereich der Taskleiste.

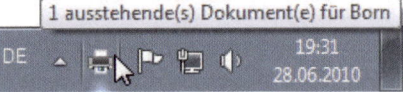

Das Druckersymbol verschwindet, sobald der Auftrag an den Drucker geleitet wurde.

> **Tipp**
> Ist kein Druckersymbol im Infobereich zu sehen, klicken Sie auf die Schaltfläche *Ausgeblendete Symbole einblenden*. Dann sollte in der eingeblendeten Palette ein kleines Druckersymbol zu sehen sein.

Treten Fehler auf, prüfen Sie, ob der Drucker angeschlossen, eingeschaltet und online ist. Fehlendes Papier, Tinte oder Toner (bei Laserdruckern) können ebenfalls Fehlerursachen sein. Näheres finden Sie in den Unterlagen zum Drucker.

Über das Druckersymbol (im Statusbereich der Taskleiste, im Ordnerfenster *Geräte und Drucker* oder einer Desktopverknüpfung) können Sie das hier gezeigte Fenster zur Verwaltung der Warteschlange mit den Druckaufträgen öffnen.

Das Fenster listet alle anstehenden Druckaufträge samt ihrer jeweiligen Status auf. Sie erkennen dort u. U. auch die Fehlerursache. Der oberste Eintrag der Liste steht dabei zum Drucken an. Sie können Aufträge per Mausklick markieren und dann über die Befehle des Menüs *Dokument* anhalten, neu starten oder abbrechen. Im Menü *Datei* finden Sie zudem Befehle, um alle Druckaufträge abzubrechen (z. B. weil der Drucker defekt ist) oder die Druckereigenschaften aufzurufen.

Drucker und Geräte

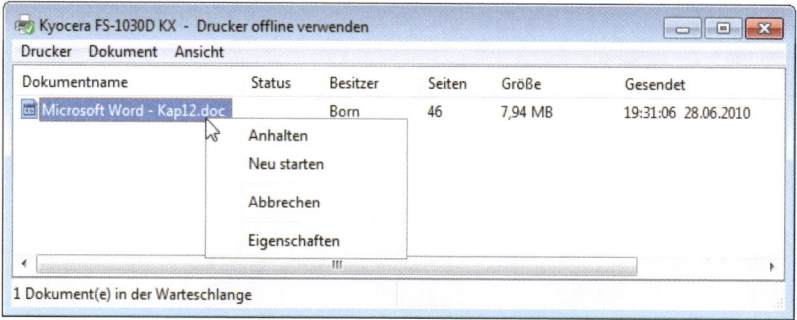

Treiberinstallation – kurz und bündig

Wenn Sie eine neue Hardware in Form von Steckkarten in den Computer einbauen oder ein Gerät per USB anschließen, ist in der Regel noch die Installation eines Treibers erforderlich. Windows benötigt diese Steuersoftware, um mit der eigentlichen Hardware kommunizieren zu können. Bei jedem Systemstart analysiert Windows deshalb z. B. die Hardware und sollte das neue Gerät bzw. Steckkarten finden. Bei USB-Geräten wird sogar eine sogenannte Plug&Play-Funktion unterstützt, d. h., Sie dürfen die USB-Geräte während des laufenden Betriebs anschließen und entfernen. Nehmen Sie ein neues Gerät erstmalig in Betrieb, werden Sie über eine Quick-Info im Infobereich der Taskleiste über die Treiberinstallation informiert. Findet Windows keinen Treiber, wird dies ebenfalls gemeldet. Beachten Sie auch, dass es zur Installation eines Treibers verschiedene Varianten und Ansätze gibt.

- Der oben skizzierte Idealfall: Windows 7 bringt bereits die Treiber für das Gerät (Drucker, Maus, Tastatur) mit und installiert diese automatisch beim ersten Einschalten.

- Bei manchen Geräten ist es aber zwingend erforderlich, dass Sie vor dem Einbau oder dem Anschluss der Hardware eine Installations-CD/-DVD einlegen und ein Setup-Programm des Herstellers ausführen. Erst danach kann die Hardware eingebaut/angeschlossen und abschließend der Treiber installiert werden.

Wichtig ist auch, dass für das betreffende Gerät Treiber für Windows 7 bereitstehen. Nicht für das Betriebssystem passende Treiber sind häufig die Ursache für Installations- und Funktionsprobleme. Enthalten die Installationsmedien nicht die richtigen Treiber, suchen Sie die Internetseite des Geräteherstellers. Viele Hersteller bieten in Rubriken wie »Service«, »Support« oder »Download« aktualisierte Treiberversionen für ihre Geräte zum kostenlosen Download an. Ist der Hersteller unbekannt, hilft es gelegentlich, über Suchmaschinen nach Schlüsselwörtern für das Gerät suchen zu lassen. Zudem besitzt Windows bei einer bestehenden Internetverbindung die Möglichkeit, auf den Microsoft-Webseiten automatisch nach aktualisierten Treibern zu suchen.

Kapitel 12

> **Achtung**
> Konsultieren Sie vor dem Einbau der Hardware bzw. vor dem Anschluss der Geräte unbedingt die Dokumentation des Geräteherstellers. Dort ist beschrieben, ob Besonderheiten bei der Geräteinstallation zu beachten sind.

Die Automatische Wiedergabe anpassen

Beim Einlegen von Medien (CD, DVD, Speicherkarte, USB-Stick etc.) sollte sich das Dialogfeld *Automatische Wiedergabe* zur Auswahl der auszuführenden Funktion öffnen (siehe z. B. *Kapitel 3*). Haben Sie im Dialogfeld irrtümlich das Kontrollkästchen *Immer für ... durchführen* gewählt? Dann wird beim Einlegen des Mediums die zuletzt gewählte Funktion automatisch aufgerufen.

1 Zum Anpassen dieser Zuordnung tippen Sie in das Suchfeld des Startmenüs »auto« ein und klicken anschließend auf den angezeigten Befehl *Automatische Wiedergabe*.

2 Suchen Sie im Fenster *Automatische Wiedergabe* den Eintrag für den Medientyp (z. B. Audio-CD), öffnen Sie das Listenfeld, wählen Sie den gewünschten Wert und klicken Sie auf die *Speichern*-Schaltfläche.

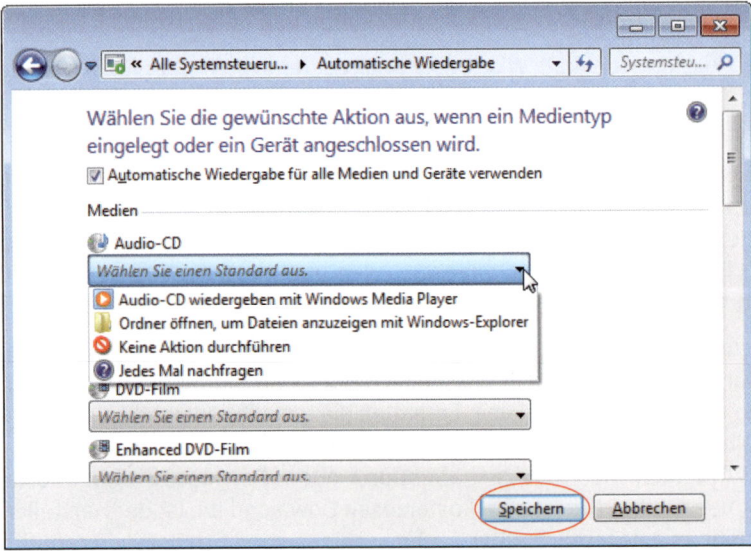

Mit dem Eintrag »Jedes Mal nachfragen« erscheint das Dialogfeld *Automatische Wiedergabe* beim Einlegen eines entsprechenden Mediums.

Anzeigeoptionen anpassen

Windows ermöglicht Ihnen, verschiedene Anzeigeoptionen (und damit auch das Aussehen des Desktops) anzupassen. Um die Anzeigeoptionen anzupassen, gehen Sie folgendermaßen vor:

1 Klicken Sie mit der rechten Maustaste auf eine freie Stelle des Desktops und wählen Sie im Kontextmenü den Befehl *Anpassen*.

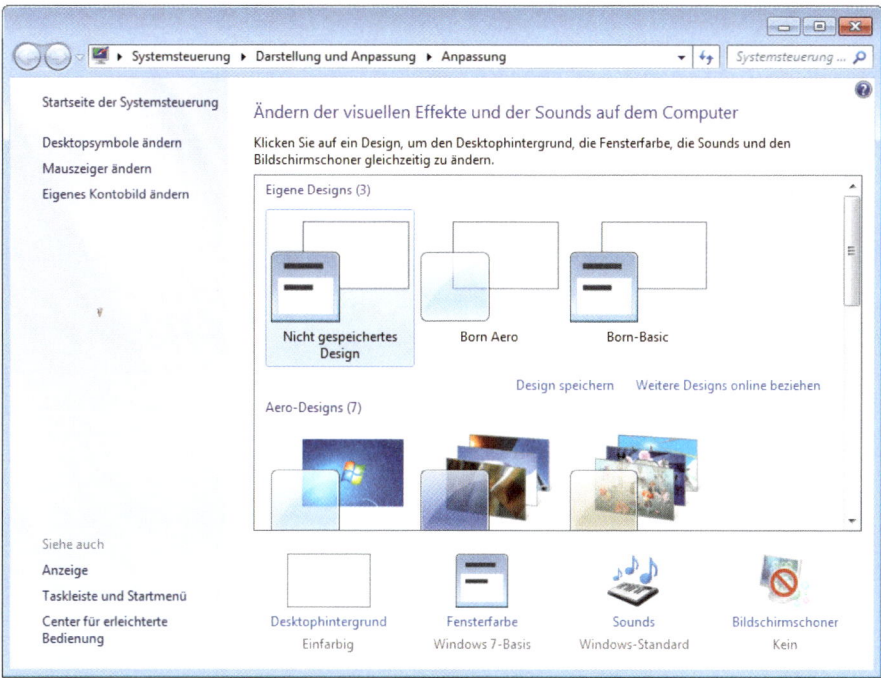

2 Anschließend wählen Sie im angezeigten Formular das Symbol der gewünschten Anpassungsoption.

Über die Symbole der Kategorien *Aero-Design* und *Windows-Basis* können Sie verschiedene Anzeigeschemata abrufen. Diese legen den Desktophintergrund und weitere Einstellungen der Benutzeroberfläche fest. Alternativ können Sie auch die beiden am unteren Fensterrand sichtbaren Hyperlinks *Desktophintergrund* und *Fensterfarbe* wählen, um diese Einstellungen anzupassen.

Kapitel 12

> **Tipp**
> Haben Sie Windows ein neues Design aus der Liste der angebotenen Designs zugewiesen oder etwas am Design geändert? Sie können im oberen Bereich der Liste auf den Hyperlink *Design speichern* klicken und einen Namen für das gespeicherte Design vergeben. Dann trägt Windows dieses Design unter dem Namen ein. Sind mehrere benutzerdefinierte Designs vorhanden, können Sie die nicht in Benutzung befindlichen Designs mit der rechten Maustaste anklicken und den Kontextmenübefehl *Design löschen* wählen.
>
>
>
> Über den Befehl *Desktopsymbole ändern* in der linken Aufgabenspalte der Seite öffnen Sie das Dialogfeld *Desktopsymboleinstellungen*. Über die Kontrollkästchen können Sie verschiedene Symbole auf dem Desktop ein-/ausblenden. Zudem lassen sich über die Schaltfläche *Anderes Symbol* die Desktopsymbole ändern.

Desktophintergrund ändern

Der Windows-**Desktop** kann mit einem weißen Hintergrund, mit Farben, Mustern und auf Wunsch sogar mit **Hintergrundbildern** versehen werden.

Anzeigeoptionen anpassen

1 Um den **Desktophintergrund** zu **ändern**, rufen Sie das Fenster *Anpassung* auf (siehe oben) und klicken dann auf den Hyperlink *Desktophintergrund*.

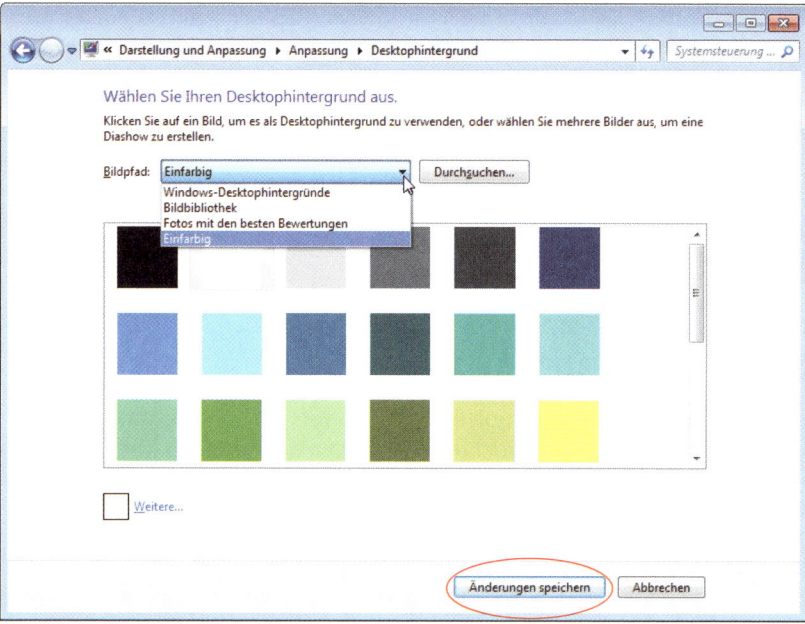

2 Stellen Sie im Listenfeld *Bildpfad* eine Kategorie (Bilder, einfarbige Hintergründe etc.) ein.

3 Wählen Sie eines der im Dialogfeld eingeblendeten Motive aus (Farbfeld, Hintergrundbild etc.).

Bei den Bildkategorien können Sie über die Schaltfläche *Durchsuchen* ein Dialogfeld zur Auswahl eines Bildordners und einer Bilddatei öffnen. Ist ein Bild als Hintergrund ausgewählt, erscheint am unteren Rand des Dialogfelds eine Menüschaltfläche, über die Sie vorgeben können, ob das Bild gekachelt, auf Desktopgröße skaliert oder in Originalgröße zentriert anzuzeigen ist.

4 Sobald die Einstellungen vorgenommen wurden, schließen Sie die Seite über die Schaltfläche *Änderungen speichern*.

Beachten Sie bei der Auswahl von Hintergrundbildern, dass sich dadurch die Erkennbarkeit von Desktopelementen ggf. verschlechtert. Besser geeignet sind einfarbige Hintergründe, die sich über den Wert *Einfarbig* des Listenfelds *Bildpfade* wählen lassen.

Kapitel 12

> **Hinweis**
>
> Möchten Sie die **Bildschirmauflösung** in Windows **anpassen**? Klicken Sie mit der rechten Maustaste auf eine freie Stelle des Desktops und wählen Sie den Kontextmenübefehl *Bildschirmauflösung*. In der dann gezeigten Seite können Sie die Auflösung über das gleichnamige Listenfeld auswählen und mittels der *OK*-Schaltfläche zuweisen. Windows schaltet die Auflösung testweise um und erwartet in einem Dialogfeld von Ihnen die Bestätigung, dass die Änderung dauerhaft gelten soll. Verschwindet die Anzeige, warten Sie einfach, bis Windows zur alten Auflösung zurückfällt. Beachten Sie aber, dass Flachbildschirme eine gerätebedingte optimale Auflösung besitzen. Stellen Sie andere Auflösungen ein, wird die Darstellung schlechter.

Die Systemsteuerung

Die Windows-Systemsteuerung ist so etwas wie die Kontrollzentrale des Systems. Viele der nachfolgend besprochenen Anpassungen erfolgen über die Systemsteuerung. Zum Anpassen einer Einstellung gehen Sie folgendermaßen vor:

1 Öffnen Sie das Startmenü und wählen Sie den Befehl *Systemsteuerung*.

2 Schalten Sie ggf. die Darstellung über die Menüschaltfläche *Kategorie* zwischen »Kategorie« und »Symbole« um.

3 Anschließend wählen Sie den gewünschten Eintrag in der Systemsteuerung an, um die betreffende Funktion aufzurufen.

Nun können Sie die Optionen in den Formularen bzw. auf den Registerkarten des jeweils gezeigten Fensters ansehen und anpassen. Details hierzu entnehmen Sie den vorhergehenden und nachfolgenden Seiten. Beachten Sie aber, dass viele Anpassungen über die Windows-Systemsteuerung Administratorrechte erfordern.

> **Tipp**
>
> Über die beiden Schaltflächen *Zurück* und *Vorwärts* in der linken oberen Ecke des Fensters der Systemsteuerung lässt sich zwischen den bereits abgerufenen Formularen blättern. Die Adressleiste der Systemsteuerung ermöglicht über den Eintrag »Systemsteuerung«, zur Startseite zurückzugehen. Sie können zudem einen Begriff (z. B. Maus) in das Suchfeld in der rechten oberen Ecke eintippen. Dann zeigt das Fenster der Systemsteuerung nur noch Befehle an, die sich auf den eingetippten Begriff (z. B. Mauseinstellungen) beziehen und direkt per Mausklick aufgerufen werden können.

Techtalk

Sicherheitsabfrage der Benutzerkontensteuerung

Viele Änderungen wie z. B. an den Windows-Einstellungen sowie das Installieren von Programmen lassen sich aus Sicherheitsgründen nur von Benutzern durchführen, die über Administratorrechte verfügen. Dann fordert Windows Sie in einem zusätzlichen Dialogfeld der sogenannten **Benutzerkontensteuerung** zur Bestätigung der Aktion auf.

Beim Arbeiten unter einem normalen Benutzerkonto erscheint dieses Dialogfeld, in dem Sie das Kennwort für das angezeigte Administratorkonto eingeben und auf die *Ja*-Schaltfläche klicken müssen. BeimArbeiten unter einem Administratorkonto erscheint ein Dialogfeld ohne Kennwortabfrage, in dem die *Ja*-Schaltfläche zur Freigabe der Funktion angeklickt werden muss. Dies soll verhindern, dass Schadprogramme ausgeführt und (Sicherheits)einstellungen von Windows ungewollt bzw. unbemerkt verändert werden.

Mauseinstellungen

Sind Sie Linkshänder oder klappt der Doppelklick bei der Maus nicht besonders gut? Dann sollten Sie die Mauseinstellungen an Ihre Bedürfnisse anpassen.

1 Tippen Sie in das Suchfeld der Systemsteuerung »Maus« ein und klicken Sie auf den angezeigten Befehl *Maus*.

2 Anschließend können Sie auf den Registerkarten des Eigenschaftenfensters die Mauseigenschaften anpassen und über die *OK*-Schaltfläche übernehmen.

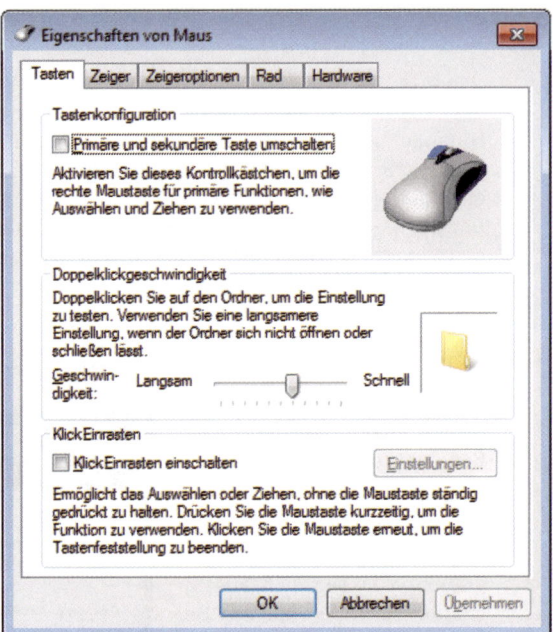

Auf der mit *Tasten* bezeichneten Registerkarte lassen sich die Maustasten umschalten sowie die Doppelklickgeschwindigkeit einstellen. Linkshänder markieren in das hier gezeigte Kontrollkästchen *Primäre und sekundäre Taste umschalten*.

> **Tipp**
> Die Doppelklickgeschwindigkeit können Sie testen, indem Sie auf der Registerkarte das neben dem Schieberegler angezeigte Ordnersymbol doppelt anklicken. Erkannte Doppelklicks öffnen oder schließen den Ordner.

Über die anderen Registerkarten des Eigenschaftenfensters können Sie weitere Mausoptionen wie die Darstellung des Mauszeigers oder die Mausspur einstellen.

Tastatur anpassen

Falls beim Drücken einer Taste mehrere Buchstaben erscheinen oder andere Tastaturprobleme auftauchen, sollten Sie ggf. die Tastatureinstellungen überprüfen.

1 Tippen Sie in das Suchfeld der Systemsteuerung »Tas« ein und klicken Sie auf den angezeigten Befehl *Tastatur*.

Die Systemsteuerung

2 Anschließend können Sie auf den Registerkarten des Eigenschaftenfensters die Tastatureigenschaften anpassen und mit der Schaltfläche *OK* übernehmen.

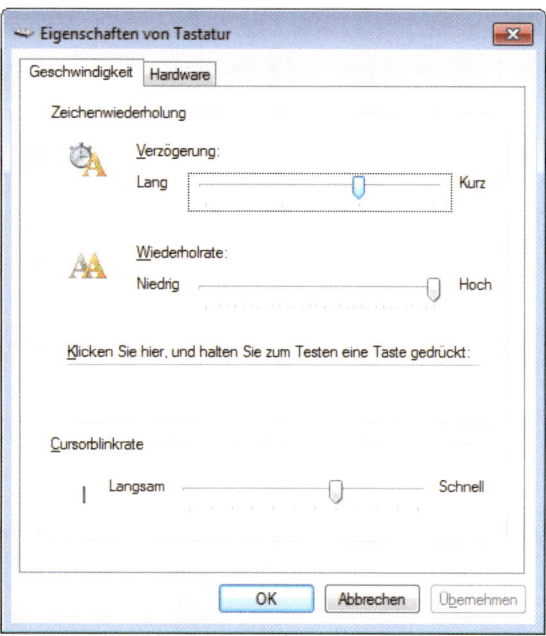

Auf der mit *Geschwindigkeit* bezeichneten Registerkarte können Sie über Schieberegler die Verzögerung und die Wiederholrate verändern. Über ein eigenes Textfeld lässt sich die Anpassung testen.

Regionale Einstellungen

Windows kann Datums- und Währungsangaben länderspezifisch anzeigen.

1 Klicken Sie in der Systemsteuerung auf den Befehl *Zeit, Sprache und Region* und wählen Sie auf der Folgeseite *Region und Sprache*.

2 Anschließend kontrollieren Sie auf den Registerkarten des Eigenschaftenfensters die Einstellungen für Währungszeichen, Dezimalpunkt, Datumsformat etc.

Auf der Registerkarte *Formate* finden Sie die Einstellungen für das Land und die Datums-/Uhrzeitformate (hier links). Über die Schaltfläche *Weitere Einstellungen* lässt sich das Eigenschaftenfenster *Format anpassen* öffnen. Auf dessen Registerkarten lassen sich Zahlendarstellung, Währungsanzeige, Uhrzeitdatum etc. ändern.

Kapitel 12

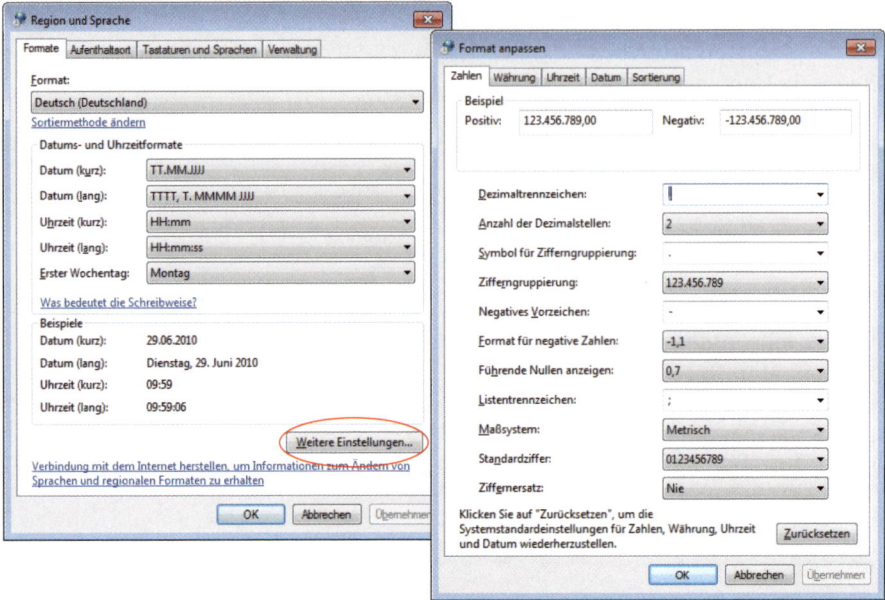

Sobald Sie das Eigenschaftenfenster über die *OK*-Schaltfläche schließen, werden die neuen Einstellungen durch Windows übernommen und auch von Anwendungsprogrammen wie Word oder Excel benutzt.

Uhrzeit und Datum stellen

Das Stellen von Uhrzeit und Datum ist unter Windows eigentlich nicht erforderlich, da der Computer per Internet mit einem Zeitserver synchronisiert wird. Falls die Uhrzeit falsch ist oder das Datum nicht stimmt, müssen Sie diese Einstellungen überprüfen und ggf. anpassen:

1 Rufen Sie die Systemsteuerung auf und wählen Sie im Hauptfenster den Eintrag *Zeit, Sprache und Region*. Im folgenden Fenster klicken Sie auf den Hyperlink *Datum und Uhrzeit festlegen*.

2 Überprüfen Sie im Eigenschaftenfenster die Einstellungen und passen Sie diese ggf. an.

Sobald die Korrekturen (z. B. für das Datum und/oder die Uhrzeit) vorgenommen wurden, schließen Sie das Dialogfeld und die Registerkarte jeweils über die *OK*-Schaltfläche. Über die Schaltfläche *Abbrechen* werden die im Dialogfeld vorgenommenen Änderungen verworfen.

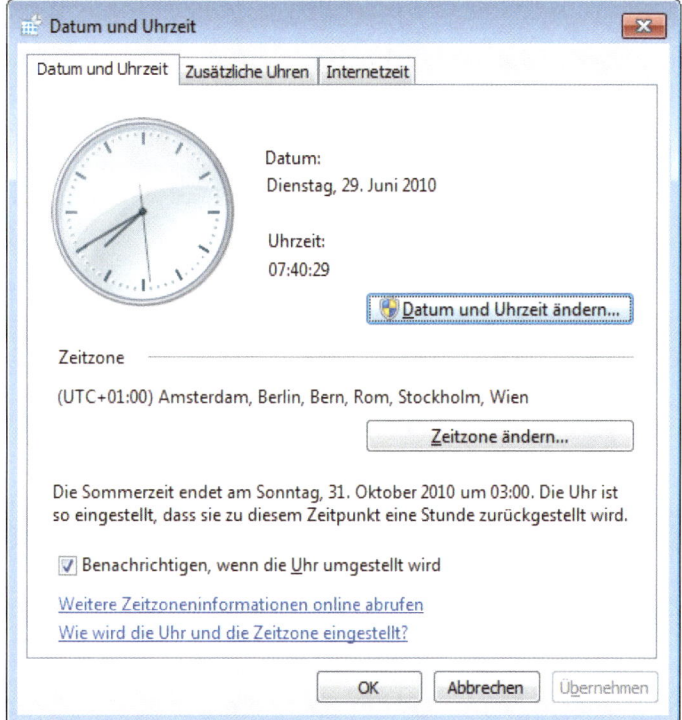

Falls der Rechner trotz gelegentlicher Verbindung zum Internet ein falsches Datum oder die falsche Uhrzeit zeigt, müssen diverse Einstellungen verstellt sein. Kontrollieren Sie Folgendes:.

- Prüfen Sie, ob auf der Registerkarte *Datum und Uhrzeit* die richtige Zeitzone angezeigt wird. Falls nicht, wählen Sie die Schaltfläche *Zeitzone ändern*. Im Folgedialogfeld *Zeitzoneneinstellungen* lässt sich die Zeitzone über ein Listenfeld anpassen. Zudem können Sie die automatische Sommer-/Winterzeitumstellung durch Markieren des angezeigten Kontrollkästchens einschalten.

- Wechseln Sie zur Registerkarte *Internetzeit*. Dort sollte der Hinweis stehen, dass der Computer so eingestellt ist, dass er automatisch nach einem Zeitplan synchronisiert wird. Falls nicht, verwenden Sie die Schaltfläche *Einstellungen ändern* und bestätigen die Abfrage der Benutzerkontensteuerung. Im Dialogfeld *Internetzeiteinstellungen* sollte das Kontrollkästchen *Mit einem Internetzeitserver synchronisieren* markiert sein. Besteht eine Internetverbindung, wählen Sie die Schaltfläche *Jetzt aktualisieren*. Bei Problemen können Sie über das Listenfeld *Server* verschiedene Zeitserver ausprobieren.

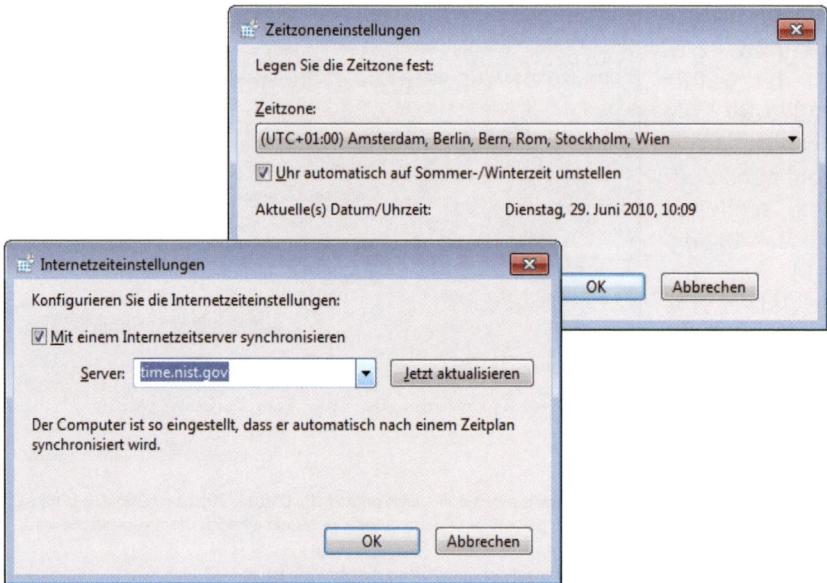

- Ist der Rechner nie oder selten online, klicken Sie auf der Registerkarte *Datum und Uhrzeit* auf die Schaltfläche *Datum und Uhrzeit ändern* und autorisieren Sie die Nachfrage der Benutzerkontensteuerung. Passen Sie im angezeigten Dialogfeld *Datum- und Uhrzeiteinstellungen* das Datum und/oder die Uhrzeit manuell an.

Zur **Änderung des aktuellen Datums** können Sie die Einträge im Kalenderblatt mit der Maus anklicken. Ein Klick auf einen Tag stellt diesen als aktuelles Datum ein. Die kleinen Dreiecke rechts und links in der Kopfzeile des Kalenderblatts ermöglichen es Ihnen, zwischen den Monaten zu blättern.

Ein Mausklick auf den angezeigten Monatsnamen wechselt zur Jahresübersicht, weitere Mausklicks zeigen die Jahrzehntübersicht und schließlich die Jahrhundertübersicht an. Auf diese Weise können Sie auch den Monat und das Jahr auswählen. **Um die Uhrzeit anzupassen**, markieren Sie den Wert für die Stunden, für die Minuten oder für die Sekunden im Drehfeld. Dann lässt sich der neue Wert eintippen oder über die Schaltflächen des Drehfelds einstellen.

Benutzerkonten pflegen

In *Kapitel 2* haben Sie bereits gelernt, dass Windows in der Regel eine Benutzeranmeldung mit Benutzernamen und Kennwort von Ihnen erwartet. Dies ermöglicht dem Betriebssystem, Ihre persönlichen Einstellungen unter einem sogenannten Benutzerkonto zu verwalten. Dadurch können mehrere Personen unter Windows arbeiten und individuell eingestellte Desktops sowie Ordner *Eigene Dateien* bzw. *Dokumente* verwenden.

> **Techtalk**
>
> Windows unterscheidet aus Sicherheitsgründen zwischen den Benutzergruppen **Administratoren** und **Standardbenutzern**. Ein **Konto mit Administratorrechten** (Administratoren sind Benutzer mit weitreichenden Befugnissen) dient zur **Verwaltung** des Systems. Es können z. B. Geräte und Programme installiert oder entfernt, weitere Benutzerkonten eingerichtet, Konten gelöscht oder ein vergessenes Kennwort bei einem anderen Benutzerkonto zurückgesetzt werden. Auch das Stellen der Uhrzeit sowie die Änderung an Windows-Einstellungen oder der Zugriff auf Dateien anderer Benutzer erfordern die Anmeldung an Administratorkonten. **Eingeschränkte Benutzerkonten** (Standardbenutzer) **werden** dagegen **für** das normale **Arbeiten** unter **Windows**, zum Surfen im Internet etc. **verwendet**. Jeder Benutzer kann dabei die Einstellungen des eigenen Benutzerkontos einsehen und anpassen. Soll eine Windows-Anpassung von einem Standardbenutzerkonto vorgenommen werden, erscheint die Sicherheitsabfrage der Benutzerkontensteuerung (siehe Abschnitt »Systemsteuerung verwenden«). Der Benutzer muss dann das Administratorkennwort im angezeigten Dialogfeld eintippen, um die Anpassung vornehmen zu können.

1 Tippen Sie »Benutzer« in das Suchfeld des Startmenüs ein und wählen Sie den angezeigten Befehl *Benutzerkonten* an.

2 Anschließend können Sie über Formulare die eigenen Kontendaten anpassen.

Administratoren können darüber hinaus neue Benutzer anlegen und bestehende Benutzerkonten pflegen bzw. löschen.

Kapitel 12

> **Hinweis**
>
> Befehle, die mit einem stilisierten Schild ![Schild] versehen sind, können nur von einem Administrator ausgeführt werden. Beim Aufruf erscheint die Sicherheitsabfrage der Benutzerkontensteuerung.

Hier sehen Sie verschiedene Formulare zur Benutzerkontenverwaltung. Um die einzelnen Funktionen abzurufen, genügt es, den betreffenden Befehl im Formular anzuklicken.

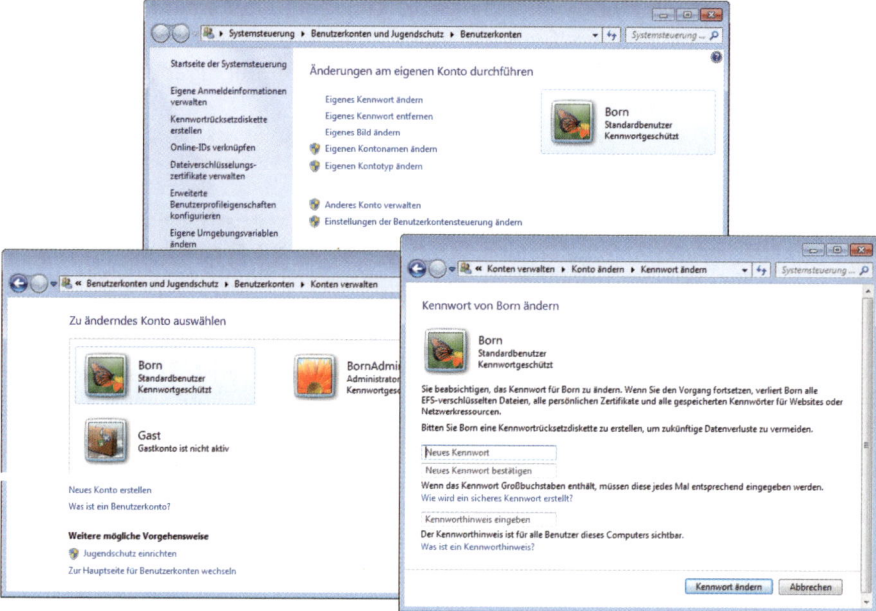

Wählen Sie beispielsweise den Befehl *Anderes Konto verwalten* und bestätigen Sie die Sicherheitsabfrage der Benutzerkontensteuerung, um das hier links unten gezeigte Formular mit allen Benutzerkonten anzuzeigen. Anschließend können Sie einen Konteneintrag per Maus anklicken, um das Formular zur Kontenanpassung aufzurufen. Im Formular finden Sie dann die momentan für dieses Konto zulässigen Befehle. Nach Anwahl eines Befehls gelangen Sie zu einem Folgeformular, in dem Sie dann die betreffenden Konteneinstellungen anpassen können. In der hier gezeigten Darstellung ermöglicht das unten rechts sichtbare Formular beispielsweise, das Kennwort für das Benutzerkonto mit dem Namen *Born* zu ändern. Sie brauchen lediglich die geforderten Angaben in den betreffenden Textfeldern vorzunehmen und dann die im Formular eingeblendete Schaltfläche anzuklicken.

Auf die gleiche Weise können Administratoren einen der angebotenen Hyperlinks wählen, um ein Konto neu anzulegen oder zu entfernen. Ein Administrator kann bei einem Benutzerkonto auch ein vergessenes Kennwort auf einen anderen Wert setzen.

> **Achtung**
>
> Es muss unter Windows immer ein Administratorkonto geben. Verwenden mehrere Personen den Rechner, sollten Sie für jeden dieser Nutzer auch getrennte Standardbenutzerkonten einrichten und mit einem Kennwort schützen. Leider gibt es Programme, die nur unter Administratorkonten laufen. In Windows 7 können Sie das Symbol des Programms auf dem Desktop oder im Startmenü mit der rechten Maustaste anklicken und dann den Kontextmenübefehl *Als Administrator ausführen* wählen. Dann fragt Windows den Namen des Administratorkontos samt Kennwort vor dem Ausführen ab.

> **Hinweis**
>
> Über die restlichen Befehle der Systemsteuerung lassen sich weitere Windows-Einstellungen ändern. Die Anpassungen können auf Registerkarten oder in Konfigurationsseiten bequem geändert werden. Details zu den einzelnen Funktionen erhalten Sie in der Hilfe des Betriebssystems.

Softwarepflege

Unter Windows werden Sie zusätzliche Programme verwenden oder optionale Windows-Funktionen einrichten wollen. Aber auch das Entfernen von Programmen oder das Einrichten von Treibern ist recht einfach.

Windows-Komponenten ein-/ausschalten

In Windows 7 lassen sich optionale Komponenten (z. B. Internet Explorer) je nach Bedarf mit folgenden Schritten zu- oder abschalten.

1 Tippen Sie in das Suchfeld des Startmenüs »Featu« ein und klicken Sie auf den angezeigten Befehl *Windows-Funktionen aktivieren oder löschen*.

2 Bestätigen Sie die Sicherheitsabfrage der Benutzerkontensteuerung mit dem Kennwort des Administratorkontos.

Das System zeigt nach kurzer Zeit das Dialogfeld *Windows-Funktionen* mit der Liste der verfügbaren Komponenten an.

3 Setzen oder löschen Sie die Markierung der Kontrollkästchen der gewünschten Komponenten und klicken Sie auf die *OK*-Schaltfläche.

Nun werden die Änderungen durchgeführt und die Funktionen installiert oder aus Windows entfernt. Dies kann einige Sekunden dauern.

> **Tipp**
> Zeigt eine Windows-Anwendung wie z. B. der Windows Media Player Funktionseinbußen? Manchmal hilft es, die betreffende Funktion zu deaktivieren und in einem neuen Durchlauf wieder zu aktivieren (Windows 7 installiert dann das Programm neu).

Programme installieren

Haben Sie ein neues Programm auf CD bzw. DVD erhalten oder haben Sie Software aus dem Internet heruntergeladen? Um das neue Programm unter Windows benutzen zu können, müssen Sie es meist erst installieren.

- Legen Sie den Datenträger in das Laufwerk ein, erkennt der Computer dies und öffnet ggf. automatisch ein Dialogfeld mit Optionen zur Programminstallation.

- Alternativ können Sie die (aus dem Internet heruntergeladene) Installationsdatei (oft als *Setup.exe* oder ähnlich bezeichnet) in einem Ordnerfenster per Doppelklick aufrufen.

Dann meldet sich meist ein Installationsassistent und Sie brauchen in einem Dialogfeld nur noch die gewünschten Installationsoptionen zu wählen. Zur Installation sind zudem Administratorberechtigungen erforderlich, d. h., die Benutzerkontensteuerung wird sich mit der Sicherheitsabfrage melden.

Softwarepflege

> **Hinweis**
>
> Prüfen Sie vor einer Installation, ob die von der Software gestellten Anforderungen (Windows-Version, Speicherkapazität, Grafikfähigkeiten) etc. auf Ihrem System gegeben sind. Die Anforderungen finden Sie in der Regel auf der Verpackung der Software. Lesen Sie sich vor der Installation die Anleitung durch. Mancher Software ist auch eine Datei mit dem Namen *Liesmich.txt* oder *Readme.txt* beigelegt, die Sie per Doppelklick öffnen und studieren sollten. Bei aus dem Internet geladenen Programmen sollten Sie die Dateien vor der Installation einem Virencheck unterziehen.
>
> Bei einigen kleineren Programmen und bei den sogenannten portablen Anwendungen (siehe *http://portableapps.com/de*) genügt es, die Programmdatei (EXE-Datei) und ggf. Hilfsdateien in einen Ordner der Festplatte zu kopieren bzw. zu entpacken und das Programm per Doppelklick aufzurufen. In diesem Fall ist keine Installation erforderlich. Sie können dann ggf. wie weiter unten gezeigt noch Verknüpfungen im Startmenü oder auf dem Desktop einrichten.

Windows Live Essentials installieren

Möchten Sie die **Windows Live Fotogalerie**, den **Windows Live Movie Maker** oder **Windows Live Mail** verwenden, benötigen Sie die **Windows Live Essentials**.

1 Laden Sie die Installationsdatei über die Internetseite *http://download.live.com/wlmail* in einen Ordner der Festplatte (z. B. *Downloads*).

2 Anschließend wählen Sie die Installationsdatei (z. B. *wlsetup-web.exe*) per Doppelklick an.

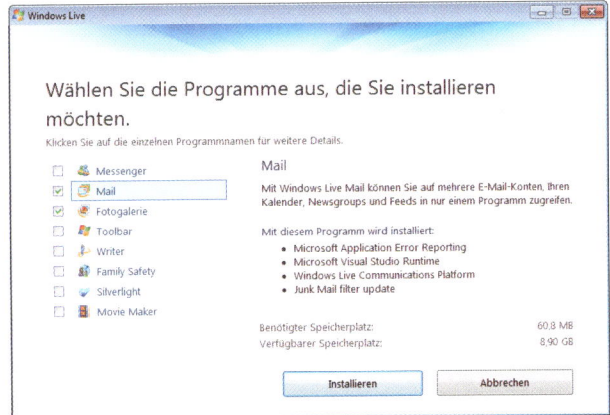

3 Markieren Sie im angezeigten Dialogfeld die Kontrollkästchen der zu installierenden Programme und klicken Sie auf die *Installieren*-Schaltfläche.

Warten Sie, bis das Installationsprogramm die benötigten Komponenten aus dem Internet heruntergeladen und installiert hat. Möchte der Assistent die Startseite des Browsers anpassen, können Sie die Markierung der betreffenden Kontrollkästchen im Dialogfeld löschen und auf die *Weiter*-Schaltfläche klicken. Die Abfrage einer Live ID übergehen Sie, da eine Anmeldung bei Windows Live zur Verwendung der

499

Anwendungen nicht erforderlich ist – es fehlen dann lediglich einige Onlinezusatzfunktionen. Im Abschlussdialogfeld beenden Sie den Assistenten über die angezeigte *Schließen*-Schaltfläche.

> **Hinweis**
>
> Hier sehen Sie das Dialogfeld der bei Drucklegung aktuellen Version 3 der Windows Live Essentials. Microsoft veröffentlicht aber von Zeit zu Zeit neuere Versionen dieser Tools. In der Version 4 (die mir nur als englischsprachige Vorabversion vorlag) wurde das Dialogfeld zur Installation geringfügig geändert. An der Vorgehensweise zur Installation hat sich aber nichts verändert.

Programme deinstallieren

Wird ein Programm nicht mehr benötigt, sollten Sie es wieder entfernen, um Speicherplatz auf der Festplatte freizugeben. Einige Anwendungen bieten hierzu eine Funktion, die sich über die betreffende Programmgruppe im Startmenü aufrufen lässt. Oder Sie gehen folgendermaßen vor:

1 Tippen Sie in das Suchfeld des Startmenüs »Programme« ein und wählen Sie den eingeblendeten Befehl *Programme und Funktionen*.

2 Klicken Sie auf der Seite *Programme und Funktionen* auf den Eintrag des zu entfernenden Programms.

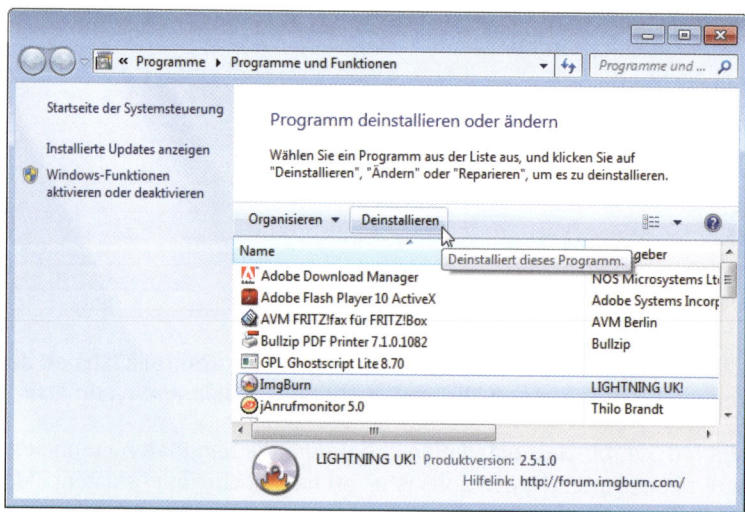

3 Anschließend wählen Sie die in der Symbolleiste der Seite eingeblendete Schaltfläche *Deinstallieren*.

Windows wird daraufhin das betreffende Programm entfernen oder einen Assistenten zur Deinstallation starten. Der genaue Ablauf hängt dabei von der Anwendung ab. Die Deinstallation bewirkt ebenfalls eine Sicherheitsabfrage der Benutzerkontensteuerung, die mit dem Administratorkennwort bestätigt werden muss.

> **Hinweis**
>
> Einige Setup-Programme (z. B. von Microsoft Office) blenden zusätzliche Schaltflächen wie *Ändern* ein. Wählen Sie diese, erscheint das Dialogfeld eines Assistenten mit Optionen oder Schaltflächen, über die Sie eine bestehende Installation reparieren sowie Komponenten einzeln entfernen oder hinzufügen können. Details zu diesen Optionen entnehmen Sie bitte der jeweiligen Programmdokumentation.
>
> Besitzt das Programm keine Installations- und Deinstallationsfunktion, können Sie ggf. die zugehörigen Dateien einfach löschen. Diese Option ist allerdings mit Vorsicht zu verwenden, da dann bei manchen Programmen noch Konfigurationsinformationen zurückbleiben. Ist also eine Funktion zur Deinstallation vorhanden, müssen Sie diese verwenden.
>
> Fehlen Hilfskomponenten für den Browser wie JAVA (*http://java.com/de/download/*) oder der Flash Player (*http://www.adobe.com/de/*)? Meist zeigt der Browser an, wenn JAVA oder Flash fehlen und gibt auch die betreffenden Webseiten zum Download an. Andernfalls laden Sie sich die Installer von den Internetseiten der betreffenden Hersteller herunter und installieren dann die Komponenten.

Windows-Sicherheit

Über Programme und E-Mail-Anhänge oder beim Surfen im Web besteht die Gefahr, dass Viren, Trojaner oder andere Schädlinge in den Computer gelangen. Daher ist es wichtig, dass das auf dem Computer vorhandene Windows möglichst aktuell und gegen den Befall von Schädlingen gesichert ist. Der folgende Abschnitt zeigt, was Sie in dieser Hinsicht tun können und was es alles zu wissen gilt.

Tipps zur Systemabsicherung

Hier einige Punkte, die es beim Arbeiten mit Windows zu beachten gilt.

- Benutzen Sie das Windows-Wartungscenter, um sich über Sicherheitsprobleme informieren zu lassen, und beheben Sie Sicherheitslücken unverzüglich.
- Arbeiten und surfen Sie nur mit eingeschränkten Benutzerkonten, die durch Kennwörter abgesichert sind (siehe die vorherigen Seiten).
- Beherzigen Sie die in den verschiedenen Kapiteln dieses Buches beschriebenen Sicherheitseinstellungen und -tipps und halten Sie Windows samt den installierten Anwendungen aktuell.

- Installieren Sie einen Virenscanner unter Windows und halten Sie diesen auf dem aktuellen Stand.

Wie Sie die Windows-Sicherheitsfunktionen verwenden, wird nachfolgend noch detaillierter besprochen.

Das Wartungscenter von Windows

Windows 7 überwacht bestimmte Einstellungen und zeigt erkannte Sicherheitsmängel durch ein entsprechendes Symbol im Infobereich der Taskleiste an.

Zeigen Sie auf das Symbol, erscheint eine QuickInfo mit Informationen über das Problem.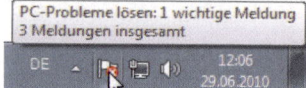

Um das Problem genauer zu analysieren und möglichst zu beheben, müssen Sie das Windows-Wartungscenter aufrufen:

1 Wählen Sie das im Infobereich eingeblendete Symbol per Mausklick an.

2 In der angezeigten Palette können Sie dann einen der Befehle wählen, um zu den gewünschten Einstellseiten zu gelangen. Oder Sie klicken auf den Hyperlink *Wartungscenter öffnen*.

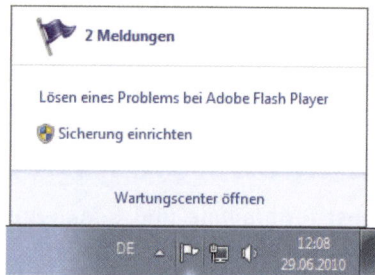

Das Windows-Wartungscenter listet in der rechten Spalte verschiedene Kategorien (Firewall, Windows Update, Virenschutz etc.) auf, deren Sicherheitsstatus kritisch ist. Eine **gelb markierte Kategorie** stellt eine **Warnung** vor sich anbahnenden Sicherheitsproblemen (z. B. nicht mehr aktueller Virenscanner) dar, während ein **rot gekennzeichneter Eintrag** auf ein gravierendes **Sicherheitsproblem** (z. B. abgeschaltete Firewall) hinweist. Über die am rechten Rand angezeigten runden Schaltflächen lassen sich die Detailansichten der Kategorien ein- und wieder ausblenden.

3 Analysieren Sie die Ursache für das Sicherheitsproblem und treffen Sie Gegenmaßnahmen.

Windows-Sicherheit

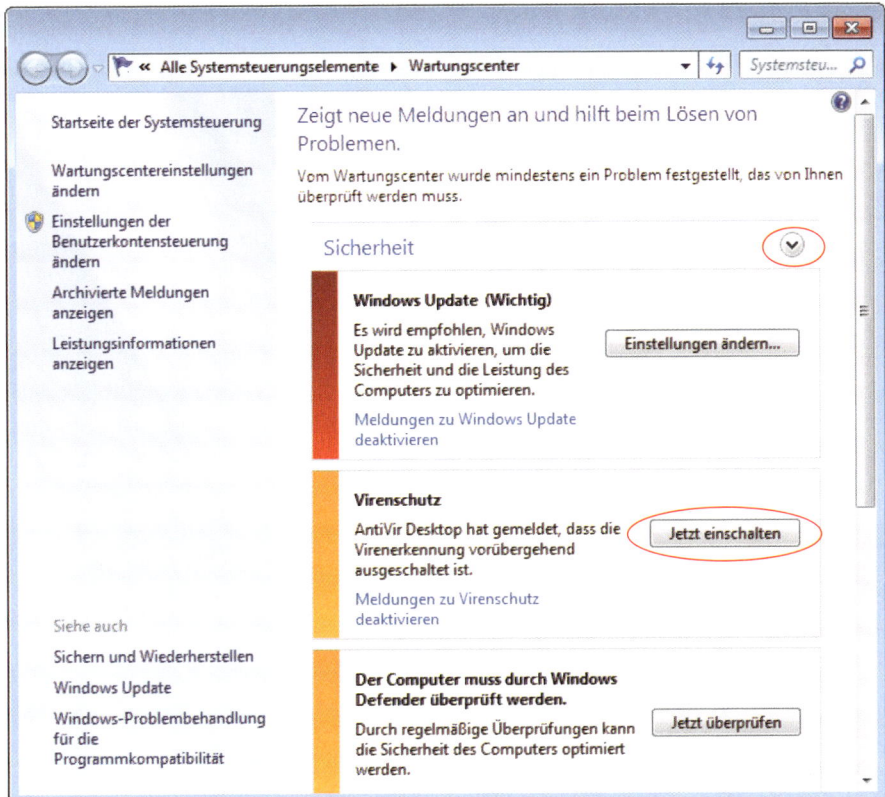

Eine abgeschaltete Firewall oder ein deaktivierter Virenscanner lässt sich direkt im Wartungscenter über die eingeblendete Schaltfläche aktivieren. Bei einem fehlenden Virenschutz sollten Sie einen Virenscanner installieren oder ein vorhandenes Programm aktualisieren. Falls Sie Schwierigkeiten haben, lassen Sie sich durch einen Fachmann unterstützen.

Was ist das?

Wenn ein Rechner eine Verbindung zum Internet herstellt, kann er durch Dritte gezielt angegriffen werden. Eine sogenannte **Firewall** filtert alle Zugriffe aus dem Internet nach gewissen Regeln und lässt nur erwünschte Daten durch. Windows 7 ist bereits mit einer Firewall ausgestattet. Aufrufen lässt sich das Fenster der Firewall, indem Sie im Suchfeld des Startmenüs »Fire« eingeben und den Befehl *Windows-Firewall* wählen. Die Konfigurierung der Firewall erfordert jedoch einige Erfahrung. Achten Sie darauf, dass die Firewall eingeschaltet ist, und lassen Sie sich ggf. von Experten beim Einrichten der Firewall helfen.

Kapitel 12

So bleibt Windows aktuell

Microsoft stellt für Windows regelmäßig Programmaktualisierungen, als **Update** bezeichnet, bereit. Ist das System online, prüft Windows in der Standardeinstellung automatisch, ob solche Updates vorliegen, lädt diese automatisch herunter und installiert sie auch.

1 Um manuell zu prüfen, ob Updates vorhanden sind, tippen Sie z. B. in das Schnellsuchfeld des Startmenüs den Text »Update« ein und wählen dann den gefundenen Befehl *Windows Update* an.

Im dann angezeigten Dialogfeld *Windows Update* werden Sie darüber informiert, ob und welche Updates vorliegen. Bei Bedarf können Sie über die im Dialogfeld *Windows Update* angezeigten Hyperlinks weitere Informationen zu den Aktualisierungen abrufen. In der angezeigten Detailseite lassen sich ggf. Updates durch Löschen oder Setzen der Markierung auswählen bzw. ausschließen.

2 Klicken Sie im angezeigten Dialogfeld auf die Schaltfläche *Updates installieren*, um die Aktualisierung anzustoßen, und befolgen Sie dann die angezeigten Anweisungen, um die Updates zu laden und zu installieren.

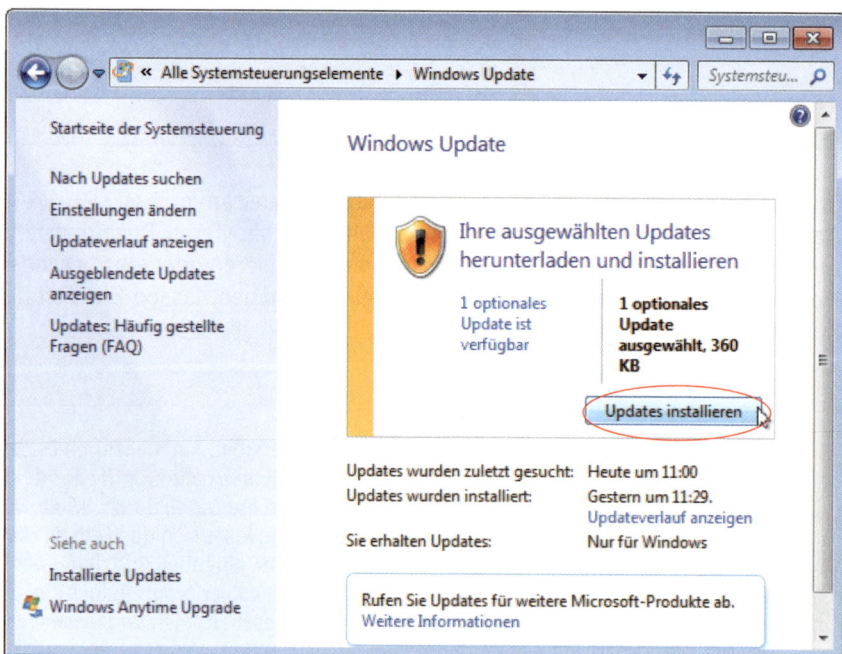

Sie müssen u. a. die Sicherheitsabfrage der Benutzerkontensteuerung bestätigen. Windows lädt anschließend die benötigten Dateien über die Internetverbindung vom Microsoft-Server herunter und installiert diese. Sie werden über den Ablauf informiert. Je nach Aktualisierung ist anschließend ein Neustart des Systems erforderlich.

> **Hinweis**
> Das automatische Installieren von Updates lässt sich abschalten (hilfreich bei langsamer Internetverbindung bzw. zur besseren Kontrolle, wann Updates installiert werden dürfen). Zum Anpassen der Einstellungen klicken Sie in der linken Spalte des Fensters *Windows Update* auf den Befehl *Einstellungen ändern*. Dann erscheint eine Seite, auf der Sie den Update-Modus (z. B. manuell herunterladen und installieren, automatisch herunterladen und manuell installieren) einstellen können. Wählen Sie über das Listenfeld ggf. die Option *Updates herunterladen, aber Installation manuell festlegen*. Die Option *Nie nach Updates suchen* sollte jedoch keinesfalls gewählt werden. Sie können das Dialogfeld über die *OK*-Schaltfläche schließen. Bei manueller Festlegung informiert Windows Sie über eine QuickInfo in der Taskleiste, wenn Updates vorliegen bzw. heruntergeladen wurden. Sie können dann über Dialoge vorgeben, ob das Update installiert werden soll. Falls Sie Probleme mit dieser Funktion haben, lassen Sie sich durch fachkundige Personen beim Einrichten und Aktualisieren von Windows unterstützen.

Schutz vor Viren und anderen Schädlingen

Computerbenutzer werden durch **Viren, Trojaner** und andere Schadprogramme gefährdet. Die Schadprogramme nisten sich unbemerkt auf dem Rechner ein. Während Viren Dateien löschen, spähen Trojaner ggf. Ihren Rechner aus und melden Kennwörter etc. per Internet weiter. Solche Schädlinge wie **Viren, Trojaner etc.** können Sie sich **per Internet einschleppen**, wenn Sie Programme herunterladen und dann auf dem Rechner ausführen. Oder die Schädlinge kommen als Anhang zu einer E-Mail und werden vom Benutzer beim Öffnen der betreffenden Datei installiert.

- Um sich vor Viren, Trojanern oder anderen Schädlingen zu schützen, sollten Sie Programmdateien nur von vertrauenswürdigen Webseiten herunterladen. E-Mails mit Anhängen von unbekannten Personen sollten Sie auf keinen Fall öffnen und die Nachricht im Zweifelsfall besser löschen.

- Zusätzlich ist es erforderlich, ein sogenanntes **Virenschutzprogramm** unter Windows zu **installieren und** dieses über das Internet auch **aktuell zu halten**. Die Aktualisierung erfolgt in der Regel automatisch, sobald Sie eine Internetverbindung hergestellt haben.

Kapitel 12

Privatanwender können unter der Internetadresse *www.free-av.de* das Programm AntiVir kostenlos herunterladen und benutzen. Weiterhin lassen sich unter *www.microsoft.com/security_essentials/default.aspx?mkt=de-de* die Microsoft Security Essentials kostenlos herunterladen und dann installieren. Es handelt sich dabei um einen Virenscanner, der das System vor Viren, Trojaner und Malware schützt.

Bei Microsoft Security Essentials können Sie das hier gezeigte Anwendungsfenster über ein Desktopsymbol aufrufen.

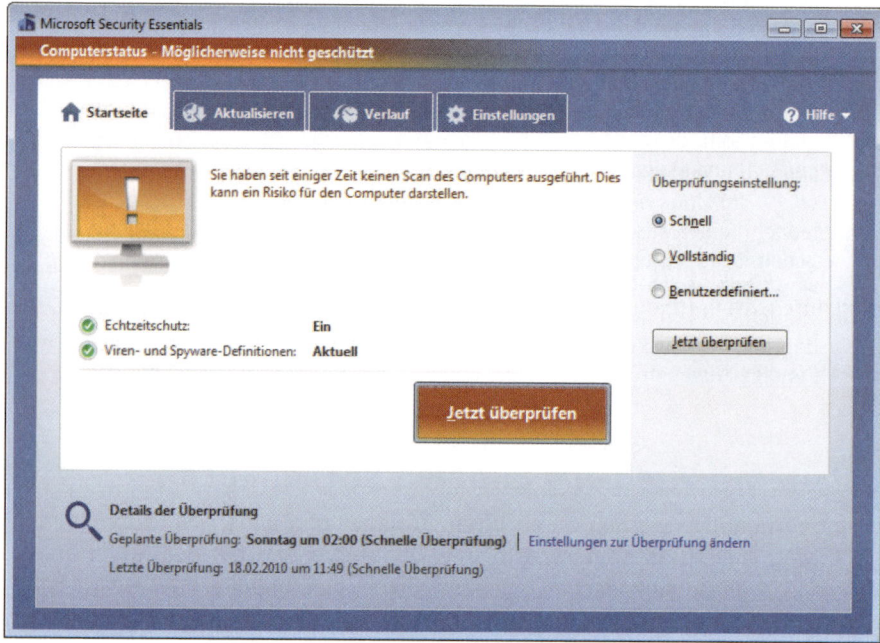

Auf der Registerkarte *Startseite* sehen Sie sofort, ob der Virenwächter eingeschaltet und aktuell ist und ob das System überprüft werden muss. Bei Bedarf klicken Sie auf die mit *Jetzt überprüfen* beschriftete Schaltfläche. Die Prüfung auf Viren sollten Sie von Zeit zu Zeit durchführen.

Weiterhin können Sie eine Datei oder einen Ordner mit der rechten Maustaste anklicken und im Kontextmenü einen Befehl wie *Scannen mit Microsoft Security Essentials* wählen. Dann sollte nach kurzer Zeit ein Programmfenster des Antivirenprogramms erscheinen, in dem der Status der Überprüfung aufgeführt wird.

Windows-Sicherheit

Achtung

Gelegentlich kann es zu Fehlalarmen kommen, bei denen der Virenscanner einen Schädling meldet, obwohl die Datei nicht befallen ist. Hier hilft ggf. eine Recherche im Internet weiter. Zudem kann es sein, dass der Virenscanner bei neuen, d. h. noch unbekannten Schädlingen keinen Alarm schlägt. Sie sollten also immer den gesunden Menschenverstand einsetzen. Eine unverlangt zugesandte E-Mail mit einem Dokumentanhang wie *Rechnung.pdf.exe* enthält mit hoher Sicherheit einen Schädling (z. B. Trojaner), auch wenn der Virenscanner keinen Alarm schlägt. Grund: Bei der Dateinamenerweiterung *.exe* handelt es sich um eine ausführbare Programmdatei, wobei diese durch die der Dateinamenerweiterung vorangestellte Buchstabenfolge *.pdf* verschleiert werden soll. Dies klappt auch ganz gut, weil Windows 7 standardmäßig keine Dateinamenerweiterungen anzeigt. Daher empfiehlt es sich, die Anzeige der Dateinamenerweiterungen einzuschalten (siehe *Kapitel 3*) und Mails mit mysteriösen Anhängen sofort zu löschen.

Um aber eine Infektion des Rechners durch (bekannte) Schadprogramme zu verhindern, überwachen gute Virenschutzprogramme alle Zugriffe auf Dateien auf einen Befall durch Viren, Trojaner und andere Schädlinge.

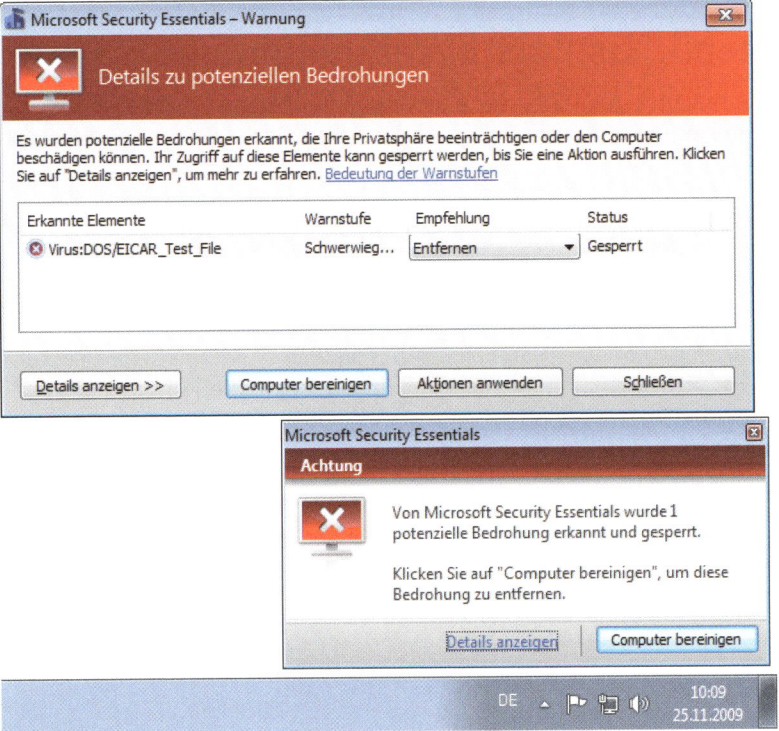

507

Trifft eine E-Mail mit einem verseuchten Anhang ein oder versuchen Sie, eine durch einen Schädling befallene Datei zu öffnen bzw. auszuführen, schlägt das Virenschutzprogramm Alarm.

Hier sehen Sie die Warnung von Microsoft Security Essentials. Sie können dann die mit *Löschen*, *Quarantäne*, *Computer bereinigen* oder ähnlich beschriftete Option wählen, um die infizierte Datei entfernen zu lassen. Der Hyperlink *Details anzeigen* des Microsoft Security Essentials-Dialogfelds öffnet das hier oben gezeigte Dialogfeld. Dort erhalten Sie nähere Hinweise auf den gefundenen Schädling und eine Empfehlung, was zu tun ist.

> **Hinweis**
>
> Am Markt werden auch sogenannte Internet Security Suites mit Virenscanner, Zusatzfirewall und Spamschutz angeboten. Die in Windows 7 enthaltene Firewall sowie das kostenlose Microsoft Security Essentials reichen aber zur Absicherung vollkommen aus. Die Erfahrung zeigt zudem, dass so mancher Anwender erhebliche Probleme bekommt, die sich auf installierte Security Suites von Drittherstellern zurückführen lassen.

Startmenü, Taskleiste, Verknüpfungen

In diesem Abschnitt lernen Sie, wie sich Verknüpfungen im Startmenü oder auf dem Desktop einrichten lassen. Zudem erfahren Sie, wie Sie Startmenü und Taskleiste anpassen können.

Verknüpfungen einrichten

Häufig benötigte **Programme** können Sie als **Verknüpfung** auf dem **Desktop** einrichten. Dann lässt sich das Programm durch einen Doppelklick auf das Symbol starten.

1 Öffnen Sie das Ordnerfenster, in dem die betreffende Programmdatei abgelegt ist. Alternativ können Sie auch eine Programmgruppe im Startmenü öffnen, falls Sie einen Eintrag auf den Desktop kopieren möchten.

2 Ziehen Sie das Symbol des Programms bei gedrückter **rechter** Maustaste aus dem Ordnerfenster (oder aus dem Startmenü) zum Desktop.

Startmenü, Taskleiste, Verknüpfungen

3 Sobald sich das Symbol außerhalb des Fensters im Bereich des Desktops befindet, geben Sie die rechte Maustaste wieder frei und wählen im Kontextmenü den Befehl *Verknüpfungen hier erstellen*.

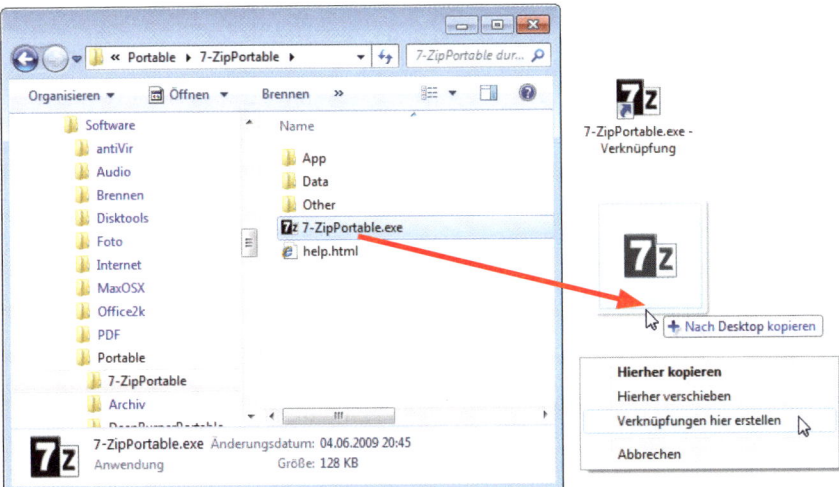

Windows richtet jetzt das Symbol als **Verknüpfung** auf dem Desktop ein, welches sich auch (per Kontextmenü) umbenennen lässt. Zum Starten des Programms genügt anschließend ein Doppelklick auf das betreffende Symbol. Die Verknüpfung löschen Sie, indem Sie das Symbol zum Papierkorb ziehen.

Hinweis

Klicken Sie die Verknüpfung mit der rechten Maustaste an und wählen Sie im Kontextmenü den Eintrag *Eigenschaften*, lassen sich das Symbol, das Arbeitsverzeichnis und weitere Parameter über Registerkarten des Eigenschaftenfensters anpassen.

Was ist das?

Verknüpfungen sind eine speziell von Windows benutzte Technik. Hierbei werden ein Symbol und ein Name mit einem Programm oder einer Dokumentdatei verknüpft. Sie können eine Verknüpfung zum Beispiel auf dem Desktop anlegen. Dann genügt ein Doppelklick auf das betreffende Symbol, um das zugehörige Dokument oder Programm zu laden.

Startmenü und Taskleiste anpassen

Beim Installieren von Programmen wird meist auch ein Symbol im Startmenü unter *Alle Programme* eingetragen. Oft ergibt sich jedoch die Situation, dass die Einträge im Startmenü zu ändern sind. Entweder sind nicht mehr benötigte Einträge zu entfernen oder ein Programm soll nachträglich in den Zweig *Alle Programme* oder in die linke Spalte des Startmenüs aufgenommen werden.

- Um ein Symbol aus der linken Spalte des **Startmenüs** oder aus dem Zweig *Alle Programme* zu **entfernen,** öffnen Sie den betreffenden Zweig. Dann klicken Sie den gewünschten Eintrag mit der rechten Maustaste an und wählen im Kontextmenü den Befehl *Löschen* bzw. *Aus Liste entfernen*. Das Symbol wird (ggf. nach einer Nachfrage) entfernt.

- Beachten Sie aber, dass sich verschiedene Symbole (z. B. *Computer*, *Dokumente* etc.) im Startmenü nicht auf die oben beschriebene Weise entfernen lassen. Sie können das Startmenü und dann das Kontextmenü des Befehls *Alle Programme* öffnen. Wählen Sie den Befehl *Eigenschaften* und klicken Sie auf der Registerkarte *Startmenü* auf die Schaltfläche *Anpassen*. Im dann angezeigten Dialogfeld *Startmenü anpassen* lassen sich die Optionen zum Ein- und Ausblenden der Einträge setzen.

- Um einen **Programmeintrag** als Symbol **in** das **Startmenü** (in den Zweig *Alle Programme*) **aufzunehmen,** ziehen Sie das Programmsymbol vom Desktop oder aus einem Ordnerfenster zur Schaltfläche *Start* und dann zum Symbol *Alle Programme*. Halten Sie die Maustaste gedrückt und warten Sie, bis sich das Menü *Alle Programme* öffnet. Zeigen Sie anschließend bei weiterhin gedrückter Maustaste auf die Programmgruppe und den Zweig, an dem der neue Eintrag im Startmenü erscheinen soll. Sobald Sie die Maustaste loslassen, fügt Windows eine Verknüpfung als Symbol in den betreffenden Zweig des Menüs ein. Sie können anschließend den neuen Eintrag mit einem Klick der rechten Maustaste anwählen. Im Kontextmenü steht Ihnen dann der Befehl *Eigenschaften* zur Verfügung, um die Einstellungen für den Eintrag anzupassen. Den im Startmenü gezeigten Befehlsnamen passen Sie beispielsweise auf der Registerkarte *Allgemein* an.

> **Hinweis**
>
> Sie können eine Verknüpfung in der Programmgruppe *Autostart* ablegen. Windows startet bei jeder Benutzeranmeldung alle in dieser Gruppe angelegten Programme automatisch.

Weiterhin können Sie die Eigenschaften der Taskleiste über das Kontextmenü anpassen. Klicken Sie mit der rechten Maustaste auf eine freie Stelle in der Taskleiste und wählen Sie den Befehl *Eigenschaften*. Sie gelangen zur Registerkarte *Taskleiste*, auf der Sie Optionen setzen können.

PDA, Handy & PC

Verwenden Sie ein Handy, ein Smartphone oder einen als PDA (Personal Digital Assistant) bezeichneten Organizer? Oder besitzen Sie einen Notebook-Computer? Dann können Sie ggf. eine Verbindung zwischen Handy, Smartphone oder PDA und dem Computer herstellen, um Daten abzugleichen oder das Handy als mobile Kommunikationsplattform zum Surfen im Internet, zum Versenden von Faxen und Mails etc. zu verwenden. Viele Handy- oder PDA-Modelle sind mit einer **Bluetooth**-Schnittstelle (Funkschnittstelle) ausgestattet, mit der sich Daten per Funk zu anderen Geräten übertragen lassen.

Besitzt Ihr Computer keine solche Schnittstelle, benötigen Sie ein spezielles Datenkabel. Dieses wird modell- und herstellerspezifisch für den USB-Bus angeboten. Das Kabel ist dann mit dem (Notebook-) Computer oder dem Handy, Smartphone oder PDA zu verbinden.

Was dann noch fehlt, ist eine herstellerspezifische Software für den Computer, mit dem die Kommunikation zum Handy/PDA/Smartphone abgewickelt wird.

Mit der entsprechenden Software können Sie Fax- und SMS-Nachrichten vom Computer über das Mobilfunkgerät verschicken, die Telefonbücher zwischen Handy/Smartphone/PDA und Computer abgleichen oder die Daten (z. B. Fotos, MP3-Dateien, Videos) von der Speicherkarte des Geräts auslesen. Entsprechende Lösungen werden von den Geräteherstellern über den Handel angeboten. Informieren Sie sich dort über Preise, den Funktionsumfang und die Anforderungen.

> **Achtung**
>
> Achten Sie bei der Installation von Software darauf, dass diese vom Gerätehersteller explizit für Windows 7 freigegeben wurde. Gerade Kommunikationsprogramme für ältere Handymodelle wurden für Windows XP entwickelt und machen entsprechende Probleme unter Windows 7.

Zusammenfassung

Sie kennen nun die wichtigsten Funktionen zum Anpassen von Windows und zum Einrichten von Zusatzfunktionen. Weiterhin haben Sie eine gute Übersicht über Windows und hilfreiche Anwendungen gewonnen. Sie sollten den Computer also nutzbringend anwenden können. Damit möchte ich das Buch schließen. Im Anhang finden Sie noch eine kleine »Pannenhilfe« und ein Lexikon (zum Nachschlagen von Begriffen, die in den vorherigen Kapiteln nicht erläutert wurden).

Kapitel 12

Testen Sie Ihr Wissen

Zur Überprüfung Ihrer Kenntnisse können Sie die folgenden Fragen beantworten (die Lösungen finden Sie in Klammern).

- **Wie lassen sich Windows-Optionen anpassen?**

  (Indem Sie im Startmenü über Systemsteuerung das Ordnerfenster der Systemsteuerung öffnen, das gewünschte Symbol per Doppelklick anwählen und dann die Optionen auf der angezeigten Registerkarte anpassen.)

- **Wie lässt sich die Bildschirmauflösung ändern?**

  (Indem Sie mit der rechten Maustaste auf eine freie Stelle des Desktops klicken, den Kontextmenübefehl Bildschirmauflösung wählen und auf der Folgeseite den Schieberegler für die Bildschirmauflösung verändern.)

- **Wie lässt sich ein Programm deinstallieren?**

  (In das Suchfeld des Startmenüs »Deinstall« eingeben und den Befehl Programme deinstallieren wählen. Dann den Programmeintrag im Dialogfeld und schließlich die Schaltfläche Deinstallieren wählen.)

Kleine Hilfen bei Problemen

Probleme beim Rechnerstart

Nach dem Einschalten tut sich nichts

Prüfen Sie bitte folgende Punkte:

- ☑ Sind alle Stecker an Steckdosen angeschlossen?
- ☑ Ist der Bildschirm eingeschaltet?
- ☑ Fließt überhaupt Strom?

Der Rechner meldet: Keyboard Error, Press ‹F1› Key

Prüfen Sie bitte folgende Punkte:

- ☑ Ist die Tastatur angeschlossen?
- ☑ Liegt ein Gegenstand auf der Tastatur?
- ☑ Klemmt vielleicht eine Taste der Tastatur?

Drücken Sie anschließend die Funktionstaste F1 .

Probleme mit Tastatur und Maus

Die Tasten auf der numerischen Tastatur funktionieren nicht richtig

Am rechten Rand enthält die Tastatur einen Tastenblock (den sogenannten **Zehnerblock**), über den Sie **Zahlen eingeben** können. Lassen sich mit diesen Tasten keine Zahlen eingeben, drücken Sie die Taste Num . Diese wird auch **NumLock**-Taste genannt und befindet sich in der linken oberen Ecke des Zehnerblocks. Bei vielen Tastaturen (Ausnahme Funktastaturen) leuchtet die *Num*-Anzeige und Sie können Zahlen eintippen. Ein weiterer Tastendruck auf die Num -Taste schaltet die Tastatur wieder um und Sie können die Cursortasten dieses Tastenblocks nutzen. Bei Notebooks kann die Aktivierung der NumLock-Funktion eventuell durch Drücken der Spezialtaste Fn erforderlich sein.

Anhang A

Beim Drücken einer Taste erscheinen plötzlich mehrere Zeichen

Die Tastatur besitzt eine Wiederholfunktion. Drücken Sie eine Taste etwas länger, wiederholt der Rechner das betreffende Zeichen. Vielleicht drücken Sie die Taste zu lange. Sie können die Zeit, bis die Wiederholfunktion von Windows aktiviert wird, ändern (siehe *Kapitel 12* »So lässt sich die Tastatur anpassen«).

> **Hinweis**
>
> Sind Sie in der Motorik eingeschränkt und können die Tastatur (z. B. Tastenkombinationen) nur schwer bedienen? Sie finden in der Systemsteuerung den Befehl *Erleichterte Bedienung*. Der Befehl öffnet ein Einrichtungsfenster, über dessen Symbole und Befehle Sie Funktionen zur alternativen Bedienung von Windows 7 einstellen können.

Der Mauszeiger bewegt sich gar nicht oder nicht richtig

Prüfen Sie bitte folgende Punkte:

- ☑ Ist die Maus korrekt am Rechner angeschlossen?
- ☑ Liegt die Maus auf einer Mausunterlage (Mauspad)?
- ☑ Ist die Kugel in der Maus vielleicht verschmutzt?

Bei längerem Gebrauch der Maus verschmutzt der Teil zum Erkennen der Mausbewegungen. Entfernen Sie die Kugel an der Unterseite der Maus. Sie sehen einige kleine Rädchen. Sind diese verschmutzt, säubern Sie sie (z. B. mit einem Wattestäbchen). Sie sollten die Maus auch nicht auf eine glatte Unterlage legen, da dann die Kugel nur schlecht rollt.

Bei einer Funkmaus kann eine leere Batterie die Ursache für die Funktionsstörung sein. Nach dem Batteriewechsel müssen Sie die Maus an der Empfangsstation neu anmelden. Hierzu weisen sowohl die Maus als auch die Empfangsstation mit Connect oder ähnlich bezeichnete Tasten auf, die Sie gleichzeitig drücken müssen. Dies gilt auch für Funktastaturen. Funkmäuse und -tastaturen sind anfällig gegen Störfelder (Telefon, Mikrowelle etc.). Optische Mäuse funktionieren auf spiegelnden oder transparenten Unterlagen (Glasplatte) nicht richtig.

Maustasten vertauscht, Doppelklicks klappen nicht richtig

Es ergibt sich folgendes Fehlerbild: Klicken Sie mit der linken Maustaste, erscheint ein Kontextmenü, die rechte Taste markiert dagegen etwas. Die Funktion der linken/rechten Taste ist also vertauscht. Stellen Sie dann die Tastenkonfiguration der Maus auf »Linkshändig« ein und passen Sie ggf. die Doppelklickgeschwindigkeit der Maus an (siehe *Kapitel 12* »Mauseinstellungen«).

Kleine Hilfen bei Problemen

> **Tipp**
>
> Arbeiten Sie mit einem Notebook oder haben Sie Schwierigkeiten, den Mauszeiger zu erkennen? Dann aktivieren Sie die Registerkarte *Zeigeroptionen* in den Mauseigenschaften. Markieren Sie das Kontrollkästchen *Mausspur anzeigen*. Weiterhin können Sie auf dieser Registerkarte auch einstellen, wie schnell sich der Mauszeiger bewegt. Auf der Registerkarte *Zeiger* können Sie über das Listenfeld *Schema* einen anderen Satz an Mauszeigern wählen. Sind Ihnen die normalen Zeiger zu klein, setzen Sie das Schema beispielsweise auf »Windows-Standard (extragroß)«.

Probleme mit dem Windows-Desktop

Die Symbole lassen sich auf dem Desktop nicht verschieben

Falls die Desktopsymbole nach dem Verschieben per Maus automatisch an die vorherige Stelle zurückspringen, ist die automatische Anordnung der Desktopelemente aktiviert. Klicken Sie mit der rechten Maustaste auf eine freie Stelle des Desktops und wählen Sie im Kontextmenü den Befehl *Ansicht*. Heben Sie die Markierung des Befehls *Symbole automatisch anordnen* im Untermenü mit einem Mausklick auf. Jetzt können Sie die Symbole verschieben.

Die Windows-Elemente sind zu klein und schlecht zu erkennen

Haben Sie Schwierigkeiten, die Symbole auf dem Windows-Desktop gut zu erkennen? Können Sie die Texte in Menüs oder unter Symbolen nur schlecht lesen? Vielleicht ist die Grafikauflösung für den Bildschirm zu hoch gesetzt. Dann passt zwar viel auf den Bildschirm, aber das Arbeiten am Computer strengt die Augen ziemlich an. Probieren Sie, ob eine andere Grafikauflösung hilft (siehe *Kapitel 12* »Die Bildschirmauflösung ändern«). Größere Symbole erhalten Sie, indem Sie die `Strg`-Taste drücken und das Mausrad drehen.

> **Tipp**
>
> Falls die Desktopinhalte trotzdem zu klein sind oder Sie diese (wegen einer Sehbehinderung) nur schlecht erkennen können, rufen Sie die Funktion *Erleichterte Bedienung* über die Systemsteuerung auf. Dort finden Sie einen Befehl, um eine kontrastreichere Darstellung zu erreichen. Weiterhin lässt sich die **Bildschirmlupe** aufrufen, mit der sich Bildschirmausschnitte stark vergrößert darstellen lassen.

Die Taskleiste ist verschoben, verschwunden oder zu groß

Die Taskleiste lässt sich auf dem Desktop verschieben – Sie müssen lediglich im Kontextmenü die Markierung des Befehls *Taskleiste fixieren* aufheben. Dann können Sie die Leiste mit der Maus an eine der vier Seiten des Bildschirms ziehen. Ziehen Sie die Taskleiste einfach bei gedrückter linker Maustaste an die gewünschte Position (z. B. zum unteren Bildschirmrand) zurück.

Außerdem lässt sich die innen liegende Kante der Taskleiste zur Bildschirmmitte oder zum Bildschirmrand schieben. Dann sehen Sie entweder eine sehr breite Taskleiste oder nur noch einen dünnen Strich am Bildschirmrand. In diesem Fall ziehen Sie den innen liegenden Rand der Taskleiste per Maus, bis die Leiste die gewünschte Breite bzw. Höhe erreicht.

Manchmal **verschwindet die Taskleiste**, sobald Sie ein Fenster auf volle Bildschirmgröße setzen. Zeigen Sie auf den betreffenden Bildschirmrand, wird die Leiste wieder eingeblendet. Soll die Leiste immer sichtbar bleiben? Klicken Sie mit der rechten Maustaste auf eine freie Stelle der Taskleiste, wählen Sie den Kontextmenübefehl *Eigenschaften* und heben Sie auf der Registerkarte *Taskleiste* die Markierung des Kontrollkästchens *Taskleiste automatisch ausblenden* auf.

Der Desktop ist »verschwunden«

Sie sehen die Symbole des Windows-Desktops nicht mehr, sondern nur noch Dateisymbole, Texte, eine Grafik oder sonst etwas. Vermutlich haben Sie ein Fenster im Vollbildmodus geöffnet, das dann den Desktop verdeckt. Klicken Sie in der rechten oberen Ecke die Schaltfläche *Wiederherstellen* an, um das Fenster auf die vorherige Größe zu reduzieren. Bei Windows-Ordnerfenstern und beim Internet Explorer hilft es auch, die Funktionstaste `F11` zu drücken, um zwischen Vollbildmodus und Normalbild umzuschalten.

Probleme mit Programmen

Ein Programmeintrag ist aus dem Startmenü verschwunden

Fehlt plötzlich ein Programmeintrag im Startmenü? Vielleicht haben Sie das Programm deinstalliert. Oder der Startmenüeintrag wurde gelöscht und Sie müssen den Eintrag manuell wiederherstellen (siehe *Kapitel 12* »Startmenü anpassen«).

Ein Programm lässt sich nicht mehr bedienen

Manchmal kommt es vor, dass sich ein Programm nicht mehr bedienen lässt. Es reagiert weder auf Tastatureingaben noch auf Mausklicks. Klicken Sie mit der rechten Maustaste auf die Taskleiste und wählen Sie den Kontextmenübefehl *Task-Manager starten*.

Sie können dann auf der Registerkarte *Anwendungen* des Windows-Task-Managers die gewünschte Anwendung in der Liste per Maus markieren und mittels der

Schaltfläche *Task beenden* abbrechen. Windows versucht jetzt, das Programm zwangsweise zu beenden. Geht das nicht, erscheint ein weiteres Fenster mit dem Hinweis, dass das Programm nicht reagiert. Sie müssen dann die Schaltfläche zum Beenden des Programms wählen. Anschließend ist das Dialogfeld bzw. der Task-Manager noch über die Schaltfläche *Schließen* zu beenden.

Eine Programm- oder Windows-Funktion ist fehlerhaft

Tut es ein (Windows-)Programm oder eine -funktion nicht mehr richtig? Bei Programmen (z. B. Windows Media Player) können Sie in *Kapitel 12* im Abschnitt »Softwarepflege, so geht's« nachlesen, wie sich ein Programm oder eine Windows-Funktion deinstallieren und anschließend wieder installieren lässt. Manchmal repariert dies den Fehler.

Bei manchen Problemen hilft es auch, in das Suchfeld des Startmenüs »Problem« einzutippen und den eingeblendeten Befehl *Problembehandlung* zu wählen. In der angezeigten Seite finden Sie Einträge, über die Sie Unterstützung bei der Behandlung von Problemen mit Programmen, mit der Hardware, dem Netzwerk, dem Internet, der Anpassung oder dem System haben. Wählen Sie in der linken Spalte *Alles anzeigen,* werden weitere Einträge zur Problembehandlung angezeigt. Wählen Sie einen Befehl an, startet ein Assistent, der die Problemursache analysiert und nach Möglichkeit behebt oder zumindest Fehlerhinweise gibt.

Treten die Probleme oder Fehler nach der Installation eines Gerätetreibers oder eines Programms auf? Tippen Sie in das Suchfeld des Startmenüs »Wieder« ein und klicken Sie auf den Befehl *Wiederherstellung*. Im angezeigten Fenster wählen Sie die Schaltfläche *Systemwiederherstellung öffnen* und bestätigen die Sicherheitsabfrage der Benutzerkontensteuerung. Ist die Systemwiederherstellung gestartet, wählen Sie in deren Dialogfeld die Option *Anderen Wiederherstellungspunkt auswählen* und klicken auf die *Weiter*-Schaltfläche. Dann wählen Sie einen Wiederherstellungspunkt, der vor der Installation lag. Bestätigen Sie die *Weiter*-Schaltfläche und klicken Sie im letzten Dialogfeld auf die *Fertig stellen*-Schaltfläche. Dann wird Windows auf den gewählten Wiederherstellungspunkt zurückgesetzt, was auch einen Neustart bedingt. Dabei gehen alle zwischenzeitlich installierten Gerätetreiber, Programme und Anpassungen, nicht jedoch Benutzerdokumente und E-Mails, verloren. Mit etwas Glück funktioniert Windows nach dem Neustart wieder wie gewohnt.

Ordner und Dateien

Dateierweiterungen erscheinen nicht

Fehlen in den Ordnerfenstern oder im Explorer die Erweiterungen für einige Dateinamen? Schalten Sie die Anzeige der Dateinamenerweiterungen ein (siehe *Kapitel 3* »Die Ordneranzeige anpassen«).

Anhang A

CD, DVD oder die Speicherkarte lässt sich nicht lesen

Beim Doppelklicken auf das Symbol des Laufwerks erscheint ein Meldungsfeld mit dem Hinweis, dass das Laufwerk nicht bereit ist. Überprüfen Sie in diesem Fall die folgenden Punkte:

- ☑ Befindet sich ein Medium (CD, DVD, Speicherkarte) im Laufwerk?
- ☑ Entnehmen Sie das Medium dem Laufwerk und legen Sie es erneut ein. Meist erkennt Windows dann den Medienwechsel und das Lesen klappt.
- ☑ Prüfen Sie bei CDs/DVDs, ob diese auch mit der richtigen Seite in das Laufwerk eingelegt wurden.

Sehen Sie notfalls in *Kapitel 3* nach, wie Medien in das Laufwerk eingelegt werden und was beim Entfernen von Wechselmedien ggf. zu beachten ist. Bei CDs oder DVDs kann es auch sein, dass Verschmutzungen oder Kratzer das Lesen verhindern. Eine Speicherkarte oder ein USB-Stick kann gelöscht oder durch falsches Entfernen beschädigt worden sein.

Eine Datei lässt sich nicht ändern

Sie haben eine Dokumentdatei in einem Programm geladen, den Inhalt geändert und die Funktion *Speichern* gewählt. Das Programm öffnet jedoch das Dialogfeld *Speichern unter* und schlägt einen neuen Dateinamen vor. Geben Sie den Namen der alten Datei ein, meldet das Programm, dass die Datei schreibgeschützt ist. Bei den Dateien auf CDs, DVDs und BDs ist das immer so, da Sie den Inhalt dieser Datenträger nicht ändern können. Bei Dateien auf der Festplatte kann die Zugriffsberechtigung ein Überschreiben verhindern. Verwenden Sie die öffentlichen Ordner der Bibliothek (z. B. *Öffentliche Videos*), um von allen Benutzerkonten die Dateien auch ändern zu können. Ein weiterer Grund kann ein gesetztes Schreibschutzattribut sein. Setzen Sie dann das Attribut *Schreibgeschützt* zurück (siehe *Kapitel 3* »Details zu Ordnerelementen abfragen«). Ein Schreibschutz kann auch auftreten, wenn eine Dokumentdatei durch andere Programme benutzt wird. Diese Blockade sollte aber nach dem nächsten Windows-Start behoben sein.

Probleme beim Drucken

Der Drucker funktioniert nicht

Zum Beheben der Druckerstörung sollten Sie die folgenden Punkte überprüfen:

- ☑ Ist der Drucker eingeschaltet und erhält er Strom?
- ☑ Ist das Druckerkabel zwischen Rechner und Drucker richtig angeschlossen?
- ☑ Ist der Drucker auf **online** gestellt?
- ☑ Hat der Drucker genügend Papier, Toner, Tinte?
- ☑ Gibt es eine Störung am Drucker (z. B. Papierstau)?

Prüfen Sie bei einem neuen Drucker oder bei Änderungen an Windows, ob der Druckertreiber richtig eingerichtet ist.

Querdruck beheben

Die Druckausgaben erfolgen quer auf dem Blatt. In diesem Fall müssen Sie die Druckoptionen von Querformat auf Hochformat umstellen. Sie können das auf der entsprechenden Registerkarte umstellen, die Sie im Dialogfeld *Drucken* über die Schaltfläche *Einstellungen* erreichen.

Onlineprobleme

Die Verbindung zum Internet klappt nicht

Überprüfen Sie die folgenden Punkte:

- ☑ Sind alle Kabel richtig angeschlossen und ist das Modem bzw. der (W)LAN-Router eingeschaltet?
- ☑ Ist der Internetzugang korrekt konfiguriert?
- ☑ Ist der Browser auf **online** gestellt?
- ☑ Kann eine installierte Internet-Security-Lösung das Problem verursachen?

Die angewählte Webseite wird nicht geladen

Prüfen Sie, ob der Internet Explorer online ist (Menüschaltfläche *Extras*, Befehl *Offlinebetrieb*). Überprüfen Sie, ob die Adresse richtig geschrieben ist – geben Sie ggf. die Adresse einer anderen Webseite ein. Wird diese Seite angezeigt, liegt eine Störung im Internet vor; probieren Sie es zu einem späteren Zeitpunkt nochmals mit der Adresse.

Der Internet Explorer ruft beim Start eine Seite auf

Sie haben vermutlich eine Webseite als Startseite eingestellt. In *Kapitel 4* wird beschrieben, wie Sie das ändern.

Lexikon

Accesspoint Zugangspunkt, meist eine Station, die einen Zugang zu einem Funknetzwerk bietet.

Account (Zugang) Berechtigung, sich an einem Computer per Datenleitung anzumelden und z. B. im WWW zu surfen.

Administrator Verwalter eines Computersystems mit besonderen Berechtigungen. Die Person muss am **Administratorkonto** angemeldet sein.

Adobe Acrobat Technologie bzw. Programmfamilie der Firma Adobe, mit der sich PDF-Dateien erzeugen und lesen lassen.

Adresse Speicherstelle im Adressbereich (Hauptspeicher) des Computers oder Angabe zur Lage einer **Webseite** bzw. zum Empfänger einer **E-Mail**.

Adware Werbefinanzierte Programme, die beim Aufruf Werbebotschaften anzeigen oder Informationen über den Benutzer oder das System ermitteln und ins Internet übertragen.

AMD Amerikanischer Chiphersteller, der auch Prozessoren wie den Athlon produziert.

AMI Amerikanischer Hersteller des in vielen Computern enthaltenen AMI-BIOS.

Analog Ein analoges Signal ist im Gegensatz zu Digitalsignalen ein kontinuierlich verlaufendes Signal bzw. dessen Übertragung (Beispiel: elektrische Ströme oder Schallwellen).

Android Ein Betriebssystem für Smartphones, welches vom Suchmaschinenbetreiber Google initiiert wurde.

ANSI-Zeichen ANSI ist die Abkürzung für American National Standards Institute. ANSI-Zeichen definieren die unter Windows verwendeten Zeichen.

Ausgabeeinheit Gerät, das Ausgaben des Computers vornehmen kann (z. B. Bildschirm, Drucker).

Ausloggen Abmelden vom Computer.

Ausnahmefehler (engl.: Exception Error) Ein Fehler, der beim Zugriff auf eine Ressource (z. B. Diskettenlaufwerk ohne eingelegte Diskette) auftritt. Windows meldet den Fehler und gibt Ihnen Gelegenheit, diesen zu beheben und den Befehl erneut auszuführen.

Avatar Die grafische Darstellung eines Benutzers, einer Person in einem virtuellen Raum.

AVI Spezielles von der Firma Microsoft definiertes Videoformat zur Speicherung von Filmen.

Backdoor (engl. für Hintertür) Bezeichnung für von einem Programmierer in Betriebssystemen/Programmen eingebaute Funktionen, mit denen der Zugang ohne Kenntnis der Zugangskennwörter möglich ist – häufig Einfallstür für Viren oder Hacker.

Backslash Der umgekehrte Schrägstrich \ (wird z. B. zum Trennen von Ordnernamen benutzt).

Backup Bezeichnung für die Datensicherung (Dateien werden auf Diskette/Band gesichert).

Barcode Ein auf Waren (z. B. Lebensmittel) aufgebrachter Strichcode, der sich mit einem Barcode-Scanner lesen lässt.

BASIC Abkürzung für Beginner's All-purpose Symbolic Instruction Code. Das ist eine in den 1960er-Jahren entworfene Programmiersprache für Einsteiger. Unter Windows leben die Ansätze von BASIC in Produkten wie Microsoft Visual Basic, VBA (Programmiersprache in Microsoft Office) und in VBScript (Skriptsprache) weiter.

Batchdatei Eine Datei (.*bat*), die ausführbare MS-DOS-Befehle enthält und interaktiv abgearbeitet werden kann. BAT-Dateien erlauben dem Benutzer, kleine Programme, z. B. zum Kopieren von Daten, zu realisieren. Bei Windows-9x-Systemen ist die Datei *Autoexec.bat* ein Beispiel für eine solche BAT-Datei.

Baud Geschwindigkeitsangabe bei der Datenübertragung über serielle Leitungen.

BD Abkürzung für Blu-ray Disc, ein optisches Speichermedium.

Benchmark Andere Bezeichnung für Messungen der Leistung eines Computers oder einer Komponente.

Benutzeroberfläche Darunter versteht man die Art, wie der Rechner Informationen vom Benutzer annimmt und seinerseits Informationen anzeigt. Windows besitzt zum Beispiel eine grafische Oberfläche mit Symbolen und Fenstern.

Beta-Software In der Erprobung/Entwicklung befindliche Programme, die noch nicht zum Verkauf freigegeben sind.

Betriebssystem Die Teile der Software, die zum Betrieb des Rechners unbedingt erforderlich sind. Windows oder Linux sind PC-Betriebssysteme.

BIOS Abkürzung für Basic Input Output System. Das sind Programmfunktionen, die fest in einem ROM-Baustein auf der Hauptplatine des Rechners hinterlegt sind und Basisfunktionen zur Ansteuerung der Computerkomponenten sowie zum Starten des Computers bieten.

Binärsystem In Computern genutztes und auf den Ziffern 0 und 1 aufbauendes Zahlensystem (0 = Null, 1 = Eins, 10 = Zwei, 11 = Drei, 100 = Vier, 101 = Fünf, 110 = Sechs, 111 = Sieben etc.).

Bit Die kleinste Informationseinheit in einem Computer (kann den Wert 0 oder 1 annehmen). Acht Bit werden zu einem Byte zusammengefasst.

Bitmap Format, um Bilder oder Grafiken zu speichern. Das Bild wird wie auf dem Bildschirm in einzelne Punkte aufgeteilt, die zeilenweise gespeichert werden.

Bluetooth Nach dem dänischen König »Blauzahn« benannte neue Funktechnik, um Geräte wie Maus, Tastatur etc. drahtlos mit dem Computer zu verbinden. Soll schneller und zuverlässiger als die Infrarotübertragung arbeiten.

Boolesche Logik Nach dem Mathematiker George Boole (1815–1864) benannte binäre Logik (AND, OR, NOT), die prüft, ob Aussagen wahr oder falsch sind (a AND b sind nur wahr, wenn der Wert von a und der Wert von b beide wahr sind).

Lexikon

Booten Laden des Betriebssystems nach dem Einschalten des Computers.

Boot-CD/-DVD Eine CD oder DVD zum Starten des Computers.

Bug Englische Bezeichnung für einen Programmfehler.

Bus Leitungssystem zur Übertragung von Signalen. Die Hauptplatine eines Computers enthält einen Bus, um die Steckkarten anzuschalten.

Button (engl. für Knopf) Eine häufiger gebrauchte, aber in Windows nicht korrekte Bezeichnung für Schaltflächen, die in Dialogfeldern per Maus angeklickt werden können.

Byte Gibt eine Menge von Computerdaten an. Ein Byte besteht aus acht Bit und kann Zahlen von 0 bis 255 darstellen. 1024 Byte = 1 Kilobyte (KByte), 1024 KByte = 1 Megabyte (MByte), 1024 MByte = 1 Gigabyte.

C/C++ Namen von Programmiersprachen, die für Unix entwickelt wurden.

Cache Schneller Zwischenspeicher für Daten.

CAD Abkürzung für Computer Aided Design, d. h. computergestütztes Konstruieren. CAD-Programme erlauben das Erstellen von Konstruktionszeichnungen.

CD-/DVD-/BD-Brenner Laufwerke, mit denen sich CD-/DVD-/BD-Rohlinge beschreiben (brennen) lassen.

Chat Englischer Begriff für »schwatzen«, steht für eine Technik, bei der Nutzer sich im Internet über Textnachrichten in sogenannten Chaträumen unterhalten können.

Chip Allgemeine Bezeichnung für einen elektronischen Baustein.

Chrome Ein Browser der Firma Google. Chrome OS ist ein Betriebssystem, welches auf dem Chrome-Browser aufsetzt und Google-Internetanwendungen verwendet.

Client Clients sind Rechner oder Programme, die mit einem Server Kontakt aufnehmen und dessen Dienste in Anspruch nehmen (z. B. Daten auf dem Server ablegen oder abrufen).

CMYK Abkürzung für ein Farbmodell, bei dem Farben durch Subtraktion der Grundfarben Cyan, Magenta, Gelb und Schwarz erzeugt werden.

Code Alle in einem Programm ausführbaren Anweisungen (Programmcode).

Cookie Eine kleine Datei mit Zusatzinformationen, die vom Server beim Surfen im Internet auf dem lokalen Computer (Client) abgelegt wird. Wegen der Gefahr des Missbrauchs (Ausspionieren des Surfers) allgemein nicht gerne gesehen, bei bestimmten Webseiten wie beispielsweise Onlineshops aber zur Speicherung des Warenkorbs erforderlich.

CPU Englische Abkürzung für **Central Processing Unit**, die Recheneinheit (Prozessor) des Computers.

Crack Bezeichnung für das Knacken eines Kopierschutzes bei einem Programm.

Cybercafé Ein Lokal, das seinen Gästen Computer oder Internetzugänge zur Benutzung anbietet.

Datenschutz Gesetzliche Bestimmungen zum Schutz personenbezogener Daten gegen Missbrauch durch Dritte.

Datenbank Programm (z. B. Microsoft Access) zur strukturierten Speicherung und Auswertung von Daten.

DAU Kürzel für »dümmster anzunehmender User« (in Anlehnung an GAU für »größter anzunehmender Unfall«). Eine Betrachtung der Szenarien, welche Fehler ein unerfahrener Benutzer machen kann und welche Folgen das hat.

Desktop Publishing (DTP) Aufbereitung von Dokumenten (Prospekten, Büchern etc.) am Rechner.

DFÜ Abkürzung für Datenfernübertragung.

Dialer Programm zur Steuerung der Interneteinwahl. Im Grunde recht komfortabel, leider wird die Technik durch obskure Anbieter missbraucht, um Anwender überhöhte Internetgebühren zu berechnen. Schutz bieten Dialer-Schutzprogramme, die solche unseriösen Dialer erkennen.

Digital Im Gegensatz zu **Analog** eine diskrete Darstellung von Signalen oder Funktionen mit den Zuständen 0 und 1. Besitzt große Bedeutung bei Computern.

Directory Englischer Name für ein Verzeichnis (Ordner).

DivX Andere Bezeichnung für das MPEG-4-Verfahren zur Speicherung von Videodaten.

DMA Abkürzung für Direct Memory Access, eine spezielle Technik zur schnellen Übertragung von Daten von einer Festplatte in den Arbeitsspeicher (ohne Verwendung der CPU).

DHCP Abkürzung für Dynamic Host Configuration Protocol, sorgt in einem Netzwerk dafür, dass Teilnehmer automatisch die richtigen Einstellungen vom Hauptrechner (DHCP-Server) erhalten.

Drag&Drop Wörtlich »Ziehen und Ablegen«, eine Technik in Windows, mit der Objekte per Maus bei gedrückter linker Maustaste gezogen werden. Durch Loslassen der Maustaste werden die Objekte (z. B. im Papierkorb) abgelegt.

Dualboot Auf dem Rechner sind zwei oder mehr Betriebssysteme (z. B. Windows und Linux) installiert, die sich wahlweise beim Rechnerstart laden lassen.

Dualsystem siehe Binärsystem.

E-Bomb Abkürzung für von Hackern eingesetzte E-Mail-Bomben, mit denen Systeme zum Ausfall oder zu Fehlfunktionen gebracht werden sollen.

Editor Programm zum Erstellen und Bearbeiten einfacher Textdateien.

Emulator Ein Programm, das die Funktionen einer Hardware oder eines ganzen Systems (z. B. eines anderen Rechners) emuliert (bereitstellt).

Encoder Verschlüsselung bzw. Umformung von Signalen/Daten und damit das Gegenstück zum Decoder. Encoder wandeln z. B. Musikdaten oder Videodaten in eine komprimierte, d. h. wesentlich kompaktere Form um.

EPS Abkürzung für Encapsulated PostScript. EPS wird zur Speicherung von Bildern im PostScript-Dateiformat verwendet.

Error Englische Bezeichnung für einen Programmfehler.

Ethernet Technik zur Übertragung von Daten in Netzwerken.

EULA Kürzel für End User License Agreement, eine Lizenzvereinbarung für Software.

Lexikon

Farbpalette Zusammenstellung der möglichen Farben in einem Bild aus der Menge der verfügbaren Farbtöne (oft 256 Paletteneinträge). Das erlaubt eine realitätsnahe Farbabbildung, spart aber erheblich Speicherplatz.

Farbkalibrierung Man legt fest, wie Farbtöne zwischen verschiedenen Geräten wie Scanner, Monitor, Drucker umzurechnen sind, um immer den gleichen Farbeindruck zu erreichen.

Farbtiefe Gibt an, wie viele Farben pro Bildpunkt darstellbar sind. Bei einer Farbtiefe von 8 Bit sind 256 Farben darstellbar. Eine 24-Bit-Farbtiefe erlaubt 16,8 Millionen Farben pro Bildpunkt (Echtfarbendarstellung). Bei einer 16-Bit-Farbtiefe sind nur 65.000 Farben möglich (High-Color-Darstellung).

FAT Abkürzung für **File Allocation Table**. Definiert, wo und wie Windows Dateien auf der Diskette oder Festplatte ablegt und verwaltet.

FireWire (auch I-Link oder IEEE 1394), eine Technik zum Anschließen schneller Peripheriegeräte (Videogeräte, Festplatten etc.) an den Computer.

Firmware In einem Gerät oder im Computer fest hinterlegte Programmfunktionen, die beim Einschalten des Geräts sofort zur Verfügung stehen.

Flame Verletzende oder beleidigende Antwort auf einen Beitrag in Nachrichtengruppen oder auf eine E-Mail.

Flash Name einer Technik, um auf Internetseiten Trickfilme und Effekte speicherplatzsparend abzubilden. Benötigt den Adobe Flash Player zur Wiedergabe im Browser.

Flash-Speicher Spezieller Baustein, dessen nicht flüchtiger Inhalt gelöscht und der neu beschrieben werden kann.

Font Englisch für Schriftart.

Frame Englischer Name für Rahmen. Bei der Anzeige einer Webseite im Browser bezeichnen Frames rechteckige Ausschnitte im Dokumentfenster, in denen weitere Dokumente angezeigt werden können. Bei Videobildern bezeichnet ein Frame das Einzelbild.

Frequenz Maß für die Geschwindigkeit (Taktrate), mit der ein Signal sich ändert. Bei Rechnern gibt die Taktfrequenz der CPU einen Hinweis auf deren Schnelligkeit. Heutige Rechner werden mit Taktraten im Gigahertzbereich betrieben.

Gigabyte entspricht 1024 Megabyte.

GIF Grafikformat, das zur Speicherung von Bildern insbesondere für Webseiten benutzt wird.

GPF Abkürzung für General Protection Fault (allgemeine Schutzverletzung). Fehler beim Zugriff auf ungültige Speicherbereiche – meist die Ursache eines Programmfehlers.

Gopher Internetdienst zum Ermitteln von Textinformationen – mittlerweile durch Suchmaschinen abgelöst.

Hacker Allgemein: Personen mit einem sehr umfangreichen Wissen zu Computertechnologie/Betriebssystemen. Speziell: Personen, die dieses Wissen nutzen, um illegal in fremde Computersysteme einzudringen.

Hertz Maßeinheit (Hz) für die Frequenz. 1000 Hertz = 1 Kilohertz (kHz), 1000 kHz = 1 Megahertz (MHz), 1000 MHz = 1 Gigahertz (GHz).

Homepage Internetpräsenz einer Firma oder einer Person im Internet.

Host Hauptcomputer (in einem Netzwerk) oder Zentralcomputer in einer Firma.

Hotline Telefonische Kontaktstelle eines Herstellers für Hilfe bei Problemen mit einem Produkt.

HTML Steht für **Hypertext Markup Language**, das Dokumentformat im World Wide Web. Mit HTML werden Webseiten erstellt.

HTTP Abkürzung für **H**ypertext **T**ransfer Protocol, ein Standard zum Abrufen bzw. Übertragen von Webseiten.

Icon Englischer Name für die kleinen Symbole, die unter Windows auf dem Desktop oder in Fenstern angezeigt werden.

Installieren Einbauen eines Geräts oder Einrichten eines Programms.

Interrupt Unterbrechung eines Programms durch ein externes Ereignis (z. B. Benutzereingabe).

IRQ Abkürzung für Interrupt Request, eine Technik, mit der Geräte den Prozessor bei seiner Arbeit unterbrechen können.

Java/JavaScript Jeweils eine Programmiersprache, die z. B. zum Erstellen von Zusatzfunktionen in Webseiten zum Einsatz kommt.

JPEG Grafikformat, das für Grafiken in Webseiten benutzt wird.

Junk-Mail Unerwünschte E-Mail, die meist Müll enthält.

Jumper Steckverbindung (Brücke oder Schalter), mit der sich auf Steckkarten und Hauptplatinen bestimmte Konfigurationen einstellen lassen.

Kaltstart Das Starten des Computers nach dem Einschalten (das Gerät ist noch kalt). Gegensatz: ein Warmstart, bei dem ein in Betrieb befindliches Gerät (z. B. per Reset) neu gestartet wird.

KByte Abkürzung für Kilobyte (entspricht 1024 Byte).

Komprimieren Verdichten von Daten, sodass diese weniger Platz benötigen.

Konvertieren Umwandeln von Daten oder Signalen in eine andere Darstellung (z. B. ein Dateiformat in das Format eines anderen Dateityps umsetzen).

Kryptografie Wissenschaft von der Verschlüsselung von Informationen.

LAN Abkürzung für **Local Area Network**; bezeichnet ein Netzwerk innerhalb einer Firma.

Laufzeitfehler Ein Programmfehler, der beim Ablauf auftritt.

Layout Das Layout legt das Aussehen eines Dokuments fest.

LCD Spezielle Anzeige (Liquid Crystal Display) auf Notebooks. Bei Flachbildschirmen kommt häufig die Thin Film Transistor-Technik (TFT) zum Einsatz.

Linux Alternatives Unix-basiertes Betriebssystem, das weltweit von vielen Leuten weiterentwickelt wird und frei verfügbar ist. Konkurrenz bzw. Alternative zu Microsoft Windows.

Macintosh Eine Rechnerfamilie der Firma Apple.

Mailbox Englisch für elektronischer Briefkasten.

Makro Aufgezeichnete Folge von Tastenanschlägen oder Befehlen, die anschließend automatisch wiederholt werden kann.

Lexikon

MByte Abkürzung für Megabyte (1 Million Byte).

MP3 Technologie, mit der sich Musikdateien sehr stark schrumpfen lassen. Es gibt mittlerweile viele MP3-Abspielgeräte, die diese Musikdateien wiedergeben können.

MPEG Steht als Abkürzung für Moving Pictures Experts Group, ein Gremium zur Standardisierung von Verfahren zur Komprimierung und Speicherung von Musik und Videos in Dateien. Es gibt verschiedene MPEG-Verfahren (MPEG-2, MPEG-3, MPEG-4) zur Speicherung und Wiedergabe dieser Dateien.

Multimedia Techniken, bei denen auf dem Computer Texte, Bilder, Video und Sound integriert werden.

Multitasking Fähigkeit eines Betriebssystems, gleichzeitig mehrere laufende Programme (Tasks) auszuführen.

Netzteil Bauteil zur Stromversorgung von Computern oder Geräten.

Netzwerk Verbindung zwischen Rechnern, um untereinander Daten austauschen zu können.

OCR Abkürzung für Optical Character Recognition. Mit OCR ist es möglich, Textseiten per Scanner einzulesen und den ursprünglichen Text herauszulesen. Der Text kann dann mit Programmen wie Microsoft Word weiterverarbeitet werden.

Packer/Packprogramm Ein Programm wie WinZip, das Dateien in eine komprimierte Form (z.B. mit Dateinamenerweiterungen wie *.zip*, *.arc* oder *.lzh*) umwandeln kann. Das erlaubt die kompakte Speicherung von Dokumenten (z.B. Bildern).

Pascal Von dem Schweizer Nicolaus Wirth entwickelte und nach dem Mathematiker Blaise Pascal benannte Programmiersprache.

Passwort Anderer Begriff für ein Kennwort, welches ggf. zur Nutzung eines Rechners benötigt wird.

PDA Abkürzung für Personal Digital Assistant, ein kleiner in der Hand zu haltender Computer (auch als Organizer bezeichnet), mit dem sich Adressen, Telefonnummern und Termine verwalten lassen.

PDF Abkürzung für Portable Document Format, ein Format, welches von Adobe Acrobat zum Speichern von Dokumentdateien benutzt wird. Dies ist ein universelles Format, um Dokumente weiterzugeben. Über den kostenlosen Adobe Reader lassen sich solche Dateien lesen.

Peripheriegerät Sammelbegriff für Geräte wie Drucker, Scanner etc., die sich an den Computer anschließen lassen.

PGP Abkürzung für Pretty Good Privacy, ein Programm zur Verschlüsselung von Daten.

Pin Bezeichnung für einen Kontaktstift in Steckern, an Chips oder auf Platinen. PIN ist auch die Abkürzung für Personal Identification Number, die persönliche Identifikationsnummer für EC-Karten und Geldgeschäfte.

Pixel Englische Bezeichnung für Picture Element, d.h. einen Bildpunkt in einer Grafik.

Platine Aus Kunststoff bestehende dünne Platte, auf der Computerchips und Leitungen aufgebracht sind. Bestandteil vieler elektronischer Geräte.

Podcast Sprachbeitrag, der sich im Internet abrufen und im Windows Media Player wiedergeben lässt. Ein Videocast ist ein Videobeitrag, der sich per Internet abrufen und im Media Player ansehen lässt.

Popup Bezeichnung für aufspringende Elemente (z. B. Fenster oder Menüs).

PostScript Eine von der Firma Adobe entwickelte Sprache für Druckausgaben. PostScript erlaubt eine geräteunabhängige Beschreibung von Seiten, die Text und Grafik enthalten. PostScript kommt fast ausschließlich im professionellen Bereich zum Einsatz.

PPP Abkürzung für Point-to-Point-Protocol. Das Verbindungsprotokoll wird z. B. bei der Einwahl Ihres Computers in das Internet benutzt.

PPPoE Abkürzung für Point-to-Point-Protocol over Ethernet, ein Verbindungsprotokoll, das bei DSL-Verbindungen eingesetzt wird.

Programmieren Tätigkeit eines Programmierers, bei der Programme in der benutzten Programmiersprache (z. B. C) entstehen. Ein Programm ist eine Folge von Anweisungen an den Rechner.

Public Domain Software, die öffentlich zugänglich ist und mit Erlaubnis des Autors frei kopiert oder weitergegeben werden darf (siehe auch Freeware).

QWERTY-Tastatur Dieser Name bezeichnet die englische Tastatur (die ersten sechs Tasten der zweiten Reihe ergeben das Wort QWERTY).

RAM Random Access Memory, Bezeichnung für den Arbeitsspeicher im Computer.

Registrierung Stelle (Datenbank), an der Windows seine Konfigurierung (d. h. Benutzereinstellungen, Programmeinstellungen, Geräteeinstellungen) hinterlegt. Oder Mitteilung an einen Hersteller, dass man ein Programm gekauft hat und benutzt.

Reset Englisches Wort für Zurücksetzen, nämlich für das Zurücksetzen bzw. Neustarten des Computers oder eines Geräts.

RGB Steht für Rot, Grün und Blau, ein Farbsystem, mit dem sich eine Mischfarbe aus den genannten Grundfarben definieren lässt. Wird bei Farbgrafiken benutzt, um die Farbe eines Bildpunkts anzugeben.

ROM Steht für Read Only Memory. ROMs sind Speicherbausteine, die den Inhalt (Programme, Daten) auch beim Ausschalten des Rechners behalten. Die Informationen in ROMs lassen sich nicht verändern, sondern werden bei der Herstellung des Bausteins aufgebracht. Das BIOS eines Rechners ist üblicherweise in einem ROM (oder in Varianten wie EPROM) gespeichert.

SATA Abkürzung für Serial ATA, eine Schnittstelle, um Festplatten und andere Laufwerke an den Computer anzuschließen.

Schnittstelle Sammelbegriff für die Verbindungsstellen verschiedener Computerteile (meist Hardware, der Name wird aber auch für Verbindungsstellen in Software benutzt).

Schriftschnitt Legt die Darstellung einer Schrift (fett, kursiv, normal) fest.

SCSI-Schnittstelle Abkürzung für Small Computer System Interface. Eine spezielle Schnittstelle im Computerbereich, über deren Bussystem sich bis zu sieben Geräte wie Festplatten, CD-Laufwerke, Scanner etc. an den Rechner anschließen lassen.

Server Hauptrechner in einem Netzwerk, der Client-Rechnern Dienste (Services) wie Speicherplatz bereitstellt.

Setup Programm zum Einrichten (Installieren, Konfigurieren) einer Hard- oder Softwarekomponente.

Signatur Unterschrift unter einem Dokument. In der Computertechnik werden Signaturen zur eindeutigen Identifizierung des Absenders sowie zur Verifizierung der Gültigkeit eines elektronischen Dokuments (E-Mail, Bestellung, Programm) benutzt.

Skript Ein Programm, das in einer Skriptsprache (z. B. JavaScript, VBScript) geschrieben wurde und durch spezielle Software (z. B. Internet Explorer) ausgeführt werden kann. Über Skripte lassen sich spezielle Funktionen für Windows oder für Webseiten realisieren.

Smiley Aus Zeichen wie :-) oder ;-) stilisiert dargestellte Gesichter. Werden bei elektronischen Nachrichten (E-Mail) häufig in den Text eingebaut, um Aussagen abzuschwächen oder Stimmungen wiederzugeben.

Snapshot/Screenshot Schnappschuss, allgemein ein Abzug des aktuellen Bildschirminhalts (Screen). Kann unter Windows über die Taste [Druck] angefertigt und mit den Tasten [Strg]+[V] aus der Zwischenablage in ein Grafikprogramm mit Paint übernommen werden. Die Tastenkombination [Alt]+[Druck] fertigt dagegen nur einen Abzug des aktuellen Fensters in der Zwischenablage an.

SSL-Protokoll Steht für Secure-Socket-Layer, ein Protokoll zur sicheren Verschlüsselung von Daten (z. B. Kreditkarteninformationen) zur Übertragung im Internet.

Systemprogramm Zum Betriebssystem gehörendes Programm.

Task Ein gerade ausgeführtes selbstständiges Programm.

TCP/IP Ein Protokoll, d. h. eine Vereinbarung, zur Übertragung von Daten in Netzwerken. Ist das Standardprotokoll im Internet.

Thesaurus Wörterbuch für Synonyme.

Toolbox Englische Bezeichnung für Werkzeugkasten, meist eine Symbolleiste in Programmen mit Schaltflächen für die einzelnen Werkzeuge.

Tutorial Anleitung in Form eines Kurses.

Unicode Ein 16-Bit-Zeichenstandard, der in einigen Windows-Versionen benutzt wird. Der Vorteil des Unicode-Zeichensatzes besteht darin, dass dort auch Zeichen anderer Sprachen wie Hebräisch, Arabisch, Koreanisch, Japanisch, Chinesisch etc. festgelegt sind.

Unix Ein Betriebssystem, das insbesondere für Großrechner (Mainframes) eingesetzt wird.

URL Abkürzung für Uniform Resource Locator, die Adresse einer Webseite im Internet.

USB Universal Serial Bus, eine Technik zum Anschließen von Peripheriegeräten (Maus, Tastatur, Scanner etc.) an den Computer.

Utility Das englische Wort für Werkzeug, beim Computer meist der Sammelbegriff für verschiedene Hilfsprogramme.

VBScript Visual-Basic-Script, eine unter Windows (z. B. in HTML-Dokumenten) benutzte Skript-Programmiersprache.

Lexikon

Vektorgrafik Eine Technik zum Erstellen von Grafiken, die aus Linien und Figuren bestehen. Kommt bei Zeichenprogrammen im Bereich der Konstruktion (Architektur, Maschinenbau etc.) zum Einsatz.

Verschlüsselung Bezeichnet ein Verfahren zur Umwandlung von Nachrichten (z. B. Daten) in Zeichenfolgen, in denen die Ursprungsdaten nicht mehr erkennbar sind. Der Empfänger solcher Daten kann diese mit dem richtigen Schlüssel wieder in die Ursprungsdaten zurückverwandeln (entschlüsseln). Verhindert die missbräuchliche Einsicht in vertrauliche Daten durch Dritte.

VGA Grafikstandard (16 Farben und 640 x 480 Bildpunkte). Ein VGA-Ausgang erlaubt den Anschluss eines VGA-Bildschirms an eine VGA-Grafikkarte.

Visual Basic (VB) Eine von Microsoft entwickelte Programmiersprache (neueste Version ist VB.NET). Unter Microsoft Office steht VBA (Visual Basic for Applications) als Makrosprache zur Verfügung.

Viren Schadprogramme, die Computer befallen und Fehlfunktionen verursachen oder Daten löschen. Ein Wurm ist eine Virenvariante, die sich per Netzwerk (Internet) verbreitet. Ein Trojaner ist ein Schadprogramm, welches Daten (z. B. Kennwörter) vom Computer an Dritte überträgt. Schutz bieten Virenschutzprogramme.

VPN Abkürzung für Virtual Private Network, eine Technik, bei der zwei private Netzwerke über das Internet miteinander verbunden werden. Die über das öffentliche Internet geleiteten Daten werden dabei aber so verschlüsselt, dass sie durch Dritte nicht lesbar sind.

Warmstart Neustart eines bereits in Betrieb befindlichen Geräts (Rechners). In Windows lässt sich dieser im Startmenü über den Befehl *Beenden* und die Option *Neustart* durchführen.

Webmaster Verwalter einer Website.

Wurm Programm, das sich ähnlich wie Viren über Netzwerke (Internet) verbreitet und dabei Schwachstellen der Netzwerkrechner ausnutzt.

WYSIWYG Kürzel von »what you see is what you get«. Bezeichnet eine Darstellung von Inhalten (Texten), die bereits bei der Eingabe so angezeigt werden, wie sie beim Ausdruck oder bei der Ausgabe erscheinen werden.

WWW Abkürzung für World Wide Web, anderer Name für die Funktion des Internets, in dem Webseiten gespeichert werden.

XML Abkürzung für Extensible Markup Language, eine Spezifikation zur Speicherung von Daten in Webseiten.

Zertifikat Dient im Web zur Bestätigung der Echtheit eines Dokuments.

ZIP Populäres Format, in dem komprimierte Archivdateien hinterlegt werden. Packer können die Dateien aus ZIP-Archiven auslesen bzw. diese Archive erstellen.

> **Hinweis**
>
> Viele Fachwörter sind in den einzelnen Kapiteln des Buches erklärt und wurden nicht in das Lexikon aufgenommen. Falls Sie einen gesuchten Begriff im Lexikon vermissen, sehen Sie bitte im Stichwortverzeichnis nach, ob dieser an anderer Stelle erklärt wird.

Liebe Leserin, lieber Leser,

herzlichen Glückwunsch, Sie haben es geschafft, der Computer und alles, was man damit machen kann, ist Ihnen nun vertraut. Ist es Ihnen nicht viel leichter gefallen, als Sie am Anfang dachten? Genau das ist das Ziel unserer Bücher aus der easy-Reihe. Sie sollen helfen, erfolgreich die ersten Schritte zu gehen, und den Leser auf keinen Fall mit unverständlichem Fachchinesisch überhäufen.

Als Lektorin hoffe ich, dass Sie durch das Buch die richtige Unterstützung bekommen haben. Denn für Ihre Zufriedenheit stehen alle Beteiligten mit ihrem Namen: der Verlag, die Autoren, die Druckerei.

Aber niemand ist perfekt. Wenn Sie Anregungen zum Buch und zum Konzept haben: Schreiben Sie uns.

Denn nur durch Sie werden wir noch besser.

Ich freue mich auf Ihr Schreiben!

Birgit Ellissen
Lektorin Markt + Technik
Pearson Education Deutschland GmbH
Martin-Kollar-Str. 10–12
81829 München
E-Mail: bellissen@pearson.de
Internet: http://www.mut.de

Stichwortverzeichnis

Symbole
7-Zip 114
.avi 408
.bmp 93
.cda-Format 408
.doc 93
.exe 93
.mp3 408
.mpeg 408
.mpg 408
.pdf-Datei 154
.txt 93
.wav 408
.wma 408
.wmv 408
@-Zeichen 222
#-Zeichen (Excel) 329

A
Absätze
    ausrichten 296
Absatzformat 289
Absatzmarke 272
Absatzwechsel 271
AC3 409
Accesspoint 520
Account 520
ActiveX 207
    Komponente 207
Add-In 423
Administrator 520
Administratorkonto 520
Adobe Acrobat 154, 520
Adobe Premiere
    Elements 435
Adobe Reader 154, 481
Adressbuch
    öffnen 255
Adresse 520
Adware 32, 520
Aero 60
Aero-Anzeigeschema 60
Aero-Dock 64
Aero-Shake 64
AGP 26
Ahnenforschung 404

All-In-One-PC 20
AltGr-Taste 271
Amazon 172
AMD 520
AMI 520
Analog 520
Android 520
Anno 1503 (Spiel) 401
Anonymisierer 216
Anonym surfen 166, 216
ANSI 520
AntiVir Personal Edition 206
Anwendungsprogramm 31
Anzeigemodus
    Aero 60
Anzeigeoptionen
    anpassen 485
    Ordnerfenster 101
Apple 20
Arbeitsbereich 51
Arbeitsblatt (Excel) 324
    benennen 327
    einfügen 327
    löschen 325
    umbenennen 325, 326
Arbeitsgruppennetzwerk 118, 123
Arbeitsmappe (Excel) 324, 326
Arbeitsspeicher 34
    aufrüsten 25
Attribute
    Zugriff auf 115
Audio-CD 88
    brennen 468
    Kopierschutz 411
    zusammenstellen 467
Audiodatei 408
    wiedergeben 409, 410
Audioformate 408
Aufzählung
    Nummerierung
    aufheben 302
Aufzählung/Nummerierung
    Text 302
Ausgabeeinheit 520

Ausloggen 520
Ausnahmefehler 520
Ausrichtung
    Zellinhalte 330
Auswahl
    mit Zauberstab 382
AutoKorrektur 273
Automatische Wiedergabe
    anpassen 484
Autostart 510
Avatar 520
AVCHD-Format 409
AVI-Format 408, 520

B
Backdoor 520
Backslash 521
Backstage-Ansicht 268
Backup 521
Barcode 521
BASIC 521
Batchdatei 521
Baud 521
BD 521
BD-Brenner 452, 453
BD-Handhabung 89
BD-R 452
Beamer 38, 427
Bearbeitungsleiste (Tabellenkalkulation) 329
Befehl
    rückgängig machen 106
Belichtung anpassen
    (Foto) 371
Benchmark 521
Benutzerkonten 48
    pflegen 495
Benutzerkontensteuerung 489
Benutzeroberfläche 521
Berechnungen
    in Excel 333
Berührungsempfindlicher Bildschirm 49
Bestellungen 172
Beta-Software 521
Betriebsprogramm 31

531

Stichwortverzeichnis

Betriebssystem 31, 521
Bezahlung
   per Internet 172
Bibliothek 97, 413
Bild
   ansehen 354
   anzeigen 352
   aus Webseite
      speichern 151
   drucken 365
Bildausschnitt
   verschieben (Photoshop
      Elements) 386
Bildbearbeitung
   Programme 374
Bildinformationen
   abrufen 354
Bildlauffeld 65
Bildlaufleiste 65
Bildschirm
   berührungsemp-
      findlich 49
   Standplatz 42
Bildschirmauflösung
   anpassen 488
Bildschirmhintergrund
   Farbe ändern 486
Bildschirmlupe 515
Binärsystem 521
BIOS 521
Bit 521
Bitmap 385, 521
Blattregister 325
Blind Copy 244
Blocksatz 296
Blog
   Anbieter 201
   was ist das? 200
Bloggen
   Voraussetzungen 201
Bluetooth 521
Blu-ray Disc 89, 452
   brennen 454
BMP-Format 385
Board 186
Bookmarking 148
Boolesche Logik 521
Boot-CD/-DVD 522
Booten 522
Brennen
   CD/DVD 454
   von ISO-Dateien 460

Brenner
   Informationen
      auslesen 465
Brennprogramme 454
Brief
   entwerfen 314
Briefbogen 314
Briefgestaltung
   nach DIN 315
Briefvorlage
   erstellen 314, 316
Browser 141
   Privatmodus starten 148
   Sicherheits-
      einstellungen 207
   Vergrößerungsfaktor
      anpassen 157
   Webseite abrufen 141
Browserverlauf
   automatisch
      löschen 148
   löschen 147
Brummschleifen 407
Bug 522
Bus 522
Button 522
Byte 522

C

C 522
Cache 522
CAD 522
Calc 322
   Text einfügen 329
CD
   brennen 454
   Handhabung 89
   Kopie erstellen 465
   No-Name 453
CDBurnerXP 454, 461
CD/DVD/BD
   Medium löschen 459
CD-/DVD-/BD-Brenner 522
CD-R 452
CD-Rohling 452
CD-ROM 88
CD-R/W 452
Central Processing Unit
   siehe CPU 522
Centronics
   Schnittstelle 41
   Stecker 41

Chat 183, 522
   Flüstern 185
   Nickname 183
   Startseiten 183
Chat-Client 183
Chatiquette 185
Chatraum 183
Chatroulette 186
Cheats 402
Chip 24, 522
Chrome 522
Client 183, 522
ClipArt 313
Cluster 28
CMYK 522
Code 522
Codecs 411, 423
Composite-Video-
   Anschluss 433
Computer
   anschließen 36
   aufstellen 36, 42
   Inbetriebnahme 41
   Innenleben 24
   Kauf 35
   Pflege 43
   sperren 81
   Standort wechseln 36
   Übersicht 18
   Varianten 18
   Zuordnung der Kabel 36
Computerbetrug 181
Cookies 209, 522
CPU 24, 33, 522
Crack 522
Cursortasten 276
CutePDF 481
Cybercafé 522
Cyberlink Power DVD 430

D

Datei
   anzeigen 95
   Eigenschaften 114
   erzeugen 103
   gelöschte, zurück-
      holen 108
   Grundlagen 92
   komprimieren 112
   kopieren 104
   kopieren rückgängig
      machen 106

Stichwortverzeichnis

löschen 107
  mehrere handhaben 106
  mehrere kopieren 106
  Namen 92
  Speicherorte 94
  suchen 111
  umbenennen 103
  verschieben 104
  verschieben rückgängig machen 106
  versteckte anzeigen 101
Dateigröße
  anzeigen 100
Dateinamen
  Regeln 92
Dateinamenerweiterung 93
  anzeigen 101
Dateisymbole
  sortieren 100
Dateityp 93
  anzeigen 100
Datenbank 522
Datenbankprogramm 32
Daten-BD 88
  brennen 454
Daten-CD 88
  brennen 454
Daten-CD/-DVD
  brennen 454
Daten-DVD 88
  brennen 454
Datenfernübertragung
  siehe DFÜ 523
Datenschutz 522
Datenträger
  löschen 459
Datenträgerabbild
  brennen 460
Datenträgerbereinigung 116
Datenträgername 88
Datenträgerprüfung 116
Datenträgertitel 458
Datum
  anzeigen 53
  stellen 492
Datumschreibweise
  anpassen 491
DAU 523
Decoder 523
DeepBurner 454

Defragmentierung 116
Denic 142
Desktop 51
  anzeigen 52
  Design speichern/löschen 486
  Hintergrundbild entfernen 487
  Hintergrundfarbe ändern 486
  Programmsymbol einrichten 508
  Verknüpfung einrichten 508
Desktop-Computer 20
Desktop Publishing 523
Desktopsymbole
  ändern 486
  einblenden 69
DFÜ 523
DHCP 523
Diagramm 336
  Größe anpassen (Excel) 338
  Legende mit x-Achse tauschen 339
  Zeile/Spalte wechseln 339
Diagrammoptionen
  ändern (Excel) 339
Diagrammtyp
  ändern (Excel) 339
Dialer 523
Dialogfeld 72
Diashow 364
  beenden 364
  Geschwindigkeit 364
Die Siedler (Spiel) 401
Die Sims (Spiel) 401
Digital 523
Digitales Rauschen 372
Digital Rights Management 411
Digital Storage Class-Standard 353
Digital Versatile Disk (DVD) 88
DIN 676 315
DIN 5008 315
Directory 523

DirectX-Diagnoseprogramm 398
DivX 523
DMA 523
Dokumente
  Speicherorte 94
Dokumentvorlage
  nutzen 314
  speichern 318
Dolby Digital 406
Domänenname 142
Doppelklicken 56
  funktioniert nicht 56
  Tipp 56
Download 152
Download-Manager 154
Drag&Drop 523
Drahtlosnetzwerke
  verwalten 138
Drahtlosverbindung
  trennen 140
Drehfeld 287
DRM 411
DRM-Schutz 171
Druckauftrag 482
  kontrollieren 481
  verwalten 482
Druckausgabe
  anhalten/abbrechen 482
Drucken
  Dokument 286
  Einstellungen wählen 481
  Kopien sortieren 288
  Kopienzahl 287
  PDF-Ausgabe 481
  Seiten 287
  zwei Seiten pro Blatt 288
Drucker 22
  anschließen 39
  freigeben 128
  Tipps zum Kauf 23
  Treiber installieren 478
Druckertreiber 478
  löschen 480
Druckoptionen
  Word 287
Druckvorschau 286
DSL 134

533

Stichwortverzeichnis

DSL-Router 133
DTM Race Driver (Spiel) 401
DTP 523
Dualboot 523
Dual Core 33
Dualsystem 523
DVD 88, 471
  brennen 454
  Handhabung 89
  Kopie erstellen 465
DVD-/BD-Laufwerk 29
DVD-Brenner 89, 452, 453
DVD-Laufwerk 89
DVD-Player 88
DVD-R 452
DVD+R 452
DVD+R DL 452
DVD-Rohlinge 452
DVD-Video
  mit Fotos brennen 471
DVI-Buchse 38

E
eBay 174
  anmelden 176
  Treuhänderservice 178
E-Bomb 523
eBook-Reader 405
eBooks 405
EDGE 134
Editor 523
Edutainment 397
Eigenschaften 114
Eigenschaftenfenster 102
Einfügemarke 104
  positionieren 276
Eingabe
  verwerfen 329
Eingabefehler
  korrigieren (Tabellen-
  kalkulation) 329
Eingabefeld 51
Eingabehilfen 514
Einladung
  in Word gestalten 312
Einzüge (Text) 299
E-Mail
  Adresse
    Namenskonven-
    tionen 222
  beantworten 240

Bomben 523
  erstellen 243
  im HTML-Format 245
  Konteneinstellungen
    ansehen 232
  Konto einrichten 229
  lesen 236
  mit Anlage 246
  sammeln 227
  suchen 238
  Text formieren 245
  versenden 223
  was wird gebraucht 220
E-Mail-Client 220, 225
E-Mail-Konto
  Unterordner
    anlegen 253
E-Mail-Postfach
  bearbeiten 235
Emoticons 245
Emulator 523
Encoder 523
Entpacken 113
Entwurfsvorlage 340
EPS 523
Erleichterte Bedienung 514
Error 523
Ethernet 120, 523
Eula 523
Euro-Währungszeichen 271
Excel 322
  Arbeitsblatt ein-
    fügen 327
  Arbeitsblatt umbenen-
    nen 327
  Ausrichtung Zell-
    inhalte 330
  Bearbeitungsleiste
    322, 329
  Beispiel 326
  Berechnungen 333
  Blattregister 325
  Diagramm erstellen 336
  Diagrammtyp
    ändern 339
  Diagrammtyp
    wählen 337
  Dokument neu
    anlegen 325
  Eingabefehler
    korrigieren 329

  Fensterelemente 322
  Grundbegriffe 324
  neues Arbeitsblatt
    einfügen 325
  starten 322
  Statusleiste 322, 323
  Tabelleneingaben 328
  Tabelle umbe-
    nennen 326
  Tasten zur Zellen-
    auswahl 324
  Text einfügen 329
  Überblick 322
  Zahlen eingeben 330
  Zahlen, Nachkomma-
    stellen 331
  Zellen markieren 331
  Zellformat 331
  Zellformel anzeigen 335
EXIF-Daten 115, 363

F
Facebook 196
Fachwort 60, 503
Farbkalibrierung 524
Farbpalette 524
Farbtemperatur 371
Farbtiefe 524
Farbton 371
Farmville 400
FAT 524
Favoriten 148
Favoritenleiste
  schließen 146
Fax
  versenden 223
Fehler
  auf Festplatten 116
  Drucker tut nichts 518
  Keyboard Error 513
  Rechner piept beim
    Einschalten 26
  Rechner startet
    nicht 513
Feierabend.de 197
Fenster
  Größe verändern 61
  Größe zurücksetzen 59
  maximieren 58
  mehrere minimieren 64
  minimieren 59

Stichwortverzeichnis

öffnen 55, 56
schließen 61
Symbol öffnen 59
Übersicht 56
verschieben 63
volle Bildschirm-
    größe 58
wechseln zwischen 73
wiederherstellen 60
zum Symbol
    verkleinern 59
Festplatte 27
    defragmentieren 116
    Kapazität 27
    Sektoren 28
    Spuren 28
Feststell-Taste 271
File Allocation Table
    siehe FAT 524
Filesharing-Dienste 170
FileZilla 203
Film
    Veröffentlichung bei
        YouTube 447
Film erstellen 446
Financial Times Deutsch-
    land 183
FinTS 179
Firefox 141
    keine Chronik
        speichern 148
    Webseiten suchen 164
Firewall 503
FireWire 524
FireWire-Schnittstelle
    40, 432
Firmware 524
Flame 524
Flash 524
Flash Player
    installieren 501
Flash-Speicher 524
Flattersatz 296
Flickr 202
Flip 3D 75
Folie (PowerPoint)
    Design zuweisen 343
    entfernen 346
    Folien 340
    hinzufügen 345
    Inhalte hinzufügen 344

Folienlayout 342
    anpassen 343
Folienübersicht 340
Font 524
Force-Feedback-
    Technik 399
Foren 186
Format
    aufheben 290
Formatierung
    aufheben (Text) 290
    löschen 290
Foto
    als DVD-Video
        brennen 471
    als E-Mail
        verschicken 246
    Änderungen
        speichern 371
    anzeigen 352, 354
    Ausschnitt in Anzeige
        verschieben 368
    beschriften 361
    Beschriftung
        entfernen 363
    bewerten 361
    Dateispeicherort
        öffnen 369
    Detail anpassen 372
    drehen 356, 368
    drucken 365
    Eigenschaften ent-
        fernen 364
    einscannen 359
    entfernen 368
    Farbkorrektur 371
    Farbstich korri-
        gieren 392
    Farb- und Helligkeits-
        korrektur 369
    Fehlbelichtung korri-
        gieren 371
    filtern 355
    Großdarstellung 367
    Helligkeit korri-
        gieren 392
    importieren 352
    in Album blättern 368
    katalogisieren 361
    Korrektur zurück-
        nehmen 370

laden 376
löschen 356
Miniaturansicht 354
Papierabzüge 366
retuschieren (Photoshop
    Elements) 386, 387
Rote-Augen-
    Korrektur 371
Rote-Augen-Korrektur
    (Photoshop
    Elements) 386
scharf zeichnen 372
Schwarzweißeffekte 372
speichern 383
umbenennen 363
zuschneiden 373
Foto ausrichten 372
Foto-CD 88
Fotodateien
    verwalten 355
Fotoeigenschaften
    anzeigen 356
Fotogalerie
    filtern/sortieren/navi-
        gieren 359
    Fotos importieren 358
Fotoimport 358
Foxit-Reader 405
Frame 524
Freemail-Anbieter 220
Freeware 32, 169
Frequenz 524
FTP 203
Funktionstasten 12

G

Gamepad 399
Game-Server 400
GameStar 402
Gateway 189
Genre 401
Geräte
    säubern 43
GIF 524
Gigabyte 524
Google 165
Gopher 524
GPF 524
GPRS 134

535

Stichwortverzeichnis

Grafik
　anzeigen 354
　Verknüpfung 311
Grafikformate 385
Grand Theft Auto (GTA) 401
Großbuchstaben
　eingeben 271

H
Hacker 524
Hand-Werkzeug 386
Handy 511
Hardware 18, 30
Hauptplatine 24
HDD 27
HD-DVD 453
Heimnetzgruppe 118
Heimnetzwerk 118
Hertz 524
Hilfe
　abrufen 76
　Seite drucken 78
　Stichwörter nach-
　　schlagen 79
　suchen nach
　　Begriffen 77
Hoax 206
Homebanking 178
　Programme 179
　testen 182
Homepage 155, 202, 525
　eigene 202
　was brauche ich 203
Host 525
Hotline 41, 525
Hotspot 136
　Verbindung her-
　　stellen 138
HTML 202
HTML-Seite
　drucken 154
　entwerfen 202
HTML-Tag 202
http 142, 173, 221, 525
HTTPS-Webserver 174
Hyperlinks 143
Hypertext Markup
　　Language
　siehe HTML 525

I
Icon 525
IEEE 1394 40
iLink 40
iMac 20
IMAP 221
Import-Assistent
　für Fotos 353
Index.htm 203
Infobereich 51
Inhaltsratgeber 214
Installieren 525
Instant Messenger 188
Internet 131, 132, 219
　Kindersicherung 214
　Musik abrufen 170
　Musikinfos abrufen 170
　navigieren 143
　sichere Verbindung 174
　Suche
　　Dokumenttyp
　　　filtern 169
　　per Verzeichnis 162
　Wegweiser 162
　zwischen Seiten
　　blättern 144
Internetbanking 178, 212
　Überweisung aus-
　　füllen 182
Internet-by-Call 134, 135
Internet Explorer
　aufrufen 141
　Optionen 155
　Schnellinfo 168
　Startseite 155
　Verlauf leeren 156
　Webseiten suchen 164
Internet Explorer 7-Kompa-
　　tibilitätsmodus 145
Internetradio 405, 423
　mitschneiden 424
Internetspiele 400
Internettelefonie 190
Internetzeitsynchroni-
　sierung
　einstellen 493
Internetzugang
　Anforderungen 132
　mobiler 136
Interrupt 525
iPad 405

IP-Adresse 216
iPhone 422
iPod 422
IRC-Client 183
Irfanview 374
IRQ 525
ISDN 134
ISDN-Karte 132
ISO-Datei
　brennen 460
　erzeugen 465
iTAN 181
iTunes 170, 422
Ixquick 165

J
JAP 217
Java 183, 525
　installieren 501
JavaScript 525
Joystick 398
JPEG 525
JPEG-Format 385
Jugendschutz 215
Jumper 525
Junk-E-Mail 249
Junk-Mail 525

K
Kalkulationstabellen 324
Kaltstart 525
Kategorie
　für Kontakte 260
KByte 525
Kennwort
　eingeben 50
　vergessen 51
Kindersicherung 214
Kindle 405
Kino 427
Klangaufzeichnung 425
Klicken 50
Kompatibilitätsmodus 403
Komprimierprogramm 249
Komprimierung 112, 525
Komprimierungsgrad
　wählen (JPEG) 386
Kontakt
　bearbeiten 257
　Kategorie anlegen 260
　löschen 258

Stichwortverzeichnis

neu anlegen 258
suchen 256
verwalten 255
zugreifen 255
Kontaktdaten
ausdrucken 261
Kontextmenü 55
Kontrollkästchen 102
Kontrollleuchten 12
Konvertieren 525
Kosten
Drucken 23
Kryptografie 525

L

Label 90
Lame-MP3-Encoder 426
Laptops 19
Laserdrucker 23
Laufwerk
anzeigen 86, 95
benennen 88
Benennung 87
bereinigen 116
Bezeichnung ändern 114
defragmentieren 116
Eigenschaften 114
Grundwissen 86
prüfen 116
wechseln 98
Laufzeitfehler 525
Lautsprecher
anschließen 405
Layout 525
LCD 525
Lesezeichen
verwenden 149
Lifedateisystem 456
Linke Maustaste 14
Linux 20, 525
Live-ID 499
Local Area Network
siehe LAN 525
Localisten 197
Löschen
rückgängig machen 108

M

Macintosh 525
Mail
senden/empfangen 233

Mailbox 525
Mailserver 221
Makro 525
Makroviren 204
Markieren 277
mehrerer Objekte 106
Markierung 111, 115
aufheben 278
Maus 14, 20, 21, 49
anschließen 37
Bewegung zu
schnell 515
doppelklicken 56
Einstellungen 490
Handhabung 49
klicken 50
markieren 53
Mauszeiger schlecht
sichtbar 515
Tasten vertauscht 514
Übungen 52
zeigen 50
Zeiger bewegt sich
nicht 514
ziehen 54
Mauspad 22
Mausspur 490
anpassen 515
Mauszeiger 50
Größe anpassen 515
wechseln 490
MByte 526
Media Center 430
Media Player 407
Kurzübersicht 411
Medienbibliothek 413
Mehrkanalton 406
MeinVerein 198
Menü 55
Häkchen 55
Start 67
Menüband 267
Menüleiste 57
Messenger 188
MetaCrawler 166
Metasuchmaschinen 166
Microsoft Access 32
Microsoft Excel 32
Microsoft Flug-
simulator 401
Microsoft Office 32, 266

Microsoft Outlook 32
Microsoft PowerPoint 32
Microsoft Security Essenti-
als 206, 506
Microsoft Windows 31
Microsoft Word 32, 266
Mikrofon
anschließen 406
Mikrofonanschluss 425
Minianwendung 71
beenden 73
verwenden 73
zum Desktop hinzu-
fügen 71
Minianwendungsgalerie 72
Miniaturansicht 354
Modem 132, 134
Moorhuhn 400
Motherboard 24
Movie Maker
Zuschneide-
werkzeug 442
MP3 408, 526
MP3-Datei
wiedergeben 410
MP3-Player
synchronisieren 421
MP3Pro 408
MPEG-1-Format 408
MPEG-2-Format 408
MPEG-4-Format 409
MPEG-Format 408, 526
Multifunktionsdrucker 23
Multimedia 526
Multimediadateien
wiedergeben 427
Multimediaformate 428
Multisession 464
Multitasking 526
Musik 405
aufzeichnen 424
Infos abrufen 169
kaufen 169
mitschneiden 424
Suchmaschinen 170
Wiedergabe
Grundwissen 407
Musik-CD
abspielen 407
brennen 419
hören 409

537

Stichwortverzeichnis

rippen 467
  Titel auf Festplatte
    kopieren 417
Musikdateien
  wiedergeben 410
Musiktauschbörsen 170
Musiktitel
  zufällige Wiedergabe 417
Musikvideos 170
MySpace 196

N

Nachricht
  ablegen 251
  allen antworten 242
  Anlage
    auspacken 238
  beantworten 240
  drucken 252
  formatieren 245
  handhaben 251
  kennzeichnen 238
  Kennzeichnung
    als ungelesen 238
    löschen 238
    verfolgen 238
  lesen 236
  löschen 252
  mit Anlage 246
  speichern 240
  verfassen 243
  weiterleiten 240
Nachrichtenliste
  Symbole 237
Navigation
  zwischen Ordnern 98
Navigationsleiste
  Expansion erzwingen 99
Navigationstasten 13
Navigieren
  in Internetseiten 143
Nero 454
Netbooks 19
Netiquette 188, 242
Netzteil 526
Netzwerk 118, 526
  Anforderungen 119
  anmelden 125
  arbeiten 125
  Client 119

einrichten 120
Freigabe aufheben 128
Server 119
Netzwerkressource
  freigeben 126
No23 Recorder 425
No-Name-CDs 453
Notebook 18
  Akkupflege 43
NTSC 471
NumLock-Taste 513

O

Objekte
  mehrere markieren 106
OCR 526
OEM 34
Office-Programme 32
Offline
  arbeiten 147
OGG Vorbis 409
Onlineauktionen
  Sicherheit 177
Onlinebanking 178
  Sicherheit 179
  Software 178
  testen 182
  Voraussetzungen 178
  Vorteile 179
Onlinebrokerage 182
Onlineversteigerung 174
OpenOffice 268
Open Source 32
Optionsfelder 102
Ordner
  anlegen 102
  anzeigen 95
  Bilder 94
  blättern in 98
  Detailbereich 87
  Dokumente 94
  Eigenschaften 114
  gelöschte, zurückholen 108
  Grundlagen 93
  komprimierte 112
  kopieren 104
  löschen 107
  mehrere handhaben 106
  mehrere kopieren 106
  mehrere markieren 106

Musik 94
Namen 94
öffentlich 95
Sortierkriterien 100
Speicherorte 94
suchen 111
umbenennen 103
verschieben 104
Videos 94
wechseln 98
Ordneranzeige
  anpassen 100
  sortieren 100
Ordnerfenster 95
  Anzeigeoptionen 101
  Inhaltsbereich 87
  Navigationsbereich 87
  Navigationsbereich ein-/ausblenden 99
  navigieren 97
  Ordner wechseln 98
  Symbolgröße einstellen 100
Ordnerpfad 98

P

Packprogramm 526
PAL 471
Palette
  siehe Farbpalette 524
Papierkorb 52
  Elemente zurückholen 108
  leeren 109
Parallelschnittstelle 41
Partition 28, 88
Partitionieren 28
Pascal 526
Passwort 526
Patches 402
PayPal 173
PC 18
PCI-Express 26
PDA 511, 526
PDF 154, 526
PDF-Ausgabe 481
PDF-Ausgaben
  erzeugen 481
PDF-Format 481
PDF-Reader 405
Peripherie 19

Stichwortverzeichnis

Peripheriegerät 24, 526
Personal Computer 18
Pfad 95
Pflege
    des Computers 43
PGP 526
Phishing 212
    Schutz 211
Phishingfilter 212
PhotoFiltre 374
Photoshop Elements
    Abwedler 389
    Editor aufrufen 374
    Farbstich im Foto korrigieren 392
    Foto ausschneiden/kopieren 380
    Foto drehen 377
    Foto freistellen 378, 379
    Foto speichern 383
    Helligkeit im Foto korrigieren 392
    Helligkeit korrigieren 389
    Kopierstempel 390
    markieren 378
    Markierung aufheben 379
    Nachbelichter 389
    Reparatur-Pinsel 390
    Rote-Augen-Korrektur 386
    Scharfzeichner 388
    Schwamm 389
    Weichzeichner 388
    Werkzeuggröße anpassen 390
    Wischfinger 389
    Zoom-Werkzeug 386
Picture Tranfer
    Protocol 353
PIN 180, 526
Pinnacle Studio 435
Pixel 526
Platine 526
Platinnetz 197
Plug-In 423
Plug&Play 483
PNG-Format 385
Podcast 527

POP3 221
Popup 527
Popupblocker 210, 211
Popupfenster 169
Portale 162
Positionieren
    im Text
        Einfügemarke positionieren 276
Post
    bearbeiten 235
    lesen 236
Postausgang 221
Posteingang 221
    Unterordner anlegen 253
Postfach
    beantragen 221
    bearbeiten 236
Posting 187
PostScript 527
PowerLine-Netzwerkadapter 119
PowerPoint 339
    Anwendungs-/Dokumentfenster 339
    Anwendungsfenster 340
    beenden 340
    Entwurfsvorlage 340
    Folie hinzufügen 345
    Foliendesign anpassen 343
    Foliendesign wechseln 343
    Folienlayout neu zuordnen 342
    Präsentation anlegen 341
    Präsentation speichern 347
    Tipps zur Präsentation 347
    Überblick 339
PPP 527
PPPoE 527
Präsentation
    erstellen 341
    in PowerPoint 340
    speichern 347
    wiedergeben 347

Präsentationsprogramm 339
Präsentationstipps 347
Privatmodus
    Browser 148
Problem
    Doppelklick funktioniert nicht 56
Problembehandlung 479, 517
    aufrufen 480
Programm 30
    Absturz 516
    beenden 61, 71
    deinstallieren 500
    installieren 498
    schließen 61
    über Dokument starten 71
    umschalten zwischen 73
Programmfenster
    mehrere nutzen 73
Programmgruppe 70
    Autostart 510
Programmhilfe
    aufrufen 78
Programmieren 527
Programmsymbol
    einrichten 508
Provider 134
Proxy-Server 216
Prozessor
    siehe CPU 522
PS/2-Buchsen 37
Public Domain 527

Q

Quicken 179
QuickInfo 53
    Datum anzeigen 53
QuickTime 407
QWERTY 527

R

Racing Wheels 399
Radiosendungen
    mitschneiden 424
RAM 24, 527
Randsteller 301
Ratgeber Computerkauf 33

539

Stichwortverzeichnis

RealPlayer 407
Rechner 35
 auf Viren prüfen 506
 piept beim Einschalten 26
 starten 48
Rechte Maustaste 14
Rechtschreibprüfung 273
Recovery CD/DVD 34
Regionaleinstellungen 491
Regioncodes 430
Registerkarte 80, 267
 Details 115
Registrierung 527
Reisen 162
Reliefschrift 294
Reset 527
Ressource 118
RGB 527
Rippen 467
Rohling 452
 Informationen auslesen 465
ROM 527
Router 120
RSS-Feed 171
 abonnieren 171

S

SATA 527
Scanner 359
Schallplatten
 aufzeichnen 424
 digitalisieren 426
Schaltfläche 51, 52
 minimieren 59
 Start 51, 52
Schattenschrift 294
Schmuckpunkt 302
Schmutz
 entfernen 43
Schnellzugriff-Symbolleiste 267
Schnittprogramme 435
Schnittstelle 527
Schreibmarke 272
Schreibmaschinen-Tastenblock 11
Schreibschutz
 aufheben 115

Schrift
 fett 289
 kursiv 289
Schriftart 290
Schrifteffekte 294
Schriftfarbe 292
 beeinflussen 292
Schriftgrad 245, 290
 vergrößern/verkleinern 290
Schriftschnitt 527
SchülerVZ 198
Schutzverletzung 524
Schwarzweißfoto 371
Screamer 424
Screenshot 528
SCSI-Schnittstelle 527
Second Life 401
Serielle Schnittstelle 41
Server 183, 528
Setup 528
Shareware 32, 169
Sicherheitscenter 502
Sicherheitseinstellungen (Browser) 207
Sicherheitszertifikat 174
Sicher surfen 211
Signatur 528
Skript 528
Skriptviren 204
Skype 190
 beenden 194
SmartScreen-Filter 212
SmartSurfer 135
Smileys 245, 528
SMS
 versenden 223
SMTP 221
Snapshot 528
Software 30
Sommer-/Winterzeitumstellung 493
Sondertasten 12
Soundkarte 405
 Anschlussbuchsen 405
 Mikrofonanschluss 425
Soziale Netzwerke 194
 Anbieter 196
 Gefahren 198
 goldene Regeln 199

Spaltenbreite
 anpassen (Tabellenkalkulation) 329
Spaltentrenner 329
Spam-Filter 249
 setzen 250
SPDIF 406
Speicherkarte 90
Speichermedium
 sicher entfernen 91
Speicherorte 94
Spiele
 Genres 401
 Grundwissen 400
 Hardware 398
 Zubehör 398
Spooling 482
Sport 162
Spracheinstellungen 491
SSD 29
SSL 173
SSL-Protokoll 528
Standarddrucker 481
StarMoney 179
Startmenü 67
 Alle Programme 68
 ändern 510
 Programmeintrag verschwunden 516
Start-Schaltfläche 51
Statusleiste 57, 267
StayFriends 197
Steckkarten 24
Stream 423
StudiVZ 198
Subwoofer 406
Suche
 in Windows Vista 111
 nach Bildern 168
 nach Videos 168
 per Verzeichnis 162
 Web
  Dokumenttyp filtern 169
Suchen
 in Webseite 166
 Tipps 112
Suchfeld 68, 111
Suchmaschine 164, 166
 Google 165
Summieren (Excel) 333

Stichwortverzeichnis

Surfen
   anonym 216
   in Webseiten 141
S-VCD 471
S-Video-Anschluss 433
Symbolleiste 56
   Teile fehlen 66
Systemdateien
   anzeigen 101
Systemprogramm 528
Systemsteuerung 488
Systemwiederherstellung
   öffnen 517

T

Tabelle
   einfügen 325
   Eingaben 328
   Zellformat setzen 331
Tabellendokumente 324
Tabellenkalkulation 322
   Eingaben 328
   erste Schritte 326
Tabellenkalkulations-
   programm 32
Tabstopp
   löschen
      verschieben 305
   setzen 304
Tabulatoren/Listen
   gestalten 303
TAN 180
Task 526, 528
Taskleiste 51
   anpassen 510
   Infobereich 51
   verschoben 516
   zu groß 516
Task-Manager starten 516
Tastatur 20
   auf Großschreibung
      umstellen 271
   @ eingeben 244
   Einstellungen 490
   Tipps zur
      Bedienung 270
   Wiederholmodus 270
   Wiederholrate
      einstellen 514
Tastaturübersicht 21

Taste
   Rück 98
Tastenkombination 271
   Strg+P 286
   Strg+Z 275
TCP/IP 528
Techtalk 97, 115, 315
Telefonieren
   per Internet 189
Text
   Änderung zurück-
      nehmen 275
   aus Vorlage/Dokument-
      vorlage 268
   bearbeiten/
      korrigieren 271
   Befehl aufheben 275
   Einfügemarke posi-
      tionieren
         Tastenkombinationen
         276
   einfügen 329
   eingeben Word/
      Writer 270
   Einzüge
      im Text 299
   farbig auszeichnen 292
   farbig gestalten 292
   formatieren
      fett 289
      kursiv 289
      unterstreichen 289
   Grafik einfügen 309
   hoch-/tiefstellen 294
   linksbündig aus-
      richten 296
   löschen 271
   markieren 104
   markieren (Word) 277
   per Tastatur
      markieren 278
   rechtsbündig aus-
      richten 296
   rote geschlängelte
      Linie 272
   Symbol/Sonderzeichen
      einfügen 304
   übersetzen 168
   unterstreichen 289
   zentrieren 296

Textbearbeitung
   Tastenkombina-
      tionen 276
Textfeld 51
Texthervorhebungs-
   farbe 293
Textkorrektur
   Tasten 273
Textmarke 51, 272
Textverarbeitungspro-
   gramm 32, 266
TFT 525
TFT-Monitor 34
Thesaurus 528
TIFF-Format 385
Tintenstrahldrucker 23
Tipp-Trainer 271
Titelleiste 56
Toolbox 528
TOS-Link 407
Touchpad 22
   verwenden 49
Touchscreen 22, 49
   verwenden 49
Trackball 22
   verwenden 49
Treiber 27, 39, 42
   installieren 483
Trojaner 505
Trojanisches Pferd 204
TrueType Fonts 313
Tutorial 528
TV-Mitschnitte
   Werbung entfernen 440
Twisted-Pair-Verkabe-
   lung 119
Twistet-Pair 120
Twitter 198
Typografie 291

U

Uhrzeit
   stellen 492
UMS 223
UMTS 133, 134
UNC-Pfad 126
Unicode 528
Unified Messaging
   Service 223
Unix 528

Stichwortverzeichnis

Unterordner
  aufrufen 96
Urheberrecht 438
URL 142, 528
USB 528
USB-Gerät
  anschließen 39
USB-Hub 39
USB-Memory-Sticks 30
USB-Speicherstift
  sicher entfernen 91
USB-Stick 90, 91
USB-UMTS-Surfstick 133
Utility 528

V

VBA 529
VBScript 528
VCD 470
Vektorgrafik 529
Verbindung
  zu Hotspot 138
Verknüpfung 509
  einrichten 508
Verlauf
  abrufen (Browser) 146
  löschen 147
Verschieben
  Fenster 63
Verschlüsselung 529
Versteigerung 174
Vertrauenswürdige Sites
  eintragen 209
Verzeichnis 93
VGA-Grafik 529
VGA-Stecker 38
Video
  Anschluss an PC 432
  ansehen 427
  aufzeichnen 432
  Clips aufteilen 439
  Clips sortieren/
    drehen 438
  speichern 447
  vertonen 446
  wiedergeben 427
Videocast 527
Video-CD 88
  Grundlagen 470
  wiedergeben 428

Videodatei
  wiedergeben 427
Video-DVD
  wiedergeben 428
Videoformate 408
Videoimport 433
Videoportal 430
Viren 153, 505, 529
  Schutz 204, 505
  Signaturdatei 206
Virenscanner 153, 502
Virenschutzprogramm 505
  Avira Antivir
    Personal 506
Visitenkarten
  in Word gestalten 313
Visual Basic 529
VLC 407
Voice-over-IP-Telefonie 189
VoIP 189
Volume 114
Volumebezeichnung 88
VPN 529

W

Währungsanzeige
  Tabellenkalkulation 333
Währungssymbol
  anpassen 491
Warmstart 525, 529
Wave-Dateien 408
WAV-Format 408
Web 141
Web 2.0 194
Webadressen 162
  merken 148
Webarchiv
  durchsuchen 166
Webcam 24, 189
WEB.DE 163
  Freemail nutzen 223
Webmail 220
Webmaster 529
WebM-Format 409
Webseite
  abrufen 141
  Bild speichern 151
  Entwurf 202
  erneut abrufen 146
  hochladen 203
  im Text suchen 166

  merken 148
  speichern 150
  suchen 164
  Verlauf löschen 147
  wird nicht geladen 519
Webserver 141, 203
Webshop 202
Website 142, 202
Webspace-Anbieter 203
Wechsel
  zum übergeordneten
    Ordner 98
Weichzeichner 372
Werbefilter 211
Werbemüll
  filtern 250
wer-kennt-wen 197
Werkzeugleiste 375
WeTab 405
Wetter 162
WIA-Treiber 353
Wiedergabeliste 410, 415
Wiedergabeprogramme
  Audio/Video 407
WiFi 120
Wikipedia 405
Wildcard 112
Winamp 407
Windows 31
  abmelden 81
  aktualisieren 504
  Anmeldung 48
  an Spiele anpassen 403
  beenden 80
  Elemente
    zu klein 515
  Firewall 503
  Komponenten ein-/
    ausschalten 497
  Komponenten instal-
    lieren 497
  Musik-Wiedergabe 405
  Programm starten 69
  Spiele 398, 400
  Spiele-Genres 401
  starten 48
  Startmenü 67
Windows 7 31
Windows DVD Maker 471
Windows Live Essentials
  355, 499

Stichwortverzeichnis

Windows Live Foto-
galerie 355
installieren 499
Windows Live-
Kontakte 255
Windows Live Mail
anpassen 227
E-Mail-Konto
eintragen 229
Gelöschte Objekte
leeren 254
installieren 499
Kontakte 255
Nachrichtenliste 226
Nachricht löschen 252
Post lesen 236
Post senden/
empfangen 233
starten 225
Überblick 225
Windows Live Movie Maker
Animationen/Übergänge
zuweisen 443
Film erstellen/
freigeben 446
Film speichern/
veröffentlichen 447
Material impor-
tieren 437
Projekte 436
Titel definieren 444
Videoclip beschnei-
den 439
Videoclip sortieren/
drehen 438
Video vertonen 446
Visuelle Effekte
zuweisen 444
Windows Media Center 430
aufrufen 431
Windows Media Player 411
aufrufen 410
Bibliothek 413

Videodatei wieder-
geben 427
Windows Vista 20
Windows XP 20
Wkw 197
WLAN 120, 133
Verbindungs-
aufnahme 137
WLAN-DSL-Router 133
WLAN-Sicherheits-
schlüssel 136
WMA-Datei
wiedergeben 410
WMA-Format 408
WMV-Format 408
Wochentag
anzeigen 53
Word
Absatzformate/Zeilenab-
stand anpassen 297
Dokumentvorlage 314
neues Dokument 268
Rahmen 308
umschalten zwischen
Dokumenten 270
WordPad 266
Workgroup-Netzwerk 118
World of Warcraft 401
World Wide Web 132
Siehe WWW 141
Wort
formatieren 295
WPD-Treiber 353
Writer 268
Wurm 529
Würmer 204
WWW 141, 529
WYSIWYG 529

X

Xing 196
XML 529

Y

YouTube 202

Z

Zahlen
Anzeige anpassen (Ta-
bellenkalkulation) 331
Zahlenblock 12
Zahlungen
im Internet 173
Zeichen
einfügen 273
entfernen 273
löschen 104
Zeichenformate 289, 293
Zeichenumbruch
weicher 303
Zeilenwechsel 271
Zeitzone
einstellen 493
Zellen
markieren (Tabellen-
kalkulation) 331
Zellformat 330, 331
Zellinhalte
Ausrichtung 330
Zentraleinheit 19
Zertifikat 529
Ziehmarken 338
ZIP 529
ZIP-Archiv 112, 154
ZIP-komprimierter
Ordner 113
ZIP-Programm 114
Zivilisation (Spiel) 401
Zoom-Werkzeug
anwenden (Photoshop
Elements 386
Zuschneidewerkzeug 442

543

Kurzbefehle (Forts.)

Tastenkürzel Word

`Strg` + `⇧` + `F`	Formatierung fett.
`Strg` + `⇧` + `K`	Formatierung kursiv.
`Strg` + `⇧` + `U`	Formatierung unterstrichen.
`Strg` + `⇧` + `D`	Formatierung doppelt unterstrichen.
`Strg` + `+`	Zeichen hochgestellt.
`Strg` + `#`	Zeichen tiefgestellt.
`Strg` + `␣`	Zeichenformat aufheben.
`Strg` + `B`	Absatz Blocksatz.
`Strg` + `L`	Absatz linksbündig ausrichten.
`Strg` + `E`	Absatz zentriert ausrichten.
`Strg` + `R`	Absatz rechtsbündig ausrichten.
`F9`	Felder aktualisieren.

Tastenkürzel Excel

`Strg` + `⇧` + `F`	Formatierung fett.
`Strg` + `⇧` + `K`	Formatierung kursiv.
`Strg` + `⇧` + `U`	Formatierung unterstrichen.
`Strg` + `1`	Zellen formatieren.
`Strg` + `^`	Zelle Zeitformat zuweisen.
`Strg` + `⇧` + `1`	Zellformat mit 2 Dezimalstellen zuweisen
`Strg` + `⇧` + `4`	Zelle Währungsformat zuweisen
`Strg` + `⇧` + `5`	Zelle Prozentformat zuweisen
`F5` / `Strg` + `G`	Gehe zu.

Tastenkürzel PowerPoint

`Strg` + `⇧` + `F`	Formatierung fett.
`Strg` + `⇧` + `K`	Formatierung kursiv.
`Strg` + `⇧` + `U`	Formatierung unterstrichen.
`Strg` + `J`	Absatz im Blocksatz ausrichten.
`Strg` + `L`	Absatz linksbündig ausrichten.
`Strg` + `R`	Absatz rechtsbündig ausrichten.
`Strg` + `E`	Absatz zentriert ausrichten.
`F5`	Bildschirmpräsentation (beenden mit `Esc`).
`Strg` + `M`	Neue Folie.
`Strg` + `D`	Folienelement duplizieren